à monsieur E. Renan, membre de l'Institut
hommage de l'auteur.

INTRODUCTION
A L'HISTOIRE DIPLOMATIQUE
DE
L'EMPEREUR FRÉDÉRIC II

PAR

J.-L.-A. HUILLARD-BRÉHOLLES,

ARCHIVISTE AUX ARCHIVES DE L'EMPIRE,
MEMBRE DU COMITÉ DE LA LANGUE, DE L'HISTOIRE ET DES ARTS DE LA FRANCE.

Première partie.

PARIS.
TYPOGRAPHIE DE HENRI PLON,
IMPRIMEUR DE L'EMPEREUR,
RUE GARANCIÈRE, 8.
—
1858

INTRODUCTION

A L'HISTOIRE DIPLOMATIQUE

DE

L'EMPEREUR FRÉDÉRIC II.

TYPOGRAPHIE DE HENRI PLON,
IMPRIMEUR DE L'EMPEREUR,
RUE GARANCIÈRE, 8.

INTRODUCTION

À L'HISTOIRE DIPLOMATIQUE

DE

L'EMPEREUR FRÉDÉRIC II

PAR

J.-L.-A. HUILLARD-BRÉHOLLES,

ARCHIVISTE AUX ARCHIVES DE L'EMPIRE,
MEMBRE DU COMITÉ DE LA LANGUE, DE L'HISTOIRE ET DES ARTS DE LA FRANCE.

PARIS.
TYPOGRAPHIE DE HENRI PLON,
IMPRIMEUR DE L'EMPEREUR,
RUE GARANCIÈRE, 8.

1858

INTRODUCTION.

Nous ne nous proposons pas dans cette introduction de raconter d'une manière complète et suivie l'histoire de l'empereur Frédéric II et de son temps, encore moins d'épuiser un aussi vaste sujet. Il suffit de jeter un coup d'œil sur la masse considérable de documents réunis ici pour comprendre que la mise en œuvre d'une telle quantité de matériaux exigera, de la part de l'homme qui entreprendrait un pareil travail, de longs efforts et toutes les qualités de l'historien. Notre intention est plus modeste. De même que nous avons voulu être utile aux écrivains futurs en leur présentant rangés dans le meilleur ordre possible tous les instruments dont ils auraient à se servir, de même aussi croyons-nous devoir compléter notre tâche en leur indiquant le parti qu'on peut tirer de la collection. Mieux que personne, peut-être, nous sommes à même de faire ressortir la valeur de ces documents avec lesquels une étude si persévérante et si assidue nous a familiarisé, et pour ainsi dire intimement uni. C'est leur substance que nous voulons extraire, c'est la lumière nouvelle qui jaillit des pièces elles-mêmes ou de leur rapprochement, qu'il s'agit de faire briller aux yeux du lecteur. Cette lumière, nous la répartirons sur les principaux plans du tableau que nous nous bornerons à esquisser, en nous préoccupant plus du dessin que du coloris.

Après les beaux travaux auxquels MM. de Raümer et de Cherrier ont attaché leurs noms, est-on en droit d'avancer qu'il y ait encore quelque chose de nouveau à trouver et à dire sur l'époque de Frédéric II? Nous croyons qu'on peut l'affirmer sans rien ôter au mérite réel des deux écrivains que nous venons de citer. Dans l'ouvrage de M. de Raümer, si intéressant et si exact à beaucoup d'égards, le règne de Frédéric n'a que des proportions en rapport avec le plan général, qui est l'histoire de la maison de Souabe considérée comme dynastie, et chez notre savant compatriote tout vient se grouper autour d'un fait capital, la lutte du sacerdoce et de l'Empire ; tout chez lui concourt à éclairer son sujet principal, mais à la condition de lui être subordonné selon les règles d'une sage et habile composition. Nous ne nous plaçons pas au même point de vue. Une monographie complète de l'empereur Frédéric II, envisagé sous les aspects brillants et singuliers qui le recommandent si vivement à l'attention de la postérité, une histoire spéciale de ce prince analogue à ce qui a été fait en France pour saint Louis, en Allemagne pour Innocent III, une étude approfondie du mouvement politique, religieux et littéraire, dont il fut à la fois le centre et l'auteur, voilà le livre dont nous publions par avance les pièces justificatives, l'édifice pour lequel nous appelons de tous nos vœux un architecte. Heureux si notre introduction peut servir de préface à ce livre et comme de vestibule pour l'édifice à venir.

Les pièces qui constituent la présente collection, ainsi que toutes celles dont se composent des recueils du même genre, ont une importance à la fois diplomatique et historique. Les formes suivies pour leur rédaction peuvent en beaucoup de points confirmer ou modifier les règles établies par les pères de la science qu'on a nommée la diplomatique. Elles méritent donc d'être étudiées sous ce rapport, et l'intérêt scientifique que cet examen doit présenter compense ce qu'on est convenu d'appeler l'aridité du sujet. Il est d'ailleurs indispensable de bien apprécier la valeur diplomatique des actes pour s'assurer de leur sincérité et pour se rendre compte de la confiance qu'on peut ajouter à leur témoignage. Sans tomber dans ce scepticisme absolu qui tend à rejeter une pièce comme fausse dès qu'elle s'écarte des règles conventionnelles, il faut pourtant faire la part des interpolations, des altérations et des retouches, et c'est même dans cette critique délicate et difficile que s'exerce la sagacité de l'historien.

La première partie de notre travail aura donc pour objet de faire connaître et d'exposer les éléments d'appréciation que l'examen et la comparaison des actes ont pu nous fournir et qui nous ont guidé dans le classement de tant de pièces si diverses par leur source et par leur nature.

Le terrain ainsi préparé, nous entrerons dans le domaine des faits et de l'histoire proprement dite. Assuré d'avance du degré de certitude qu'il convient d'attribuer à tel ou tel document, nous serons plus à l'aise pour contrôler la valeur des témoignages et pour en faire ressortir ou les contradictions ou les concordances. Ce ne sera plus la forme extérieure, mais la pensée même et l'esprit de l'acte qu'il s'agira de juger. Si avec l'aide de ces documents, bien compris et bien classés, on veut recourir en outre aux chroniques contemporaines, qui sont aussi des monuments d'une incontestable valeur, que de résultats inattendus doivent provenir de cet examen comparatif! quelle autorité doit acquérir un ensemble de faits établis à la fois sur des actes authentiques et sur des chroniques dont l'exactitude ne sera plus douteuse! Dans ces véridiques témoins du passé, Frédéric II et les hommes de son temps revivent tout entiers avec leurs grandeurs et leurs faiblesses, leurs passions nobles ou violentes, surexcitées par l'ardeur du débat politique et religieux qui a le plus remué le monde au moyen âge. Présenter historiquement les différentes faces d'un règne qui intéresse si profondément l'Europe entière et la France en particulier, faire ressortir brièvement, mais dans une mesure suffisante, en les plaçant sous leur vrai jour, beaucoup de faits ignorés, ou négligés, ou mal compris, appeler enfin l'attention des érudits sur ce qui donne à cette collection de pièces sa valeur, et pour ainsi dire sa raison d'être, tel est le but que nous chercherons à atteindre dans la seconde partie de cette introduction.

PARTIE DIPLOMATIQUE.

CHAPITRE PREMIER.

DISTINCTION DES ACTES DE FRÉDÉRIC II ET DE SES FILS D'APRÈS LEURS FORMULES ET D'APRÈS LEUR OBJET.

Le nombre considérable des actes émanés de l'empereur Frédéric II qu'il nous a été possible de recueillir et de coordonner dans un ordre chronologique rigoureux, permet-il d'établir entre eux une classification qui n'ait rien d'arbitraire? en d'autres termes, la chancellerie de ce prince suivait-elle des règles fixes et invariables? Telle est la première question que nous avons dû nous adresser au début de ce travail. Après une comparaison attentive des formules adoptées pour la rédaction de documents si multipliés et si divers, nous sommes arrivé à reconnaître qu'il faut avant tout les diviser en deux catégories : 1° les actes destinés à servir dans le royaume de Naples ou plutôt de Sicile, comme on disait alors; 2° les actes applicables à l'Empire, et par ce mot on doit entendre non-seulement l'Allemagne, mais aussi les anciens royaumes d'Italie, de Bourgogne et de Lorraine. Les diplômes délivrés par Frédéric en qualité de roi de Jérusalem rentrent aussi dans cette seconde catégorie et non dans la première.

Nous avons donc deux sortes d'actes que pour abréger nous appellerons *actes royaux* et *actes impériaux*.

Actes royaux.

La distinction si judicieusement établie par M. Léop. Delisle, dans son *Introduction au Catalogue des actes de Philippe-Auguste*, peut s'appliquer aux actes royaux de Frédéric II, contemporain de ce roi; d'ailleurs la division en trois classes, chartes solennelles, lettres patentes, lettres closes, paraît bien avoir été adoptée au moyen âge par la plupart des chancelleries de l'Europe.

1° Les chartes solennelles rédigées pour le royaume de Sicile portent d'ordinaire l'invocation : *In nomine Dei aeterni et Salvatoris nostri Jesu Christi, amen. Fridericus divina favente clementia,* etc., et rarement l'invocation : *In nomine sanctae et individuae Trinitatis.* Elles sont datées du lieu, de l'année de l'incarnation, du mois, de l'indiction et de l'année du règne pour la Sicile seulement, jusqu'à l'année 1212, à partir de laquelle sont ajoutés le chiffre des années de l'empire et celui du royaume de Jérusalem, suivant les époques. Elles se terminent par la formule : *Feliciter, amen.* La plupart du temps, le nom du notaire qui les a rédigées est exprimé à la fin de l'acte sous cette forme : *Praesens privilegium per manus N. notarii et fidelis nostri scribi et majestatis nostrae sigillo praecepimus communiri, anno, mense et indictione subscriptis.* Quelquefois le nom du chancelier de Sicile est également indiqué à la suite du nom du lieu. Les noms des témoins n'y sont jamais mentionnés (1); il faut en excepter un certain nombre de pièces rédigées en Allemagne et par des notaires allemands, de 1212 à 1220, et qui portent des noms de témoins. Mais alors ces pièces, bien qu'applicables à la Sicile, ont aussi les autres caractères qui distinguent les chartes solennelles applicables à l'Empire.

Tous les actes royaux, même dépourvus de l'invocation initiale, qui se présentent sous la forme que nous venons d'indiquer, doivent être considérés comme des chartes solennelles désignées habituellement par l'expression *privilegium.*

2° Les lettres patentes ne portent point d'invocation; elles commencent par l'intitulé : *Fridericus Dei gratia,* plutôt que *Fridericus divina favente clementia,* et généralement par les mots *Per praesens scriptum.* La formule finale est *Praesens scriptum fieri et sigillo nostro mandavimus communiri,* ou autres expressions semblables, sans que le nom du notaire y soit or-

---

(1) Nous n'avons remarqué qu'une seule occasion où la chancellerie sicilienne se soit écartée de cette règle, c'est dans le diplôme en faveur de l'archevêque de Salerne, délivré à Capoue au mois de février 1221, *per manus Perroni de Venafro notarii et fidelis,* et qui porte des noms de témoins. Voy. *Hist. diplom.* t. II, p. 111. Encore ce diplôme, sous sa forme actuelle, ne paraît-il pas d'une authenticité incontestable.

dinairement indiqué. Si cette mention du sceau a lieu, l'acte doit être considéré comme lettre patente, même quand l'année de l'incarnation n'y serait point exprimée. Mais le plus souvent les actes de ce genre sont datés du lieu, de l'année de l'incarnation, du mois et de l'indiction. A la différence des chartes solennelles il n'y est pas fait mention des années du règne; à plus forte raison il n'y est pas non plus question de témoins.

3° Les lettres closes portent dans l'intitulé le nom des personnes ou de la personne à qui elles sont adressées (1), avec la formule : *Salutem et dilectionem,* ou plus fréquemment : *Salutem et bonam voluntatem,* ou plus souvent encore : *Gratiam suam et bonam voluntatem.* Elles sont datées seulement du lieu, du quantième du mois et de l'indiction.

Actes impériaux.

La classification des actes que nous appelons impériaux présente plus de difficulté que celle des actes royaux proprement dits, parce que la chancellerie de l'Empire paraît avoir suivi des règles sujettes à beaucoup d'exceptions, et qui n'étaient pas exemptes de caprices. Il faut en outre laisser de côté certaines formules bizarres dont on ne peut suffisamment apprécier la valeur, parce que la sincérité des documents qui les renferment n'est pas absolument démontrée. Toutefois, en nous en tenant aux actes que nous avons transcrits sur les originaux et sur des copies authentiques, ou qui sont reproduits d'après des auteurs dignes par leur exactitude d'inspirer une juste confiance, il est encore possible de présenter une division générale, établie sur la base que nous avons adoptée pour les actes royaux, et embrassant toutes les variétés des actes impériaux.

1° Au premier rang se placent les priviléges que nous distinguons en priviléges du premier et du second degré.

---

(1) Pour être exécutoires ou du moins parfaitement régulières, elles devaient porter le nom du destinataire non-seulement sur l'adresse, mais aussi dans l'intérieur de l'acte. C'est ainsi que Frédéric II félicite le *secreto* de Messine d'avoir exécuté un ordre qu'il avait reçu, sans s'arrêter à ce défaut de forme : « *Licet ut scripsisti in litteris nostris proinde tibi missis nomen tuum interius non esset inscriptum, sed tantum exterius.* » *Hist. diplom.,* t. V, p. 834.

Les priviléges du premier degré ou chartes solennelles se distinguent par les formules d'invocation qui ne sont jamais employées dans les autres actes : *In nomine sanctae et individuae Trinitatis, In nomine Patris et Filii et Spiritus Sancti, In nomine Domini aeterni et Salvatoris nostri Jesu Christi* (ces deux dernières fort rarement); et par des formules finales, telles que : *Ad hujus concessionis memoriam et stabilem firmitatem, — Ad hujus constitutionis memoriam et robur perpetuo valiturum, — Ut hoc ratum et inconvulsum permaneat et totius perennitatis robur obtineat, — Ut haec rata et firma permaneant in perpetuum,* etc. Puis viennent les noms des témoins, qui sont les personnages les plus importants alors présents à la cour impériale dans l'ordre qui suit : rois ou personnes d'origine royale, ecclésiastiques, laïques selon leur importance dans la hiérarchie féodale; ensuite le monogramme du souverain, le visa du chancelier (1), l'année de l'incarnation, le mois, l'indiction, les années des divers règnes, et enfin l'indication du lieu où la charte a été donnée. Quelquefois à la suite de l'indication du lieu, le jour même du mois est ajouté pour plus de précision avec le nom du protonotaire. Tels sont les caractères des actes que nous nommerons parfaits ou chartes solennelles par excellence. Ils sont délivrés presque exclusivement pour l'usage de l'empire et en particulier de l'Allemagne.

Les priviléges du second degré ne portent ni l'invocation, ni le monogramme, ni le visa du chancelier. Au lieu du préambule qui figure dans les chartes solennelles, ils commencent ordinairement par les simples mots : *Per praesens scriptum notum fieri volumus universis;* mais ils se terminent quelquefois par une des formules usitées dans ces mêmes chartes. Comme celles-ci, ils sont revêtus des noms des témoins et datés du lieu, de l'année de l'incarnation, du mois, de l'indiction et des années du règne. Ce sont des actes imparfaits, que l'on pourrait à la rigueur subdiviser selon qu'ils se rapprochent plus ou moins de la charte solennelle prise comme type. Mais, nous le répétons, ces actes affectent des formes si capricieuses,

---

(1) Remarquons cependant que le visa du chancelier n'est pas toujours exprimé dans ces chartes solennelles.

qu'il vaut mieux renoncer à les classer méthodiquement, d'autant plus que cette classification n'aurait, en définitive, ni utilité ni importance.

Le seul caractère distinctif qui, selon nous, sépare ces actes imparfaits des lettres patentes proprement dites, et qui les rapproche des chartes solennelles, c'est la présence des témoins. Nous observons aussi que ces actes du premier et du second degré sont également désignés par les expressions *privilegium, scriptum* ou *pagina*.

2° Les lettres patentes emploient quelqu'une des formules suivantes : *Notum sit* ou *Notum facimus omnibus tam praesentibus quam futuris,* — *Universis fidelibus imperii duximus innotescendum,* — *Noverit universitas vestra,* — *Noverit ergo tam praesens aetas quam successura posteritas.* Elles sont datées du lieu, de l'année de l'incarnation ou du Seigneur, du quantième du mois, et le plus ordinairement de l'indiction, quelquefois même avec la mention des années du règne, mais toujours sans témoins. Dans certains cas elles ont uniquement pour date la mention du lieu, du jour et de l'indiction, absolument comme pour les lettres closes. Mais alors elles portent à la fin soit l'indication de la peine à infliger aux violateurs de l'ordonnance contenue dans l'acte, soit la mention du sceau dont elles étaient munies (*sigilli nostri munimine roboratum,* ou quelque formule semblable); ce qui indique constamment un sceau pendant. C'est ordinairement sous cette forme simplifiée que sont promulguées les sentences rendues dans les cours plénières et même les actes appelés constitutions, quand ils ont un caractère spécial, et qu'ils ne forment pas un privilége particulier et définitif (1).

---

(1) Nous citerons comme exception, la constitution par laquelle Frédéric II révoqua la sentence prononcée contre Jeanne, comtesse de Flandre, *Hist. diplom.*, t. I, p. 824. Elle est datée seulement de l'an de l'Incarnation 1220, sans indication du lieu, ni du mois, ni de l'indiction. Cette particularité nous avait fait soupçonner que la pièce, dont nous ne connaissions qu'une copie vidimée en 1246, avait pu être tronquée. Mais depuis lors M. L. Delisle nous ayant montré l'original conservé aujourd'hui à la Bibliothèque impériale, encore revêtu du sceau d'or et parfaitement conforme à notre texte, il faut bien reconnaître que cette irrégularité provient de la chancellerie impériale. Quoique cette pièce constitue un privilége particulier, nous n'oserions décider s'il convient de la ranger parmi les priviléges du second degré ou parmi les

L'expression *charta*, dans les actes de Frédéric II, s'applique plutôt aux lettres patentes qu'aux chartes de la première classe.

3° Les lettres closes pour l'Empire contiennent de préférence la formule : *Gratiam suam et omne bonum.* Comme dans celles qui concernent la Sicile, les mots *mandamus* ou *mandando firmiter praecipimus* servent à caractériser ce genre de documents. Régulièrement les lettres closes, qui ne portent jamais ni mention du sceau ni noms de témoins, sont datées du lieu, du jour et de l'indiction; mais il n'est pas rare que l'indiction y soit omise, et cette omission n'est pas un accident ou un fait particulier à la chancellerie de Frédéric II, puisqu'on en trouve de nombreux exemples dans les lettres closes émanées de Frédéric Ier et de Henri VI (1). Les lettres closes où la mention de l'année courante remplace celle de l'indiction, laissent subsister quelque doute que le millésime n'ait été ajouté postérieurement. Il en est de même pour celles où le chiffre de l'année est indiqué concurremment avec celui de l'indiction ; là encore, à moins qu'on n'ait l'original sous les yeux, il y a lieu de supposer une interpolation.

Quant aux lettres closes qui ne portent aucune date, cette circonstance ne suffit pas pour faire suspecter leur authenticité. Nous en avons quelques exemples, non-seulement sous le règne de Frédéric II, mais encore avant comme après lui, et il n'est pas douteux que ces pièces ne nous soient parvenues sous leur forme originale (2).

---

lettres patentes. Entre les diverses exceptions que nous aurions pu signaler, celle-ci est une des plus remarquables.

(1) C'est ainsi que sont datées les lettres adressées aux papes par ces deux princes, et qui se trouvent dans les rouleaux dits de Cluny, dont une copie faite par Lambert de Barive est gardée à la Bibl. impériale. Il en était de même en France. Les lettres closes de nos rois, qui deviennent si fréquentes à partir du XVe siècle, ne sont habituellement datées que du lieu et du jour.

(2) Voir notamment la lettre pour la ville de Marsal, *Hist. diplom.*, t. I, p. 344. Les lettres de Henri VII aux recteurs de Bourgogne, en faveur du monastère de Saint-Urbain, qui ne portent aucune date, sont des lettres patentes plutôt que des lettres closes, puisqu'elles ont le sceau pendant. Cf. *Hist. diplom.*, t. IV, p. 714, 715 et not. 1.

Distinction des actes d'après leur objet.

Après avoir reconnu les caractères en quelque sorte extérieurs qui permettent de distinguer les différentes classes d'actes de Frédéric II, il reste à voir s'il est possible de les distinguer aussi selon leur objet, c'est-à-dire selon la nature des prescriptions qui constituaient le fonds même de ces actes. Ici encore la difficulté est la même que pour la distinction d'après les formules, et elle tient à des causes analogues. Cependant, on peut reconnaître que les chartes solennelles délivrées pour la Sicile et les priviléges du premier et du second degré délivrés pour l'Empire s'appliquent à des objets qui touchent aux intérêts sociaux, et contiennent des prescriptions qui doivent durer. Les priviléges accordés à des corporations ou à des particuliers, la reconnaissance ou la confirmation des conventions privées, les donations, les ventes, les échanges faits par le souverain en personne, la promulgation des sentences rendues par les grands de l'Empire ou par les juges du royaume, les constitutions qui ont un caractère d'intérêt général, ou qui bien que ne s'appliquant qu'à un cas particulier, doivent faire loi dans des matières analogues, voilà le fonds commun des actes de cette nature.

Les clauses de réserve sont rares dans les actes impériaux; elles sont au contraire assez fréquentes dans les actes royaux, surtout durant les trente premières années du règne de Frédéric II. On sent dans les actes impériaux que le pouvoir monarchique est limité, et dans les actes royaux qu'il est absolu. La formule ordinaire de réserve est ainsi exprimée: pour l'Empire, *salvo jure* ou *justitia imperii*; pour le royaume, *salvo mandato et ordinatione nostra*. Cette dernière clause, qui subordonnait la durée de la concession à un nouvel examen des prétentions du titulaire, motivait de nombreuses réclamations, que Frédéric II admit quelquefois en faisant effacer la clause de réserve dans une nouvelle expédition de l'acte. Mais si l'on songe aux troubles qui agitèrent le royaume durant la minorité de ce prince et pendant son premier séjour en Allemagne, si l'on se reporte aux empiétements commis par les ecclésiastiques et par les laïques sur le domaine royal, on comprend que le souverain ait cherché à maintenir les droits de l'État contre l'importunité ou la mauvaise foi des impétrants.

Les chartes solennelles et les priviléges débutent presque toujours par des considérations générales exprimées avec une certaine emphase et qui sont plutôt de style qu'elles n'ont trait à l'objet même de l'acte. Les expressions *divinae pietatis intuitu, ob remedium animae nostrae et parentum nostrorum,* ou autres semblables, sont ordinairement insérées dans les concessions faites à des dignitaires ou à des établissements ecclésiastiques ; quand il s'agit de priviléges accordés à des particuliers, on les trouve souvent motivés par ces mots : *ob grata ejus servitia et quae in antea gratiora poterit exhibere.*

Le caractère distinctif des lettres patentes et des lettres closes quant à leur objet, c'est d'avoir un intérêt purement administratif et temporaire, subordonné par conséquent au mouvement des affaires publiques. La lettre patente servait d'ordinaire à transmettre des décisions ou des ordres qu'il n'était pas utile de tenir secrets. Sauf des cas exceptionnels qui sont rares dans la chancellerie de Frédéric II, elle s'adressait à tous présents et à venir, et notifiait d'une manière générale la volonté du monarque. Quelquefois elle servait d'ampliation à une charte solennelle dont elle était alors destinée à répandre la connaissance (1). On en trouvera un certain nombre d'exemples dans notre recueil. Très-souvent, et notamment dans les emprunts où la lettre patente servait de titre à la partie intéressée, c'était au contraire la lettre close adressée soit au trésorier, soit à un autre officier fiscal, qui devenait l'ampliation de la lettre patente. Dans ce cas, la lettre patente devait être rendue après payement et annulée. Le délai pendant lequel la créance était valable s'y trouvait formellement exprimé. Il en était de même pour les lettres de sauf conduit. Dans les

---

(1) En adoptant ici quelques-unes des idées émises par M. L. Delisle à la page LX de son *Introduction* déjà citée, nous avons dû en modifier quelques autres. Car il ne faut pas oublier que les règles qui ont pu être suivies par la chancellerie de Philippe-Auguste, sont loin d'être toutes applicables à la chancellerie de Frédéric II.

commissions d'emplois se trouvait ordinairement la réserve *quamdiu majestati nostrae placuerit*.

Les lettres closes par lesquelles le souverain mandait aux fonctionnaires de tout ordre, aux corporations laïques ou ecclésiastiques, et quelquefois à de simples particuliers, ce qu'ils avaient à faire sur tel ou tel point d'administration locale, étaient aussi réservées pour les affaires confidentielles et pour la correspondance privée. Comme les lettres patentes, et à plus forte raison, elles n'avaient qu'une valeur temporaire. D'ailleurs, la difficulté de les ouvrir sans briser le sceau qui les fermait, puisqu'on avait coupé les attaches de ce sceau, leur ôtait leur principal caractère d'authenticité. C'est pour cela que celles des lettres closes qu'on avait intérêt à conserver étaient souvent transcrites au moment de leur ouverture dans un acte public et notarié.

Les observations que nous venons de présenter sur la distinction des actes de Frédéric II selon leurs formules et selon leur objet, s'appliquent également aux actes de ses deux fils, Henri VII et Conrad, qui ont occupé de son vivant le trône d'Allemagne. Quant aux actes émanés d'Enzio et de Frédéric d'Antioche, qui furent des délégués de l'empereur leur père et non des souverains réels, ils rentrent dans la catégorie des actes royaux, et peuvent être rattachés, selon leur objet, à quelqu'une des trois classes que nous avons précédemment indiquées.

CHAPITRE II.

OBSERVATIONS SUR LA MANIÈRE DE COMPTER LES ANNÉES DU CHRIST.

« Nous trouvons huit manières différentes de commencer l'année chez les Latins : les uns la commençaient avec le mois de mars, les autres avec le mois de janvier, comme nous la commençons aujourd'hui. Plusieurs la commençaient sept jours plus tôt que nous et donnaient pour le premier jour de l'année le 25 décembre, qui est celui de la naissance du Sauveur (1). D'autres remontaient jusqu'au 25 mars, jour de sa conception

---

(1) C'était l'usage des Anglais et des Piémontais au XIII° siècle, comme le prouvent pour

ou de son incarnation dans le sein de la Vierge, communément appelé le jour de l'Annonciation. En remontant ainsi, ils commençaient l'année neuf mois et sept jours avant nous (1). Il y en avait d'autres qui, prenant aussi le 25 mars pour le premier de l'année, différaient dans leur manière de compter d'un an plein de ceux dont nous venons de parler. Ceux-là devançaient le commencement de l'année de neuf mois et sept jours, et comptaient par exemple l'an 1000 dès le 25 mars de notre année 999 : ceux-ci au contraire la retardaient de trois mois moins sept jours, et comptaient encore jusqu'au 24 mars inclusivement l'an 999 lorsque nous comptons l'an 1000, selon notre manière de commencer l'année avec le mois de janvier, parce qu'ils ne la commençaient qu'au 25 mars suivant (2). D'autres commençaient l'année à Pâques et en avançaient ou reculaient le premier jour selon que celui de Pâques tombait : ceux-ci, comme les précédents, commençaient aussi l'année environ trois mois après nous, tantôt un peu plus, tantôt un peu moins, selon que Pâques tombait en mars ou en avril (3). Il y en a enfin, mais peu, qui paraissent avoir commencé l'année un an entier avant nous, en datant par exemple dès le mois de janvier l'an onze cent trois, lorsque nous ne comptons que l'an onze cent deux. Voilà les divers commencements de l'année de l'Incarnation que nous avons remarqués dans les anciens (4). »

Comme l'a remarqué fort justement M. le duc de Luynes dans son *Introduction aux Éphémérides de Matteo di Giovenazzo*, il est clair que parmi

---

l'Angleterre Matthieu Paris au commencement et à la fin de chaque année, et pour le Piémont la collection de chartes publiée à Turin sous le titre de : *Historiae patriae monumenta*. En Piémont cependant on commençait aussi quelquefois l'année à Pâques. Voy. L. CIBRARIO, *Stor. della monarch. di Savoia*, t. II, note au livre IV, où cette question est parfaitement éclaircie. A Rome et à Gênes le commencement de l'année était également fixé à Noël.

(1) Il s'agit ici de l'ère pisane, si connue en Italie, et sur laquelle nous aurons occasion de revenir. Ce fait est établi dans MURATORI, *Antiq. Ital.*, t. III, Dissert. XLV ; — MEO, *Appar. Chronol.*, ch. I, art. I. — *Art de vérifier les dates*, t. I, p. 9, not., édit. in-4°.

(2) Tel était l'usage de Florence, de l'Apulie et du royaume de Sicile, comme nous l'apprennent des témoignages incontestables.

(3) Nous n'avons pas besoin de rappeler que ce fut l'usage à peu près constant en France, jusqu'à l'édit de Roussillon (1564), qui fixa le commencement de l'année au 1er janvier.

(4) *Art de vérifier les dates*, édit. de 1770, p. III et IV.

toutes ces années de l'Incarnation, il ne s'en trouvait que deux véritables, l'une commençant au 25 mars avant notre ère, l'autre commençant le 25 mars après notre année vulgaire. Le reste de ces années de l'Incarnation n'en portait que le nom; elles auraient dû être intitulées années de la Nativité, si elles commençaient le 25 décembre, et années de la Circoncision, comme à Reggio par exemple, si leur début était au premier jour de janvier.

En parcourant la volumineuse collection que nous avons rassemblée, on est frappé de voir revenir presque invariablement dans les actes de Frédéric II et de ses fils la formule *anno dominicae incarnationis*, et si cette formule est quelquefois remplacée par les mots *anno Domini* ou *anno gratiae*, ces expressions ne doivent être considérées que comme des équivalents de la formule habituelle. Au premier abord, il paraît donc évident que la chancellerie de ce prince avait adopté l'ère de l'Incarnation, et on est amené naturellement à penser que cette ère était l'ère de l'Incarnation sicilienne, postérieure de trois mois moins sept jours à notre année vulgaire. Mais si l'on examine l'une après l'autre les pièces diplomatiques délivrées entre le mois de janvier et le 25 mars, seule période où l'année sicilienne différait de notre année vulgaire, on ne tarde pas à reconnaître combien la formule est trompeuse, puisque la grande majorité des pièces de cette période est réellement datée selon notre manière actuelle de commencer l'année. Si l'on prend par exemple l'ensemble des pièces délivrées dans les mois de janvier, février et mars de l'année 1221, sur dix-sept on en trouve quatorze qui portent, soit en chiffres, soit en toutes lettres, le millésime 1221, conformément à notre système moderne, et trois seulement qui portent le millésime 1220, suivant l'ère de l'Incarnation sicilienne; et cependant les unes et les autres présentent également la formule *anno dominicae incarnationis*. En outre, la plupart de ces actes sont rédigés pour le royaume de Sicile, et auraient dû par conséquent être conformes à l'usage suivi par les notaires de ce pays dans les actes publics. Si nous faisons le même rapprochement entre les pièces des trois premiers mois de l'année 1237, délivrées la plupart pour l'Allemagne, nous en trouvons dix qui ont pour millésime l'année vulgaire 1237, et dix autres qui sont datées selon l'ère de l'Incarnation sicilienne. Ces vingt pièces comme les précédentes portent uniformément les mots *anno dominicae incarnationis*. De cette différence entre les deux termes de la proportion à seize ans de distance, faut-il conclure à un retour systématique vers une manière de compter plus conforme à la formule adoptée en principe? Nous ne le pensons pas. Tout ce qu'on pourrait dire en général, c'est que pendant la première moitié du règne de Frédéric, l'habitude de compter l'année comme nous la comptons aujourd'hui est prédominante, et qu'à partir de 1230 ou environ, l'usage d'indiquer l'année suivant l'ère réelle de l'Incarnation devient beaucoup plus fréquent.

Frappé de cette singulière variation, nous avions d'abord pensé qu'elle avait pour motif le désir de se conformer au calcul du pays auquel tel ou tel diplôme était destiné, et nous avions entrepris d'opérer un classement sur cette base. Mais après un travail aussi long que fastidieux, nous avons rencontré tant d'incertitudes et de contradictions, que nous avons fini par reconnaître l'impossibilité absolue de distinguer catégoriquement les actes datés suivant notre calcul actuel de ceux qui en réalité sont datés suivant l'ère de l'Incarnation. On ne peut que s'en tenir à cette opinion, que la chancellerie de Frédéric II a suivi indifféremment et simultanément, au gré des notaires qui rédigeaient les diplômes, les deux manières de compter l'année, en se servant pour l'une et pour l'autre d'une même formule.

Le plus savant historiographe de la Sicile, Rocco Pirri, a dit avec autant de justesse que de prudence : « Si les Siciliens ont suivi dans le calcul de leurs années de l'Incarnation le système de Denis le Petit, je ne vois pas cependant qu'ils aient établi de différence entre les années de l'Incarnation et celles de la Nativité(1). » L'étude des actes de l'empereur Frédéric II vient tout à fait à l'appui de cette remarque, car nous ne doutons pas que dans toutes les pièces où la formule *anno dominicae incarnationis* paraît en désaccord avec le millésime exprimé, il ne s'agisse réellement de l'ère de la Nativité. Mais on comprendra facilement combien les preuves doivent en être rares, si l'on réfléchit que pour les obtenir il faut

---

(1) R. PIRRI, *Eccles. Panormit. notit.*, ad ann. 1444, p. 90.

PARTIE DIPLOMATIQUE. XXXIII

rencontrer des pièces diplomatiques délivrées entre le 25 décembre et le 1ᵉʳ janvier, et où la date de l'année nouvelle soit formellement énoncée. Nous avons pu cependant en recueillir un certain nombre dont voici le tableau :

ACTES DE FRÉDÉRIC II.

T. I, p. 527. *Actum est hoc anno dominice incarnationis millesimo CC. XVIII. Datum apud Nuorenberc, IIII kal. jan., indict. VI* (29 décembre 1217).

p. 529. *Datum apud Nuremberc, anno dominice incarnationis millesimo [ducentesimo] octavo decimo, mense decembris, indictione sexta* (décembre 1217, après Noël).

p. 577 et 579. *Acta sunt hec anno incarnationis dominice millesimo ducentesimo nono decimo, mense decembri, indictione septima* (décembre 1218 ; probablement le jour de Noël).

p. 712. *Datum apud Augustam, anno dominice incarnationis millesimo CC. XX, IV kal. januarii, indictionis VIII* (29 décembre 1219).

p. 716. *Actum est hoc apud Augustam, anno dominice incarnationis M. CC. XX, mense decembri, indictione VIII* (décembre 1219, après Noël. — Instrument rédigé par un notaire apulien ou sicilien.)

T. II, p. 279. *Datum Apulie apud Civitatem, anno dominice . . . . . . M. CC. XXIII, sexto kalendas januarii, XI indictione* (27 décembre 1222) (1).

p. 467. *Datum Panormi, anno Domini M. CC. XXV, mense decembri, indictione XIII* (décembre 1224, après Noël).

T. V, p. 151. *Datum apud Laudam, anno dominice incarnationis M. CC. XXXVIII, mense decembris, XI indictionis* (décembre 1237, après Noël) (2).

---

(1) La date de cette pièce présente d'assez grandes difficultés que nous avons exposées dans les notes de notre ouvrage. La principale, c'est qu'on a une autre pièce datée de Précina le même jour, et qu'il est impossible aujourd'hui de vérifier sur les originaux si ces deux dates de jour sont exactes. A la rigueur, Précina n'est pas si éloigné de Civitate, qu'on ne puisse admettre deux actes du même jour donnés en ces deux lieux différents.

(2) M. Bœhmer, dans la mention qu'il fait de cette pièce (*Regest. imper.*, p. 178, n° 923), a eu soin de mentionner comme singularité la date 1238, en ces termes : *Mit iahr* 1238 *und ind.* 11. Nous avions cru devoir adopter la correction 1237. Mieux instruit aujourd'hui, nous reconnaissons que le millésime 1238 est très-possible, l'empereur ayant résidé à Lodi avant et après Noël.

I.

ACTES DE HENRI VII.

T. III, p. 392. *Datum apud Hagenoum, anno Domini M. CC. XXIX, octavo kalendas januarii* (25 décembre 1228).
T. IV, p. 560. *Actum apud Hagenowe, anno dominice incarnationis M. CC. XXXII, pridie kalendas januarii, indictione quinta* (31 décembre 1231).

Nous trouvons en revanche deux actes de Frédéric II et trois de Henri VII, délivrés aussi du 25 décembre au 1ᵉʳ janvier, qui portent la date de l'année courante et qui, par conséquent, peuvent paraître conformes à la manière de compter suivant l'ère de l'Incarnation. Ainsi nous avons lieu de signaler pour les pièces qu'il faut placer entre Noël et le 1ᵉʳ janvier, le même défaut de règle fixe que nous venons de reconnaître dans les actes rédigés entre le 1ᵉʳ janvier et le 25 mars. De l'exposé qui précède on doit conclure sans témérité, que si la chancellerie de Frédéric II adopta l'ère de l'Incarnation sicilienne pour un certain nombre de documents, elle suivit réellement dans la majorité des actes datés du millésime l'ère de la Nativité, tout en lui conservant le nom d'ère de l'Incarnation.

De savants chronologistes ont observé que Frédéric II, dans quelques-uns de ses diplômes expédiés en Italie, a suivi l'ère pisane (1), antérieure d'une année entière à celle de Florence et de Sicile. Mais ils n'en administrent aucune preuve et ils n'ajoutent aucun éclaircissement qui puisse faire admettre ou rejeter cette opinion. On comprend qu'il ne suffit pas d'un document isolé pour établir tel ou tel usage chronologique, car l'irrégularité peut alors être attribuée uniquement à l'inadvertance d'un notaire : il faudrait au moins deux ou trois documents du même genre pour servir de base à la discussion. Or, nous trouvons bien à l'année 1218 trois documents ainsi datés : *Datum apud Ulmam, anno dom. incarn. M. CC. XVIIII, IIII idus sept., indict. VI. — Dat. ap. Ulmam, anno dom.*

---

(1) « On a de ce prince quelques diplômes datés suivant l'ère pisane : ce sont ceux qu'il fit expédier en Italie. » *Art de vérifier les dates*, édit. in-4°, t. II, 2ᵉ partie, p. 447.

incarn. millesimo ducentesimo nono decimo, tertio idus sept., sexte indictionis (t. I, p. 556-557). *Datum apud Ulmam, anno dom. incarn. milles. ducentesimo nono decimo, quarto decimo calendas octobr., indict. septima* (t. I, p. 565); tous trois pour des monastères situés en Bavière. Mais y a-t-il encore là des éléments suffisants pour établir que la chancellerie ait alors suivi l'ère pisane? Ces pièces sont toutes de la même époque (10, 11 et 18 septembre) et se trouvent entremêlées parmi d'autres pièces datées régulièrement du millésime 1218. Cette adoption du calcul pisan, en l'admettant comme certaine, nous semblerait plutôt l'effet d'un caprice que le résultat d'un système de comput, reçu même passagèrement à la cour de Frédéric. Quand les Bénédictins parlent de diplômes expédiés en Italie, je crois qu'ils ont été induits en erreur ou par la lecture de quelque copie mal datée (1), ou par suite d'une confusion entre l'ère de l'Incarnation sicilienne ou florentine, et l'ère de l'Incarnation pisane. Pour moi, à dater de 1207, je n'en connais aucun exemple avéré, et si Frédéric eût adopté quelquefois cette manière de compter l'année, assurément il en aurait fait usage dans ses diplômes délivrés en faveur des Pisans eux-mêmes; ce qui n'est pas. Au contraire, ces pièces portent toutes l'année de l'Incarnation sicilienne, conforme de fait à notre année vulgaire, puisqu'elles ont été délivrées au mois de novembre 1220 et au mois d'avril 1229. Dans l'hypothèse de l'ère pisane, elles devraient porter les dates de 1221 et 1230.

Le seul moment où l'on puisse dire que Frédéric II ait suivi réellement dans ses actes l'ère de l'Incarnation pisane, se rapporte à l'époque de sa minorité, quand la Sicile était en proie aux factions et que la personne

---

(1) Cette cause d'erreur a entraîné un diplomatiste consommé, M. N. de Wailly, à dire dans ses *Éléments de paléographie*, t. I, p. 298 : « On a des chartes de cet empereur datées selon le calcul pisan. En voici un exemple rapporté par les Bénédictins : « *Datum apud Pisas, anno » dom. inc. M. CC. XLV, mense augusti, II indictione.* » L'indiction II convient en effet à l'année 1244 et non à 1245, et comme l'acte est daté de Pise, on doit naturellement supposer qu'on y a suivi le calcul pisan. » Mais la citation de la date empruntée à dom Vaissette est fautive; Vaissette a lu 1245, quand l'original conservé aux Archives de l'empire (J. 303, n° 6) porte en toutes lettres : *anno dom. inc. millesimo ducentesimo* QUARTO. Par conséquent cette pièce ne prouve absolument rien en faveur de l'ère pisane.

royale n'était qu'un instrument entre les mains du parti victorieux. Depuis la fin de l'année 1202 jusqu'au mois de septembre ou de novembre 1206, c'est-à-dire pendant tout le temps que le roi enfant fut au pouvoir de Guillaume Capparone, les actes donnés en son nom portent l'ère de l'Incarnation pisane, et cela tient évidemment à ce que les Pisans, alliés de Capparone, occupaient alors Palerme et les principaux ports de la Sicile, où leur influence était prépondérante. Ce fait singulier, qui n'avait pas été remarqué jusqu'ici, se prouve par la date même des diplômes. S'il ne s'agissait que d'un seul acte, on pourrait croire à quelque inadvertance de la part du rédacteur; mais comme le fait se reproduit dans une série d'actes limitée à une certaine période, il faut bien admettre que cette manière de dater était alors systématique.

Voici la série de ces actes :

Datum in urbe felici Panormi, anno dominice incarnationis millesimo ducentesimo TERTIO, *mensis decembris, sexte indictionis, regni vero..... anno quinto* (1). La concordance du chiffre de l'indiction et de l'année du règne fait bien voir qu'il s'agit ici de l'année 1202, quoiqu'on puisse soutenir à la rigueur que l'acte est postérieur au 25 décembre et que le rédacteur aura pu se servir de l'ère de la Nativité en lui conservant le nom d'ère de l'Incarnation. Mais les pièces suivantes ne laissent plus aucun doute :

Datum in felici urbe Panormi, anno dominice incarnationis [*millesimo ducentesimo*] QUINTO, *mense octobris, octave indictionis* (2). L'année du règne manque; mais le chiffre de l'indiction prouve assez que l'acte est du mois d'octobre 1204.

Datum in urbe felici Panormi, anno dominice incarnationis millesimo ducentesimo SEXTO, *mense aprilis, indictionis octave, regni vero..... anno septimo* (3). Évidemment 1205.

Datum in urbe felici Panormi, anno dominice incarnationis millesimo du-

---

(1) *Hist. diplom.*, t. I, p. 97.
(2) *Ibidem*, t. I, p. 112.
(3) *Ibidem*, t. I, p. 114. — Autre privilége daté de même : avril 1206 pour 1205; *ibid.*, p. 115.

PARTIE DIPLOMATIQUE. xxxvii

centesimo SEXTO, *mense octobris, indictione nona, regni vero anno octavo* (1). Encore 1205.

Data in urbe felici Panormi, anno dominice incarnationis millesimo ducentesimo sexto, mense martii, none indictionis, regni vero..... anno octavo (2). L'année pisane 1207 commençant seulement au 25 mars de notre année vulgaire 1206, le millésime se trouve être ici d'accord avec l'ère de la Nativité.

Datum, etc., anno dominice incarnationis M. CC. VII, mense maio, indictione IX (3). Évidemment 1206.

Il est bon aussi de remarquer que dans tous ces actes le nom du notaire n'est pas exprimé. Mais aussitôt que le chancelier Gautier de Palearia est rentré en possession de la personne du roi et du gouvernement de la Sicile, par la défaite de Capparone et des Pisans, les actes reprennent leur forme régulière. Ils sont datés de l'ère de l'Incarnation sicilienne, qui n'est au fond que l'ère de la Nativité, et portent les noms des notaires siciliens qui les ont rédigés.

CHAPITRE III.

DES INDICTIONS. — PRÉDOMINANCE DE L'INDICTION GRECQUE.

Un moyen plus sûr que le millésime de fixer la chronologie des actes de Frédéric II, c'est l'indiction. Les indictions ou années d'un cycle de quinze ans se renouvelant à mesure qu'il expire, servent d'une manière efficace à contrôler et à établir positivement les dates véritables des chartes et des diplômes. Mais comme, dans la série de l'histoire diplomatique de Frédéric II en particulier, les mandements et les lettres closes sans exception, et même un certain nombre de lettres patentes et d'actes solennels, sont uniquement datés du jour du mois et de l'indiction, il est

---

(1) *Hist. diplom.*, t. I, p. 116, et *Additam.*, p. 914.
(2) *Ibidem*, t. I, p. 117. Nous avons expliqué en note pourquoi le nom du mois effacé sur l'original doit être lu *mars* et non *mai*.
(3) *Ibidem*, t. I, p. 118.

INTRODUCTION.

encore plus nécessaire de déterminer quelle était cette indiction et à partir de quel jour elle commençait.

« Les trois principales indictions, disent les auteurs du *Nouveau traité de diplomatique*, sont la constantinopolitaine, l'impériale ou césaréenne et la romaine ou pontificale. La première commence au premier de septembre, la seconde au 24 du même mois, la troisième au 1er janvier, ou selon d'autres, au 25 décembre. Les Grecs font constamment partir leur indiction et leur année du premier de septembre... L'indiction impériale, que les chronologistes appellent constantinienne, commence le 24 de septembre. Les empereurs allemands la reçurent de nos empereurs français et l'employèrent fort exactement dans leurs diplômes; c'est d'où lui vient le nom de césaréenne. Elle s'est bien mieux soutenue en Allemagne qu'en France, quoiqu'en ce royaume elle fût d'un usage ordinaire aux huitième et neuvième siècles. Mais nous sera-t-il permis d'observer que les chartes citées par Ducange pour appuyer l'indiction du 24 septembre, prouveraient également en faveur de celle du premier du même mois?.... Le commencement de l'indiction au 24 de septembre est encore en usage en Allemagne. Cette indiction constantinienne fut la plus suivie en France et en Angleterre aux quatorzième et quinzième siècles. Enfin l'usage de compter l'indiction nouvelle du 1er janvier a prévalu dans l'Église depuis longtemps. Ce n'est pourtant que depuis les pontificats d'Innocent XII et de Clément XI qu'on a repris ce calcul dans les grandes bulles (1). »

D'après ce qui précède, on serait porté à croire que la chancellerie de Frédéric II adopta l'indiction césaréenne, commençant au 24 septembre; et, en effet, le nombre des pièces rédigées entre le mois de septembre et le mois de janvier, et portant le millésime avec le chiffre de l'indiction nouvelle, est assez considérable pour justifier cette opinion. Les méprises même sont excessivement rares (2). Cependant ici, comme pour le mil-

---

(1) *Nouv. trait. de diplomat.*, t. IV, p. 675, 676, 682.

(2) Je n'en connais qu'un seul exemple parmi les actes de Frédéric II, et cet exemple est fourni par l'acte d'annulation des consulats établis sans autorisation dans certaines villes de la Provence : *Datum Fogie, anno incarnationis dominice M. CC. XXVI, mense octobris,* XIV IN-

lésime, l'apparence est encore trompeuse, en ce sens que si la chancellerie de Frédéric II adopta, il est vrai, une indiction commençant en septembre, ce fut plutôt celle qui commençait au 1ᵉʳ jour de ce mois que celle qui commençait au 24. En d'autres termes, c'est l'indiction constantinopolitaine ou grecque que Frédéric II suivit dans la plupart de ses actes, comme nous allons le démontrer.

Il n'y a pas moyen de douter que l'indiction grecque ne fût d'un usage constant en Apulie et en Sicile, et qu'on n'y suivît à la lettre la règle contenue dans le formulaire grec cité par Ducange : « Ἰστέον ὅτι ἡ ἴνδικτος, ἥτις καλεῖται καὶ ἐπινέμησις, ἄρχεται ἀεὶ ἀπὸ τῆς πρώτης τοῦ σεπτεμβρίου μηνὸς, ἀνέρχεται δὲ ἕως ἐτῶν δεκαπέντε καὶ πληροῦται καὶ πάλιν ὑποστρέφει καὶ ἄρχεται πρώτη (1). » Outre les actes privés qui mentionnent toujours l'indiction commençant au 1ᵉʳ septembre, nous avons des documents administratifs qui établissent le même usage de la manière la plus évidente. On lit au titre 71 du livre Iᵉʳ des *Constitutions* du royaume de Sicile, qui portent la date du mois de septembre 1231 : « *Bajulationes omnes ubique per regnum* CALENDIS SEPTEMBRIS INCHOARI *precipimus, sive in exitalium sive ad credentiam collocentur.* » Ce qui est expliqué par ce passage du *Regestum* : « *Nos enim sibi dedimus in mandatis ut* A PRIMO PRETERITI MENSIS SEPTEMBRIS HUJUS XIII INDICTIONIS *ab officialibus in ipsis partibus per te statutis pro parte curie nostre recipiat rationem* (2). » On trouve aussi dans un autre endroit du même *Regestum* : « *Pro munitione castri nostri Scalecte* A PRETERITO MENSE SEPTEMBRIS USQUE PER TOTUM MENSEM NOVEMBRIS, *qui sunt menses tres hujus XIII in-*

DICTIONIS. *Hist. diplom.*, t. II, p. 684. L'indiction est ici conforme au système actuel, tandis qu'elle devrait porter le chiffre XV. Mais qui prouve que cette pièce imprimée par M. Pertz, d'après le texte donné par Papon, a été bien exactement transcrite? Les autres pièces du mois d'octobre 1226, qui, dans notre collection, précèdent et suivent celle-là, portent toutes l'indiction régulière XV. On doit ajouter que ces indictions fautives sont un peu plus fréquentes dans les actes de Henri VII. Voy. notamment t. II, p. 720, 888 et 890.

(1) DUCANGE, *Gloss. med. et inf. latin.*, au mot *indictio*.

(2) Fol. 99 verso; dans notre édition, t. V, p. 905. Le fragment connu sous le nom de *Regestum*, est le registre où avaient été transcrits originairement les actes de la 13ᵉ indiction, qui répond aux quatre derniers mois de 1239 et aux huit premiers de 1240. Voyez la liste des sources imprimées et manuscrites, et ci-après, p. LXXX.

dictionis (1). » Enfin, un manuscrit qui paraît avoir été rédigé sous les Angevins et qui est un manuel à l'usage des gens des comptes, dit formellement : « *Nam si penultimo augusti prime indictionis fuisset merces vendita pro X..... et sic pro tanta pecunia haberet tractam mercator I° SEPTEMBRIS SECUNDE INDICTIONIS, si erant alii cabelloti, debent ipsam servare annum usque ad penultimum augusti secunde indictionis ejusdem. Alioquin si computaretur aliter, predicius annus non esset ni unius diei tantum, quod esset absurdum.* » Et plus loin : « *Ut si augusto anni prime indictionis emo cabellam pro anno secunde proxime indictionis* INCIPIENTIS PRIMO SEPTEMBRIS, *non sufficit,* etc. (2). » L'indiction grecque, dans le royaume de Naples, servait donc à déterminer l'année administrative. C'était au 1er septembre que les fonctionnaires entraient en charge, c'était à dater de ce jour qu'ils devaient rendre compte de leur gestion, et nous savons aussi que les services financiers et les recettes qui formaient pour ainsi dire le budget de Frédéric II, étaient réglés suivant l'indiction grecque en usage dans le pays.

Dans ses actes diplomatiques, l'empereur se servit-il constamment de cette même indiction, ou employa-t-il indifféremment tantôt l'indiction grecque, tantôt l'indiction césaréenne? Le tableau suivant (3), où nous avons indiqué avec soin toutes les pièces rédigées du 1er au 24 septembre, répondra suffisamment à cette double question. Les actes antérieurs au 24, qui portent le chiffre de l'indiction courante, sont rédigés suivant l'indiction césaréenne; ceux au contraire où le chiffre change avant le 24 sont évidemment conformes au calcul de Constantinople.

---

(1) *Ibidem*, fol. 7 verso; dans notre édition, t. V, p. 977.
(2) Mss. de la Bibl. impér., anc. fonds latin, n° 4625, fol. 78 verso et 83 verso.
(3) Nous demandons grâce au lecteur pour la sécheresse des divers tableaux que nous avons à lui présenter dans la première partie de notre Introduction. Mais cette méthode d'exposition nous paraît ici la plus simple, la plus claire et la plus concluante. Ayant beaucoup d'exemples à énumérer, nous devons recourir à l'éloquence concise des chiffres.

PARTIE DIPLOMATIQUE. XLI

ACTES DE L'EMPEREUR FRÉDÉRIC II DU 1er AU 24 SEPTEMBRE.

DESTINATION DE LA PIÈCE.	ANNÉE.	DATE DU MOIS. Du 1er au 24.	INDICTIONS	
			GRECQUE OU CONSTANTINOPOLIT. Commençant au 1er sept.	IMPÉRIALE OU CÉSARÉENNE. Commençant au 24 sept.
En Allemagne pour l'Allemagne...	1213	1er sept.	» »	Indict. I.
En Allemagne pour l'Allemagne...	1214	1er sept.	» »	Indict. II.
Idem.	»	2 sept.	» »	Indict. II.
En Allemagne pour l'ordre Teutoniq.	»	5 sept.	» »	Indict. II.
En Allemagne pour un Allemand..	»	18 sept.	Indict. III.	» »
En Allemagne pour l'Allemagne...	1215	6 sept.	» »	Indict. III.
Idem.	»	11 sept.	» »	Indict. III.
Idem.	»	12 sept.	» »	Indict. III.
Idem.	»	16 sept.	Indict. IV.	»
En Allemagne pour l'Italie....	»	24 sept.	Indict. IV.	Peut être aussi bien césaréenne que grecque.
En Allemagne pour l'ordre Teutoniq.	1216	8 sept.	» »	Indict. IV.
Idem.	»	23 sept.	Indict. V.	» »
En Allemagne pour l'Allemagne...	1218	10 sept.	» »	Indict. VI.
Idem.	»	11 sept.	» »	Indict. VI.
Idem.	»	12 sept.	Indict. VII.	» »
Idem.	»	13 sept.	Indict. VII.	» »
En Allemagne pour la Lorraine...	»	14 sept.	Indict. VII.	» »
En Allemagne pour l'Allemagne...	»	18 sept.	Indict. VII.	» »
En Allemagne pour un Allemand..	1219	6 sept.	Indict. VIII.	» »
En Allemagne pour l'Allemagne...	»	6 sept.	Indict. VIII.	» »
En Allemagne. Lettre au Pape...	»	6 sept.	Indict. VIII.	» »
En Allemagne pour l'Allemagne..	»	14 sept.	Indict. VIII.	» »
En Allemagne pour un Allemand..	»	18 sept.	Indict. VIII.	» »
En Italie. Lettre au Pape.....	1220	13 sept.	Indict. IX.	» »
En Italie pour l'Italie........	»	16 sept.	Indict. IX.	» »
Idem.	»	17 sept.	Indict. IX.	» »
En Italie pour Venise........	»	20 sept.	Indict. IX.	» »
En Italie pour l'Italie........	»	21 sept.	Indict. IX.	» »
Idem.	»	24 sept.	Indict. IX.	» »

I.   *f*

SUITE DES ACTES DE L'EMPEREUR FRÉDÉRIC II.

DESTINATION DE LA PIÈCE.	ANNÉE.	DATE DU MOIS. Du 1er au 24.	INDICTIONS	
			GRECQUE OU CONSTANTINOPOLIT. Commençant au 1er sept.	IMPÉRIALE OU CÉSARÉENNE. Commençant au 24 sept.
Dans le royaume de Sicile et pour le royaume.	1225	10 sept.	Indict. XIV.	» »
Idem.	»	15 sept.	Indict. XIV.	» »
Dans le royaume, mais p. l'Allemagne	1227	7 sept.	Indict. I.	» »
En Italie, mais pour l'Allemagne. .	1230	3 sept.	Indict. IV.	» »
Idem.	»	4 sept.	Indict. IV.	» »
Dans le royaume, mais p. la Provence	1232	19 sept.	Indict. VI.	» »
En Allemagne pour l'Allemagne. . .	1235	9 sept.	Indict. IX.	» »
En Italie. Lettre au Pape.	1236	20 sept.	Indict. X.	» »
En Allemagne pour l'Allemagne. . .	1237	4 sept.	Indict. XI.	» »
En Italie pour l'Allemagne.	1238	6 sept.	Indict. XII.	» »
En Italie pour l'Italie.	1239	6 sept.	Indict. XIII.	» »
En Italie pour l'Angleterre	1240	13 sept.	Indict. XIV.	» »
En Italie pour la France.	1245	22 sept.	Indict. IV.	» »
En Italie pour l'Italie.	1248	3 sept.	Indict. VII.	» »

Il ressort clairement de ce tableau que, depuis son arrivée en Allemagne jusqu'au 12 septembre 1248, Frédéric II hésita entre l'indiction grecque employée dans le royaume de Sicile et l'indiction impériale adoptée en Allemagne; mais qu'à partir de cette date il se décida pour l'indiction grecque et s'en servit constamment non-seulement dans les pièces rédigées pour ses États héréditaires, mais encore dans les actes

PARTIE DIPLOMATIQUE.   XLIII

qui concernaient l'Allemagne, l'Italie, le royaume d'Arles, ainsi que dans ses relations avec les papes et les divers rois de l'Europe. Une pièce datée de Sora, le 31 août, et qui est de 1246, bien qu'elle porte l'indiction V, qui répond à l'an 1247 (1), semblerait même faire croire qu'en certains cas les notaires siciliens comptaient la nouvelle indiction dès le dernier jour d'août, quand l'acte devait avoir son effet dans le cours de l'indiction qui devait commencer le lendemain (2) : ce ne serait donc pas ici une exception à la règle, mais une interprétation exagérée. On peut au reste expliquer plus naturellement cette irrégularité en supposant que le mandement original écrit le 31 août n'aura reçu la date de l'indiction qu'au moment de son expédition, soit le lendemain, soit quelques jours après.

Nous avons vu que l'indiction grecque était adoptée dans les États Napolitains. Elle paraît aussi avoir été généralement suivie dans l'Italie centrale et dans l'Italie supérieure au treizième siècle (3). Nous en avons pour Venise un exemple très-frappant dans un document qui fait partie de notre collection : c'est le traité d'alliance conclu en 1239 entre le pape Grégoire IX et les Vénitiens pour fixer la part de ceux-ci dans les charges et les bénéfices de l'expédition préparée contre le royaume de Sicile. La procuration donnée aux ambassadeurs vénitiens par le doge Jacopo Tiepolo, le 5 septembre, et le traité qui est du 23, portent tous deux l'indiction XIII (4), tandis que pontificale ou même césaréenne, l'indiction n'aurait dû être que la douzième.

Il n'en était pas de même à Gênes. Là l'indiction commençait toujours

---

(1) Au mois d'août 1247, Frédéric II était au siége de Parme. Par conséquent il ne pouvait alors faire expédier un rescrit daté de Sora. D'autre part on ne peut supposer une mauvaise leçon, car le *vidimus* original, que nous avons copié nous-même aux archives de la Cava, porte en toutes lettres *indictionis quinte*.

(2) De même qu'il est très-probable qu'en France l'année commençait à une certaine heure du samedi saint et non pas le jour même de Pâques, de même on peut supposer que l'indiction nouvelle en Sicile commençait à une certaine heure du 31 août, peut-être après midi. Mais nous devons dire que deux autres actes de Frédéric datés du 31 août, portent encore le chiffre de l'indiction courante, et non pas celui de l'indiction nouvelle.

(3) Cf. Ducange, *Glossar. med. et inf. latin.*, édit. in-4°, t. III, p. 811, 1re colonne.

(4) *Die quinto intrante septembri, indict. XIII. — Indictione XIII, mense septembris, die XXIII.* Cf. *Hist. diplom.*, t. V, p. 394.

au 24 septembre; mais par une singularité remarquable elle était en retard d'un an entier sur l'indiction césaréenne ordinaire. C'est ce que nous apprend Jean Balbi, autrement dit *de Gênes*, dans son célèbre dictionnaire appelé *Catholicon* : *Nota quod anni Domini renovantur in kalendis januarii sicut in nativitate Domini; sed indictio in octavo kalendas octobris, et sic anni Domini praecedunt novem mensibus.* [*Unde*] *versus* :

Mensibus hanc nonis Domini praecursitat annus.

Et ideo si computas vel quaeris indictionem a Nativitate usque ad octavo kalendas octobris, jungas tantum duos annos annis Domini; sed si quaeris de ea ab octavo calendas octobris usque ad Nativitatem Domini, jungas annos tres (1). Ainsi Jean de Gênes nous dit que l'année commençant au 25 décembre et l'indiction au 24 septembre, l'année était en avance de neuf mois sur l'indiction; de telle sorte, pour citer un exemple, que l'année ayant commencé le jour de Noël 1211, la nouvelle indiction XV ne devait commencer que le 24 septembre 1212, et c'est bien là, en effet, ce qui avait lieu à Gênes au treizième siècle, quoique les auteurs du *Nouveau traité de diplomatique* aient pensé le contraire (2). La chronique de Caffari et de ses continuateurs et un grand nombre de pièces originales que j'ai eues sous les yeux, établissent clairement que l'indiction génoise se comptait au treizième siècle comme le dit Jean Balbi. Je citerai entre autres un acte de Frédéric II du 9 juillet 1212, dans lequel ce prince, demeurant alors

---

(1) J'ai préféré pour ce passage au texte de Ducange, celui que m'a fourni M. Aug. Bernard, d'après l'édition *princeps* du *Catholicon*, imprimée en 1460. Ainsi les Génois avaient adopté le système particulier qui voulait que l'an premier de Jésus-Christ correspondît à l'indiction 3 et non pas à l'indiction 4, et ils ne se trouvaient d'accord avec le chiffre de l'indiction pontificale que pendant les trois derniers mois de l'année.

(2) A la phrase : « *Sumit autem ciclus indictionis exordium ab octavo calendas octobris,* » les éditions postérieures du *Catholicon* ont ajouté les mots « *supple secundum antiquos* », qui ne se trouvent pas à la première, et qui ont induit en erreur les auteurs du *Nouveau traité de diplomatique*. « Ils concluent en effet de ces mots (t. IV, p. 677), qu'au temps de Jean Balbi on ne commençait plus l'indiction de cette manière dans son pays; mais ils se trompent évidemment, puisque ces mots ont été interpolés deux siècles après la mort de l'auteur. » Aug. Bernard, *Observat. sur quelques indic. chronol. en usage au moyen âge*, p. 10, note 3.

PARTIE DIPLOMATIQUE.   XLV

à Gênes, adopte contrairement aux habitudes de sa chancellerie le style génois : « *Actum Janue feliciter*..... *anno dominice nativitatis millesimo ducentesimo duodecimo, indictione* DECIMA QUARTA, *nono die julii, circa tertiam* (1). » Or l'indiction impériale courante en 1212 était l'indiction XV finissant le 24 septembre de cette année, et, en effet, dans un autre acte rédigé aussi à Gênes au mois de mai 1212, mais destiné à la Sicile, Frédéric se sert de l'indiction XV comme dans le calcul ordinaire (2).

D'après une des notes jointes aux documents publiés par M. de Mas Latrie sur le commerce des Pisans avec la côte d'Afrique (3), on pourrait croire que l'usage de Gênes était aussi suivi à Pise. « On voit dans cet acte et dans les suivants, dit l'auteur, que la ville de Pise était toujours en retard d'un an dans le calcul des indictions sur le comput ordinaire, d'après lequel les auteurs de *l'Art de vérifier les dates* ont dressé leurs tables. Ainsi, par exemple, l'année 1182, comptée à Pise pour la quatorzième indiction, tombe sur la quinzième dans le calcul des Bénédictins. » Et il ajoute plus loin : « La première indiction de Pise était la deuxième suivant le calcul ordinaire. » Mais ce désaccord entre le millésime et l'indiction provient uniquement de ce que les Pisans commençaient leur année de l'incarnation neuf mois et sept jours avant notre année vulgaire, comme nous l'avons dit plus haut. Les documents cités par M. de Mas Latrie sont très-régulièrement datés selon l'indiction césaréenne, et c'est le chiffre de l'année qu'il faut changer pour dater ces pièces conformément à notre style. Ainsi 1182, avec l'indiction XIV, 1260, avec l'indiction II, 1272, avec l'indiction XIV, etc., répondent aux années vulgaires 1181, 1259, 1271, et ainsi de suite.

Pour nous rendre compte de la manière dont la chancellerie de Henri, roi des Romains, calculait l'indiction, nous avons dressé un tableau (4) analogue à celui des actes de Frédéric II, et voici ce qu'il nous a fourni :

---

(1) *Hist. diplom.*, t. I, p. 244.
(2) *Ibidem*, t. I, p. 243.
(3) *Bibliothèque de l'École des chartes*, 2ᵉ série, t. V, p. 440, note 2.
(4) Toutes les pièces de ce tableau ayant été rédigées en Allemagne, et pour l'Allemagne, il n'y a pas lieu de tracer une colonne à part pour en indiquer la destination.

ACTES DU ROI HENRI VII.

ANNÉE.	DATE DU MOIS. DU 1er AU 24.	INDICTIONS.	
		GRECQUE.	CÉSARÉENNE.
1223	11 septembre.	» »	Indict. XI.
»	11 septembre.	Indict. XII.	» »
»	12 septembre.	» »	Indict. XI.
»	20 septembre.	Indict. XII.	» »
»	21 septembre.	Indict. XII.	» »
»	22 septembre.	» »	Indict. XI.
1224	9 septembre.	» »	Indict. XII.
1225	3 septembre.	» »	Indict. XIII.
»	4 septembre.	» »	Indict. XIII.
»	7 septembre.	» »	Indict. XIII.
»	7 septembre.	Indict. XIV.	» »
»	23 septembre.	Indict. XIV.	» »
1227	18 septembre.	Indict. I.	» »
»	19 septembre.	Indict. I.	» »
»	21 septembre.	Indict. I.	» »
»	22 septembre.	Indict. I.	» »
»	24 septembre.	Indict. I.	Peut être aussi bien césaréenne que grecque.
1228	6 septembre.	» »	Indict. I.
»	6 septembre.	» »	Indict. I.
»	7 septembre.	» »	Indict. I.
1230	17 septembre.	» »	Indict. III.
»	22 septembre.	Indict. IV.	» »
»	23 septembre.	» »	Indict. III.
1232	9 septembre.	Indict. VI.	» »
»	14 septembre.	Indict. VI.	» »
1233	1er septembre.	» »	Indict. VI.
»	1er septembre.	» »	Indict. VI.
»	2 septembre.	» »	Indict. VI.
»	19 septembre.	Indict. VII.	» »
»	20 septembre.	Indict. VII.	» »
1234	11 septembre.	» »	Indict. VII.
»	11 septembre.	» »	Indict. VII.
»	20 septembre.	» »	Indict. VII.

PARTIE DIPLOMATIQUE.   XLVII

On compte dans ce tableau quatorze exemples en faveur de l'indiction grecque et dix-huit autres en faveur de l'indiction césaréenne. Il y a donc lieu de supposer que si toutes les pièces de Henri VII datées entre le 1er et le 24 septembre nous étaient parvenues, on y trouverait la preuve de la prédominance du système suivi habituellement en Allemagne et qui fixait le commencement de l'indiction au 24 septembre ; mais on ne peut affirmer le fait d'une manière absolue.

Quant aux actes de Conrad, nous n'en connaissons que deux qui aient une date de jour dans le mois de septembre antérieurement au 24. Tous deux, l'un du 11, l'autre du 15, portent l'indiction XIV, ce qui les placerait à l'année 1241, suivant l'indiction césaréenne, et à l'année 1240 suivant l'indiction grecque. Comme il n'est pas fait mention du millésime dans ces deux actes, qui sont des mandements, nous avons adopté la date 1241 qui paraît plus conforme à l'itinéraire de Conrad ; sachant d'ailleurs que ce prince suivit certainement le calcul de l'indiction césaréenne et n'ayant pas la preuve qu'il ait quelquefois adopté celui de l'indiction grecque.

CHAPITRE IV.

DES ANNÉES DU RÈGNE. — TABLEAU SYNOPTIQUE DES ANNÉES DU CHRIST, DES INDICTIONS ET DES ANNÉES DU RÈGNE.

Outre l'indiction, il existe un autre moyen très-utile de contrôler les dates dans les actes de Frédéric II et de ses fils : c'est d'examiner la manière dont ces princes comptaient les années de leurs règnes. En ce qui touche Frédéric II, il n'y a sur ce point aucune difficulté sérieuse. Nous savions déjà que les années de son règne en Sicile étaient prises du mois de mai 1198, époque de son couronnement. La chronique que nous avons publiée à la suite de notre premier volume, nous apprend de plus la date précise du jour, qui fut le 17 mai (1). Quant aux années du règne en Allemagne, il est certain qu'elles ne commencent pas avant le 5 décembre

---

(1) « *In festivitate Pentecostes in ecclesia Panormitana unctus fuit in regem*, anno Domini M. C. XCVII (lisez 1198). » *Hist. diplom.*, t. I, p. 892.

1212, jour de l'élection définitive de Frédéric à Francfort, ou avant le 9, jour de son premier couronnement à Mayence (1). Si l'on nous objecte que dans un acte du 26 septembre 1212, Frédéric marquait déjà la première année de son règne (2), nous répondrons qu'il ne persista pas dans cette manière de compter, puisque d'autres pièces de la même date ne portent plus cette mention et n'indiquent que l'année du règne en Sicile. D'ailleurs dans un diplôme du 19 octobre 1213 (3) on lit *anno regni romani ejus primo*, tandis qu'il aurait fallu mettre *secundo* si Frédéric avait fait réellement partir les années de son règne en Allemagne d'une date antérieure au 5 décembre 1212.

L'année de l'empire se marque à dater du couronnement à Rome, qui eut lieu le 22 novembre 1220. Sur ce point il n'y a aucune contestation possible.

Reste le point de départ de l'année du règne à Jérusalem, fixé communément et avec raison au mois de novembre 1225, époque où l'empereur épousa la fille de Jean de Brienne. Les annales de Scheftlarn, nouvellement publiées, nous fournissant la date du jour où ce mariage eut lieu (9 novembre) (4), et des historiens dignes de foi rapportant que Frédéric II dès le lendemain de son mariage ou très-peu de jours après, exigea de son beau-père qu'il renonçât en sa faveur au titre de roi de Jérusalem, nous sommes autorisé à faire partir les années de ce règne du 10 novembre au plus tôt, ou du 15 au plus tard.

Les titres officiels exprimés dans les actes répondent exactement à ces différentes phases historiques. De 1198 à 1212, Frédéric II s'intitule, comme les anciens rois normands, *rex Siciliae, ducatus Apuliae et principatus Capuae*. En 1212, il ajoute à ce titre celui de *in Romanorum imperatorem electus*; en novembre 1212 il adopte déjà la qualification *semper augustus*. A partir du mois de décembre de cette même année, ses titres

---

(1) Ces deux dates sont fournies par la lettre originale du chancelier Conrad (*Hist. diplom.*, t. I, p. 230), et tout le système de calcul s'y rapporte avec une entière exactitude.

(2) *Hist. diplom.*, t. I, p. 248.

(3) *Ibid.*, p. 284.

(4) « *Eodem anno Fridericus imperator V idus novembris nuptias in Apulia celebravit.* » Ap. *Quellen zur Bayer. und Deutsch. Geschichte*, t. I, p. 384.

sont *Romanorum rex semper augustus et rex Siciliae*. Après le couronnement à Rome en 1220 le mot *rex* se transforme en *imperator*, et enfin à partir de novembre 1225 l'intitulé se complète ainsi : *Romanorum imperator semper augustus, Hierusalem et Siciliae rex*. En donnant au titre de roi de Jérusalem la préséance sur celui de roi de Sicile, Frédéric voulait sans doute non pas seulement rappeler que le premier de ces royaumes était plus ancien que l'autre, mais encore se conformer à l'esprit du temps, en témoignant son respect pour la terre arrosée par le sang du Christ et pour la *cité du Roi de tous les rois*.

Tel est l'ordre et la règle constante des titres de Frédéric dans les diplômes, et s'il figure çà et là avec le titre de *rex Italiae*, c'est seulement dans des instruments privés et jamais dans des actes émanés de sa chancellerie. Une seule fois nous le voyons prendre officiellement le titre de roi d'Italie et de roi d'Arles dans le préambule des constitutions de Melfi : *Romanorum Caesar semper augustus*, ITALICUS, *Siculus, Hierosolymitanus*, ARELATENSIS, *felix, victor ac triumphator*. Mais c'est là une occasion exceptionnelle où le nouveau Justinien, voulant attacher son nom à un nouveau Code, prétend y figurer dans toute la majesté des anciens Césars, auxquels il emprunte et leur titre et l'accumulation des fastueuses épithètes (1).

Tous les points de départ des années de ces divers règnes (Sicile, royaume d'Allemagne, Empire, Jérusalem) étant donc parfaitement connus, nous avons pensé qu'il serait utile d'en présenter les chiffres dans l'ordre chronologique, au moyen d'une table de concordance qui renfermerait en même temps les années du Christ et les indictions correspondantes. Le lecteur pourra ainsi embrasser d'un seul coup d'œil toutes les données chronologiques propres à faciliter ses recherches, et il s'assurera également si la méthode de classement que nous avons adoptée a droit d'obtenir sa confiance.

---

(1) Nous laisserons de côté les titres de *maximus Romanorum Fridericus Cesar imperator Rome et rex Sicilie et Saxonie*, qui sont donnés à Frédéric dans le traité conclu avec le roi de Tunis en 1234, la traduction latine de cette pièce paraissant très-fautive. Cf. *Hist. diplom.*, t. III, p. 277.

INTRODUCTION.

ANNÉES		INDICTIONS		ANNÉES DU RÈGNE				
Selon l'ère commune à partir du 1er janvier, ou selon l'ère de la Nativité (25 déc.).	Selon l'ère de l'Incarnation à partir du 25 mars	PONTIFICALE	GRECQUE à partir du 1er septembre	EN SICILE à partir du 17 mai 1198.	EN ALLEMAGNE à partir du 5 ou 9 déc. 1212.	COMME EMPEREUR à partir du 22 nov. 1220.	A JÉRUSALEM à partir du 10 nov.	
1198	1198	1	2	I	»	»	»	
1199	1198—1199	2	3	I—II	»	»	»	
1200	1199—1200	3	4	II—III	»	»	»	
1201	1200—1201	4	5	III—IV	»	»	»	
1202	1201—1202	5	6	IV—V	»	»	»	
1203	1202—1203	6	7	V—VI	»	»	»	
1204	1203—1204	7	8	VI—VII	»	»	»	
1205	1204—1205	8	9	VII—VIII	»	»	»	
1206	1205—1206	9	10	VIII—IX	»	»	»	
1207	1206—1207	10	11	IX—X	»	»	»	
1208	1207—1208	11	12	X—XI	»	»	»	
1209	1208—1209	12	13	XI—XII	»	»	»	
1210	1209—1210	13	14	XII—XIII	»	»	»	
1211	1210—1211	14	15	XIII—XIV	»	»	»	
1212	1211—1212	15	1	XIV—XV	5 ou 9 déc. I.	»	»	
1213	1212—1213	1	2	XV—XVI	I	»	»	
1214	1213—1214	2	3	XVI—XVII	II	»	»	
1215	1214—1215	3	4	XVII—XVIII	III	»	»	
1216	1215—1216	4	5	XVIII—XIX	IV	»	»	
1217	1216—1217	5	6	XIX—XX	V	»	»	
1218	1217—1218	6	7	XX—XXI	VI	»	»	
1219	1218—1219	7	8	XXI—XXII	VII	»	»	
1220	1219—1220	8	9	XXII—XXIII	VIII	à partir du 22 nov. I.	»	
1221	1220—1221	9	10	XXIII—XXIV	»	I	»	
1222	1221—1222	10	11	XXIV—XXV	»	II	»	
1223	1222—1223	11	12	XXV—XXVI	»	III	»	
1224	1223—1224	12	13	XXVI—XXVII	»	IV	»	

PARTIE DIPLOMATIQUE.   LI

ANNÉES		INDICTIONS		ANNÉES DU RÈGNE			
Selon l'ère commune à partir du 1er janvier, ou selon l'ère de la Nativité (25 déc.).	Selon l'ère de l'Incarnation, à partir du 25 mars	PONTIFICALE	GRECQUE à partir du 1er septembre	EN SICILE à partir du 17 mai 1198.	EN ALLEMAGNE à partir du 5 ou 9 déc. 1212.	COMME EMPEREUR à partir du 22 nov. 1220.	A JÉRUSALEM à partir du 10 nov.
1225	1224—1225	13	14	XXVII—XXVIII	»	V	à partir du 10 nov. I.
1226	1225—1226	14	15	XXVIII—XXIX	»	VI	I
1227	1226—1227	15	1	XXIX—XXX	»	VII	II
1228	1227—1228	1	2	XXX—XXXI	»	VIII	III
1229	1228—1229	2	3	XXXI—XXXII	»	IX	IV
1230	1229—1230	3	4	XXXII—XXXIII	»	X	V
1231	1230—1231	4	5	XXXIII—XXXIV	»	XI	VI
1232	1231—1232	5	6	XXXIV—XXXV	»	XII	VII
1233	1232—1233	6	7	XXXV—XXXVI	»	XIII	VIII
1234	1233—1234	7	8	XXXVI—XXXVII	»	XIV	IX
1235	1234—1235	8	9	XXXVII—XXXVIII	»	XV	X
1236	1235—1236	9	10	XXXVIII—XXXIX	»	XVI	XI
1237	1236—1237	10	11	XXXIX—XL	»	XVII	XII
1238	1237—1238	11	12	XL—XLI	»	XVIII	XIII
1239	1238—1239	12	13	XLI—XLII	»	XIX	XIV
1240	1239—1240	13	14	XLII—XLIII	»	XX	XV
1241	1240—1241	14	15	XLIII—XLIV	»	XXI	XVI
1242	1241—1242	15	1	XLIV—XLV	»	XXII	XVII
1243	1242—1243	1	2	XLV—XLVI	»	XXIII	XVIII
1244	1243—1244	2	3	XLVI—XLVII	»	XXIV	XIX
1245	1244—1245	3	4	XLVII—XLVIII	»	XXV	XX
1246	1245—1246	4	5	XLVIII—XLIX	»	XXVI	XXI
1247	1246—1247	5	6	XLIX—L	»	XXVII	XXII
1248	1247—1248	6	7	L—LI	»	XXVIII	XXIII
1249	1248—1249	7	8	LI—LII	»	XXIX	XXIV
1250	1249—1250	8	9	LII—LIII	»	XXX—XXXI	XXV—XXVI

Ce tableau permettra de contrôler d'une manière précise les dates exprimées dans les actes de l'empereur Frédéric II, et si dans l'examen des pièces on trouve des chiffres qui s'écartent de ces données, on peut être assuré d'avance que l'irrégularité tient à l'inadvertance du notaire ou des copistes subséquents, mais ne se rattache à aucun système particulier.

Il est plus difficile de déterminer la manière dont Henri VII (1) comptait les années de son règne en Allemagne. Il n'y a en effet que deux dates que l'on puisse adopter comme points de départ, celle du 23 avril 1220, jour de son élection, ou celle du 8 mai 1222, jour de son couronnement. Selon qu'on acceptera l'une ou l'autre, les années du règne se trouveront ainsi distribuées :

Du 23 avril 1220 au 23 avril 1221 } 1re année du règne.			
» 1222 } 2e » »			
» 1223 } 3e » »	Du 8 mai 1222 au 8 mai 1223 } 1re année du règne.		
» 1224 } 4e » »	» 1224 } 2e » »		
» 1225 } 5e » »	» 1225 } 3e » »		
» 1226 } 6e » »	» 1226 } 4e » »		
» 1227 } 7e » »	» 1227 } 5e » »		
» 1228 } 8e » »	» 1228 } 6e » »		
» 1229 } 9e » »	» 1229 } 7e » »		
» 1230 } 10e » »	» 1230 } 8e » »		
» 1231 } 11e » »	» 1231 } 9e » »		
» 1232 } 12e » »	» 1232 } 10e » »		
» 1233 } 13e » »	» 1233 } 11e » »		
Du 23 avril 1234 } 14e » »	Du 8 mai 1234 } 12e » »		
au 23 avril 1235 } 15e » »	au 8 mai 1235 } 13e » »		

---

(1) Nous savons qu'on désigne ordinairement ainsi Henri de Luxembourg, qui fut roi et

PARTIE DIPLOMATIQUE.

Or quand on en vient à examiner les années du règne énoncées dans les diplômes de Henri, on ne tarde pas à reconnaître que si plusieurs sont d'accord avec la date du couronnement, ces années, pour un nombre au moins égal, ne concordent ni avec la date de l'élection, ni avec celle du couronnement, et sont, par rapport à cette dernière, tantôt en retard, tantôt en avance d'un an et plus. On pourra au reste s'en assurer dans le tableau ci-joint :

1222	11 mai.	Année I.	Concorde avec la date du couronnement.
	2 juin.	Année I.	Couronnement.
	23 juin.	Année I.	Couronnement.
	10 décembre.	Année I.	Couronnement.
1223	mai.	Année II.	Couronnement après le 8 mai.
	12 septembre.	Année II.	Couronnement.
	21 et 22 sept.	Année II.	Couronnement.
1224	17 novembre.	Année III.	Couronnement.
	28 décembre.	Année V.	Concorderait avec la date de l'élection.
1225	11 février.	Année III?	Couronnement.
	2 juillet.	Année V.	} Ne concordent ni avec l'une ni avec l'autre des deux dates.
	23 août.	Année V?	
	12 octobre.	Année V.	
1226	novembre.	Année VI.	Ne concorde pas.
1227	29 mars.	Année VI.	} Ne concordent pas.
	2 avril?	Année VI?	
1228			Rien.
1229			Rien.
1230			Rien.
1231	9 juin.	Année IX.	Ne concorde pas.
1232	30 juillet.	Année XI.	} Concordent avec la date du couronnement.
	3 août.	Année XI.	
1233	16 février.	Année XI.	Couronnement.
1234	25 janvier?	Année XIII.	Ne concorde pas.
	6 février.	Année XI.	Ne concorde pas.
	mars.	Année XII.	Concorde avec la date du couronnement.
	10 juillet.	Année XIV.	Ne concorde pas.
	21 août.	Année XIV.	Ne concorde pas.
	23 novembre.	Année XIV.	Ne concorde pas.
	21 décembre.	Année XIV.	Ne concorde pas.
1235			Rien.

---

empereur de 1308 à 1313. Mais puisque le fils de Frédéric II était considéré comme le septième roi des Romains du nom de Henri, et qu'il s'intitule lui-même *Henricus septimus*, nous ne faisons aucune difficulté de l'appeler Henri VII dans tout le cours de ce travail.

C'est en vain que nous avons cherché quel pouvait être en dehors du jour du couronnement le point de départ adopté par la chancellerie de Henri pour le calcul des années de son règne. Ne pouvant trouver le mot de cette énigme, nous préférons nous abstenir d'explications purement conjecturales. Le savant Boehmer a renoncé également à concilier toutes les irrégularités qui se rencontrent dans les actes de Henri VII, et nous nous bornons à rappeler ce qu'il dit lui-même à ce sujet. « Henri a mentionné çà et là dans ses actes les années de son règne, en tout à peu près une douzaine de fois (1). Quand il se sert en même temps du millésime et de l'indiction, ces deux dates ne concordent pas toujours, et alors l'indiction doit obtenir la préférence. Tantôt l'indiction manque, tantôt c'est le millésime. Aussi des difficultés de plusieurs natures se présentent dans la chronologie de ces pièces. Je me suis décidé d'après les probabilités, sans prétendre qu'on ne puisse faire mieux après examen (2). » Cet examen nous l'avons repris à la suite de M. Boehmer, et nous avons été conduit à reconnaître qu'il fallait adopter la plupart des motifs qui avaient guidé son classement, sans persister plus que lui à vouloir nous rendre compte de difficultés à peu près insolubles.

Quand Frédéric II partit pour l'Allemagne en 1212, il avait eu soin de faire couronner roi de Sicile son fils Henri encore au berceau. Ce jeune prince porta en effet ce titre et data ses actes des années de son règne jusqu'à l'année 1216, où il alla rejoindre son père en Allemagne. Frédéric II l'appelle encore roi de Sicile dans un diplôme du 5 février 1217. Mais Henri, à partir de son élection comme roi des Romains, et surtout à partir du retour de son père en Italie, ne prend plus son premier titre, et il se contente du *rex Romanorum semper augustus*. Cependant on ne cessa pas de le lui conserver dans les documents siciliens (3), et même

---

(1) Le nombre de ces mentions s'élève à plus du double, comme on vient de le voir. Mais leur plus grande fréquence ne fait qu'apporter plus d'obscurité dans la question.

(2) *Regesta imperii*, Einleitung, p. LX.

(3) Par exemple une charte pour Amalfi, rapportée par Pansa, t. II, p. 32, est datée du 15 décembre 1224, 10ᵉ indiction, an II de l'empire de Frédéric, an XXIV du règne en Sicile, *an IX du règne de Henri*.

PARTIE DIPLOMATIQUE. LV

après sa déchéance prononcée à la diète de Mayence en 1235, l'ex-roi d'Allemagne continua de figurer en tête des actes comme roi de Sicile. C'est ce que prouvent une foule de pièces dont quelques-unes figurent dans notre recueil. A cause de la singularité du fait, nous citerons les intitulés de deux instruments qui ne s'y trouvent pas, et qui ont été tirés par M. Paesano des archives de l'archevêché de Salerne :

In nomine Domini Dei eterni et Salvatoris nostri Jesu Christi, anno ab incarnatione ejus MCCXXXVIII et XVIII anno imperii domini Frederici gloriosissimi Romanorum imperatoris semper augusti, Jerusalem et Sicilie regis, ET XXV ANNO REGNI DOMINI NOSTRI HENRICI REGIS SICILIE ET ITALIE EJUS CARISSIMI FILII, *mense maio, XI indictione,* etc.

In nomine Domini Dei eterni et Salvatoris nostri Jesu Christi, anno ab incarnatione ejus millesimo ducentesimo quadragesimo, temporibus domini nostri Frederici gloriosissimi Romanorum imperatoris semper augusti, Jerusalem et Sicilie regis, AC DOMINI NOSTRI HENRICI REGIS SICILIE ET ITALIE EJUS [*carissimi?*] FILII, *mense decembris, quartedecime indictionis,* etc.

Il ressort de ces témoignages que l'empereur n'avait pas officiellement dépouillé du royaume de Sicile son fils rebelle. Car on ne peut supposer qu'il eût toléré que le nom de Henri figurât dans les actes, si cette manifestation eût été contraire à ses intentions et à sa politique. Cette marque de déférence est d'autant plus singulière, que celui qu'il permet d'appeler son *très-cher fils* était alors retenu par lui dans une dure prison et réduit à un état de désespoir qui devait le conduire au suicide. Mais l'empereur laissait subsister dans un vain protocole une trace de la séparation nominale de l'Empire et de la Sicile, séparation tant de fois réclamée par les papes ; et il pouvait toujours objecter qu'il rendrait à Henri le gouvernement de la Sicile, si celui-ci s'en rendait digne par son repentir.

Nous ne connaissons aucune pièce de Conrad où, du vivant de son père, il ait mentionné les années de son règne en Allemagne, et nous sommes même porté à croire que cette mention n'eut jamais lieu. Frédéric II était bien aise de faire voir ainsi qu'il maintenait son second fils dans une dépendance dont Henri s'était affranchi, et de plus Conrad n'ayant pas été couronné ne pouvait prendre pour point de départ la seule date qui, dans l'opinion publique, servît de consécration à l'autorité royale. Aussi, mais seulement après la mort de son père, quand il voulut marquer les années de son gouvernement en Allemagne, il s'y prit d'une manière détournée, comme le prouve un de ses actes daté du mois de mai 1253, qui porte l'indication suivante : « *In regimine imperii anno tertio.* »

CHAPITRE V.

PARTICULARITÉS DANS LA RÉDACTION ET L'EXPÉDITION DE CERTAINS ACTES.

Après avoir exposé les usages, car nous n'osons dire les règles, qui furent suivis le plus ordinairement dans la rédaction des actes par la chancellerie de l'empereur Frédéric II et de ses fils, il nous reste à mentionner certaines irrégularités qui, à nos yeux, n'entachent pas d'une façon sérieuse la sincérité des documents où on les rencontre, mais que nous devons pourtant livrer à l'appréciation de la critique.

M. de Wailly a observé avec raison, dans ses *Éléments de paléographie*, qu'on rencontre souvent dans la date du lieu de graves inexactitudes qui, cependant, peuvent s'interpréter favorablement. « Ainsi, dit-il, plusieurs chartes du roi Jean sont datées de Paris pendant que ce prince était en Angleterre. Cette circonstance s'explique, parce qu'un intervalle plus ou moins long s'écoulait entre le jour où les *lettres royaux* passaient au conseil et celui où ces lettres étaient scellées; la date qu'on laissait en blanc était remplie le jour de l'apposition du sceau. De là des *alibi* qui, au premier coup d'œil, semblent constituer un faux et qui cependant ne peuvent fournir aucun argument sérieux contre l'authenticité d'un acte (1). »

Il arrivait, en effet, assez fréquemment à la cour de Frédéric II, qu'une charte ne fût expédiée que plusieurs jours après sa rédaction. Nous savons par exemple, d'après le *Regestum*, qu'une lettre patente datée de Città-di-Castello, le 23 janvier 1240, ne fut scellée que le 26, et par con-

---

(1) T. I, p. 254.

séquent ne put être expédiée que ce jour-là ou le lendemain. Cet intervalle entre la rédaction de l'acte et son expédition devait donner lieu à certaines méprises qui toutefois n'altèrent pas la confiance que l'on doit ajouter à un document d'ailleurs régulier. C'est ainsi que la charte originale qui renferme la confirmation d'un acte de l'archevêque de Salzbourg, porte les indications chronologiques suivantes : *Acta sunt hec apud Sanctum Germanum, anno Domini M. CC. XXX, mense augusto, indictione III.* Or, il est certain que l'empereur avait quitté San-Germano dès le 31 juillet pour se rendre à Aquino. De plus, la charte mentionne en tête des témoins laïques Léopold, duc d'Autriche, qui mourut au Mont-Cassin, le 28 juillet (1). Il y a donc tout lieu de croire, l'acte étant d'ailleurs parfaitement authentique, qu'il fut rédigé à San-Germano, et du vivant de Léopold, avant le 28 juillet 1230, et que l'indication chronologique qui le place au mois d'août aura été ajoutée quelques jours après, au moment de l'expédition.

Mais il y a dans quelques-uns de nos documents des dates de lieux qu'il est plus difficile de justifier de la même manière, et pourtant ces documents ne présentent aucune autre irrégularité qui puisse les faire arguer de fausseté. Sans revenir sur les observations que nous avons présentées dans nos notes à propos de chacun d'eux, il suffira de rappeler le privilége pour le monastère de Montevergine, daté de février 1224, à *Melfi*, et l'acte en faveur de la chartreuse de San-Stefano del Bosco, daté du mois de mars, même année, à *Brindes*, lorsqu'il paraît prouvé que l'empereur était alors en Sicile et résidait même à Catane. Un diplôme du mois d'octobre 1232 pour l'abbaye de Knechsteden, indique *Rome* comme date du lieu, tandis que Frédéric II se trouvait alors à Foggia ou en Apulie. L'acte de confédération entre l'empereur et les ducs de Brabant, de Lorraine, de Limbourg et autres, daté d'avril 1244, est marqué comme donné à *Liége,* quand nous savons que Frédéric était ce mois-là à Faenza, dont il venait de s'emparer. En ce qui concerne les deux premiers de ces documents, il n'est point possible d'admettre une altération du texte,

---

(1) *Hist. diplom.*, t. III, p. 204 et 205.

puisque les originaux, qui existent encore, portent clairement *Melfie* et *Brundusii*. Mais peut-être est-il permis de supposer que l'empereur, occupé à guerroyer contre les Sarrasins de Sicile, aura fait sur le continent, dans le courant de février et au commencement de mars 1224, une rapide excursion dont l'histoire n'a point conservé le souvenir, et aura délivré à cette époque les deux diplômes en question. Quant aux deux autres, dont on n'a plus que des copies, on est plus à l'aise pour attribuer le désaccord apparent des dates à une mauvaise lecture. Par suite d'une altération du nom sur l'original ou de l'ignorance du scribe, *Fogie* a pu se changer en *Rome* et *Faventie* en *Leodii*. Cette explication est trop commode, je le sais, pour satisfaire entièrement la critique. Cependant il ne faut pas oublier que de pareilles bévues ont été fréquemment constatées, et le savant Mongitore lui-même, dans un acte de Frédéric II publié par lui, a lu *Morcuns* au lieu de *Northus*, abréviation du nom de la ville de Nordhausen (1).

Si quelquefois la date du lieu manque absolument, quand les indications chronologiques sont d'ailleurs exprimées, on peut sans risquer de se tromper attribuer cette omission à un oubli qui n'aura point été réparé. A défaut de preuve directe, nous pouvons citer une pièce originale de l'année 1224, où l'on voit que le chiffre de l'année du règne a été laissé en blanc, ou du moins indiqué seulement par la lettre initiale *S*. Le notaire ne sachant s'il devait écrire *sexto* ou *septimo* aura passé outre en se réservant de remplir plus tard la lacune, et l'acte aura été expédié sans qu'on ait songé à faire la rectification. La même pièce renferme une autre irrégularité, puisque les noms des témoins y sont mentionnés avant la formule finale *ad hujus innovationis et confirmationis nostre memoriam*, etc., qui clôt ordinairement le corps de l'acte (2).

Nous devons ici faire remarquer une particularité qui se présente dans certaines chartes renouvelées à plusieurs années de distance, datées de lieux différents, et qui pourtant portent les noms des mêmes témoins. Tels

---

(1) *Hist. diplom.*, t. I, p. 654 et not. 1.
(2) *Ibidem*, t. II, p. 464.

PARTIE DIPLOMATIQUE.   LIX

sont, par exemple, les six priviléges dont les dates sont relevées ici :

    Nuremberg, décembre 1216 } pour l'ordre des Teutoniques.
    Wimpfen, 3 janvier 1218

    Augsbourg, 25 mai 1217 } Idem.
    Wimpfen, 3 janvier 1218

    . . . . . 19 octobre 1213 } Idem (1).
    Wirzbourg, 12 juillet 1218

Ces documents sont authentiques, et cependant tous les témoins qui figurent dans les trois chartes confirmatives ne peuvent être admis comme réguliers. Car dans les deux actes du 3 janvier 1218, figurent des témoins de 1216 et de 1217 qui, au commencement de l'année 1218, étaient en réalité à la croisade, et dans l'acte du 12 juillet 1218 se trouve un autre témoin qui était mort à cette date. Il est probable que le notaire, transcrivant la pièce à peu près dans les mêmes termes, ne se sera pas inquiété de remplacer les témoins qu'il y trouvait mentionnés par d'autres personnages qui fussent réellement présents à la cour impériale au moment de la nouvelle rédaction. Nous pouvons même citer à ce propos un autre exemple encore plus frappant. Dans l'acte de Frédéric II du 25 juillet 1219, pour l'hôpital de Leipzig, acte qui n'est que le renouvellement d'un privilége d'Othon en date du 20 mars 1212, on voit les mêmes noms de témoins. Or il est difficile de supposer que les mêmes personnes se soient trouvées réunies en 1212 et en 1219 pour attester un même acte délivré par deux souverains différents ; et il y a tout lieu de croire que les témoins inscrits dans le privilége de Frédéric sont tout simplement empruntés à celui d'Othon, d'autant mieux qu'à la date du 27 juillet, c'est-à-dire seulement deux jours après, les témoins d'un autre acte de Frédéric II (2) diffèrent tout à fait des précédents. On comprend combien cette négligence, s'il fallait la considérer comme habituelle, contribuerat à infirmer d'avance les conséquences historiques que l'on peut tirer de la

---

(1) *Hist. diplom.*, t. I, p. 488 et 530 ; 510 et 531 ; 280 et 551.
(2) *Ibidem*, t. I, p. 654 et 656.

présence de telle ou telle personne en un lieu certain et à un moment donné. Heureusement ce genre d'irrégularité est rare; nous n'en avons plus trouvé d'exemple après 1220; et même antérieurement, en ce qui concerne les noms des témoins, la très-grande majorité des actes est parfaitement en rapport soit avec l'ordre des événements, soit avec les textes les plus autorisés.

Par suite d'une irrégularité de même nature, l'authentication d'un privilége impérial par le chancelier n'est pas toujours une raison absolue pour établir sa présence auprès du souverain. C'est ainsi que le chancelier Conrad, évêque de Metz et de Spire, est noté comme présent dans un acte du 17 août 1220 délivré à Augsbourg, tandis qu'à cette époque il était très-certainement en Italie (1). Il faut donc en certains cas ne considérer la formule : *Ego N..... imperialis aulae cancellarius recognovi*, que comme un simple protocole.

On trouvera dans notre collection quelques actes où les notaires, outre la manière habituelle de supputer le temps par l'année de l'Incarnation, l'indiction et les années du règne, se sont servis du calcul par épactes et par concurrents. Tels sont trois priviléges pour l'abbaye de Nuenburg, en Alsace, datés comme il suit :

1. *Acta sunt autem hec et scripta anno ab Incarnatione Domini M. CC. XVI, concurrente V, indictione IV, epacta nulla, in Novo Castro, coram his testibus, etc.* (2).

2. *Scripta sunt autem hec anno ab Incarnatione Domini M. CC. XVIIII, epacta III, concurrente [I], indictione VII, coram his testibus, etc.* (3).

3. *Acta sunt hec et scripta anno ab Incarnatione Domini M. CC. XXIII, concurrente VI, indictione XI, epacta XVII, et sigilli nostri auctoritate roborata, coram his testibus, etc.* (4).

Ces actes ne portent pas la date du mois; mais toutes leurs indications chronologiques du millésime concordent parfaitement entre elles.

---

(1) *Hist. diplom.*, t. I, p. 804 et 820.
(2) *Ibidem*, t. I, p. 448.
(3) *Ibidem*, t. I, p. 667.
(4) *Ibidem*, t. II, p. 759.

Un quatrième privilége pour l'abbaye de Selbold dans la Hesse, est ainsi daté :

4. *Acta sunt hec anno Incarnationis Domini M. CC. decimo septimo, indictione quinta, epacta XI, concurrente VI.*

Data in Volda, XVIII kalendas septembris (15 août) (1).

L'adoption de ce calcul est d'autant plus singulière que dans d'autres priviléges délivrés par Frédéric II et par son fils Henri, tant pour l'abbaye de Nuenburg que pour celle de Selbold, la chancellerie s'est contentée des indications chronologiques ordinaires. Cependant il n'y a pas lieu de douter que les uns et les autres ne soient également authentiques ; et ce qui tend à le prouver, c'est que l'acte portant le n° 3, dont nous avons vu l'original aux archives de la préfecture à Strasbourg, n'est que la confirmation d'un privilége antérieur daté selon la méthode habituelle.

L'usage de compter par épactes et par concurrents était très-commun au moyen âge dans les établissements religieux de la France et de l'Allemagne. En ce qui concerne ce dernier pays nous en pourrions citer, outre les actes pour Nuenburg et Selbold, d'autres exemples dans quelques chartes particulières des abbayes de Kreutzlingen et de Buch. Aussi peut-on présumer que les personnes préposées à l'administration des abbayes où ce genre de comput était en vigueur, présentaient quelquefois à l'approbation du souverain des chartes toutes rédigées d'après la forme consacrée dans leurs monastères, et que la chancellerie ne faisait que revêtir ces chartes des formalités nécessaires pour les rendre valides.

Nous ne trouvons aucun exemple de charte impériale destinée à l'Italie ou au royaume de Sicile, qui porte la mention de l'épacte ou du concurrent.

Aux diverses irrégularités que nous venons de signaler, nous devons ajouter l'emploi du sceau royal dans des actes qui ne sont pas délivrés au nom du souverain, ou qui sont datés de lieux où le prince ne pouvait alors résider. Tabouillot, dans les *Preuves de l'histoire de Metz* (2), rapporte, d'après l'original, un *atour* ou règlement relatif à la justice crimi-

---

(1) *Hist. diplom.*, t. II, p. 523.
(2) T. III, p. 177-179.

nelle et à la conservation de la paix publique, rédigé à Metz, en français, entre les années 1212 et 1220. Cet acte avait trois sceaux pendants à des lacs de soie : celui de la ville de Metz, représentant saint Étienne lapidé par quatre bourreaux; celui de Frédéric II, avec le titre de roi des Romains; celui du chancelier Conrad. Cependant le roi ne figure pas dans la rédaction de l'acte (1). On remarquera aussi dans notre collection la notice d'un compromis négocié entre Frédéric II et l'évêque de Strasbourg par les abbés de Morbach et de Nuenburg, et par Sigebert, comte d'Alsace, délégués de l'empereur, à la date du 25 août 1221. Cet acte était scellé de sept sceaux dont le premier est un sceau royal, très-reconnaissable quoique les lettres qui formaient le nom de Frédéric soient aujourd'hui détruites. Le second sceau est celui du chancelier Conrad, qui paraît avoir été présent; le quatrième est celui de l'abbé de Morbach; les autres ont péri. Or Frédéric était alors en Sicile, et l'acte dit en propres termes : *Ex injuncta nobis delegatione vice repetita et mandato super hoc imperatoris duplicato, de consilio, scientia et voluntate domini cancellarii plenaria* (2). Il y a donc lieu de croire que dans certaines circonstances particulières le souverain autorisait ses délégués à se servir du sceau royal, pour témoigner que les actes de cette nature avaient autant de valeur que s'ils eussent été faits en son propre nom. Ce qui semble le prouver, c'est la permission accordée en 1219 par Frédéric II à l'évêque d'Ivrée, de faire transcrire un privilége en lettres d'or et d'y suspendre la bulle d'or (3), l'investissant ainsi momentanément d'un droit qui n'appartenait qu'à l'empereur.

Quelquefois les contractants suppliaient le souverain d'apposer son sceau à des instruments qui réglaient des transactions privées. C'est ce que fit Walter, *pincerna* de Limburg, pour un acte où il abandonnait à Gotfrid de Hohenlohe la propriété de plusieurs fiefs. Il est vrai que dans le même acte il s'engageait à ne jamais se soustraire à l'exécution des

---

(1) Mais peut-être était-il présent au moment de cette rédaction, si, comme il est permis de le supposer, cet atour fut écrit en décembre 1214 ou janvier 1215, à Metz.
(2) *Hist. diplom.*, t. II, p. 756, not. 1.
(3) *Ibidem*, t. I, p. 605.

ordres de Frédéric et de son fils Conrad, et que l'apposition du sceau impérial avait pour but de donner plus de force à cette promesse (1). Les contrats de ce genre, où se trouve mentionnée l'adjonction du sceau impérial, étaient ordinairement écrits sinon en présence même du souverain, du moins dans le lieu où il résidait alors.

Le serment prêté par le prince en personne devait plus encore que l'apposition du sceau imprimer un caractère solennel aux actes émanant de son autorité. Car il y avait là un fait volontaire et spontané qui constituait le plus grave des engagements. Nous connaissons, et l'on trouvera dans notre recueil, les divers serments prêtés par Frédéric II au pape et à l'Église romaine. Il se conformait en cela à l'usage suivi par ses prédécesseurs, autant qu'aux devoirs de déférence qu'il était convenable d'observer envers le vicaire de Jésus-Christ. Quelquefois, mais rarement, l'empereur ratifiait par le serment personnel un engagement pris avec un dignitaire ecclésiastique, comme le prouve la promesse faite par Frédéric II à l'évêque de Passau, en 1237 (2). Mais il était contraire à l'étiquette et à la bienséance que le chef du saint-empire s'astreignît à un serment personnel soit à l'égard d'un autre souverain, soit envers tout autre laïque, quelque haut placé qu'il fût. Dans ce cas, au lieu de jurer lui-même, il faisait jurer *sur son âme* par celles des personnes présentes qui avaient négocié le traité, ou qui passaient pour être investies de toute sa confiance.

Notre collection renferme plusieurs chartes délivrées en double et même en triple expédition. Ainsi la célèbre constitution d'Égra fut expédiée sous trois formes plutôt distinctes que différentes, qui, toutes trois, furent transcrites à l'époque du premier concile de Lyon, dans les rouleaux déposés plus tard à Cluny. La première expédition est celle

---

(1) *Hist. diplom.*, t. V, p. 74.

(2) L'empereur jure d'assister l'évêque contre quiconque voudrait le léser dans sa personne et ses biens, les personnes et les biens de son église ; de s'opposer à tout ce qui pourrait lui nuire ; de ne faire aucune paix sans l'en prévenir et sans avoir son consentement. L'acte se termine ainsi : *Hec omnia attendimus et observabimus bona fide sine fraude. Sic nos Deus adjuvet. Hist. diplom.*, t. V, p. 144.

qu'a publiée M. Pertz dans les *Monumenta historiae Germaniae*. La seconde est en tout semblable, si ce n'est que les noms de l'archevêque de Bari, du connétable de Sicile et du protonotaire y sont exprimés avec ceux des autres témoins. L'édition que nous avons donnée nous-même (1) est conforme, sauf quelques légères variantes, à la troisième expédition, plus complète ou du moins plus étendue que les précédentes. De même il existe deux expéditions du serment prêté à Innocent III, par Frédéric II, à la suite de la constitution d'Égra : l'une tout à fait pareille au texte que nous avons suivi (2); l'autre qui n'en diffère que par l'addition d'une clause relative à l'observation *des bonnes coutumes du peuple romain* (3). Les deux priviléges accordés le même jour à l'église de Selbold, et pour le même objet, offrent entre eux d'importantes variantes (4). Nous ne voyons pas qu'on signale quelque différence de rédaction dans les deux chartes originales pour le monastère d'Eberbach (5), délivrées à quelques jours de distance (27 mars et 8 avril 1218). Mais les deux expéditions de l'échange consenti en faveur de l'évêque de Passau, expéditions délivrées le même jour (1er août 1218), sont tout à fait distinctes, puisque la seconde explique et complète la première (6). La confirmation générale des priviléges de l'ordre Teutonique, qui porte la date du mois d'avril 1221, paraît aussi avoir été expédiée en double avec quelques légères variantes, des modifications dans les noms des témoins et la mention du jour du mois (10 avril) (7). Nous trouvons encore deux ex-

---

(1) *Hist. diplom.*, t. I, p. 269 et suiv.
(2) *Ibidem*, t. I, p. 272.
(3) « *Stabo etiam ad consilium et arbitrium tuum de bonis consuetudinibus populo Romano servandis et exhibendis.* » Ce second exemplaire du serment d'Égra pourra trouver place dans le supplément.
(4) Cf. *Hist. diplom.*, t. I, p. 521 et 523, not. *a*.
(5) Cf. *Ibidem*, t. I, p. 540.
(6) Nous n'avons réimprimé que la seconde. On les trouvera toutes les deux dans les *Monumenta Boica*, t. XXX, 1re partie, n° DCXXXII et DCXXXIII.
(7) *Hist. diplom.*, t. II, p. 160 à 163 et not. 1. Une autre confirmation des priviléges de l'ordre Teutonique existe aussi en double exemplaire aux Archives de Stuttgart. Ces deux pièces originales, dont l'une a conservé son sceau, sont identiques, et ont la même irrégularité dans la date du mois qui est écrit *avril* au lieu de *mars*. *Hist. diplom.*, t, II, p. 339.

péditions de la lettre adressée par Henri VII à l'avoué de l'abbaye d'Engelberg pour lui recommander de protéger les biens de ce monastère. Elles sont tout à fait semblables, bien que datées l'une du 2 décembre 1232, l'autre du 11 janvier suivant (1). Pour les pièces où figuraient plusieurs contractants, on comprend qu'il fût nécessaire de rédiger autant d'expéditions qu'il y avait de parties intéressées. Mais tel n'était pas le cas dans les actes que nous signalons. Probablement les personnes ou les communautés à qui le privilége concédé était avantageux, désiraient, pour plus de sûreté, en avoir au moins deux exemplaires dont l'un devait être gardé dans leurs archives, tandis que l'autre servirait dans les procès ou dans les transactions privées. Nous ne pouvons trouver aucune autre raison de ce fait, qui est d'ailleurs assez rare, parce que les solliciteurs préféraient d'ordinaire obtenir par la voie des confirmations le renouvellement de leurs titres.

En cas de double expédition, le droit de sceau exigé pour la délivrance des actes de l'autorité souveraine était-il également double? Quel était même ce droit dans les cas ordinaires? Ce sont là deux questions auxquelles nous ne saurions répondre. Nous voyons bien que, par un privilége spécial, l'ordre Teutonique était entièrement exempté du payement du droit de sceau (2); mais, malgré toutes nos recherches, nous n'avons pu retrouver aucun tarif, ni même aucune indication de tarif, au sujet des droits qu'on acquittait à la chancellerie impériale pour l'expédition des différentes espèces d'actes. Ces droits devaient être assez élevés, si l'on en juge par le chiffre des amendes dont était menacé quiconque n'observerait pas toutes les clauses renfermées dans le privilége, et la moitié du produit de ces mêmes amendes était ordinairement réservée

---

(1) *Hist. diplom.*, t. IV, p. 594 et 598.

(2) « *Deliberato consilio principum consultaque deliberatione eorumdem dicte domui et fratribus ejusdem hanc fecimus gratiam et dedimus libertatem ut quecumque privilegia confirmationis seu litteras de regali vel imperiali poterunt indulgentia obtinere, sine omni salario, pretio vel ulla prorsus exactione cancellarii, prothonotarii vel notariorum pro tempore constitutorum ipsis ministrari debeant et donari.* » Acte de Henri VII du 27 mars 1227, *Hist. diplom.*, t. III, p. 340.

au fisc. Mais l'énormité du chiffre, qui allait quelquefois jusqu'à cinq cents et même mille livres d'or, et sa disproportion avec la nature des infractions commises, donnent lieu de penser que cette clause doit être considérée habituellement comme une simple formule. Toutefois nous savons par des actes authentiques que les amendes prononcées judiciairement contre les rebelles envers l'Empire étaient fort élevées (1) ; et si dans la pratique elles étaient rarement payées, elles servaient du moins à soutenir théoriquement le *decorum* de la majesté impériale.

Nous nous sommes attaché à signaler, dans ce chapitre, les principales irrégularités que nous avons remarquées dans la manière de dater, de sceller et d'expédier un certain nombre d'actes. Quant aux formes singulières de rédaction que l'on peut observer dans d'autres pièces qui paraissent néanmoins parfaitement authentiques, elles sont si fréquentes qu'il serait impossible de les rappeler toutes ici. Nous avons eu soin d'ailleurs de les noter à mesure qu'elles se produisaient dans notre recueil. Nous citerons seulement comme exemples le privilége pour l'abbaye de Pairis, en Alsace, du 29 novembre 1214, qui se termine par la formule tout à fait insolite : *Si quis in contrarium aliquid attentaverit, sciat se pupillam oculi nostri tetigisse* (2) ; la confirmation du testament du chanoine Marquard en faveur du monastère de Sainte-Marie de Konigsbruck, où Frédéric II, contrairement à l'usage constant de sa chancellerie, parle de lui-même à la troisième personne du singulier, et qui de plus porte l'ancienne formule carlovingienne : *Actum publice a tempore gratie,* etc. (3) ; les deux priviléges du 25 novembre 1220 pour l'abbaye de Wessobrunn, dans le second desquels l'empereur parle à la première personne du singulier : « *Hinc est quod ego Fridericus,* » et qui en outre présentent plusieurs formes étranges (4) ; enfin un acte de Henri VII portant concession de fiefs à la veuve du comte de Ravensburg, où le prince atteste l'inter-

---

(1) Voir la sentence prononcée par Pierre de la Vigne contre Florence. *Hist. diplom.*, t. IV, p. 415.
(2) *Hist. diplom.*, t. I, p. 340.
(3) *Ibidem*, t. I, p. 341.
(4) *Ibidem*, t. II, p. 49 à 52.

vention de l'archevêque de Cologne en ces termes : *Interveniente felicis recordationis Enkelberto Coloniense archiepiscopo* (1), tandis que les expressions *felicis recordationis* ne s'appliquent jamais à un homme présent et vivant. Nous devons avouer que cette dernière pièce, sous sa forme actuelle, paraît entachée d'altérations. Mais les autres doivent rentrer dans la catégorie des instruments que nous avons déjà signalés (2), et qui, dans notre opinion, étaient présentés, rédigés d'avance, à l'approbation de la chancellerie impériale. Au reste il n'est pas inutile de faire remarquer que ces singularités de rédaction, très-fréquentes pendant le premier séjour de Frédéric II en Allemagne, de 1212 à 1220, et durant les premières années du règne de Henri VII, deviennent beaucoup plus rares à partir de 1225. Depuis lors les usages de la chancellerie paraissent à la fois mieux établis et plus régulièrement observés.

Ce qui tend encore à montrer l'absence de règles fixes pour la confection des actes en Allemagne et même en Italie, pendant la première moitié du treizième siècle, c'est la facilité avec laquelle les chartes les plus grossièrement falsifiées étaient admises comme sincères. Les moines, dont on a l'habitude d'attaquer la bonne foi, quand il faudrait plutôt constater leur ignorance en matière de diplomatique, recevaient souvent en dépôt, dans leurs archives, des actes qui portent toutes les traces de la fraude. C'est ainsi que nous avons vu au Mont-Cassin et à Montevergine, au milieu d'actes authentiques, des priviléges évidemment fabriqués au profit de telle ou telle famille, et comme si ce dépôt dans un lieu respecté eût suffi à donner à de pareilles pièces la légitimité qui leur manquait, on les retrouve plus tard vidimées sans contestation par les dépositaires de l'autorité publique. La chancellerie impériale n'était pas exempte de ces erreurs, qui tenaient au manque absolu de critique paléographique. Un des exemples les plus singuliers qu'on en puisse citer est la reproduction textuelle dans un diplôme de l'empereur Henri IV, du 4 octobre 1058, de deux rescrits apocryphes de Jules César et de Néron en faveur de *la terre orientale* (l'Autriche), et la mention de ces mêmes

(1) *Hist. diplom.*, t. II, p. 805.
(2) Voir ci-dessus, p. LXI.

rescrits sérieusement introduite dans une confirmation générale donnée par Rodolphe de Habsbourg (1).

Il nous reste à dire quelques mots des chartes lapidaires ou actes soit publics soit privés qui ont pu être gravés sur pierre pendant le règne de Frédéric; ces sortes de monuments écrits étant considérés comme différant de leur rédaction première, se rattachent par là à notre sujet. M. Deloye, qui a consacré un article intéressant à la question des chartes lapidaires, pense qu'on rédigeait sur parchemin en observant les formules ordinaires, un acte plus étendu, et que la charte lapidaire n'en était qu'un résumé où l'on se contentait d'exprimer toutes les clauses essentielles. Il ajoute néanmoins que Marini a publié le texte d'une longue donation qui avait été gravée intégralement sur deux tables de marbre dans l'église de Sainte-Marie Majeure, à Rome, comme semblait le prouver cette phrase significative, « *Hoc ex authenticis scriptis relevatum pro cautela et firmitate temporum futurorum his marmoribus exaratum est* » (2). Il nous paraît en effet difficile d'admettre qu'un acte public qui intéressait d'ordinaire une église, un monastère, une communauté d'habitants, exposé dans un lieu des plus apparents pour que tout le monde pût le consulter à volonté, et destiné à prévenir les chances de destruction qui menaçaient l'original plus fragile, n'ait pas été la reproduction exacte de cet original même. C'est là du moins ce qui eut lieu pour trois priviléges de Frédéric II que nous savons avoir été gravés sur pierre : tous trois confirment les anciennes coutumes de la commune de Palerme, tous trois sont écrits sur une plaque de marbre blanc encastrée dans le mur, à gauche du vestibule de la cathédrale de Palerme. Le premier, du mois de septembre 1200, et le second, du mois de septembre 1221, sont gravés en caractères du temps, noirs sur la première ligne, rouges sur la seconde, et ainsi de suite alternativement. Le troisième est écrit en lettres noires seu-

---

(1) Voir les *Notizenblatt*, publiées par l'Académie impériale de Vienne, année 1856, n° 5, p. 100 et 106. Le *vidimus* rédigé le 11 juillet 1360 sous les yeux des évêques de Vicence et de Passau et de deux évêques allemands, renferme un mélange bizarre de chartes fausses, de chartes altérées et de chartes sincères.

(2) Voir *Bibl. de l'école des chartes*, t. III, 2ᵉ série, p. 31 et suiv.

lement (1). La fin et la date de ce privilége sont aujourd'hui enlevées sur le marbre; mais on sait d'ailleurs que cet acte, qui est une lettre patente, fut délivré le 12 octobre 1233.

Ces monuments paléographiques se rencontrent plus fréquemment en Italie qu'ailleurs (2); on en connaît cependant soit par la tradition, soit par quelques échantillons que le temps a respectés, un certain nombre en France, tous antérieurs à l'an 1201, et plus communs au Midi qu'au Nord. En Allemagne, ils paraissent avoir été plus rares encore, et si nous n'en pouvons citer aucun pour l'époque qui nous occupe, nous devons au moins rappeler que deux priviléges pour les habitants de Spire, l'un de Henri V et l'autre de Frédéric Barberousse, étaient peints en lettres d'or à l'intérieur et à l'extérieur du portail de la cathédrale de Spire (3), avec les portraits de ces deux princes sculptés en relief (4). Ces actes étaient fidèlement transcrits d'après le texte original. Nous ne voyons pas que la confirmation qui en fut faite par Henri VII le 24 décembre 1234, ait obtenu le même honneur.

CHAPITRE VI.

DE L'EMPLOI DU PAPIER DE COTON DANS LES ACTES DE L'EMPEREUR FRÉDÉRIC II, ET DE SON INTERDICTION DANS LA CONFECTION DES INSTRUMENTS PUBLICS.

Tous les actes dont nous venons de déterminer les caractères constitutifs sont matériellement écrits sur du parchemin ou sur du papier. Les actes écrits sur parchemin ne peuvent donner lieu à aucune observation

---

(1) Cf. AMATO, *De principe templo Panormit.*, p. 146-148, et BARONE, *De Panormit. majest.*, p. 52, 53, ap. GRAEVIUM, *Thes. antiq. Sicil.*, t. XIII.

(2) Voy. MABILLON, *Iter italicum*, pars I, p. 151. — MARINI, *Papiri diplomat.*, n° XCI. — *Nouv. traité de diplomat.*, t. II, p. 535, not. — GRANITO, *Archivii Napolit.*, p. 94.

(3) Cf. LEHMANN, *Speyr. Chronik*, p. 466, et GEISSEL, *Kaiserdom von Speyer*, p. 111, not. 101.

(4) Frédéric Barberousse le dit expressément en ce qui concerne son prédécesseur : « *Inde est quod nos privilegium antecessoris nostri Henrici imperatoris quinti, in fronte majoris templi aureis litteris solemniter depictum, expressam et prominentem continens imaginem, renovamus et imperiali auctoritate corroboramus.* » *Hist. diplom.*, t. IV, p. 709. Il ne parle ici que d'un privilége de Henri V; mais il paraît qu'il y en avait deux rédactions, reproduites toutes deux sur la façade extérieure.

nouvelle. Mais ceux qui sont rédigés sur papier ramènent une question encore obscure, malgré les études passionnées dont elle a été l'objet : celle de l'origine d'une substance qui joue un si grand rôle dans l'industrie et la civilisation modernes.

L'auteur des *Origines typographiques*, Gérard Meerman, ayant provoqué en 1762 de nouvelles recherches sur la date de l'invention et de l'emploi du papier de linge (1), plusieurs savants répondirent à son appel, et la correspondance échangée en cette occasion a été imprimée à la Haye en 1767 (2). Les conclusions qui ressortent de cette discussion aussi bien que de l'*Essai* de Breitkopf *sur l'origine des cartes à jeu et du papier de linge* (3) sont celles-ci : Le papier de linge a été inventé dans le nord plutôt que dans le midi de l'Europe, et on trouve en Allemagne depuis 1308 des monuments qui en constatent l'existence.

Ces conclusions n'ont pas été, à notre connaissance du moins, sérieusement contestées (4). Cependant, en 1788, Schwandner, bibliothécaire à Vienne, ayant trouvé dans le dépôt dont il était chargé, un acte de l'empereur Frédéric II qui lui parut écrit sur du papier de linge, s'empressa de publier cette découverte, et dans sa dissertation (5) il décrivit minutieusement la nature de ce papier, qui selon lui était le plus ancien échantillon connu, puisque l'acte appartenait à la première moitié du treizième siècle. Ce fait singulier inspira tout d'abord aux paléographes des doutes très-graves, et Tiraboschi, en mentionnant l'opinion de Schwandner, exprime à cet égard la même défiance (6).

---

(1) Il alla même jusqu'à proposer un prix de 25 ducats d'or à celui qui découvrirait la plus ancienne pièce écrite sur papier de linge.

(2) *Ger. Meerman et doctor. viror. ad eum epistolae atque observationes de chartae vulgaris seu lineae origine*, edidit ac praefatione instruxit Jacobus van Vaasen. Hagae Comitum, 1767, in-12.

(3) 2 vol. in-4°. Leipzig, 1784-1801.

(4) Tiraboschi revendique, il est vrai, pour l'Italie et pour les papeteries de Fabriano, dans la marche d'Ancône, l'honneur d'avoir fabriqué le papier de linge dès la fin du xiiie siècle. V. *Stor. della letter. italiana*, t. V, p. 445, note (*). Mais il est moins explicite dans le texte.

(5) *De charta linea antiquissima ex cimeliis biblioth. aug. Vindobonae dissertatio.* In-4°.

(6) *Storia della letter. ital.*, t. V, édit. de 1823, p. 445, note (*), à la fin. Mais Tiraboschi a tort de douter de l'authenticité de la pièce à cause de la disposition du sceau.

PARTIE DIPLOMATIQUE. LXXI

L'acte dont il s'agit est une lettre adressée par l'empereur à l'archevêque de Salzbourg et au duc d'Autriche au sujet de l'abbaye de Göss en Styrie. Il est ainsi daté dans le texte de Schwandner : *Datum Baroli in Apulia, prime indictionis*. Persuadé que cette date était fautivement transcrite, curieux d'ailleurs d'examiner ce prétendu papier de linge ainsi que l'arrangement particulier de l'attache du sceau, je me proposais pendant mon séjour à Vienne, en 1846, de voir cette pièce, qui est maintenant aux Archives. L'accès de ce riche dépôt ne m'ayant point été accordé, je ne suis pas en mesure de me prononcer *de visu* sur la confiance que peut mériter l'assertion de Schwandner. Mais je suis porté à croire qu'il s'est trompé et qu'il a pris pour du papier de linge un fragment de papier de coton plus battu, plus souple, plus doux au toucher (1) que ceux que nous connaissons, parce que cet échantillon peut provenir d'une meilleure fabrique ou simplement être mieux conservé que les autres.

Quant à la date, qu'il n'est pas inutile de préciser pour servir à la solution de cette question, quelle qu'elle puisse être, il faut choisir entre l'année 1228 et l'année 1243, les seules qui concordent avec la première indiction pendant l'empire de Frédéric II, c'est-à-dire de 1221 à 1250. Schwandner et après lui Hormayr (2) sont disposés à admettre l'année 1243. Mais j'ai cru devoir adopter l'année 1228 (3). Aux raisons que j'ai fournies pour justifier ma préférence, je puis ajouter un passage de la chronique de Salzbourg, ainsi conçu : « *Anno 1228 electus Brixinensis in die Palmarum* (19 mars) *apud Venetias ab archiepiscopo Salisburgensi in episcopum consecratur, praesentibus archiepiscopo Maideburgensi et duce Austriae qui ad occurrendum imperatori Italiam intraverunt* (4). » L'ar-

(1) Voici les caractères que Schwandner lui donne : « *Quod charta linea prae gossypina sit magis contusa, lenta, tactu mollior et facile plicabilis; quibus omnibus qualitatibus nostra eminet.* » Mais le papier de coton des anciens manuscrits arabes présente aussi toutes les qualités que Schwandner attribue à son échantillon.
(2) *Archiv für Litteratur und Geschichte*, année 1827.
(3) *Hist. diplom.*, t. III, p. 61 et 62, note 1.
(4) *Chronic. Salisb.* ap. Canisium, edit. I, t. VI, p. 1260.

chevêque de Salzbourg et le duc d'Autriche purent donc s'embarquer à Venise pour la Pouille vers le 20 mars, rejoindre à Barletta, au commencement d'avril, l'empereur qui faisait dans cette ville ses préparatifs de départ pour la croisade, et là recevoir de lui la lettre en question, qui les constituait arbitres entre l'abbaye de Göss et le duc de Carinthie. C'est aussi ce qui me décide à persister dans l'opinion que j'ai exprimée sur la mauvaise lecture de Schwandner et à croire qu'au lieu de *in Apulia* il y a sur l'original *III aprilis*. La confusion du nombre trois exprimé en petits chiffres romains iij avec la préposition *in* est facile pour un œil peu expérimenté, et par suite de cette première erreur le mot *aplis* aura été lu *apulia*.

Quoi qu'il en soit de la date mensuelle de cet acte, sa date annuelle n'est plus douteuse, et le fait de l'emploi du papier de linge dans l'Italie méridionale en 1228 serait tellement extraordinaire (1) qu'il aurait besoin pour être admis d'un nouvel et plus sérieux examen. Pour moi je suis convaincu que la chancellerie de Frédéric II ne s'est jamais servie que de papier de coton fabriqué en Syrie, en Espagne ou peut-être en Sicile (2),

---

(1) Maffei, cité par les auteurs du *Nouv. traité de diplomatique*, assure qu'il n'y a pas en Italie d'acte plus ancien sur papier de chiffe qu'un acte de l'évêque de Vérone daté de 1367. Sur la fabrication du papier de linge transportée de Fabriano à Padoue et à Trévise, cf. Tiraboschi, *Stor. della letter. ital.*, t. V, p. 145, note (*) déjà citée. Quant à Naples, la fabrication de ce papier y paraît remonter à l'an 1340 environ. Voy. plus bas, p. LXXIV, note 4.

(2) Nous n'avons trouvé jusqu'à présent aucune preuve de l'existence de fabriques de papier en Sicile sous Frédéric II. Mais il n'est pas douteux que le coton ne fût cultivé dans l'Italie méridionale, au moins dans les terres domaniales. Frédéric écrivant à l'intendant de ses métairies, lui dit de s'informer si elles sont suffisamment pourvues *de surco, avena, milio, panico, spelta aliisque leguminibus*, BOMBICE *et canabe, de quibus placet nobis ut in singulis massariis debeant seminare* (*Hist. diplom.*, t. IV, p. 245). Ainsi en parlant des plantes textiles, l'empereur place au premier rang le coton. Il paraît cependant que la culture de cette plante ne suffisait point aux besoins de la consommation, puisque Richard de San-Germano, énumérant les marchandises étrangères sujettes aux droits de douane, en 1232, s'exprime ainsi : « *De lana Syriae servabitur forma antiqua; de bombace similiter, de arcu coctonis idem.* » Ducange n'explique pas ce terme *arcus*, qu'il faut peut-être lire *arca* dans le sens de caisse, et je crois que les deux expressions dont se sert le chroniqueur répondent aux deux mots italiens *bambagia* et *cotone*, dont le premier désigne plus particulièrement le coton façonné, et le second le coton brut, le coton en balle.

PARTIE DIPLOMATIQUE.

et dont l'usage était depuis longtemps adopté par les princes normands, même dans leurs diplômes (1). Mais au treizième siècle, l'emploi de ce papier paraît avoir été restreint aux lettres missives ou, pour me servir d'une expression plus précise, aux mandements, *mandata*, habituellement expédiés sous forme de lettres closes. Les enquêtes ou les sentences auxquelles ces lettres donnaient lieu étaient toujours écrites sur parchemin, et le mandement impérial se trouvant ordinairement inséré dans le corps de l'acte, le duplicata faisait négliger l'original. Cette circonstance jointe à la fragilité même de la substance et à la difficulté de conserver le sceau intact, explique encore pourquoi un si petit nombre de ces mandements en papier de coton nous sont parvenus sous leur forme primitive.

Frédéric II (comme l'a fort bien remarqué Meerman, quoique ce savant se trompe quant à la date), comprit les inconvénients qu'il y avait à permettre que des instruments publics, des contrats destinés à assurer la garantie des intérêts de tous, fussent rédigés sur un papier aussi peu solide.

---

(1) Cf. *Palaeogr. Graeca*, lib. I, cap. II, p. 48. Les diplômes de 1102 et de 1112, cités par Montfaucon, comme *renovata de carta cuttunea in pergamenum*, sont dans R. Pirri, *Sicil. sacra*, notit. XII, ad monast. S. Philippi de Fragala. Montfaucon parle aussi de l'acte de fondation du monastère de Saint-Basile, en Sicile, écrit sur papier de coton avant l'an 1100. Cf. sa dissertation sur la plante appelée papyrus, etc., *Mémoires de l'Acad. des inscr. et belles-lettres*, t. VI, p. 605. Nous pouvons citer en outre deux autres diplômes normands sur papier de coton, dont les originaux existent encore. — Avril 1139, diplôme grec écrit en lettres d'or, par lequel le roi Roger élève l'amiral Christodule à la dignité de protonobilissime. (Monso, *Descriz. di Palermo antico*, dipl., n° 1 et notes, avec fac-simile.) — Avril 1140, diplôme latin en lettres d'or, sur papier de coton de couleur bleue, *caerulei coloris*, portant fondation, par le roi Roger, de la chapelle du Palais, à Palerme. (Garofalo, *Tabular. reg. capell. divi Petri*, p. 11, n° 5, note 1.) L'usage d'écrire des diplômes en lettres d'or, sur vélin ou sur papier coloré, venait de Constantinople, et, à l'exemple des empereurs byzantins, les empereurs d'Allemagne Othon Ier et Henri II, donnèrent à l'Église romaine des priviléges *scripta litteris aureis in charta coloris violati rubei*. Cf. Muratori, *Antiq. Ital. med. aevi*, t. VI, p. 77 et 79. Comme il s'agit ici de parchemin de couleur pourpre, il n'est pas inutile de faire remarquer l'élasticité du mot *charta*, qui, pris isolément, signifie toute substance propre à recevoir l'écriture. Au sujet d'autres diplômes allemands écrits aussi en lettres d'or, sur parchemin de couleur pourpre, tel que celui de Conrad III pour Corbie et celui de Lothaire II pour Stavelo, on peut consulter Heineccius, *De veter. Germ. sigillis*, p. 31 et 34, et les auteurs du *Voyage littéraire*, t. II, p. 151.

I.

Déjà en 1220 (1) il avait défendu que des actes de ce genre fussent écrits d'une façon illisible, c'est-à-dire avec ces caractères *curiales* presque indéchiffrables dont se servaient les notaires dans les anciens duchés de Naples, d'Amalfi et de Sorrente. En 1231, il ajouta cette sage disposition : « *Volumus etiam et sancimus ut predicta instrumenta publica et alie similes cautiones nonnisi in pergamenis in posterum conscribantur. Cum enim eorum fides multis futuris temporibus duratura speretur, justum esse decernimus ut ex vetustate forsitan destructionis periculo non succumbant. Ex instrumentis* IN CHARTIS PAPYRI VEL ALIO MODO *quam ut predictum est scriptis, nisi sint apoche vel antapoche, in judiciis vel extra judicia nulla omnino probatio assumatur, scripturis tantum preteritis in suo robore duraturis. Que tamen in* PREDICTIS CHARTIS BOMBYCINIS *sunt redacte scripture in predictis locis Neapolis, Amalfie et Surrenti, infra biennium a die edite sanctionis istius ad communem litteraturam et legibilem redigantur* (2). » Il ressort clairement de ce passage que les expressions *chartæ papyri* et *chartæ bombycinæ* sont synonymes. Le sens du mot *papyrus* employé pour désigner le coton est d'ailleurs fixé par un autre passage des constitutions de Frédéric, où il défend aux vendeurs de chandelles de mêler à la cire aucune substance étrangère et leur enjoint de n'employer que des mèches de coton, *nec in eis nisi bombycinum papyrum includant* (3). Je ne reviendrai pas sur une question aujourd'hui résolue et que Montfaucon a décidée avec toute l'autorité qui lui appartient (4). Mais à quelle autre matière propre à

---

(1) *Hist. diplom.*, t. II, page 91, note 1, n° 5.
(2) *Constit. Melfiens.* ap. *Hist. diplom.*, t. IV, p. 56.
(3) *Ibidem*, t. IV, p. 153.
(4) Ajoutons cependant que l'on trouve aussi dans les actes des souverains angevins l'expression *papyrus*, pour désigner le papier de coton, ou même (mais seulement dans les derniers temps) le papier de linge. On lit dans un diplôme de Charles II, du 16 janvier 1294 : *Proventus vero sigilli ejusdem pro parte curiae percipi volumus per illum quem idem princeps* (le prince de Tarente, son fils) *ad id duxerit ordinandum. De quibus factis expensis necessariis in emendis chartis,* TAM DE PERGAMENO QUAM PAPIRO, *pro scribendis et registrandis, cera pro sigillandis et mercede cursorum pro ipsis literis deferendis*, etc. Dans un compte d'un trésorier de la reine Marie, femme de Charles II, on lit aussi : *Thomasio Coppulae pro pretio unius risimae* DE CHARTIS DE PAPIRO, *quae est quaternorum viginti, tarenos septem et granos decem*.

écrire l'empereur fait-il allusion quand il se sert des expressions *vel alio modo*? C'est très-probablement à ce qu'il appelle *carta rasa* dans l'acte d'institution d'un notaire, acte antérieur à l'an 1226. Voici le texte du passage : *Jubemus autem quod* IN CARTA RASA VEL BOMBICINA *non scribat publicum instrumentum* (1), etc. L'expression *carta rasa* est restée inconnue à Ducange; et si l'on s'en référait à l'explication que donne Montfaucon d'un endroit où Pierre le Vénérable parle de livres *ex rasuris veterum pannorum compacti*, on pourrait penser par analogie qu'il s'agit ici de papier de chiffon (2). Mais j'avoue qu'une telle interprétation est loin de

---

Un diplôme de Robert fait mention d'une supplique de la commune de Massa Lubrense, rédigée *in quodam scripto de* CHARTA PAPIREA. Autre mention, en 1340, d'un *quoddam scriptum privatum* DE PAPIRO *exinde nostrae curiae ostenso*. Cf. CHIARITO, *Commento sulla costituz. di Feder. II*, p. 14. Les deux dernières citations pourraient s'entendre du papier de linge, car il existe à la Bibliothèque impériale, anc. fonds latin, n° 4625, un manuscrit qui renferme, outre les constitutions de Frédéric II, les règlements *summariae et gabellarum regni Siciliae*; le contexte, d'accord avec le caractère de l'écriture, prouve qu'il fut rédigé vers la fin du règne de Robert. Il est en très-beau papier de linge, probablement de fabrique napolitaine. Cependant la marque de ce papier, une tête de bœuf surmontée d'une tige à fleur, autour de laquelle s'enroule une sorte de serpent, se rapproche beaucoup du filigrane des papiers employés au XV° siècle par les imprimeurs d'Augsbourg et de Nuremberg. Un cahier intermédiaire, qui est resté blanc dans le manuscrit, est d'une pâte moins fine, et a pour filigrane un poisson long de 8 centim. et large de 2.

(1) *Hist. diplom.*, t. IV, p. 57, not. 1, d'après une lettre inédite, tirée du manuscrit de Vienne, *Philol.* n° 427 (637).

(2) Voici le texte entier de ce passage : « *Quales quotidie in usu legendi habemus, utique ex pellibus arietum, hircorum vel vitulorum, sive ex biblis vel juncis orientalium paludum aut* EX RASURIS VETERUM PANNORUM *seu ex qualibet alia forte viliore materia compactos.* » *Tract. contra Jud.*, cap. v, ap. Du Chesne, *Biblioth. Cluniac.*, p. 1070. Mabillon (*De re diplomat.*, p. 39), adoptant l'interprétation de Henri de Valois, pense qu'il s'agit de papier de chiffe; et Montfaucon dit en propres termes : « Ces derniers mots signifient assurément le papier tel que nous l'employons aujourd'hui. » Maffei (*Istor. diplomat.*, p. 77) admet qu'il peut être question d'un papier qui au douzième siècle aurait été fabriqué avec des lambeaux d'étoffes de coton; mais il ne croit pas, et Meerman est de cet avis, qu'on eût déjà songé à utiliser de cette façon les rebuts de chanvre et de lin. Tiraboschi interprète *ex rasuris veterum pannorum* par des lambeaux de laine et de coton; et je crois qu'il faut en effet entendre par ces mots des lambeaux de toute espèce d'étoffes, grossièrement préparés. Brunetti (*Cod. diplom. Toscano*, p. 75) cite des actes authentiques des marguilliers de S. Jacopo de Pistoie, datés du 18 janvier 1296, écrits sur un papier beaucoup plus commun que le papier

INTRODUCTION.

me satisfaire, et j'aime mieux avec les auteurs du *Nouveau traité de diplomatique* voir dans *carta rasa* du parchemin ayant subi l'opération du grattage, ayant perdu par là son épaisseur première et pouvant par conséquent à cause de son peu de solidité être assimilé au papier de coton (1).

---

de coton, d'une couleur grise assez foncée, et parsemé de petits poils de laine qui adhèrent encore à la surface. Il paraîtrait même que dès le onzième siècle on fabriquait une espèce de papier avec des matières animales, telles que des vieilles peaux ou des retailles de parchemin, et c'est peut-être à cette préparation que Pierre le Vénérable fait allusion quand il dit : *Ex qualibet alia viliore materia*. Ce renseignement m'est fourni par une curieuse note de Lambert de Barive dont je dois la connaissance à M. Aug. Bernard. Dans la collection des chartes et diplômes à la Bibliothèque impériale, vol. XXXIII, fol. 186, se trouve la copie d'une charte du mois de novembre 1083, portant donation par Ermengarde de Bourbon, de la terre de Digoin, au prieuré de Paray. L'original de cet acte, haut de 17 pouces et large de 14, présentait toutes les apparences du papier dont nous nous servons aujourd'hui. « Il est cependant plus épais que notre papier ordinaire, dit Lambert de Barive, et on y remarque une sorte de glacé qui doit être l'effet de la colle appliquée sur ce papier. Mais on ne peut dire de quelle espèce est cette colle. On croit cependant qu'il y est entré des parties animales, parce qu'ayant brûlé une particule de ce papier, il s'est recoquillé approchant comme du vieux parchemin, quoiqu'avec bien moins d'effet, et a donné une odeur qui a rapport à de la colle brûlée. » Il consigne ensuite le résultat d'une analyse chimique, d'où il résulterait que ce prétendu papier de linge était composé de deux ou trois couches d'une matière animale réduite en bouillie. Mais il est bien probable qu'il s'agissait de feuilles d'une pâte grossière, agglutinées par l'encollage à la colle animale. Quoi qu'il en soit, il nous suffit de faire remarquer que les expressions *rasurae veterum pannorum* ne peuvent en aucune façon s'appliquer à ce que Frédéric II appelle *carta rasa*.

(1) Les auteurs du *Nouveau traité de diplomatique* (t. Ier, p. 481) disent que ce ne fut qu'au quatorzième et au quinzième siècle qu'on prit des mesures efficaces pour arrêter l'emploi abusif du *parchemin raclé*. Plus loin, p. 524, ils reviennent sur ce sujet en s'appuyant de l'opinion de Maffei : « Dès le quinzième et même dès le quatorzième siècle, on avait reconnu l'inconvénient qu'il y avait de confier les actes publics à des papiers de chiffe. C'est pourquoi, dans les diplômes ou priviléges par lesquels les empereurs donnaient à ceux qu'ils élevaient à la dignité de comte le pouvoir de créer des notaires, on insérait cette clause : « A condition que ces notaires écriront les actes publics sur du parchemin, et non pas sur des cartes raclées ou sur du papier, *in membranis et non in chartis abrasis nec papyro*, ou bien *non in papyro nec charta veteri et abrasa, sed in membrana munda et nova*. » Enfin, au tome IV, p. 467, les Bénédictins ajoutent : « L'usage de ces parchemins raclés fut interdit aux notaires par les empereurs. Cette défense passa bientôt en formule non-seulement dans leurs lettres d'institution, mais encore dans celles de la création des comtes par les empereurs. Le droit des comtes

PARTIE DIPLOMATIQUE.　　　　　　　　LXXVII

Dans les divers passages que nous rappelons en notes pour justifier notre opinion, les Bénédictins ne font pas remonter au delà du quatorzième siècle l'interdiction légale du papier et du parchemin raclé. On voit qu'elle est beaucoup plus ancienne qu'ils ne le croyaient, faute de connaître les textes que nous relevons ici (1). Il y a pourtant une contradiction apparente entre cette prohibition et l'usage que la chancellerie de Frédéric continua de faire du papier de coton postérieurement à 1231, comme nous allons le voir. Mais en y regardant de près, la nature des instruments qui doivent désormais être rédigés sur parchemin et non sur une autre substance, n'est pas la même que celle des mandements impériaux qui n'ont qu'une importance spéciale et temporaire. Ceux-ci semblent assimilés aux actes sous seing privé, tels que les quittances et les contre-lettres (*apochae* et *antapochae*), qui n'ayant pas le caractère d'écritures authentiques et publiques, sont exceptées de la prohibition prononcée par la constitution impériale. Au contraire les lettres patentes par lesquelles Frédéric II confère des priviléges nouveaux ou garantit des droits anciens, rentrent dans la catégorie des *instrumenta publica* et des *cautiones*; et, en effet, nous n'avons pas trouvé un seul de ces documents originaux écrit autrement que sur parchemin (2). Au reste la distinc-

---

palatins était d'établir des notaires. Ils pouvaient communiquer leur droit à d'autres, mais toujours à condition d'exclure les parchemins raclés. » Et ils mettent en note, d'après Gudenus, *Syll. varior. diplom.*, p. 638 et suiv. la citation que voici : « En 1358, Nicolas Geri de Florence, comte palatin, accorda des lettres à Conrad de Oppenheim, doyen de Saint-Victor de Mayence, par lesquelles il l'autorisait à créer en son nom six notaires publics et tabellions. Entre autres articles du serment que devait prêter chaque notaire, il est porté qu'il ne rédigera point les actes sur du parchemin dont l'écriture aura été enlevée, *in carta... unde alias abrasa fuerit scriptura non conscribes.* » Il n'est guère possible, après cela, de douter du véritable sens de *charta rasa*.

(1) L'exportation du papyrus en Europe ayant sensiblement diminué depuis la conquête de l'Égypte par les Arabes, et l'usage du papier oriental, *charta damascena*, n'étant pas encore répandu, il est naturel de croire que l'habitude d'effacer l'ancienne écriture des parchemins pour la remplacer par de nouveaux caractères devint alors plus fréquente. Cependant du septième au douzième siècle nous ne trouvons pas de dispositions législatives qui prohibent l'emploi de ce genre de parchemin dans les actes.

(2) La seule exception que nous ayons rencontrée dans les instruments publics est le testa-

INTRODUCTION.

tion qu'il est nécessaire d'établir se trouve clairement indiquée dans les lois d'Alphonse le Savant, qui emprunta à Frédéric II un grand nombre de dispositions législatives. Voici le passage, qui mérite d'être cité textuellement :

« Quales cartas deben seer fechas en pergamino de cuero et quales en pergamino de paño (1).

» De cera deben seer otras cartas scelladas con scello colgado : et estas son de muchas maneras; ca las unas facen en pergamino de cuero et las otras en pergamino de paño : pero departimiento ha entre las unas et las otras, ca las unas deben seer fechas en pergamino de cuero, assi como quando el rey da a alguno merindad o alcaldia o alguaciladgo, etc. (ici une énumération des différents actes qui doivent être écrits sur parchemin). *Et las que deben seer en pergamino de paño son estas* : assi como las que dan para sacar cosas vedadas del reyno ó las otras que van de mandamientos a muchos concejos que les emvia mandar el rey, ó de recabdar á algunos homes ó de cogechas de maravedis del rey ó de guiamiento : todas estas deben seer en pergamino de paño, ó otras de qual manera, quier que sean semejantes dellas (2). » Les *Siete Partidas* furent rédigées

---

ment d'un certain Beninatus qualifié de *terciarius capellae imperialis Panormi*, en date du mois d'octobre 1230, 5e indiction (réellement 1231, l'indiction commençant en septembre). Ce testament « confectum *in charta bumbiana* per manus quondam Bartholi publici tabellionis Panormitani » fut transcrit en 1252 « quia jam camulari (intignare) inceperat in locis pluribus » propter sui vetustatem. » GAROFALO, *Tabul. capell. divi Petr.*, p. 60, n° 44. Encore n'est-il pas établi que la rédaction de ce testament sur papier de coton ait été une infraction à la volonté du législateur, en ce sens que les constitutions promulguées à Melfi, au mois de septembre, pour les provinces continentales, ont pu très-bien n'être pas encore exécutoires en Sicile au mois d'octobre. Nous devons dire au reste que si la disposition qui interdisait aux curiales la rédaction des instruments publics fut mal observée à Naples, même sous Frédéric II, comme nous l'apprend Chiarito, *Comment. sulla costituz. di Feder. II*, p. 118, des infractions du même genre purent avoir lieu en ce qui concernait l'emploi du papier de coton.

(1) Variantes : *en pergamino de paper* ou *papel*. Le mot *paño* n'a en espagnol que le sens général d'étoffe, sans préciser s'il s'agit de lin, de coton ou d'autre matière. Mais tous les auteurs qui se sont occupés de diplomatique s'accordent à traduire *pergamino de paño* par *papier de coton*.

(2) *Las Siete Partidas*, part. III, tit. XVIII, ley V, edit. de 1807, p. 550.

PARTIE DIPLOMATIQUE.

de 1256 à 1265 et par conséquent sont presque contemporaines du règne de Frédéric II. Si maintenant nous passons en revue divers mandements de cet empereur, dont la rédaction primitive sur papier de coton n'est pas douteuse, nous reconnaîtrons à toutes ces pièces le caractère que nous avons essayé de déterminer et qui est bien celui qu'Alphonse X attribue aux actes qui doivent être rédigés sur papier.

1. — 30 avril 1252. Transcription sur parchemin d'une lettre impériale *que in papiri charta scripte sunt*, datée de Syracuse, le 2 juillet, 12ᵉ indiction (1224) et adressée *camerario Calabrie, bajulis Regii, Mese, Sancte Agathes, Sancti Niceti et Tuchii*, avec la formule *per litteras discretioni vestre precipiendo mandamus*. L'empereur leur notifie une confirmation de priviléges accordée par lui au monastère de Santa Maria de Terreto et contenue dans des lettres patentes sur parchemin qui sont insérées dans le même transsumpt (1).

2. — Lettre datée de Barletta, 3 avril (?), 1ʳᵉ indiction (1228), et adressée « *dilectis principibus suis venerabili Salzburgensi archiepiscopo et duci Haustrie* » avec la formule *devotioni vestre mandamus*. C'est le mandement publié par Schwandner et qui selon lui aurait été écrit sur du papier de linge.

3. — Août 1260. Les juges de Salerne transcrivent sur parchemin un mandement impérial *in charta bombycina scriptum, propter fragilitatem ipsius*, daté de San-Germano, 20 juillet, 3ᵉ indiction (1230), et adressé à l'archevêque de Salerne avec la formule *fidelitatem tuam rogamus mandantes*. Frédéric II mande au prélat de remettre au grand maître des Teutoniques le château d'Olibano (2).

4. — Autre mandement daté de San-Germano, 24 juillet même année, adressé « *advocato et consulibus civitatis Lubicensis* » avec la formule *vestre discretioni mandamus*. L'empereur enjoint aux consuls de Lubeck de ne pas tolérer dans leur ville la célébration d'un tournoi, ces sortes de fêtes donnant lieu à des violences et à des désordres de tout genre. L'original,

---

(1) *Hist. diplom.*, t. II, p. 445.
(2) *Ibidem*, t. III, p. 201.

sur papier de coton, est conservé aux archives de Lubeck. Mais la plus grande partie de l'écriture en est effacée (1).

5. — Février 1235. Les juges de Salerne transcrivent un mandement impérial, *quia ipsa cartula in qua ipse littere erant bombacinea erat et de sua natura fragilis videbatur substantie, cum posset corrodi de facili vel tinia demoliri;* lequel mandement, daté de Barletta, 25 janvier, 8° indiction, c'est-à-dire même année 1235, est adressé aux stratigots de Salerne avec la formule *fidelitati vestre precipimus et mandamus.* L'empereur leur enjoint de faire droit à une réclamation de l'abbé de la Cava (2).

Il est inutile de multiplier des citations qui toutes prouveraient l'emploi du papier de coton pour les lettres missives. Mais je ne puis passer sous silence un autre monument du règne de Frédéric II qui rentre parfaitement dans la question. C'est le célèbre fragment connu sous le nom de *Regestum* et conservé aux archives de Naples. Il se compose de vingt-neuf *quaterniones* ou cahiers paginés 1 à 116, en papier de coton assez épais, plucheux et absorbant l'humidité au point de s'amollir au contact de l'air extérieur; aussi est-il enfermé dans une boîte de fer-blanc bien close, contenue elle-même dans une autre boîte en bois. Les cahiers intérieurs, qui ont moins souffert que ceux du commencement et de la fin, conservent encore des surfaces lisses et même luisantes où l'écriture est restée parfaitement nette, comme j'ai pu m'en assurer en 1845, grâce à l'obligeance d'un des archivistes, M. Baffi. On sait que Frédéric II faisait transcrire d'indiction en indiction, c'est-à-dire du mois de septembre d'une année au mois de septembre de l'année suivante, les actes de son administration relatifs au royaume de Sicile, et ces registres ou *regesta* étaient déposés dans les différents trésors de Canosa, de Lucera et de Melfi. Le fragment de Naples est la transcription d'un de ces *regesta* plutôt que l'original même, si l'on entend par là le registre où se transcrivaient au fur et à mesure de leur envoi les minutes des lettres impériales. En effet, il y est question de modifications apportées postérieurement à la

---

(1) *Hist. diplom.*, t. III, p. 202.
(2) *Ibidem*, t. IV, p. 520-521.

PARTIE DIPLOMATIQUE.

teneur de ces mêmes lettres, soit pendant le cours de l'indiction XIII (1239 à 1240), soit pendant l'indiction suivante. En tout cas, cette transcription sur papier de coton ne peut être de beaucoup postérieure au 7 mai 1241, date extrême des modifications énoncées, et elle a été faite pour l'usage de la chancellerie, comme le prouvent quelques notes marginales qui y sont jointes. Faut-il conclure de cet unique exemplaire que les autres registres de la cour impériale étaient aussi en papier de coton, et que par là s'expliquerait leur prompte destruction, qu'on attribue sans preuves à la haine de la maison d'Anjou pour tout ce qui rappelait le nom des Souabes (1). Faute de renseignements suffisants, nous ne saurions nous prononcer sur ce point. Disons seulement que si le besoin de conserver des actes utiles à consulter ne permet guère de croire qu'ils aient été transcrits habituellement sur une matière peu solide, ces actes, par leur caractère administratif et confidentiel, rentrent cependant tout à fait dans la catégorie des mandements pour lesquels l'usage du papier de coton était autorisé.

Cet emploi du papier dans les lettres missives paraît au reste devoir être restreint à celles qui étaient écrites au nom de Frédéric II résidant en Sicile ou sur le continent italien. Du moins n'en avons-nous trouvé aucune qui fût écrite sur papier pendant les différents séjours de ce prince en Allemagne; et nous pensons même qu'antérieurement à la fin du treizième siècle il n'y eut pas de pièce allemande, impériale ou autre, rédigée sur papier en deçà des monts (2). Harenberg dans son *Histoire*

---

(1) Il est certain au contraire que Charles d'Anjou conservait avec grand soin les registres de Frédéric II, et se les faisait apporter pour les besoins de sa propre administration, comme le prouvent des actes cités par CHIARITO, *Commento sulla costit. di Feder. II*, p. 25. Ces registres ayant été suffisamment consultés et la propriété féodale ayant presque entièrement changé de mains, on cessa de les conserver avec autant de soin, comme n'étant plus utiles.

(2) Gudenus, dans sa préface du *Sylloge varior. diplom.*, affirme qu'en Allemagne tous les diplômes et actes de toute espèce écrits avant l'an 1280 sont en parchemin, car c'est depuis cette époque, ajoute-t-il, que l'usage du papier de chiffe s'y est introduit. Il ne mentionne même pas le papier de coton. Cette conclusion, qui s'éloigne assez peu de celle de Meerman, serait contredite au moins par un fait exceptionnel, s'il était vrai qu'un acte original du comte Adolphe de Schauenburg, de l'an 1239, ait été écrit sur du papier de linge. Cette pièce, pos-

diplomatique de l'Église de Gandersheim mentionne, il est vrai, cinq documents relatifs à l'établissement et aux priviléges de cette abbaye : savoir, l'acte de fondation par le duc de Saxe Ludolf, un *breve recordationis* d'Othon l'Illustre, son fils, mort en 912, et trois bulles pontificales, l'une de Sergius II (846), l'autre d'Agapet II (948), la dernière de Jean XIII (968); documents qu'il prétend avoir été écrits sur papier de coton, se fondant en cela sur l'interprétation très-hasardée qu'il donne d'un passage de l'inventaire du trésor de Gandersheim rédigé en l'an 1007 (1). Or, nous savons seulement que les bulles d'Agapet II et de Jean XIII ayant été portées à Rome sous le pontificat d'Innocent III, y furent récrites sur parchemin en 1206, de peur qu'elles ne fussent dévorées par les mites, « *quum fuerint non in pergameno, sed in papyro conscriptæ* (2). » D'après ces expressions du transsumpt et surtout à cause de la date de ces pièces, il est certain qu'il s'agit ici de papyrus et non de papier de coton (3). A plus forte raison serait-on disposé à croire que le privilége

---

sédée par un professeur de l'université de Rinteln, fut communiquée à l'Académie de Göttingue dans la séance du 10 janvier 1756, où cette compagnie décernait un prix à l'auteur du meilleur mémoire sur l'époque de l'invention du papier de linge. Nous ne connaissons pas les raisons qui purent décider l'Académie de Göttingue à se prononcer sur l'authenticité du document et sur la nature du papier, et le *Journal étranger* de novembre 1756 (p. 40, 41) se borne à mentionner sans explication ce fait, dont ni Meerman ni Breitkopf ne paraissent avoir tenu compte. Peut-être s'agissait-il d'un échantillon de ce papier de parchemin bouilli dont nous avons parlé plus haut (p. LXXV, note 2), et qui présentait tout à fait l'apparence de notre papier usuel.

(1) On lit dans cet inventaire, imprimé par Harenberg, à la p. 542 : « Sunt sex argentei cum patenis ; *bambacius V sericus ;* cappae xxx et v et lena serica. » Harenberg lit au pluriel *bambatii quinque serici*, et interprète *cinq chartes sur papier de coton*. Outre que le texte est probablement mutilé, il n'y a nulle apparence qu'on eût fait figurer des priviléges entre des calices et des chapes. *Sericus bambacius* (en vieux français *bambais*) doit signifier serge de coton, et *lena serica*, serge de laine.

(2) Harenberg, *loco citato*, p. 744 et 1152. — Marini, *Papiri diplomat.*, notes, p. 227, transcrit intégralement la bulle d'Innocent III, datée de Ferentino, XV calendas julii, anno IX.

(3) C'est aussi l'opinion de Mabillon (*De re diplomat.*, p. 37, 38), qui cite encore à ce propos un autre privilége de Victor II pour Gandersheim, sur papyrus, privilége postérieur, par conséquent, à l'an 1054, date de l'avénement de ce pape. Marini n'a pas hésité à insérer les bulles d'Agapet II et de Jean XIII parmi ses *Papiri diplomatici*, p. 34 et 50.

original de Ludolf, plus ancien d'un siècle, et que Harenberg dit avoir vu et touché, pouvait être également sur papyrus. Ce prince l'aurait délivré à son retour de Rome, où il s'était rendu auprès du pape Sergius par l'ordre de Louis le Germanique. Mais Marini, reprenant l'opinion déjà produite par Leibnitz, tient pour *falsa falsissima* la bulle de Sergius II; et il ajoute que le diplôme en papyrus de Ludolf où elle est insérée lui paraît également apocryphe. Quant à la confirmation par le duc Othon, comme on ne produit pas le titre original et que les *vidimus* postérieurs ne mentionnent point la substance sur laquelle il pouvait être écrit, nous n'avons pas à nous en occuper.

Ce qui paraîtrait plus singulier, ce serait la rédaction sur papier de coton d'un diplôme de l'empereur Henri IV en faveur de l'église d'Utrecht, daté de Worms, le 28 mai de l'année 1077. Héda a publié cette pièce sans mentionner cette particularité; mais l'antiquaire hollandais Cannegieter (1) écrivit à Meerman qu'il avait vu l'original de ce diplôme alors possédé par le baron de Spaen et que cet original était en papier de coton. Murray, dans sa lettre au même savant (2), admet l'exactitude des dates du diplôme et conclut à son authenticité. Mais il pense qu'il serait bon d'engager Cannegieter à s'assurer si c'est bien là l'original, puis à examiner de plus près la substance sur laquelle sont tracés les caractères. Comme cette recherche n'a pas été poursuivie ou que du moins je n'ai pas connaissance du résultat, je ne saurais dire sur quelle substance autre que le parchemin a pu être écrit le diplôme de Henri IV. Mais en tenant pour vraie l'assertion de Cannegieter, en admettant qu'il s'agisse réellement de papier de coton et non pas de papyrus, on peut supposer que l'empereur au retour de son premier voyage en Italie accompli cette année même 1077, aura pu rapporter de la cour pontificale quelques feuilles de ce papier en usage en Italie dès le onzième siècle. Ce fait isolé ne serait donc qu'une exception à la règle que nous avons

---

(1) Il s'agit probablement de Henri Cannegieter le père, mort en 1770, dont les deux fils Hermann et Jean furent professeurs de droit, l'un à Franeker, l'autre à Groningue.

(2) *Ger. Meerman et doct. vir. ad eum epistol.*, etc., p. 190 et suiv.

cru pouvoir établir. En effet, outre l'absence de preuves contraires, la difficulté des communications, la cherté de la matière première et le manque d'industrie ne permettent pas de croire qu'il y ait eu en Allemagne des fabriques de papier de coton ni d'un papier quelconque avant le quatorzième siècle (1). Le parchemin y devait même être à meilleur marché que le papier (2); et la chancellerie de Frédéric II se conforma en deçà des Alpes aux habitudes du pays où elle se trouvait transportée.

En résumé, nous croyons : 1° que l'usage du papier de linge à la cour de Frédéric II reste très-douteux, mais que celui du papier de coton y fut au contraire assez fréquent, notamment pour les registres administratifs et fiscaux; 2° qu'en ce qui concerne les actes originaux du souverain, l'emploi de ce dernier papier fut borné aux lettres missives ou mandements, et encore à celles de ces lettres qui furent écrites dans l'Italie méridionale ou en Sicile.

CHAPITRE VII.

DE L'USAGE DES SCEAUX PLAQUÉS POUR LES MANDEMENTS ET LETTRES CLOSES.

Le peu de solidité de la substance destinée à recevoir l'écriture a pu faire craindre que la suspension de sceaux en cire ou en métal à des feuilles de papier n'y causât des déchirures qui auraient eu pour résultat la perte du sceau. Mais cette raison ne suffit pas à expliquer l'emploi des

---

(1) Le manuscrit autographe d'Albert de Beham, rédigé entre les années 1238 et 1255, provenant de l'abbaye d'Aldersbach et aujourd'hui à la bibliothèque de Munich, est en papier de coton, et cette particularité pourrait d'abord faire penser que ce papier était en usage en Allemagne dès la première moitié du treizième siècle. Mais il est bon de remarquer qu'Albert, quoique né en Bavière, avait passé sa jeunesse à la cour romaine, et quand il fut envoyé en Allemagne par Grégoire IX pour travailler à la déposition de Frédéric II, il put apporter d'Italie du papier de coton, dont il se servit pour son usage personnel. En effet, ce manuscrit est un recueil des lettres, notes, renseignements, dont Albert désirait garder copie pour y recourir au besoin.

(2) M. Firmin Didot, dans sa lettre à M. Egger sur la *fabrication et le prix du papier dans l'antiquité*, est de cet avis, puisqu'il considère la plus grande cherté du papier comme la raison qui fit adopter la peau de vélin par les premiers imprimeurs.

reconnu au dos de cette pièce originale les traces du sceau qui y était plaqué.

6° Une lettre, sur parchemin, adressée à Jean, évêque de Liége, datée de Wiesbaden, 18 mai, 9° indiction (1236), pour lui confier la garde de l'église de Saint-Servais à Maëstricht, avec la formule *mandantes devotioni tue* (1). Cette pièce, provenant du chartrier de l'ancien chapitre de Saint-Lambert, est aujourd'hui aux archives de Liége. Le sceau plaqué, d'une assez bonne conservation, est retenu au dos de l'acte par une petite bande transversale en parchemin encore intacte au recto de la pièce. C'est celui dont nous avons donné plus haut la description.

7° Trois lettres, sur parchemin, adressées à divers personnages, mais toutes relatives à la ville de Strasbourg, datées de Haguenau, 7 mars, 9° indiction (1236); d'Augsbourg, 13 juillet même année (2); de Spire, 10 juillet, 10° indiction (1237). Ces pièces originales, conservées aux archives municipales de Strasbourg, portaient toutes les trois le sceau plaqué au dehors et retenu par une bandelette de parchemin, comme le prouvent les incisions qui y sont pratiquées. Un fragment de sceau adhère encore au dernier de ces trois documents.

Les sceaux plaqués furent également en usage dans la chancellerie de Henri, roi des Romains, qui gouverna, comme on sait, l'Allemagne de 1221 à 1235. Nous pouvons citer, entre autres preuves, deux lettres missives de ce prince, sur parchemin, l'une, du 18 octobre 1223, adressée au prévôt de Moringen; l'autre, du 25 juillet 1224, adressée aux prévôts de Staingaden et de Raitenbuch (3). Chacune d'elles portait au dos, retenu par un segment de parchemin, un sceau plaqué, dont quelques fragments subsistent encore. Comme les mandements de Frédéric, ceux de Henri renferment la formule *mandamus*, et n'ont également pour date que le jour du mois, avec le chiffre de l'indiction courante, sans que l'année soit exprimée.

---

(1) *Hist. diplom.*, t. IV, pars II, p. 859.
(2) *Ibidem*, t. IV, pars II, p. 824 et 890.
(3) *Ibidem*, t. II, pars II, p. 784 et 803.

A l'imitation du souverain, les grands dignitaires se servaient aussi de sceaux plaqués. Il existe aux archives de l'Empire (J. 580, n° 8) une lettre par laquelle Conrad, évêque de Metz et de Spire, notifie au roi Philippe-Auguste l'élection et le couronnement de Frédéric II en 1212 (1). Le sceau, de forme ovale, dont la trace se voit encore, devait être retenu au dos de la pièce par un segment de parchemin, comme le prouvent les deux incisions qu'on y remarque.

Ici se présente la question de savoir si ces mandements ou ces lettres missives, à sceaux plaqués, ont toutes été des lettres closes, en d'autres termes, si elles ont été pliées et fermées. Dans un premier travail sur ce sujet (2), je n'avais point proposé d'explication, l'existence des bandes de parchemin, intactes au recto de la pièce et servant à maintenir le sceau sur le revers, laissant subsister la présomption que quelques-uns de ces mandements pouvaient être assimilés à des lettres patentes. Mais la remarque judicieuse de M. L. Delisle dans sa *note sur les sceaux des lettres closes* (3), et surtout l'exemple sur lequel il s'appuie pour admettre que les mandements de Frédéric II ont tous été des lettres closes, m'ont décidé à approfondir la question. Il cite, en effet, une lettre du 22 septembre 1268 par laquelle Richard, roi des Romains, invite les échevins, le conseil et tous les citoyens de Maëstricht à respecter les priviléges de l'église de Saint-Servais. « Au dos du mandement, dit-il, se voit la trace d'un grand sceau en cire rouge semblable, selon toute apparence, aux empreintes remarquées par M. Huillard-Bréholles. Mais quand on examine attentivement la pièce conservée à la Bibliothèque impériale, on reconnaît qu'au moment de l'application du sceau la feuille de parchemin était pliée en trois, et que la cire recouvrait probablement les extrémités des fils ou des lemnisques qui maintenaient le mandement fermé (4). »

---

(1) *Hist. diplom.*, t. I, p. 230.

(2) *De l'emploi du papier de coton et des sceaux plaqués dans les actes de l'empereur Frédéric II*, inséré dans le tome XXIII des Mémoires de la Société impériale des antiquaires de France.

(3) Appendice au *Mémoire sur une lettre inédite adressée à la reine Blanche*, dans la *Bibliothèque de l'école des chartes*, IVe série, t. II, p. 533.

(4) *Ibidem*, p. 535.

PARTIE DIPLOMATIQUE.

Des vérifications faites à Vienne, à Liége et à Paris, il résulte en effet que les mandements de Frédéric II ont été pliés en trois parties, comme le mandement de Richard, et notre honorable ami M. Polain pense que le mandement conservé à Liége a pu être fermé au moyen d'un lacs aboutissant des deux côtés au sceau, et dont il ne subsiste plus de trace. Il suffisait de couper ce lacs pour déplier la lettre, et le sceau, qu'on avait pris la précaution de maintenir par une bande intérieure, pouvait rester intact. Mais son peu d'épaisseur le rendait très-fragile, et une fois qu'il était brisé et complétement détaché, la bandelette de parchemin ou de papier s'échappait aisément des incisions pratiquées pour la recevoir (1).

D'après ce que nous avons dit plus haut, le module ordinaire des sceaux plaqués était beaucoup trop grand pour que ces sceaux pussent servir à fermer les lettres familières, et comme Frédéric II n'avait pas de contre-sceau, il scellait sa correspondance privée avec son anneau. C'est ce que prouve la lettre d'un prélat, probablement l'archevêque de Capoue, qui, invité à se rendre à la cour par un temps pluvieux, cherche à s'en dispenser. Il ajoute pourtant que la vue du cachet impérial suffirait pour le décider : *Sufficit signum insigne domini, signator gerendarum annulus litterarum* (2). Nous savons aussi que Frédéric ayant appris qu'un moine vagabond avait falsifié son sceau, envoya à l'abbé qui avait autorité sur ce moine un exemplaire authentique du sceau royal sous un pli scellé de son anneau (3). Mais nous n'avons pu retrouver aucune description du

---

(1) M. L. Delisle nous a signalé une exception à cette manière de fermer les mandements. La petite lettre missive à sceau plaqué adressée par l'empereur à l'archevêque de Cologne, en date de Sora le 20 mars [1223], était close par une bandelette en parchemin qui traversait les trois plis, et dont les extrémités étaient et sont encore engagées sous la cire. Ici les trois plis du parchemin portent la marque de la double incision, et il a bien fallu couper la bandelette pour déplier la missive et prendre connaissance de son contenu, comme on peut s'en assurer par l'examen de la pièce originale conservée à la Bibliothèque impériale. Ce qui reste de l'effigie sur le sceau est dans la proportion du type ordinaire et semble prouver qu'on ne fit pas usage, même pour ce petit document, d'un sceau de dimension inférieure.

(2) Mss. de la Bibl. imp. de Paris, fonds Saint-Germain-Harlay, n° 455, partie III, n° 54.

(3) « *Ut igitur de sigillo ipso ulterius flagitiosa figmenta non procedant, ipsum tibi sub annuli nostri clausura transmittimus.* » *Epist. Petr. de Vin.*, lib. V, c. XXII. Divers manu-

cachet de Frédéric, ni de la légende ou devise qui sans doute y était gravée. Selon l'usage du temps, ce devait être une pierre antique entourée d'une bordure de métal sur laquelle la légende était écrite. Les termes de la lettre du manuscrit de Paris, cités plus haut, permettent de supposer que le cachet impérial était reconnaissable à la première vue et se faisait remarquer par quelque signe distinctif.

Les lettres missives, quelle que fût la substance adoptée pour leur rédaction, avaient souvent au verso ou sur la bande l'adresse écrite de la même main que le corps de l'acte. Sur deux mandements datés de Tarente, le 9 et le 10 mars 1234, envoyés par Frédéric II à la commune de Sienne, on lisait extérieurement, sur l'un : *Potestati et consilio Senensi fidelibus suis*, et sur l'autre : *Potestati et consilio totique communi Senensi fidelibus suis* (1). Mais le transsumpt notarié, qui est du 6 avril suivant, ne dit pas si ces lettres étaient sur papier ou sur parchemin, ni si les sceaux étaient plaqués. Une autre lettre impériale, du 25 octobre 1235, porte cette adresse extérieure : *Buticlario de Nuoremberch fideli suo pro preposito de Speinshart.* Ce mandement, donné à Augsbourg, est sur parchemin; il n'y existe aujourd'hui aucune trace de sceau, soit pendant, soit appliqué. Ce qui a fait supposer aux éditeurs des *Monumenta Boica* (2) que cette pièce se trouvait originairement incluse dans un autre acte régulièrement scellé.

Le savant auteur des *Éléments de paléographie* fait remarquer, avec raison, que l'adresse, même originale, écrite au verso, ne suffit pas pour faire du document un acte opisthographe. Il faut pour cela que les mots tracés au verso soient une partie intégrante du texte. Je n'ai rencontré jusqu'à présent qu'un seul exemple d'un acte de ce genre dans la nombreuse série de chartes originales que j'ai dû examiner pour ma collection. C'est une sentence, sur parchemin, du 5 mai 1223, rendue au sujet d'un litige entre le roi des Romains et l'évêque de Strasbourg. Elle est gardée dans le *Trésor des chartes* de cette ville, sous le n° 432. A la suite

---

scrits attribuent cette lettre à Conrad. Mais il s'agit seulement ici d'établir que les souverains de la Sicile se servaient d'un cachet différent du sceau royal.

(1) *Hist. diplom.*, t. III, p. 271.
(2) T. XXX, p. I, p. 242, not. *a*.

de la date, mais au dos de la pièce, sont écrits les noms des témoins, au nombre de onze; et cette addition ou continuation était d'autant plus indispensable, que ce sont précisément les trois premiers de ces témoins, c'est-à-dire les évêques de Metz, de Wurtzbourg et d'Augsbourg, qui, en revêtant cette charte de leurs sceaux, lui ont donné son principal caractère d'authenticité.

De tout ce qui précède, nous pouvons conclure avec assurance : 1° que l'usage des sceaux appliqués sur le revers des pièces fut restreint aux lettres missives, quelle que fût d'ailleurs la nature de la substance employée, parchemin ou papier de coton; 2° que les lettres missives ainsi scellées doivent toutes être considérées comme ayant été pliées et closes au moment de l'application du sceau.

CHAPITRE VIII.

DES SCEAUX PENDANTS. — SCEAUX DE CIRE.

Les sceaux pendants, c'est-à-dire attachés au bas des actes par des bandelettes de parchemin ou par des lacs de soie, servaient exclusivement pour les chartes solennelles et pour les lettres patentes.

Dans les actes de Frédéric II et de ses enfants, les lacs qui y rattachent les sceaux pendants sont presque toujours en fils de soie; le plus ordinairement en soie torse, quelquefois en soie plate. Ces fils sont tantôt d'une seule couleur, tantôt de couleurs mélangées, telles que l'amarante, le violet, le jaune, le bleu, le vert, très-rarement le blanc. L'amarante est la couleur dominante, surtout pour les fils de soie plate qui proviennent de fabrication sicilienne et qui ont conservé toute la vivacité de leur nuance.

Les sceaux pendants étaient de deux espèces : les sceaux de cire et les sceaux de métal. L'examen des sceaux de cire fera l'objet de ce chapitre.

Tous ceux que nous avons trouvés appendus à des actes de Frédéric II délivrés pour l'Empire sont en cire blanche ou quelquefois brune, avec addition d'un peu de farine ou de craie, afin de leur donner plus de solidité. Le sceau d'un privilége délivré pour l'ordre Teutonique au mois de février 1224 (1) fait seul exception. Il est en cire rouge; mais on doit

---

(1) *Hist. diplom.*, t. II, p. 402.

observer que l'acte fut rédigé à Catane probablement par un notaire sicilien, et qu'il put être scellé par mégarde avec la cire qui servait d'ordinaire pour le royaume de Sicile (1). Les sceaux des actes de Frédéric destinés à ce royaume sont aujourd'hui si peu nombreux ou sont décrits si rarement dans les anciens auteurs, qu'il est bien difficile de décider si l'usage de la cire rouge fut toujours une règle pour la chancellerie sicilienne. Le fait cependant paraît hors de doute pour l'époque qui précéda l'élection de Frédéric II en Allemagne. Un instrument notarié de l'an 1252, qui renferme la transcription de trois actes de Frédéric, établit même à ce sujet une distinction qu'il n'est pas inutile de rappeler : *Roboratae litterae ipsae et unum ipsorum privilegiorum cum cera sigilli imperii et caeterum munitum* CUM CERA RUBEA SIGILLO REGNI SICILIAE (2). Or, la lettre et le premier privilége sont de 1224, tandis que l'autre privilége scellé en cire rouge remonte à 1209, et les expressions du *vidimus* qui s'appliquent à ce dernier semblent bien indiquer un usage particulier à la Sicile. Enfin Mongitore, décrivant les sceaux de cire suspendus de son temps aux priviléges conférés par Frédéric II à l'église de Palerme avant 1212, dit qu'ils étaient en cire rouge.

Une énumération sommaire des sceaux de cire de Frédéric II, dont nous connaissons la description ou les originaux, est le meilleur moyen de signaler les variétés qu'on remarque dans les types et les légendes des sceaux de cette espèce. L'ordre chronologique doit être observé dans cette énumération ; car il est à la fois la raison et l'explication naturelle de ces variétés mêmes.

I. De 1200 à 1211. Priviléges pour la cathédrale de Palerme. Le roi assis de face sur le trône, couronné, tenant de la main droite le sceptre, de la gauche le globe crucifère.

Légende circulaire : † FREDERICUS DEI GRATIA REX SICILIE DUCATUS APULIE ET PRINCIPATUS CAPUE.

---

(1) Cependant Scheid, dans ses *Origines Guelf.*, t. III, p. 702, donne la description d'un sceau de Henri VII appendu à un privilége de l'an 1226 (selon nous, 1224), pour le monastère de Walkenried, et dit qu'il était en cire rouge. Ce qui montre que la chancellerie allemande employait aussi quelquefois une cire teinte en cette couleur.

(2) *Hist. diplom.*, t. II, p. 439.

PARTIE DIPLOMATIQUE.

Décrits dans Mongitore, *Privilegia Panorm. eccles.*, p. 74, 76, 77, 81 et 83.

II. 15 janvier 1212. Privilége pour l'église de Morreale.

Type semblable au précédent, si ce n'est qu'à la droite de l'effigie on remarque le croissant de la lune, à la gauche un astre rayonnant, ou plutôt le soleil.

Légende semblable, sauf le nom, qui est écrit *Federicus*.

Décrit dans Lello, *Descrizione di Morreale, Summ. dei privil.*, p. 37.

III. 11 mai 1216. Expédition pour l'abbesse de Quedlinburg de la constitution dite *de jure spoliorum*. Le roi assis de face sur un trône à dossier, couronné, avec pendants d'oreilles (1), tenant de la main droite un sceptre crucifère, et de la gauche le globe également crucifère.

Légende circulaire : † FRIDERICUS DEI GRATIA ROMANORUM REX ET SEMPER AUGUSTUS ET REX SICILIE.

Gravé dans Érath, *Cod. Quedlinb.*, p. 134, où se trouve le *fac-simile* du diplôme et du sceau.

IV. 14 juin 1217. Privilége en faveur du monastère de Lilienfeld.

Même type, même légende.

Gravé dans Hanthaler, *Recensus*, tab. XVI, n° 1.

V. 13 juillet 1219. Privilége pour la ville de Goslar.

Même type, même légende.

Mentionné par Heineccius, *De sigillis*, p. 107, avec la date M. CC. XXX, qui est une faute d'impression pour M. CC. XIX.

Gravé *ibidem*, tab. XVII, n° 1.

VI. 15 août 1219. Privilége pour la ville de Francfort.

Même type, même légende.

Gravé dans le livre intitulé *Privilegia et pacta des Reichstadt Francfurt am Mayn*, tab. I, fig. 1.

VII. 8 novembre 1219. Privilége pour la ville de Nuremberg.

---

(1) Il est assez difficile de déterminer si les ornements qui accompagnent la figure du roi sont des pendants d'oreilles ou bien les extrémités en forme de fleurs de lis d'une bandelette servant à rattacher par derrière la couronne ou le diadème. Cette dernière explication est la plus généralement adoptée. Mais la première peut également se soutenir.

Même type, même légende.

Le *fac-simile* du diplôme et du sceau a été gravé par J. W. Stoer, à Nuremberg, en 1746.

VIII. 17 avril 1220. Lettre à l'archevêque de Cologne en faveur de l'église de Saint-Servais à Maëstricht.

Même type. La légende était certainement la même; mais aujourd'hui on ne peut plus déchiffrer sur cet exemplaire que les derniers mots : ET REX SICILIE.

Original à la Bibliothèque impériale.

IX. 22 avril 1220. Privilége pour le monastère de Marienberg.

Même type, même légende.

Gravé dans Gunther, *Cod. Rhen. Mosell.*, t. II, tab. 1.

X. Juillet 1220. Privilége pour l'église de Morreale.

Même type, même légende.

Décrit dans Lello, *Summar. dei privileg.*, p. 39, avec la leçon : *Romanorum imperator*, qui est évidemment une erreur. Il faut lire : *Romanorum rex*, comme dans les cinq numéros précédents.

XI. Février 1221. Privilége pour l'église de Salerne.

Même type que dans les précédents; légende circulaire : † FRIDERICUS DEI GRATIA ROMANORUM IMPERATOR ET SEMPER AUGUSTUS ET REX SICILIE.

Décrit dans un transsumpt de 1287, publié par Paesano, *Memor. della chiesa Salernit.*, p. 316.

XII. Septembre 1224. Privilége pour l'église de Magdebourg.

Même type; le sceptre est terminé par une sorte de fleur de lis finissant en forme de croix, et non par une double croix, comme l'indiquent fautivement quelques dessins. Légende circulaire : † FRIDERICUS DEI GRATIA IMPERATOR ROMANORUM ET SEMPER AUGUSTUS. Les mots : ET REX SICILIE ne se trouvent plus sur le sceau de cire quand il est attaché à des pièces qui sont rédigées pour l'Empire (1).

---

(1) On conserve à la Bibliothèque impériale les originaux des deux priviléges concédés par Frédéric II à l'église de Saint-Servais en février 1223. Mais les sceaux qui y sont appendus ont tellement souffert que l'effigie et la légende en ont totalement disparu.

Gravé dans notre *Historia diplomatica*, au frontispice du tome II.

XIII. Janvier 1225. Confirmation des priviléges de la chapelle du palais, à Palerme.

Paraît être le même type que le n° XI, si ce n'est que le sceptre est indiqué comme terminé par une fleur de lis seulement, ce qui est peu probable.

Légende circulaire : † Fridericus Dei gratia Romanorum rex (lisez : imperator) et semper augustus et rex Sicilie.

Décrit dans Garofalo, *Tabul. cap. divi Petri*, p. 52, note 5.

XIV. 4 août 1225. Lettre au roi de France contre la commune de Cambrai.

Même type que dans les précédents; légende circulaire : † Fridericus Dei gratia imperator Romanorum et semper augustus, comme dans le n° XII.

Original aux Archives de l'Empire, J. 610, n° 3.

XV. Avril 1228. Privilége pour le monastère de Lilienthal.

Même type, même légende circulaire. Dans le champ, à droite du trône, et rex, à gauche, Ierusalem.

Gravé dans Hanthaler, *Recensus*, tab. xvi, n° 2.

XVI. Août 1235. Lettre pour la délivrance de Clémence de Zahringen.

Même type, même légende circulaire, même addition dans le champ.

Décrit dans Chifflet, *Lettre touchant Beatrix*, p. 98.

XVII. Décembre 1235. Donation à Raymond, comte de Toulouse.

Même type, même légende circulaire, même addition dans le champ.

Original aux Archives de l'Empire, J. 309, n° 13.

XVIII. Décembre 1239. Autre concession à Raymond, comte de Toulouse.

Même type, même légende circulaire, même addition dans le champ.

Original aux archives de l'Empire, J. 610, n° 4.

XIX. 11 juillet 1240. Établissement d'un marché à Francfort.

Même type, même légende circulaire, même addition dans le champ.

Gravé dans *Privilegia et pacta des Reichstadt Francfurt am Mayn*, tab. I, fig. 2.

XX. Août 1244. Révocation du péage de Viviers.

Même type, même légende circulaire, même addition dans le champ.

Les mots ET REX IERUSALEM deviennent à peine lisibles, probablement parce que les lettres commençaient à s'user sur la matrice.

Original aux Archives de l'Empire, J. 610, n° 5.

On trouve, en outre, dans Heineccius (1) la mention de deux autres sceaux de Frédéric comme empereur : l'un, antérieur à son avénement au trône de Jérusalem, est décrit par Gelen (2); l'autre, postérieur, est gravé dans Weck (3) et reproduit par Heineccius lui-même (tab. XVII, n° 2). Comme on n'indique point à quels actes ils étaient suspendus, et que d'ailleurs ils ne présentent aucune variante, nous les avons négligés dans notre énumération.

Il ne manque donc à cette série que la description du sceau de cire dont Frédéric II se servit pour la Sicile après son avénement au trône de Jérusalem. Mais il est possible de combler cette lacune au moyen d'une fort belle empreinte communiquée par Francesco Daniele au père de Gaetano Carcani (4), et que ce dernier a fait graver sur le titre de son édition des Constitutions et du *Regestum*. Quoique nous ne puissions dire précisément à quelle pièce se rattachait le sceau en question, il est indubitable, d'après sa provenance et d'après sa légende, qu'il était appendu à un acte relatif au royaume de Sicile et délivré après le mois de novembre 1225. En voici la description : L'empereur coiffé de la couronne royale, sans pendants d'oreilles, assis de face sur un siége à dossier, mais plus simple que le trône impérial, tenant de la main droite le sceptre fleurdelisé terminé par une croix, et de la main gauche le globe crucifère. En légende circulaire on lit : † FRIDERICUS DEI GRATIA ROMANORUM IMPERATOR ET SEMPER AUGUSTUS ET REX SICILIE. Dans le champ, à droite du trône, ET REX, à gauche, IERUSALEM. Ce sceau a sept centimètres de diamètre. Il est d'un plus petit module que le sceau pour l'Empire, qui a un peu plus de huit centimètres de diamètre.

---

(1) *De sigillis*, p. 107.
(2) *Vit. S. Engelberti*, p. 414.
(3) *Descript. Dresd.*, pars II, p. 154.
(4) Voy. préface des *Constitutiones*, p. IX.

PARTIE DIPLOMATIQUE.

De cette liste chronologique, il résulte pour nous que les variétés du sceau de cire de Frédéric II doivent être ramenées à quatre : 1° un sceau particulier au royaume de Sicile dont ce prince fit usage depuis son avénement jusqu'à son départ pour l'Allemagne, en 1212. C'est celui que caractérise la légende : *Fredericus Dei gratia rex Sicilie, ducatus Apulie et principatus Capue*. Dans les derniers temps de cette période, on ajouta sur le champ de ce sceau le soleil et la lune, qui, par une coïncidence singulière, se remarquent à la même époque sur les sceaux de l'empereur Othon et de sa femme Marie de Brabant (1). 2° Un sceau commun à l'Empire et au royaume de Sicile, depuis 1213 jusqu'à 1220; et qui a pour légende commune : *Fridericus Dei gratia Romanorum rex semper augustus et rex Sicilie*. 3° A partir de novembre 1220, un sceau particulier pour l'Empire, d'un plus grand module que le précédent, et qui porte pour légende distinctive les mots : *Fridericus Dei gratia imperator Romanorum semper augustus;* les mots : *et rex Sicilie* furent alors supprimés de cette légende, à laquelle on ajouta à la fin de 1225 : *et rex Ierusalem*. 4° A partir de novembre 1220, un sceau particulier pour le royaume de Sicile, d'un plus petit module que celui qui servait pour l'Empire, présentant quelques différences dans le type, et ayant pour légende les mots : *Fridericus Dei gratia Romanorum imperator et semper augustus et rex Sicilie,* auxquels on ajouta de même, à la fin de 1225, le titre nouveau de : *et rex Ierusalem*.

Nous savions déjà par le témoignage de Frédéric lui-même qu'il avait un sceau spécial pour la Sicile quand il dit, à propos de la prise de Vittoria et du pillage de son camp par les Parmesans, en 1248 : *Quum in castrorum nostrorum combustione quam diximus, camera nostra cum aureae*

---

(1) Voir HEINECCIUS, *De veter. Germ. sigillis*, tab. VIII, nos 5 et 6, et p. 104, 105. Le soleil et la lune sont aussi figurés sur le sceau de Raymond VII, comte de Toulouse, autre prince contemporain. Les explications allégoriques qu'on a voulu donner de ces figures considérées comme symboles, ne nous paraissent pas assez concluantes pour être rapportées ici. Qu'il nous suffise de rappeler que le croissant de la lune et l'étoile ou plutôt le soleil se retrouvent aussi sur des monnaies de Frédéric II frappées en Sicile postérieurement à 1225. Cf. TAFURI, *Monete cufiche*, p. 130, planche n° 7.

bullae typario et REGNI NOSTRI SIGILLO *perdita et amissa fuerit* (1). Les expressions : *regni nostri sigillum*, sont parfaitement éclaircies par l'examen des monuments eux-mêmes, et l'on voit qu'il s'agit bien ici d'un sceau de cire particulier au royaume. En traitant de la bulle d'or, nous indiquerons la cause qui obligea Frédéric II à employer depuis son couronnement comme empereur, deux bulles et deux sceaux distincts au lieu de la bulle et du sceau uniques qui lui avaient servi précédemment. Quant aux modifications que le sceau royal de Sicile dut subir après que la matrice de ce même sceau fut tombée entre les mains des ennemis, nous ne pourrions dire en quoi elles consistèrent, n'ayant retrouvé aucun monument de ce genre, de provenance sicilienne, qui soit postérieur au mois de février 1248.

Nous connaissons trois variétés du sceau de cire d'Henri VII. Il est même probable qu'il se servit d'un premier sceau, comme roi de Sicile, depuis le mois de mars 1212 jusqu'au mois de septembre 1216. Mais nous n'en rencontrons la description nulle part. Après son arrivée en Allemagne, et vraisemblablement jusqu'en 1221, il employa un sceau équestre en qualité de duc de Souabe (2). Couronné roi des Romains, il adopta le sceau de majesté avec la légende circulaire : HENRICUS DEI GRATIA ROMANORUM REX ET SEMPER AUGUSTUS, conformément au type que nous avons

---

(1) *Epist. Petr. de Vin.*, lib. II, cap. XLI. L'auteur d'une prose rimée, composée peu de jours après l'événement, rappelle ce passage même de la lettre de Frédéric dans les vers qui suivent :

>Per easdem literas gaudeo me scire
>Quod dum ipsum contigit per fugam abire,
>Sigilla postposuit, per quae solet mire
>Veritatem varians mundum circuire.
>Procul verecundia recessit ab illo,
>Cum se dicit *duplici privatum sigillo;*
>Erubescat dicere perdito vexillo
>Quod cuncta quae perdidit habet pro pusillo.

Ap. *Biblioth. des liter. Vereins in Stuttgart*, t. XVI, 2e part., p. 129.

(2) On en a un spécimen dans le sceau attaché à un acte de Henri pour Weingarten, sans date, mais qui doit être placé au mois de janvier 1220. Cf. *Hist. diplom.*, t. I, p. 722.

reproduit dans notre ouvrage, en tête du tome III, d'après l'original qui existe aux Archives de l'Empire (1). Plus tard, le sceau restant le même, une addition à la légende y fut introduite et on écrivit dans le champ les mots : ET DUX SUEVIE, ainsi disposés : à droite du siége, ET DVXS, à gauche, VEVIE. Ce nouveau sceau, ou plutôt cette variété du précédent, ne paraît pas avoir été antérieur à l'an 1234, ou du moins nous le trouvons pour la première fois attaché à un acte du 23 janvier de cette année (2). Depuis lors, jusqu'à sa déchéance, Henri VII l'employa constamment, et il est à remarquer que cette addition par laquelle ce prince semble revendiquer pour lui les fiefs patrimoniaux de la maison de Souabe, coïncide avec ses premières tentatives d'indépendance. Nous savons en effet qu'à cette époque, pour obtenir de lui un acte de soumission, Frédéric II avait consenti à augmenter son pouvoir. Ce que Henri nous apprend lui-même dans un acte daté du 17 mars 1232 (3).

Pendant la vie de son père, Conrad ne se servit que du sceau de cire, et ce sceau ne varia point de 1237 à 1251. Sur ce monument, d'un travail rude et grossier, le prince est représenté assis sur un siége sans dossier, tenant de la main droite un sceptre court terminé par une fleur de lis, et de la gauche le globe surmonté d'une croix avec la légende circulaire : CUNRADUS DIVI AUGUSTI IMPERATORIS FRIDERICI FILIUS, DEI GRATIA ROMANORUM IN REGEM ELECTUS, et dans le champ, à droite et à gauche du trône : ET HERES IERUSALEM (4).

Nous ne connaissons qu'un seul exemplaire du sceau de cire d'Enzio. Il est appendu à un privilége en faveur de la ville de Macerata, du mois

---

(1) La description ou le dessin de ce premier sceau se trouve dans GUNTHER, *Cod. Rhen. Mosell.*, t. II, tab. 1. — SCHÖNEMANN, *Diplomat.*, t. II, p. 142. — SCHEID, *Origin. Guelf.*, t. III, p. 702. — PISTORIUS, *Amoenitat.*, t. II, p. 2216. — *Versuch ein. urkundl. Darstellung des Stift. Engelberg*, p. 112.

(2) Il est gravé dans le livre intitulé *Privilegia et pacta des Reichstadt Francfurt am Mayn*, tab. I, fig. 3. Une description de ce second sceau se trouve aussi dans *Versuch ein. urk. Darstell. des Stift. Engelberg*, p. 113.

(3) « Sane quia serenissimus dominus imperator, pater noster, nostrae ditioni deputavit terram Allamaniae plenius et commisit. » *Hist. diplom.*, t. IV, p. 564.

(4) Voy. *Hist. diplom.* au frontispice du tome V.

de novembre 1239, et imparfaitement décrit par Compagnoni (1). C'est un sceau équestre. Derrière la queue du cheval s'élève une tour, emblème évident du pays de Turri ou Torres, en Sardaigne, dont Enzio était roi titulaire. La légende n'est point rapportée, et nous n'avons pu nous la procurer d'ailleurs.

Le sceau de Frédéric d'Antioche est fréquemment indiqué dans les actes relatifs à la Toscane, à partir de 1246. Mais nous ne le trouvons décrit ou dessiné nulle part.

Ni Frédéric II, ni ses fils, ne firent usage de contre-sceaux quand ils scellaient en cire. Du moins nous n'en avons vu aucun exemple, ni n'en rencontrons aucune mention dans les auteurs. Une seule fois nous avons remarqué l'empreinte du pouce au revers d'un sceau de Frédéric attaché à un diplôme délivré pour l'église de Magdebourg.

CHAPITRE IX.

SCEAUX EN MÉTAL. — SCEAUX DE PLOMB. — BULLES D'OR.

Les rois normands de Sicile se servaient d'une bulle de plomb qui a été plusieurs fois décrite, et cet usage persista jusqu'au règne de Frédéric II. On trouve du moins la mention d'une bulle de plomb de ce prince, à l'occasion d'un privilége du mois de décembre 1200 pour la chartreuse de San Stefano del Bosco. Mais Tromby qui la cite (2) n'en donne pas la description, et en l'absence de tout autre renseignement, nous devons penser que l'usage de sceller en plomb fut abandonné par la chancellerie sicilienne dès les premières années du treizième siècle.

Les seigneurs ecclésiastiques et laïques continuèrent encore à se servir de bulles de plomb, et il paraît que l'allemand Raynald, duc de Spolète, scella de cette manière les actes qu'il délivra de 1228 à 1229, comme vicaire de l'Empire dans la marche d'Ancône et dans la Toscane. Une

---

(1) Cf. *Hist. diplom.*, t. V, p. 540.
(2) *Stor. dell' ord. Cartus.*, t. V, append., p. 31.

bulle de plomb était suspendue au privilége qu'il concéda à la commune de Ripatransone, au mois d'avril 1229 (1); mais les historiens de cette ville n'en fournissent pas la description.

Les bulles d'argent ne furent jamais employées par la chancellerie de Frédéric. L'usage des bulles d'or y est au contraire très-fréquent, et l'intérêt que ces monuments présentent nous décide à entrer ici dans quelques développements à leur sujet.

On connaît plusieurs espèces de bulles d'or employées par l'empereur Frédéric II; elles sont toutes formées de deux feuilles de métal, droit et revers, imprimées en relief et soudées par la tranche, après qu'on y avait introduit les deux lacs de soie. Nous verrons bientôt qu'on peut les ramener à quatre variétés principales. Mais pour mieux déterminer les époques auxquelles ces bulles furent successivement ou simultanément en usage, il est à propos de dresser, comme nous l'avons fait pour les sceaux de cire, la liste par ordre chronologique des sceaux d'or dont on possède la description, la gravure, ou, ce qui vaut mieux encore, les originaux mêmes.

I. 9 juillet 1212. Privilége pour les Génois : « *Et in praedicto sigillo ab una parte erat forma dicti regis qui sedebat in cathedra cum pomo in manu, et circum scriptum erat :* FRIDERICUS DEI GRATIA REX SICILIE DUCATUS APULIE ET PRINCIPATUS CAPUE. *Ab alia parte erat castrum* (probablement le château de Palerme) *et circa ipsum castrum* REGNUM SICILIE. *Circa sigillum* : CHRISTUS VINCIT, CHRISTUS REGNAT, CHRISTUS IMPERAT. » Note manuscrite de l'an 1425, citée dans l'*Histor. diplom.*, t. I, p. 212.

II. 26 septembre 1212. Donation de Flozz, Schwarzenberg, Milin, etc., au roi de Bohême. Décrite et gravée dans Daniele, *I regali sepolcri di Palermo*, p. 85, n° 1, d'après une empreinte de l'original aux archives de Vienne. Par cette gravure, nous connaissons exactement le type du premier côté de la bulle. Contrairement aux représentations subséquentes, le roi, assis de face sur un siége sans dossier, tient le globe de la main

---

(1) « *Justeque per bullam ejus manu subscriptam et signo plumbeo obsignatam declaravit.* » QUATRINI, *De rebus Ripanis*, p. 70.

droite, et de la gauche un sceptre court en forme de marteau. Le dessin et la légende du revers sont parfaitement conformes à la description qui précède.

III. 2 avril 1215. Privilége pour l'église de Palerme.

Le roi assis sur un trône à dossier, tenant de la main droite un sceptre fleurdelisé terminé par une croix, de la gauche le globe surmonté d'une croix; autour FRIDERICUS DEI GRATIA ROMANORUM REX ET SEMPER AUGUSTUS. Dans le champ à droite ET REX, à gauche SICILIE. Au revers une église en forme de basilique; sur la porte de ce monument AUREA ROMA, avec la légende circulaire : ROMA CAPUT MUNDI REGIT ORBIS FRENA ROTUNDI. Le diamètre de cette bulle est de 60 millimètres. Elle est décrite et gravée dans Mongitore, *Privil. eccles. Panormit.*, p. 95.

IV. 25 juillet 1216. Confirmation de priviléges en faveur de Wenceslas, roi de Bohême. Décrite et gravée dans Daniele, *I regali sepolcri di Palermo*, p. 85, n° 2, d'après une empreinte de l'original aux archives de Vienne.

Même droit, même revers que la précédente.

V. 14 septembre 1218. Privilége pour Saint-Evre de Toul. Décrite par Mabillon, *De re diplomatica*, lib. II, c. 16, n° 16, p. 141; gravée dans Matthaei, *De nobilitate*, lib. IV, c. 17, p. 1028, et dans Heineccius, *De sigillis*, tab. II, n° 1.

Même droit et même revers (1).

VI. Novembre 1219. Privilége pour l'église de Penne. Décrite par Lucenti, dans Ughelli, *Ital. sacr.*, t. I, p. 1133.

Même droit et même revers.

VII. 26 avril 1220. Confédération de Frédéric avec les princes de l'Empire. Décrite et gravée dans Buchel, notes sur Heda, *Histor. episcop. Ultraject.*, p. 202.

Même droit et même revers.

---

(1) J'ai vu à Francfort-sur-Mein, l'épreuve lithographiée d'une autre bulle d'or appendue à la charte du 15 avril 1218, en faveur de la ville de Berne. Cette bulle m'a semblé tout à fait pareille; mais je ne saurais pourtant l'affirmer positivement, n'ayant pu retrouver l'épreuve.

PARTIE DIPLOMATIQUE.

VIII. Vers août 1220. Révocation de la sentence prononcée contre la comtesse de Flandre. Original à la Bibliothèque impériale.
Même droit, même revers.

IX. Mars 1221. Privilége pour l'église de Morréale. Lello dit que le droit présentait l'image ordinaire de l'empereur assis de face, avec la légende circulaire : FRIDERICUS DEI GRATIA ROMANORUM IMPERATOR [SEMPER] AUGUSTUS, et au-dessous, autour de l'effigie, [ET] REX SICILIE (1). Sur le revers était gravé ce qu'il appelle le phare de Messine, avec cette légende circulaire : REGNI (lisez REGNUM) SICILIE, DUCATUS APULIE [ET] PRINCIPATUS CAPUE. *Sommar. dei privilegj di Morreale*, p. 40, n° XCII.

X. 18 mars 1229. Lettre au roi d'Angleterre relative à la croisade.
Nous citons ici la description de la bulle telle que la donne Matthieu Paris, à la suite de cette lettre même : « *Forma bullae imperatoris aureae erat talis : ex una parte erat imago regia et scriptum in circuitu :* FRIDERICUS DEI GRATIA ROMANORUM IMPERATOR ET SEMPER AUGUSTUS. *Ex una parte vero regalis imaginis, scilicet super dextrum humerum scriptum est* REX IERUSALEM ; *ex alia parte ejusdem imaginis, scilicet super sinistrum humerum scriptum est* REX SICILIE (2). *Ex alia autem parte bullae insculpitur quaedam civitas, scilicet Roma, et scribitur in circuitu :* ROMA CAPUT MUNDI TENET (lisez REGIT) ORBIS FRENA ROTUNDI. *Erat autem bulla aliquantulum major bulla papae.* » Depuis l'avénement de Frédéric à l'empire, les mots AUREA ROMA, gravés sur la bulle antérieure à 1221, disparaissent de celle-ci.

XI. Mai 1232. Constitution contre les communes illégalement instituées. Décrite et gravée dans Ludewig, *Reliq. manuscr.*, t. VII, p. 519, et sur le frontispice du même volume; gravée seulement dans Heineccius, *De sigillis*, tab. XVIII, fig. 1.

---

(1) Il est très-probable que sur ce monument les quatre dernières lettres du mot *augustus* étaient gravées dans le champ avant les mots *et rex Sicilie*, comme dans l'exemplaire semblable que nous indiquerons au n° XIX. Au revers, Lello a lu aussi *regni* pour *regnum*. Il en résulte ou que sa description n'est pas très-exacte, ou que de son temps le sceau était déjà dans un mauvais état de conservation.

(2) Il faut aussi corriger cette description, car c'est réellement du côté gauche de la figure que sont écrits les mots *stus et rex Ierusalem*, et du côté droit les mots *et Sicilie*.

Même droit et même revers que la précédente. Le module de cette bulle et de toutes les suivantes est beaucoup plus petit que celui des bulles antérieures au couronnement de Frédéric II à Rome. Il n'a que 38 millimètres de diamètre, et il est par conséquent d'un tiers au moins plus petit. Le sceptre sur cette nouvelle bulle est terminé par une double croix.

XII. Mai 1233. Exemption de tonlieu pour la ville de Stade. Gravée dans Scheid, *Origin. Guelf.*, t. III, *fac-simile* en regard de la page 666.

Même droit et même revers.

XIII. Septembre 1234. Privilége pour Raymond, comte de Toulouse. Original aux Archives de l'Empire. Décrite par M. de Wailly, *Élém. de paléogr.*, t. II, p. 125; gravée dans l'*Historia diplomatica* au frontispice du tome IV.

Même droit et même revers.

XIV. Août 1235. Création du duché de Brunswick en faveur d'Othon. Gravée dans Scheid, *Origin. Guelf.*, t. IV, *fac-simile* en regard de la page 48.

Même droit, même revers.

XV. Décembre 1235. Privilége pour Raymond, comte de Toulouse. Original aux Archives de l'Empire.

Même droit, même revers.

XVI. 17 août 1241. Privilége pour l'abbaye de Rheinau. Gravée dans Zapf, *Monum. anecd. hist. Germ.*, tab. IV, n° 7.

Même droit, même revers.

XVII. Juin 1245. Privilége pour le duc d'Autriche. Décrite et gravée dans Daniele, *I regali sepolcri*, p. 85, n° 3 et p. 114, note *q*.

Même droit, même revers.

XVIII. 22 septembre 1245. Lettre à la noblesse de France. Original aux Archives de l'Empire.

Même droit, même revers.

XIX. Novembre 1246. Permission aux marchands de fournir du blé et des vivres aux croisés français.

Même droit que les précédentes bulles, à partir du n° X; revers tout à fait pareil à celui de la bulle décrite par Lello. (Voir ci-dessus, n° IX.) Original aux Archives de l'Empire. Décrite par Ducange, *Observat. sur l'hist. de Joinville*, p. 57, et par M. de Wailly, *Éléments de paléographie*, t. II, p. 126; gravée dans notre *Historia diplomatica*, au frontispice du tome VI.

XX. Juin 1247. Privilége pour le Dauphin Guigues. Décrite par Valbonnays, *Hist. de Dauphiné*, t. I, p. 379, et gravée sur la planche IV, n° III.

Même droit et même revers que les n°ˢ X, XI, XII, XIII, XIV, XV, XVI, XVII et XVIII.

XXI. Janvier 1248. Privilége pour Guezolo de Prata. Décrite par Verci, *Stor. dell. marca Trivig.*, t. II, docum. n° 89.

Même droit et même revers que la précédente.

Le 18 février 1248 Frédéric II, comme nous l'avons dit, perdit sa bulle d'or et le sceau du royaume dans l'incendie de son camp devant Parme. Il est probable, d'après une de ses lettres (1), qu'il fit faire une nouvelle matrice pour la bulle d'or et qu'il y introduisit des modifications afin de la distinguer de l'ancienne. Mais comme depuis cette époque jusqu'à la fin du règne de Frédéric, nous ne trouvons plus aucun acte où l'emploi de la bulle d'or soit mentionné (2), qu'il y a par conséquent peu d'espoir de rencontrer quelque part un dessin ou un original de cette nouvelle bulle, il est impossible de dire en quoi ces modifications ont pu consister, en admettant qu'elles aient eu lieu.

Si l'on examine attentivement la série des bulles dont nous venons de dresser la liste chronologique, on reconnaît aisément que, malgré cette apparente variété, Frédéric II ne se servit réellement que de quatre bulles différentes. La première comme roi de Sicile avec le château de Palerme au revers; elle lui servit aussi pendant les premiers temps de son séjour en Allemagne jusqu'à son couronnement à Mayence (9 décembre 1212). Car il n'avait pas encore eu le temps de faire fabriquer une autre bulle en

---

(1) Voir plus haut, p. xcvii, xcviii et note 1.

(2) Le testament original de l'empereur, qui fut présenté au mois de janvier 1251, par Berthold de Hohenburg, à l'archevêque de Salerne, était signé de la main de Frédéric, « *signum sanctae crucis propriae manus praedicti domini imperatoris Frederici,* » et revêtu de la bulle d'or. Mais le procès-verbal de présentation ne nous fournit point la description de cette bulle.

qualité de roi des Romains (n°ˢ I et II). La seconde comme roi des Romains et de Sicile, avec l'ancienne basilique de saint Pierre au revers et les mots : AUREA ROMA ; cette seconde bulle servit indifféremment pour l'Empire et pour le royaume de Sicile, de l'année 1213 à l'année 1220 inclusivement (n°ˢ III, IV, V, VI, VII et VIII). La troisième, comme empereur des Romains, roi de Sicile, puis de Jérusalem (1), avec la basilique de Saint-Pierre au revers, mais dans un module plus petit et avec la suppression des mots AUREA ROMA. Cette bulle, constamment en usage de 1221 à 1248 (n°ˢ X, XI, XII, XIII, XIV, XV, XVI, XVII, XVIII, XX, XXI), ne servit que pour l'Empire. Car dans la même période de temps, Frédéric employa pour le royaume de Sicile une quatrième bulle présentant, il est vrai, le même droit que la bulle pour l'Empire, mais tout à fait différente quant au revers, où l'on voit gravée une véritable carte géographique sur laquelle nous reviendrons tout à l'heure (n°ˢ IX et XIX).

La première bulle d'or de Frédéric II ne peut donner lieu à aucune observation importante. Elle était faite sur le modèle des sceaux d'or employés par les rois normands; la légende *Christus vincit, Christus regnat, Christus imperat,* se trouve déjà sur le sceau de cire de Roger, et les premiers mots ICXC NIKA, sont gravés en grec sur les monnaies des deux Guillaume et sur les premières monnaies de Frédéric II frappées en Sicile (2).

La seconde bulle d'or, qui date de 1213, rappelle dans ses dispositions générales les bulles d'or de Frédéric Iᵉʳ, de Henri VI et de Philippe. Comme celles-ci, elle porte pour épigraphe sur le second côté le vers léonin :

<blockquote>Roma caput mundi regit orbis frena rotundi,</blockquote>

---

(1) L'intercalation des mots *Ierusalem et,* qui dut avoir lieu en 1226, pour former la nouvelle légende : ET REX IERUSALEM ET SICILIE, au lieu de : ET REX SICILIE, a été faite après coup sur les matrices qui servaient déjà pour l'Empire et pour la Sicile, et elle ne constitue pas, à proprement parler, une nouvelle bulle.

(2) La légende latine tout entière, *Christus vincit, Christus regnat, Christus imperat,* est, comme on le sait, gravée sur les florins d'or de saint Louis, et sur les monnaies de ses successeurs immédiats.

avec la légende complémentaire AUREA ROMA. Cette expression que l'on trouve dans Prudence, dans Anastase, dans Helmold le Noir, était même plus ancienne que ces auteurs, puisqu'une tradition très-répandue à Rome, au moyen âge, la faisait remonter jusqu'au temps de Dioclétien, qui le premier se servit d'une couronne d'or à la mode persane et sema sur ses vêtements et sur sa chaussure l'or et les pierreries. Le vers que nous avons cité était gravé autour de la couronne d'or qui servait au sacre des empereurs d'Occident et répété sur l'agrafe ronde en or du baudrier que ceignaient ces mêmes empereurs le jour de la cérémonie (1). Ces formules peuvent donc être considérées comme les emblèmes de la monarchie absolue constituée en effet par Dioclétien, et il n'est pas étonnant que les princes de Souabe, qui prétendaient à la même puissance, les aient fait reproduire sur leurs sceaux d'or (2).

Déjà sous les papes Victor II et Nicolas II, époque où le saint-siége commençait à annoncer ses prétentions à la monarchie universelle, les expressions *aurea Roma* avaient paru sur leurs bulles de plomb (3). Ce n'était au reste que l'imitation de la légende gravée sur une autre bulle de plomb de l'empereur Othon III, le plus ancien sceau de ce genre qui soit connu. Mais sur cette bulle l'*aurea Roma* était personnifiée par une tête de femme, tandis que sur les bulles pontificales elle est figurée par une basilique ou par un monument en forme de château.

Quelques auteurs ont prétendu que les monuments gravés au revers des

---

(1) Cf. *Graphia aureae urbis Romae*, dans Ozanam, *Docum. inéd. pour serv. à l'hist. littér. de l'Italie*, p. 174.

(2) C'est là l'idée qu'exprime Pétrarque dans la lettre qu'il adressa au chancelier de l'Empire en recevant le diplôme de Charles IV : « Secretum tamen imperii signum et ingentem bullam auream adjecisti. Cujus vel aspectus solus immensum quiddam majestatis et gloriae contemplantibus ingerit, et venerabundos cogit summi imperii et veteris Romae atque *aurei seculi* meminisse. » *Petrarch. epistol.*, lib. II, n° 2. Cf. HEINECCIUS, *De sigillis*, p. 93 et 94. Les expressions *aureum seculum* ont été prises par quelques auteurs comme désignant l'époque de l'établissement du christianisme. Mais ce n'est point le sens que Pétrarque leur donne ici, et nous ne pensons pas qu'on puisse voir dans *aurea Roma* l'équivalent de *Rome régénérée, Rome chrétienne*.

(3) Cf. HEINECCIUS, *De sigillis*, pl. II, n°s 8 et 9, et p. 143.

bulles de Frédéric Ier, de Henri VI, de Philippe et de Frédéric II, étaient des dessins de fantaisie qui ne se rapportaient à aucun édifice réel. Nous ne le pensons pas. Évidemment les artistes chargés de l'exécution de ces bulles ont eu l'intention de représenter des monuments existants et propres à caractériser l'*aurea Roma*, dont ils inscrivaient le nom d'une façon plus ou moins ingénieuse au-dessus, au-dessous ou autour de leur composition. Ils figuraient d'abord l'enceinte de Rome avec ses portes et ses tours, et gravaient au milieu un de ses monuments les plus connus. C'est ainsi que la bulle d'or de Frédéric Barberousse porte la représentation très-reconnaissable et très-curieuse du Colisée (1), et que celle de Henri VI offre le dessin d'une basilique que je crois être Saint-Jean de Latran. Les têtes d'hommes réunies deux à deux, qui sont figurées sur la porte et sur les différentes parties de cet édifice (2), donnent en effet lieu de penser qu'il s'agit des chefs de saint Pierre et de saint Paul, précieusement conservés à saint Jean de Latran. Cette disposition rappelle tout à fait les têtes de ces deux apôtres gravées sur la bulle des papes, effigie qui depuis le temps d'Urbain II devint le type généralement adopté par les souverains pontifes. De plus, si l'on se rappelle que la basilique de Saint-Jean de Latran était considérée comme l'église mère de toutes les églises, et cela par une décision du pouvoir spirituel et du pouvoir temporel (3), il ne serait pas étonnant que Henri VI eût voulu la faire représenter sur sa bulle d'or et rivaliser ainsi au nom du saint-empire avec le type qui servait de symbole à la papauté (4).

---

(1) Voy. la figure dans Valbonnays, *Hist. de Dauph.*, t. I, pl. IV, n° II, et un autre sceau d'or semblable dans Scheid, *Orig. Guelf.*, t. IV, p. 428.

(2) Voir les deux bulles de Henri VI, gravées dans Daniele, *I regali sepolcri di Palermo*, p. 29, d'après un original des Archives du Vatican, et d'après le dessin de Mongitore, et celle que donne Gattola, *Access. ad hist. Cassin.*, tab. VIII, où elle est très-grossièrement gravée.

(3)   Dogmate papali datur et simul imperiali
                 Quod sim cunctarum mater caput ecclesiarum.

Ces deux vers, écrits sur l'architrave du vestibule de Saint-Jean de Latran, paraissent remonter au XIIe siècle.

(4) Saint-Jean de Latran a toujours été considéré, pendant le moyen âge, comme le vrai siége de la papauté et la résidence du pape à Rome, et cette considération a pu influer sur le choix

Quant à la bulle de Philippe, autant qu'on en peut juger par la description qu'en donne Gelen (1), elle présentait la figure de l'ancienne basilique de Saint-Pierre. Il n'est pas douteux pour nous que Frédéric II n'ait adopté cette dernière représentation sur sa bulle d'or. Telle est l'opinion des auteurs du *Nouveau traité de diplomatique* (2), et nous nous y rattachons d'autant plus volontiers que les gravures données par Fontana et par Bonanni, dans leurs ouvrages spéciaux sur cette église, s'accordent assez bien avec le dessin tracé sur le sceau en question. L'enceinte demi-circulaire avec deux tours pourrait être celle de la cité Léonine. Quant au double campanile figuré sur ce sceau, nous savons qu'il n'y en avait qu'un seul à l'entrée de l'ancien *quadriporticum*. Mais l'artiste, qui ne se piquait pas d'une scrupuleuse fidélité, en aura figuré deux pour donner à son dessin plus de régularité; au reste, la bulle d'or de Louis de Bavière, gravée dans Heineccius (tab. XVIII, fig. 2) et dans les *Privilegia et pacta* de Francfort-sur-Mein (tab. III, fig. 4), ne laisse aucun doute que la représentation de monuments réels ne fût dans l'intention des personnes chargées de graver ces sortes de sceaux. On y voit, en effet, un véritable plan topographique de la ville de Rome, que le Tibre partage en deux parties inégales, et l'on retrouve d'un côté le Panthéon, la colonne Trajane ou la colonne Antonine, le Colisée, etc.; de l'autre, le môle d'Adrien et l'ancienne basilique de Saint-Pierre.

La troisième bulle d'or employée par Frédéric II après son couronnement à Rome, en 1220, ne présente aucune difficulté, puisqu'elle n'est que la réduction de la précédente, sauf la légende, qui est appropriée aux nouveaux titres dont ce prince était revêtu. Mais la bulle particulière dont

---

de la représentation qui devait figurer sur la bulle pontificale. Selon nous, les chefs de saint Pierre et de saint Paul étaient destinés à rappeler non-seulement les deux plus grands apôtres du christianisme, mais aussi l'église patriarcale par excellence, la mère de toutes les églises.

(1) « *In fine dependet ex filo serico sigillum aureum ab una parte habens templum tergemina insignitum turri; ab altera parte sedet imperator*, etc. » *Vita S. Engelberti*, p. 32.

(2) « Le second côté d'un sceau de l'empereur Frédéric II (celui qui est gravé dans Heineccius, tab. XVIII) nous donne ce vers hexamètre pour épigraphe : *Roma caput*, etc. L'ancienne basilique de Saint-Pierre de Rome est représentée dans le champ de ce revers. » *Nouv. traité de Diplomat.*, t. II, p. 656.

il usa alors pour le royaume de Sicile, simultanément avec celle-là, donne lieu à des observations intéressantes, et qui jusqu'ici n'ont pas attiré l'attention des diplomatistes.

La légende : Regnum Sicilie ducatus Apulie et principatus Capue, ne permet pas de douter que le sceau qui la portait ne dût être attaché à des actes relatifs à la Sicile, et, en effet, les deux pièces que nous avons signalées plus haut (n°ˢ IX et XIX) se trouvent dans ce cas. Les bulles d'or appendues aux trois priviléges pour Roger, abbé de Casamara (février 1221, avril et juillet 1222), et au diplôme relatif à l'hôpital Saint-Jean, à Palerme (avril 1221) n'existent plus, ou du moins nous n'en trouvons la description nulle part, et comme le nombre des diplômes à bulles d'or délivrés pour la Sicile est extrêmement restreint, nous n'en pouvons fournir d'autres exemples. Mais nous sommes convaincu que la règle qui prescrivait l'emploi d'une bulle d'or particulière pour la Sicile ne souffrit pas d'exceptions. En effet, Frédéric II, au moment de son couronnement à Rome, s'engagea envers le pape, de la manière la plus formelle, à ne jamais réunir la Sicile à l'Empire, et entre autres mesures préservatrices, il promit de se servir d'un sceau spécial pour la Sicile : « Par le présent écrit authentique, nous déclarons, dit-il, que l'Empire n'a aucun droit sur le royaume de Sicile, et que ce n'est pas à raison de l'Empire que nous avons droit sur ce royaume, puisqu'il ne nous vient pas du chef de notre père ou de ses prédécesseurs, mais seulement de la succession de notre mère, laquelle descendait de la race des rois de Sicile qui tenaient ce royaume de l'Église romaine, comme nous le tenons nous-même, reconnaissant que la propriété dudit royaume appartient à l'Église. Aussi pour enlever toute défiance et tout soupçon que le même royaume puisse être uni à l'Empire, nous promettons que soit dans l'Empire, soit dans le royaume, nous emploierons pour les affaires de Sicile des fonctionnaires nés dans ledit royaume, et que *pour expédier les affaires du même royaume, nous ferons usage d'un sceau spécial* (1). » Ce sceau particulier

---

(1) « *Et utemur sigillo ad expedienda ipsius regni negotia speciali.*» Lettre inédite donnée au camp de Monte-Mario, en novembre 1220, et antérieure au couronnement. Cette pièce extraite des rouleaux de Cluny figurera au supplément.

doit s'entendre non-seulement du sceau de cire, mais encore et surtout de la bulle d'or qui avait pour destination d'authentiquer les actes les plus importants.

C'est aussi en prenant à la lettre la légende : REGNUM SICILIE DUCATUS APULIE ET PRINCIPATUS CAPUE, que nous essayerons d'expliquer le revers de cette bulle d'or. Quelques sigillographes, et notamment le savant auteur des *Éléments de paléographie*, ont vu dans ce curieux monument la représentation du détroit et du phare de Messine. Mais cette explication ne nous paraît pas suffisante. L'artiste a voulu faire une carte entière du royaume de Sicile, et c'est ce que Ducange avait depuis longtemps remarqué quand parlant de ce sceau dans ses observations sur l'histoire de Joinville, il disait : « On y voit de l'autre côté la *topographie de Naples et de Sicile* avec l'inscription *Regnum*, etc. » Comme nous avons là peut-être le plus ancien monument géographique du moyen âge qui nous soit parvenu sous sa forme originale, puisqu'il daterait de l'an 1224, il n'est pas hors de propos d'en donner une description détaillée.

L'île de Sicile y paraît représentée tout entière sous une forme triangulaire (*Trinacria*). Le phare de Messine et la ville figurée par deux tours accouplées, sont dessinés d'une manière très-reconnaissable et même conforme à l'état actuel des lieux ; à gauche est indiquée la pointe de Melazzo, puis le port de Palerme et la ville, également figurée par deux tours accouplées. A l'extrémité de ce côté, une autre tour indique probablement la position de Trapani, et à cette ville est rattachée une autre cité de la côte méridionale, peut-être Sciacca ou Girgenti. De l'autre côté du détroit, à la pointe extrême du continent, les deux tours figureraient les villes importantes de Reggio et de Cozenza, et le petit golfe dessiné ensuite sur le monument serait celui de Policastro. Ainsi se trouverait complétement figuré le *regnum Siciliae* proprement dit, qui sous les princes normands et souabes se composait non-seulement de l'île de Sicile, mais aussi de la Calabre, son annexe.

L'identification des localités indiquées sur notre monument pour la partie qui répond au continent italien, offre de plus grandes difficultés. Cependant plus nous examinons la carte de Peutinger, surtout dans l'édi-

INTRODUCTION.

tion *fac-simile* de 1824, plus nous croyons possible que le graveur du sceau d'or, s'autorisant de quelque ancienne table géographique latine ou grecque, ait eu en vue de prolonger la côte italienne jusqu'au golfe de Naples. La mer, qui est figurée sur la bulle par des lignes ondulées, s'arrête à l'extrémité occidentale de la Sicile au point où nous plaçons Trapani; dans l'autre sens elle remonte en contournant l'Italie, mais sans tenir compte de la vraie configuration géographique, jusqu'à un édifice surmonté d'un dôme, qui répondrait à la position de Bari, le sanctuaire le plus révéré de l'Apulie. Le pont figuré sur le dessin doit indiquer l'Ofanto, le principal fleuve de cette même province, et dans ce cas les deux localités placées près du fleuve pourraient être Canosa et Melfi.

Les quatre autres tours comprises dans la partie du sceau qui, selon nous, répond au *ducatus Apuliae*, sont dans une situation si indécise, qu'il serait inutile de leur chercher des noms équivalents à des positions connues. Mais ce qui paraît plus certain, c'est que la partie de notre petite carte, circonscrite et indiquée par des arbres (1), est la *Campania felix*, la *principauté de Capoue* des Normands, la Terre de Labour d'aujourd'hui. Ces arbres auraient pour but de faire allusion à la fertilité proverbiale du pays. Les deux tours ou villes flanquées de deux arbres et rapprochées du bord de la mer sont peut-être Salerne et Naples. La ville au-dessous du troisième arbre serait à notre avis Capoue, désignée sur le dessin soit par une espèce d'arc de triomphe rappelant les monuments romains de l'ancienne Capoue, soit plutôt par un pont qui figurerait le pont sur le Volturno en avant de cette ville. Enfin la dernière tour à droite de Capoue répondrait assez bien à la position de Bénévent.

---

(1) Quelques personnes, qui ont eu occasion d'examiner ce sceau, ont pensé que ces arbres étaient des palmiers, et qu'ils devaient servir à déterminer une région où les palmiers étaient abondants, par exemple les environs de Foggia où Jamsilla cite une forêt de palmiers, *nemus palmulae civitati Foggiae vicinum*. Mais sous Frédéric II les palmiers et même les dattiers étaient en Sicile l'objet d'une culture encouragée par l'État, et cependant l'artiste n'a dessiné aucun palmier dans cette île. L'explication que nous proposons se présente plus naturellement à l'esprit, surtout si l'on admet avec nous que la principauté de Capoue est réellement figurée dans le sceau d'or du royaume de Sicile.

PARTIE DIPLOMATIQUE. CXIII

Nous n'insisterons pas sur ces détails; nous laissons aux géographes archéologues la tâche d'apprécier ce que peuvent valoir les conjectures que nous a suggérées l'examen attentif de cette curieuse représentation topographique. Mais quant à l'ensemble nous sommes persuadé que, conformément à la légende du sceau, l'artiste a eu en vue de figurer dans le cadre exigu dont il pouvait disposer, les trois grandes divisions du royaume, la Sicile proprement dite d'un côté, de l'autre la Pouille et la principauté de Capoue. D'après le soin avec lequel est rendue la configuration du port de Messine, il y a lieu de croire que le sceau a été gravé dans cette ville maritime où furent composés les plus anciens portulans, et qui, sous Frédéric II, possédait un atelier monétaire renommé.

La formule par laquelle Frédéric II indiquait habituellement l'apposition de la bulle d'or dans ses diplômes, est ainsi conçue : *bulla aurea typario nostrae majestatis impressa jussimus insigniri* ou *communiri*. Mais il arrivait quelquefois qu'un acte où était insérée la formule usitée pour les sceaux de cire était en réalité scellé avec le sceau d'or. Nous en pouvons citer deux exemples : le privilége pour Saint-Èvre de Toul (1218) et l'acte d'alliance de Frédéric II avec les princes de l'Empire (1220) portent la formule : *Sigillo regiae majestatis nostre communitum;* — *Sigilli nostri munimine insigniri*. Et néanmoins au lieu d'un sceau de cire, ils ont tous deux la bulle d'or, que Mabillon et Buchel ont vue et décrite, comme nous l'avons dit plus haut n⁰ˢ V et VI. Le diplôme en faveur de l'abbaye de Pfeffers, en date du 3 mars 1224, ne porte aucune mention de sceau (1), quoique ce soit la bulle d'or qui y ait été attachée, ainsi que l'établit Wegelin, d'après un *vidimus* de l'an 1394 (2). Mais comme cet auteur ne fournit que la description d'un seul côté de la bulle, celui qui présentait l'effigie de l'empereur, nous avons négligé de mentionner dans notre liste ce spécimen incomplet (3). Un des priviléges délivrés par Frédéric II pour l'ordre Teutonique, au mois de mars

---

(1) *Hist. diplom.*, t. II, p. 137.

(2) *Regest. der Abtei Pfavers*, p. 11, n° 67. La bulle d'or existait encore au temps de Scheuchzer.

(3) La même raison nous a décidé à ne point citer dans notre énumération les deux bulles

I. o

1223 (1), est dans le même cas que le diplôme pour Pfeffers. La bulle d'or y était appendue, quoiqu'il ne soit pas question de sceau dans le corps de l'acte. On peut faire enfin la même observation au sujet de la lettre adressée au roi d'Angleterre, qui est indiquée plus haut sous le n° X.

Henri VII, fils de Frédéric, se servit-il aussi d'une bulle d'or? L'affirmative ne saurait être douteuse, puisque lui-même la mentionne dans un acte authentique, la lettre qu'il écrivit au pape le 10 avril 1232 pour l'assurer de sa soumission envers son père, acte qui se termine par la formule consacrée : *et bulla aurea typario nostrae majestatis impressa jussimus communiri* (2). Ce texte autorise à penser que les expressions *conscribi jussimus et nostrae majestatis bulla communiri,* — *conscribi jussimus et majestatis nostrae bulla consignari,* qui se trouvent dans un privilége de 1232 pour le monastère de Tennenbach, et dans un autre de 1234 pour Weingarten (3), indiquent également l'emploi de la bulle d'or, quoique la phrase soit ici beaucoup moins formelle. Au surplus, la bulle de Henri VII n'existant plus ou du moins n'étant décrite nulle part, nous ne saurions dire si elle ressemblait à celle de Frédéric II, ni en quoi elle en pouvait différer.

Quant à Conrad, il est certain qu'il n'employa point la bulle d'or du vivant de son père, et comme il ne fut jamais couronné ni roi des Romains ni empereur, nous pensons même qu'il s'abstint absolument de sceller en or ses diplômes.

---

d'or appendues aux deux priviléges concédés par Frédéric II à la ville de Lubeck, en 1226. Kirchmann, qui en parle dans son Traité *De annulis*, cap. VIII, p. 34, n'a indiqué que le droit sans décrire le revers.

(1) *Hist. diplom.*, t. II, p. 336.
(2) *Ibidem*, t. IV, p. 953.
(3) *Ibidem*, t. IV, p. 575 et 628.

CHAPITRE X.

DES GRANDS OFFICIERS QUI ONT CONTRE-SIGNÉ LES DIPLOMES DE FRÉDÉRIC II : CHANCELIERS, PROTONOTAIRES, LOGOTHÈTES.

Il n'y avait pas à la cour de Frédéric II, comme à la cour des rois de France, un nombre fixe de grands officiers, dont l'intervention dût être annoncée dans les chartes solennelles. Ces chartes étaient expédiées au nom de l'archichancelier revêtu d'un titre purement honorifique, par le chancelier en exercice; à défaut du chancelier, par le protonotaire; à défaut de l'un et de l'autre, par un des notaires de la cour, dont le nom était ordinairement exprimé, surtout dans les chartes qui concernaient le royaume de Sicile. La formule qui servait à attester la présence du chancelier était ainsi conçue : *Ego N... imperialis curiae cancellarius recognovi;* celle qui témoignait de la présence du protonotaire ou du notaire s'exprimait par les mots : *Per manus N... imperialis aulae protonotarii*, ou simplement : *notarii fidelis nostri.* C'est ce qui répondait au contre-seing des secrétaires, dont l'usage fut généralement adopté dans les temps postérieurs. Souvent on ne trouve le nom ni du chancelier, ni du protonotaire, ni même du notaire dans des actes qui portent cependant l'indication de la signature de l'empereur en ces termes : *Signum domini Friderici secundi, Dei gratia Romanorum imperatoris semper augusti, Jerusalem et Siciliae regis gloriosissimi.* En ce cas il faut bien admettre que le monogramme était tracé par le notaire chargé de la rédaction de l'acte, ou du moins que le soin de reproduire le *signum* du souverain n'était pas inhérent aux fonctions du chancelier ou du protonotaire.

Nous avons dit plus haut que ce qui constituait à nos yeux le caractère distinctif des priviléges du premier et du second degré, c'était la présence et l'énumération des témoins. Or, c'est seulement parmi ces témoins qu'il faut chercher les personnages revêtus, soit dans l'Empire, soit dans le royaume de Sicile, de fonctions analogues aux grands offices de la couronne en France. Dans les chartes des rois capétiens, de Philippe-Auguste, par exemple, les grands officiers sont au nombre de quatre, outre le chancelier, et placés dans l'ordre suivant : sénéchal, bouteiller, chambrier, connétable. Dans celles de Frédéric II, on ne peut établir ni le nombre fixe de ces grands officiers, ni leur préséance relative. On trouve bien pour l'Empire des *dapiferi* ou sénéchaux, des *pincernae* ou échansons, des maréchaux, des grands queux, des *camerarii* ou chambriers, et pour le royaume de Sicile des sénéchaux, des maîtres justiciers, des chambriers, des amiraux, des connétables, des maréchaux, et probablement aussi des bouteillers. Mais ils ne figurent qu'accidentellement dans les diplômes, et nous n'avons pas même d'éléments suffisants pour déterminer bien précisément quels étaient ceux de ces dignitaires qui étaient revêtus de charges du palais à un titre purement honorifique, et ceux qui, en vertu de leurs offices, prenaient part à l'administration d'une manière réelle et effective.

Nous nous occuperons d'abord de ce qui concerne les archichanceliers, les chanceliers, les protonotaires, les logothètes et les notaires, dont l'intervention dans les actes est annoncée par le texte même des documents ; ce qui est relatif aux grands officiers qui ont souscrit des chartes comme témoins, ou qui sont mentionnés avec leurs titres dans d'autres actes officiels, formera la matière du chapitre suivant.

Archichanceliers.

Sous Frédéric II, l'archevêque de Mayence continue de porter le titre d'archichancelier de Germanie, et celui de Cologne le titre d'archichancelier d'Italie, comme l'usage s'en était établi pour le premier depuis le règne d'Othon le Grand, et pour le second depuis le règne de Henri V (1). Mais il est bon de faire observer que c'était là, dans les diplômes, un simple protocole, et qu'en fait c'était le chancelier seul qui contre-signait la charte solennelle sous cette forme : *Ego N. imperialis aulae cancellarius, vice domini N. Moguntini* ou *Coloniensis archiepiscopi, totius Germa-*

---

(1) Le fait du titre d'archichancelier d'Italie attribué à l'archevêque de Cologne, dès le temps de l'empereur Henri V, n'est pas absolument prouvé, mais il devient incontestable à partir du règne de Frédéric Barberousse.

niae ou *Italiae archicancellarii, recognovi;* selon que la pièce concernait l'Allemagne ou l'Italie. Peu importait que l'archichancelier fût ou ne fût pas présent au moment de la rédaction du diplôme, et l'expression *vice* ne doit pas s'entendre *en l'absence de,* mais signifie d'une façon générale *au nom* ou *au lieu de.* Car la formule ne change pas, même quand l'archichancelier dont elle rappelle le titre est mentionné parmi les témoins de l'acte qui la renferme. Nous n'avons pas trouvé d'exemple d'une qualification ajoutée au titre d'archichancelier, et c'est par erreur que l'auteur de la Chronique de Gottweich croit que l'épithète de *serenissimus* accompagne ce titre dans un privilége de Frédéric II en faveur des habitants de Comacchio. Il est évident qu'au lieu de *serenissimi* il faut lire en cet endroit *Heinrici,* qui était le nom de l'archevêque de Cologne au mois de janvier 1232, date du diplôme (1).

Quant au titre d'archichancelier du royaume de Bourgogne, il est positif qu'il resta affecté à l'archevêque de Vienne, sous Frédéric II, comme il l'avait été sous Frédéric Barberousse et sous Henri VI, et l'on ne peut produire aucun argument sérieux pour prouver que ce titre, à une époque antérieure, ait été porté par l'archevêque de Trèves. Un passage de Ducange, rédigé d'une manière obscure et qui renferme une fausse date, tendrait à faire croire que le titre d'archichancelier du royaume d'Arles fut porté par l'archevêque de Trèves depuis la réunion de ce royaume à l'Empire (2). Il n'en est rien, et le texte de Brower, invoqué par Ducange, exprime au contraire une opinion toute différente. Cet annaliste pense que le titre d'archichancelier des Gaules et du royaume d'Arles ne fut attribué à l'archevêque de Trèves qu'après la rupture des derniers liens qui rattachaient à l'Empire les provinces du sud-est de la France, et il en fixe la translation aux dernières années du treizième siècle, sous l'archiépiscopat de Bohémond, mort en 1299 (3). Nous

---

(1) Voir *Hist. diplom.*, t. IV, p. 296.
(2) *Glossar. med. et inf. latin.*, ad vocem *archicancellarius*.
(3) « *Non absque ratione censuero Arelatensis regni procurationem in archicancellarii Galliarum nomen eo potissimum tempore adscitam quo illud maxime regnum a Franco distrahi et septemvirum electio strictiore jure in Germania celebrari coepit.* » BROWER, *Annal. Trevir.*,

INTRODUCTION.

sommes même porté à la faire descendre beaucoup plus bas, puisque c'est seulement sous le règne de Charles IV que l'on trouve la première preuve authentique du titre d'archichancelier des Gaules porté par l'archevêque de Trèves. Il est évident qu'après la réunion du Dauphiné à la France, l'archevêque de Vienne ne pouvait plus être archichancelier impérial, et l'on voulut alors, en souvenir du passé, transférer ce titre honorifique à un prélat allemand. Comme l'archevêque de Trèves avait été dans les derniers temps de la dynastie carlovingienne archichancelier du royaume de Lorraine, et qu'il se trouvait topographiquement au centre de l'ancienne Belgique, il fit valoir ses droits à ce titre, qui lui fut reconnu par la bulle d'or en 1356.

A cette époque, l'usage de mentionner l'archichancelier dans les actes solennels était devenu extrêmement rare, et en ce qui concerne Frédéric II, nous devons dire que déjà sous son règne cette mention n'est pas très-fréquente, et qu'à partir de l'année 1233 on n'en rencontre plus de son temps un seul exemple.

Chanceliers.

Dans la première moitié du règne de Frédéric II, nous trouvons deux dignitaires ecclésiastiques investis simultanément de la charge de chancelier, l'un pour le royaume de Sicile, l'autre pour l'Empire (1). Le chancelier du royaume de Sicile est Gautier de Pallena ou plutôt de Palearia, d'abord évêque de Troja sous Henri VI et sous Constance, et qui, en 1201, après la mort de l'archevêque Barthélemy, aspira et se fit élire au siége archiépiscopal de Palerme. Le pape Innocent III ayant refusé de confirmer cette élection, qui paraissait entachée d'un abus d'autorité de la

---

lib. XVI, p. 178. Cf. MALLINCKROT, *De archicancell. Rom. imper.*, p. 281 et suiv., et la note, p. 292.

(1) L'existence simultanée, mais distincte, des deux chanceliers est aussi prouvée par plusieurs chartes de Henri VI, entre autres par la souscription d'un privilége de 1195 pour l'église de Chieti : « *Ego Conradus imperialis aule cancellarius, una cum Gualterio Trojano episcopo regni Sicilie et Apulie cancellario, recognovimus.* » *Hist. diplom.*, t. III, p. 18.

part du tout-puissant prélat (1), Gautier fut obligé de se contenter de l'évêché de Catane, contre lequel il échangea celui de Troja, et il continua de contre-signer, en qualité de chancelier, les actes royaux jusqu'au mois de mai de l'année 1221. A cette époque Frédéric II l'envoya, avec une flotte, au secours de Damiette. Le mauvais succès de cette expédition et la reprise de Damiette par les Sarrasins firent éclater contre lui le ressentiment de l'empereur, qui dès l'an 1210 l'avait une première fois éloigné de la cour, et ne l'avait reçu en grâce que sur les instances du pape (2). Condamné à l'exil et dépouillé de ses biens, Gautier de Palearia mourut dans la misère et dans l'oubli, ayant atteint une vieillesse avancée et laissant à peine de quoi payer les frais de ses funérailles (3). Quels que fussent les motifs qui avaient pu donner lieu à une si éclatante disgrâce, il est pénible de penser que Frédéric ait poussé aussi loin la rigueur envers un homme qui avait été son tuteur et qui lui avait rendu d'importants services.

Après l'éloignement du chancelier de Sicile, Frédéric II donna la garde du sceau royal à Jean, abbé de Casamara, comme nous en avons la preuve dans un document daté du mois de juillet 1222 (4). Mais l'action de ce personnage reste inaperçue dans la suite, et nous ne trouvons le nom d'aucun autre garde du sceau sous Frédéric II ; ce qui prouve que cette fonction n'avait alors aucune importance et n'était point rangée parmi les grands offices. Comme le chancelier avait, au contraire, une haute influence politique, et que de plus il était inamovible, on comprend que le souverain de la Sicile, pour éviter une opposition possible à son système de gouvernement, ait laissé cette charge vacante. En effet, depuis la mort de Gautier de Palearia aucun autre chancelier de Sicile ne figure dans les actes, et si Frédéric en eût nommé un, assurément on en retrouverait la

---

(1) Cf. *Hist. diplom.*, t. I, p. 81, not. 1 ; et p. 137, note 1.
(2) Voir la lettre d'Innocent III, *Hist. diplom.*, t. I, p. 170.
(3) *Vit. Greg. IX*, ap. Murator., t. III, p. 583. Sa mort doit être antérieure à l'an 1232, où nous trouvons un certain Henri élu évêque de Catane. Voyez plus bas, p. cxxvi.
(4) « *Honestati sue sigilli nostri custodiam committentes in quo ad honorem nostrum se fideliter et prudenter exercet.* » *Hist. diplom.*, t. II, p. 260.

trace. Il faut descendre jusqu'au règne de Conrad et à l'année 1252 pour rencontrer un nouveau chancelier de Sicile en la personne de Gautier d'Ocra, qui avait été promu, par l'autorité laïque, à l'archevêché de Capoue.

Le premier qui porte le titre de chancelier de l'Empire sous le règne de Frédéric II, est Conrad de Scharfenberg, évêque de Spire depuis l'an 1200, et aussi évêque de Metz à partir de l'an 1212. Ce prélat ambitieux et habile fut d'abord protonotaire sous Philippe, puis chancelier sous Othon, auprès de qui on le trouve pour la dernière fois en février 1212. Dès l'arrivée de Frédéric II en Allemagne, il passa de son côté et aida puissamment à faire triompher sa cause. Du 5 octobre 1212 au mois d'août 1220, Conrad figure presque constamment à la cour en qualité de chancelier; puis il se rend en Italie avec le titre de légat de l'Empire, et assiste au couronnement de Frédéric II, qu'il accompagne jusqu'à San-Germano. Au mois de janvier 1221 il retourne en Allemagne, pour exercer sa charge de chancelier auprès du jeune roi Henri, et en effet, depuis le 1er septembre de cette année jusqu'en janvier 1224, il est mentionné dans les actes, tantôt comme chancelier, tantôt comme témoin. Il mourut le 24 mars 1224, laissant une grande réputation de sagesse et de générosité, bien qu'Albéric l'accuse d'avoir été pour un évêque trop enclin au faste et à la dépense.

Frédéric II laissa la charge de chancelier de l'Empire vacante pendant six ans. En 1230, au moment des négociations qui aboutirent à la paix de Ceprano, l'empereur, voyant l'Allemagne agitée par des troubles intérieurs et son fils disposé à suivre de pernicieux conseils, jeta les yeux sur Sifrid, évêque de Ratisbonne, qui depuis le mois d'avril se trouvait à sa cour, où il travaillait à la paix avec d'autres prélats allemands. Sifrid était frère du rhingrave Emercho (1), allié aux puissants seigneurs d'Eppstein et de Bolanden et fort considéré du pape, qui l'avait recommandé aux chanoines de Ratisbonne comme un homme éminent par sa science, ses mœurs et sa bonne renommée. Frédéric, en lui conférant les fonctions

---

(1) Cf. JOANNIS, *Rer. Mogunt.*, t. II, p. 532.

de chancelier, voulut sans doute s'attacher un personnage aussi influent; et il pensa que ce choix serait agréable à Grégoire IX. Ce qui est certain, c'est que l'évêque de Ratisbonne paraît pour la première fois avec le titre de chancelier aux conférences d'Anagni, où le pape et l'empereur, vivant sous le même toit et mangeant à la même table, ratifièrent la paix conclue à Ceprano. La nomination de Sifrid doit donc être placée à la fin d'août 1230. Dès le mois de décembre suivant, le nouveau chancelier était de retour en Allemagne, et nous le voyons à la cour de Henri VII agissant comme organe d'une politique contraire aux vues du jeune roi, mais conforme aux instructions qu'il avait reçues de l'empereur. Cette politique consistait surtout à contenir l'essor de la bourgeoisie des villes vers l'indépendance et à relever l'autorité des princes séculiers ou ecclésiastiques, en tant que seigneurs temporels. Aussi doit-on attribuer à l'influence du chancelier toutes les mesures qui furent prises dans ce but aux deux assemblées de Worms, en janvier et en avril 1231. Sifrid, qui était encore auprès de Henri au mois d'août de cette année, retourna en Italie pour assister à la grande cour convoquée par Frédéric II à Ravenne, et depuis le mois de décembre 1231 jusqu'au mois de mars suivant, il ne quitta point l'empereur. On le voit contre-signer alors en vertu de sa charge la révocation de toutes les communes qui s'étaient établies dans les villes ecclésiastiques sans l'assentiment des évêques (1). Mais l'acte le plus important auquel le chancelier ait pris part, fut l'engagement solennel contracté par Henri d'obéir désormais aux ordres de son père (2). Chargé de négocier cette grave affaire, Sifrid se rendit de Venise à Augsbourg dans le courant de mars (3), et il ramena le jeune prince à Cividale près d'Aquilée, où eurent lieu l'entrevue et la réconciliation entre le père et le fils. Le chancelier resta encore à la cour impériale jusqu'au milieu du mois de mai, et pendant ce temps, il obtint de Frédéric II la confirmation des

---

(1) *Hist. diplom.*, t. IV, p. 285.
(2) Acte daté de Cividale en Frioul, au mois d'avril 1232, *ibidem*, t. IV, p. 325. Nous reviendrons sur ce point dans le chapitre consacré à l'Allemagne.
(3) Cf. Ried, *Cod. Ratisp.*, t. I, p. 365.

priviléges accordés par Henri à l'aristocratie dans la seconde assemblée de Worms (1). A partir de cette époque jusqu'en 1245 Sifrid ne revint pas en Italie, et il resta dans son évêché plutôt qu'à la cour de Henri, qui savait ne pouvoir compter sur lui pour le succès de ses projets ultérieurs. Aussi le chancelier ne figure-t-il plus qu'une seule fois, au mois de février 1234, dans la série des actes du jeune roi. Sa fidélité envers l'empereur était bien connue, et quand la révolte de Henri éclata ouvertement, le chancelier fut chargé par le pape de sévir contre les prélats allemands qui encourageaient le roi dans sa désobéissance (2). En 1235, Frédéric II s'étant rendu en Allemagne pour réprimer la rébellion, Sifrid alla un des premiers à sa rencontre; il le rejoignit à Welse en Autriche au mois de juin, assista au mois d'août à la diète de Mayence, où l'on prononça la déposition de Henri, et fut un des onze princes de l'Empire qui, au mois de mars 1237, à Vienne, élurent Conrad en remplacement de ce même Henri. Bien que l'évêque de Ratisbonne ne soit point mentionné comme témoin dans les actes de Conrad, il n'est pas douteux qu'il ait continué de porter le titre de chancelier. Lui-même se nomme chancelier de l'Empire en 1240, dans l'acte de protestation qu'il opposa à l'excommunication dont Albert de Beham l'avait frappé (3), et nous le retrouvons encore en fonctions à la cour de Frédéric en juin et juillet 1245. Son attachement à la cause de l'empereur paraît donc avoir résisté à toutes les sollicitations contraires jusqu'à l'époque du concile de Lyon. Mais nous savons par une lettre d'Innocent IV, du 26 août 1245, qu'à ce moment Sifrid était réconcilié avec l'Église romaine, puisque le pape lui donne la mission d'absoudre le doyen et les chanoines de Ratisbonne des sentences d'excommunication, de suspension et d'interdit qu'ils avaient encourues (4). C'est d'ailleurs ce que Frédéric II dit expressément dans une lettre du mois de novembre de cette année, adressée aux habitants de Ratisbonne et qui les autorise à rétablir leur commune, malgré la constitution précédemment pro-

---

(1) *Hist. diplom.*, t. IV, p. 332.
(2) *Ibidem*, t. IV, p. 531.
(3) *Alb. Bohem.* ap. ŒFELE, t. I, p. 789 et 790.
(4) RIED, *Cod. Ratisp.*, t. I, p. 407.

mulguée à Ravenne : « Comme Sifrid, évêque de Ratisbonne, jadis notre chancelier, a mérité d'être dépouillé de ce privilége à cause de sa perfidie manifeste, puisque lui qui se tenait familièrement à nos côtés et assistait à nos conseils privés, s'est tourné vers le parti opposé en adhérant traîtreusement au pape notre adversaire, nous voulons récompenser votre fidélité et votre dévouement en vous rendant le droit de constituer votre commune et d'élire vos magistrats sans que personne puisse s'y opposer. » Sifrid mourut peu de temps après, le 19 mars 1246, et l'on comprend que dans l'état de conflagration où se trouvait alors l'Allemagne, Frédéric II n'ait pas songé à nommer à sa place un autre chancelier de l'Empire. Cette charge étant exclusivement réservée à des gens d'église, il ne pouvait déjà plus compter sur aucun des prélats allemands. On trouve bien dans les chroniques un Henri de Leiningen élu évêque de Spire, qualifié de chancelier de la cour impériale, à des dates qui correspondent avec les dernières années du règne de Frédéric; mais il est évident qu'il s'agit du chancelier Henri mentionné, à partir de 1248, dans les actes de Guillaume de Hollande, compétiteur de Frédéric II.

Depuis l'avènement de ce dernier prince au trône de Jérusalem, Simon de Maugastel, archevêque de Tyr, figure dans nos pièces en qualité de chancelier du royaume de Jérusalem. Ce personnage, après avoir accompagné la reine Isabelle de Brienne de Saint-Jean-d'Acre à Brindes et avoir assisté à son mariage avec l'empereur, résida à la cour impériale pendant les six premiers mois de l'année 1226 (1). Il contre-signa dans cet espace de temps les diplômes délivrés pour le royaume de Jérusalem par Frédéric et Isabelle, et il prit part aux négociations qui avaient pour objet de rétablir la concorde entre l'empereur et la ligue lombarde. Durant le séjour de Frédéric en Syrie, l'archevêque de Tyr ne paraît nulle part comme chancelier, probablement parce qu'il refusait d'exercer cette fonction auprès d'un prince excommunié; et depuis nous ne trouvons même aucun autre chancelier du royaume de Jérusalem sous Fré-

---

(1) *Hist. diplom.*, t. II, p. 536, 538, 552, 672.

déric II. C'est seulement sous Conrad que Gautier d'Ocra fut investi de ce titre, peu de temps après avoir été nommé chancelier de Sicile (1).

Protonotaires de la cour impériale.

Quelques auteurs allemands ont pensé que les fonctions de chancelier et de protonotaire étaient les mêmes, ou que du moins elles pouvaient être remplies par une même personne. C'est une erreur, et il n'est pas non plus démontré que la charge de protonotaire ait été la même que celle de vice-chancelier. Wencker cite, il est vrai, l'exemple de maître Ebernand, qui fut protonotaire et vice-chancelier d'Adolphe de Nassau à la fin du treizième siècle (2). Mais ce fait prouve seulement que les deux titres pouvaient être portés par une même personne, sans pour cela que les fonctions fussent confondues.

Pour nous en tenir au règne de Frédéric II, aucun vice-chancelier n'est nommé dans les actes de ce prince, tandis que le protonotaire y est mentionné fréquemment comme investi d'une charge parfaitement distincte de toute autre. Il est le premier des notaires ou pour mieux dire des secrétaires du prince. Confident et interprète de sa volonté, il dirige la rédaction des chartes impériales, qu'il est censé écrire lui-même. Mais sa charge est inférieure à celle du chancelier, et il ne doit son influence politique qu'à ses talents personnels ou à la faveur dont il jouit auprès du souverain. Tandis que les simples notaires, outre leur seing manuel, n'étaient autorisés à se servir que d'un sceau symbolique, le protonotaire jouissait du privilége d'avoir un sceau particulier en rapport avec l'importance de ses fonctions et où il était représenté en pied, comme les princes, les évêques et les personnages les plus puissants. C'est ainsi que sur un grand sceau ovale de Wordtwin, prévôt de la collégiale Saint-André à Worms,

---

(1) « *Attendentes fidem puram*, etc., *G. de Ocra*, etc. *Volentes etiam ut idem cujus legalitati de negotiis cismarinis onera confidenter injungimus, suum ultra mare se dilatare gaudeat magistratum, ipsum nuper provida consilii deliberatione prehabita in cancellarium hereditarii regni nostri Hierosolymitani solemniter duximus statuendum.* » Lettre de Conrad., ap. Petr. de Vin. epist., lib. VI, cap. 4.

(2) Cf. *Apparat. archiv.*, p. 350 à 358.

et protonotaire de la cour impériale en 1174, il est figuré debout, en habit de diacre et tenant de la main droite un *libellus* ou registre, emblème de sa charge (1). Sous Frédéric II les protonotaires durent avoir un sceau analogue; mais nous n'en avons rencontré nulle part ni un dessin ni même une description.

Le premier protonotaire que nous voyons figurer à la cour impériale est Berthold de Niffen ou Neifen, vidame de Trente, qui, du 26 septembre 1212 au 26 juillet 1216, contre-signe les diplômes de Frédéric II ou les fait contresigner par un vice-protonotaire du nom d'Ulric. Devenu évêque de Brixen en 1217 (2), il fut remplacé par Henri de Tanne (probablement Tannegg, près Bondorf, dans la forêt Noire) qui porta d'abord le titre de grand prévôt de l'église de Constance, et plus tard de grand prévôt de l'église d'Augsbourg. Depuis le 25 mai 1217 jusqu'au 13 août 1230, Henri de Tanne est mentionné constamment comme protonotaire de la cour impériale, non-seulement dans les actes de Frédéric II, mais encore dans ceux de Henri VII. Aussi est-ce probablement par erreur que dans un privilége du 29 octobre 1219, pour l'église de Cambrai, un certain Marcwald est intitulé protonotaire. On doit lire simplement notaire, le même personnage figurant en cette dernière qualité dans d'autres actes de Frédéric II et de son fils. Nous trouvons Henri de Tanne auprès de Frédéric jusqu'au mois de janvier 1223. Il était venu en Italie avec lui et avait même été à l'occasion du couronnement, en octobre 1220, son ambassadeur auprès du pape. Au 3 avril 1224, par conséquent aussitôt après la mort du chancelier Conrad, nous le voyons à la cour de Henri VII qui paraît avoir eu précédemment un protonotaire particulier du nom de Sigelous (3). Mais il est probable que Henri de Tanne avait été placé par Frédéric auprès du jeune prince, et quand celui-ci commença dès 1230 à s'émanciper de l'autorité paternelle, le protonotaire cesse de paraître à ses côtés.

---

(1) Cf. HEINECCIUS, *Antiq. Goslar.*, t. IV, fig. 6. — SCHANNAT, *Hist. Wormat. episcop.*, praefatio, tab. V, fig. 6.
(2) Berthold de Niffen mourut le 18 juillet 1224.
(3) Document du 11 septembre 1223 dans l'*Hist. diplom.*, t. II, p. 770.

INTRODUCTION.

Nommé évêque de Constance en 1233, il dut alors ou même plutôt résigner ses fonctions, que le roi des Romains conféra à Thegenhard, ancien prévôt du monastère de Haug à Wirzbourg. Ce dignitaire ecclésiastique qui en 1234 réunit les deux titres d'écolâtre de la cathédrale de Wirzbourg et de vidame de Magdebourg, figure pour la première fois comme protonotaire de Henri, le 29 mai 1234. Dévoué à ce prince, auquel il devait son élévation et qu'il encourageait dans sa révolte, Thegenhard fut enveloppé dans la ruine de son protecteur.

De 1223 à 1242 les actes ne nous fournissent le nom d'aucun protonotaire en charge à la cour de Frédéric II. Au mois de mai de cette dernière année, dans deux documents pour Cologne, figure un certain Henri, prévôt d'Aix-la-Chapelle, qui porte le titre de *protonotarius imperialis aulae*, mais le garde peu de temps, ayant été élu en cette même année 1242 à l'évêché de Bamberg. Ce personnage, dont le nom de famille nous est inconnu, mais qui était Allemand de naissance (1), paraît être le même Henri qui avait cherché en 1232 à se mettre en possession de l'évêché de Catane, après la mort de Gautier de Palearia (2). Il est probable que son élection ne fut pas ratifiée par le pape, puisque nous le voyons en 1235 proposé par les ennemis de l'évêque de Worms pour remplir à sa place le siége épiscopal de cette ville (3). Comme la chronique à laquelle nous empruntons ce fait lui donne en cette occasion le titre de protonotaire, l'identité nous semble suffisamment établie, bien qu'on ne doive pas faire remonter aussi haut l'époque où ce Henri, surnommé de Catane, aurait été

---

(1) Une donation faite par ce même Henri, en 1240, au couvent de Seligenthal, est scellée du sceau de son frère, et ce sceau porte pour légende : *S. Cunradi monachi advocati Wimpine.* Si le mot *monachus* est un nom propre, il se traduirait en allemand par *Mönch.* Cf. GUDEN, *Cod. diplom.*, t. III, p. 673.

(2) Il est appelé à cette date *magister Henricus venerabilis Cathanensis electus*, dans le traité d'alliance de Frédéric II avec saint Louis. Cf. *Hist. diplom.*, t. IV, p. 355, et not. 1. Nous ne serions pas éloigné de voir en lui le même personnage qu'un notaire du nom de Henri, délégué en Sicile comme procureur de l'empereur, en 1223 et 1224.

(3) « *Et quia ad hoc instabant quod dominus Henricus de Cathanea protonotarius a domino imperatore episcopus Wormaciensis constitueretur,* etc. » *Annal. Wormat.*, ap. BOEHMER, *Fontes*, t. II, p. 165.

investi de ces fonctions; car au mois de mars 1239, il n'était encore appelé par Frédéric que *notarius et fidelis noster*, avec la qualification de prévôt d'Aix-la-Chapelle (1). Devenu évêque de Bamberg, il témoigna d'abord à Frédéric II une fidélité à toute épreuve. Mais après le concile de Lyon, et à l'exemple du chancelier Sifrid, Henri rentra en grâce auprès du pape (2) et fit cause commune avec les ennemis de l'empereur.

Jusqu'alors Frédéric II se conformant à l'usage précédemment établi, avait eu pour protonotaires de la cour impériale des ecclésiastiques et des Allemands. En 1247, il rompit avec cette tradition en faisant choix d'un laïque et d'un Italien. Ce nouveau protonotaire fut le célèbre Pierre de la Vigne. Depuis longtemps éloigné de l'Allemagne, qui s'éloignait de lui, et n'ayant plus aucune confiance dans les hommes d'église, l'empereur voulut mettre à la tête de sa chancellerie celui de ses ministres siciliens qui avait obtenu la plus grande part dans sa confiance.

Pierre de la Vigne et non *des Vignes*, comme on l'appelle communément (3), était né à Capoue vers 1190, d'une famille honorable, mais si pauvre, qu'elle ne put payer les frais de son éducation. Il fut élevé par charité dans une ville étrangère, peut-être à Bologne, et fit de si rapides progrès dans la connaissance de la littérature et du droit, que Frédéric II, à son retour d'Allemagne en Italie, l'attacha à son service en qualité de notaire. Dès le mois de juillet 1225, Pierre était devenu un des juges de la grande cour impériale, tribunal supérieur présidé par le maître justicier et composé d'un très-petit nombre de juges. C'était là déjà une fonction considérable, parce que ce tribunal, investi des pouvoirs les plus étendus, fournissait à Frédéric II les moyens de battre en brèche la féodalité.

---

(1) *Hist. diplom.*, t. V, p. 281.
(2) La lettre par laquelle Innocent IV confirme l'élection de Henri comme évêque de Bamberg, est du 2 octobre 1245. Voy. Ussermann, *Episcop. Bamberg*, p. 155.
(3) Il est nommé constamment *Petrus de* Vinea dans les actes originaux très-nombreux qui nous restent de cette époque, dans ceux qu'il signa lui-même, dans le *Regestum* rédigé en 1244, dans les lettres de Grégoire IX et d'Innocent IV, et enfin dans Richard de San-Germano, chroniqueur contemporain, dont l'exactitude est bien connue. Il est donc temps de lui rendre le vrai nom qu'il porta de son vivant.

De 1225 à 1247, Pierre de la Vigne ne fut pas officiellement revêtu d'un autre titre que de celui de juge de la grande cour, pas même à partir de l'année 1238, époque où on le voit en possession de toute la faveur du prince, et où son influence politique devient prépondérante. Il faut seulement remarquer que, depuis 1234, Pierre, déjà chargé des négociations les plus importantes, ne figure plus parmi les juges de la grande cour en service actif (1), c'est-à-dire chargés de prononcer en dernier ressort sur les causes et sur les appels portés devant l'empereur.

Nous ne pouvons entrer ici dans tous les détails de la vie politique et littéraire de Pierre de la Vigne, qui a été pour nous l'objet de recherches spéciales destinées à une publicité prochaine. Mais à l'aide de ce travail même, il nous est facile d'indiquer les scènes principales de son rôle historique. En 1231, de concert avec l'archevêque de Capoue, son patron et son ami, il rédige le corps des lois ou constitutions du royaume qui furent publiées par Frédéric II à Melfi (2). En 1234, il se rend à Londres pour régler les conditions du mariage de l'empereur avec Isabelle, sœur du roi d'Angleterre, et il épouse cette princesse par procuration. De 1236 à 1239, il prend part à des négociations toujours renouvelées et toujours infructueuses avec la ligue lombarde. A l'avénement d'Innocent IV, Pierre de la Vigne fait partie de l'ambassade envoyée à ce pontife pour le rétablissement de la paix entre l'Empire et le saint-siége, et même il jure les articles préliminaires de cette paix, qui ne fut pas ratifiée. La déposition de l'empereur ayant été prononcée à Lyon le 17 juillet 1245, avant que

---

(1) Voy. au chapitre suivant le tableau des juges de la grande cour.

(2) On lit à la fin des constitutions, « quas per *magistrum Petrum de Vineis* (sic) *Capuanum, magnae curiae nostrae judicem et fidelem nostrum mandavimus compilari*, » ce qui attribuerait à Pierre de la Vigne seul l'honneur d'avoir compilé ce code de lois. Mais cette phrase, qui n'est ni dans le texte grec contemporain du texte latin, ni dans les plus anciens manuscrits, nous paraît une interpolation. Il est vrai que Conrad, en 1252, modifiant deux dispositions législatives en vigueur dans le royaume, se sert des expressions *sicut constitutio Petri de Vinea proditoris dabat*, qui semblent se référer aux constitutions de Melfi. Mais, en y regardant de près, on voit que la première des deux dispositions modifiées est certainement postérieure à 1231, et que la seconde, dont l'esprit se retrouve dans les constitutions de Melfi, est de beaucoup plus ancienne.

Pierre de la Vigne, envoyé trop tard, eût pu se présenter au concile, c'est encore lui qui se rend en France pour plaider auprès de Louis IX et des barons la cause de son souverain. Enfin il arrive aux premières charges de l'État et cumule en sa personne les fonctions de protonotaire de la cour impériale, et celles de logothète du royaume de Sicile. Nous le voyons du moins, pour la première fois, revêtu de ce double titre dans un diplôme impérial délivré à Crémone au mois d'avril 1247, et il le porte constamment jusqu'au moment de sa disgrâce. Il n'y a donc jusqu'alors nulle apparence que sa fidélité et son dévouement aient été suspectés nonseulement au sujet de sa conduite pendant le concile de Lyon, mais même à l'occasion des intrigues et des complots qui se tramaient de toutes parts dans le royaume.

Sous un gouvernement absolu, où le souverain était le centre de tout et ramenait tout à lui, les deux charges de protonotaire et de logothète devaient donner à Pierre de la Vigne une influence considérable. L'homme qui en était revêtu se trouvait officiellement rapproché de la personne du prince, puisqu'il présidait à l'expédition et au contrôle de tous les actes impériaux en qualité de protonotaire, et que, comme grand logothète de Sicile, il était, ainsi que nous le verrons, chargé de toutes les requêtes sur lesquelles le monarque s'était réservé le droit de prononcer. Pierre était donc devenu, pour me servir d'une vieille expression, le canal de toutes les grâces. « Tout ce que Pierre faisait, dit Bonati, écrivain presque contemporain, l'empereur l'avait pour agréable; mais Pierre révoquait et infirmait souvent ce que faisait l'empereur. Bienheureux celui qui pouvait obtenir quelque bribe de sa faveur (1). » Cette élévation mit le comble à l'envie qu'il inspirait depuis longtemps, et le parti aristocratique, qui s'indignait de voir ce légiste et ce plébéien à la tête des affaires, réussit à l'impliquer dans un complot contre la vie de l'empereur. La disgrâce mystérieuse de Pierre de la Vigne sert comme de prologue aux ténébreux procès intentés plus tard à Pierre de la Brosse et à Enguerrand de Marigny.

---

(1) *Astrolog.*, pars I, *Consid.* 141, p. 210.

Au mois de janvier de l'année 1249, le protonotaire exerçait encore sa charge auprès de Frédéric II, qui résidait alors à Crémone. Tout à coup il est arrêté comme prévenu d'avoir voulu empoisonner l'empereur. Le peuple de Crémone s'assemble en tumulte et demande qu'on lui livre le traître pour en faire une justice sommaire. Pendant la nuit Frédéric fait transférer le prisonnier chargé de chaînes à Borgo San-Donnino, et de là à San-Miniato. Lui-même vient s'établir à Fucecchio, en Toscane, dans le courant d'avril, et ce fut probablement dans cette dernière ville qu'après une procédure, ou du moins une enquête dont les traces ne nous sont point parvenues, l'arrêt de condamnation fut rendu « *de consilio procerum* (1) », c'est-à-dire de l'avis de ces nobles qui avaient travaillé à la ruine du favori. Pierre de la Vigne eut les yeux arrachés ou brûlés avec un fer rouge dans sa prison à San-Miniato, et de là fut transféré à Pise. Mais pendant le trajet, et pour se soustraire aux outrages qui l'attendaient, il se brisa la tête contre le pilier d'une église où on l'avait conduit, et mourut des suites de cette tentative de suicide. S'il y a quelque doute sur le lieu précis de sa mort, les témoignages sont unanimes pour établir son homicide volontaire, auquel Dante, ordinairement si bien informé, fait allusion dans les termes les plus clairs. C'est à la fin du mois d'avril que doit être placé cet événement, à l'époque où Frédéric II se rendit de Fucecchio à Pise, et de là dans son royaume de Sicile. L'empereur était le 25 mai à Naples et le 20 juin à Bénévent, d'où fut daté un mandement où il est question de *défunt Pierre de la Vigne le traître*. D'après les termes de la sentence dont nous avons parlé plus haut, on peut présumer que Frédéric avait fait transférer le protonotaire à Pise dans l'intention de l'emmener à Naples, et de donner aux villes de la Terre de Labour le spectacle de l'humiliation et du supplice d'un homme jadis si puissant. Mais Pierre réussit à déjouer ce calcul de la vengeance, et à rendre impuissante, en se frappant lui-même, la haine inexorable de ses ennemis.

---

(1) *Petr. de Vin. epist.* lib. V, cap. 2, avec la correction du manuscrit 8630 de l'ancien fonds latin à la Bibliothèque impériale.

Malgré les recherches les plus assidues, nous n'avons pu trouver la preuve de la culpabilité de Pierre de la Vigne. Il fut impliqué dans un complot réel, mais sa participation à ce complot reste et restera probablement toujours un problème insoluble. Son procès, s'il y eut procès, ne fut point revisé, et le successeur de Frédéric II en approuvait la conclusion, quand trois ans après, dans une occasion solennelle, il modifiait deux dispositions législatives comme étant l'œuvre de Pierre de la Vigne *le traître* (1). Gautier d'Ocra, archevêque élu de Capoue, remplaça Pierre dans la faveur de l'empereur. Il fut en quelque sorte l'héritier du favori tombé, puisqu'on le retrouve sous Conrad avec le titre de protonotaire de la cour impériale et de logothète de Sicile (2), titres qu'il porta peut-être du vivant même de Frédéric. S'il ne contribua pas activement avec les ennemis de Pierre de la Vigne à la disgrâce de celui-ci, on peut dire du moins qu'elle lui fut profitable.

Protonotaires et logothètes de Sicile.

Il est fort difficile d'établir la distinction qui existait dans le royaume de Naples entre l'office de protonotaire et celui de logothète; et cependant il est impossible de les confondre, puisqu'on trouve ces deux fonctions exercées à la même époque par deux personnes différentes. Dans un acte de l'impératrice Constance, qui doit être de 1194 (3), Philippe de Matera est qualifié de *protonotarius regni Siciliae*, et beaucoup plus tard il figure comme témoin, avec le titre probablement équivalent de *scrinarius Siciliae*, dans une donation particulière de l'an 1219, rédigée en Allemagne à la cour de Frédéric (4). D'autre part, en 1212, en 1224, en 1232,

---

(1) « *Sicut constitutio Petri de Vinea proditoris dabat.* » Acte de Conrad daté de février 1252, cité plus haut, p. cxxviii, not. 2, et publié pour la première fois par M. Orlando, *Un codice di leggi e diplomi Sicil.*, tit. IV, p. 56.

(2) Cf. Inicus, *Res patriae*, p. 93. L'acte est daté du 4 mai 1253. Il est cependant certain que Gautier d'Ocra était déjà chancelier de Sicile.

(3) Ughelli, *Ital. sacr.*, t. IX, p. 275, donne pour date 1224, indict. XII, le millésime M. C. XCIV ayant été lu par erreur M. CC. XXIV.

(4) *Hist. diplom.*, t. I, p. 717.

un certain André porte dans les actes impériaux la qualification de *logotheta regni Siciliae*, et paraît même avoir rempli cette charge jusqu'en 1238 (1).

Philippe de Matera étant devenu évêque de Martorano en 1221, dut renoncer à son titre, selon l'usage qui s'observait en Allemagne pour les protonotaires de la cour impériale, dès qu'ils étaient élevés à l'épiscopat. A dater de son couronnement en 1220, Frédéric II n'eut plus de protonotaire particulier pour la Sicile. Mais il conserva l'ancien titre de logothète en l'appliquant à des fonctions analogues à celles de protonotaire. Ce nom de logothète, emprunté aux Grecs byzantins par les princes normands et souabes, servait à désigner le ministre qui rédigeait les lois, les édits, les concessions de fiefs et d'emplois, les priviléges, les rescrits, au nom du souverain, dont il était en quelque sorte l'oracle. Telle est du moins l'opinion du jurisconsulte napolitain Pecchia, qui se fonde sur un passage des constitutions de Frédéric II, où ce prince, ordonnant de renvoyer toutes les requêtes qui lui sont adressées au grand justicier, veut que ce magistrat ne se réserve que celles qui sont de justice ordinaire. Il ajoute : *Alias autem quae conscientiam nostram requirunt, remittet ad* LIBELLENSEM NOSTRUM *sub sigillo suo per nuntium suum vel per aliquem ex supplicantibus* (2). » Il est en effet très-probable que par l'expression *libellensis* Frédéric entend désigner le logothète. Sous les Angevins, tous les recours au prince durent être présentés directement au logothète, qui, de concert avec le chancelier, le justicier et d'autres fonctionnaires, procédait au dépouillement et à la distribution des suppliques, et qui finit même par être chargé seul de ce travail. Il est cependant douteux que, pendant les premiers temps du règne de Frédéric le logothète de Sicile ait eu autant d'autorité que lui en reconnaît Pecchia. Ainsi, le rôle politique du logothète André paraît avoir été presque nul, et pour rester dans le vrai, on doit reconnaître que c'était le bon plaisir du monarque qui faisait l'importance de la fonction, soit en mettant le crédit réel au niveau du titre officiel, soit en étendant à son gré les attributions primitives.

---

(1) Il était mort en 1239, puisque Frédéric II, dans un mandement du 10 octobre de cette année, dit : « *In scriniis quondam logothetae.* » Cf. *Regest.* ap. *Hist. diplom.*, t. V, p. 444.

(2) *Constit. regn. Sicil.*, lib. I, tit. 39, § II.

PARTIE DIPLOMATIQUE. CXXXIII

Malgré l'incertitude où nous sommes sur les véritables délimitations des hautes charges au temps de Frédéric II, il faut voir dans le logothète plus qu'un maître général des requêtes, *libellensis*, et lui conserver sous les princes souabes les fonctions fiscales qu'il avait dans l'administration byzantine. En Sicile comme à Constantinople, le logothète était aussi le maître des comptes, *magister rationum curiae*, ayant pour mission de faire rentrer dans le trésor tout ce que les officiers impériaux, aux divers degrés de la hiérarchie, avaient perçu pour le compte du prince et pour celui de l'État. Ce qui est certain, c'est que le logothète était chargé des affaires ecclésiastiques en matière de finances, et nous relevons au titre XXVIII du livre III des constitutions du royaume (1) un passage qui prouve que le logothète avait notamment dans ses attributions le règlement des successions des prêtres concubinaires, la fixation du cens annuel dû par les enfants issus de ces unions illégitimes, pour devenir aptes à succéder, et l'inscription sur les registres fiscaux de la quotité de ce cens, qui était ordinairement le vingtième du revenu. Si l'on songe qu'à partir de 1239, époque où commence la grande lutte de Frédéric contre les papes, la révocation des terres féodales ou des bourgeoisies que les ordres religieux n'avaient pas aliénées en temps utile, le séquestre mis sur les immeubles des communautés, la confiscation pour cause de félonie des biens ecclésiastiques privés, la collation directe des bénéfices et des prébendes, ou leur administration en cas de vacance, prirent un énorme accroissement, on comprendra quelle somme de pouvoir, mais aussi quelle part de responsabilité incombait au ministre chargé d'intérêts si délicats et si complexes.

Ce fut précisément pour cela qu'en 1247, quand Frédéric II fut résolu à ne plus garder aucune mesure avec le saint-siége, il fit choix de l'homme qui était investi de toute sa confiance, pour lui confier les fonctions de logothète de Sicile vacantes depuis la mort d'André. Pierre de la Vigne, outre la faveur spéciale dont il jouissait, se trouvait naturellement désigné pour cette charge, puisque depuis longtemps déjà il exer-

---

(1) *Hist. diplom.*, t. IV, p. 225, not. 1 et 2.

çait un droit de contrôle sur les gens des comptes; et c'est là en effet la gradation qui paraît avoir été observée sous les Angevins. En 1294, au mois d'avril, Barthélemy de Capoue, chevalier, est protonotaire du royaume de Sicile. En janvier 1295, il est à la fois protonotaire de Sicile et maître des comptes, *magister rationalis*. En mars 1297, il échange ce dernier titre pour celui de logothète, et s'intitule dès lors logothète et protonotaire de Sicile. Les deux fonctions, jusqu'alors distinctes, se trouvent désormais confondues et n'en forment plus qu'une (1).

Il est probable qu'elles furent également réunies sous Frédéric II entre les mains de Pierre de la Vigne; mais comme il était en même temps protonotaire de la cour impériale, on négligea, pour ne pas faire double emploi, d'ajouter pour lui au titre de logothète celui de protonotaire de Sicile. Ducange, adoptant l'opinion d'Ammirato, pense que le logothète-protonotaire était au-dessus du chancelier dans l'ordre hiérarchique, sans que le second de ces hauts fonctionnaires dépendît pour cela du premier. Nous ne trouvons pas la preuve de cette assertion, du moins sous les princes de la maison de Souabe. En tout cas, Pierre de la Vigne ne fut jamais chancelier; c'est par l'effet d'une méprise, qui date du quatorzième siècle, que ce titre lui a été gratuitement conféré, et s'il était vrai que la charge de logothète ait été la plus élevée en dignité, ce serait une raison de plus pour rendre à cet homme, si célèbre par sa grandeur et par sa chute, la qualification à laquelle il a droit.

Notaires de la cour.

Parmi les notaires de la cour impériale, allemands ou italiens, qui figurent dans les diplômes, nous nous bornerons à citer ceux dont les noms reviennent le plus souvent et qui ont exercé une influence politique incontestable : en 1212, Henri de Parisiis ou Parisius, qui, malgré son nom, n'était point un Français, mais appartenait très-probablement à la

---

(1) « *Et jam ex deductis in tabella officii, colligitur esse diversa officia; [sed] cum dicatur officium logothetae et protonotarii, unum est unitum alteri et annexum.* » Mar. Freccia cité par PECCHIA, *Stor. civ. e polit. del regn. di Napoli*, t. III, p. 101.

PARTIE DIPLOMATIQUE. CXXXV

famille sicilienne des Parisio; de 1215 à 1218, Marcwald, dont il a été question plus haut; en 1220, maître Stabile et Pierre de Salerne, chargés de missions auprès du pape Honorius III; en 1221, Jacques de Calatagirone, Jacques de Catane, Perrone de Venafro, Philippe de Salerne, Jean de Capoue, dont les noms reparaissent souvent dans la suite; de 1221 à 1224, Jean de Trajecto, favori de l'empereur, qui voulait le faire nommer à l'archevêché de Capoue, malgré la résistance du pape; en 1222, Jean de Lauro; en 1229, Procope de Matera, à qui, plus tard, fut commis le soin de faire rentrer dans le trésor tous les arriérés dus par les anciens fonctionnaires fiscaux; en 1239, Richard de San-Germano, le célèbre chroniqueur, et son frère Jean; en 1241, Jean de Palmerio et Guillaume de Tocco, qui figurent comme assesseurs dans des sentences rendues par les juges de la grande cour impériale; en 1249, Jacques de Poggibonzi, qui remplace immédiatement le protonotaire Pierre de la Vigne dans la signature des actes.

Nous avons dit au commencement de ce chapitre que les expressions *per manus N. cancellarii*, ou *protonotarii*, ou *notarii*, équivalaient au contre-seing, qui n'était pas usité dans la chancellerie de Frédéric II. Cependant nous connaissons quatre pièces originales, une du mois d'août 1244, deux du mois de juillet 1245, la dernière du mois d'août de cette même année (1), qui portent très-distinctement soit à la marge, soit au bas du parchemin, la signature *Philippus* en abrégé, et il n'y a pas lieu de douter qu'elle ne soit de la main même qui a écrit le corps de l'acte. Quel était ce notaire du nom de Philippe, qui fait ici l'office de secrétaire d'État. Nous sommes porté à croire que c'est le même personnage qui, au mois de juin 1245, à la même époque par conséquent, contre-signe dans la forme ordinaire un autre acte de l'empereur, en faveur de l'ordre Teutonique : *Datum per manus magistri..... praepositi Werdensis, imperialis*

---

(1) Lettres contre la commune d'Avignon, original au *Trés. des chartes*, J. 303, n° 6; — pour la comtesse de Flandre, original à la Bibl. impér.; — pour Oppenheim, original à Darmstadt; — pour Chieri, CIBRARIO, *Stor. di Chieri*, t. II, p. 105. Cet écrivain pense à tort que c'est la souscription de l'empereur. Mais l'empereur ne signait jamais que par le monogramme, et les caractères *phs* avec le signe d'abréviation ne peuvent signifier autre chose que *Philippus*.

aulae notarii. Le nom de ce prévôt de Verden est resté en blanc. Nous n'avons pu le retrouver jusqu'à présent; mais si l'on parvient à établir qu'il se soit appelé Philippe, l'identification sera certaine (1), et l'on aura ainsi la preuve que les notaires de la cour pouvaient apposer leur signature au bas d'un acte impérial quand leur nom ne se trouvait pas exprimé dans le document à sa place habituelle.

Au reste, l'apposition des signatures sur les actes publics était de règle dans le royaume de Sicile au treizième siècle. Les sentences ou les décisions des juges de la grande cour, celles des juges ordinaires et de tous les officiers royaux en général, portent non-seulement leurs signatures (2), mais aussi celles des témoins convoqués pour le besoin de la cause, tandis qu'elles ne sont scellées que dans certains cas spéciaux. Les expéditions authentiques délivrées par de simples notaires devaient être signées d'eux et scellées de leur sceau particulier, et il en était probablement de même pour les contrats et transactions entre particuliers.

CHAPITRE XI.

DES GRANDS OFFICIERS DE LA SICILE ET DE L'EMPIRE QUI FIGURENT COMME TÉMOINS DANS LES DIPLOMES.

Après avoir parlé du chancelier et du protonotaire ou logothète de Sicile, il nous reste à passer en revue les cinq autres offices, que nous présentons dans l'ordre où les range Tutini : connétable, grand justicier, amiral, chambrier, sénéchal, mais en rappelant que cet ordre ne repose à

---

(1) Nous devons cependant avertir qu'en décembre 1243, un *magister Philippus decretorum doctor* figure parmi les témoins de plusieurs actes de Conrad, et que ce personnage put ensuite passer à la cour de Frédéric en qualité de notaire. Nous n'indiquons cette seconde conjecture que pour aider à l'éclaircissement d'une question très-obscure, celle du contre-seing dans les actes impériaux de cette époque.

(2) Henri de Morra, grand justicier, signe en ces termes : *Henricus de Morra magne imperialis curie magister justitiarius*, et Pierre de la Vigne : *Ego qui supra magister Petrus magne imperialis curie judex.*

nos yeux sur aucune donnée positive et certaine (1). Nous ajouterons à cette nomenclature ce que nous avons pu recueillir sur l'office de maréchal de Sicile, qui, nous ne savons pour quel motif, n'est point compris dans la liste de Tutini, ainsi que sur celui de bouteiller, dont l'existence est encore problématique.

Nous ferons ensuite l'énumération des personnages qui ont été revêtus dans l'empire de titres analogues à ceux que nous trouvons en usage dans le royaume. Ce travail sur les grands offices n'avait pas encore été entrepris, et si nous n'osons nous flatter d'avoir éclairci toutes les difficultés du sujet, nous croyons du moins n'avoir négligé aucun des renseignements qui pourront aider à les résoudre.

§ 1er. GRANDS OFFICIERS DE LA COURONNE EN SICILE.

Connétables.

Le premier et le seul personnage que nous trouvions revêtu du titre de connétable de Sicile sous Frédéric II est Gualterio Gentile, qui appartenait à une famille puissante de la terre d'Otrante. Ce Gualterio accompagna le roi en Allemagne et figure dans les actes de 1212 et 1213 en qualité de *magnus comestabulus* ou de *comestabulus regni Siciliae* (2). Berardo Gentile, son père ou son aïeul, avait souscrit en 1177 une charte de Guillaume le Bon avec le titre de *regiae privatae maisnedae constabularius* (3); titre qui reparaît en juin 1216 dans une donation faite par Paolo de Cicala, comte de Golisano, au monastère de Montevergine (4).

---

(1) Dans un privilége du mois de juillet 1232, nous voyons mentionnés à la fois quatre dignitaires dans l'ordre suivant : sénéchal, bouteiller, chambrier, logothète. Dans un autre du mois de novembre 1248, nous en trouvons trois : le grand maréchal, le protonotaire-logothète, le grand justicier. Dans un troisième du mois de mai précédent, le grand amiral est nommé après le grand justicier. Quelquefois les juges de la grande cour souscrivent les diplômes avant les grands officiers. Il est vrai que ces simples juges s'appellent Pierre de la Vigne et Taddée de Suessa, et sont les favoris de l'empereur.

(2) *Hist. diplom.*, t. I, p. 214, 233, 271.

(3) Cf. Roger de Hoveden, p. 552.

(4) *Hist. diplom.*, t. II, p. 198, not. 2.

INTRODUCTION.

Paolo s'y intitule également *regiae privatae masnediae magister comestabulus*; ce qui donne lieu de penser que ce titre, qui pourrait se traduire par *commandant militaire de la maison du roi*, équivalait à celui de connétable du royaume, cette dernière fonction n'ayant pas alors l'extension qu'elle obtint depuis, particulièrement en France.

Quoi qu'il en soit, on ne voit plus, à compter de 1220, l'un ou l'autre de ces titres reparaître dans les actes, et il y a tout lieu de croire que Frédéric II s'abstint de nommer désormais des connétables. Car ce serait une grande erreur de ranger parmi les officiers de la couronne les connétables provinciaux ou locaux, tels que ceux de Capoue, d'Ascoli, de Naples, d'Aversa, de Corneto, etc., qui sont souvent cités dans les actes et les chroniqueurs contemporains. Ces connétables particuliers étaient chargés exclusivement de la garde d'une ville, et leurs fonctions répondaient à peu près à celles de nos commandants de place.

Grands justiciers de Sicile.

Les écrivains napolitains qui se sont occupés des sept grands offices de la couronne considèrent comme grands justiciers du royaume de Sicile les fonctionnaires appelés dans les documents du règne de Frédéric II *maîtres justiciers de la grande cour du roi*, et après 1220 *maîtres justiciers de la grande cour impériale*. En effet, l'autorité du tribunal que ces magistrats présidaient s'étendant sur tout le royaume (1), et le maître justicier pouvant connaître à peu près de toutes les causes, soit directement, soit en dernier ressort, on doit regarder ses fonctions comme équivalentes à celles que remplirent plus tard les grands justiciers proprement dits.

---

(1) Nominalement elle devait s'étendre aussi sur l'Empire : « *Praecipimus offerri magistro justitiario omnes petitiones tam de imperio quam de regno, tam de justitia quam de gratia*, dit Frédéric II dans la constitution publiée à Grosseto, au mois de février 1244. Mais par empire il faut entendre ici seulement l'Italie, l'Allemagne étant toujours restée en dehors de la juridiction de cette cour. Nous avons l'exemple d'instances portées par le couvent de Monte-Amiata, en Toscane, devant la grande cour, et jugées par elle. Il en dut être de même partout où était reconnue l'autorité de Frédéric II.

PARTIE DIPLOMATIQUE. CXXXIX

Le premier personnage que nous voyons revêtu de ce titre est un certain Bartorillo de Paranicio, mentionné en 1202 dans une charte pour l'église de Patti citée par Gregorio (1). Plus tard, en juin 1216, Étienne de Partenico paraît avoir exercé aussi les fonctions de maître justicier de la grande cour royale (2). Mais ces deux noms sont d'ailleurs tout à fait inconnus et ne figurent pas dans les actes de Frédéric II. Nous pensons que ce prince, en revenant dans le royaume après son couronnement, en 1220, réorganisa la grande cour, et régularisa, en les étendant, les attributions du maître justicier (3). En juin 1221, Gautier, comte de Cotrone, est appelé *magister regni justitiarius* dans une lettre du pape Honorius III, où ce pontife lui enjoint de ne pas molester la ville de Rieti, qui fait partie du patrimoine de saint Pierre. A partir du mois d'avril 1223, Henri de Morra, habile légiste, qui appartenait à une famille puissante de la Principauté, est indiqué dans les textes comme investi des fonctions de maître justicier. Il les garda sans interruption pendant près de vingt ans, et fut chargé en outre, comme député de l'empereur, de plusieurs négociations importantes, et comme capitaine du royaume, de diverses expéditions militaires. Il mourut dans la Pouille, vers la fin de 1242, et n'eut pas la douleur d'être témoin de la conspiration de 1245, à laquelle prirent part Jacobo de Morra et d'autres membres de sa famille. Henri de Morra fut remplacé en décembre 1246 au plus tard par Richard de Montenigro (4). Celui-ci avait été justicier ou même capitaine général en Sicile dès 1232, et sa conduite y avait provoqué une rébellion que l'empereur fut obligé

---

(1) *Consider. sopr. la stor. di Sicil.* lib. II, cap. VII, not. 7.

(2) Il signe en cette qualité la donation faite par Paolo de Cicala au monastère de Montevergine, ap. MASTRULLO, *Monteverg. sagro*, p. 365; cf. *Hist. diplom.*, t. II, p. 498, not. 2.

(3) Frédéric lui-même l'indique assez clairement dans une constitution postérieure donnée au mois de février 1244, où il rappelle qu'aussitôt après son couronnement son premier soin fut de réformer l'administration de la justice : *Statim post nostri receptum imperii diadema, necessaria nec minus continua nobis oportuit excogitare remedia*, etc.

(4) Nous savons que ce personnage avait des possessions en Sicile. Peut-être était-il originaire de cette île, et il vaudrait mieux alors traduire son nom par *Montenero*, titre d'un fief qui se trouvait dans le val de Noto. Toutefois, d'après la liste des barons qui reçurent en garde les otages lombards, il est indiqué comme demeurant dans la Principauté.

INTRODUCTION.

d'aller étouffer en personne. Mais Richard ne perdit rien de son crédit. Nous le retrouvons justicier de la terre de Labour de 1239 à 1242, époque où il eut pour successeur dans ce justiciariat Gisolfo de Mannia. Il ne tarda pas à rentrer en charge, et sa faveur alla croissant dans les dernières années du règne de Frédéric II, et surtout après la disgrâce de Pierre de la Vigne. Il signa comme témoin, en qualité de maître justicier, le testament de l'empereur, et assista à la mort de ce prince. Richard paraît avoir conservé ses fonctions sous le règne de Conrad, quoiqu'il fût en secret partisan de l'Église, et en 1254 il s'empressa d'aller faire sa soumission au pape Innocent IV (1). Disgracié sous Manfred, Richard de Montenigro mourut en exil. Il fut remplacé par Tomasio Gentile.

Les droits et les attributions du maître justicier, déjà établis par les constitutions de Melfi en 1231, furent soigneusement précisés et fixés par la constitution spéciale publiée à Grosseto en 1244, et que l'on trouvera dans notre recueil. Nous citerons seulement ici une des dispositions de cet acte important, disposition qui prouve combien l'autorité déléguée au premier magistrat du royaume était à la fois élevée et tutélaire. « Que le maître justicier fasse amender les injustices, les violences et les concussions de tous les juges inférieurs, et même les destitutions prononcées au nom de notre cour, mais sans notre mandement spécial; qu'il fasse restituer ses possessions à la personne destituée, sans avoir besoin de nous consulter. Qu'il fasse aussi délivrer, sans avoir besoin de recourir à nous, les prisonniers qui auront été arrêtés par les justiciers ou par d'autres, sans que nous l'ayons mandé ou sans que nous ayons été consulté, que ces prisonniers aient été arrêtés à tort ou à raison. »

La grande cour impériale se servait, pour sceller les lettres de rémission, de citations, d'enquêtes, etc. (2), d'un sceau spécial, gardé par les

---

(1) « *Ricardus de Montenigro potens et munitus in terris et castris, qui fuerat magister justitiarius in regno Apuliae et qui primo in occulto redierat ad mandata Ecclesiae, ipsis diebus se ad favorem Ecclesiae publicavit.* » Nicol. de Curb., ap. BALUZE, *Miscell.*, t. I, p. 205.

(2) « *Sub titulo nominis nostri et speciali sigillo nostro quod de justitia fieri mandavimus et*

juges qui la composaient. Ce sceau s'appelait sceau de justice. Le maître justicier l'employait aussi pour sceller les réponses aux pétitions, réponses qu'il était autorisé à faire en prenant l'avis d'un des quatre juges, dans toutes les questions qui étaient de pure forme. A ce sceau spécial devait être joint le sceau secret (*sigillum camerae*) (1). Nous ne savons quel était ce sceau de justice, pas plus que nous ne connaissons le sceau secret. Évidemment les lettres qu'il scellait étaient des lettres closes qu'on ne pouvait ouvrir sans le briser.

Les renseignements que nous avons recueillis sur les maîtres justiciers seraient incomplets, si nous n'y joignions la liste des juges de la grande cour, dont les noms ne se trouvent réunis nulle part. L'examen des documents nous amène à diviser ces fonctionnaires en deux catégories : ceux qui figurent, soit isolément, soit ensemble, dans les actes judiciaires, et qui signent les sentences; ceux qui n'y figurent pas et qui, bien que portant le même titre, mais dans d'autres actes, sont pour ainsi dire employés à des services extraordinaires.

Les juges de la première catégorie, rangés selon l'ordre chronologique, sont les suivants :

1223. Pierre de San-Germano, Simon de Tocco, Guisand de Ruvo.
1224. Simon de Tocco, Henri de Tocco, Roffrid de San-Germano.
 Pierre de San-Germano, Simon de Tocco, Henri de Tocco.
 Pierre de San-Germano, Simon de Tocco, Henri de Tocco, Roffrid de San-Germano.
1225. Pierre de San-Germano, seul.
 Guisand de Ruvo et Pierre de la Vigne.
 Simon de Tocco, Guisand de Ruvo, Henri de Tocco.
1226. Simon de Tocco et Guisand de Ruvo.
1230. Simon de Tocco, Henri de Tocco, Roffrid de San-Germano, Pierre de la Vigne.

---

quod apud judices curiae nostrae residere jubemus, de consilio praedictorum omnium judicum scribi volumus et etiam sigillari. » *Constit. regni*, lib. I, tit. 39.

(1) « *Et eas quae ad suum officium pertinent per se expediat, quae sunt sigillandae sigillo justitiae imperii et sigillo camerae, eas videlicet quae sunt de forma.* » *Ibidem.*

Simon de Tocco et Roffrid de San-Germano.

1232. Pierre de la Vigne, seul. A partir de cette date, son nom ne figure plus dans les sentences.

1233. Benoît d'Isernia, seul.

1235 et 1237. Pierre de San-Germano, fils de *Theodinus*. Cette qualification est ajoutée à son nom, probablement pour le distinguer de l'autre Pierre de San-Germano, qui paraît être tombé en disgrâce vers 1225.

1238 et 1239. Roger de Petra Sturnina, seul.

1239. Guillaume de la Vigne (*de Vinea*), neveu du célèbre Pierre de la Vigne.

1240. Henri de Tocco et Guillaume de Vinea.

1241. Pierre de San-Germano et Roffrid de San-Germano.

1243. Henri de Tocco, Roffrid de San-Germano, Guillaume de Vinea.

1245. Henri de Tocco, Roffrid de San-Germano, Guillaume de Vinea, Jean de Martorano (1).

1246. Henri de Tocco, Roffrid de San-Germano, Guillaume de Vinea, Jean de Martorano.

Les juges de la grande cour qui, malgré leur titre, ne paraissent pas avoir exercé de fonctions judiciaires actives, sont : en 1220, Roffrid de Bénévent; en 1232, Léon Manzino de Bari (2); de 1233 à 1247, Pierre de la Vigne; en 1236, un certain Albert, dont le surnom est incertain (3); en 1236 et 1237, Cyprien de Chieti; de 1237 à 1248, Taddée

---

(1) A partir de février 1244 les juges de la grande cour doivent être au nombre de quatre pour que les sentences rendues par le maître justicier soient valables.

(2) Selon toute apparence, c'est le même personnage que celui qui est désigné par l'initiale L. et par la qualification de *judex Barensis* dans une lettre d'Honorius III, en date du 27 juin 1223.

(3) A la date du 26 septembre 1236, cet Albert signe un acte pour Sainte-Marie Majeure, à Florence, et il y prend la qualification de *magnae curiae Friderici Romanorum imperatoris judex*. LAMI, *Monum. eccl. Flor.*, t. II, p. 1019. On trouve à cette époque deux personnages du nom d'Albert à la cour de Frédéric : l'un, Albert de Rossewag, juge en Allemagne; l'autre, maître Albert de Catane, particulièrement chargé de négocier les emprunts. Il s'agit pro-

PARTIE DIPLOMATIQUE. CXLIII

de Suessa; en 1250, Robert de Palerme; ce dernier toutefois, qui est mentionné parmi les témoins du testament de l'empereur, peut avoir été en service actif et avoir remplacé Guillaume de Vinea, qui fut probablement enveloppé dans la disgrâce de son oncle.

Amiraux.

Nous trouvons sous Henri VI un Guillaume le Gros, surnommé aussi Malconvenant, revêtu de la charge d'amiral, probablement après la déchéance de l'amiral Margaritone de Brindes, qui était resté fidèle à la famille de Tancrède. Ce Guillaume le Gros, qui prend le titre d'amiral et de comte de Malte dans un acte de 1203 cité par Tutini, paraît avoir été un Génois (1) et avoir marié sa fille et son héritière à un ami des Génois, Henri, surnommé Pescatore. De 1211 à 1221, les fonctions d'amiral de Sicile furent remplies par un second Guillaume, qui appartenait à la famille génoise ou marseillaise des Porci, établie à Messine sous les rois normands (2). Son nom est resté attaché d'une manière déplorable à cette croisade d'enfants dont s'émurent l'Allemagne et la France, et il est accusé d'avoir été de connivence avec un armateur ou pirate marseillais, Hugues Fer, pour transporter et vendre ces malheureux sur la côte d'Afrique (3). Quoi qu'il en soit, Guillaume Porc était certainement amiral de Sicile en 1216. A cette date il conduisit à Gaëte sur ses galères le jeune roi Henri, qui se rendait en Allemagne, l'accompagna dans ce pays, et se trouva auprès de Frédéric II à la cour de Nuremberg au mois de décembre

---

bablement de ce dernier, qui peut-être se trouvait alors en mission auprès des banquiers florentins.

(1) On lit en effet dans les Annales de Gênes que Marcwald ayant fait arrêter et emprisonner, en 1204, l'amiral Guillaume le Gros, les Génois tinrent conseil et armèrent une galère pour réclamer sa mise en liberté. Oger. Panis, dans MURATOR., *Scriptor.*; t. VI, p. 384. Cette circonstance fait bien voir qu'il s'agissait pour eux de délivrer un concitoyen.

(2) Cf. Gallo, *Annal. di Messina*, t. II, p. 21. Guillaume Porc est appelé *amiralius de Misina* dans l'acte du 8 octobre 1216, par lequel le podestat de Modène reçoit le jeune roi Henri des mains de l'archevêque de Palerme, et s'engage à le remettre aux ambassadeurs de Parme. Voy. *Hist. diplom.*, t. I, p. 483-485.

(3) *Alber. Triumfontium Chronic.* ad ann. 1212.

de la même année (1). Mais l'empereur, à son retour en Sicile en 1221, le révoqua, nous ne savons pour quelle cause, et même le chassa du royaume. Guillaume Porc ayant alors repris son ancien métier de corsaire, fournit des munitions et des armes aux Sarrasins de Sicile révoltés contre Frédéric ; mais il fut pris et pendu avec son ancien ami Hugues Fer (2).

L'empereur mit à sa place Henri, comte de Malte, gendre de Guillaume le Gros, dont la réputation comme homme de mer était depuis longtemps établie. En 1206, Henri s'était emparé de l'île de Crète, avec l'aide des Génois, et l'avait longtemps défendue contre toutes les forces de Venise (3). Au mois de mars 1218, il avait fait, dans l'intérêt de Gênes, un voyage en Allemagne, et avait reçu de Frédéric un favorable accueil. Aussitôt après sa nomination comme amiral (4), il fut envoyé, avec une partie de la flotte sicilienne, au secours des chrétiens assiégés dans Damiette. Le mauvais succès de cette expédition le fit tomber en disgrâce, et comme il refusa de marcher contre les Sarrasins de Sicile avec les forces insuffisantes qu'on avait mises à sa disposition, il fut emprisonné vers la fin de 1221, et privé du gouvernement de l'île de Malte (5). La captivité de Henri ne fut pas de longue durée, puisque nous le retrouvons auprès de Frédéric en avril 1223, et son séjour à la cour en 1224 coïncide avec la proscription des habitants de Celano, qui furent alors

---

(1) Il est alors appelé dans un acte *ammiratus regni*, et dans un autre *victoriosi stolii ammiratus*. *Hist. diplom.*, t. I, p. 489 et 492. C'est à tort, selon nous, qu'il figure aussi comme témoin dans un diplôme du 3 janvier 1218, qui n'est que la reproduction avec les noms des mêmes témoins du diplôme de décembre 1216. Cf. *Ibidem*, p. 530, et la remarque que nous avons eu occasion de faire plus haut, p. LIX.

(2) Oger. Panis, dans Muratori, t. VI, p. 422; Alber. *Triumfontium chronic.*, p. 460, cités dans l'*Hist. diplom.*, t. II, p. 249, not. 1 ; p. 254, not. 2.

(3) Dans un accord conclu avec les Génois, à Gênes, le 25 juillet 1210, Henri s'intitule *comes Maltae et dominus Cretae*.

(4) Richard de San-Germano l'appelle *marini stolii ammiratus*. Mais ce titre ne lui est pas donné dans les actes officiels que nous connaissons. Un des continuateurs inédits de Guillaume de Tyr dit aussi : *Le conte Horri de Mante, qui estoit amiral dou regne*.

(5) C'est ainsi que l'on peut concilier les témoignages divergents de Richard de San-Germano et du continuateur de Caffari, mais en corrigeant la date fournie par ce dernier.

déportés à Malte pour cause de rébellion; mais il ne rentra pas en possession du château de Malte (1). En 1225, Henri alla chercher en Syrie et ramena à Brindes Isabelle de Brienne, fiancée de l'empereur. L'époque de sa mort n'est point certaine : elle doit être cependant antérieure au mois de mai 1232, date d'un traité d'alliance entre Gênes et Arles (2). Parmi les témoins génois de cette pièce figure en effet un *Nicolaus comitis Maltae*, qui est bien le fils du comte Henri, et cette qualification semble indiquer que son père était mort et qu'il ne lui avait pas succédé dans son fief. Ce Nicolas ou Nicolosio, comme on disait à Gênes, ne rentra réellement en possession de l'île de Malte que sous le règne de Manfred, en 1259. Dans son premier traité avec les Génois, ce prince remet toute offense à Nicolosio et à ses partisans, lui confirme les priviléges accordés à son père Henri, et lui fait cession de Malte, de Gozo et de Comino, en stipulant que la garde des châteaux restera entre les mains du roi de Sicile, à moins que Nicolosio ne puisse offrir un échange convenable (3).

Il est peu probable que des fonctions aussi importantes et aussi actives que celles d'amiral soient restées longtemps vacantes. Cependant nous ne voyons aucun amiral à placer entre la mort du comte Henri et la nomination du génois Nicolino Spinola, nomination qu'on ne peut guère faire remonter plus haut que les mois de novembre ou d'octobre 1239. Pour combler cet intervalle, Tutini et Pirri ont admis sans preuves dans le catalogue des amiraux un certain Alexandre fils de Henri, dans lequel ils ont cru voir un fils et un successeur du comte Henri. C'est une méprise qui repose sur un rapprochement erroné, le nom *filius Henrici* reproduisant ici la forme anglo-normande *fitz-Henri*, *fitz-Osbert*, *fitz-Osmond*, qui persiste jusque dans les actes du règne de Frédéric II. En outre, cet Alexandre Fitz-Henri n'exerça jamais que des fonctions fiscales à titre de procurateur des domaines royaux, et il ne peut être à aucun titre rangé parmi les amiraux de Sicile.

---

(1) *Hist. diplom.*, t. II, p. 355 et not. 1.
(2) Papon, *Hist. de Provence*, t. II, preuves, n° LI.
(3) Orlando, *Cod. di leggi e dipl. Siciliani*, p. 104 et 117.

Le nouvel amiral, Nicolino Spinola, appartenait à une de ces familles génoises qui depuis la rupture de leur république avec l'empereur étaient restées attachées à la cause des Gibelins, et que le parti guelfe poursuivait d'une haine acharnée. Frédéric II entretenait avec soin ces luttes intestines, et en choisissant ses amiraux parmi les gibelins génois il était sûr d'être servi avec autant de capacité que de dévouement. Spinola, appelé de Gênes à Pise, se mit à la tête des vaisseaux qui devaient transporter dans le royaume les prisonniers et les otages lombards, et dès son arrivée à Naples, il prit les mesures les plus efficaces pour mettre les côtes en état de défense et la flotte sicilienne sur un pied respectable. Son commandement fut court; il mourut au commencement de l'année 1241, fort regretté de l'empereur, qui appela aussitôt pour succéder à Spinola un autre Gibelin génois, Ansaldo de Mari, lequel avait été podestat de Crémone en 1239. Celui-ci fut chargé de s'opposer au passage de l'expédition génoise, qui devait transporter à Rome les prélats convoqués en concile par le pape Grégoire IX. Mais Ansaldo ne put ou ne voulut pas prendre le commandement, et ce fut son fils Andreolo qui, avec la flotte sicilienne équipée par Spinola, battit les Génois entre Montecristo et Giglio, le 3 mai 1241. Dès lors le père et le fils ne cessent de harceler Gênes et de diriger sur les côtes d'Italie des expéditions combinées avec les mouvements des armées impériales. Ansaldo de Mari resta en faveur pendant toute la fin du règne de Frédéric II, et fut aussi employé par ce prince et par son fils Conrad dans des négociations importantes. Après la mort de Conrad, l'amiral de Sicile, suivant en cela l'exemple de quelques autres dignitaires, fit un accord particulier avec Innocent IV, et reçut de lui une nouvelle investiture de son office (1). Il mourut peu de temps après, en 1255, et fut enterré, selon Vincenti, dans l'église de Policastro.

Le grand amiral sous Frédéric II était nommé à vie, et sa juridiction s'étendait non-seulement sur le personnel de la flotte, mais aussi sur les officiers inférieurs chargés dans les ports de veiller à l'entretien du maté-

---

(1) *Per ensem investitus*, Acte du 3 novembre 1254, cité par Tutini, *Del grande ammiraglio*, p. 58.

riel maritime. Au reste, la nature des fonctions de l'amiral, ses droits, ses priviléges, ses émoluments, sa part dans les prises, tout cela est réglé dans les lettres patentes qui notifient la nomination de Nicolino Spinola et que nous avons réimprimées d'après Tutini (1). Nous nous bornerons à y renvoyer le lecteur.

Camériers ou chambriers.

Un personnage du nom de Richard figure constamment parmi les témoins des actes de Frédéric II, depuis 1215 jusqu'au mois de septembre 1234, avec les qualifications de *familiaris camerarius, salae regiae camerarius, camerarius imperialis aulae, imperialis aulae privatus camerarius*, qui ne sont que les variantes d'un même titre. Son nom de famille nous est inconnu; nous savons seulement qu'il était né en Sicile, qu'il y possédait de grands biens et qu'il avait toute la confiance de l'empereur; ce qui prouve qu'il remplissait dignement les délicates fonctions qui lui étaient confiées. Il eut assez de crédit pour faire nommer son neveu Benvenuto évêque de Squillace, élection qui plus tard fut annulée par Innocent IV. Comme Richard est le seul régnicole qui ait été revêtu du titre de chambrier et qu'il est rangé dans les diplômes parmi les autres grands officiers de Sicile, nous n'hésitons pas à considérer son titre comme équivalent à celui de *camerarius regni Siciliae*, qui n'est point en usage sous Frédéric II. Il était mort avant 1239, comme le prouvent divers passages du *Regestum* (2). Le même document mentionne, en 1240, comme chargé des fonctions de camérier privé, et probablement comme successeur de Richard, un Jean le More, sur qui Jamsilla nous a laissé quelques renseignements. C'était un nègre, fils d'une esclave sarrasine, et qui était parvenu de la condition la plus humble aux premiers emplois. Frédéric II, qui regardait plus à la valeur intellectuelle qu'à la couleur du teint, l'avait nommé garde de sa chambre, conseiller intime et intendant de ses finances. Conrad l'éleva au rang de grand camérier (3), et Jean le More acquit un tel

---

(1) *Hist. diplom.*, t. V, p. 577.
(2) Voir notamment *Hist. diplom.*, t. V, p. 720.
(3) [*Imperator*] *eum camerae suae custodem et secretorum aulae participem et ..... suorum*

INTRODUCTION.

ascendant sur ses compatriotes, les Sarrasins de Lucera, que dans cette colonie militaire rien ne se faisait plus que par son ordre. Après la mort de Conrad, il aspira à l'indépendance, trahit le régent Manfred, fut pris et décapité. La charge de grand camérier passa alors à Manfred Maletta, oncle ou proche parent du prince de Tarente.

Il n'est pas douteux que sous les Angevins le grand camérier n'eût l'administration du trésor privé, la garde et l'entretien des palais et des demeures royales, la surveillance des pâturages du domaine, des *solatia* ou maisons de plaisance, des grands parcs (*defensae*) destinés à la chasse. Sous Frédéric II le *camerarius salae regiae* paraît avoir eu des attributions analogues. Ainsi, nous connaissons une lettre du chambrier Richard au chapitre du palais à Palerme, par laquelle il lui recommande le notaire Jacobo de Calatagirone pour l'obtention de la première prébende vacante (1). Or, le palais de Palerme et ses dépendances étaient bien sous la juridiction du chambrier. Par un acte du 1er octobre 1220, un certain Garnier qualifié de *marescalcus domini Rizardi camerarii regis* reconnaît avoir reçu au nom du roi cinquante marcs d'argent de l'évêque de Padoue comme prix de la dispense, accordée au même évêque, d'accompagner Frédéric à Rome (2). Le revenu de ces dispenses étant versé dans le trésor privé, il n'est pas étonnant qu'un officier du chambrier ait été délégué pour effectuer cette recette.

Malgré cela, nous n'oserions affirmer que le chambrier de Sicile n'ait pas également fait l'office de chambellan. La distinction que les paléographes ont établie pour la France entre le chambrier et le chambellan, qui chez nous étaient en effet revêtus de fonctions différentes, me semble ne devoir être appliquée à la Sicile qu'avec une grande réserve, l'expression *cambellanus* ou son équivalent *cubicularius* ne se rencontrant nulle part dans les actes de Frédéric II. Nous serions plutôt disposé à penser que le

---

praepositum fecerat. [*A Conrado*] *magister et praepositus regiae camerae factus fuit.* Jamsilla, ap. Muraton., *Scriptor.*, t. VIII, p. 522.

(1) Lettre sans date, mais annexée à un mandat impérial de Frédéric, daté du 30 avril 1220; cf. *Hist. diplom.*, t. I, p. 775.

(2) *Ibidem*, t. I, p. 859.

PARTIE DIPLOMATIQUE.   CXLIX

camerarius avait pu être d'abord un chambellan (*praepositus cubiculi*) chargé ensuite par extension de la garde du trésor (*camera*), et que les deux fonctions se trouvaient ainsi confondues ou plutôt réunies. Nous soupçonnons même le chambrier Richard d'avoir été de race sarrasine comme Jean le More, et peut-être le chef des eunuques du palais, selon l'usage byzantin adopté par les rois normands et conservé sous Frédéric II.

Sénéchaux.

Nous ne trouvons pas de sénéchal en Sicile avant le mois de juillet 1232, époque où Henri de Revello ou Rivello figure avec ce titre parmi les témoins d'un privilége accordé par Frédéric II au monastère de Château-Chalon en Franche-Comté (1). Les noms des témoins de ce diplôme étant complétement défigurés dans le texte qui nous les fournit, nous avons dû les restituer, et notre restitution est sur ce point pleinement confirmée par une lettre de Grégoire IX, en date du 8 août 1237, où Henri de Revello, alors délégué de l'empereur en Provence, est appelé *senescalcus imperialis*. Le *Regestum* nous donne, à la date du 3 mai 1240, le nom d'un autre sénéchal, Jacobo Capece, alors chargé de pourvoir à l'entretien de l'impératrice et de sa maison (2). Jusqu'à la mort de Frédéric II, Capece ne paraît plus avec le titre de sénéchal dans les actes que nous connaissons. Mais l'attachement inviolable que ce personnage et ses deux fils, Marino et Conrad, témoignèrent plus tard à Manfred et à Conradin, et les relations familières qu'ils entretinrent avec ces deux princes, permettent de supposer que Capece avait continué d'exercer avec le titre de sénéchal les fonctions de surintendant de la maison royale qui lui donnaient un accès habituel auprès du souverain.

Nous ne pouvons dire s'il remplaça Henri de Rivello dans cet office où s'il en fut revêtu concurremment avec ce dernier. Ce qui est positif,

---

(1) *Hist. diplom.*, t. IV, p. 374.

(2) « Freder., etc., Jacobo Capice senescalco et fideli suo, etc. Licet excellentia nostra tibi dederit in mandatis ut pecuniam a bajulis recipias pro expensis karissime consortis nostre et familie sue juxta tuam prudentiam ut expedit faciendis. » Regest., fol. 3 verso, ap. *Hist. diplom.*, t. V, p. 963.

INTRODUCTION.

c'est qu'un Henri de Rivello figure en 1245 comme un des conseillers du roi Conrad en Allemagne, et qu'en juillet 1248, il était vicaire général de l'Empire depuis Pavie et au delà (1). Dans ces deux occasions, le titre de sénéchal ne lui est pas donné. Mais avant de supposer qu'il en avait été dépossédé au profit de Capece, il faudrait savoir s'il est bien le même personnage que le sénéchal de 1232 et 1237, ou s'il ne serait pas plutôt son fils ou son neveu. Un Henri de Rivello, seigneur de Chiaromonte, est qualifié de *vir illuster* dans un acte de l'abbé du Sagittario en date du 15 septembre 1265.

Dans la préface de son *Traité des sept offices de Sicile*, Tutini émet l'opinion qu'il y avait plusieurs sénéchaux chargés de la surveillance des palais où résidaient d'ordinaire le roi et la reine, soit ensemble, soit séparément, et que tous étaient soumis à l'autorité du grand sénéchal. Le fait est incontestable en ce qui concerne l'époque de Charles d'Anjou et de ses successeurs. Mais il n'est point établi que sous Frédéric II il y ait eu simultanément deux sénéchaux et qu'il faille considérer seulement Henri de Rivello comme le surintendant de la maison de l'empereur, et Jacobo Capece comme celui de la maison de l'impératrice. Les textes nous faisant défaut sur ce point, nous croyons, jusqu'à preuve contraire, que l'un et l'autre exercèrent l'office de grand sénéchal.

Bouteillers.

Dans le document du mois de juillet 1232, cité au commencement de l'article précédent, se trouve un nom que nous n'avons pu restituer et qui est écrit *Vimignertus butriclarius*. Ce dernier mot doit être évidemment lu *buticularius*, et comme le personnage qui porte ce titre figure entre le sénéchal et le chambrier de Sicile, il y a lieu de présumer qu'il s'agit aussi d'un bouteiller de Sicile (2). Quel est le nom qui se cache

---

(1) *A Papia superius*, c'est-à-dire dans la partie supérieure de l'Italie qui s'étend de Pavie aux Alpes.

(2) Dans la note que nous avons jointe à ce passage, nous avons proposé de lire *Nurembergensis* au lieu de *Vimignertus*, le bouteiller de Nuremberg étant un officier local très-souvent mentionné à cette époque. Mais nous croyons maintenant devoir abandonner cette explication.

sous la forme corrompue *Vimignertus?* C'est ce que l'on apprendra si l'on parvient à découvrir l'original, ou du moins une meilleure copie de ce diplôme. N'ayant rencontré jusqu'ici aucun autre renseignement sur le bouteiller, nous aimons mieux confesser notre ignorance que de tenter une identification très-hasardée. Mais, nous le répétons, l'existence d'un bouteiller en Sicile sous Frédéric II nous paraît aussi vraisemblable que celle des autres grands offices sur laquelle le doute n'est point possible.

Maréchaux de Sicile.

Richard Filangieri ou *de Principatu* paraît pour la première fois en qualité de maréchal dans un diplôme pour l'archevêque d'Arles, délivré à Palerme au mois de mars 1225 (1). On le retrouve en 1226, 1227 et 1228. Cette année-là, au temps de Pâques, il fut envoyé par Frédéric II en Syrie avec l'avant-garde des troupes que ce prince devait conduire à la croisade, et c'est de lui que Guillaume de Nangis parle en cette occasion, quoiqu'il lui attribue à tort le titre de sénéchal (2). Après avoir séjourné auprès de l'empereur dans la Terre sainte, Richard revint avec lui en Italie. Il fut chargé, au mois de février 1231, d'opérer à Naples l'arrestation des Paterins (3), et il repartit pour la Terre sainte au mois de juin de la même année avec le titre de légat de l'Empire dans le royaume de Jérusalem. Nous n'entrerons pas ici dans le détail des actes de son administration (4), qui dura jusqu'en juin 1242, époque où il fut remplacé par Thomas d'Aquino, comte d'Acerra. Richard Filangieri reparaît encore, en 1245 comme délégué du roi Enzio dans la haute Italie; mais il ne porte plus le titre de maréchal, soit que ce titre eût alors été supprimé, soit que le rédacteur de l'acte ait négligé de le mentionner.

---

(1) *Hist. diplom.*, t. II, p. 475. Il est habituellement appelé *imperialis aulae marescalcus*.

(2) Nangis, ap. d'ACHERY, t. XI, p. 405. Dans ce passage il faut corriger le millésime 1232 en 1228.

(3) C'est aussi à la maréchalerie impériale que devait être faite la remise des prisonniers arrêtés pour cause de trahison, comme nous le voyons dans deux lettres de Frédéric, ap. Petr. de Vin. epist., lib. V, cap. 58 et 59.

(4) Voir dans la seconde partie de cette Introduction le chapitre consacré à l'histoire de la Terre sainte sous Frédéric II.

Son frère Giordano Filangieri figure également comme maréchal dans un diplôme du mois de mars 1232 (1), et Tebaldo Francesco, chef d'une puissante famille de la Principauté, d'origine française (*Francisius, Francigena*), porte aussi le titre de maréchal dans un autre diplôme du mois de juin 1243. Il est donc établi que du vivant de Richard Filangieri deux autres seigneurs furent comme lui maréchaux de Sicile, et il y a tout lieu de présumer que dans le royaume aussi bien qu'en Allemagne, l'office de maréchal n'était pas restreint à un seul titulaire.

Nous devons faire ici une remarque, analogue à celle que nous avons présentée à propos du connétable : c'est qu'à côté de l'office du maréchal, et peut-être au-dessus, existait une fonction à peu près pareille par le nom, mais très-différente en réalité et donnant rang de grand officier de la couronne à celui qui en était revêtu. Nous voulons parler du grand maître de la maréchalerie impériale, *imperialis maristallae magister*. De 1238 à 1240 un certain Rao de Trentenaria ou Trentenariis exerça cette charge, comme le prouvent divers passages du *Regestum*; et au mois d'avril 1244, Pierre Ruffo de Calabre commence à figurer dans les diplômes avec ce titre, qu'il porte encore en 1247 et en 1248 (2). La connaissance pratique qu'avaient ces deux personnages de tout ce qui constitue la science hippique ne permet pas de douter qu'ils n'aient été choisis pour remplir des fonctions aussi réelles que l'étaient celles du protonotaire, du justicier et de l'amiral. Le frère de Pierre de Calabre, Giordano Ruffo, s'était instruit à son école, et il composa même sur l'hippiatrique un livre qui est considéré comme le meilleur en ce genre depuis les écrits des anciens.

Jamsilla dit positivement que, dans les derniers temps du règne de Frédéric, Pierre de Calabre fut élevé à la dignité de grand maréchal de Sicile (3). Il la conserva sous Conrad; mais ayant voulu se rendre

---

(1) Privilége pour Venise, *Hist. diplom.*, t. IV, p. 342.

(2) Au mois de décembre 1250 il signe aussi en cette qualité le testament de l'empereur, et dans cet acte il est nommé avant le maître justicier.

(3) « *Quod magister imperialis marescallae et ipsius imperatoris consiliarius* ..... *ac*

indépendant de Manfred, il fut dépouillé par l'assemblée de Barletta, en février 1256, de son comté de Catanzaro et de son office de grand maréchal, dont Galvano Lancia, oncle maternel du prince de Tarente, fut alors revêtu (1). Ainsi il est certain que le maître de la maréchalerie était le véritable grand officier de la couronne, et que les maréchaux proprement dits, tels que Richard Filangieri et autres, étaient seulement des chefs d'armée chargés à la fois du commandement et de la police des troupes, comme nous l'apprend Frédéric lui-même dans une de ses constitutions (2).

§ 2. DES GRANDS OFFICIERS DE LA COURONNE DANS L'EMPIRE.

En dehors du chancelier et du protonotaire, le nombre des grands officiers du palais en Allemagne, sous Frédéric II, doit être porté à cinq; à savoir : le *dapifer* ou sénéchal, le *pincerna* ou bouteiller, le maître queux, le chambrier et le maréchal. D'après les titres de ces officiers, on serait porté à croire que le *dapifer*, intendant de la table et par extension administrateur de la maison et des revenus du souverain, répondait à ce qu'on appela plus tard le grand maître de l'hôtel; que le *pincerna*, comme chef de l'échansonnerie, avait la haute surveillance des celliers, et le maître queux celle des cuisines; que le chambrier était chargé de garder le trésor et les coffres du prince; que le maréchal avait dans ses attributions les écuries, les haras, le transport des bagages et la préparation des gîtes royaux. Mais le silence absolu des actes et des chroniques sur ce point donne lieu de penser qu'au treizième siècle ces titres étaient devenus purement honorifiques, quoique les personnes qui en étaient revêtues continuassent à percevoir les droits utiles attachés à leurs charges dans l'origine. Nous commencerons par présenter la liste de ces grands officiers avec la mention des années où nous les voyons figurer, soit comme acteurs, soit comme témoins. Nous indiquerons ensuite quelle était, selon nous,

---

tandem in ultimis imperatoris totius regni Siciliae marescallus constitutus fuit. » Jamsilla, ap. Murator., *Script.*, t. VIII, p. 547.
(1) *Ibidem*, loc. supr. citat., p. 578.
(2) *Constit. regn. Sicil.*, lib. II, tit. 20, ap. *Hist. diplom.*, t. IV, p. 92.

la véritable nature des fonctions qu'ils exerçaient auprès de Frédéric aussi bien qu'à la cour de Henri VII ou de Conrad.

Dapiferi ou sénéchaux.

Werner ou Garnier de Bolanden, en 1213, 1214, 1215, 1216, 1218, 1219, 1220, 1221 (1).

Werner de Bolanden (le fils), en 1222, 1223, 1224, 1225, 1231, 1232.

Eberhard de Tanne, en 1214, 1216, 1217, 1219, 1220.

Conrad de Waldburg, en 1218. C'est très-probablement une erreur dans le texte, et l'on doit lire *Everhardus* au lieu de *Cuonradus*.

Eberhard de Waldburg, en 1219, 1220 (2), 1222, 1223, 1224, 1225, 1226, 1228, 1230, 1233, 1234.

Henri de Waldburg, en 1222, 1224, 1228, 1230; probablement frère du précédent.

Marcwald d'Anweiler, en 1223.

Gunzelin de Wolfenbuttel, en 1222, 1223, 1224, 1225, 1231, 1232.

Wolker de Salzperg, en 1225.

G. de Merern, en 1226.

Albert de Wirceburg, en 1227 et 1230.

Frédéric de Waldburg, fils d'Eberhard, en 1232.

Berthold de Waldburg, en 1240 (?).

Conrad de Schmidelfeld, en 1242.

Philippe de Falkenstein, en 1246. Il était frère de Werner de Bolanden et soutenait le parti impérial, tandis que son frère s'était déclaré pour Henri Raspe.

Werner de Alzei, en 1246.

---

(1) Un sceau triangulaire de ce personnage, avec une roue en relief, est attaché à un acte du 6 mai 1221 qui est conservé aux archives de Lille.

(2) Lang (*Regest. Boic.*, t. II, p. 124) cite à l'année 1221 un acte où cet Eberhard qualifié *imperialis aulae dapifer* ratifie une donation faite par sa belle-mère Adélaïde, *Augustensis praefectissa*, à l'abbaye de Kaisersheim.

PARTIE DIPLOMATIQUE.

Pincernae ou bouteillers.

Walter ou Gautier de Schipf, en 1213, 1214, 1215, 1216.
Conrad de Schipf, en 1213, 1215, 1218, 1220, 1222, 1223, 1224.
Berenger de Schipf, en 1219.
Eberhard de Schipf, en 1225 (?).
W. de Schipf, en 1232. Peut-être *Walterus*, mais différent du premier *pincerna* de ce nom.

Eberhard de Tanne, *pincerna* de Winterstetten, en 1218, 1223, 1225, 1227, 1228, diffère évidemment d'Eberhard de Tanne, qui figure constamment à des dates antérieures parmi les *dapiferi*. Le bouteiller de ce nom appartenait à une autre branche de la famille de Tanne, distinguée par son nom de fief, Winterstetten en Souabe.

Conrad de Tanne, *pincerna* de Winterstetten, frère du précédent, en 1220, 1222, 1224, 1225, 1226, 1227, 1232, 1237, 1239, 1240, 1242.

Frédéric de Stoffeln, en 1221.
Henri de Lutra (Kaiserslautern), en 1223.
G. de Erpach, mentionné en mai 1223 comme mort à cette date.
Conrad de Clingenburg, en 1223, 1224, 1225, 1227, 1230, 1231, 1232, 1245, 1246.
Walter de Limpurg, en 1230, 1232, 1237, 1239, 1245, 1246.
Conrad de Schmalnegge, 1245.

Magistri coquinae ou maîtres queux.

Henri de Rotenburg, en 1213, 1220, 1222, 1223, 1224, 1225.
Hartwich de Rotenburg, neveu du précédent, en 1217, 1221, 1225, 1228, 1229, 1230, 1234. Il est mentionné en 1237 comme mort à cette date. Son fils Helmeric se fait chevalier teutonique, et selon l'usage abandonne à l'ordre ses biens patrimoniaux. La charge de maître queux n'a plus de titulaire.

Camerarii ou chambriers.

Ulric de Minzenberg, en 1213, 1216, 1218, 1220, 1221, 1225.

INTRODUCTION.

Hermann et Henri conjointement, sans autre désignation, en 1213, 1215, 1218.

Geruncus de Spire, en 1215.

Guillaume d'Aix-la-Chapelle, en 1215 et 1223.

Dieto de Ravensburg, en 1216, 1217, 1223, 1224, 1225, 1226, 1227.

Conrad de Werda (probablement Donaüwerth), soit seul, soit conjointement avec son frère Ulric de Leren, en 1220, 1221, 1222, 1223, 1228.

Frédéric de Bienburg, en 1222 et 1223.

Jean Lupus (Wolf?), en 1223.

Henri de Giselingen, en 1223 et 1228.

Godefroi et Henri, isolément ou conjointement, sans autre désignation, en 1227, 1234, 1235.

Henri de Nuremberg, en 1232.

L., sans autre indication du nom, mais avec le titre de *camerarius imperialis aulae*, en 1233.

Henri de Ravensburg, en 1234 et 1235; probablement le fils de Dieto.

Conon de Minzenberg, en 1240, probablement fils ou neveu d'Ulric.

Philippe de Hohenvels, en 1246.

A côté ou plutôt au-dessous de la charge de camérier existait celle de tricamérier ou trésorier, *triscamerarius* (du vieux mot gallo-franc *trese*). Dans les actes de Frédéric II on trouve trois personnes revêtues de cet office : Merwald, en 1232; Gérard d'Aix-la-Chapelle, en 1237; Henri d'Aix-la-Chapelle, en 1244. Certaines pièces, il est vrai, donnent à Merwald et à Henri d'Aix-la-Chapelle le titre de camériers. Mais comme elles sont antérieures par leurs dates (1) à celles où ces personnages sont mentionnés avec un titre inférieur, il est très-probable que cette confusion doit être attribuée à l'inadvertance des notaires.

---

(1) En 1232, Merwald est intitulé camérier avec Wipoto, Othon et Gérard, ce dernier probablement le même que Gérard d'Aix-la-Chapelle. Quant à Henri, il porte aussi, en 1232, le titre de camérier; mais nous le regardons comme identique avec un frère de Guillaume, avoué d'Aix-la-Chapelle, nommé Henri, que Frédéric II appelle, en 1244, *triscamerarius noster*.

PARTIE DIPLOMATIQUE.

Maréchaux.

Henri de Callindin ou Kalandina (*Kalden* en Souabe), en 1213 et 1218. C'est vraisemblablement le même qui est rappelé dans un acte de 1232 avec le titre de *ministerialis regis*, et qui était sans doute mort à cette date.

Anselme de Justingen, en 1215, 1216, 1217, 1218, 1219, 1220, 1221, 1222, 1223, 1224, 1228 (1), 1229, 1230, 1232, 1234, 1235. A cette époque, Anselme de Justingen, qui avait été un des promoteurs les plus actifs de la rébellion de Henri VII, se sauve en Autriche, où il réside jusqu'à la mort du duc Frédéric. Son frère cadet, nommé aussi Anselme, *Anselmus de Justingen junior*, figure en 1236 et en 1242 à la cour de Frédéric II; mais il ne porte point dans ces deux occasions le titre de maréchal.

Hildebrand de Rechberg, en 1214, 1215, 1225, 1234.

J. de Rechberg, en 1216, doit être le même qu'Hildebrand, la lettre initiale ayant pu être mal transcrite.

Hermann Knifting (de Raderai, diocèse de Constance), en 1215 et 1221.

Sifrid de Haguenau, en 1215 et 1217.

Conrad de Wisent, en 1215.

N. de Pappenheim, en 1218.

Henri de Lure, ou peut-être de Luove, en 1224 et 1225.

Berthold de Rasche ou Raisse, en 1230, 1232, 1235.

Henri de Pappenheim, en 1232, 1234, 1235, 1236, 1237, 1238.

Frédéric de Haguenau, en 1233.

Henri de Aeys (de Aquis?), en 1236.

Les pièces émanées de Conrad, où les noms des témoins sont rarement exprimés, fournissent un nombre beaucoup plus restreint de grands offi-

---

(1) Il souscrit un acte du mois de juin 1228 avec le titre de *quondam marescalcus*. Si ce texte est bien exact, il faudrait admettre qu'il se serait démis de sa charge à cette époque en faveur de son fils, appelé comme lui Anselme. Mais cette supposition ne se concilie pas avec l'existence d'un *Anselmus junior* en 1236, à moins de croire que le père et les deux fils ne se soient tous trois nommés Anselme.

ciers que n'en donnent précédemment les actes de Henri VII et ceux de Frédéric II antérieurs à 1238. C'est ce qui explique la pauvreté de nos listes de 1239 à 1250. Il est bon aussi de faire remarquer que les plus influents de ces officiers, les Justingen, les Ravensburg, les Tanne, les Winterstetten, les Pappenheim, les Waldburg, les Bolanden, les Schmidelfeld, étaient tous établis dans la Souabe, et que les seigneurs souabes devaient naturellement figurer en majorité parmi les ministériaux attachés au service de Frédéric II et de ses fils.

Il résulte de ce relevé fait sur les textes mêmes : 1° qu'il pouvait y avoir simultanément dans l'empire plusieurs titulaires différents revêtus du même office; 2° que les grands offices se transmettaient héréditairement dans les familles, comme les fiefs, et conformément à la loi féodale qui réglait les successions. Ces deux faits, qui n'avaient pas été suffisamment constatés pour le règne de Frédéric II, ressortent avec évidence de l'examen des documents et de la comparaison attentive des noms et des dates, sans qu'il soit besoin d'entrer ici dans des détails généalogiques qui nous entraîneraient au delà des limites de notre sujet.

Mais il n'est point inutile de rechercher si les cinq grands officiers de la couronne, dont nous venons de présenter la liste, avaient à exercer des fonctions réelles, ou si plutôt, revêtus d'un titre honorifique qui les rapprochait de la personne du monarque, ils ne se bornaient pas à lui servir de conseillers pour l'administration générale de l'État. Nous n'hésitons pas à adopter ce dernier sentiment. Il est bien vrai que ces officiers sont désignés dans les actes de Frédéric II et de ses enfants par la vieille expression *ministeriales*, qui dès le temps de Charlemagne s'appliquait aux grands officiers du palais, et qui avait conservé le même sens en France au treizième siècle, *ministeriales hospitii domini regis*. Mais, à part quelques occasions solennelles où le dapifer faisait apporter les mets sur la table du prince, où le pincerna lui offrait à boire, où le camérier lui présentait l'argent destiné aux largesses, on ne peut admettre que le service indiqué par le titre de la charge ait été régulier, encore moins quotidien, tandis qu'il est certain que les *ministeriales* figurent dans le conseil du souverain, et sont assimilés dans ce cas aux princes de l'Empire.

PARTIE DIPLOMATIQUE. CLIX

Nous en pouvons citer deux preuves assez convaincantes. La confirmation par Frédéric II des priviléges de la ville de Berne, datée du 15 avril 1218, renferme ce passage : « *Praesentibus et annuentibus coronae nostrae principibus, videlicet Dei gratia Metensi et Spirensi episcopo cancellario nostro, eadem gratia Bambergensi episcopo, Lodevico de Oetingen, Godefrido de Hochenlou, Anselmo de Justingen consiliario curiae nostrae* (1), *magistro Cunrado de Ulma notario nostro, Eberhardo de Wintersteten pincerna, Cunrado de Walpurch dapifero,... de Papenheim marescallo nostro et aliis quam multis*, etc. (2). » Nous lisons aussi dans la sentence prononcée par l'empereur contre la commune de Parme à la requête de l'évêque d'Ostie, le 25 novembre 1220 : « *Principes vero imperii ab imperatore super hoc requisiti et sibi super hoc dantes consilium et assensum, fuerunt patriarcha Aquilegensis, cancellarius, praepositus camerae, mariscalcus, senescalcus, dapifer* (3), *dux Bavariae, marchio de Andechs, dux Spoletanus* (4). » Quand Frédéric II vint se faire couronner empereur en Italie, ce fut aux ministériaux Conrad, pincerna de Winterstetten, Eberhard, dapifer de Walburg, et Werner, dapifer de Bolanden, qu'il confia l'administration de la Souabe et la garde de son fils Henri (5). Deux de ces officiers, le maréchal

(1) Anselme de Justingen était cependant maréchal de l'Empire. On lui donne ici le titre de *consiliarius curiae*, qui indique d'une manière générale des fonctions intimes auprès du roi, et l'on réserve le titre de maréchal à un personnage de la famille de Pappenheim dont le prénom n'est pas exprimé.

(2) *Hist. diplom.*, t. I, p. 542.

(3) Dans cette pièce, *cancellarius* est le chancelier Conrad ; *praepositus camerae*, le chambrier Richard ; *mariscalcus*, le maréchal Anselme de Justingen, et le *dapifer* répond à Werner de Bolanden, personnages qui tous se trouvaient alors auprès de l'empereur ; quant au *senescalcus*, qui est ici distingué du *dapifer*, son identique, nous ne savons comment l'expliquer, à moins que le rédacteur de l'acte n'ait voulu désigner ainsi par erreur le *pincerna* Conrad de Tanne, autrement dit de Winterstetten, alors présent, ou quelque sénéchal de Sicile, dont le nom ne nous est point parvenu.

(4) *Hist. diplom.*, t. II, p. 48.

(5) « *Prudens et discretus dominus Cuonradus pincerna de Winterstetten merito virtutum Sueviam procurandam susceperat ab imperatoria majestate et sapienter regebat.* » Cod. tradit. Weissen., p. 319. « *Filium suum Henricum nutriendum et gubernandum commisit Cunrado de Tanne pincernae et ministeriali suo in castro Winterstetten ; qui eorumdem ministerialium* (c'est-à-dire Conrad de Tanne et Eberhard de Walburg) *et aliorum principum interventu*

INTRODUCTION.

Anselme de Justingen et le pincerna Walter de Limburg, se signalèrent par l'appui qu'ils donnèrent à la révolte de ce jeune prince; ils furent compris dans sa disgrâce, dépouillés d'une partie de leurs fiefs, et le premier fut même obligé de se retirer en Autriche.

Enfin, nous retrouvons les ministériaux remplissant auprès du roi Conrad, en novembre 1245 et en janvier 1246, ce rôle de conseillers intimes qui constituait, selon nous, leurs véritables fonctions. Voici comment Conrad lui-même s'exprime dans le premier document : « *Astantibus et suggerentibus nobis* CONSILIARIIS ET FAMILIARIBUS NOSTRIS, *videlicet Gotfrido de Hohenloch, Conrado pincerna de Clingenberg, Walthero pincerna de Limburg, Conrado de Smidelfelt, Conrado pincerna de Smalnegge et Henrico de Rivello.* » Sauf Gotfrid de Hohenlohe, tous ces personnages sont des ministériaux. Car nous savons d'ailleurs que Conrad de Smidelfeld était *dapifer*, et Henri de Rivello était peut-être le même que le sénéchal de ce nom (1). Le second acte de Conrad n'est pas moins explicite : « *De mandato et plenitudine voluntatis nostrae ac* CONSILIARIORUM NOSTRORUM, *videlicet Kraftonis de Bocgesberg, Cunradi pincernae de Clingenberg et Walteri pincernae de Limpurch.* » L'Allemagne étant alors profondément troublée par suite de la déposition de Frédéric II au concile de Lyon, il n'est point étonnant que son fils ait voulu s'entourer d'hommes qui par leurs titres mêmes se trouvaient naturellement attachés à sa personne, et liés envers lui par les rapports féodaux les plus étroits.

---

postmodum a patre suo et principibus rex constituitur et Aquisgrani coronatur. » Burch. Ursperg. Chronic. ad ann. 1224. « *Eberhardus dapifer de Waldpurc et Cunradus pincerna de Winterstetten qui eo tempore procuratores terrae et regalium negotiorum extiterant.* » Document du 22 février 1222 aux archives de Karlsruhe. « *Eberhardus dapifer de Walpurc qui gubernationem terrae ex parte regis tenebat tunc temporis.* » Cod. tradit. Weissen., p. 233. « *Henrici adhuc pueruli tutelae deputatus est Wernerus de Bolandia. Wernero autem in brevi defuncto, suscepit tutelam regii pueri Engilbertus Coloniensis archiepiscopus*, etc. » Gesta Trevir., t. I, p. 343.

(1) Voy. plus haut, p. CXLIX. Il est probable que Frédéric, qui avait appelé son fils en Italie aux mois de juin et juillet 1245, avait alors placé auprès de lui son sénéchal, Henri de Rivello, et que ce dernier accompagna le jeune prince en Allemagne et y resta quelque temps.

CHAPITRE XII.

DE LA RÉVISION DES PRIVILÉGES ET DES ACTES PUBLICS. — LISTE DES COURS PLÉNIÈRES.

Les troubles permanents dont le royaume de Sicile fut le théâtre durant la minorité de Frédéric II, l'invasion d'Othon de Brunswick qui en 1211 rangea sous sa loi les provinces du continent, de Capoue à Barletta, la persistance avec laquelle les villes du duché de Naples continuèrent jusqu'en 1215 à admettre ce chef du parti guelfe comme leur souverain légitime, l'esprit de faction et d'empiétement qui de toutes parts se manifesta ouvertement pendant le premier séjour de Frédéric II en Allemagne, toutes ces causes réunies expliquent suffisamment les mesures que dut prendre l'empereur en revenant dans ses États pour remédier à un pareil désordre. Son premier soin en reconstituant l'administration du royaume fut donc de provoquer une révision sévère des actes délivrés pendant sa minorité et pendant son absence, et d'ordonner une enquête générale sur le fond et la forme des priviléges qui paraissaient contraires à son autorité et aux droits de l'État.

Il paraît qu'une première tentative avait été déjà faite dans ce but avant le retour de Frédéric en Italie. Lui-même nous l'apprend par un acte daté du mois d'octobre 1220, dans lequel, après avoir confirmé aux moines de San-Giovanni de Fiore les priviléges précédemment concédés par son père, par sa mère et par lui à ce couvent, il ajoute : *Firmiter sancientes ut eis* GENERALIS REVOCATIO *quam de quibusdam de praeteritis concessionibus nostris in regno dudum fieri jussimus, non obsistat* (1). Les renseignements nous manquent pour déterminer d'une manière précise à quelle époque et dans quelle proportion fut effectuée cette révocation générale, en admettant qu'elle ait eu un commencement d'exécution. Mais nous savons de la manière la plus positive, par Richard de San-Germano, qu'à la cour de Capoue, tenue vers le 15 décembre 1220, fut promulguée une ordon-

---

(1) *Hist. diplom.*, t. I, p. 873.

nance en vingt chapitres, qui entre autres décisions prescrivait que les priviléges précédemment conférés seraient rapportés à la cour impériale, que les aliénations du domaine seraient révoquées, que les instruments écrits en caractères particuliers, et par cela même difficiles à déchiffrer, seraient transcrits à nouveau en caractères ordinaires et d'une manière intelligible (1). Chemin faisant, l'empereur avait déjà mis son ordonnance en pratique. A Rome, il s'était fait rendre par l'abbé du Mont-Cassin Rocca-Bantra et Atino, que ce prélat tenait de la munificence de Henri VI; à San-Germano, il avait enlevé au même monastère le droit de tenir des comptoirs de change, *mensam campsorum*, et celui d'appliquer des peines qui entraînaient l'effusion du sang, *jus sanguinis*. Il avait aussi fait rentrer dans son domaine Suessa, Teano, Rocca-Dragone, que possédait le comte Roger d'Aquila, et avait exigé des restitutions analogues de la plupart des seigneurs siciliens qui s'étaient rendus à son couronnement.

L'ordonnance de Capoue servit de complément ou plutôt de sanction à ces mesures vigoureuses, et elle jeta l'alarme parmi tous ceux qui avaient profité des anciens abus. Le pape lui-même se fit l'écho de ces plaintes intéressées. On lui avait fait croire que parmi les priviléges à révoquer seraient compris ceux que Frédéric II avait concédés à l'Église romaine. L'empereur se hâta de rassurer Honorius, et il le fit en des termes qui méritent d'être signalés : « On a suggéré à Votre Béatitude, très-saint Père, que l'édit publié naguère à la cour solennelle de Capoue pour que les priviléges de nos parents l'empereur et l'impératrice, et même les nôtres, nous soient rapportés, a été rendu dans le dessein d'annuler par ce moyen les priviléges octroyés dès longtemps par nous à l'Église romaine. Nous nous souvenons cependant d'avoir déjà exposé à Votre Paternité dans une autre lettre, que l'empereur notre père ayant con-

---

(1) Nous avons la preuve que cette dernière mesure, si utile et si urgente, recevait son application à Ravello, près d'Amalfi, dès le 11 décembre 1220. La correction que nous avons fait subir à la pièce citée dans notre *Hist. diplom.*, t. II, p. 94, not. 1, n° 5, en lisant *die undecima exeuntis decembris*, au lieu de *intrantis*, ne nous paraît plus nécessaire. Car il est très-possible que Frédéric II eût envoyé à l'avance dans le royaume des ordres conformes aux nouvelles constitutions qu'il avait fait préparer et qu'il allait promulguer à Capoue.

PARTIE DIPLOMATIQUE.   CLXIII

cédé, dans l'espoir de pouvoir les révoquer, beaucoup de fiefs du royaume qu'il aurait dû retenir, et un grand nombre de priviléges reconnus faux ayant été munis de son sceau après sa mort, de façon que la majeure partie de notre domaine se trouvait usurpée, nous avons ordonné que tous ces priviléges fussent remis en nos mains, aussi bien que les nôtres, qui, chacun le sait, ont été fabriqués à la perdition de tout le royaume par les divers maîtres qui nous détenaient, et ont été par eux revêtus de sceaux divers (1). Mais vous pouvez être rassuré sur les bonnes intentions que nous avons eues et avons envers votre très-chère personne et la sainte Église romaine, par cela seul que nous avons eu soin de renvoyer à Votre Paternité, depuis la constitution de Capoue, les priviléges que vous nous réclamiez. »

Conformément à l'édit de l'empereur, les diplômes délivrés au nom de Henri VI, de Constance et de Frédéric lui-même avant son couronnement à Rome, furent présentés à la révision de la chancellerie, puis restitués et confirmés après examen, quand cet examen avait constaté leur sincérité. Le fait se trouve indiqué dans les actes de confirmation par les formules suivantes : *Cum N., etc... juxta generale edictum quod fecimus apud Capuam in curia solemniter cele rata, privilegia quaedam domini imperatoris et dominae imperatricis divorum augustorum parentum nostrorum in constituto termino nostro conspectui praesentasset..... dictorum privilegiorum tenore diligenter inspecto...... memorata privilegia benigne restitui-*

---

(1) « *Similiter et nostra que a diversis dominis quibus detinebamur et sub diversis sigillis ad totius regni perniciem aperte noscuntur fuisse confecta.* » Hist. diplom., t. II, p. 139, 140. Pour donner une idée du désordre qui s'était introduit dans la confection des priviléges pendant la minorité de Frédéric II, nous croyons devoir rappeler un curieux passage de la sentence rendue par Innocent III, le 31 août 1211, en faveur du monastère de Fiore contre celui de Curazzo. Les religieux de ce dernier couvent avaient produit, dans l'intérêt de leur cause, un privilége de Frédéric II qui ne fut point admis, *maxime cum notam expressam contineat falsitatis, cum legatur in ipso quod Panormi per manus jamdicti cancellarii* (Gautier de Palearia) *eo tempore datum fuerit quo idem utique non Panormi, sed alibi longe a Panormo manebat, et rex cujus authoritate fieri videbatur, tunc temporis non custodiretur ab ipso, sed a Guillelmo Capparone temere teneretur, qui etiam verum sigillum detinebat ipsius.* » Hist. diplom., t. I, p. 190.

mus, etc. » Nous ne connaissons pas le délai qui avait été fixé pour cette révision; il est probable qu'il était d'un an, et en effet nous trouvons dans tout le cours de l'année 1221 une série de présentations et de restitutions opérées, qui concernent les abbés de Casamara, de San-Stefano del Bosco, de Santa-Maria de Noaria et de Santa-Maria de Roccamadore en Sicile, l'évêque de Penne, le couvent de Santa-Maria du Val de Josaphat, la commune de Palerme, l'abbé de Santa-Maria de Ferraria, etc. (1). Par l'effet de la faveur spéciale dont il avait déjà été l'objet, le monastère de San-Giovanni de Fiore est seul exempté de l'obligation de présenter ses priviléges à l'approbation de la cour impériale (2).

L'opération fut arrêtée en 1222, car on ne peut dire qu'elle ait été terminée, puisqu'elle recommence en février 1223 et s'étend cette fois à tous les priviléges délivrés depuis la mort de Guillaume II et même du temps de ce roi. C'était une manière d'atteindre les actes de Tancrède, qui avaient pu échapper aux révisions précédentes. Frédéric II s'en explique en ces termes : *Post solemnem curiam nostram noviter Capuae celebratam ubi inter caetera quae generaliter statuimus observanda, privilegia omnia ab obitu regis Guilielmi bonae memoriae facta resignari praecepimus coram nobis* (3). » Et plus loin : « *Ab obitu regis Guilielmi et ejus tempore bonae memoriae ab eo facta vel ab alio quocumque, resignari praecepimus coram nobis* (4). » D'après la date des documents où nous trouvons ces indications, il est bien difficile de croire qu'il s'agisse ici de la cour tenue à Capoue en décembre 1220, puisque l'empereur parle d'une cour tenue *récemment* dans cette ville, *noviter celebrata*. Or, nous savons que Frédéric tint précisément à la fin de janvier et au commencement de février 1223 une autre cour à Capoue où il promulgua des constitutions importantes; et

---

(1) Cf. *Hist. diplom.*, t. II, p. 117 et 118, — 153 et 154, — 182, — 183, — 191 et 192, — 195, — 203, — 267.

(2) *Ibidem*, t. II, p. 194.

(3) Confirmations des priviléges de Montevergine, février 1223, février 1224. *Hist. diplom.*, t. II, p. 343 et 405.

(4) Confirmation des priviléges de l'évêque de Bovino, février 1223. *Ibidem*, t. II, p. 345.

PARTIE DIPLOMATIQUE. CLXV

il est très-vraisemblable, malgré le silence de Richard de San-Germano et le manque de témoignages précis, qu'en cette occasion l'édit de 1220 fut publié de nouveau et reçut même une plus grande extension. Le délai assigné à cette seconde ou, pour mieux dire, à cette troisième révision des priviléges nous est également inconnu; mais le décret était encore en vigueur au mois d'août 1224, époque où l'abbé du monastère de Roccadia, en Sicile, présenta à la cour impériale les priviléges qui lui avaient été délivrés au nom de Frédéric avant le couronnement de ce prince comme empereur, et en obtint de lui la confirmation définitive (1).

A la suite des troubles qui agitèrent de nouveau le royaume pendant la croisade de Frédéric II et à l'époque où les troupes pontificales envahirent les États napolitains, de nouveaux abus s'étant glissés dans les concessions de priviléges, il y eut lieu de procéder à une révision nouvelle. Dans ce but, l'empereur, aussitôt qu'il eut conclu la paix avec le pape, tint une cour à Capoue au mois de septembre 1230 (2), et si les preuves directes nous manquent à cet égard, nous pouvons du moins citer un acte en faveur du monastère de la Cava, donné à Foggia *post curiam Capuae celebratam*, en 1231 et probablement au commencement de février (3). Dans cette pièce adressée à l'abbé Balsamo, Frédéric II dit en propres termes qu'il rétablit les hommes de l'abbaye dans toutes les libertés et immunités que leur avaient accordées le roi Roger et les deux Guillaume : *Sicut in privilegüs dictorum dominorum quae tu originalia vera et approbata nostrae curiae ostendisti, plenius continetur* (4). Ce qui est

---

(1) *Hist. diplom.*, t. II, p. 455.

(2) L'empereur, revenant d'Anagni, arriva à Capoue le 5 septembre, d'après Richard de San-Germano.

(3) Nous disons *probablement*, car la date du mois manque à cet acte, sur lequel l'année de l'Empire est fautivement écrite *vigesimo primo*, au lieu de *undecimo*. Mais les autres indications chronologiques, millésime, indiction, année du règne en Sicile, concordent parfaitement entre elles. Toutefois l'omission du titre de roi de Jérusalem et de la mention de l'année du règne à Jérusalem, jointe à la précédente irrégularité, a fait penser au savant Boehmer que les dates de ce diplôme avaient été altérées, et qu'il devrait être reporté à 1221. Il est difficile de décider aujourd'hui la question, l'original de cette pièce n'existant plus aux Archives de la Cava.

(4) *Hist. diplom.*, t. III, p. 259 à 262.

certain, c'est qu'au mois de janvier 1231 on publia dans la terre de Labour une ordonnance de l'empereur par laquelle toutes les concessions et tous les priviléges délivrés à quelque personne que ce fût depuis le départ de Frédéric pour la Terre sainte par Raynald duc de Spolète, et scellés, soit du sceau impérial, soit du sceau de ce duc, devaient être présentés à la cour impériale avant la fête de la Purification de la Vierge (2 février); faute de quoi ils n'auraient plus à l'avenir aucune valeur(1). Il paraît évident, d'après la date du délai fixé, que la mesure ne pouvait être effectuée pour tout le royaume dans l'espace d'un mois, et par conséquent qu'elle avait dû être arrêtée et promulguée quelque temps auparavant; ce qui vient à l'appui de notre conjecture sur la tenue d'une cour à Capoue au mois de septembre 1230, dans laquelle il aurait été question de la révocation des priviléges abusivement obtenus.

Ainsi s'expliquerait naturellement la constitution définitive insérée par Frédéric II dans le code de lois qu'il publia à Melfi au mois de septembre 1231, et qui est ainsi conçue : « Comme nous avons ordonné la révocation de tous ceux des priviléges octroyés par nos divins parents ou par nous avant la cour de Capoue (probablement celle de 1220), qui n'auraient pas été confirmés par nous depuis cette époque, aussi bien que de ceux qui, au moment des derniers troubles, depuis notre passage outre mer jusqu'à la fête de la Purification de la bienheureuse Vierge, ont été délivrés par nous ou par Raynald, duc de Spolète, nous déclarons par la présente loi que les susdits priviléges n'ont plus aucune force, et pour punir le mauvais vouloir de ceux qui les détiennent après notre défense, nous voulons qu'ils soient condamnés à payer à notre cour la valeur présumée de la concession suivant l'estimation qui en sera faite (2). » Il est donc clair, d'après un texte aussi formel, que les priviléges non confirmés depuis la première cour de Capoue et ceux qui avaient été expédiés à partir du mois de juillet 1228 étaient mis sur la même ligne, et que la mesure qui atteignait en même temps les uns et les autres avait été

---

(1) Ricc. de S. Germ., *Chronic.*, ad ann.
(2) Lib. II, tit. 29, ap. *Hist. diplom.*, t. IV, p. 100.

prise après le retour de l'empereur dans ses États, et très-probablement après le rétablissement de la paix.

La dernière mention que nous trouvions dans nos chartes d'une révision faite en vertu d'ordonnances rendues à la cour de Capoue est fournie par un diplôme du mois de novembre 1232, en faveur du monastère de Santa-Marina de Stella près d'Amalfi (1). L'empereur dans cette pièce n'indique pas à quelle époque les priviléges de ce monastère lui avaient été représentés; mais il est peu probable qu'à la date de 1232 il veuille parler de la cour tenue en 1220, et il doit se référer ici à quelqu'une des assemblées plus récentes que nous avons indiquées précédemment. Cette manière d'envisager les faits est nouvelle et sera très-probablement contestée; car jusqu'ici deux opinions tout à fait opposées s'étaient produites à ce sujet : l'une qui considérait la cour de Capoue comme une sorte de tribunal permanent chargé, de 1220 à 1231, de reviser tous les priviléges antérieurs; l'autre qui n'admettait qu'une seule cour de Capoue, celle de 1220, ayant ordonné cette révision une fois pour toutes et dans un délai déterminé. Nous croyons que la vérité se trouve entre ces deux sentiments extrêmes : c'est-à-dire que de 1220 à 1231 des révisions successives eurent lieu à des intervalles inégaux, en vertu de décrets rendus dans des cours tenues à Capoue, non pas exclusivement comme cours de justice, mais aussi comme cours plénières, et que par la formule invariable *post curiam Capuae celebratam,* il faut entendre non pas une seule cour, mais plusieurs.

A partir de 1231, on ne retrouve plus aucune trace d'une révision générale des priviléges. Il y eut bien encore des révisions ou des enquêtes partielles ordonnées à l'occasion de contestations survenues entre l'État et les particuliers; mais cet examen a désormais un caractère tout spécial. Ainsi, en 1240, Frédéric II ordonne la vérification des priviléges de l'hôpital Saint-Jean, à Palerme, et il recommande de s'assurer si les

---

(1) « *Contra tenorem privilegiorum monasterii supradicti et contra confirmationem nostram post curiam Capuanam obtentam ideo graviter molestant quod, etc.* » Voir au supplément.

bulles et les sceaux, les attaches des sceaux, la forme même des lettres, ne présentent rien de suspect (1). Quelque temps après, le même prince enjoint à l'archevêque de Naples et à l'archevêque de Brindes de lui apporter à son arrivée à Capoue certains priviléges qu'ils tiennent de lui et de son père Henri VI, pour que ces actes soient examinés par sa chancellerie (2). Mais, malgré le choix du lieu qui rappelle l'ancien usage, nous ne voyons pas que cette mesure ait été alors étendue à des personnes autres que les deux prélats mentionnés expressément dans le *Regestum*, ni qu'une cour de révision ait été tenue à Capoue, bien que l'empereur ait séjourné dans cette ville au mois de juin 1240.

Jusqu'ici, nous avons vu les actes émanés de l'autorité souveraine atteints d'une manière générale par une révision scrupuleuse et sévère. Frédéric II voulut soumettre à un examen du même genre les instruments publics ou privés dont les formules pouvaient rappeler les usurpations et les troubles qui, à diverses époques, avaient eu le royaume pour théâtre, et il renouvela à ce sujet, mais en l'adoucissant, une ancienne constitution du roi Guillaume Ier. Ce prince avait annulé et condamné au feu tous les actes qui, de son temps, se trouvaient revêtus de ces formules illégales. Frédéric se contenta de dire dans une des constitutions publiées à Melfi : « Nous décrétons que dans un an, à partir du jour de l'insinuation de nos constitutions, déclaration soit faite des priviléges et instruments qui contiennent les noms de nos traîtres et des envahisseurs de notre royaume, quels qu'ils soient, et qui ont été écrits et souscrits par des juges

---

(1) « *Nichilominus tamen volumus ut diligenter inquiras de bullis, filis et licteris praedictorum privilegiorum, sigilla etiam si vera et carentia vitio videantur.* » Regest., fol. 83 recto, ap. *Hist. diplom.*, t. V, p. 820. Le même passage nous fait voir quelle était la sévérité des règles prescrites pour ces sortes de révisions. Il s'egissait d'un privilége du roi Guillaume, mentionné dans un autre privilége de Frédéric II, et dont l'original était, disait-on, en Syrie, *in partibus ultramarinis*. L'empereur donne ordre de représenter à sa cour ce privilége de Guillaume : « *Si vero non fuerit presentatum in termino, quicquid in eodem dicitur contineri ad manus curie nostre revoces, tanquam si nullum privilegium predicte ecclesie fuerit indultum, cum si presentatum documentum mentionem contineat alterius documenti, edi debeat illud de quo facit mentionem.* » *Ibidem*, lieu cité.

(2) Regest., fol. 3 verso, ap. *Hist. diplom.*, t. V, p. 960.

ou des tabellions que ces envahisseurs auront nommés, afin que ces instruments soient renouvelés et validés par l'apposition de notre nom. Aucun des instruments susdits ne pourra faire foi à l'avenir, soit en justice, soit autrement, s'il n'a pas été déclaré conformément à la présente ordonnance (1). » Du mois de septembre 1231, date de l'insinuation des constitutions de Melfi, au mois de septembre de l'année suivante, nous trouvons en effet une foule de pièces et de transactions particulières présentées aux juges et aux notaires locaux, et rédigées de nouveau *in publicam scripturam*, avec la mention des années du règne de Frédéric et la suppression de la formule proscrite, dans les termes qui suivent : *amotis* ou *sublatis nomine et tempore hostis supradicti domini nostri serenissimi imperatoris et invasoris regni ejusdem* (2).

Quels étaient ces ennemis et ces envahisseurs dont les noms se trouvent effacés dans la transcription des actes originaux ? Il est probable qu'il s'agissait soit de Gautier de Brienne (3), soit de Marcwald et de Guillaume Capparone, soit de Jean de Brienne, mais surtout de l'empereur Othon de Brunswick, qui, de 1210 à 1211, avait occupé la Terre de Labour et l'Apulie, et avait fait rédiger les actes en son nom. A Naples, par exemple, où l'esprit d'opposition contre la maison de Souabe fut toujours si vif et si persistant, les curiales, organes de l'opposition de cette grande ville, continuèrent, jusqu'en 1215, à inscrire le nom d'Othon en tête des instruments qu'ils rédigeaient (4), et même en 1217, quand ils furent obligés

---

(1) Lib. II, tit. 28, ap. *Hist. diplom.*, t. IV, p. 98.

(2) *Hist. diplom.*, t. IV, p. 98, note 1.

(3) Quoique ce personnage eût été appelé dans le royaume par Innocent III pour défendre les intérêts de Frédéric II, ce dernier ne le considéra jamais que comme un usurpateur, parce qu'il avait épousé Albirie, fille de Tancrède, et qu'au nom de sa femme et de sa belle-mère, Sibille, il s'était mis en possession de la principauté de Tarente et du comté de Lecce. Au reste Albirie, après son second mariage avec le comte de Tricarico, n'hésita pas à embrasser le parti d'Othon, et justifia ainsi l'inimitié que Frédéric avait vouée à sa famille. Cf. *Hist. diplom.*, t. I, p. 115, note 2.

(4) « *In nomine Domini, etc., imperante domino nostro Otone quarto, Romanorum magno imperatore anno sexto et ejus dominationis civitatis Neapolis anno quarto, die vicesimo secundo augusti, indictione III, Neapoli.* » Cf. *Hist. diplom.*, t. I, p. 188, not. 2.

de remplacer ce nom par celui du souverain légitime, ils eurent soin de marquer que si Frédéric régnait en Sicile depuis vingt ans, il n'était maître de Naples que depuis deux ans, *regnante domino nostro Federico Siciliae magnifico rege, anno vicesimo, dominationis vero ejus civitatis Neapolis anno secundo.* Le même usage avait prévalu dans l'ancien duché d'Amalfi, contigu à celui de Naples, et dans les terres de quelques seigneurs attachés à la famille de Tancrède, et qui avaient reconnu la domination d'Othon. Aussi comme la grande majorité des pièces qui furent revisées de 1231 à 1232 avaient été rédigées entre les années 1211 et 1214, il est certain que Frédéric eut surtout en vue d'atteindre les actes écrits au nom d'Othon de Brunswick, et d'effacer ainsi les dernières traces d'une invasion qui avait mis son trône en péril.

De la révision générale des actes délivrés pour la Sicile, et qui portaient le nom de l'usurpateur, il ne faudrait pas conclure à la révocation de tous les priviléges expédiés pour l'Empire au nom d'Othon et durant l'exercice légal des droits souverains de ce prince. Frédéric II et son fils Henri confirmèrent et renouvelèrent plusieurs fois des diplômes d'Othon, et nous pouvons même citer un passage où Frédéric parle avec déférence de son ancien compétiteur : « *Cum per dilectum consanguineum nostrum felicis memoriae Ottonem qui romano regno dominari tunc temporis videbatur.....* (1) » Mais il faut remarquer aussi que ces confirmations portèrent exclusivement sur les priviléges compris entre la fin de l'année 1208, date de la mort de Philippe de Souabe, et le mois de novembre 1210, époque de l'excommunication d'Othon par Innocent III. Pendant cette période l'autorité d'Othon étant légitime et généralement reconnue, Frédéric II aurait eu mauvaise grâce à la contester (2). Mais il n'alla pas au delà, et si les actes antérieurs ou postérieurs à cette limite de temps ne furent pas de sa part l'objet d'une révocation expresse, du moins il

---

(1) Confirmation en 1249 d'un acte d'Othon de 1209, ap. *Hist. diplom.*, t. I, p. 661.

(2) Il est bon cependant de remarquer les expressions dont il se sert même dans ce cas : *qui romano regno dominari videbatur;* indiquant ainsi plutôt une domination de fait que l'exercice d'un droit acquis. Dans ce passage la leçon *donari*, au lieu de *dominari*, ne nous paraît pas soutenable.

PARTIE DIPLOMATIQUE.　　　CLXXI

les renouvela en substituant son nom dans l'intitulé et en changeant les dates, au lieu de les vidimer et de les confirmer selon la forme ordinaire (1).

Il est probable qu'en dehors des États napolitains et de l'Allemagne, des révisions ou des révocations du même genre atteignirent les priviléges délivrés pour le reste de l'Empire, pour l'Italie, par exemple, soit par les anciens empereurs, soit par ceux que Frédéric ne regardait pas comme ayant été les dépositaires légitimes de l'autorité souveraine. Mais nous ne savons ni de quelle façon ni dans quelle mesure eurent lieu ces révisions ou ces révocations. Nous sommes cependant porté à croire qu'elles étaient ordonnées à l'époque des cours solennelles que l'empereur convoquait dans certaines villes d'Italie, notamment à Ravenne, à Crémone, à Vérone, à Parme. A l'appui de cette idée nous citerons une lettre de Frédéric adressée au grand maître des Teutoniques et datée de Ravenne le 11 janvier 1232, pendant la cour solennelle tenue dans cette ville, lettre par laquelle il lui recommande de restituer à l'abbé de Monte-Amiata, en Toscane, les priviléges que ce prélat avait déposés à la cour impériale avant de prêter serment et de recevoir l'investiture de ses fiefs (2). Des documents subséquents prouvent que les concessions faites à ce monastère par les empereurs de la maison de Souabe et par Othon de Brunswick avaient été présentées à Frédéric II, et confirmées par lui. De l'étude attentive des faits il résulte pour nous qu'en général sous Frédéric II, sous Henri VII et sous Conrad l'examen et la confirmation des priviléges possédés par les évêchés, les chapitres et les établissements religieux, avaient lieu dans les cours solennelles, au moment où le nouveau titulaire se présentait pour obtenir l'investiture de son temporel.

Nous compléterons cet exposé en présentant la liste des cours plénières tenues par Frédéric II et par ses fils, aux diverses époques de leurs règnes. Là se publiaient les constitutions qui intéressaient le gouverne-

---

(1) Voy. l'exemple que nous avons cité plus haut, p. LIX, à propos d'un acte d'Othon du 20 mars 1212.
(2) *Hist. diplom.*, t. IV, p. 284.

ment de l'État, et qui fixaient le droit public, en réglant toutes les questions de juridiction et de propriété. Là aussi se décidaient les alliances étrangères, les réformes intérieures, les expéditions militaires. Ces assemblées, appelées par les auteurs *curiae generales*, et plus fréquemment dans les actes *curiae solemnes*, étaient depuis longtemps en usage en Sicile comme en Allemagne. Nous savons que Roger avait tenu une cour solennelle à Ariano en 1140, Tancrède à Termoli en 1191, Henri VI à Bari en 1195. Le nombre des cours présidées en Allemagne et en Italie par Frédéric Barberousse et par Henri VI fut très-considérable et se multiplia encore sous Frédéric II. Exclusivement composées des seigneurs ecclésiastiques et laïques, elles ne doivent pas être confondues avec les parlements (*colloquia*), où étaient aussi convoqués les députés de la bourgeoisie, et dont nous aurons à examiner la destination et le caractère quand nous traiterons de l'administration du royaume de Sicile.

Avant le départ de Frédéric pour l'Allemagne, on ne trouve pas de cour plénière tenue par lui dans l'Italie méridionale, bien qu'il y ait lieu de croire qu'il régla à Messine, en février 1212, l'administration de la Sicile en son absence. Aussitôt après son arrivée en Allemagne il tient une cour à Bâle (fin de septembre), bientôt suivie par celle de Mayence (fin de novembre). Dès lors les cours plénières se succèdent dans l'ordre suivant :

1213. Février, Ratisbonne. — Confirmation de priviléges. Réception du serment de fidélité des seigneurs bavarois.
— Mars-avril, Constance. — Confirmation de priviléges.
— Octobre, Merseburg, en Saxe. — Expédition contre Othon.
— Fin de décembre, Spire. — Translation du corps de Philippe de Souabe dans la sépulture impériale de Spire.

1214. Février, Augsbourg. — Confirmation de priviléges. Investiture des droits régaliens conférée au patriarche d'Aquilée.
— Novembre, Bâle. — Confirmation de priviléges, notamment pour les prélats et les communes du royaume d'Arles.
— Décembre-janvier, Metz. — Alliance avec le Danemark. Confirmation de sentences prononcées par les grands de l'Empire.

1215. Mai, Andernach. — Expédition projetée contre Aix-la-Chapelle et Cologne.
— Juillet, Aix-la-Chapelle. — Couronnement de Frédéric II. Croisade. Confirmation de priviléges.

1216. Mai, Wurtzbourg. — Investiture conférée à l'archevêque de Cologne; nombreuses confirmations de priviléges; promulgation de sentences.
— Fin de juillet, Ulm. — Investiture accordée au fils du roi de Bohême.
1217. Janvier, Nuremberg. Cette cour plénière, où le jeune roi Henri dut être présenté aux grands de l'Empire, paraît avoir été prorogée en février à Ulm.
1218. Novembre, Herford, et décembre, Fulda. Frédéric II est reconnu par les derniers partisans d'Othon.
1219. Cour convoquée à Magdebourg pour la mi-carême, et qui paraît avoir été prorogée au 24 juin à Goslar. C'est là que Henri, frère d'Othon, rendit à Frédéric les ornements impériaux.
— Octobre-novembre, Nuremberg. — Investiture conférée à l'évêque de Cambrai. Confirmation et restitution de priviléges. Collation de droits régaliens.
— Décembre, Augsbourg. Cour qui n'est que la continuation de la précédente. Les princes de l'Empire s'engagent à partir pour la croisade.
1220. Avril, Francfort. — Élection de Henri comme roi des Romains. Préparatifs pour la croisade et pour le couronnement à Rome. Lois nouvelles promulguées. Réforme des abus.
— Décembre, Capoue. — Révision des priviléges. Affaires de Sicile.
1221. Mai, Messine. — Constitutions relatives à la Sicile.
1223. Janvier-février, Capoue. — Affaires du royaume et de l'Empire. Révision des priviléges.
1226. Juin-juillet, Borgo San-Donnino et Crémone. — Affaires de l'Italie et de l'Empire. Nombreuses confirmations de priviléges.
1227. Novembre-décembre, Capoue. — Sommation adressée à tous les feudataires de se tenir prêts pour la croisade. Convocation pour le mois de mars d'une cour à Ravenne, qui n'eut pas lieu.
1228. Avril, Barletta. — Règlement pour l'administration du royaume en l'absence de l'empereur, et pour la succession au trône en cas de vacance.
1230. Septembre, Capoue. — Révocation des priviléges indûment concédés pendant l'absence de Frédéric II.
1231. Cour indiquée à Tarente pour le mois de mars, mais qui paraît avoir été tenue à Foggia au mois de mai. Disgrâce du duc de Spolète. Comptes demandés aux autres fonctionnaires.
— Août-septembre, Melfi. — Promulgation d'un code de lois pour le royaume.
— Décembre à mars 1232, Ravenne. — Nombreuses confirmations de priviléges pour l'Allemagne, l'Italie, les royaumes de Jérusalem et d'Arles. Ordonnances contre les hérétiques.
1232. Mars-mai, Cividale, Aquilée, Udine. — Continuation de la cour précédente. Entrevue avec Henri VII. Renouvellement de l'alliance avec la France.

1232. Décembre, Precina. — Confirmations de priviléges. Union avec l'Église romaine. Sentence rendue contre Florence.
1233. Mars, Policoro. — Expédition contre la Sicile. Donation de Gaëte à Conrad.
— Décembre, Syracuse. — Ordonnance concernant le mariage des régnicoles.
1234. Janvier, Messine. — Continuation de la cour précédente. Établissement de foires et marchés dans le royaume. Organisation de cours provinciales pour la réforme des abus.
1235. Avril, Fano. — Règlement pour l'administration du royaume pendant l'absence du prince.
— Août, Mayence. — Déposition de Henri VII. Promulgation d'une série de lois destinées à assurer le maintien de la paix publique en Allemagne. Institution du duché de Lüneburg pour Othon de Brunswick. Confirmations de priviléges.
— Août-septembre, Haguenau. Continuation de la cour précédente.
— Fin d'octobre-novembre, Augsbourg. — Accord avec le roi de Bohême. Renouvellements de priviléges.
1236. 1ᵉʳ mai, Marbourg. — Translation du corps de sainte Élisabeth.
— Juin, Augsbourg. — Proscription du duc d'Autriche.
1237. Juin, Spire. — Confirmation de l'élection de Conrad comme roi des Romains.
1238. Mai-juin, Vérone. — Mariage d'une fille de l'empereur avec Eccelin de Romano. Renouvellement des ordonnances contre les hérétiques. Concentration des forces réunies contre les Lombards.
1239. Février-mars, Padoue. — Confirmation de diverses transactions. Ordonnance contre les juges prévaricateurs.
1244. Février, Grosseto. — Confirmations de priviléges. Constitutions nouvelles concernant le maître justicier, les juges, les avocats et les notaires.
— Août, Pise. — Révocation et confirmation de priviléges.
1245. Juin-juillet, Vérone. — Réunion avec Conrad et les princes allemands pour contre-balancer les effets du concile convoqué à Lyon. Confirmation des priviléges du duc d'Autriche, ainsi que des priviléges des villes d'Oppenheim, Spire, Worms, etc.
1247. Mars. Cour tenue en Apulie. Frédéric II, sur le point de se rendre à Lyon, règle l'administration du royaume dont il nomme vice-roi son jeune fils Henri.

Cours tenues par Henri VII.

1221. 1ᵉʳ septembre, Francfort. — Investiture conférée à l'évêque d'Hildesheim. (On ne connaît cette assemblée que par la lettre des princes ecclésiastiques citée dans Schannat.)
1222. Mai, Aix-la-Chapelle. — Couronnement du roi. Confirmation de divers priviléges accordés par ses prédécesseurs.

PARTIE DIPLOMATIQUE. CLXXV

1223. Août-septembre, Nordhausen. — Affaires de Danemark. Confirmations de priviléges.
1224. Du 15 au 20 mai, Francfort. — Réception de l'ambassade envoyée par l'empereur au sujet de la croisade.
— Juillet, Nuremberg. — Confirmation par le roi des sentences rendues en sa présence.
— Fin de septembre, Bardewik. — Affaires de Danemark.
— Novembre, Toul et Vaucouleurs. — Entrevue avec le roi de France. Confirmation des priviléges de l'abbaye de Gemblours.
1225. Janvier, Ulm. — Négociations pour le mariage du jeune roi.
— Novembre-décembre, Nuremberg. — Mariage de Henri avec Marguerite d'Autriche.
1226. Novembre, Wurtzbourg. — Révocation des priviléges de la commune de Cambrai et de la confédération des villes du Rhin.
1227. Mars-avril, Aix-la-Chapelle. — Couronnement de la reine Marguerite. Exemption des droits de chancellerie pour l'ordre Teutonique. Confirmations de priviléges.
— Août, Goslar. Les motifs de la convocation de cette cour sont inconnus.
1228. 14 mai, Strübing. — Collation de la chevalerie au fils du duc de Bavière. Consécration du premier évêque de Lavant.
1231. Janvier, avril et mai, Worms. — Cours successives tenues pour la pacification de l'Allemagne. Révocation des communes établies abusivement.
1232. Août, Francfort. — Nouveaux pouvoirs plus étendus que les précédents concédés à Henri VII par l'empereur.
1233. 25 juillet, Mayence. — Mesures prises au sujet des hérétiques. Préparatifs d'une seconde expédition contre le duc de Bavière.
1234. Février, Francfort. — Révision des jugements prononcés contre les hérétiques. Promulgation de diverses sentences rendues par le conseil du roi. Nouvelles constitutions pour le maintien de la paix publique.
— Juillet, Altenburg. — Mise au ban de l'Empire des habitants d'Erfurth. Délégation des droits de haute justice à des ecclésiastiques. Confirmations diverses.

Cours tenues par Conrad.

1239. Juin, Égra. — Assemblée des princes de l'Empire pour apaiser la querelle entre l'empereur et le Saint-Siége. Promulgation d'une sentence en faveur de la ville de Ratisbonne.
1241. Mai, Esslingen. — Préparatifs d'une croisade pour repousser l'invasion des Tartares. C'est la dernière fois qu'un prince souabe tient en Allemagne une cour générale, et que ses lois sont reconnues par la nation entière. La crainte

d'un danger commun avait pu réunir un moment toutes les volontés; une fois ce danger passé, les intérêts rivaux entrent en lutte, les factions se soulèvent, et l'anarchie qui recommence rend impossibles ces assemblées solennelles où se faisait entendre la voix de la nation germanique.

Nous avons traité dans ce chapitre de ce qui concerne la révision des priviléges et des instruments publics au point de vue de la diplomatique, c'est-à-dire en considérant les motifs de révocation que pouvaient fournir l'illégalité des formules, l'altération des sceaux, l'addition subreptice de clauses contraires aux droits de l'État. Ce sont là en quelque sorte des questions de forme, qui rentrent dans notre sujet. Mais quand les révocations ou les changements introduits par le souverain dans des actes parfaitement réguliers tiennent à des raisons politiques qui l'ont engagé à revenir sur ses décisions premières, de pareilles modifications touchent alors au fond des choses, et c'est à l'histoire qu'il appartient d'en rechercher la cause et d'en donner l'explication. En matière de priviléges, et surtout de priviléges communaux, la conduite de Frédéric II et de ses fils fut souvent très-versatile et se plia aux exigences de la politique en invoquant pour sa justification de spécieux prétextes. Nous aurons bientôt, à propos de Cambrai, de Verdun, de Worms et de diverses communes lombardes, l'occasion d'en présenter des exemples et des preuves dans la seconde partie de cette Introduction.

PARTIE HISTORIQUE.

CHAPITRE PREMIER.

VIE PRIVÉE DE L'EMPEREUR FRÉDÉRIC II. — SES MOEURS, SON CARACTÈRE. — SA FAMILLE.

Frédéric II naquit à Iési, petite ville de la marche d'Ancône, le 26 décembre 1194. Sa mère, l'impératrice Constance, était en route pour aller rejoindre Henri VI en Sicile, quand, surprise par les symptômes d'un accouchement prochain, elle dut s'arrêter dans cette bourgade. Comme elle était alors âgée de quarante ans, et qu'après six années de mariage elle n'avait pas encore eu d'enfants, on chercha à prévenir tout soupçon de supercherie en donnant à la naissance de l'héritier impérial la plus grande notoriété possible. Un pavillon fut dressé à la hâte sur la place publique d'Iési, et une foule de témoins y furent admis au moment décisif. Albert de Stade prétend même que quinze prélats, tant cardinaux qu'évêques, étaient présents. Malgré cette précaution, la malignité humaine ne manqua pas de s'exercer sur cet événement qui contrariait les vœux du parti guelfe. Le bruit se répandit que Frédéric était un enfant supposé, fils d'un boucher d'Iési, et cette rumeur trouva créance en Italie et surtout en Allemagne (1). Salimbene raconte à ce propos que Jean de Brienne ayant appris peu de jours après le mariage de sa fille avec Frédéric II, que son neveu, Gautier, devait être tué par ordre de l'empereur pendant une partie d'échecs, vint brusquement interrompre le jeu, et, s'adressant à Frédéric, ne craignit pas, entre autres reproches,

---

(1) ALBERT. STAD. *Chronic.* ad ann. 1220. — *Chronic. Sampetr.*, ad ann. 1214. Markwald, qui avait été le confident de Henri VI, offrit même de prouver que Frédéric n'était pas le fils de l'empereur et de l'impératrice. Innocent III le dit positivement dans une lettre du 3 juillet 1204 : « *Te Henrici quondam imperatoris et inclytae recordationis Constantiae imperatricis matris tuae filium esse negans, ut hac occasione tam nos quam alios a tuo subsidio revocaret.*» *Hist. diplom.*, t. I, p. 80.

de l'appeler *mauvais diable, fils de boucher* (1). Cette anecdote n'a rien d'improbable si l'on songe à la rudesse toute militaire de Jean de Brienne et à l'inimitié qui divisa toujours le beau-père et le gendre. Quoi qu'il en soit, les bruits malveillants prirent assez de consistance pour que l'impératrice jugeât nécessaire de les réfuter au moyen d'une enquête ordonnée par le pape (2), et elle eut soin dans quelques-uns de ses actes de marquer qu'elle agissait en son nom et au nom de son *fils légitime* Frédéric, roi de Sicile (3).

Henri VI accueillit avec joie la naissance presque inespérée de cet enfant qui devait perpétuer la maison de Staufen (4). Il en fit part à tous ses sujets et même aux princes et aux prélats étrangers, et il tenta d'assurer à son fils l'expectative de l'Empire en le faisant élire roi des Romains dès le berceau. La mort, qui vint l'arrêter au milieu de ses ambitieux projets, allait être le signal de longs déchirements pour l'Allemagne et pour la Sicile, et préparait à Frédéric une orageuse minorité.

Devenue veuve, Constance, prévoyant les troubles dont l'Italie centrale ne tarderait pas à être aussi le théâtre, s'empressa de faire venir auprès d'elle, en Sicile, son fils, qui était resté à Foligno sous la garde de la femme d'un capitaine allemand, Conrad de Lutzinhart, duc de Spolète, surnommé Mouche-en-Cervelle. Le jeune prince fut conduit auprès de Constance par les comtes de Celano et de Loreto, qu'elle avait chargés de cette mission. Après avoir réglé avec Innocent III tout ce qui concernait les relations à établir entre les rois de Sicile et les papes leurs suzerains, l'impératrice put enfin faire donner à Frédéric II la consécration solennelle qui seule, aux yeux des peuples, légitimait alors

---

(1) « *Et acriter imperatorem redarguit dicendo in gallico suo fi de becer diabele, et timuit imperator nec ausus fuit dicere quidquam.* » Salimbene, *Chronic.* ad ann. 1228.

(2) Roger de Hoveden dit que Célestin III avait exigé de Constance le serment que Frédéric était bien réellement son fils, ap. SAVILE, *Scriptor.*, p. 774.

(3) Cf. *Hist. diplom.*, t. I, p. 11, not. 1.

(4) Si l'on en croit Benvenuto d'Imola, Frédéric II se considérait lui-même comme un enfant du miracle, puisqu'il avait coutume de proférer ce serment : « *Per illud miraculum quo mater mea genuit me, ego sic faciam.* » Ap. MURATOR., *Antiq. Ital.*, t. I, p. 1236.

l'autorité royale. Le couronnement eut lieu à Palerme avec une grande pompe, le 17 mai 1198, et Gregorio nous a conservé, d'après un ancien rituel de la cathédrale de cette ville, le texte de l'*acclamation* qui fut récitée en cette circonstance. A côté de la simplicité des litanies chrétiennes, on y retrouve l'emphase orientale et la formule que nous avons signalée sur les sceaux et sur les monnaies : *Christus vincit, Christus regnat, Christus imperat.* « Exauce-nous, Christ! Vie perpétuelle à notre seigneur le roi Frédéric, magnifique, triomphateur, invincible! Exauce-le, Christ sauveur du monde; sainte Trinité, exauce-le; sainte Marie, exauce-le, etc. Lumière constante et paix éternelle au recteur pacifique, au très-pieux gouverneur le roi Frédéric! Sainte Christine, exauce-le; sainte Agathe, exauce-le, etc. A lui seul honneur et gloire, vertu et victoire dans la suite infinie des siècles. *Amen.* »

Après la mort de Constance, Frédéric, confié deux fois par le testament de son père et de sa mère à la protection puissante mais lointaine du siége apostolique (1), tomba en réalité sous la tutelle successive de Markwald, du chancelier Gautier de Palearia, de Diephold, de Guillaume Capparone et de tous les ambitieux qui se disputaient avec la possession du palais de Palerme le droit de disposer de la personne et de l'autorité du jeune roi. Dans cette première période de sa jeunesse, au milieu de révolutions continuelles, l'éducation de Frédéric II dut être fort négligée, et les trois premiers cardinaux envoyés par Innocent III ne purent guère avoir avec l'enfant royal des rapports directs et suivis. Mais quand la tranquillité fut rétablie à partir de l'an 1207, les légats Girard, cardinal de Saint-Adrien, et Grégoire, cardinal de Saint-Théodore, qui représentaient Innocent III en Sicile, surveillèrent l'instruction donnée au jeune prince (2),

---

(1) Il est certain que Henri VI en mourant avait déjà désigné le pape pour tuteur de son fils. Innocent III nous l'apprend lui-même : « *Cum carissimus in Christo filius noster Fridericus, Siciliae rex illustris, tam ex paterna quam materna dispositione finali sit apostolicae curae ac tutelae relictus.* » *Hist. diplom.*, t. I, p. 143.

(2) Voir à ce sujet la belle lettre d'Innocent III à Frédéric : « *Elevato ad Deum corde quotidianis precibus ab eo confortari corpore ac mente requiras, gaudensque quod in eorum fideli custodia es repositus..... maturis eorum intendendo consiliis, moralibus satagas indui disciplinis.* » *Hist. diplom.*, t. I, p. 126.

et durent modifier l'action alors prépondérante de l'enseignement gréco-arabe. L'opinion commune attribue à cet enseignement une influence durable et décisive sur le caractère de Frédéric II, sans qu'on en puisse fournir d'autres preuves que le goût prononcé du royal élève pour la médecine, la philosophie et les mathématiques, sciences où les musulmans n'avaient point encore de rivaux. Mais c'est vainement que nous avons cherché dans les lettres de Frédéric, ou dans les textes contemporains, quelque témoignage précis sur la nature de l'enseignement qu'il reçut soit de ses précepteurs romains, soit de ses professeurs arabes. Nous savons seulement qu'il eut pour gouverneurs Nicolas, archevêque de Tarente, et le notaire Jean de Trajetto : lui-même les appelle ses pères nourriciers, *nutricii nostri*, dans deux lettres où il les recommande au pape Honorius III; ce qui semble indiquer que ces personnages avaient dirigé son éducation sous les yeux des cardinaux, et par conséquent dans un sens plus conforme à la tradition chrétienne qu'on ne le croit généralement. Nous pensons que si, plus tard, Frédéric II fit de nombreux emprunts à la civilisation arabe, surtout à l'époque et à la suite de sa croisade, il se borna dans sa jeunesse à accepter cette civilisation telle que les rois normands l'avaient admise eux-mêmes aussi bien dans l'administration et l'industrie que dans les lettres et les arts.

Frédéric II était heureusement doué par la nature. Les lettres d'Innocent III témoignent du développement précoce et rapide de son corps et de son esprit. Aussi à peine avait-il atteint quatorze ans qu'on songea à le marier, et en 1209 le pape, écartant toute autre compétition, lui fit épouser Constance, sœur du roi d'Aragon et veuve sans enfants du roi de Hongrie, Emmeric (1). A peine le jeune prince, sortant enfin du palais de Palerme où s'était tristement écoulée son enfance, avait-il eu le temps de se montrer, lui et sa nouvelle épouse, aux villes de la Sicile, qu'une invasion formidable vint encore menacer sa royauté mal affermie. Othon

---

(1) Les négociations pour ce mariage avaient commencé dès l'an 1204, époque où Innocent III défend au duc de Brabant de songer à unir sa fille à Frédéric II, parce qu'il a d'autres vues pour le mariage du jeune roi. *Hist. diplom.*, t. I, p. 112.

de Brunswick envahissait les provinces du continent et pénétrait jusqu'à Tarente. Les Pisans armaient une flotte pour le soutenir, les Sarrasins de Sicile se soulevaient, et le danger paraissait si pressant, que des galères furent préparées dans le port de Palerme, afin que Frédéric pût au besoin s'enfuir en Afrique (1). Mais Innocent III arracha Othon de l'Italie en lui retirant la couronne impériale pour la donner au jeune roi de Sicile. En cette occasion décisive, Frédéric II ne manqua point à sa fortune, qui se relevait d'une manière inespérée. Malgré les supplications de sa femme et de ses ministres, il résolut de partir pour l'Allemagne, se rendit par mer de Messine à Rome et de Rome à Gênes, manqua d'être enlevé au passage du Lambro par un parti milanais, franchit heureusement les passages des Alpes, et entra à Constance en vue de la cavalerie ennemie qui tenait la campagne. Othon était à Uberlingen, de l'autre côté du lac, et avait fait préparer ses logements à Constance. Une heure ou deux de retard ou d'avance décidèrent ce jour-là du sort de l'Empire et de la destinée de Frédéric.

Tant que vécut Constance d'Aragon, Frédéric réussit dans toutes ses entreprises. Cette princesse étant morte à Catane, le 23 juin 1222, il resta quelque temps dans le célibat, et les difficultés commencèrent pour lui à la suite de son second mariage, avec Isabelle de Brienne, qui fut célébré à Brindes le 9 novembre 1225. Cette union ne fut pas heureuse. Les ennemis de Frédéric l'accusent d'avoir, dès les premiers jours, enfermé sa femme afin de satisfaire sans contrainte sa passion pour une jeune fille de la maison de Brienne qu'Isabelle avait amenée de Syrie (2). Ce qui est certain, c'est que Jean de Brienne, père de la nouvelle impératrice, se déclara aussitôt l'ennemi de son gendre, et saisit toutes les occasions de lui nuire. Isabelle mourut à Andria au mois d'avril 1228, et ne fut remplacée qu'au mois de juillet 1235 par une sœur de Henri III,

---

(1) « *Eo tempore dum ad Saracenos fugere aspirabat, habens galeam ad hoc juxta suum palatium praeparatam.* » Alb. Bohem. ap. *Bibl. des liter. Vereins in Stuttgart*, tom. XVI, pars II, p. 73.

(2) *Chron. Turon.* ad ann. 1225, dans le *Recueil des histor. de France*, t. XVIII.

roi d'Angleterre, nommée aussi Isabelle. C'était une princesse jeune et agréable, qui plut beaucoup à l'empereur, dit Matthieu Paris, parce qu'elle était instruite dans les lois du beau langage. Le même chroniqueur rapporte à cette occasion un trait bien caractéristique et qui mérite d'être cité : « La première nuit où l'empereur coucha avec Isabelle, il ne voulut pas la connaître selon la chair avant l'heure convenable qui lui avait été marquée par les astrologues. Le mariage ayant été consommé de grand matin, l'empereur entoura son épouse d'une surveillance rigoureuse comme si elle était déjà enceinte, en lui disant : Conduisez-vous sagement, car vous avez un mâle dans votre ventre (1). » Suivant quelques chroniqueurs la prédiction se serait réalisée, Isabelle étant accouchée en 1236, à Ravenne, d'un premier fils nommé Giordano, qui vécut peu de temps.

Après avoir donné plusieurs enfants à l'empereur, Isabelle d'Angleterre mourut le 1er décembre 1241, à Foggia, et fut enterrée dans la crypte de la cathédrale d'Andria, où avait été déjà déposé le corps d'Isabelle de Brienne. Une tradition qui s'est perpétuée jusqu'à nos jours permet de croire que les tombeaux de ces deux impératrices existent encore parmi les divers monuments érigés dans cette crypte à diverses époques. Mais la difficulté d'y pénétrer au milieu d'un amas séculaire d'ossements, et l'impossibilité de déchiffrer sur des pierres aujourd'hui recouvertes d'une épaisse couche terreuse les inscriptions qui devaient y exister, laissent peu d'espoir que ces monuments puissent être retrouvés et décrits (2).

Jusqu'alors Frédéric II avait choisi ou accepté ses épouses dans des familles étrangères à l'Empire. Mais quand il vit que l'Allemagne agitée par les excitations du pape tendait à se détacher de lui, il songea à y raffermir son parti au moyen d'alliances matrimoniales. Une première fois, en 1245, il négocia par le moyen du patriarche d'Aquilée un nou-

---

(1) *Grande Chronique*, t. IV, p. 116 de la traduction française.
(2) Cf. nos *Recherches sur les monuments et l'histoire de la maison de Souabe dans l'Italie méridionale*, p. 91, note 9.

PARTIE HISTORIQUE. CLXXIII

veau mariage avec Gertrude, nièce du duc d'Autriche Frédéric, et les choses furent assez avancées pour que l'empereur, invitant ce prince aux conférences de Vérone, pût lui écrire : « Nous te mandons de te présenter à nous en nous amenant ta nièce, notre future épouse (1). » Il paraît que l'érection du duché d'Autriche en royaume était la condition de ce mariage ou du moins entrait dans la combinaison politique qui préoccupait alors l'empereur. Mais, par des raisons qui nous sont restées inconnues, la création du nouveau royaume et la conclusion du mariage projeté échouèrent en même temps, et la mort du duc d'Autriche, survenue le 15 juin 1246, ne permit pas de reprendre les négociations. Frédéric fit une seconde tentative vers la fin de l'année 1247. Par l'entremise de l'archevêque de Magdebourg, il demanda et obtint la main d'une fille du duc de Saxe Albert, le seul prince qui lui fût resté fidèle dans la basse Allemagne. Dans l'automne de 1250, la fiancée se mit en route et fut reçue à Landshut par le duc de Bavière, qui devait la remettre aux mains des députés impériaux chargés de la conduire en Italie (2). Mais elle n'alla pas plus loin, cette démarche étant devenue vaine par la nouvelle de la mort de Frédéric II.

M. Boehmer considère comme une énigme le passage où l'auteur d'un pamphlet composé contre l'empereur, au mois de juin 1245, parle d'une quatrième épouse qui, ne craignant pas d'être retenue en prison comme les trois premières, était séduite par la perspective d'un titre brillant et des hommages populaires auxquels succéderait bientôt une vie de tristesse et d'effroi (3). Il nous paraît très-probable que ce passage s'applique à la nièce du duc d'Autriche, dont le mariage avec Frédéric II pouvait à

---

(1) « *Mandamus tibi quatenus assumpta tecum nepte tua futura consorte nostra..... te nostro conspectui repraesentes, tecum principes..... adducendo quibus vocationis nostrae litteras destinamus, eos solempnitati tam solempnis traditionis interesse volentes.* » Mss. de Vienne, *Philol.*, 61, fol. 54, et 305, fol. 129.

(2) *Chronic. Salisb.* ad ann. 1250, ap. Pez, *Scriptor.*, t. I, p. 362.

(3) « *Quarta cum noluerit* (lisez *voluerit* ou *non timuerit*) *talibus detrudi carceribus, delusa est ob insaniam celsi nominis et aurae gloriam popularis, quantocius perfundetur maestitia et horrore.* » Ap. *Bibl. des liter. Vereins von Stuttgart*, t. XVI, 2ᵉ part., p. 79.

cette époque être considéré comme conclu, et que l'auteur plaignait d'avance d'avoir consenti à une union qui devait être pour elle une source de chagrins. En dehors de cette explication, nous ne voyons rien de vraisemblable à proposer. Car il est très-certain que Frédéric n'eut que trois épouses qui aient été revêtues du titre d'impératrices, et assurément l'auteur du pamphlet n'aurait pas admis parmi les femmes légitimes Bianca Lancia, qui d'ailleurs était probablement morte à cette époque.

Toutefois cette maîtresse favorite est comptée au nombre des épouses de l'empereur par Jamsilla, écrivain contemporain de Frédéric II et témoin oculaire des événements qu'il raconte. Son assertion donne un grand poids à l'opinion de ceux qui soutiennent que Frédéric aurait légitimé, par un mariage subséquent, la naissance des enfants que Bianca lui avait donnés. Cette femme, dont l'influence politique paraît avoir été nulle, mais qui fut la mère de Manfred, était fille ou petite-fille d'un marquis Lancia dont les fiefs étaient situés en Piémont, entre Incisa et Asti (1). Ses relations avec Frédéric II durent commencer en 1231 ; et ce qui coïncide avec cette date, c'est qu'au mois de décembre de cette année, à la cour de Ravenne, paraît pour la première fois auprès de l'empereur Manfred Lancia, frère de Bianca, lequel devint dès lors un des conseillers et des capitaines les plus estimés de Frédéric. Les détails nous manquent pour établir comment Bianca connut l'empereur, puisque ce prince ne résida point en Piémont en 1231 ni même avant 1238 ; et en général tout ce qui concerne la généalogie et l'histoire des Lancia est enveloppé de tant d'obscurité qu'il est à peu près impossible de concilier sur ce point les contradictions qui se présentent à chaque pas. Ce qui importe seulement à notre sujet, c'est de dégager du chaos des témoignages un fait controversé, à savoir le mariage de Frédéric II avec Bianca.

Dans une note de notre traduction française de Matthieu Paris, nous avions soutenu l'opinion que ce mariage est très-probable, opinion admise par M. de Raumer sur l'avis de son ami, le judicieux historien

---

(1) La principale résidence des Lancia était le château d'Agliano ou d'Aglano, non loin duquel se trouve une localité qui porte encore le nom de *Castagnole delle Lanze*.

PARTIE HISTORIQUE.

Ranke (1). Plus tard M. Höfler reprenant la question, s'est aussi prononcé, quoique moins formellement, pour la solution proposée (2), et M. de Cherrier l'a adoptée sans hésitation. Mais le savant Boehmer ne se tenant point pour satisfait, a repris la discussion, qu'il résume dans un sens tout opposé. Il cite d'abord le passage suivant de Saba Malaspina : « Quoique Manfred, étant issu d'un commerce réprouvé, ait subi la faute de sa naissance, cependant l'éclat de la noblesse qui brillait chez son père et sa mère, et qui constituait pour lui une extraction généreuse, effaçait presque cette tache originelle. Enfant, il était si beau, adolescent, il annonçait tant de supériorité, qu'il mérita d'être traité et soigné par l'empereur avec autant d'affection qu'un fils légitime. » Or, ajoute M. Boehmer, Malaspina, écrivain contemporain, qui était un partisan de l'Église, mais en même temps un admirateur de Manfred, était en mesure de savoir et de dire la vérité sur la légitimation souvent discutée de son héros. Ajoutez à cela que Jamsilla, auteur un peu plus ancien, s'est abstenu de toucher ce point comme à dessein, et qu'il se borne à dire de la mère de Manfred, « *quam imperator summe dilexerat.* » En présence de cette expression et de ce silence, je crois tenir la preuve qu'il y a lieu de douter que Frédéric II ait légitimé Manfred par un mariage subséquent (3). »

A cela nous répondrons en demandant comment un critique aussi sincère et aussi éclairé que M. Boehmer ne s'est pas aperçu ou n'a point tenu compte de l'importante variante fournie par le manuscrit de Jamsilla que Muratori avait entre les mains. Le texte d'Ughelli, reproduit par Eccard et Caruso, et revu par Muratori, contient, il est vrai, le passage suivant : *Nec non et honorem Montis Sancti Angeli quem imperator ipsius principis matri quam summe dilexerat donatione fuerat elargitus.* Mais dans le manuscrit qui a fourni à Muratori le nom de l'auteur de la chronique jusque-là anonyme, les mots *quam summe dilexerat* sont remplacés

---

(1) *Geschichte der Hohenstaufen*, t. IV, p. 277, not. 2. Cette note est moins une citation de textes qu'une véritable dissertation.
(2) *Münch. gel. Anzeigen*, livraison du 27 octobre 1848.
(3) *Regesta imperii*, p. 277.

par ceux-ci : *sponsalium tempore*, et l'expression *donatione* est encore précisée par l'adjectif *nuptiali*, en sorte qu'on doit lire : *quem imperator ipsius principis matri sponsalium tempore nuptiali donatione fuerat elargitus*. Nous sommes persuadé que cette leçon est la bonne, et il suffit pour s'en convaincre d'examiner avec soin le texte de Jamsilla. Cet écrivain commence par mettre Manfred absolument sur la même ligne que Conrad et Henri, nés en légitime mariage, et il énumère les fils aptes à succéder en suivant l'ordre chronologique de leur naissance : *Superstitibus sibi Conrado quem ex Hierosolymitana, Manfredo quem ex Italica, Henrico minore quem ex Angliena conjuge habuerat*. Il annonce ensuite qu'après la mort de l'empereur, Conrad, résidant encore en Allemagne, confirma à Manfred déjà investi de la principauté de Tarente, les comtés de Gravina, de Tricarico et de Monte Scaglioso avec l'honneur de Monte Sant-Angelo dont Frédéric avait gratifié la mère de ce prince en vertu d'une *donation*. Mais que signifierait cette expression jointe au mot *elargitus*, s'il ne fallait pas l'entendre par une donation *propter nuptias*, c'est-à-dire la constitution d'un douaire? Or l'honneur de Monte Sant-Angelo avait toujours fait partie du douaire des reines de Sicile (1). Jeanne d'Angleterre, femme de Guillaume le Bon, l'avait reçu en apanage (2). Constance d'Aragon et Isabelle d'Angleterre en avaient été également investies par Frédéric II en 1209 et en 1235 (3). Si nous n'avions pas dans la leçon *nuptiali donatione* le vrai texte de Jamsilla, comment supposer qu'il se serait permis plus haut d'assimiler Bianca Lancia à Iolande de Brienne et à Isabelle d'Angleterre? Seulement, comme Bianca n'était point de sang royal, elle n'eut en épousant l'empereur que la moitié du douaire assigné jusqu'alors aux reines et aux impératrices, qui, outre l'honneur de Monte Sant-

---

(1) « *Prout aliae reginae Siciliae utrumque dodarium integre habere consueverunt*, » dit expressément Frédéric II dans le contrat de mariage d'Isabelle d'Angleterre. Cf. *Hist. diplom.*, t. IV, p. 504.

(2) Voyez l'acte de mariage rapporté en entier par Roger de Hoveden, à l'année 1176, ap. SAVILE, *Scriptor. rer. Anglic.*, p. 551.

(3) Pour Constance d'Aragon, voy. la lettre d'Innocent III, *Hist. diplom.*, t. I, p. 169, où le pape se sert de l'expression *in dodarium sive donationem propter nuptias*.

PARTIE HISTORIQUE. CLXXXVII

Angelo, avaient obtenu aussi des terres assises soit dans la Pouille soit dans l'île de Sicile. Mais, nous le répétons, l'honneur de Monte Sant-Angelo était la partie essentielle et constitutive de la donation *propter nuptias*.

Nous tenions à bien établir ce fait, qui nous paraît capital dans la discussion, et qui avait jusqu'alors échappé à l'attention des historiens, car si l'on objecte le silence de Jamsilla, nous voulons prouver au contraire qu'il a parlé très-clairement. Mais comme Jamsilla est un gibelin très-prononcé, dont l'assertion pourrait paraître suspecte, nous devons produire aussi d'autres témoignages contemporains, émanant d'auteurs également bien renseignés et désintéressés dans la question, à savoir Salimbene, l'annaliste génois Barthelemy, et Matthieu Paris. Voici ces textes : « *Manfredus filius Friderici ex alia uxore quae marchionis Lanceae neptis fuit, et eam in obitu desponsavit et accepit uxorem* (1). » — « *Reliquit liberos infrascriptos..... atque Manfredum quem genuit ex filia dominae Blanchae filiae quondam marchionis Lanciae, quam tempore obitus ipsius dominae idem imperator ut filium ex ea genitum legitimum faceret, dicitur legitime desponsasse* (2). » — « *Manfredus filius naturalis Friderici, sed legitima-*

---

(1) Salimbene, *Chronic.* ad ann. 1268, fol. 295.

(2) Ce passage est extrait du magnifique manuscrit des Annales de Gênes, conservé au British Museum (additional Mss 12034, fol. 170 verso), et qui est de la fin du quatorzième siècle. Il manque dans le texte de Muratori, et il suffit de jeter les yeux sur son édition pour voir qu'elle est tronquée en cet endroit (*Scriptor.*, t. VI, p. 517). La lacune provient de ce que sur le manuscrit dont s'est servi l'illustre éditeur, qui n'en avait point d'autre à sa disposition, le copiste a été trompé par la répétition des mots *in partibus Ampuliae*, et que sa main, suivant ses yeux, a sauté tout le passage intermédiaire, que nous rétablissons ici entre deux crochets :

« Obiit autem in partibus Ampulie [*in civitate que Florentina dicitur. Dictus autem imperator tempore sui obitus reliquit liberos infrascriptos : videlicet Conradum regem quem genuit ex filia Johannis regis Jerosolimitani, Enricum quem genuit ex sorore regis Anglie, Fredericum olim filium Enrici filii domini imperatoris, atque Manfredum quem genuit ex filia domine Blanche filie quondam marchionis Lancie, quam tempore obitus ipsius domine idem imperator, ut filium ex ea genitum legittimum faceret, dicitur legittime desponsasse. Et quia tempore obitus dicti imperatoris, Conradus ejus filius erat in partibus Alamanie, dicitur ipsum imperatorem in sua ultima voluntate statuisse quod dominus M. ejus filius usque ad adventum regis Conradi regnum Sicilie custodiret, et eidem M. reliquit*

tus... *Inclinatus est igitur (imperator) precibus supplicantis et ipsam sibi matrimonio copulavit. Haec autem multis annis multos latuerunt, sed hoc anno (1256) omnibus Siculis et Apulis manifeste patuerunt* (1). » De telles preuves venant corroborer le texte de Jamsilla, ne nous semblent pas aussi faibles que le dit M. Boehmer, qui du reste ne les a point mentionnées (2). Il nous paraît même superflu de rappeler les récits du même fait dus à des écrivains postérieurs, tels que l'annaliste de Milan, l'auteur de la chronique inédite intitulée *Chronicon pontificum et imperatorum*, Antonio d'Asti, Benvenuto de San-Giorgio, Tristan Calchus, qui tous ont reproduit avec des détails romanesques la tradition de ce mariage telle qu'elle avait cours de leur temps dans la haute Italie.

Nous persistons donc à croire que Bianca Lancia fut la maîtresse de Frédéric II depuis 1231 ; qu'elle lui donna deux enfants, Manfred et Constance; qu'après la mort d'Isabelle d'Angleterre, entre les années 1242 et 1245, l'empereur voyant Bianca atteinte aussi d'une maladie mortelle, consentit à l'épouser pour légitimer Manfred; que ce mariage *in extremis* eut lieu sans publicité, mais cependant avec les formalités légales qui devaient le rendre valide, notamment avec la constitution d'une partie du douaire assigné précédemment aux reines de Sicile. Dans cette mesure, et en écartant les circonstances imaginaires ajoutées au fait principal, le mariage de Bianca est parfaitement vraisemblable. Cependant, comme le remarque justement M. Ranke, le pape était dans son droit quand il réprouvait, conformément aux lois de l'Église, le commerce d'où Manfred était issu. « *Manfredus successionis participium perdidit*, écrivait Martin IV, *quia ipsum partus legitimus non agnovit, utpote de damnabili commixtione*

---

principatum Taranti et honorem Montis Sancti Angeli. Ipso autem imperatore sepulto idem Manfredus regnum gessit, et administravit in partibus Ampulie] et Principatus. In Sicilia vero, » etc.

L'omission de ce témoignage très-important et la correction que nous avons proposée à propos du passage de Jamsilla cité plus haut, prouvent combien les textes les plus autorisés laissent encore à désirer sous le rapport de l'exactitude, et combien aussi la vérité historique peut gagner à leur révision.

(1) *Hist. maj. Angl.*, p. 603 et 626.
(2) « Scheinen mir die dafür angeführten gründe nicht stich-haltig. » *Préface*, p. XLIX.

conceptum. » De plus, le mariage de Bianca avec Frédéric n'ayant été contracté que depuis les excommunications réitérées prononcées contre ce prince, ne pouvait être considéré comme valable par le Saint-Siége. C'est à ce point de vue que se place presque malgré lui Saba Malaspina : c'est aussi ce qui faisait dire à l'historien de Charles d'Anjou : « *Manfredus cum legitimationis suae materno beneficio indigeret, pia mater Ecclesia volens hunc mundum facere... munere materno licet tacite legitimavit eumdem erigendo ipsum in principem Tarentinum* (1). » Mais de son côté Manfred avait le droit de se dire le fils légitimé de Frédéric II, et ce titre, destiné à appuyer ses prétentions au trône, n'était pas de sa part une assertion mensongère, uniquement inventée pour les besoins de sa politique.

La conduite de Frédéric envers sa première épouse, Constance d'Aragon, fut toujours pleine d'égards et de déférence. Mais ses deux autres femmes légitimes furent tenues par lui sous une contrainte sévère et dans une jalouse surveillance (2). Il préposa à leur garde des eunuques africains qui ressemblaient à de vieux masques, dit Matthieu Paris, et le pape l'accuse d'avoir, par surcroît de précaution, fait châtrer lui-même les individus qu'il plaçait auprès d'elles (3). Nul ne pouvait les voir sans une autorisation spéciale, et Richard de Cornouailles, frère d'Isabelle d'Angleterre, ne fut admis à lui parler seul à seul qu'après en avoir obtenu la permission de l'empereur. Albert de Beham compare la situation des femmes de Frédéric II à celle de victimes enfermées dans un labyrinthe inaccessible. « Pour elles, dit-il, la vie était un supplice et la mort un bienfait (4). »

---

(1) *Andr. Hung.* ap. Burmann, *Thesaur. Sicil.*, t. V, p. 10.

(2) Frédéric II, dit un écrivain du temps, craignait qu'on ne lui fît ce qu'il avait fait aux autres : *Spiritus zelotypiae postquam virum illum arripit qui metuit sibi fieri quod aliis ipse fecit, sic ipsum varia suspicione contra uxorem suam sollicitat, etc.* Pamphlet rédigé en 1245, ap. *Biblioth. des liter. Vereins von Stuttgart*, t. XVI, p. 78.

(3) « *Saracenorum more uxoribus quas habuit de stirpe regia descendentibus eunuchos praecipue quos ut dicitur serio ipse castrari fecerat, non erubuit deputare custodes,* » dit Innocent IV dans la sentence prononcée au concile de Lyon en 1245.

(4) « *In labyrintho conclusas invisibiles fere fecit et a natorum aspectibus alienas; quas angustia carcerum sic compressit ut eis fieret mori lucrum et vivere cruciatus.* » Pamphlet rédigé en 1245, ap. *Biblioth. des liter. Vereins von Stuttgart*, t. XVI, p. 78.

Isabelle de Brienne et Isabelle d'Angleterre moururent en couches toutes deux, non par suite des mauvais traitements de leur mari, comme le prétendaient certains bruits calomnieux (1), mais probablement par l'effet de cette jalousie despotique qui devait interdire l'examen de leur maladie aux investigations des médecins.

Outre ses trois femmes légitimes et sa favorite Bianca Lancia qu'il épousa plus tard, Frédéric II eut un certain nombre de concubines dont les noms ne nous sont point parvenus, et qui lui donnèrent plusieurs enfants naturels dont nous ferons plus loin l'énumération. De plus, à l'exemple des princes musulmans, il entretenait, à Lucera, un harem permanent, gardé aussi par des eunuques, dans lequel étaient nourries les femmes destinées à ses plaisirs (*garciae*) et les servantes (*ancillae*) chargées des soins intérieurs ou, peut-être, attachées au service des premières. Un mandat impérial daté de Lodi, le 10 novembre 1239, et délivré par Jean le More, nous donne à ce sujet de curieux détails : « Nous recommandons et enjoignons à ta fidélité, dès que tu en seras requis par le cadhi de Lucera et par Ben-Abou-Zeughi, nos serviteurs, de faire remettre pour nos garces qui sont à Lucera et à chacune d'elles une robe fourrée de martre, deux chemises et deux caleçons d'étoffe de lin, et pour les servantes de notre chambre qui sont au même lieu, à chacune d'elles, une jupe *de mayuto*, deux chemises et deux caleçons d'étoffe de lin, le tout sur les provenances de notre cour qui sont entre tes mains, et de leur solder à toutes leurs dépenses par les mains du susdit Ben-Abou-Zeughi depuis le temps où elles ont cessé de les recevoir, et dorénavant, suivant le règlement de notre cour (2). » On voit par là que cet article figurait à l'*assisia*, c'est-à-

---

(1) Albert de Beham, ou du moins l'auteur d'un des pamphlets transcrits dans le recueil de cet agent pontifical, va plus loin encore en disant que Frédéric avait fait empoisonner ses femmes : « *Ipsas vero non eripuit a vivendi termino mors naturalis, sed mors per coquum procurata, ut opinio vulgata declarat.* » Ibidem. Mais on sait ce que valent de pareilles rumeurs, surtout quand elles sont colportées par la haine.

(2) *Regest.* fol. 19 recto, ap. *Hist. diplom.*, t. V, p. 486. On voit dans le même recueil que l'empereur entretenait aussi des *ancillae* dans le palais de Messine, sans qu'on puisse décider si elles formaient un gynécée ou un harem : « Quant aux servantes de notre cour qui sont dans le palais de Messine, écrit-il au *secreto* de cette ville, applique-les à quelque

dire au tarif des dépenses de la maison impériale, qui était fixé par un règlement officiel. Dans ses expéditions militaires, Frédéric II se faisait accompagner de harems ambulants (1), placés à l'avant-garde ou à l'arrière-garde de son armée et portés sur des palanquins à dos de chameaux à la manière orientale. Nous savons que le harem qu'il avait établi dans son camp de Vittoria en 1248 resta abandonné entre les mains des Parmesans victorieux; les femmes étant arrêtées dans leur fuite par l'attirail qu'elles traînaient après elles, et cette perte, dit un poëte contemporain, fut plus sensible au cœur de Frédéric que celle de ses soldats et de ses trésors (2).

Je n'aborde qu'avec répugnance l'accusation de vice contre nature intentée à Frédéric II par les écrivains ecclésiastiques; mais enfin l'histoire a ses exigences auxquelles nul ne peut se soustraire. Nicolas de Curbio, chapelain du pape Innocent IV, s'est chargé de nous expliquer ce que ce pontife faisait entendre quand il reprochait à l'empereur d'être adonné à des vices honteux, *obscoenis illectus illecebris*. Voici comment il s'exprime : « *Et non contentus [imperator] juvenculis mulieribus et puellis, tanquam scelestus infami vitio laborabat : quod quidem turpe est cogitare, turpius dicere, turpissimum exercere. Nam ipsum peccatum quasi Sodoma aperte praedicabat nec penitus occultabat* (3). » Albert de Beham admet aussi

---

ouvrage utile, par exemple à filer, afin qu'elles ne mangent pas leur pain sans rien faire. » Ces expressions semblent pourtant désigner plutôt des odalisques.

(1) *Habebat enim semper gregem pulcherrimarum.* — *Muliebrium amplexuum amator nimius, nam speciosarum feminarum gregem servabat*, disent Benvenuto d'Imola et Ricobaldo de Ferrare. L'auteur de la *Vie de Grégoire IX* dit aussi : « *Quas oculus venator obtulerat currui feminarum adjungens dulcis cocyti glareis, ante se trahit innumeras et post se multitudinem subsequentem.* »

(2)   « *Impius a facie fugit subsequentis*
    Relictis amasiis subsequendo lentis,
    De quo plus turbatus est status suae mentis
    Quam de gente perdita vel auri talentis.

Ap. *Bibl. des liter. Vereins in Stuttgart*, t. XVI, p. 427.

(3) C'est probablement ce passage qui a fait dire à Bzovius (*Annal. eccles.*, t. XIII ad ann. 1248) en termes encore plus crus : « *In hortis et vinetis inter pellacarum et exoletorum*

comme prouvée cette accusation infamante, et les commentateurs de Dante ne sont pas éloignés d'y croire, quand ils énumèrent les raisons pour lesquelles Frédéric est plongé dans l'Enfer avec les épicuriens. Ces témoignages d'ennemis passionnés suffisent-ils pour porter la conviction dans les esprits au sujet d'une imputation dont les écrivains impartiaux ne parlent pas? L'amour excessif de Frédéric II pour les femmes semble au contraire en contradiction avec les honteuses habitudes de la pédérastie, et même dans l'Orient, dont on reproche à ce prince d'avoir adopté les mœurs, les deux passions sont ordinairement exclusives l'une de l'autre.

Frédéric avait ramené de Syrie une troupe d'almées instruites à danser et à faire des tours de souplesse dans les salles de festins. Richard de Cornouailles, beau-frère de l'empereur, assista, pendant son séjour à la cour de Frédéric II, à un divertissement de ce genre, et il en fit à Matthieu Paris une description que ce chroniqueur nous a conservée : « Ce qui lui plut surtout, ce fut le spectacle de deux jeunes filles sarrasines, d'une beauté rare, qui, montées chacune sur deux boules au milieu d'un pavé uni, marchaient en tous sens en battant des mains; sur ces globes roulants, elles figuraient diverses poses avec leurs bras, jouaient et chantaient, repliaient leurs corps suivant les différentes modulations du rhythme, frappaient l'une contre l'autre des cymbales sonores ou des tablettes de bois (castagnettes), prenaient de gracieuses attitudes et tournaient sur elles-mêmes avec une prodigieuse vitesse; ces deux jeunes filles, aussi bien que les autres jongleurs, obtinrent les applaudissements de tous les assistants (1). » Frédéric II passait pour n'être pas indifférent aux charmes voluptueux de ces almées; on lui en fit un crime au concile de Lyon, et l'accusation parut si grave que Taddée de Sessa essaya de justifier son maître. Il assura que ces femmes étaient destinées à amuser l'empereur par leurs tours et leurs jongleries, mais non à entretenir

---

greges versabatur, postera et praepostera lascivia se oblectans, postquam satis vel a vino incaluisset, vel a laniena nondum refriguisset. »

(1) *Grande chronique,* t. V, p. 197, de la traduction française.

avec lui un commerce charnel; que d'ailleurs Frédéric sachant qu'elles étaient un sujet de scandale, les avait pour jamais éloignées de lui (1).

Ce fut aussi à son retour de la croisade que Frédéric s'occupa de former une ménagerie composée d'animaux rares ou inconnus alors en Italie, tels que lions, panthères, léopards, hyènes, chameaux, dromadaires, faucons blancs, hiboux barbus, etc. Pour la première fois il la donna en spectacle à l'assemblée de Ravenne en 1231. Afin d'ajouter à l'éclat et à la pompe de sa cour, il se fit accompagner par une partie de sa ménagerie dans son expédition d'Allemagne en 1235, et les habitants de l'Alsace accoururent en foule pour voir des dromadaires de l'Afrique couchés paisiblement dans les prairies aux environs de Colmar. Au siége de Brescia, c'étaient des chameaux et des dromadaires qui servaient avec les mulets à porter les bagages et les trésors de l'empereur. L'animal le plus curieux de cette ménagerie était un éléphant que le soudan d'Égypte avait donné à Frédéric, et qui se faisait remarquer par son intelligence et par sa douceur. En temps de guerre ou dans les cérémonies publiques, on plaçait sur son dos une tour carrée en bois, ornée d'une bannière à chacun des angles, avec le grand étendard de l'Empire au milieu. Suivant la circonstance, elle était occupée tantôt par des archers sarrasins, tantôt par des trompettes. L'empereur fit don de son éléphant à la ville de Crémone, ou du moins il le confia à la garde des habitants durant les intervalles de ses expéditions militaires. L'éléphant resta à Crémone de 1235 à 1248, et y mourut au commencement de cette dernière année. Les Crémonais le firent enterrer, se figurant que ses os comme ses défenses deviendraient de l'ivoire (2).

Parmi les habitudes privées de l'empereur Frédéric II, nous devons en rappeler une qui tint une grande place dans sa vie, son goût pour la chasse et surtout la chasse au vol, qu'il pratiquait en amateur éclairé, ayant étudié scientifiquement l'anatomie, les mœurs et la domestication

---

(1) *Grande chronique*, t. VI, p. 73.

(2) « *Mense januarii 1248 bestia quae vocabatur elephans in Cremona obiit ex abundantibus humoribus; cujus corpus sepelitum fuit ut ossa ad effectum avolii pervenirent.* » Chronic. de reb. in Ital. gestis, p. 215.

des nobles oiseaux employés à ce genre d'exercice. Nous savons aussi qu'il avait presque autant de confiance dans les médecins que dans les astrologues. Étant souvent malade, il s'était créé des règles d'hygiène qu'il prétendait imposer à ceux qui le touchaient de près : la diète, les saignées, l'usage très-fréquent des bains. Ses ennemis, prompts à tout dénaturer, l'accusaient de se soigner plus en musulman qu'en chrétien ; ils lui faisaient même un crime d'une habitude fort innocente, celle de se baigner le dimanche (1).

Son caractère offre les plus singuliers contrastes de grandeur et de petitesse, de mauvais instincts et de nobles qualités. Génie tout italien avec des mœurs orientales, Frédéric II nous apparaît en plein moyen âge comme un politique consommé, enclin trop souvent à la duplicité, prompt aux résolutions téméraires parce qu'il se faisait illusion sur sa puissance, mais habile à regagner par la ruse ce qu'il n'avait pu obtenir par la force. S'emparer avec adresse des châteaux qui appartiennent à des gens suspects, ne tenter de le faire que quand on est sûr de réussir, attirer à une entrevue sous quelque prétexte les personnes dont on se défie, et s'en saisir à petit bruit et sans scandale, telles sont les instructions que Frédéric II transmet à ses agents, et qui se trouvent consignées dans divers passages du *Regestum* (2). Aussi les écrivains ecclésiastiques lui prodiguent-ils les épithètes de *versipelles*, de *tortuosus coluber*, à l'exemple d'Innocent IV, qui lui appliquait ce vers de Virgile :

Quo teneam nodo mutantem Protea vultus.

---

(1) « *Quidam quoque aiunt eum per anni circulum quotidie jejunasse nisi semel in die comedendo, non intuitu divinae retributionis, sed corporalis conservandae causa sanitatis. Fertur insuper quod frequenter balneis usus fuerit diebus dominicis. Per hoc patet quod praecepta Dei et festa et sacramenta Ecclesiae irrita censuit et inania.* » Joh. Vitodur., ap. Eccard, Script., t. I, p. 1739.

(2) Le passage suivant est un des plus significatifs : « *De castro Cerri quod capere distulisti, tum quia dubitas scandalum posse oriri, tum quia inexpugnabile creditur et hominibus Campaniae ac aliis necessariis praemunitum, volumus et mandamus ut D. dominum ejus caute ad te voces aliquo negotio simulato, et si poteris eum capias et detineas quousque castrum tibi fecerit assignari*, etc. » Regest. fol. 36, ap. *Hist. diplom.*, t. V, p. 584.

Capitaine médiocre, mais législateur habile et justicier sévère, l'empereur souabe avait cela de commun avec le plus grand homme des temps modernes, qu'il voulait faire servir l'autocratie au triomphe de l'égalité devant la loi. Habile à discerner les aptitudes, il savait choisir les dépositaires de son autorité d'après le mérite, non d'après la naissance (1), mais il exigeait d'eux une obéissance absolue et brisait avec la plus grande facilité les instruments de sa politique dès qu'ils ne concouraient plus suffisamment à l'accomplissement de ses desseins. A la distance où nous sommes des événements et dans l'impossibilité où nous nous trouvons d'apprécier avec une entière équité les vrais motifs de la conduite de Frédéric II à l'égard de ses favoris, nous ne pouvons que nous étonner de la sévérité qu'il déploya envers le chancelier Gautier de Palearia, l'archevêque de Tarente, l'évêque de Cefalu (2), le duc de Spolète Rainald et le protonotaire Pierre de la Vigne, qui tous avaient été ses plus intimes confidents, et lui avaient rendu des services signalés. Mais il faut bien reconnaître que les souvenirs d'une vieille amitié, ou si l'on veut les liens de l'habitude, qui ont ordinairement tant d'empire sur le cœur des hommes même les plus puissants, ne désarmaient ni l'esprit soupçonneux ni les vues intéressées de Frédéric. Car l'argent si nécessaire au succès de ses vastes entreprises lui faisait souvent défaut, et les confiscations pour crime de lèse-majesté devenaient une source abondante de revenus (3). Un chroniqueur contemporain, Salimbene, lui attribue même cette vilaine parole : Jamais, disait-il, je n'ai nourri un porc que pour en avoir la graisse (4).

---

(1) « *Imperator non tam conditionem originis in omnibus quam virtutes moresque considerabat, cum illa sibi clarior videretur esse nobilitas quae ex moribus quam illa quae ex sanguine procedebat.* » Jamsilla, ap. MURATOR., Scriptor., t. VIII, p. 522.

(2) Voir sur la disgrâce de ces trois personnages, les détails que contient la lettre d'Honorius III à Frédéric II, *Hist. diplom.*, t. II, p. 594, 595.

(3) « *Ex adjectione quoque redituum de quibus proditorum nostrorum iniquitas eos propter offensam sponte destituit, obventionum nostrarum adauctus est cumulus.* » Petr. de Vin. epist., lib. II, cap. 10.

(4) « *Quinimo gloriabatur quod nunquam nutrierat aliquem porcum cujus non habuisset axungiam.* »

S'il est vrai que l'école du malheur forme les hommes, elle a souvent aussi pour résultat de laisser dans leurs âmes un levain de défiance et un penchant prononcé à la dissimulation. Entouré dès sa jeunesse d'intrigues et d'ambitions hostiles, Frédéric II fut rompu de bonne heure à la ruse et à la duplicité, comme Mithridate s'habituait aux poisons. Sans cesse occupé à prévenir ou à déjouer les embûches que lui préparait l'hostilité sourde ou avouée de la cour romaine, il excellait à se retrancher derrière des réticences ou des obscurités calculées qu'il est facile de signaler dans ses dépêches diplomatiques. Chez lui la politique était réduite en art et pratiquée comme une sorte d'escrime intellectuelle. Il aurait pu, dès le XIII° siècle, écrire le livre fameux où son compatriote Machiavel résumait en 1514 les principes de la science du gouvernement. Et cependant, quoiqu'il fût disposé à mépriser les hommes parce qu'il avait appris à les connaître, il se vit trahi, vers la fin de sa carrière, par ceux qu'il avait comblés de biens et d'honneurs.

La sévérité de Frédéric II dans la répression des crimes et même des simples délits était excessive; mais quand il s'agissait d'attentats dirigés contre son autorité ou contre sa vie, cette sévérité atteignait un degré de cruauté raffinée qui rappelle les excès des tyrans italiens du XV° siècle. Matteo di Giovenazzo raconte qu'il fut présent au mois d'avril 1250 à une exécution capitale qui eut lieu à Bari. Le gavaretto de cette ville et deux officiers sous ses ordres furent écartelés; Guillaume de Tocco, Léon de Sant-Angelo, un comte lombard, deux prisonniers florentins furent décapités en même temps pour avoir préparé ou facilité un plan d'évasion conçu par les captifs renfermés dans le château de Bari. Benvenuto d'Imola parle de chapes de plomb dont Frédéric II faisait revêtir les condamnés et qu'on exposait ensuite à l'action d'un feu ardent; il rapporte aussi, mais comme un ouï-dire, que l'empereur avait fait exécuter un de ses scribes pour avoir écrit son nom *Fredericus* au lieu de *Fridericus*. Sans attacher à ce témoignage plus d'importance qu'il n'en mérite, nous n'avons que trop de preuves de la facilité avec laquelle Frédéric faisait bon marché de la vie humaine. Les évêques, les prêtres, les religieux qui se signalaient par leur dévouement envers le pape, étaient en butte à son implacable ressentiment. Par ses ordres, l'évêque d'Arezzo fut décapité après avoir été traîné à la queue d'un cheval au milieu des huées et des outrages de la milice sarrasine. Un prêtre, condamné au supplice du feu, entonna sur le bûcher le chant du *Te Deum* et le continua jusqu'au verset *Te martyrum candidatus laudat exercitus;* les flammes alors étouffèrent sa voix. Un frère prêcheur, nommé Simon de Montesarculo, eut à souffrir dix-huit genres de tortures; entre les mains des bourreaux il ne cessa pas de chanter les louanges de Dieu (1). Nous pouvons citer encore deux exemples remarquables de la cruauté avec laquelle Frédéric II réprimait les révoltes; tous deux s'appliquent au royaume : l'un se place en 1233, à l'époque du soulèvement, excité par Martino Ballone, dans plusieurs villes de Sicile et notamment à Messine; le second en 1246, au moment de la conspiration de Tebaldo Francesco et du siège de Scala et de Capaccio. La première fois, l'empereur, à son arrivée en Sicile, réunit les principaux habitants de Messine dans la cathédrale de cette ville; il promit une amnistie générale, et après avoir désarmé la rébellion par ce moyen, il donna un libre cours à sa vengeance (2). Sous prétexte d'hérésie, ses ennemis politiques furent livrés aux flammes des bûchers; des villes entières furent détruites et les populations qui survécurent aux massacres furent ou déportées ou contraintes de changer de résidence. Les persécutions allèrent si loin que le pape adressa des remontrances à Frédéric et lui reprocha surtout de faire servir la religion à la satisfaction de ses inimitiés personnelles (3). En 1246, l'empereur se montra également impitoyable, et si l'on comprend qu'à la rigueur il n'ait épargné aucun de ceux qui avaient conspiré sa mort, rien ne peut excuser son acharnement contre les familles des conjurés. Des femmes, des enfants innocents furent cousus dans des sacs et jetés à la mer ou brûlés vifs ou condamnés à mourir de faim dans leurs prisons. Les cachots de Palerme gardèrent le

---

(1) *Vit. Gregor. IX*, ap. MURATOR., *Script.*, t. III, p. 587. — Salimbene, *Chronic.*, ad ann. 1248.
(2) *Hist. diplom.*, t. I, p. 905.
(3) Lettre du 15 juillet 1233, ap. *Hist. diplom.*, t. IV, p. 444.

secret de ces lentes agonies, et longtemps après on y retrouva les squelettes des victimes (1).

La cruauté de Frédéric II envers les femmes se concilie difficilement avec son goût immodéré pour les jouissances des sens, et l'auteur de la vie de Grégoire IX l'accuse d'avoir été étranger à cet instinct naturel qui chez les animaux porte le mâle à ménager la femelle de son espèce. Malgré les exagérations de l'esprit de parti, il paraît malheureusement avéré que Frédéric ne voyait dans la femme qu'un instrument de plaisir et qu'il était arrivé, par la satiété, à trouver dans les larmes qu'il faisait couler et dans le sang qu'il répandait un aiguillon pour des voluptés nouvelles (2). Les poésies chevaleresques, les strophes langoureuses qu'il composa en l'honneur du beau sexe étaient plutôt un tribut payé au goût de son temps et de son pays que l'expression de ses sentiments habituels. Au fond le despotisme oriental avec sa jalousie dédaigneuse et farouche réglait seul les rapports de Frédéric avec les femmes. Sur ce point il se trouvait d'accord avec son protégé le féroce Eccelin de Romano, qui se montrait encore plus impitoyable envers les femmes qu'envers les hommes. L'appui que l'empereur donna à ce tyran est une tache pour sa mémoire. D'après le serviteur on pouvait juger du maître.

Aux accusations de luxure, de perfidie et de cruauté qui s'élèvent contre le caractère de Frédéric II vient s'ajouter le crime d'impiété. Les écrivains ecclésiastiques considèrent ce prince comme un ennemi systématique de la religion chrétienne, et cette impression les entraîne peut-être à se tromper dans leurs jugements sur son compte. C'est là un sujet très-intéressant et très-délicat que nous nous proposons de traiter à part

---

(1) *Append. ad Galfr. Malat.*, ap. MURATOR., Script., t. V, p. 605. — FAZELLO, *De reb. Sicul., Poster. Dec.*, lib. VIII, p. 442.

(2) « *Rationale animal irrationali crudelius in eas poenarum exercet aculeos cum quibus sua lenocinia frequentavit . . . . . eis in quarum complexibus ponit animam, illectus pecunia non indulget. Hoc habet immerito crudelius quod masculus desaevit in masculum, sed feminis cauda lenimento blanditur . . . . . Afflictas virgines et adhuc parentum recenti sanguine cruentatas in consolationis remedium rex pius prostitutionis sibi conjungit abusu, ex emissarius indefessus in feminis non conjugatis, non solutis indulgens, aggreditur viribus quas non permittit assensus.* » *Vit. Gregor. IX*, ap. MURATOR., Script., t. III, p. 584.

dans le chapitre consacré aux tentatives réformistes de Frédéric II. Dès à présent nous ne croyons pas trop nous avancer en disant que l'empereur ne prétendit jamais rien innover en matière de foi et de dogme. Quelle que fût au fond son indifférence philosophique, elle n'influa point sur sa conduite comme souverain. Au contraire il voulait paraître plus jaloux que les papes eux-mêmes de la pureté de la tradition chrétienne. Il se donnait pour le vrai dépositaire de l'orthodoxie, pour le restaurateur de la primitive Église, et ce rôle convenait à son dessein secret, qui était d'élever autel contre autel. Il ne manquait aucune occasion d'attirer à lui par une dévotion extérieure le respect des populations. Le 27 juillet 1215, dans l'église d'Aix-la-Chapelle, à l'issue de la grand'messe, il fit déposer le corps de saint Charlemagne dans une châsse magnifique, enrichie de lames d'or et d'argent. Puis, déposant son manteau royal et prenant un marteau, il monta avec un ouvrier sur l'estrade en présence de l'illustre assemblée alors réunie pour la diète et enfonça de sa main les clous qui devaient fixer le couvercle de la châsse (1). En 1222, il demanda et obtint avec les marques d'une grande humilité son admission à la confrérie des moines de Casamara et sa participation à toutes les bonnes œuvres qui se faisaient dans le monastère (2). Pour témoigner sa dévotion envers le sanctuaire le plus révéré de l'Apulie, il fit, dans l'église de Saint-Nicolas à Bari, une fondation perpétuelle pour le cierge paschal du samedi saint (3). Le 1er mai 1236, à Marbourg, Frédéric voulut présider à la translation du corps de sainte Élisabeth, qui eut lieu en présence d'une multitude si considérable que Godefroi de Cologne l'évalue à douze cent mille âmes. Le premier il souleva le couvercle du sarcophage et plaça sur le chef de la bienheureuse veuve une couronne d'or qu'il avait tirée de son propre trésor. Il parut persuadé de la vérité des miracles qui frappèrent en cette occasion l'imagination de la foule, et il écrivit à ce sujet au frère Élie, successeur de saint François d'Assise, une lettre bien remarquable :

---

(1) *Hist. diplom.*, t. I, p. 395.
(2) *Hist. diplom.*, t. II, p. 240.
(3) BEATILLO, *Istor. dell. trasl. di S. Nicol. di Bari*, cap. 27.

« L'excellence impériale ne peut qu'être illustrée par les rayons de la gloire de notre royale cousine, car nous nous réjouissons que notre sauveur Jésus de Nazareth soit descendu de la race royale de David, et les livres de l'Ancien Testament attestent que l'arche d'alliance ne pouvait être touchée que par de nobles mains. Cependant nous prenons à témoin la source de toute vérité que ce n'est point la considération d'une parenté plus ou moins étroite, d'une naissance plus ou moins illustre, mais la dévotion seule qui nous fait proclamer ce que nous avons vu de nos yeux..... Si nous sommes fiers que de notre temps la puissance divine ait fait renaître les anciens miracles grâce aux mérites de la bienheureuse Élisabeth, la joie que nous en témoignons au point de vue des intérêts temporels est une preuve que nous aspirons à la gloire de la béatitude éternelle (1). » Depuis son excommunication il se montra d'autant plus assidu aux pratiques du culte catholique qu'il voulait réfuter par cette conduite les accusations de ses adversaires et faire croire à la pureté de sa foi. Les jours de grande fête il assistait dans les cathédrales aux offices divins, faisait prêcher devant lui, et recevait même le sacrement de l'eucharistie (2). Il mourut comme il avait vécu, jouant jusqu'au bout le rôle d'un monarque chrétien, assisté à ses derniers moments par l'archevêque de Palerme, et dictant un testament où se retrouvent les clauses qu'inspirait aux princes les plus fervents le désir de racheter leurs péchés : restitution de leurs biens aux ordres religieux, reconstruction des églises détruites, legs considérable pour la délivrance de la terre sainte, protestations de respect envers la sainte Église romaine, que Frédéric II continue d'appeler sa mère (3). Il voulut même, selon Matthieu Paris, revêtir à ses derniers

---

(1) « *Quod tamen aetatis nostrae temporibus, divina potentia beatae Elisabeth meritis antiqua miracula revocavit, vidisse gaudemus, utpote qui super hiis temporalem laetitiam agimus, ad aeternae beatitudinis gloriam aspiremus.* » Lettre inédite ; voir au supplément.

(2) « *Sacratissimum Christi corpus quod sano devotio nec egro necessitas suadebat, nunc de corpore praecisus Ecclesiae assumit sacrilegus.* » Vit. Gregor. IX, ap. MURATOR., Script., t. III, p. 585.

(3) « *In ipsis quidem mortis induciis..... sacrosanctam Romanam Ecclesiam matrem suam in corde contrito, velut fidei orthodoxae zelator, humiliter recognovit.* » Lettre de Manfred à Conrad pour lui notifier la mort de leur père, ap. BALUZE, Miscell., t. I, p. 475.

moments l'habit des Cisterciens, en signe de pénitence et conformément aux pratiques religieuses de l'époque (1). Aussi, lorsque Conrad fut instruit des circonstances de la mort de l'empereur, pouvait-il, sans craindre d'être contredit, écrire ce qui suit à Gerhard de Sintzig : « Notre père est allé où va toute créature; mais il est mort très-chrétiennement et même a fait, dit-on, en l'honneur de Dieu et en faveur de son Église, des dispositions telles qu'il faut plutôt se réjouir d'une si pieuse mort que s'en affliger davantage (2). »

Le testament de l'empereur dut être rédigé le samedi 10 décembre 1250, bien que les meilleures copies qui nous en restent portent la date du 17 (3). Cette date est erronée, puisqu'il est aujourd'hui hors de doute que Frédéric II expira le 13 décembre, jour de sainte Lucie (4). Depuis longtemps déjà il souffrait d'une irritation d'entrailles qui prit un caractère très-grave vers la fin de novembre. En se rendant de Foggia à Lucera, il fut obligé de s'arrêter au château de Fiorentino. On y dressa sa couche dans la chambre royale en adossant le lit au mur de la tour. Au milieu de

---

(1) « Se Deo commendans et ordini Cisterciensi; unde habitum Cisterciensium ante mortem, ut nobis suorum fidelium patefecit certa relatio, humiliter ac devote suscepit. » Hist. major Angl., ad ann. 1251, p. 543.

(2) « Viam universae carnis ingressum, qui sic christianissime obiit et in ea dispositione ad honorem Dei super latum (lisez super Ecclesiam) ejus dicitur obiisse quod de ipsius obitu merito gaudere poteris et ulterius non tristari. » Lettre du 20 mars 1251, ap. Tnoss, Westphalia, livr. du 9 juillet 1225, p. 12. Il est probable que Conrad n'avait pas encore reçu un exemplaire authentique du testament de son père.

(3) M. Pertz (Monum. Germ. hist., t. IV, p. 357), après avoir collationné les meilleurs textes de ce document, s'est arrêté à la leçon die sabbati septimo decimo. Les autres leçons qui portent tantôt le 4, tantôt le 7, tantôt le 13 décembre, doivent être écartées; ces différents jours du mois ne tombant pas un samedi, ce qui arrive au contraire pour le 17. Mais l'empereur étant mort le 13, il est très-probable qu'il dicta son testament le samedi précédent qui tombait le 10. Peut-être le texte primitif die sabbati decimo aura-t-il été altéré d'abord en die septimo decimo, puis le mot sabbati ayant reparu, aura-t-on laissé subsister la leçon vicieuse septimo. Des interpolations de ce genre se rencontrent fréquemment dans les copies successives de textes importants dont les originaux ont disparu.

(4) Cette date établie par les actes contemporains est confirmée par un témoignage irrécusable, celui du nécrologe de la cathédrale de Palerme, où l'anniversaire de Frédéric II, au 13 décembre, est inscrit en caractères du temps.

ses souffrances, une ancienne prédiction lui revint à l'esprit : « Vous mourrez près des portes de fer, lui avaient dit ses astrologues, dans une bourgade dont le nom contiendra le mot fleur, *fiore*. » Il fit alors examiner la construction de la tour et apprit qu'une porte en fer ménagée dans l'épaisseur de la muraille et masquée par la maçonnerie existait près de son lit. Il se prit à réfléchir et dit enfin : « La prédiction est accomplie; que la volonté de Dieu soit faite. C'est ici le terme de ma vie (1). » Le 9 décembre, le bruit se répandit que l'empereur était hors de danger. Le 12 au soir il mangea des poires avec du sucre et annonça l'intention de se lever le lendemain matin. Mais ce jour-là même il rendit le dernier soupir.

Manfred s'empressa de notifier aux villes du royaume la mort de son père et de tout préparer pour les funérailles. « Le 28 décembre, dit l'historien Matteo, j'appris que le corps de l'empereur, qu'on portait à Tarente, allait passer, et je me rendis à Bitonto pour le voir. Il était déposé dans une litière recouverte d'un drap cramoisi; la garde sarrasine à pied l'entourait avec six compagnies de cavaliers armés de toutes pièces. Ils marchaient tristement, pleurant l'empereur dans tous les lieux où ils passaient. Un grand nombre de barons vêtus de noir et les syndics des villes du royaume fermaient le cortége (2). » D'après ce récit, les restes de Frédéric furent conduits de Fiorentino à Tarente par une route plus voisine du pied des Apennins que celle habituellement suivie de nos jours; ils durent traverser Cirignola, Canosa, Bitonto et Gioja. Le cercueil embarqué à Tarente arriva à Messine le 13 janvier suivant et fut quelque temps exposé dans la principale église de Patti (3). On le transporta enfin dans la cathédrale de Palerme, où Frédéric II fut enterré à côté de son père Henri et de sa mère Constance, conformément au vœu qu'il avait exprimé dans son testament. L'archevêque Berardo, chargé de ce soin par l'empereur mourant, lui fit élever un beau mausolée en porphyre (4) avec cette épitaphe :

---

(1) *Franc. Pipin. Chronic.*, ap. MURATOR., *Script. rer. Ital.*, t. IX, p. 660.
(2) *Diurnali*, § 33, avec le Commentaire de M. le duc de Luynes.
(3) *Append. ad Galfr. Malaterram*, ap. MURATOR., *Script.*, t. V, p. 605.
(4) Ce monument se compose d'une urne oblongue de grande dimension, soutenue sur des

SI PROBITAS, SENSUS, VIRTUTUM GRATIA, CENSUS,
NOBILITAS ORTI POSSENT RESISTERE MORTI,
NON FORET EXSTINCTUS FREDERICUS, QUI JACET INTUS.

Cette épitaphe n'est-elle qu'une impudente flatterie ou exprime-t-elle, d'une manière assez exacte, l'opinion des contemporains? On a pu voir que nous n'avons dissimulé aucun des vices de Frédéric II et que même nous avons poussé jusqu'au scrupule la crainte d'encourir le reproche de partialité pour notre héros. Cependant s'il inspire de l'éloignement par son caractère et par ses mœurs, il attire aussi par les côtés brillants de son esprit, par la hardiesse de ses vues et par les élans d'une générosité naturelle que les habitudes d'un despotisme tout oriental n'avaient pu entièrement étouffer en lui. On le vit quelquefois, alors qu'on le croyait le plus irrité, pardonner à des villes entières que le sort des armes lui avait livrées. Il savait entendre raillerie et subissait sans en être offensé les critiques qui étaient inspirées par un dévouement sincère. Il avait une grande estime pour les savants et les lettrés, cherchant à gagner ceux qui lui étaient contraires, encourageant avec magnificence ceux dont le concours jetait de l'éclat sur son règne. En lutte avec les préjugés de son temps, cet esprit altier était l'esclave de l'opinion publique, qu'il aurait voulu éclairer et diriger dans des voies nouvelles. Frédéric II put être un méchant homme : il fut un grand souverain. Ses contemporains, et les plus hostiles, sont d'accord sur ce point. Ses revers même, dont les conséquences n'étaient point alors prévues, n'avaient pu diminuer l'idée

---

lions dont les queues s'entrelacent et qui ont des prisonniers ou des vaincus engagés à mi-corps entre leurs pattes. Sur le couvercle sont sculptées diverses figures : à la tête un fleuron et une tête de lion tenant dans la gueule un anneau, aux pieds une couronne et une croix. Les deux faces latérales du sarcophage sont ornées de trois médaillons représentant les figures emblématiques de trois évangélistes; six colonnes d'un modèle élégant, élevées sur trois marches, supportent un dôme ou toit. Ce dôme est en porphyre comme le reste, mais il paraît avoir été restauré à une époque postérieure. En 1781 on ouvrit le caveau sépulcral et on trouva intact le corps momifié de Frédéric enveloppé de ses vêtements impériaux, dont Gregorio nous a conservé le curieux inventaire. *Discorsi*, t. II, p. 24 et 48. Cf. DANIELE, *i Reg. sepolcr. di Palermo*, p. 100 et suiv.

qu'on se faisait de sa puissance et de ses ressources. Jamsilla, d'accord avec l'épitaphe inscrite sur le tombeau de l'empereur, disait de lui qu'il avait été invincible pour tous et que la mort seule avait pu l'abattre (1). L'imagination des hommes hésitait à croire qu'un prince qui avait si longtemps occupé la renommée eût pour jamais disparu du monde. En Italie comme en Allemagne, divers imposteurs usurpèrent son nom et trouvèrent encore plusieurs années après sa mort un nombre incroyable de partisans. En 1257, des marchands de San-Gemignano en Toscane promettaient de livrer à un orfèvre de cette ville soixante mesures de grains quand il serait notoire que l'empereur Frédéric II, qu'on disait mort, était bien réellement vivant (2).

Frédéric était de taille moyenne et bien proportionné, quoiqu'il eût pris de l'embonpoint en vieillissant. Il avait de beaux traits, la physionomie agréable et des cheveux blonds tirant sur le roux, comme son père et son grand-père (3). L'historien arabe Iafeï, qui le vit à la croisade en 1229, fait de lui un portrait moins favorable quand il dit : « L'empereur était roux et chauve; il avait la stature petite, la vue faible. S'il avait été mis en vente comme esclave, on n'en aurait pas donné deux cents drachmes (4). » Mais on sait que les Orientaux se font d'autres idées que nous sur les conditions de la beauté physique. Le portrait de Frédéric II tracé sur ses augustales, est le seul qui paraisse reproduire assez exactement sa ressemblance, même en admettant que le graveur, dans l'état alors si imparfait de l'art, se soit inspiré des médailles antiques. La tête de Frédéric gravée sur sa troisième bulle d'or est aussi à nos yeux un portrait

---

(1) « *Qui omnibus fuerat insuperabilis, solius mortis legi succubuit.* »

(2) « *Cum constiterit vel notorium fuerit imperatorem Fredericum, qui mortuus esse dicitur, filium quondam imperatoris Henrigi et patrem olim regis Conradi, vivum esse*, etc. » Actes notariés cités par M. Bonaini dans ses notes sur Roncioni, *Istorie Pisane*, ap. *Archiv. Stor. Ital.*, t. VI, parte I, p. 523, note 1.

(3) Nous réunissons ici les trois témoignages qui nous semblent les plus décisifs, ceux de Salimbene, de Ricobaldo de Ferrare et de Benvenuto d'Imola : « *Pulcher homo et bene formatus et mediae staturae. — Fuit autem Fredericus non procerus, obesus corpore, subrufus. — Fuit staturae communis, facie laetus, colore subrufus, habens membra quadra.* »

(4) *Chronique d'Iafeï*, citée dans la *Bibl. arabe des Croisades*, de M. Reinaud, t. IV, p. 24

PARTIE HISTORIQUE. ccv

qui le représente dans la fleur de la jeunesse. Mais les proportions très-exiguës de cette tête vue de face ne permettent guère d'en bien saisir les traits distinctifs. On sait que l'empereur avait fait placer sa statue à l'entrée du château de Capoue. La tête de cette statue a été conservée sans avoir subi de graves mutilations, et la pierre gravée possédée par M. de Raumer, qui est une réduction du profil, répond assez bien à la description que nous fournissent les auteurs contemporains. Enfin la tête sculptée sur l'une des colonnes du portail de l'église *della Porta Santa* à Andria construite en 1253 (1), sculpture qu'une tradition constante présente comme étant le portrait de Frédéric, ne s'éloigne pas non plus du tableau précédemment tracé, bien que ce bas-relief soit traité d'une façon plus grossière que la statue de Capoue. De cet ensemble de témoignages et de monuments iconographiques, on peut se faire une idée suffisante de la physionomie et de la tournure de Frédéric II (2); mais nous ne croyons pas qu'il faille tenir compte des portraits de ce prince qui se trouvent en tête de divers manuscrits du livre *De avibus* dans les bibliothèques de Bruxelles, de Saint-Gall et du Vatican. Ces miniatures paraissent être des dessins de pure fantaisie (3).

Frédéric II eut de sa première femme, Constance, un fils né en 1212, qui fut Henri VII, élu roi des Romains en 1220, et dont nous rappellerons l'histoire et la fin tragique dans le chapitre consacré aux affaires de l'Allemagne. Sa seconde femme, Isabelle de Brienne, donna le jour à Conrad, né en 1228, élu roi des Romains en 1237, et dont le règne, jusqu'en 1250, appartient aussi à notre sujet. Isabelle d'Angleterre, troisième femme de l'empereur, eut plusieurs enfants, dont deux survécurent à leur mère :

---

(1) Voy. nos *Recherches sur l'hist. des Normands et de la maison de Souabe*, pl. XXIX et p. 116.

(2) Il est malheureux que par la superposition de deux autres corps placés plus tard dans le tombeau de Frédéric II, le visage de l'empereur ait subi une déformation presque complète. Sans cette circonstance, on aurait certainement à l'ouverture du sarcophage reconnu les traits principaux de sa figure. Voyez la planche Q dans l'ouvrage de Daniele, cité plus haut.

(3) Robolini parle encore d'un portrait de Frédéric qui aurait été conservé dans l'ancienne Chambre des notaires de Pavie. Nous avons fait de vaines recherches pour en retrouver la trace.

1° Marguerite, née en 1237, fiancée d'abord au landgrave de Hesse Hermann, puis à l'âge de six ans à Albert, fils du margrave de Misnie. Ce mariage, convenu dès l'an 1243, ne fut consommé qu'en 1256 à cause de la grande jeunesse d'Albert. 2° Henri, né le 18 février 1238, vice-roi titulaire de Sicile en 1247, mort au mois de décembre 1253.

Parmi les nombreux fils naturels de l'empereur, Enzio paraît avoir été l'aîné, et il figure en effet le premier sur la scène politique. Nous savons qu'il était âgé de dix-huit ans à l'époque où il fut armé chevalier par son père et où il épousa Adelasie de Sardaigne, c'est-à-dire en octobre 1238; ce qui placerait sa naissance à l'année 1220. Cette circonstance donne lieu de penser qu'il avait pour mère une Allemande (1) et qu'il fut conçu pendant le premier séjour de Frédéric en Allemagne, c'est-à-dire antérieurement au mois de septembre 1220. Cependant Pipino, qui écrivait au quatorzième siècle d'après d'excellents mémoires, contemporains du règne de Frédéric II, dit qu'Enzio était fils d'une femme de Crémone, et la tournure italienne du nom de ce prince (*Hentius*, altération familière de *Henricus*) semble aussi prouver que les Italiens le considéraient comme un compatriote. Quoi qu'il en soit, il est hors de doute que l'opinion qui donne à Enzio la même mère qu'à Manfred, est complètement erronée.

Frédéric II eut pour ce fils une affection toute particulière. Il retrouvait en lui non-seulement les traits de son propre visage, mais aussi ses goûts personnels pour les nobles délassements de l'esprit et du corps. Enzio savait chanter et rimer comme un *trovatore*; il maniait l'arc aussi bien que le plus adroit archer sarrasin; il excellait dans l'équitation et dans l'escrime, et montrait en toute occasion une valeur intrépide. Nommé en 1239 légat général de l'Empire en Italie, Enzio remplit avec gloire pendant dix ans cette importante fonction, jusqu'au jour où le hasard des batailles le fit tomber entre les mains des Bolonais.

Enzio ne laissa que des filles nées durant sa longue captivité de son commerce avec une Bolonaise qui lui avait été donnée pour compagne. Il

---

(1) *Cestui Ance, fil de l'empereor, ... si fu fil d'une haute dame d'Alemaigne, et l'avoit fait roi de Sardaine,* dit un des continuateurs de Guillaume de Tyr qui écrivait vers l'an 1300.

ne paraît pas avoir eu d'enfants issus de ses deux mariages ; le premier avec Adelasie, le second avec une nièce d'Eccelin, qu'il avait épousée en 1247 après avoir répudié Adelasie (1). L'aînée des filles d'Enzio, Hélène, épousa le comte de Donoratico et en eut deux fils, Henri et Ugolin, à qui leur grand-père légua par son testament tout ce qui lui appartenait en Sardaigne, dans la Lunégiane et le pays de Gênes. Deux autres filles d'Enzio, appelées Magdeleine et Constance, sont aussi mentionnées dans le testament de ce prince et recommandées par lui au roi de Castille, l'un de ses exécuteurs testamentaires. Enzio mourut le 14 mars 1272 dans sa prison, à Bologne, après vingt-trois ans de captivité ; la commune lui fit faire de pompeuses funérailles et lui érigea un tombeau magnifique dans l'église de Saint-Dominique.

Frédéric, surnommé d'Antioche, est dans l'ordre des dates le second des fils naturels de l'empereur qui ait joué un rôle historique. On ne sait rien de positif sur son origine. L'opinion qui lui donne pour mère une fille du prince d'Antioche appelée Béatrix, et qui le fait naître en Syrie pendant la croisade de l'empereur, en 1229, ne repose à nos yeux sur aucune donnée certaine. Il figure pour la première fois dans le *Regestum*, à la date des mois de février et mars 1240, comme résidant à Andria, investi d'un apanage dans l'Abruzze (2), déjà marié et adressant des réclamations à son père contre la conduite de ceux qui administraient ses terres (3) : ce qui ne conviendrait guère à un enfant de onze ans. De plus, il ne porte pas alors le surnom d'*Antioche*, qui dut lui être donné plus tard, probablement parce qu'il avait à exercer sur la principauté d'Antioche des prétentions dont la cause nous est inconnue. Les auteurs de l'*Art de vérifier les dates* prétendent qu'il avait épousé Marie, fille de

---

(1) Il est probable qu'Enzio répudia Adelasie parce qu'elle était rentrée en grâce auprès de l'Église romaine et qu'en 1245 elle avait placé de nouveau ses États sous la suzeraineté du saint-siége. Le fait de cette répudiation n'a pas laissé de traces ; mais le second mariage d'Enzio est établi par les lettres mêmes de Frédéric II. Adelasie figure encore comme reine de Torres et de Galluri, dans une lettre inédite d'Alexandre IV, en date du 12 août 1255.

(2) Le siége de son fief était à Pettorano, près de Sulmona.

(3) *Hist. diplom.*, t. V, p. 747, 849, 864 et 877.

Bohémond IV, et cependant nous savons par des témoignages positifs que sa femme s'appelait Marguerite, qu'elle appartenait à une noble famille de Rome et lui avait apporté en dot, entre autres biens, le château de Saracinesco, situé sur la frontière, du côté de Tivoli. En juillet 1245, Frédéric d'Antioche fut armé chevalier par son père et investi l'année suivante du vicariat général en Toscane, qu'il conserva jusqu'à la mort de Frédéric II. Il fut aussi plusieurs fois podestat de Florence, qu'il réussit à maintenir dans le parti gibelin. Frédéric est en outre appelé comte d'Alba dans une lettre de l'empereur du mois d'août 1247. En 1248, une chronique contemporaine et une pièce authentique lui donnent même le titre de roi; ce qui est expliqué par ce passage de Barthélemy de Neocastro : « L'empereur, son père, l'établit *roi de Toscane* et ne lui refusa pas la principauté d'Antioche; mais la mort de l'empereur étant survenue, il ne put être reconnu officiellement roi. » Frédéric d'Antioche fut créé ou confirmé par le roi Conrad en qualité de comte d'Alba, de Celano et de Loreto. Il mourut peu de temps après le couronnement de Manfred, en 1258, laissant un fils, Conrad d'Antioche, qui se signala par son dévouement pour la personne et la cause de l'infortuné Conradin.

Manfred, fils de Bianca Lancia, né en 1232, fut élevé par l'empereur avec un soin tout particulier. Il figure pour la première fois dans les actes officiels à la date du 21 avril 1247, époque où Gautier d'Ocra alla négocier à Chambéry son mariage avec Béatrix, fille du comte de Savoie et veuve du marquis de Saluces. Par le contrat, ratifié le 8 mai suivant, Frédéric II assignait en dot au jeune prince toute la terre depuis Pavie jusqu'aux Alpes et au rivage de Gênes, avec promesse de lui donner aussi le royaume d'Arles. La révolte de Parme ayant empêché la conclusion immédiate de ce mariage, l'empereur garda son fils auprès de lui pendant le siége de la ville rebelle, et ce fut seulement à la fin de l'année 1248, durant le séjour de Frédéric II à Verceil, que Manfred épousa définitivement Béatrix de Savoie (1). Plus tard, en août ou en septembre 1250, les événements ne permettant plus d'établir Manfred dans la haute Italie,

---

(1) *Chronic. de reb. in Ital. gestis*, p. 213 et 218.

l'empereur l'investit de la principauté de Tarente, et trois mois après, par son testament, il lui conféra aussi les comtés de Montescaglioso, de Tricarico et de Gravina, avec l'honneur de Monte Sant-Angelo qu'il avait jadis assigné pour douaire à Bianca en l'épousant. C'était lui constituer dans le royaume un royaume particulier composé de la terre d'Otrante, d'une partie de la Basilicate et de la terre de Bari. En effet, Frédéric II regardait Manfred comme son fils légitimé. Les clauses et les termes de son testament le prouvent assez, puisque, dans cet acte solennel, il ne faisait aucun avantage à ses enfants naturels et s'abstenait même de les nommer, tandis qu'il appelait le fils de Bianca à lui succéder dans la totalité de ses États siciliens si Conrad et Henri mouraient sans postérité. Au reste, Manfred lui-même, loin de rougir de sa naissance, en tirait presque vanité. Devenu roi, il força un jeune gentilhomme à épouser une fille d'humble condition que celui-ci avait rendue mère, et faisant allusion à sa propre origine, il lui dit pour le consoler, que tous les fils qui naissaient d'un commerce amoureux étaient destinés à de grandes choses (1).

Manfred n'eut de Béatrix qu'une fille, Constance, mariée le 13 juin 1262 à Pierre, héritier du trône d'Aragon. En 1259, il épousa en secondes noces Hélène, fille du despote d'Épire, qui lui donna une fille et trois fils. La femme et les enfants de Manfred, enveloppés dans sa ruine, languirent et moururent en prison, à l'exception de sa fille Béatrix, qui fut mise en liberté par Charles d'Anjou, en 1284, et de son second fils, Frédéric, qui réussit à s'échapper et à se sauver en Égypte. Ce descendant de l'empereur Frédéric II paraît avoir mené une vie errante. L'histoire n'a pas suivi sa trace; on sait seulement par un acte authentique qu'il se trouvait en 1309 à la cour d'Édouard II, roi d'Angleterre, et que ce prince écrivit alors à Philippe le Bel (2) pour lui demander un sauf-conduit en faveur de Frédéric, fils de Manfred, jadis roi de Sicile, lequel désirait se rendre en France auprès du pape.

---

(1) « *Et che tutti li figli che nascono per amore riescono huomini grandi.* » MATTEO DI GIOVEN., *Diurnali*, paragr. 139.

(2) Acte transcrit par Bréquigny dans le supplément de Rymer, et publié par M. Champollion-Figeac, *Lettres des rois et reines*, t. II, p. 33.

On connaît encore un quatrième fils naturel de Frédéric II, nommé Richard, qualifié de comte de Chieti et qui fut probablement investi de ce fief vers 1245, après la mort du comte Simon, qui avait longtemps et fidèlement servi l'empereur. En 1247, ce fils était en âge de commander une armée, puisqu'il battit près de Cività Nuova, dans la marche d'Ancône, les troupes pontificales conduites par les émigrés napolitains. En 1248 et 1249, il figure dans les actes avec le titre de vicaire général de l'Empire dans la marche d'Ancône, le duché de Spolète et la Romagne (1). Après la mort de l'empereur il disparaît de l'histoire, ou du moins nous ne saurions dire s'il continua de jouer un rôle politique.

Parmi les filles naturelles de l'empereur Frédéric II, nous citerons celles dont le souvenir a été conservé par des témoignages authentiques : 1° Selvaggia, mariée le 22 mai 1238 à Eccelin de Romano et qui dut mourir avant 1243, époque où Eccelin se remaria avec une fille ou une sœur de Gualvano Lancia; 2° Violante, qui épousa en 1239 à Andria, Richard, comte de Caserta, de la maison d'Aquino. Au rapport de Salimbene, cette princesse exerçait une certaine influence sur l'esprit de Frédéric II (2). 3° Une autre fille, dont le nom est inconnu, mariée à la même époque ou un peu plus tôt à Thomas d'Aquino, comte d'Acerra. 4° Constance, fille de Bianca Lancia et sœur de Manfred. Frédéric II la donna en mariage en 1244 à Vatacès, empereur de Nicée, pour s'assurer de son alliance. Cette union réprouvée par le pape ne fut pas considérée comme légitime, parce que Vatacès était déjà engagé dans les liens d'un précédent mariage (3); en tout cas elle ne fut pas heureuse. Constance, après la mort de Vatacès, fut rappelée par Manfred en Apulie, et elle obtint de Charles d'Anjou en

---

(1) Acte du 3 juillet 1249, indiction 7, « *in praesentia domini Vinceguerrae de Ursacia judicis imperialis curiae in Marchia per dominum Riccardum, domini imperatoris filium, comitem Theatinum, sacri imperii in Marchia, Ducatu et Romaniola vicarium generalem,* » cité par Compagnoni, *La reggia Picena*, p. 110.

(2) Cf. Raumer, *Geschichte der Hohenstaufen*, t. III, p. 617.

(3) « *Domina Constantia quae tradita fuit nuptui Bataçio imperatori Constantinopolis, licet nonnulli suspectum dicant matrimonium ipsum eo quod durante praecedente matrimonio sibi eam post partus habitos copulavit.* » Barth. de Neocastro, ap. Muratori., *Script.*, t. XIII, p. 1045.

1269 la permission de se retirer en Aragon, où elle mourut. 5° Une fille qui fut donnée par l'empereur à Jacomino de Carretto, seigneur puissant en Piémont. Le mariage fut célébré à Crémone dans les premiers jours de mai 1247. Quelques historiens nomment cette fille Catherine. Nous ne savons si elle est la même que 6° Catherine de Marrano, qu'Enzio, dans son testament, en 1272, appelle *sa très-chère sœur, fille du sérénissime empereur Frédéric*, et à laquelle il lègue deux mille livres bolonaises. 7° Blanchefleur, qui renonça au monde et se fit religieuse dans le couvent des dominicaines de Montargis. Elle y mourut le 20 juin 1278; l'épitaphe qui se lisait encore sur son tombeau au xviie siècle est rapportée par les auteurs du *Gallia christiana* et par les historiens du Gâtinais. Albéric des Trois-Fontaines nous parle d'un fait analogue à propos d'un fils et d'une fille de Guillaume, roi d'Écosse, qui s'étaient échappés de la cour pour entrer en religion. Ce nom de Blanchefleur (Blankeflors), que les romans de chevalerie avaient mis à la mode, était assez commun sur les bords du Rhin, et il y a quelque lieu de croire que cette fille de Frédéric II était née en Allemagne. Au fond de sa retraite de Montargis, Blanchefleur put méditer sur les grandeurs et les misères de sa race et prier pour les âmes de tous ses parents qui la précédèrent dans la tombe.

CHAPITRE II.

DE L'ALLEMAGNE SOUS LE GOUVERNEMENT DE FRÉDÉRIC II ET DE SES FILS.

En 1196, l'empereur Henri VI avait fait élire, en qualité de roi des Romains, son fils Frédéric, qui n'avait pas encore deux ans et n'était point baptisé, et il lui avait fait prêter serment de fidélité par les princes de l'Empire. Mais aussitôt après la mort de Henri, l'anarchie se déchaîna en Allemagne. Philippe de Souabe, frère de l'empereur défunt, et Othon de Brunswick, chef du parti guelfe, prétendirent tous deux à la couronne impériale. Le pape Innocent III, tenant pour non avenue l'élection de Frédéric II, se déclara d'abord pour Othon; puis, cédant aux circonstances, il se disposait à reconnaître Philippe, lorsque celui-ci fut assassiné à Bamberg le 21 juin 1208. Le pape en revint alors à Othon, l'appela en Italie, lui donna la couronne impériale. Puis, voyant en lui un fils ingrat qui voulait conquérir le royaume de Sicile pour tourner ensuite toutes ses forces contre l'Église sa mère, il le déposa, et réussit à mettre à sa place le jeune prince obscur et pauvre qui avait vécu jusqu'alors confiné par les factions dans l'enceinte du palais de Palerme.

Depuis son arrivée en Allemagne, au mois de septembre 1212 jusqu'à la mort de son rival Othon (19 mai 1218), Frédéric II s'efforça de consolider son pouvoir plutôt par la pacification des esprits que par la force des armes. Sauf son expédition contre les partisans d'Othon au delà de la Moselle en 1214 et une courte campagne en Lorraine au mois de mai 1218, on le voit surtout occupé de se concilier les princes et les villes de l'Empire par de nombreux priviléges et par d'abondantes largesses. Malgré sa grande jeunesse, Frédéric donne dès lors la mesure de son habileté politique. Pour se servir des hommes il rassure leurs intérêts et ménage leurs passions. Les auteurs allemands contemporains nous dépeignent sous de tristes couleurs la moralité de cette époque; partout des hommes violents, perfides, prêts à se jouer des serments les plus saints dès qu'ils trouvaient quelque profit à les trahir, besogneux et prodigues, âpres au gain et au pillage, foulant aux pieds la justice (1). Philippe avait acheté l'Empire en sacrifiant les biens de sa maison, Othon en prodiguant l'argent anglais; l'argent français fut aussi le principal auxiliaire de Frédéric II, et plus tard Henri Raspe et Guillaume de Hollande ne réussirent qu'avec les subsides du pape. Une barbarie corrompue régnait donc en

---

(1) « *Henrico imperatore procurante, Alemanni in terram promissionis venerunt, bellicosi, crudeles, expensarum prodigi, rationis expertes, voluntatem pro jure habentes.* .... — *Alemanni qui omnem justiciam detestantur et odio habent et tantum bonis et honoribus suis insidiantur ad invicem, et quod deterius est, his deficientibus, execrabilibus se occidunt vulneribus.* » Chronic. Ursperg., p. 304 et 306. — « *Direptiones et praedae, occupationes regalium quae a comitibus et castellanis coeperant exerceri, argumentum maleficii commissi validum inducebant.* » Lettre du cardinal d'Ostie, ap. *Innocent. III Epist.*, édit. Baluze, t. I, p. 752. « *Et quia venales manus invenerat, multa pecunia eos ad hoc induxit et conduxit ut domino suo haereditario, scilicet landgravio, publice renuntiarent.* » Chronic. Sampetr., ad ann. 1211.

Allemagne, tandis que l'Italie, comme nous le verrons, offrait l'image d'un autre genre de corruption, moins brutale il est vrai, mais plus savante et plus raffinée. C'est à ce point de vue et non pas avec nos idées modernes qu'il faut juger la conduite de Frédéric II. Moralement il ne valut pas mieux que les hommes de son temps; mais il les dépassa de beaucoup par la hauteur de ses vues et la supériorité de son esprit.

La mort d'Othon fit cesser toutes les résistances en Allemagne, sauf l'opposition de Henri, duc de Saxe, comte palatin du Rhin et frère aîné du défunt. Ce prince refusant de rendre les ornements impériaux déposés entre ses mains, Frédéric fut obligé de s'adresser au pape Honorius, dont l'intervention décida Henri à se soumettre. Au mois de juillet 1219, il vint à la diète de Goslar, restitua les ornements impériaux (1), et reçut en récompense le titre de vicaire général de l'Empire (2). A cette époque Frédéric II parlait sans cesse d'effectuer la croisade à laquelle il s'était engagé en 1215, et quoiqu'il trouvât de continuels prétextes pour retarder son départ, il voulut donner une satisfaction à Honorius en désignant un vicaire qui devrait le remplacer pendant son absence. Mais en réalité Frédéric avait d'autres vues. Il espérait faire nommer roi des Romains son fils Henri, qu'il avait fait venir de Sicile en Allemagne peu de temps après la mort d'Innocent III; et il y réussit en effet en endormant les défiances du pape et en feignant d'avoir eu la main forcée par la volonté des électeurs (3). Un enfant de huit ans devint le souverain de l'Allema-

---

(1) Après son couronnement Frédéric II renvoya en Allemagne les insignes impériaux, qui furent déposés au château de Waldburg, sous la garde du sénéchal Éberhard. Le couvent de Weissenau, voisin de Waldburg, dut fournir deux chanoines chargés de veiller constamment sur ce précieux dépôt. *Chronic. Ursperg.*, ad ann. 1221.—*Cod. tradit. Weissen.*, p. 262. Plus tard ils furent transportés au château de Trifels, et gardés en ce lieu avec des reliques et d'autres objets précieux. Un acte de Conrad, du 17 septembre 1246, constate qu'à cette époque Isengarde, femme de son sénéchal Philippe de Falkenstein, lui en avait fait la remise.

(2) « *Coram nobis fungentibus vice gloriosi domini nostri Friderici Romanorum regis et semper augusti necnon regis Siciliae, secundum plenitudinem jurisdictionis nobis datae ab ipso Goslariae.* » Acte du duc Henri, daté du 7 novembre 1219, ap. *Hist. diplom.*, t. I, p. 699.

(3) « *Ex insperato praesentes principes et maxime illi qui prius promotioni dicti nostri filii obviarant, nobis insciis et absentibus elegerunt eumdem.* » Lettre de Frédéric au pape,

gne, et le duc de Saxe échangea son titre de vicaire contre celui de légat, qui lui conféra plutôt des droits honorifiques qu'une autorité réelle.

L'élection de Henri VII avait eu lieu le 26 avril 1220. Avant de repasser les Alpes pour aller se faire couronner à Rome, Frédéric II confia la tutelle de son fils à un conseil composé d'évêques et de plusieurs grands officiers (1), et, après son couronnement, il lui donna pour gouverneur et pour administrateur de l'Empire l'archevêque de Cologne Engelbert (2). Ce prélat, distingué par son mérite et par ses bonnes mœurs, paraît avoir pris la direction politique de l'Allemagne à partir du mois de mai 1221, et il l'exerça avec gloire jusqu'au 7 novembre 1225, jour où il tomba sous les coups d'une bande d'assassins soudoyés par son propre neveu. Godefroi de Cologne l'appelle le père de la patrie et l'honneur de la Germanie. En effet le meurtre d'Engelbert fut aussi funeste pour l'Allemagne que l'avait été celui de Philippe de Souabe, que le fut plus tard celui d'Albert d'Autriche. Aux époques de troubles et de luttes intestines, c'est une calamité publique que la mort de l'homme sur qui reposent les plus chers intérêts de la société.

Nous ne pouvons qu'indiquer ici les faits principaux qui se rattachent à l'administration d'Engelbert. Il présida au couronnement du jeune roi célébré à Aix-la-Chapelle le 8 mai 1222 et différé jusque-là parce qu'il fallait attendre le consentement du pape, que Frédéric II obtint probablement aux conférences de Veroli. Dans les cours plénières de Nordhausen (août 1223) et de Bardewik (septembre 1224) il travailla activement à la délivrance du roi de Danemark et de son fils, qui avaient été faits prisonniers en trahison par le comte de Schwerin. L'empereur, qui pré-

ap. *Hist. diplom.*, t. I, p. 803. Nous reviendrons sur ce point dans le chapitre consacré aux relations de Frédéric II avec le saint-siége.

(1) Voy. plus haut, p. CLIX.

(2) « *Friderico rege ab Honorio in imperatorem coronato, cum intrasset regnum Siciliae, audita archiepiscopi sibi in Alemannia bene noti probitate, per litteras imperiales regni negotia citra Alpes illi commisit, Henrici filii sui eum constituens tutorem et totius regni Romani per Alemanniam provisorem.* » Ces. Heisterb., *Vit. Engelb.*, ap. BOEHMER, *Fontes*, t. II, p. 299. « *Cui gubernationem in partibus Germaniae nec non tutelam filii nostri Henrici commisimus.* » Acte de Frédéric II, du mois de mars 1222, ap. *Hist. diplom.*, t. II, p. 233.

tendait que Waldemar avait usurpé les droits de l'Empire, demandait qu'il fût remis entre ses mains (1). Engelbert refusa de s'associer à cette politique; mais il eut soin de faire introduire dans le traité conclu entre le roi de Danemark et le comte de Schwerin toutes les clauses qui pouvaient le mieux protéger les pays allemands contre les envahissements de l'ambition scandinave (2). Il conduisit le jeune roi aux conférences de Toul, où le roi de France Louis VIII se présenta avec ses conseillers (novembre 1224). Mais, quoiqu'il connût parfaitement le désir qu'avait Frédéric II de consolider l'alliance française, il évita de se prononcer pour elle, persuadé que les intérêts commerciaux des provinces rhénanes rendaient préférable l'alliance de l'Angleterre. Enfin il rompit toutes les négociations entamées avec les cours étrangères pour le mariage de Henri VII et prépara son union avec Marguerite, fille du puissant duc d'Autriche, union qui rattachait à son pupille l'Allemagne orientale. L'assassinat dont l'archevêque fut victime ne mit point obstacle à ce mariage, qui fut célébré à Nuremberg quelques jours après sa mort.

Durant sa trop courte administration, Engelbert eut une politique indépendante et tout allemande; il éleva le jeune roi, « qu'il soignait comme son fils et qu'il honorait comme son maître, » dans des idées qui ne furent pas sans influence sur la conduite ultérieure de Henri VII. L'Allemagne sentait instinctivement que Frédéric II ne lui appartenait pas, et le caractère cosmopolite de ce prince justifiait assez cette appréhension. Elle eût voulu avoir un souverain entièrement dévoué à sa nationalité, gouvernant exclusivement selon les vœux du pays et renonçant à ces expéditions au dehors pour lesquelles elle montra sous Frédéric II un médiocre empressement. Henri VII comprit ce vague besoin; il se crut adopté par l'Allemagne, et en se soulevant contre son père il espéra avoir la nation derrière lui. Mais il se jeta avec l'emportement de la jeunesse dans une entreprise prématurée, sans présenter par son caractère et par

---

(1) Voir sa lettre à l'évêque d'Hildesheim, *Hist. diplom.*, t. II, p. 393.
(2) *Hist. diplom.*, t. II, p. 798.

ses talents (1) des garanties.suffisantes à ceux qu'il prétendait affranchir.

Henri VII n'étant pas en âge de gouverner à la mort d'Engelbert, Frédéric lui donna pour second tuteur Louis, duc de Bavière. Nous savons, par des actes authentiques, que durant les années 1226, 1227 et 1228 ce prince exerça les fonctions de régent de l'Empire (2); mais nous ne pouvons, faute de documents, préciser quelle fut la direction de sa politique. Les deux expéditions que, pendant son gouvernement, le jeune roi conduisit en personne échouèrent toutes deux. La première fois, en juin 1226, Henri VII, appelé par son père à la cour de Crémone, ne put pénétrer en Italie et fut obligé, après s'être arrêté six semaines à Trente, de revenir sans avoir rien fait. La seconde fois, en août 1227, après la mort de Henri, duc de Saxe, le roi et le duc de Bavière envahirent la Saxe pour s'emparer de la ville de Brunswick, que l'empereur réclamait comme l'ayant achetée de la fille aînée du duc défunt, et le duc de Bavière comme étant l'héritage de la fille cadette, mariée à son propre fils Othon. Le neveu du duc Henri, Othon de Luneburg, se jeta dans la place, qui le reconnut pour seigneur, et les troupes royales n'osèrent pas recourir à la force (4).

Vers la fin de l'année 1228, Henri VII, profitant du départ de l'empereur pour la terre sainte, commença à vouloir régner seul et à s'émanci-

---

(1) « *Vitam regiam non habuit; nam incontinens fuit multum, minus attendens jura matrimonii cui astrictus erat.*» *Gesta Trevir.*, édit. Wyttenbach, t. I, p. 316. « *In isto claret liquido quod scriptum est : Vae terrae ubi rex puer est. Iste coepit quasi degener luxui deservire, consilia prudentum avertere, tyrannorum praecipitem dementiam et consortia diligere, paternis monitis in firmanda pace non obtemperare.* » *Chron. Novient.*, ap. BOEHMER, *Fontes*, t. II, p. 27.

(2) « *Ludewicus, dux Bawariorum, curator regis Henrici in rebus tam propriis quam imperialibus in Alemannia efficitur.* » *Chronic. Ursperg.*, p. 247. « *Dux Noricorum cujus consilio res imperii per id temporis disponebantur.* » Conr. de Fabar., ap. PERTZ, t. II, p. 474.

(3) Voir Rymer, *Foedera et conventus*, à l'année 1227, et la lettre du duc de Bavière à l'évêque de Verdun, du mois de juin 1227, où il confirme des lettres délivrées au nom du jeune roi. Il termine en disant : « *Quod qui fecerit domini nostri regis et nostram et totius consilii offensam se non dubitet incurrisse.* » Voir au supplément.

(4) «*Heinricus rex ut Brunswick obtineret Saxoniam intrat cum duce Bavariae, sed regreditur sine sui propositi actione.* » Alb. Stadens., *Chronic.* ad annum.

per d'une tutelle qui lui était importune. On ne sait trop pour quel motif se brouillèrent le roi et le duc de Bavière; mais leur inimitié éclata ouvertement pendant les fêtes de Noël de cette année, époque où ils se trouvaient tous les deux dans le palais de Haguenau (1). Il est à présumer que déjà le pape avait fait des tentatives auprès du duc Louis pour le détacher du parti de l'empereur et de son fils. En effet Grégoire IX songeait à soulever l'Allemagne contre Frédéric II. Il avait sondé à ce sujet plusieurs princes, et le duc de Bavière est accusé d'avoir non-seulement prêté l'oreille à ces insinuations, mais même d'avoir provoqué l'envoi d'un cardinal en Germanie pour publier partout l'excommunication de l'empereur et jeter le trouble dans l'Empire (2). A peine âgé de dix-sept ans, Henri VII se saisissait du pouvoir dans des circonstances très-difficiles. Car il allait se trouver en lutte avec l'autorité du saint-siége, qui, seize ans auparavant, avait renversé l'empereur Othon, sa propre créature, et qui voulait maintenant enlever le sceptre impérial à la maison de Staufen. De plus, l'Alsace et les provinces du Nord étaient en feu, et la Bavière se tenait dans une attitude menaçante.

Othon, cardinal-diacre de Saint-Nicolas *in carcere Tulliano*, arriva en Allemagne à la fin de l'année 1228 ou au commencement de l'année suivante (3), et il s'occupa aussitôt de chercher un compétiteur à opposer à Henri VII. Il jeta les yeux sur le duc Othon de Luneburg, devenu par la mort de ses deux oncles le chef de la maison guelfe. Ce prince, fait prisonnier à la bataille de Bornhœvede par le comte de Schwerin, avait été mis en liberté au mois d'octobre 1228. Mais Henri VII sut lui susciter de nouveaux ennemis (4), et quoique le roi d'Angleterre offrît à Othon de

---

(1) *Annal. Schefftlar.*, ap. *Quellen zur Bayer. und Deutsch. Gesch.*, t. I, p. 382.

(2) « *Horum praecipue dux Bawariae praebuit assensum et consilium, palliatione fallaciae quam erga regem tunc temporis habuisse visus est .... Hujus itaque consilio ducis et aliorum ut creditur principum, Romanus pontifex cardinalem misit ad machinationem discordiae*, etc. » Conrad de Fabar., ap. PERTZ, *Monum.*, t. II, p. 181.

(3) Il était à Verdun le 24 janvier 1229, indiction 2, date d'une lettre adressée par lui au chapitre de Metz. Ms. de Metz, cité dans Pertz, *Archiv*, t. VIII, p. 450.

(4) *Anno* 1228, *Heinricus comes Zwerinensis obiit, non dimisso Ottone domino de Brunswich. Quo mortuo placuit consilio Gunzelini ut dominus de Brunswich super ipsius gratiam*

Lüneburg de l'appuyer de son argent et de son crédit auprès du pape (1), comme Richard Cœur de Lion l'avait fait pour le premier Othon, le duc de Brunswick refusa prudemment de se prêter à une combinaison qui, en cas d'insuccès, aurait entraîné sa ruine (2). Le cardinal désirant trouver un point d'appui en Allemagne, se rendit à Strasbourg, où il était appelé par l'évêque et les habitants, alors en guerre avec Henri VII. Il ne tarda pas à y être assiégé ou plutôt bloqué par les troupes royales (août-septembre 1229); mais les princes ayant refusé d'employer la force contre lui, Henri licencia son armée (3).

Le légat, sortant alors de Strasbourg, se mit à parcourir les provinces du Rhin supérieur, annonçant partout le projet de réformer les couvents (4). Le 26 janvier 1230, voulant se rapprocher des provinces du Nord, il fit son entrée à Liége où il fut reçu par l'évêque Jean, qui se trouvait en lutte avec son clergé. Le séjour du cardinal à Liége fut mal vu des partisans du roi. L'avoué d'Aix-la-Chapelle, Arnold de Gemmenich et d'autres seigneurs du pays prirent les armes, et Othon manqua de périr à Liége, victime d'une tentative d'assassinat, qui fut attribuée aux instigations de Henri VII (5). Il fut obligé de se retirer à Huy, le 13 fé-

---

laxaretur. Sed dux Albertus penitus obstitit donec Hildesaker ipsius dominio traderetur. Absolutus autem plurimam guerram circa Brunswich a suis ministerialibus est perpessus, episcopis Magdeburgense et Halverstadense partem eorum foventibus, imperatoris ut dicitur voluntate. » Alb. Stad., *Chronic.*, p. 207.

(1) Lettres datées du 6 mars et du 4 avril 1229, ap. Rymer, *Foeder. et convent.* t. I, p. 308.

(2) « *Cardinalis intentio erat imperatoris gravamen procurare et super hoc consilium expetere Ottonis ducis de Lunimburg. Sed idem Otto contra imperatorem renuit aliquid attemptare.* » Godefr. Colon., *Chronic.*, ad ann. 1228.

(3) C'est du moins ce que dit le roi dans sa lettre à l'évêque d'Hildesheim; mais il est probable qu'un échec que l'évêque de Strasbourg et le comte de Habsbourg firent éprouver à ses troupes le 1er septembre, le décida à lever le siège. Manuscrit cité par Guillimann, *De episcop. Argent.*, p. 275.

(4) Le 19 décembre 1229 il était à Constance; c'est probablement alors qu'il entreprit la réforme de Saint-Gall, que le chroniqueur Conrad de Pfävers voit d'un assez mauvais œil.

(5) « *Et cum idem cardinalis transacto tempore exiret portam civitatis Leodiensis, quidam de mandato regis ut dicitur ipsum interficere voluerunt.* » Alber. Triumfontium, ad ann. 1231. Gilles d'Orval place aussi en 1231 les faits relatifs à Liége que Godefroi de Cologne indique

PARTIE HISTORIQUE. CCXIX

vrier, sous la conduite de l'évêque de Liége. De là il jeta l'interdit sur la ville qui avait méconnu son autorité, et prononça l'excommunication contre les habitants d'Aix-la-Chapelle, qui avaient arrêté l'évêque de Modène à son retour de Prusse et l'avaient dépouillé de son argent.

La sévérité du cardinal et les projets de réforme ecclésiastique qu'il annonçait hautement n'étaient point de nature à lui concilier les sympathies de l'Allemagne. Aussi, quand il déclara qu'il était chargé par le pape de visiter les églises du Nord et de se rendre en Danemark pour y accomplir sa mission, le roi, qui voulait empêcher tout rapprochement entre lui et le duc de Brunswick, lui défendit de traverser les terres de l'Empire et l'obligea à rester à Valenciennes et à Tournay dans une inaction forcée (1). Sur ces entrefaites, l'abbé de Saint-Gall réussit à négocier entre le roi et la ville de Strasbourg une pacification qui fut ratifiée par l'empereur sous forme d'amnistie (28 août 1230). Frédéric II, revenu de la terre sainte, avait reconquis ses États et conclu avec le pape un traité de paix qui rendait sans objet les démarches hostiles que le cardinal de Saint-Nicolas pourrait tenter. Celui-ci eut alors la permission de continuer son voyage. Il visita le Danemark et les provinces de l'Elbe, durant les derniers mois de l'année 1230 (2), et revint le 25 décembre à Cologne, d'où il convoqua un concile qui devait se tenir à Wurtzbourg (3).

L'annonce de ce concile trouva peu de faveur en Allemagne; la confiance que le cardinal témoignait aux Dominicains, ordre nouveau,

---

à l'année 1228. Le meilleur moyen de concilier ces divers témoignages, c'est de réunir tous les faits à l'année 1230, qui paraît être la véritable date.

(1) « *Rex Alemanniae sanctae Romanae Ecclesiae legatum in Daciam transmissum ne per regnum suum transitum faceret inhibuit et Valentianis diu moram facere coegit.* » Chronic. Andrens. monast., ap. Dachery, t. II, p. 867. On a du cardinal Othon deux pièces datées de Tournay, le 10 et le 13 mai 1230, et qui sont certainement antérieures à son voyage en Danemark.

(2) Cf. les pièces citées par Hodenberg, Bremer Geschichtsquellen, t. I, p. 100 et suiv.

(3) « *Otto cardinalis a Daciae partibus Coloniam veniens ibidem natalem Domini celebrat solemniter receptus et honoratus. Unde recedens apud Herbipolim concilium provinciale indicit.* » Godefr. Colon., Chronic., ad ann. 1230.

INTRODUCTION.

et l'autorité qu'il leur accordait inspiraient une jalousie profonde au clergé séculier et aux autres ordres monastiques. Le duc de Saxe, le comte d'Anhalt, son frère, et d'autres seigneurs du Nord écrivirent à tous les prélats de l'Allemagne, qu'étant non-seulement évêques, mais princes, ils ne devaient pas permettre à un cardinal étranger de porter la main sur l'Église nationale (1). D'ailleurs le vrai légat se trouvait être alors l'évêque de Ratisbonne Sifrid, chancelier de la cour impériale, qui, revenu récemment d'Italie, s'occupait de pacifier les esprits, réconciliait l'évêque de Liége avec Henri VII, réprimait les usurpations des communes et raffermissait par tous les moyens le parti impérial. Aussi le roi, par le conseil de l'abbé de Saint-Gall, déclara que personne dans son royaume, sous peine d'encourir sa disgrâce, ne devait tenir de concile, à l'exception des évêques à qui ce devoir était imposé. Cette défense acheva de discréditer le légat romain. Un petit nombre d'évêques et de prélats, parmi lesquels on cite l'archevêque de Magdebourg et l'évêque de Naumbourg, se réunirent à Wurtzbourg à l'époque fixée, probablement dans les premiers jours de février 1231; mais ce fut pour entendre la lecture d'un libelle diffamatoire, rédigé contre le cardinal Othon; ce qui causa un violent scandale à la suite duquel l'assemblée se sépara sans avoir rien fait (2). Le cardinal, voyant bien que sa mission était désormais impossible, demanda et obtint un sauf-conduit avec lequel il se rendit à Ratisbonne sous l'escorte de l'abbé de Saint-Gall. Là il se trouvait en sûreté sur les terres du duc de Bavière, et il ne songea plus qu'à regagner l'Italie à petites journées (3).

---

(1) *Hist. diplom.*, t. III, p. 439. Conrad de Pfävers indique la principale cause de l'opposition que le cardinal rencontra : « *Disposuerat namque praefatus cardinalis Alemanniam datis quibusdam edictis spoliare.* »

(2) « *Litterae illae quae lectae fuerunt in conventu apud Erbipolim ubi archiepiscopus Magdeburgensis et ego cum quibusdam episcopis et aliis praelatis et clericis de mandato domini Ottonis Sancti Nicolai in carcere Tulliano diaconi cardinalis conveneramus,* etc. » Voir l'acte de protestation imposé à l'évêque de Naumbourg par le pape, *Hist. diplom.*, t. III, p. 448, note 2. « *Renitentibus principibus laicis et paucis ecclesiarum praelatis venientibus, cardinalis iratus recessit.* » Godefr. Colon. ad ann. 1230.

(3) Othon était à Ratisbonne le 24 février, et à Rotenmann, en Styrie, le 15 avril. On le voit

PARTIE HISTORIQUE.

Henri VII, soutenu par la nation entière, s'était tiré avec autant d'habileté que d'énergie des difficultés que lui avait suscitées la mission du cardinal de Saint-Nicolas. Il ne montra pas moins de fermeté à l'égard du duc de Bavière, qui, après sa rupture avec le jeune roi, n'avait point tardé à se déclarer ouvertement contre l'empereur (1). Dans les premiers jours de juin 1229, Henri, qui avait rassemblé une armée à Meitingen, entre Augsbourg et Donauwerth, pénétra en Bavière par la vallée du Danube et mit tout à feu et à sang. Le duc, de son côté, arma des bandes d'incendiaires qui, sous prétexte d'arrêter la marche de l'ennemi, pillèrent et brûlèrent les villages et les églises, mais s'enfuirent ignominieusement dès qu'ils se trouvèrent aux prises avec les troupes royales (2). Cette première guerre fut de courte durée. Le 27 août intervint une trêve qui devait se prolonger jusqu'à l'octave de la Saint-Martin, et qui fut convertie en une paix par laquelle le duc jura solennellement de ne plus s'écarter de la fidélité qu'il devait à l'Empire et donna des otages en garantie de sa promesse (3). Quand il apprit que l'empereur, revenu de la Palestine, avait recouvré ses États, et que les seigneurs allemands se rendaient en foule

---

de retour à la cour pontificale avant le mois de juillet de cette même année 1231. Si nous nous trouvons ici en dissidence avec notre savant ami M. Boehmer, sur la date du concile de Wirtzbourg et sur quelques circonstances de la légation du cardinal Othon, ce n'est qu'après une révision scrupuleuse de tous les textes sur lesquels nous avions déjà établi dans le corps de l'ouvrage l'ordre de nos documents. Cette partie du règne de Henri VII est si obscure ou du moins si hérissée de difficultés chronologiques, que la plupart des historiens allemands ont reculé devant la tâche de les concilier, et ont glissé très-rapidement sur cette première tentative de la cour romaine pour soulever l'Allemagne. Il faut se défier de la manière dont ces faits sont présentés par l'auteur d'un Éclaircissement sur la lutte de la puissance impériale et de la puissance papale au temps de Frédéric II, inséré à la suite du tome IV de la sixième édition des *Croisades* de Michaud, p. 373. Les vraies sources n'ont pas été consultées, et celles qui sont invoquées ne disent pas ce que l'auteur suppose.

(1) « *Cum Ludewicus olim dux Bavariae domino et patri nostro opposuisset se cum suis fautoribus manifeste.* » Lettre du roi à l'évêque d'Hildesheim, du 2 septembre 1234, ap. *Hist. diplom.*, t. IV, p. 683. « *Apostolicus Longobardis et duci Bavariae Ludewico contra imperium confoederatur.* » *Annal. Schefftlar.*, p. 382.

(2) *Annal. Schefftlar.*, p. 383.

(3) *Ibidem*, loc. supr. citato. — Henri, dans sa lettre à l'évêque d'Hildesheim, assure que le duc ne livra pas les otages qu'il avait promis.

auprès de lui, il voulut aussi faire sa paix et fit partir l'évêque de Passau en le chargeant de négocier sa réconciliation avec Frédéric. Mais ce prélat fut arrêté par le comte de Wasserburg, dépouillé de ses bagages et des lettres dont il était porteur, et retenu en captivité. Rien ne prouve que cette violence ait été commise par l'ordre de l'empereur, mais il est certain que la réconciliation n'eut pas lieu. L'acte du mois de septembre 1230 par lequel Frédéric déclarait nuls tous les droits de suzeraineté que le duc de Bavière s'était attribués sur la ville de Frisingen (1), n'était pas de nature à rétablir entre eux la bonne harmonie. Aussi, quand un an après, le duc Louis périt frappé par un des sicaires du Vieux de la Montagne, la voix publique accusa l'empereur d'avoir armé le bras de l'assassin.

Cette mésintelligence persista pendant les premières années du gouvernement du duc Othon, fils et successeur de Louis. Ce prince s'abstint de paraître à la cour solennelle que l'empereur avait convoquée dans le Frioul, au printemps de l'année 1232, et quand lui-même voulut tenir à Ratisbonne une assemblée provinciale, le roi Henri et plusieurs autres seigneurs lui défendirent de faire ainsi acte de souveraineté dans une ville impériale. Ce motif ralluma les anciennes inimitiés, et au mois d'août 1233, Henri envahit pour la seconde fois la Bavière avec une nombreuse armée. Le duc, hors d'état de tenir la campagne, fut obligé de se soumettre, de donner en otage son propre fils, âgé de sept ans, et de jurer qu'il n'entreprendrait plus rien contre la majesté de l'empereur ou du roi. A ce prix il eut la permission de célébrer à Ratisbonne la cour qu'il avait précédemment convoquée et à laquelle assista l'archevêque de Salzbourg avec tous les évêques de Bavière (2).

Cette pacification ne fut pas bien sincère. A l'assemblée générale de Francfort (février 1234), Othon eut la mortification de se voir enlever le tonlieu de Bacherach, qu'il percevait injustement, et il résolut dès lors de ménager sa réconciliation avec l'empereur en recourant à lui pour obtenir

---

(1) *Hist. diplom.*, t. III, p. 230.
(2) Cf. les sources citées à ce sujet, *Hist. diplom.*, t. IV, p. 619.

réparation des griefs qu'il prétendait avoir contre le jeune roi. Frédéric II qui avait alors intérêt à le gagner, lui accorda la mise en liberté de son fils et la restitution du tonlieu de Bacherach, lequel pourtant lui avait été retiré en vertu d'une sentence des princes de l'Empire (1). On comprend dès lors que le duc ait résisté à toutes les sollicitations de Henri, qui voulait l'entraîner dans sa révolte (2), et qu'il ait préféré attendre, en restant neutre, l'issue de la lutte qui se préparait.

Depuis longtemps une sourde division s'était glissée entre l'empereur et son fils. Les causes ne nous en sont pas bien connues; mais l'ambition de Henri et son impatience de tout frein suffisent pour expliquer cette mésintelligence. Une première fois la querelle fut apaisée par un compromis. Frédéric II consentit à laisser régner son fils sans lui donner de tuteur et à l'émanciper plus complétement (3); mais en revanche il exigea que son autorité d'empereur et de père fût reconnue par Henri VII dans les termes les plus formels et avec la plus grande solennité. Le pape et les princes de l'Empire furent pris à la fois pour témoins et pour garants de l'engagement contracté par Henri, et qui consistait à exécuter tout ce que l'empereur lui manderait de bouche, par lettres ou par députés, à ne rien faire qui pût nuire à la personne ou aux droits de son père, à honorer les amis de l'empereur et à ne pas favoriser ses ennemis, enfin à ne rien entreprendre qui pût l'offenser; s'il manquait à quelqu'une de ces promesses, il se trouvait excommunié de droit et de fait, et les princes étaient

---

(1) *Hist. diplom.*, t. IV, p. 685.

(2) Les *Annales* de Schefftlar prétendent que ce fut à cause de ce refus du duc Othon que le roi Henri envahit pour la seconde fois la Bavière. Il règne ici, dans les dates de cette chronique, une telle confusion, que son assertion, contredite d'ailleurs par des textes formels, ne saurait être admise.

(3) C'est ce que Henri nous apprend lui-même dans deux actes publics datés l'un du 17 mars, l'autre du 3 août 1232, où il est dit : *Sane quia pater nostrae ditioni deputavit terram Alemanniae* PLENIUS *et commisit. — Auctoritate regia et ex gratia ac potestate quam a serenissimo domino imperatore patre nostro* NUPER *sumus adepti. Hist. diplom.*, t. IV, p. 564 et 579. Ce fait n'avait été signalé jusqu'ici que par le savant Boehmer (préface des *Regesta*, p. LVI), lequel s'étonne avec raison que l'empereur ait augmenté les pouvoirs dont il prétendait que son fils avait déjà fait un mauvais usage.

déliés de leur serment de fidélité envers lui (1). Le roi, qui dans une pensée ambitieuse avait cherché à s'appuyer sur les communes en fortifiant leur indépendance locale, fut contraint de rétablir l'autorité des seigneurs tant séculiers qu'ecclésiastiques, et Frédéric II eut bien soin de dire en cette occasion que c'était toucher à la pupille de ses yeux que de porter la main sur les droits des princes de l'Empire (2).

Ces faits appartiennent aux mois de mars et d'avril 1232; mais la réconciliation dura peu de temps. Henri ne craignit pas d'enfreindre ses promesses en concluant avec l'évêque, le clergé et les habitants de Strasbourg une alliance conçue en des termes qui devaient être à la fois offensants et menaçants pour l'empereur, parce qu'ils annonçaient sans déguisement des intentions hostiles (3). Il reçut à sa cour des hommes que l'empereur avait exilés pour rébellion, entre autres le duc de Spoleto, et le 2 septembre 1234 il écrivit à l'évêque d'Hildesheim une lettre qui était à la fois une protestation et un manifeste. Dans la longue liste des doléances qu'il articule contre son père, on ne voit figurer aucun grief bien sérieux; il se plaint d'être contrecarré dans toutes ses décisions, de n'avoir ni indépendance ni dignité, d'être desservi auprès de l'empereur par ceux dont il a voulu punir les injustices et les intrigues (4). Sa lettre est encore respectueuse, mais les actes deviennent aussitôt hostiles. Sans attendre le retour des députés qu'il venait d'envoyer à l'empereur, il réunit ses partisans dans une assemblée à Boppart, cherche à en augmenter le nombre par l'intimidation ou par les largesses, prend parti pour

---

(1) Lettre de Henri VII au pape, du 10 avril 1232. — Déclaration des princes de l'Empire, du mois d'avril, même année, *Hist. diplom.*, t. IV, p. 325, 565 et 952.

(2) *Hist. diplom.*, t. IV, p. 525.

(3) « *Cum episcopus, capitulum, ministeriales, consilium et universi cives Argentinenses nostrae se taliter astrinxerint majestati quod nostra gravamina sint eorum lesiones et eorum lesiones nostra gravamina reputemus.* » Lettre du 8 mars 1233, ap. *Hist. diplom.*, t. IV, p. 605.

(4) « *Nam cum imperator potestatem nobis plenariam contulisset conferendi beneficia et feoda vacantia, idem hoc in quibusdam postea non servavit ..... Civitatem Nordhusen obligavit et eamdem obligationem ratam compulit nos habere ..... dans litteras et mandata revocatoria de factis nostris.* » Cf. *Hist. diplom.*, t. IV, p. 684, 685.

les bourgeois d'Erfurth contre l'archevêque de Mayence leur seigneur, et met le comble à sa rébellion en faisant alliance avec la ligue lombarde. Son maréchal, Anselme de Justingen, et Walter de Thannberg, archidiacre de Wurtzbourg, se rendent à Milan, munis de pleins pouvoirs ; et le 17 décembre est conclue, entre Henri et les princes allemands d'une part, les villes de Milan, Brescia, Bologne, Novare, Lodi, le marquis de Montferrat et tous les confédérés guelfes d'autre part, une alliance offensive et défensive perpétuelle, renouvelable tous les dix ans. Quoique Frédéric II ne fût pas nommé dans cet acte, il était évident que les stipulations en étaient dirigées contre lui et que les ligués concevaient l'espoir de faire couronner son fils empereur à sa place (1). Le but du roi et de la ligue était de fermer encore une fois à Frédéric II l'entrée de l'Allemagne, et dans son aveugle ambition, Henri VII afin de s'assurer un trône incertain renonçait à la politique traditionnelle de sa famille. Pour opérer l'échange des ratifications, trois ambassadeurs lombards, Manfredi Pietrosanto pour Milan, Lanfranchino de Lavellolongo et Ugolino degl' Ugoni pour Brescia, se rendirent en Allemagne et y séjournèrent auprès du roi jusqu'au moment de sa chute. Ils ne purent même regagner à temps l'Italie. Assiégés et pris dans un château par les partisans de l'empereur, ils furent retenus pendant près d'une année en captivité. On leur fit leur procès, et condamnés à mort comme traîtres, ils auraient payé cher cette tentative avortée, si l'empereur ne leur eût fait grâce de la vie et ne leur eût permis de retourner sains et saufs dans leur pays (2).

Durant le court espace de temps qui s'écoula entre la conclusion du traité avec la ligue lombarde et l'arrivée de Frédéric II en Allemagne, Henri chercha à fortifier son parti ; il se fit prêter serment d'allégeance contre tout homme vivant et mourant, par l'évêque et la commune de Wurtzbourg, par l'évêque d'Augsbourg, l'évêque élu à Worms, l'abbé de Fulda. Il réussit à obtenir le même serment des habitants de Spire,

---

(1) « *Eodem modo teneantur de praedictis omnibus praefatus dominus rex et principes Alemanniae, cum fuerit imperator ipse dominus rex factus.* » Hist. diplom., t. IV, p. 706.

(2) *Chronic. de reb. in Ital. gestis*, p. 152.

qui jusque-là avaient résisté, et, en récompense, il leur confirma solennellement le privilége par lequel Frédéric Barberousse avait reconnu et consacré leurs libertés communales; privilége si cher aux bourgeois de Spire qu'ils l'avaient fait graver en lettres d'or sur la façade intérieure du portail de leur église cathédrale. Il se rapprocha de sa femme, Marguerite, avec laquelle il avait jusqu'alors vécu en mauvaise intelligence (1), espérant se ménager ainsi l'appui du puissant duc d'Autriche, frère de la reine. Il envoya Hermann, évêque de Wurtzbourg, et Henri de Niffen, au roi de France Louis IX, pour négocier un mariage entre un de ses fils et une princesse française; il protégea l'abbaye de Selz contre les violences du margrave de Bade, et fit même commencer la guerre contre ce seigneur. Enfin, il abandonna aux citoyens de Francfort la moitié du revenu de la monnaie royale et du bois à discrétion à prendre dans ses forêts pour la réparation du pont de cette ville, emporté par un débordement du Mein.

Le but principal de Henri était de s'affermir sur la ligne du Rhin, qui faisait la plus grande force de l'Empire (2); car il ne pouvait compter ni sur la basse Allemagne, ni sur la Souabe, ni encore moins sur la Bavière. Il s'était donc assuré de l'obéissance de toutes les cités, depuis Bâle jusqu'au delà de Mayence. Seule, la ville de Worms, inébranlable dans sa fidélité à l'empereur, rompait cet accord sur lequel le roi fondait le vain espoir de réussir dans sa révolte. Ni ses menaces ni les instances de l'évêque Landolf ne purent obtenir l'adhésion des bourgeois de Worms, et le roi résolut de recourir à la force. Il vint s'établir à Oppenheim, et, le 23 avril 1235, il envoya contre Worms une petite armée commandée par le wildgrave Gérard et par le comte de Liningen. Ces troupes assaillirent le faubourg Saint-Michel, où elles brûlèrent une trentaine de maisons. Mais, repoussées par la vigoureuse résistance des habitants, elles retournèrent le jour même à Oppenheim, et les deux

---

(1) En 1232 Henri avait voulu la répudier pour épouser une sœur du roi de Bohême; mais l'abbé de Saint-Gall parvint à le dissuader de ce projet. Conrad. Fabar., ap. PERTZ, *Monum. Germ. hist.*, t. II, p. 180. — *Annal. Wormat.*, ap. BOEHMER, *Fontes*, t. II, p. 178.

(2) « *A Basilea usque Moguntiam ubi maxima vis regni esse noscitur.* » Ott. Frising., *Friderici I Vita*, ap. MURATOR., *Script.*, t. VI, p. 650.

comtes s'empressèrent de faire leur accommodement avec la commune. En même temps, les ambassadeurs envoyés en France revenaient sans avoir réussi dans leur mission. Quoiqu'il vît avec déplaisir le prochain mariage de Frédéric II avec la sœur du roi d'Angleterre, Louis IX n'était pas homme à fomenter les divisions d'un État voisin avec lequel il était en paix, et encore moins à encourager la rébellion du fils contre le père. Le soulèvement de Henri était d'avance frappé d'impuissance, d'autant plus que l'empereur arrivait armé des foudres de l'Église (1) et faisait prononcer par l'archevêque de Salzbourg l'excommunication d'un fils désobéissant et parjure. Avant de quitter l'Apulie, Frédéric II s'était déjà fait précéder par un manifeste où il dénonçait à tous l'ingratitude, l'ambition turbulente et les folles prodigalités de son fils. Il signalait surtout à l'animadversion publique les coupables conseillers qui l'avaient excité à la révolte (2).

Le dernier document que nous ayons où Henri ait fait acte d'autorité souveraine, est daté du 13 mai, à Francfort. En ce moment, l'empereur, débarquant à Aquilée, recevait à Cividale l'hommage des grands de l'Empire, et faisait abjurer en sa présence tous ceux qui avaient prêté serment à son fils; puis, se dirigeant à marches forcées par la Carinthie, la Styrie et la Bavière, il arriva dans les premiers jours de juin à Ratisbonne, où il fut reçu avec un empressement extraordinaire par une foule accourue de tous les points de l'Allemagne, et particulièrement de son fidèle duché de Souabe. Le duc de Bavière, Othon, profita de cette oc-

---

(1) Voir à ce sujet les lettres du pape, du 13 mars 1235, ap. *Hist. diplom.*, t. IV, p. 530, 531.

(2) Voir la circulaire datée de Barletta le 28 janvier 1235, ap. *Hist. diplom.*, t. IV, p. 524, et *Additam.*, p. 944. Frédéric dit aussi dans une lettre adressée plus tard à son autre fils Conrad : « *Heinricus qui pro eo quod nobis descendere noluit et obedire patri filius recusavit, secutus adulationes, blanditias et suggestus necnon prava consilia diripientium bona sua et pervertentium cottidie mores ejus, cecidit a sede.* » Hahn, *Coll.*, t. I, p. 229. — « *Tyrannorum usus consilio honestos viros contempsit... Pater nobile regnum Alemanniae integrum una cum praediis regalibus et redditibus quos jure haereditario possederat, sine omni obligatione sibi reliquerat; et istis divitiis non contentus fere omnia adnihilaverat.* » *Annal. Argent.*, ap. BOEHMER, *Fontes*, t. III, p. 109.

casion pour opérer la réconciliation qu'il avait préparée depuis longtemps, et dans l'entrevue qu'il eut à Ratisbonne avec l'empereur, celui-ci se justifia du soupçon d'avoir trempé dans le meurtre du duc Louis (1). Henri, se voyant abandonné par ceux qu'il avait entraînés malgré eux, flottait incertain entre deux partis : ou se soumettre à son père, ou se retirer dans quelque château. Il voulut d'abord s'enfermer avec les partisans qui lui restaient dans la forteresse de Trifels; puis, changeant d'avis, il envoya des députés à Frédéric, qui se trouvait alors à Nuremberg, et se déclara prêt à faire sa soumission sans condition (2). L'empereur avançant toujours, Henri renouvela ses tentatives à Wimpfen. Alors l'empereur lui fit dire qu'il eût à se rendre à Worms, et que là il lui ferait connaître sa volonté. Dans les premiers jours de juillet, un arrangement intervint entre le père et le fils, par le moyen du grand maître des Teutoniques. Le bruit se répandit aussitôt que Henri était rentré en grâce, et la nouvelle en fut portée au pape, qui s'empressa d'écrire au chancelier Sifrid qu'il le chargeait de faire lever l'excommunication prononcée contre le prince rebelle (3). Mais, dans l'intervalle, les choses avaient bien changé de face. Soit que Henri se fût irrité de la dureté des conditions que Frédéric II lui avait imposées, soit qu'il eût refusé de rendre le château de Trifels qui tenait encore pour lui, il fut arrêté à Worms même et gardé à vue dans une grande maison de pierre située près de l'église Saint-André. Comme il tenta de s'évader, l'empereur le fit alors transférer à Heidelberg, sous la garde du duc de Bavière, qui lui avait voué une haine mortelle; et la diète de Mayence, assemblée le 15 août, prononça la déposition du malheureux prince (4).

Tout était fini pour Henri VII, qui fut transféré une seconde fois à

---

(1) *Annal. Schefftlar.*, p. 386.
(2) Voir la lettre de l'empereur, ap. *Chronic. de reb. in Ital. gestis*, p. 153 et suiv.
(3) Lettre datée de Pérouse, le 1er août 1235, ap. *Hist. diplom.*, t. IV, p. 738.
(4) « *Imperator, medio augusto, curiam Moguntiae celebravit. Ibi filium suum Henricum sibi oppositum regno privavit et eum in Calabriam detinendum misit.*» Alb. Stad., *Chronic.*, ad ann. 1235. On trouve dans des documents de cette époque, la formule finale qui suit : « *Acta sunt haec Friderico imperatore filium suum a sui regni solio destituente.* »

Alerheim, château de la Souabe appartenant au comte d'Oettingen; mais comme quelques-uns de ses partisans tenaient encore la campagne et que l'empereur redoutait de nouveaux troubles, il résolut de l'éloigner pour toujours de l'Allemagne. L'archevêque de Salzbourg et l'évêque de Bamberg, chargés de le conduire, le remirent aux mains du patriarche d'Aquilée (1). Au commencement de l'année 1236, le marquis Lancia vint le chercher dans un des ports du Frioul, et l'emmena par mer en Apulie, où le roi déchu fut enfermé dans la forteresse de San-Felice (2). Après avoir plusieurs fois changé de prison, sans consentir à humilier son orgueil obstiné, Henri, las de la vie, se jeta avec son cheval dans un précipice, un jour qu'on le transférait de Neocastro à Martorano (12 février 1242). Il mourut des suites de sa chute. L'empereur lui fit faire de magnifiques funérailles et lui éleva un tombeau de marbre dans le vestibule de la cathédrale de Cosenza. Ce tombeau, aujourd'hui détruit, fut ouvert en 1574, et l'on y trouva le squelette de Henri, enveloppé d'un drap d'or et d'argent sur lequel des aigles étaient brodés.

Marguerite, femme de Henri, ne partagea point sa captivité. Après la déposition de son mari, elle se retira à Wurtzbourg, où elle vécut pieusement dans un monastère, occupée de bonnes œuvres, mais sans prononcer des vœux irrévocables. En 1248, elle retourna en Autriche, et, après avoir refusé plusieurs alliances, elle finit par se remarier, en 1252, au roi de Bohême Ottokar, qui ne l'épousa que par ambition et ne tarda pas à la répudier. Elle mourut en 1267, et fut enterrée à Lilienfeld. Quant aux deux fils qu'elle avait donnés à Henri VII, ils furent emmenés avec leur père en Italie. Le second, Henri, disparaît presque aussitôt de l'histoire; l'aîné, Frédéric, fut élevé à la cour de son grand-père, et, au mois de mars 1245, il était parvenu à l'adolescence, puisqu'il est alors mentionné comme témoin dans une charte impériale délivrée à Foggia pour le monastère de Celle en Misnie. Il reçut le commandement d'un

---

(1) « *Imperator adhuc timens per ipsum ab emulis suis imperii turbationem moliri, per episcopos Salzeburgensem et Babenbergensem ac postea per patriarcham Aquilegensem eumdem in Apuliam transmittens.* » Chronic. Erphurd., ap. BOEHMER, Fontes, t. II, p. 395.

(2) Ricc. de S. Germ. *Chronic.*, ad ann. 1236.

corps d'armée à l'époque du siége de Parme, et fut désigné par le testament de l'empereur comme appelé à la succession des duchés d'Autriche et de Styrie, avec un legs de dix mille onces d'or. Mais, après la mort de Frédéric II, il ne figure plus dans les actes que nous connaissons et paraît avoir été frappé par une mort prématurée.

Après avoir triomphé de la révolte de son fils, l'empereur s'occupa de rendre la paix à l'Allemagne. Il publia dans ce but les célèbres constitutions de Mayence, et institua un juge impérial (hofrichter) chargé de prononcer en son nom sur les contestations qui pourraient s'élever entre les princes de l'Empire pour des questions de propriété et de juridiction (1). Il s'assura l'amitié d'Othon de Luneburg, en le reconnaissant pour duc de Brunswick et en renonçant à toute prétention sur les terres considérables qui constituaient l'héritage de la maison guelfe (2); il donna dix mille marcs d'argent au roi de Bohême, pour éteindre les réclamations que ce prince élevait sur une partie de la Souabe au nom de sa femme, fille de Philippe de Souabe; il pardonna aux évêques compromis dans la rébellion de Henri, et conclut avec l'évêque de Strasbourg un accord définitif sur les contestations qui les avaient si longtemps divisés; il confirma et renouvela les priviléges d'une foule de villes, entre autres Oppenheim, Worms, Cologne, Dortmund. Un seul prince luttait encore contre l'ascendant de Frédéric II : c'était le duc d'Autriche, qui s'annonçait comme le vengeur de Henri VII, son beau-frère; recevait à sa cour Anselme de Justingen, Walter de Limburg, Louis de Schipf et autres partisans du roi déchu; refusait d'obéir aux ordres de l'empereur, et tyrannisait ses sujets et sa propre famille. Proscrit à la diète d'Augsbourg au mois de juin 1236, le duc d'Autriche vit ses États envahis par les troupes du roi de Bohême, du duc de Bavière et de plusieurs évêques ses voisins. Mais il leur résista avec tant de succès, que Frédéric II fut obligé de venir en personne. Interrompant le cours de son expédition en Italie, l'empereur franchit les Alpes

---

(1) Cette charge, dont Albert de Rossewag fut investi le premier, se maintint avec des fortunes diverses jusqu'à la seconde moitié du quinzième siècle, époque où les attributions du maître justicier passèrent à la chambre impériale et au conseil aulique.

(2) *Hist. diplom.*, t. IV, p. 754 et suiv.

au cœur de l'hiver, entra vainqueur à Vienne dans les premiers jours de janvier 1237, et y résida jusqu'au mois d'avril sans pouvoir ruiner entièrement la puissance de son ennemi, renfermé dans les murs de Neustadt. En quittant l'Autriche, il y laissa une armée d'occupation commandée par l'évêque de Bamberg, les comtes de Henneberg et d'Eberstein et le burgrave de Nuremberg. L'évêque de Bamberg étant mort peu de temps après, le duc d'Autriche reprit l'offensive, gagna la bataille de Steinfeld, où il fit prisonniers les évêques de Passau et de Frisingen, et resserra dans Vienne le comte d'Eberstein, resté seul à la tête des troupes impériales. Enfin, Frédéric II, voyant le duc réconcilié avec le roi de Bohême, se décida à lui accorder la paix; il accueillit les ambassadeurs que son vassal lui envoya en Italie (1), et le duc d'Autriche, reçu en triomphe à Vienne, y promulgua, le 25 décembre 1239, la pacification qui lui rendait la libre possession de ses États (2).

Pendant son séjour en Autriche, l'empereur avait fait venir à Vienne même son second fils Conrad, alors âgé de neuf ans et avait demandé aux princes de l'Empire réunis autour de lui de le désigner comme futur roi des Romains. Trois archevêques, quatre évêques et quatre princes séculiers déclarèrent que Conrad devait être préféré à Henri, comme David avait été préféré à Saül, et donnèrent leur approbation à l'élection, qui fut ensuite ratifiée par la diète de Spire, au mois de juillet 1237. Pour la seconde fois l'Allemagne consentait à remettre ses destinées aux mains d'un enfant né et élevé en Italie, et qui ne pouvait encore ni connaître ni aimer le pays qu'il était appelé à gouverner. Il est vrai que Frédéric II en partant pour l'Italie désigna pour tuteur de son fils et pour administrateur de l'Empire l'archevêque de Mayence Sifrid, qui prend ce titre à partir du mois de décembre 1237 (3), et le garde jusqu'en 1241. Mais au mois de septembre de cette même année, Sifrid se déclare brusquement contre l'empereur, conclut une alliance avec l'archevêque de

---

(1) Voir dans le *Regestum* la lettre du 10 octobre 1239, ap. *Hist. diplom.*, t. V, p. 442.
(2) *Ibidem*, p. 606 et not. 1.
(3) Conrad l'appelle aussi dans ses actes *procurator imperii et noster*; — *dilectus princeps et procurator noster*, à la date du 18 mars 1238 et du 15 janvier 1240.

Cologne, et donne dans les provinces du Rhin le signal du soulèvement. Frédéric II le remplace alors en qualité d'administrateur de l'Empire par Henri Raspe, landgrave de Thuringe, qui prend ou reçoit ce titre dans tout le cours des années 1242 et 1243 (1). Dès la fin de cette dernière année, Henri commence à prêter l'oreille aux sollicitations du pape, dont les démarches aboutirent, comme on le verra, à faire élire le landgrave roi des Romains. Concurremment avec Henri Raspe, le roi de Bohême, Wenceslas, porte à la même époque le titre de *sacri per Germaniam imperii procurator* (2), soit que Frédéric II le lui eût conféré d'une manière honorifique et pour le récompenser de sa fidélité envers la maison de Souabe, soit que le roi de Bohême ait été chargé de la direction politique du midi de l'Allemagne, tandis que l'Allemagne du Nord aurait été placée sous l'administration du landgrave. Quoi qu'il en soit, nous ne savons rien de positif sur la manière dont les régents que nous venons de nommer exercèrent leur tutelle, et nous sommes à peu près dans la même ignorance quant aux motifs qui amenèrent les brusques revirements de politique que l'on observe depuis l'an 1239. Le roi de Bohême, les ducs d'Autriche et de Bavière, d'abord partisans du pape, se rattachent définitivement à la cause de l'empereur. Les archevêques de Mayence et de Cologne et le landgrave de Thuringe, d'abord investis de toute la confiance de Frédéric II, se tournent contre lui et embrassent avec ardeur les intérêts du saint-siége en Allemagne.

Nous avons indiqué plus haut (3) les noms des ministériaux qui composèrent à diverses époques ce que nous appellerons le conseil privé du roi Conrad. En tête de ces noms il faut placer celui de Gotfrid de Hohenlohe, grand ami de l'empereur et comme tel persécuté par Henri VII au

---

(1) « *Heinricus, lantgravius Thuringiae, comes palatinus Saxoniae, quem augustus pater noster procuratorem nobis et imperio deputavit per Germaniam.* » Acte de Conrad du 1ᵉʳ mai 1242. Frédéric II l'appelle aussi *dilectus consanguineus noster, procurator Germaniae dilecti filii nostri Conradi Romanorum in regem electi*, dans un acte du 30 juin 1243.

(2) Actes de juin 1242 et de décembre 1243, ap. Palacky, *Gesch. von Böhmen*, t. II, p. 123, et Boczek, *Cod. Morav.*, t. III, p. 33.

(3) Voy. p. clx et note 1.

moment de sa révolte. Gotfrid paraît avoir été non-seulement le conseiller, mais aussi le tuteur ou le gouverneur du jeune roi, qui plus tard pour le dédommager des pertes qu'il avait éprouvées à son service, lui donna la ville de Rotenburg, un impôt à prélever sur les juifs et trois mille marcs d'argent. En cette occasion, Conrad rend à Gotfrid ce témoignage, que depuis sa tendre jeunesse il a trouvé en lui un gardien vigilant de sa personne (1). L'influence d'un simple seigneur qui n'était pas même revêtu d'un des grands offices de la couronne, montre bien quel était déjà l'isolement de la maison royale, qui n'osait plus compter sur le concours effectif des princes de l'Empire.

Le gouvernement de Conrad, du vivant de Frédéric II, se divise en deux périodes distinctes, l'une qui va de 1237 à 1244, et pendant laquelle il est encore reconnu roi par la nation; l'autre qui s'étend de 1242 à 1250. Dans le cours de ces neuf dernières années, l'opposition, d'abord réduite à de sourdes menées, éclate au grand jour, grandit et devient assez puissante pour créer coup sur coup deux anti-césars et pour diviser profondément l'Allemagne.

Deux grands faits remplissent la première période du gouvernement de Conrad : les tentatives de Grégoire IX pour renverser Frédéric II du trône impérial, tentatives qui échouèrent, et l'invasion des Tartares qui, menaçante pour l'Allemagne entière, fit taire un moment les dissensions intestines. Aussitôt après l'excommunication de l'empereur en 1239, le pape songea à le remplacer; mais il ne voulut pas compromettre un dignitaire de l'Église romaine dans une entreprise prématurée, comme il l'avait fait dix ans auparavant, et il fit d'abord reconnaître le terrain par des agents plus obscurs. Le choix de Grégoire se porta sur Rainier de Saint-Quentin, archidiacre de Troyes, Philippe d'Assise et Albert de Beham. Les deux premiers ne purent ou n'osèrent pas prendre une part active à la lutte qui se préparait. Rainier de Saint-Quentin voulut, il est vrai, contraindre l'évêque de Ratisbonne à promulguer les sentences rendues

---

(1) « *Tanquam alumnus personae nostrae a teneris annis nobis affuit.* » Acte du mois d'août 1251, ap. HANSSELMANN, *Landeshoh. Gesch.*, t. I, p. 409.

contre Frédéric II; mais on traita d'impudent ce Français qui prétendait faire la loi aux princes de l'Empire; et Rainier, ne se croyant pas en sûreté sur les bords du Danube, retourna en France, où il cita l'évêque de Ratisbonne à comparaître à Troyes, et le condamna ensuite par défaut. Ce qui fut plus sérieux, ce fut l'attitude que prit dès son arrivée en Allemagne le troisième envoyé du pape, Albert de Beham, archidiacre de Passau. C'était un homme ardent, infatigable, qui avait longtemps vécu à la cour romaine, dont il connaissait à fond la politique, très-bien vu du duc de Bavière, qui le nommait son compère, parlant le bohémien et lié avec plusieurs grandes familles de la Bohême. Son plan consistait à former dans l'Allemagne orientale une ligue composée du duc de Bavière, du duc d'Autriche, du roi de Bohême, et à faire nommer un anti-roi, qui aurait été le prince de Danemark Abel, dont le choix ne pouvait inspirer aucun ombrage aux grands de l'Empire. Mais Frédéric II convoqua à Égra, le 1er juin 1239, une diète qui fut présidée par Conrad et dans laquelle les princes s'engagèrent par serment à soutenir sa cause et à le réconcilier avec le pape (1). Le mois suivant, Conrad tint à Mayence un concile auquel assistèrent l'archevêque de cette ville et neuf autres évêques (2). On y fit droit aux plaintes de l'évêque d'Eichstadt. Toutes les difficultés religieuses y furent réglées avec autant d'unanimité que la question politique avait été résolue à l'assemblée d'Égra. Aussi la réunion des opposants, qui devait se tenir le 1er août à Lebus, dans la marche de Brandebourg, n'eut aucun résultat, le prince de Danemark ayant décliné le périlleux honneur qu'on voulait lui conférer. L'archevêque de Salzbourg réconcilia le duc d'Autriche avec l'empereur, et porta ainsi un dommage considérable à la ligue pontificale. Enfin les princes de l'Empire, tant ecclésiastiques que séculiers (3), conformément à leurs promesses,

---

(1) « *Cautione juratoria se imperatori obligantes, papam ipsi reconciliare promiserunt.* » *Chronic. Erphord.*, ap. BOEHMER, *Fontes*, t. II, p. 400.

(2) Cf. HARTZHEIM, *Concil. Germ.*, t. III, p. 568 et suiv.

(3) C'étaient les archevêques de Mayence, de Cologne et de Trèves; les évêques de Worms, de Munster, d'Osnabruck, d'Augsbourg, de Frisingen, d'Eichstadt, de Brixen, de Strasbourg, de Spire, de Wirtzbourg; le landgrave de Thuringe; les ducs de Brunswick, de Brabant, de

écrivirent à Grégoire IX, au printemps de l'année 1240, des lettres respectueuses, mais fermes, où ils le suppliaient de prendre en considération les malheurs dont l'Allemagne était menacée et d'accorder la paix à l'empereur, « dont ils ne pouvaient ni ne voulaient en aucun temps abandonner les droits ». Ils lui envoyaient aussi le nouveau maître des Teutoniques Conrad, frère du landgrave de Thuringe, chargé de mener les négociations à bonne fin (1). Mais cet ambassadeur mourut à Rome le 24 juillet, et Grégoire IX, loin de se prêter à une pacification, ne songea qu'à susciter de nouveaux embarras à l'empereur en convoquant un concile évidemment dirigé contre lui.

Nous savons par une lettre d'Albert, écrite vers le milieu d'août 1240, qu'une nouvelle réunion avait été indiquée à Bautzen pour choisir un autre concurrent à opposer à Frédéric II; mais le roi de Bohême fit avorter ce projet en se déclarant tout à coup pour l'empereur et pour son fils. Il résista même aux pressantes sollicitations du duc de Bavière, qui se trouva bientôt seul, entouré d'ennemis et exposé à la vengeance des impériaux. Aussi, comme Albert cherchait à stimuler le zèle d'Othon, en lui déclarant que s'il ne persistait pas dans sa résolution, l'Église romaine, qui avait besoin d'un défenseur, n'hésiterait pas à transférer l'Empire à un Français ou à un Italien, ainsi que la chose avait eu lieu dans les temps passés : « Plût à Dieu, s'écria le duc dans un accès de découragement, que le seigneur pape eût déjà pris ce parti; pour sortir d'embarras, je renoncerais bien volontiers à ma double voix électorale. » Au milieu de ces hésitations, Albert restait seul inébranlable. Retiré à Landshut où la protection du duc de Bavière le couvrait encore, il inondait l'Allemagne de lettres et de proclamations, et fulminait des sentences que répandaient habilement des émissaires choisis parmi les moines cisterciens ou prêcheurs. La résistance du clergé allemand devint très-vive et menaça d'aller jusqu'au schisme. Conrad, évêque de Frisingen, en appela à l'empereur, déclarant que le

---

Lorraine, de Limbourg; les comtes de la Westphalie, le duc de Saxe, les deux margraves de Brandebourg.

(1) Cf. *Hist. diplom.*, t. V, p. 985 et suiv.

pontife romain ne pouvait exercer aucun droit en Allemagne sans l'aveu des évêques allemands. « Que le pasteur romain, disait-il, fasse paître ses Italiens. Nous qui sommes constitués par Dieu les gardiens fidèles de nos brebis, nous écarterons de nos troupeaux ces loups couverts de peaux d'agneaux. » L'évêque de Ratisbonne et son chapitre déclarèrent en présence du duc de Bavière qu'ils entretiendraient chaque année six cents chevaliers pour le service du très-chrétien empereur Frédéric. Rudiger, évêque de Passau, donna un soufflet au messager qui lui présentait une lettre comminatoire d'Albert de Beham et le fit jeter en prison. En dehors de la Bavière, les dispositions du clergé n'étaient point meilleures. L'évêque de Strasbourg, chargé de prononcer les sentences contre l'archevêque de Mayence et l'évêque de Frisingen, refusait de céder à cette injonction. L'archevêque de Salzbourg et l'évêque de Brixen fermaient tous les passages des Alpes pour empêcher Albert et le duc de Bavière de communiquer avec le pape. Albert en fut réduit à se servir pour sa correspondance d'une vieille béguine et d'un jeune garçon qui devaient plus facilement déjouer la surveillance des impérialistes. Quoiqu'il fût mal soutenu par Grégoire IX, il ne cessait de stimuler l'ambition des princes récemment réconciliés avec Frédéric II, et intriguait pour envoyer en Italie Henri de Niffen, ancien partisan de Henri VII, qui se faisait fort de gagner tous les mécontents à la cause du saint-siége (1).

L'empereur s'émut enfin des menées de ce clerc audacieux. Le 4 octobre 1240, il écrivit au duc de Bavière de le chasser de ses États; mais Othon ne se pressa pas d'obéir, et avec une duplicité qui peint bien cette époque de violence et de ruse, il fit sous main savoir au pape que s'il lui avait écrit des lettres où il lui demandait de conclure la paix avec Frédéric, ces lettres n'étaient point l'expression de sa pensée réelle et ne méritaient pas d'être exaucées. En même temps Albert et lui sollicitaient Grégoire IX d'envoyer par mer un cardinal légat qui pénétrerait en Alle-

---

(1) Tous ces faits sont tirés de la correspondance d'Albert, publiée par Oefele et par M. Höfler. Les historiens français et même les allemands jusqu'à ces derniers temps, n'avaient point fait usage de cette précieuse source de renseignements.

magne par la Hongrie, assurant que si ce légat était armé de pouvoirs suffisants, le temps perdu pourrait encore se réparer (1). Mais le souverain pontife, entièrement absorbé par les préparatifs du concile qu'il avait convoqué à Rome, ne se rendit pas à ces raisons et ne voulut pas commettre un de ses cardinaux dans les hasards d'une mission si périlleuse. Bientôt après, la capture des prélats qui se rendaient au concile, les succès de Frédéric II en Italie et la mort de Grégoire IX, survenue le 21 août 1241, laissèrent Albert sans appui en Allemagne. Le duc de Bavière déjà ébranlé par les instances de ses évêques, fut obligé d'abandonner Albert, qui, dépouillé de son argent et de ses bagages par les amis de Frédéric II, se réfugia à Bernstein, et fut heureux de trouver un asile sur les terres des comtes de Wasserburg. De là il continua de lancer les foudres de l'Église sur les partisans de la maison de Souabe; mais sa voix, désormais impuissante, se perdit dans le tumulte causé par l'invasion des Tartares.

Cinq cent mille guerriers venus des régions qui entourent le lac Baïkal s'étaient répandus comme un torrent sur la Russie (1237), couvrant cette contrée de cendres et de ruines. Le farouche Batou, petit-fils de Gengiskhan, avait rasé Lublin et Cracovie, et anéanti, près de Liegnitz, l'armée de Henri, duc de Silésie, le fils pieux et intrépide de sainte Hedwige; neuf grands sacs remplis d'oreilles coupées annonçaient la victoire des Tartares. Ceux-ci, divisés en plusieurs corps, avaient franchi les monts Karpathes et envahi la Hongrie, où les horreurs du sac de Waradin étaient encore dépassées par les cruautés commises à Strigonium (mars-avril 1241). Dans tout le pays, trois villes murées restaient seules debout. Le fléau s'avançait, rapide, irrésistible, et l'Allemagne épouvantée se demandait qui étaient, d'où venaient ces barbares qui réclamaient la domination du monde, et dont la domination était la mort. Des fugitifs avaient porté l'alarme en Danemark et jusqu'au fond de la Suède. En France, la reine Blanche communiquait ses terreurs à Louis IX, qui se contentait de lui répondre : « O ma mère, que la consolation céleste nous soutienne, et s'ils viennent jusqu'à nous, ou nous les rejeterons dans le Tartare d'où ils

---

(1) Lettres du 27 mars et du 10 avril 1241.

sont sortis, ou bien ils nous enverront au ciel. » Ces paroles de résignation exprimaient les véritables sentiments de l'époque. Dans les églises on ajoutait ce verset aux litanies : « Seigneur, délivrez-nous de la fureur des Tartares » ; partout régnait cet effroi immense et incertain dont parle Tacite : *magnus et incertus terror*.

Les Tartares, ou pour mieux dire les Mongols, présentaient dans leur physionomie et dans leurs mœurs tous les traits qui caractérisaient les anciens Huns d'Attila. Sobres et infatigables, ils se contentaient du lait caillé de leurs cavales ou d'un peu de chair mortifiée, et franchissaient les fleuves les plus larges, les plus impétueux, sur la glace, à la nage ou dans leurs bateaux de cuir. Souvent ils mangeaient et dormaient sans descendre de cheval, à côté de leurs chariots, habitations mobiles qui contenaient les femmes, les enfants, le butin du guerrier. Leurs arcs pesants attestaient leur vigueur, et rarement leurs flèches manquaient le but. Armés par devant seulement, ils s'interdisaient la fuite, ou leur retraite simulée était plus à craindre que leur premier choc. Livrés aux pratiques superstitieuses, mais indifférents aux diverses religions, ils savaient prendre tous les masques pour désunir ou tromper leurs ennemis. Les stratagèmes de guerre leur étaient familiers aussi bien que la tactique et l'attaque des places. On prétend même qu'ils se servaient d'ingénieurs et de mécaniciens chinois qui leur avaient appris le secret de la poudre. Ainsi, ces pâtres sauvages qui ne savaient rien fonder excellaient dans l'art de détruire.

En ce pressant danger, le roi Conrad convoqua une grande assemblée des princes du Sud-Ouest à Esslingen le jour de la Pentecôte (19 mai 1241); il y prit la croix contre les Tartares, s'engageant à la porter jusqu'à la Saint-Martin (11 novembre) et même plus tard, s'il était nécessaire, mais à la condition que cet engagement ne l'obligerait à rien envers le pape; il promit, en outre, de réunir toute l'armée à Nuremberg le 1ᵉʳ juillet, et de marcher à la rencontre de l'ennemi commun. Les membres de l'assemblée firent le même vœu et décidèrent qu'une paix solide et sincère serait observée en Allemagne pendant toute la durée de l'engagement; que quiconque attaquerait un croisé dans sa personne ou dans ses biens serait traité en schismatique et en destructeur de l'Église, et que si l'on ne pouvait le prendre, il serait privé de tout droit civil et dépouillé de ses biens. On adopta aussi des mesures appropriées à la circonstance : « Que les princes n'engagent pas isolément de bataille en plaine avec les Tartares, mais qu'ils défendent leurs frontières, de peur que s'ils venaient à succomber il ne fût plus possible de réunir leurs forces; — qu'ils entretiennent des arbalétriers; — qu'on ne brasse point de cervoise, mais qu'on mette le froment en réserve; — qu'on ne transporte pas les provisions de bouche vers le Rhin, mais seulement vers les lieux de défense; — que celui qui a trois marcs de revenu se procure le bouclier qu'on appelle *setzischilt*; — qu'on prohibe toute taverne constamment ouverte; — que les habits précieux soient interdits (1). » En même temps, une autre assemblée se tenait à Mersbourg pour les provinces du Nord-Est, et adoptait des mesures analogues (2).

Le roi de Bohême alla prendre position aux confins de la Pologne, de la Moravie et de la Hongrie, pour surveiller les Tartares campés sur les bords du Danube; et le duc d'Autriche, plus particulièrement menacé, écrivit à Conrad le 13 juin pour le prier de venir en Autriche avec les forces de la Bavière, de la Franconie, de la Souabe et des provinces rhénanes, tandis que les contingents de la Saxe, de la Misnie et de la Thuringe couvriraient la Bohême (3).

Du fond de l'Italie, Frédéric II affectait de se donner beaucoup de mouvement contre les Tartares, avec lesquels ses ennemis l'accusaient d'être de connivence (4). Il encourageait à la résistance le roi de Hongrie, qui

---

(1) Pertz, *Monum. Germ. hist.*, t. IV, p. 339.
(2) *Niederdeutsche Kaiserchronik*, ap. Eccard, *Scriptor.*, t. I, p. 1410.
(3) Documents cités par Hormayr, *Chronik von Hohenschwangau*, p. 65 et 66.
(4) Cette accusation est absurde; mais il est très-permis de croire que Frédéric aura pu exploiter la terreur causée par les Tartares, en leur attribuant le projet d'intervenir dans la querelle qui divisait l'Empire et la papauté. En effet on répandit alors en Allemagne des copies d'une lettre apocryphe, par laquelle un certain Messias, se disant lieutenant du roi des Tartares, déclarait qu'il allait venir interposer sa médiation entre Frédéric et l'Église, et s'annonçait comme le juge de la terre. Schannat, qui a imprimé cette lettre avec sa bizarre sous-

lui avait dépêché l'évêque d'Ermeland, en lui offrant de se reconnaître son tributaire s'il consentait à le défendre. Il promettait de venir en personne en Allemagne aussitôt qu'il aurait fait la paix avec Grégoire IX; puis, Grégoire étant mort, il remettait son départ jusqu'à l'élection d'un nouveau pape. Il annonçait au roi d'Angleterre, à la date du 3 juillet, que son fils Conrad allait se mettre en route pour repousser les envahisseurs, et il sollicitait les secours de tous les princes d'Occident, en caressant par des épithètes caractéristiques ou flatteuses la vanité des nations qu'il convoquait à la défense de la chrétienté (1). En définitive, Frédéric ne fit rien; et Conrad, qui devait entrer en campagne le 25 juillet, resta inactif en Bavière (2). Il est vrai que les Tartares ne réalisèrent pas leurs menaces d'invasion. Une de leurs hordes ayant pénétré en Autriche et assiégé le château de Neustadt, fut repoussée par la faible garnison renfermée dans cette place, et bientôt l'approche d'une armée conduite par le duc d'Autriche, le roi de Bohême, le duc de Carinthie et le patriarche d'Aquilée, décida les barbares à rentrer en Hongrie (3). Ils semblaient résolus à s'établir dans ce malheureux pays, d'où ils ravageaient la Bosnie, la Servie, la Dalmatie, la Bulgarie, lorsque tout à coup ils disparurent (1243). Une révolution survenue sur les confins de la Chine, à Karakorum, en

---

cription, d'après un manuscrit d'Erfurth (*Vindem. diplom.*, p. 206), incline à penser qu'elle fut fabriquée et publiée par l'ordre de l'empereur.

(1) Lettre du 20 juin 1241 aux seigneurs et au peuple de la Souabe. — Lettre au roi de Hongrie, même date. — Lettre du 3 juillet au roi d'Angleterre. — Lettre du mois d'août au même. Tous ces actes sont rapportés dans notre collection.

(2) C'est ce qu'Innocent rappelait au roi de Hongrie, Bela, quand il lui écrivait à la date du 21 août 1245 : « *Fridericus diu expectatus post terminum non venit nec illuc filium suum ut promiserat destinavit.* » FEJER, *Cod. diplom. Hung.*, t. IV, pars 1, p. 375.

(3) Ces faits rapportés par un aventurier nommé Hyon de Narbonne, qui se trouvait alors en Autriche, ne paraissent pas pouvoir être contestés. (Voir sa lettre à l'archevêque de Bordeaux dans Matth. Paris, *Hist. maj. Anglor.*, p. 413.) Il n'en est pas de même du récit de Matthieu Paris, lequel prétend qu'Enzio aurait été envoyé par Frédéric II en Allemagne avec quatre mille cavaliers et un grand nombre de fantassins, et que cette armée réunie à celle de Conrad aurait battu les Tartares sur un affluent du Danube qu'il appelle *Delpheos*. (*Hist. maj. Anglor.*, p. 381-382.) Les historiens allemands et hongrois gardent sur cette expédition un silence absolu; ce qui la rend tout à fait improbable.

rappelant les Mongols vers l'Asie, affranchit la Hongrie et délivra l'Allemagne de toute appréhension.

Aussitôt que les premières craintes inspirées par l'invasion des Tartares se furent dissipées, l'opposition se dessina plus nettement. Le saint-siége était alors vacant. Frédéric II portait le fer et la flamme dans les États de l'Église, et les princes de l'Empire, qui désiraient tenir la balance égale entre les deux pouvoirs, commençaient à s'alarmer de la prépondérance de l'autorité impériale. De plus, on accusait Frédéric II d'avoir négligé l'Allemagne dans l'extrême péril dont elle venait de sortir. L'archevêque de Mayence, d'accord avec celui de Cologne, donna, comme nous l'avons dit, l'exemple de la désaffection, et entraîna plusieurs seigneurs de son diocèse. Les conseillers de Conrad comprenant l'imminence du danger, prirent aussitôt des mesures énergiques. Ils convoquèrent tous les féaux de l'Empire à Aix-la-Chapelle, et mirent en état de défense les villes et les forteresses du Bas-Rhin, dans l'attente d'une guerre prochaine (1). En effet, les deux archevêques entrèrent en campagne dès le printemps de l'année 1242. Mais ils furent battus près d'un lieu nommé Badua, par Waleran de Limbourg, qui commandait les impériaux, et perdirent beaucoup de monde. L'archevêque de Cologne y fut même fait prisonnier par le comte de Juliers, et ne sortit de captivité qu'à des conditions humiliantes (2). A la fin de juillet, Conrad vint en personne prendre le commandement de l'armée destinée à opérer contre l'archevêque de Mayence, dans le Rheingau. La ville de Worms lui fournit pendant six semaines des navires armés en guerre qui descendirent le Rhin et ravagèrent tout le pays (3). L'année suivante, à la même époque, Conrad revint avec une puissante armée à laquelle plusieurs évêques,

---

(1) C'est ainsi que nous expliquons, avec M. Boehmer, le voyage du roi Conrad à Spire, à Trèves, à Aix-la-Chapelle, à Cologne, à Coblentz, pendant les mois de février et mars 1242. La manière dont ce voyage est présenté dans les *Gesta Trevirorum* laisse bien comprendre qu'il s'agissait d'une tournée ou d'une inspection militaire.

(2) *Chronic. Salisb.*, ad ann. 1242.— *Catal. archiep. Colon.*, ap. Pistorium, t. III, p. 259. —Lacomblet, *Urkundenb.*, t. II, p. 139.

(3) *Annal. Wormat.*, ap. Boehmer, *Fontes*, t. II, p. 182.

I.   *ff*

princes et seigneurs avaient fourni leurs contingents. Après avoir assiégé inutilement le château de Starkenburg, il se rendit maître de la ville de Cassel en face de Mayence, qui appartenait à l'archevêque, et dont il confia la garde à Wirich de Daun. Puis, emmenant avec lui les milices de Worms, il alla de nouveau ravager le Rheingau aux environs de Rudenesheim. Après le départ du roi, les habitants de Worms se virent pressés par les archevêques de Mayence et de Cologne et par le sire d'Isenburg, qui voulaient les entraîner à la défection; mais inébranlables dans leur fidélité, ils s'adressèrent à Conrad, qui leur envoya une troupe d'élite commandée par Philippe de Hohenfels et par Philippe de Falkenstein. Ces auxiliaires entrèrent à Worms le 24 septembre 1244; mais ils ne purent empêcher la ville de Cassel de retomber au pouvoir de l'archevêque de Mayence, qui la rasa (1).

En 1245, la guerre fut un moment ralentie par les préparatifs du concile de Lyon; les deux partis comprenaient que les destinées de l'Empire allaient se décider dans cette ville. Tandis que les archevêques de Mayence et de Cologne se rendaient auprès d'Innocent IV pour le déterminer à déposer Frédéric II, Conrad allait rejoindre son père à l'assemblée de Vérone, où Frédéric avait convoqué les princes allemands (juin et juillet). Cette diète, où comparurent l'archevêque de Salzbourg, les évêques de Ratisbonne, de Passau, de Frisingue, de Bamberg, de Brixen et de Worms, les abbés de Kempten et d'Elwangen, les ducs d'Autriche, de Méranie, de Karinthie, les comtes de Tyrol et de Gœritz, et quelques seigneurs attachés à la maison de Souabe, tels que Rodolphe de Habsbourg, Gotfrid de Hohenlohe et son frère, fut la dernière où Frédéric II ait fait acte de souverain comme présidant les conseils de la nation germanique. On peut dire que sa déposition prononcée au concile de Lyon, le 17 juillet, porta un coup mortel à sa domination en Allemagne. Les princes qui avaient paru le plus dévoués à sa cause, les évêques de Ratisbonne, de Frisingue, de Bamberg, l'abandonnèrent aussitôt avec une précipitation qui fait penser que leur défection était convenue d'avance.

---

(1) Annal. Wormat., loco supr. cit., p. 182, 183.

A partir de ce moment on ne voit plus aucun personnage allemand figurer dans les diplômes de Frédéric II, à l'exception du margrave de Hohenburg, qui s'était établi et résidait habituellement en Apulie, et l'on peut dire que dans les dernières années de sa vie l'empereur fut à peu près oublié dans l'Empire.

Jusqu'alors la guerre entre les partisans et les adversaires de la maison de Souabe était restée concentrée dans les provinces du Rhin inférieur, et la plupart des princes avaient pu se tenir dans l'expectative; mais du jour où le pape intervint activement dans la querelle et donna à l'opposition un chef reconnu par l'Église romaine, le théâtre de la guerre s'agrandit et la neutralité ne fut plus permise. Celui sur qui Innocent IV jeta les yeux était le landgrave de Thuringe, qui avait été, comme nous l'avons vu, le tuteur nominal du roi Conrad. Les sources allemandes nous manquent pour établir la suite des arrangements qui amenèrent l'élection de Henri Raspe. Nous savons seulement d'une manière positive, par les lettres mêmes du pape, qu'à la date du 21 avril 1244 il cherchait déjà à gagner l'esprit du landgrave : « Afin que tu montres d'une manière louable et par des actes, lui écrivait-il, l'affection dévouée que l'on t'attribue pour l'Église romaine, il convient que tu accomplisses promptement l'affaire de la foi, commencée par toi d'une manière louable, de telle façon que tes mérites en soient augmentés et que tu trouves le saint-siége apostolique obligé plus fortement à l'accroissement de ton nom et de ton honneur, car nous sommes dans le ferme propos de ne t'abandonner nullement dans ladite affaire (1). » Si à ce renseignement précieux on ajoute quelques indications que fournit le texte de Matthieu Paris, on peut se faire une idée assez exacte de la marche que suivit cette négociation. Il paraît certain que les premières ouvertures furent faites après la levée du siége de Viterbe par l'empereur; que le landgrave évita alors de se prononcer : *dilexit enim imperatorem et Romanæ curiæ odivit cavillationes;* que le pape insista dès que le traité de paix conclu à la fin de mars 1244 se trouva rompu; que pendant le séjour d'Innocent IV à Gênes,

---

(1) Pertz, *Monum. Germ. hist.*, t. IV, p. 346.

les confédérés lombards agirent de nouveau auprès du landgrave : *Landgravius animatur ut imperialem sibi dignitatem assumat ;* que les instances des amis de Henri Raspe et les démarches personnelles de Frédéric II réussirent alors à faire ajourner le projet, qui ne fut repris qu'après le concile de Lyon.

Les actives démarches du pape appuyées par de nombreuses largesses atteignirent enfin le résultat désiré. Le landgrave fut élu le 22 mai 1246, à Hochheim près de Wurtzbourg, par les archevêques de Mayence, de Cologne, de Trèves et de Brême, par les évêques de Wurtzbourg, de Naumbourg, de Ratisbonne, de Strasbourg, de Spire, par les ducs de Brabant et de Saxe et par plusieurs comtes. Il convoqua aussitôt une diète qui devait se tenir le 25 juillet à Francfort. Conrad se mit en mesure de s'y opposer, et entreprit de lui barrer le chemin en défendant les abords de Francfort. Le 5 août, une bataille fut livrée sur les rives du Mein. La trahison des comtes de Wurtemberg et de Grüningen, à qui le pape avait promis de leur partager la Souabe par moitié s'ils abandonnaient Conrad, décida la victoire en faveur de Henri Raspe ; mais ce prince ne put entrer à Francfort, où Conrad s'était retiré en bon ordre (1), et cette ville importante resta fidèle à la maison de Souabe non-seulement en cette occasion, mais même jusqu'à la mort du fils de Frédéric II. Cet échec fut en partie compensé par le mariage de Conrad avec la fille du duc de Bavière, lequel résistant aux menaces du pape et aux instances astucieuses d'Albert de Beham, qui résidait alors à Lyon (2), se déclara ouvertement pour l'empereur et pour son fils au moment où leur cause paraissait le plus compromise (septembre 1246).

Toutefois ce mariage ne put empêcher les progrès de Henri Raspe dans

---

(1) *Chronic. Erphord.* et *Annal. Argent.*, ap. Boehmer, *Fontes*, t. II, p. 404 et 408. — Lettre de Gautier d'Ocra au roi d'Angleterre, ap. Matt. Paris, *Hist. maj. Angl.*, p. 479. — Lettre de Henri Raspe aux Milanais, ap. Hahn, *Collect. monum.*, t. I, p. 253.

(2) La lettre d'Albert, publiée par M. Höfler, *Kais. Friedr. II, Docum.*, p. 406, n° 50, est très-curieuse. On y voit qu'Innocent IV était encore disposé à donner son assentiment au mariage de la fille du duc avec Conrad, et à reconnaître ce prince en qualité de roi de Jérusalem et de Sicile, s'il consentait à renier son père comme étant un hérétique condamné.

la Souabe, et Conrad, hors d'état de tenir la campagne, se rendit à Spire et à Aix-la-Chapelle pour fortifier son parti dans les provinces du Rhin et empêcher son concurrent de se faire couronner dans la ville de Charlemagne. Celui-ci revenu à son château de Wartbourg au mois de novembre, en repartit au cœur de l'hiver pour achever la conquête de la Souabe, où la plupart des seigneurs s'étaient prononcés pour lui (1). Après avoir rassemblé son armée à Smalkalde et à Nuremberg, il vint assiéger Ulm vers la fin de janvier 1247; mais la rigueur du froid et le manque de vivres l'obligèrent à se retirer précipitamment (2), et à son retour en Thuringe il fut pris d'une dyssenterie qui l'emporta en quelques jours (17 février). Sa mort ne mit pas fin aux ravages de la guerre en Souabe. Vers la fête de la Pentecôte les ennemis de la maison de Staufen mirent le siége devant Reutlingen, qui se défendit vaillamment; les habitants se placèrent sous la protection de la sainte Vierge, et après leur délivrance ils s'acquittèrent de leur vœu en lui élevant dans leurs murs une magnifique chapelle.

Aussitôt qu'il eut appris la mort du landgrave, Frédéric II annonça l'intention de partir pour Lyon, d'y conclure avec le pape une paix qu'il considérait encore comme possible, et de se rendre ensuite en Allemagne, où sa présence était plus que jamais nécessaire. Il convoqua même les princes de l'Empire à une assemblée qui devait se tenir le 24 juin. Quoiqu'il eût manifesté souvent ce projet sans jamais le réaliser, on doit croire que cette fois il serait en effet venu en Allemagne, si la révolte de Parme, en l'obligeant de tourner toutes ses forces contre cette ville, ne l'eût retenu en Italie. Innocent IV de son côté, loin de se prêter à aucun accommodement, envoyait en Allemagne un cardinal légat revêtu des pouvoirs les plus étendus, qui en peu de mois réussit à donner un nouveau chef au

---

(1) « *Qualiter Sueviam hostiliter invadamus, jam fere omnibus illius terrae nobilibus ad pedes nostrae celsitudinis inclinatis, ... tibi quam cito curabimus destinare.* » Lettre de Henri Raspe à l'archevêque de Ravenne, du 30 novembre 1246, ap. RAYNALDI, *Annal. eccles.*, ad ann. § X.

(2) *Annal. Argent.*, ap. BOEHMER, *Fontes,* t. II, p. 109.

parti opposant (1). Guillaume, comte de Hollande, accepta la succession de Henri Raspe et fut élu roi des Romains à Neuss, le 3 octobre 1247.

La pauvreté des sources qui nous sont parvenues et l'extrême rareté des actes de Conrad pendant les années 1247 et 1248 nous laissent ignorer quelles furent les mesures prises par le fils de Frédéric II, pour s'opposer à ce second rival. Il paraît qu'il laissa les provinces du Rhin inférieur, où du reste son parti était encore très-puissant, lutter seules contre les entreprises de Guillaume de Hollande, et qu'il se tint en Bavière à portée de surveiller d'un côté l'Autriche, livrée à l'anarchie par la mort du duc Frédéric, et de l'autre la Souabe, déchirée par les discordes intestines. Nous savons seulement par les lettres d'Innocent IV, que les principaux comtes de la Souabe, Hartmann de Kiburg, Louis de Frohburg, Gotfrid de Sigmaringen et Hartmann de Grüningen, ayant pris la croix contre Conrad, lui livrèrent bataille au mois d'avril 1248, lui firent éprouver un grave échec et manquèrent de le faire prisonnier (2). La ville de Constance, jusque-là fidèle, abandonna aussi la cause de Conrad. Dans ce pays, berceau de la maison de Staufen, l'indifférence politique en vint à ce point, que le duc de Teck faisait mettre en tête de ses actes la formule : *regnante Domino nostro Jesu Christo*, comme pour déclarer publiquement qu'il ne reconnaissait ni l'un ni l'autre des deux concurrents.

Malgré la défection de quelques villes, on peut dire que les cités impériales de la Bavière, de la Souabe, de la Suisse, de l'Alsace et des provinces rhénanes restèrent en général fidèles à l'empereur et à son fils, et

---

(1) Suivant Matthieu Paris, la couronne avait été successivement offerte au comte de Gueldre, aux ducs de Brabant et de Lorraine, au comte Richard, frère du roi d'Angleterre, et même à Hacon, roi de Norvége. « *Inter principes [papa] non invenit aliquem qui se de regno vellet intromittere .... Tandem dux Brabantiae filium sororis suae Wilhelmum comitem Hollandiae domino papae et episcopis Alemanniae praesentavit.* » Annal. Argent., ap. BOEHMER, *Fontes*, t. II, p. 109.

(2) « *Cum comes de Kiburch contra Conradum suosque sequaces sit hostiliter processurus.* » Lettre du 5 mars. « *Cum nuper Conradus aggregatis undique viribus cum ipsis comitibus aggredi attentasset ..... ita quod persecutor Ecclesiae terga vertens, relictis rebus quam plurimis, fere fuit manu valida captivatus.* » Lettre du 15 mai 1248, ap. RAYNALD., *Annal. eccles.*, ad ann. § XVI.

c'est même assurément leur appui qui permit à Conrad de soutenir la lutte (1). Ce prince, après avoir chargé le duc de Bavière et Othon d'Eberstein de maintenir l'Autriche et d'en écarter les nombreux prétendants à la succession du duc Frédéric (2), reprit l'offensive au mois d'octobre 1248. Avec l'aide des bourgeois de Spire, de Worms et d'Oppenheim, qui lui fournirent le secours de leurs milices, il attaqua l'archevêque de Mayence, qui fut vaincu et obligé de s'enfermer dans le château de Bruchsal; mais au printemps suivant il ne put empêcher Guillaume de Hollande de s'emparer de la ville impériale d'Ingelheim et de faire élire à la place de Sifrid, qui venait de mourir, un nouvel archevêque de Mayence aussi dévoué que son prédécesseur aux intérêts de l'Église romaine (3). Guillaume étant alors retourné en Hollande, Conrad revint en Bavière et en Souabe, et la guerre ne fit plus que languir jusqu'au printemps de l'année 1250, époque où le fils de Frédéric II rassembla dans le Brisgau une nombreuse armée pour recommencer les hostilités sur le Rhin. Au mois de juillet, il vint prendre position à Oppenheim en face des forces de Guillaume, qui ravageait les possessions de Philippe de Hohenfels, alors renfermé dans Boppart, et son attitude obligea Guillaume à licencier ses troupes et à se retirer dans les murs de Mayence. La nouvelle de ce

---

(1) « Wormatia, Spira et aliae civitates et oppida Rheni, Sueviae et Bavariae et Metii favebant Friderico et filio suo sub vinculo excommunicationis; et eorum favore Cunradus tenuit bellum contra Ecclesiam. » Annal. Argent., ap. Boehmer, Fontes, t. II, p. 409.

(2) L'empereur voulait réserver la succession de l'Autriche à son petit-fils Frédéric, fils de Henri VII. Au mois de juin 1248, Othon d'Eberstein essaya de se rendre en Italie pour s'aboucher avec Frédéric II et ramener le jeune prince à Vienne. Mais l'archevêque de Salzbourg et la ligue lombarde lui fermèrent les passages des Alpes. En 1249 Meinhard, comte de Tyrol, capitaine pour l'empereur en Styrie, et plus tard exerçant aussi le même commandement en Autriche après la retraite du duc de Bavière, réussit à se rendre auprès de Frédéric, mais sans pouvoir mener cette négociation à bonne fin.

(3) Malgré ce dévouement, le pape et le roi trouvèrent que le zèle de l'archevêque Christian n'était pas à la hauteur des circonstances. Ce n'était point un homme d'épée comme son prédécesseur. Il avait la faiblesse de croire qu'il ne convenait pas à un prêtre de détruire les moissons, d'incendier les villages, de tuer les hommes. Aussi fut-il déposé en 1251, comme incapable. On peut voir ce que Christian dit de lui-même et des violences de son prédécesseur dans Boehmer, Fontes, t. II, p. 269 et 270.

succès fut portée à Frédéric II au fond de la Pouille, et celui-ci, affectant de lui donner une grande importance, écrivit à son fils pour le féliciter d'avoir dispersé et balayé devant sa face le comte de Hollande et ses partisans, qu'une fuite honteuse avait pu seule soustraire à ses coups (1). Après avoir porté le fer et la flamme aux environs de Mayence, Conrad, revenant sur ses pas, dévasta les terres du wildgrave et de Wernher de Bolland, et vint camper à Heppenheim, où il donna congé aux milices de Worms. Le 27 août, il était à Deidesheim occupé à ruiner les possessions de l'évêque de Spire (2). Les annales de Worms s'arrêtant ici, nous ne savons rien sur la suite de cette campagne; elle dut cependant continuer d'être favorable aux armes de Conrad, puisque les évêques du Rhin furent obligés de lui demander une suspension d'armes (3), après laquelle il revint prendre ses quartiers d'hiver en Bavière. Au mois de décembre de cette même année 1250 l'empereur mourait à Fiorentino et Conrad manquait d'être assassiné à Ratisbonne par les ministériaux de l'évêque. Depuis 1246 cette ville était devenue comme le centre de la résistance politique et religieuse opposée à l'autorité ecclésiastique; nul ne pouvait s'y montrer dans les rues portant sur ses habits le signe de la croisade prêchée contre Frédéric II; et celui qui osait le faire était livré aux tourments et à la mort (4). Placés depuis longtemps sous l'interdit, les habitants avaient pris le parti de se passer du clergé. Ils enterraient eux-mêmes leurs morts au son des trompettes.

Ces symptômes étaient graves. L'insubordination avait pénétré dans les esprits à la suite de l'anarchie qui avait détruit tout gouvernement régulier. Les seigneurs et les villes, réduits à ne plus compter que sur leurs propres forces, cherchaient à s'associer pour se protéger mutuellement. Malgré les derniers succès de Conrad, les partisans les plus dévoués de la maison de

---

(1) « *Comes Hollandiae et sequaces sui, quos ante faciem tuam dispersos et contritos dedecorosae fugae servavit praesidium.* » Mss de Vienne, *Philolog.*, n° 305, fol. 156 verso.

(2) *Annal. Wormat.*, ap. BOEHMER, *Fontes*, t. II, p. 187.

(3) « *Episcopi circa Rhenum cum Chunrado rege treugas per tempus inierunt.* » *Chronic. Salisb.*, ap. PEZ. t. I, p. 362.

(4) Lettre d'Innocent IV, du 13 mai 1248, ap. RAYNALD., *Annal. eccles.*, ad ann. § X-XII.

PARTIE HISTORIQUE. CCXLIX

Souabe ne se faisaient plus guère illusion ni sur l'étendue ni sur la durée probable de sa puissance. Nous en avons un exemple curieux dans une sorte de manifeste publié par la ville de Brisach au mois de novembre 1250. « Nous promettons de bonne foi, dit la commune, à notre seigneur l'évêque de Bâle et à l'église de Bâle, que s'il arrive que notre sérénissime seigneur Frédéric, empereur des Romains, qui jusqu'ici a tenu notre ville en fief de l'église de Bâle, soit humilié à ce point que les villes confédérées avec nous se décident à l'abandonner pour choisir un seigneur autre que le susdit empereur ou que son fils Conrad, par la grâce de Dieu élu roi des Romains, dès ce moment nous ne reconnaîtrons plus d'autre seigneur que le vénérable évêque de Bâle ou ses successeurs (1). » On connaît par un autre instrument rapporté dans Schœpflin, les noms des villes confédérées alors avec Brisach : c'étaient Colmar, Haguenau, Schelestadt, Kaisersberg, Nuvenburg, Mulhouse, Rhinfeld, Soleure, Berne, Zurich, Schaffhouse (2). Quoique la date précise de cette confédération ne soit pas bien déterminée, on peut sans craindre de se tromper beaucoup la faire remonter jusqu'à 1247. Dès l'an 1226 avait eu lieu le premier essai de cette grande ligue du Rhin qui s'organisa après la mort de Frédéric II, et qui comptait jusqu'à soixante-dix villes ou princes associés en 1255, époque où elle fut solennellement reconnue et ratifiée par Guillaume de Hollande (3).

Le progrès des communes est en effet le résultat le plus important du

---

(1) « *Quod si serenissimum dominum nostrum Fredericum, Romanorum imperatorem,* ... *catenus humiliari contingat quod civitates nobis conjuratae recesserint ab eodem, quemcumque sibi dominum praeter praelibatum dominum nostrum ejusque filium Conradum, Dei gratia Romanorum in regem electum, eligentes,* etc. » Ap. KOPP, *König Rudolf und seine Zeit*, Beilage, n° 2, p. 884.

(2) *Alsat. diplom.*, t. I, p. 406.

(3) « *Hujus Wilhelmi regis tempore civitates apud Rhenum cum principibus optimam pacem ineunt, eligentes sibi capitaneos, destruendo castra nociva et injusta thelonea removentes* ... *Fuerunt autem subscripti principes et subscriptae civitates qui sanctae pacis foedera juraverunt; Gerhardus, archiepiscopus Moguntinensis* ... *et aliae civitates plus quam sexaginta cum civitate Bremensi, Grunperch, Hirswelden.* » Not. ad Herm. Altah., ap. BOEHMER, *Fontes*, t. II, p. 506. Cf. J. DE BEKA, *Ibidem*, p. 439.

gouvernement de Frédéric II et de ses fils en Allemagne. Au milieu des convulsions intérieures et des agitations venues du dehors, les villes impériales et même épiscopales voient augmenter sans cesse la somme de leurs libertés politiques et de leurs franchises commerciales. Malgré les revirements soudains qui avaient signalé dans les premiers temps la politique de Frédéric II (1), on peut dire qu'à dater de 1239 ce prince chercha et trouva dans l'adhésion des villes son appui le plus ferme contre les princes et même contre les évêques, et il suivit la même ligne de conduite à l'égard des grandes communes qui faisaient partie des anciens royaumes d'Arles,

---

(1) Nous donnons comme exemple la série chronologique des actes impériaux promulgués pour ou contre la commune de Worms. Son histoire est celle de la plupart des villes épiscopales où les rapports de l'autorité ecclésiastique et du pouvoir municipal se trouvèrent réglés par des concessions mutuelles. 20 avril 1220. Frédéric II confirme les anciens priviléges de la commune de Worms. — 23 août. La commune organise sa police intérieure. — 18 janvier 1231. Henri VII charge l'archevêque de Mayence et l'évêque de Ratisbonne de révoquer tout ce que la commune aura entrepris sur les droits de l'évêque de Worms. — Janvier 1232. Frédéric II révoque pour les villes en général, et pour Worms en particulier, les communes, assemblées, magistratures, etc., instituées sans le consentement de l'évêque. — 17 mars 1232. Henri VII confirme aux habitants de Worms leurs droits, leurs libertés et leur conseil municipal, sauf la liberté de l'église de Worms. — Mai 1232. Frédéric met au ban de l'Empire les habitants de Worms pour n'avoir pas observé sa constitution, promulguée en janvier, et il autorise l'évêque à démolir la maison communale. — Protestation de la commune, qui en appelle au pape. — 3, 4 et 8 août 1232. Henri VII confirme d'une manière générale les priviléges de Worms, à la condition que les habitants renonceront à leur conseil et à leurs confréries, et il promet d'interposer ses bons offices pour les réconcilier avec leur évêque. — 27 février 1233. Transaction entre l'évêque et la commune, de l'aveu du roi. Institution d'un conseil de quinze membres. — 19 février 1234. L'évêque vend à la commune pour dix ans le droit de battre monnaie. — Mai 1236. Frédéric II renouvelle en faveur des habitants de Worms son privilége du 20 avril 1220. — 6 novembre 1238. Frédéric II établit à Worms un conseil composé de quatre ministériaux de l'Église et de huit bourgeois. Il révoque les aliénations faites sans son aveu par l'église de Worms. — 25 mars 1242. L'évêque de Worms donne en fief à la commune l'avouerie de Nonnenmünster. — 27 juillet 1242. Conrad exempte la commune de Worms du droit de tonlieu qu'elle payait à Oppenheim. — Août 1243. Frédéric II ratifie cette exemption. — 8 juillet 1245. Frédéric II promet de comprendre le clergé et la commune de Worms dans la paix qu'il pourra faire avec l'Église romaine ou avec l'archevêque de Mayence. — 23 janvier 1246. Conrad s'interpose pour rétablir la paix entre la commune de Worms et son camérier Philippe de Hohenfels. — Mai 1250. Frédéric II délie le fils du duc de Bavière des engagements qu'il a été obligé de prendre envers la commune de Worms.

de Bourgogne et de Lorraine, dépendants de l'Empire. L'établissement de cultivateurs libres dans la basse Allemagne y ayant amené peu à peu l'affranchissement des serfs, cet usage se répandit aussi dans l'Allemagne supérieure et sur les rives du Rhin. Il y fut puissamment encouragé par les villes, lesquelles non-seulement accueillaient dans leurs murs les serfs fugitifs, mais accordaient même les droits de bourgeoisie à ceux qui s'établissaient dans la banlieue, ou qui, sans quitter les terres de leurs seigneurs, se plaçaient sous la protection de la cité. Avec ces divers éléments de puissance les villes ne tardèrent pas à prendre part au gouvernement général. Dès le XII° siècle c'était l'usage dans plusieurs cantons ruraux de la Suisse et de la Souabe d'admettre les hommes libres aux assemblées provinciales. Sous Adolphe de Nassau le tiers état fit un pas décisif, lorsqu'en 1293 les députés des villes immédiates furent appelés à faire partie des États d'Empire où n'avaient siégé jusque-là que les évêques et les nobles.

CHAPITRE III.

DROITS DE SOUVERAINETÉ EXERCÉS PAR FRÉDÉRIC II DANS LES ANCIENS ROYAUMES D'ARLES, DE BOURGOGNE ET DE LORRAINE.

Les droits de souveraineté des empereurs d'Allemagne sur les anciens royaumes d'Arles et de Bourgogne, droits qu'ils tenaient de Conrad le Salique en vertu de la donation de Rodolphe III, ne leur furent jamais sérieusement contestés en principe; mais en fait l'esprit d'indépendance des grandes communes provençales et la rivalité des comtes de Toulouse et des comtes de Provence rendirent l'exercice de ces droits aussi difficile qu'irrégulier. L'action de l'Empire cessa même à peu près complétement de se faire sentir sur les bords du Rhône, lorsque le Languedoc et la Provence eurent passé aux mains des deux frères de saint Louis, et si elle continua de subsister dans le Dauphiné et la Franche-Comté, provinces l'une démembrée, l'autre limitrophe du royaume d'Arles, là aussi elle dut déchoir devant l'ascendant de plus en plus marqué de la nationalité française.

Nous commencerons par indiquer ici avec autant de précision qu'il est possible de le faire en un sujet si obscur les faits principaux qui se rapportent à l'influence politique de l'empereur Frédéric II sur le royaume d'Arles, et nous chercherons à établir jusqu'où s'étendit cette influence pendant la première moitié du treizième siècle, c'est-à-dire à la veille du jour où les droits impériaux allaient tomber en désuétude. Les historiens de la Provence, soit par l'effet d'un parti pris, soit par le manque de renseignements suffisants, ont à peine effleuré cette question, qui n'est cependant pas dépourvue d'intérêt.

Même au temps de la guerre des Albigeois, où l'enthousiasme religieux passait avant toute autre considération, les papes admirent comme fondées les réclamations de Frédéric II au sujet de ses droits méconnus par la fureur des partis, et ils déclarèrent souvent que cette situation violente n'était que transitoire et ne devait en rien préjudicier à la souveraineté effective de l'Empire. Les rois de France, engagés dans la même guerre, se hâtèrent de faire des déclarations semblables, et nous en avons un exemple bien frappant dans la lettre écrite à Frédéric II par les seigneurs français au moment du siége d'Avignon en juin 1226. « Que votre sérénité, disaient-ils, n'ajoute foi à aucun de ceux qui tenteraient de lui suggérer que les choses se sont passées autrement.... Car Dieu, qui connaît les secrets des cœurs, sait que le sire roi et nous, n'agissons en ceci qu'à titre de croisés et dans l'intérêt de la foi chrétienne, respectant en tout et pour tout votre droit, contre lequel le sire roi ne voudrait ni ne devrait rien entreprendre (1). » De même en 1234, quand Raymond Bérenger, comte de Provence, eut engagé son château de Tarascon à Louis IX pour le payement de la dot de sa fille Marguerite, il jura sur l'Évangile d'obtenir de l'empereur des lettres patentes qui confirmeraient cet engagement (2). Nous ne savons si ces lettres furent délivrées; mais ce fait prouve clairement la reconnaissance formelle par le roi et par le comte des droits de

---

(1) *Hist. diplom.*, t. II, p. 614.
(2) Original au *Trés. des chart.*, J. 610, n° 2.

Frédéric, puisque l'un et l'autre considéraient la ratification impériale comme nécessaire à la validité de leur contrat.

D'ailleurs les chartes de priviléges, d'investitures, de confirmations, etc., accordées par Frédéric II aux évêques, aux abbés, aux seigneurs, aux communes du pays situé entre la Méditerranée, le Rhône et les Alpes, sont si nombreuses et si répétées qu'elles suffiraient à montrer que les feudataires ecclésiastiques ou laïques aussi bien que les villes elles-mêmes n'hésitaient pas à admettre la souveraineté de l'Empire. En effet ces priviléges étaient sollicités par les intéressés, qui souvent entreprenaient de longs voyages pour les obtenir, et qui, suivant l'usage, n'épargnaient dans ce but ni les prières ni les présents. Apparemment ils ne se seraient pas donné tant de peine pour se faire accorder des fiefs, des rentes, des péages, des permissions de battre monnaie, des exemptions de juridiction, des approbations de coutumes (1), si les actes de l'autorité impériale eussent été des lettres mortes, sans valeur aux yeux des populations qu'ils concernaient. Dans deux occasions, à l'assemblée de Bâle en 1214 et pendant le séjour de l'empereur à Turin et devant Brescia en 1238, on voit les feudataires du royaume d'Arles affluer auprès du souverain et protester à l'envi de leur fidélité (2). Au reste, que Frédéric II se rapprochât des

---

(1) Pour la nature et l'objet de ces concessions impériales, nous renvoyons le lecteur à la table des documents qui accompagne chaque volume, et nous nous bornons à rappeler ici les noms des siéges diocésains, des établissements monastiques, des feudataires grands et petits et des communes qui obtinrent des priviléges de Frédéric II. Ce sont les archevêchés de Vienne, d'Arles, d'Embrun; les évêchés de Viviers, de Die, de Saint-Paul-Trois-Châteaux, de Marseille, d'Orange, de Greneble, de Gap, d'Avignon, de Valence; l'hôpital de Saint-Antoine en Dauphiné, les abbayes de Montmajour et de Saint-Césaire à Arles, le prieuré de Saint-Gilles, l'hôpital de Saint-Jean à Orange; les comtes de Toulouse, de Provence, de Forcalquier; Guillaume des Baux, prince d'Orange; le dauphin de Viennois; Pons d'Astoaud, Aymar de Groslée, Giraud et Pierre d'Ami, d'Avignon; Raymond Pastinat; les communes d'Arles, de Marseille, d'Avignon, d'Embrun, d'Apt, etc.

(2) Au mois de décembre 1235 les comtes de Toulouse et de Provence se trouvèrent ensemble auprès de Frédéric II, à la cour de Haguenau. Le comte de Toulouse y reçut l'investiture du marquisat de Provence, et le comte de Provence y fut armé chevalier par l'empereur. Il avait alors plus de quarante ans; mais obéissant à un préjugé de famille, il avait

frontières de la Gaule ou qu'il se trouvât, suivant les circonstances, au fond de la Calabre ou sur les bords du Rhin, il mettait un égal empressement à renouer des liens de vasselage fort relâchés depuis la mort de Henri VI. Mais son éloignement plus fréquent que sa présence eût été cependant une cause incessante d'affaiblissement pour son pouvoir, s'il n'eût cherché à rattacher l'ancien royaume d'Arles à l'Empire par des moyens plus efficaces que ne pouvaient l'être des chartes dont rien n'aurait assuré la sanction. Aussi pour atteindre ce but agit-il plus directement sur la contrée par l'intervention de délégués qui en qualité de *vicaires* devaient régler les affaires générales du pays, ou sous le titre de *potestats* gouverner au nom de l'empereur les grandes communes telles que Arles et Avignon.

Le premier de ces vicaires que les textes nous font connaître est Guillaume des Baux, prince d'Orange, qui reçut l'investiture au commencement de l'année 1215 (1). Quelques écrivains ont prétendu que Frédéric II donna même à ce seigneur le titre de roi d'Arles, à la condition qu'il relèverait de l'Empire. Le diplôme impérial étant malheureusement perdu, il est impossible de discuter pièces en mains cette assertion. Toutefois, dans l'accord conclu en 1257 entre Charles d'Anjou et Raimond des Baux, ce dernier se borne à déclarer qu'il cède au comte de Provence tous les droits qu'il a ou doit avoir dans le royaume de Vienne et d'Arles, en vertu de la concession jadis faite à son père Guillaume par l'empereur Frédéric (2). Les auteurs de l'*Art de vérifier les dates* n'hésitent pas à dire que Guillaume des Baux prit le titre de roi d'Arles. Mais nous n'en trouvons aucune preuve affirmative, tandis qu'on peut considérer comme un argument négatif le silence gardé sur ce prétendu titre par Guillaume lui-même, qui, sur ses monnaies, s'intitule seulement prince d'Orange (3).

---

différé de recevoir la chevalerie, persuadé que sa mort suivrait de près cette cérémonie. *Godefr. Colon.*, ap. BOEHMER, *Fontes*, t. II, p. 368.

(1) *Hist. diplom.*, t. I, p. 353.

(2) Voir l'acte dans Papon, *Hist. de Provence*, t. III, Preuves, p. 13.

(3) Au droit PRINCEPS AVRASIE; dans le champ tantôt le monogramme W. (*Willelmus*), tantôt le cornet; au revers IMP. FREDERICUS; dans le champ une croix à quatre branches uni-

Comment d'ailleurs admettre qu'un monarque aussi jaloux de son autorité que l'était Frédéric II se fût dessaisi en faveur d'un vassal du titre de roi d'Arles, qu'il a bien soin de faire figurer avec ses autres titres en tête des constitutions de Melfi (1)? Il est vrai que Henri VI, au rapport de Roger de Hoveden, avait promis à Richard Cœur de Lion, en rendant ce prince à la liberté, de le couronner roi d'Arles (2). Cette promesse n'eut jamais d'accomplissement; mais on comprend que l'empereur eût été flatté de devenir le suzerain d'un prince aussi puissant que l'était le roi d'Angleterre, et que celui-ci de son côté pût ambitionner un nouveau titre qui lui aurait donné la faculté de participer au gouvernement de l'Empire (3).

Quant à Guillaume des Baux, il est probable qu'il fut simplement chargé d'administrer le royaume d'Arles avec certains droits honorifiques que nous ne saurions préciser, et telles furent aussi les fonctions dont se trouva revêtu en 1220 Guillaume, marquis de Montferrat. Ce fait ne nous est connu que par une lettre du pape Honorius III datée du 13 décembre 1220 et adressée à tous les prélats du royaume d'Arles : « Comme notre très-cher fils en Jésus-Christ l'empereur Frédéric a confié le royaume d'Arles à noble homme Guillaume, marquis de Montferrat, et que celui-ci désire affermir ledit royaume dans la fidélité à l'Empire et dans le dévouement à l'Église, nous vous recommandons de lui prêter aide et conseil, etc. (4). » On doit penser que ce fut la mort tragique de Guillaume des Baux, mis en pièces par les habitants d'Avignon en 1219, qui amena son remplacement

---

formes. M. Cartier pense que le nom de Frédéric fut inscrit sur ces pièces soit pour faire honneur à l'empereur alors régnant, soit pour rappeler celui qui avait concédé aux princes d'Orange le droit de battre monnaie. Cf. *Revue numismatique*, 1839, p. 115 et pl. V.

(1) Voy. plus haut, p. XLIX.

(2) « *Posuimus ei diem coronationis suae de regno Provinciae quod ei promisimus.* » Lettre datée de Gelnhausen 20 décembre 1193, ap. D. Bouquet, t. XVII, p. 562, — et *Origin. Guelf.*, t. III, p. 568.

(3) Ce fut probablement à cause de cette donation du royaume d'Arles que les princes de l'Empire invitèrent Richard à se rendre à Cologne en 1198, pour prendre part à l'élection d'un empereur. Cf. *Roger de Hoveden*, ap. Savile, *Script.*, p. 775-776.

(4) *Hist. diplom.*, t. II, p. 81. Pour l'administration du royaume, le marquis devait prendre l'avis des évêques de Die et de Valence.

par Guillaume de Montferrat. Mais nous ne savons rien sur les résultats de la mission de ce dernier. Elle paraît avoir eu pour objet principal d'apaiser les difficultés auxquelles donnaient lieu sur les bords du Rhône la guerre des Albigeois et l'expulsion du comte de Toulouse. Ce fut sans doute en cette occasion que Frédéric II accorda au marquis de Montferrat le droit d'établir à son profit un péage dans le comté de Vienne, droit que Guillaume donna en dot à sa fille Béatrix, mariée à Guigues VI, dauphin de Viennois (1).

Nous voyons, au mois de novembre 1226, Thomas, comte de Savoie, vicaire général de l'Empire en Italie, chargé d'aplanir un différend qui s'était élevé entre la commune de Marseille et Frédéric II (2). Ce prince avait mis la ville au ban de l'Empire et avait emprisonné ses députés. Thomas fut-il choisi par l'empereur pour régler cette question spéciale, ou agit-il en vertu d'une délégation générale qui s'étendait sur tout le royaume d'Arles? Nous penchons vers cette dernière hypothèse sans pouvoir cependant rien affirmer.

A partir de 1232, les actes deviennent à la fois plus précis et plus nombreux. Deux lettres impériales du 19 septembre et du 15 novembre de cette année nous révèlent le nom d'un Caille ou Galeas de Gorzano, envoyé dans le royaume d'Arles pour rétablir la paix entre les comtes de Provence et de Toulouse et leurs alliés respectifs. Ce vicaire (car on peut assurément donner ce titre à Galeas) devait en outre engager le comte de Provence et les seigneurs de l'ancien royaume de Bourgogne à réunir

---

(1) *Hist. diplom.*, t. V, p. 479. Le mariage de Guigues VI avec Béatrix est de l'an 1219, et l'on conserve aux Archives de la chambre des comptes de Grenoble une quittance du dauphin en date du 21 novembre de cette année, pour une somme de 3,000 marcs, constituée en dot par le marquis à sa fille. Cette alliance entre les deux maisons fut peut-être ce qui donna à Frédéric II l'idée de choisir le marquis de Montferrat pour son représentant dans le royaume d'Arles.

(2) *Hist. diplom.*, t. II, p. 687. Dans une charte du 5 mai 1227, le comte Thomas porte le titre de *vicarius et legatus domini Frederici, Romanorum serenissimi imperatoris, per totam Italiam et per marchiam de Tregusio* (Trévise?) *et specialiter Saonae et Albenganae*. Arch. camer., à Turin, *Titoli e scritt. per feudi*, Mazz. P. M. On voit par là que les pouvoirs du comte de Savoie s'étendaient officiellement jusqu'aux frontières de la Provence.

leurs forces pour marcher à la défense du pape alors exilé de sa capitale par la révolte des Romains. Le 9 février 1233, Galeas, résidant à Avignon, notifia à tous les évêques, prélats et barons du royaume la volonté impériale (1). Mais il ne paraît pas que cette démarche ait été suivie d'effet, car nous ne voyons point le contingent provençal figurer dans l'armée que Frédéric II conduisit en 1234 au secours de l'Église romaine, et les troupes que le comte de Toulouse amena alors en Italie appartenaient au Languedoc plutôt qu'au marquisat de Provence; toutefois il est remarquable que l'empereur maintient en cette circonstance son droit de requérir le service militaire dans les provinces situées sur la rive gauche du Rhône : « Quoique depuis très-longtemps, dit-il dans sa circulaire, vous n'ayez fourni aucun service à nous et à l'Empire, nous ne pouvons vous l'imputer à crime, puisque vous n'en avez pas été requis; mais aujourd'hui que les affaires de l'Empire exigent votre conseil et votre assistance, nous vous citons par l'autorité de cet édit impérial et sous la peine édictée par les constitutions royales, à vous rendre auprès de nous au mois de mai prochain, avec une honorable suite d'hommes d'armes, etc. (2). »

En 1237, Henri de Revello ou Rivello, sénéchal de Sicile, gouvernait le royaume d'Arles en qualité de vicaire, et il eut avec l'archevêque d'Arles, alors dépouillé de son autorité temporelle sur cette ville, des démêlés dont une lettre du pape Grégoire IX nous a conservé le souvenir (3). Au commencement de l'année suivante, Frédéric II écrivit à la commune d'Avignon pour la féliciter de sa fidélité et du bon vouloir qu'elle avait témoigné à son vicaire; et en cette occasion il autorisa les Avignonnais à percevoir des droits de tonlieu et de péage qu'ils avaient établis dans l'étendue de leur circonscription pour en appliquer le revenu à la réparation de leurs murailles (4). Henri de Rivello fut remplacé en 1238 par un nouveau délégué, que Colombi appelle Joacchino Spi-

---

(1) *Hist. diplom.*, t. IV, p. 404, not. 1.
(2) *Ibidem*, t. IV, p. 403 et 404.
(3) *Ibidem*, t. V, p. 108.
(4) *Ibidem*, t. V, p. 159-160.

nola (1), et membre d'une de ces familles génoises qui étaient en possession de donner des podestats aux communes provençales. Ce nouveau vicaire conduisit à Frédéric II, qui alors assiégeait Brescia, les contingents du royaume d'Arles et de Vienne; et dans cette occasion le service militaire fut une charge effective pour la province. Ainsi la ville de Die fut imposée à 8,000 sols, pour l'entretien des milices qu'avait fournies l'évêque Humbert, et ce prélat déclara même qu'il eût été en droit d'en exiger 16,000 (2). Une pièce des archives du Vatican nous apprend aussi que deux chevaliers, Bermond Milsend et Guillaume Ramondi furent engagés par Bernard, évêque d'Avignon, au prix de 3,000 sols raimondins, et envoyés par lui au siège de Brescia (3). Dès le mois d'avril de cette même année 1238, Frédéric II avait écrit au comte de Provence pour lui reprocher les fins de non recevoir opposées par lui à ses demandes de subsides, et à ce propos il lui rappelait, pour stimuler son zèle, l'empressement avec lequel les feudataires ses voisins avaient promis d'amener au camp impérial le contingent de leurs troupes (4). Le comte de Provence fut obligé de s'exécuter et vint de sa personne en Italie, où il prit part aux opérations du siège infructueux de Brescia; son beau-frère Guillaume, évêque-élu de Valence, se rendit aussi auprès de Frédéric, et le dauphin de Viennois ne manqua pas d'envoyer en même temps une troupe d'hommes d'armes (5). Il est bon de rappeler que ce dernier prince avait obtenu, peu de temps auparavant, la confirmation des privilèges accordés à ses prédécesseurs, avec la faveur de n'être cité en justice que par-devant l'empereur lui-même ou son délégué spécial (6).

A la fin de l'année 1238, Bérard, comte de Loreto, nouveau vicaire impérial dans le royaume d'Arles, réunit à ce titre celui de podestat

---

(1) Papon, nous ne savons d'après quelle autorité, indique à l'année 1238 comme vicaire de l'Empire un personnage du nom de Supramonte Lupo.
(2) VALBONNAYS, *Hist. du Dauph.*, t. II, p. 64.
(3) Cf. PERTZ, *Archiv*, t. VII, p. 29.
(4) *Hist. diplom.*, t. V, p. 198.
(5) Cf. *Chronic. de reb. in Ital. gestis*, p. 174, 175.
(6) *Hist. diplom.*, t. V, p. 186.

d'Arles, et le 4 décembre il se fit prêter serment en cette qualité par la commune (1). Dans le cours de l'année 1239, au moment où Frédéric II, excommunié par Grégoire IX, rassemblait de nouvelles forces contre les Lombards, Bérard enjoignit au dauphin de Viennois et à tous les barons, seigneurs et bourgeois du diocèse de Grenoble, de contribuer aux frais du voyage que Pierre, leur évêque, devait faire vers l'empereur, en compagnie de plusieurs vassaux qu'il menait à son service (2). Un ordre semblable fut adressé la même année par Bérard à tous les nobles du diocèse d'Embrun, afin de les obliger à rendre à l'archevêque Aymar cent livres viennoises, pour la dépense des milices qu'il avait envoyées à Frédéric II en Lombardie (3). Ce genre de subside fourni, disent les textes, *pro visitatione imperatoris, pro corredo imperatoris*, paraît donc avoir été imposé et perçu sans difficulté pendant les années 1237, 1238 et 1239 sur toute l'étendue de l'ancien royaume de Vienne et d'Arles.

Cependant l'excommunication de l'empereur ne tarda pas à amener des conséquences fâcheuses pour l'autorité impériale, péniblement rétablie entre le Rhône et les Alpes. Au mois de juillet 1239 selon Papon, au mois d'août selon La Lauzière, les Arlésiens se donnèrent au comte de Provence et chassèrent le vicaire Bérard, qui dut se retirer à Avignon. Le comte de Provence fut mis au ban de l'Empire et le comté de Forcalquier qu'il tenait en fief fut transféré au comte de Toulouse, déjà investi du marquisat de Provence par l'empereur (4). En revanche les habitants d'Avignon

---
(1) PAPON, *Hist. de Provence*, t. III, preuves, p. 11.

(2) Au mois d'avril 1238 l'évêque de Grenoble s'était déjà rendu auprès de l'empereur, qui résidait alors à Turin, et avait obtenu de lui la confirmation des régales de son église. Cf. *Hist. diplom.*, t. V, p. 189.

(3) VALBONNAYS, *Hist. du Dauphiné*, t. II, p. 64.

(4) *Hist. diplom.*, t. V, p. 542. Nous avons recueilli en outre cinq lettres comminatoires écrites par l'empereur, en septembre ou en octobre 1239, pour se plaindre de la rébellion d'Arles et de l'infidélité du comte de Provence. On y voit toute l'importance politique que Frédéric II attachait à cet événement. Il s'adressa même au roi de France, gendre du comte, lui rappelant les bienfaits dont il avait comblé Raymond-Bérenger, et que celui-ci avait toujours mal reconnus. Cf. *Hist. diplom.*, t. V, p. 401 et suiv. Enfin le comte de Provence ayant fait alliance avec le légat du pape et promis de fournir des troupes contre l'empereur, la rupture devint irrévocable.

furent encouragés dans leur fidélité par la permission de frapper à perpétuité une nouvelle monnaie communale, qui devait avoir cours dans toute l'étendue du royaume d'Arles et de Vienne, comme les autres monnaies légalement reçues (1). L'année suivante, le comte Gautier (probablement celui qui figure ailleurs comme comte de Manupello) vint remplacer Bérard dans le vicariat du royaume d'Arles, et son premier soin fut de prendre possession du podestariat d'Avignon, dont le comte de Toulouse, qui l'avait reçu de Bérard, lui fit solennellement la remise (2). L'acte le plus important du comte Gautier, en qualité de vicaire, fut la confirmation du consulat aux habitants de Gap. Moyennant la promesse qu'elle fit de rendre par elle-même à l'Empire tous les devoirs d'hommage et de service, cette commune obtint la garantie de ne pouvoir être privée ni de ses terres ni de ses juridictions (3). La cité dauphinoise, comme l'a fait observer avec raison Augustin Thierry, se trouvait ainsi érigée en ville libre immédiate, selon le droit germanique (4). Quelque temps auparavant (juin 1239), les attributions du consulat à Apt avaient été confirmées par Frédéric II lui-même, et l'on trouve dans son privilége cette clause remarquable : « Comme les habitants d'Apt ont avoué ouvertement et reconnu en toute vérité qu'ils tiennent immédiatement de l'Empire seul et de nous la dignité de leur consulat et qu'ils en ont joui tranquillement depuis un temps immémorial, nous avons jugé bon de la leur confirmer à perpétuité, etc. » Vient ensuite l'énumération des droits attribués à la magistrature consulaire, et qui constituent pour la commune une indépendance municipale complète, sous la seule réserve du serment de fidé-

---

(1) *Hist. diplom.*, t. V, p. 543.
(2) Actes des 9 et 11 août 1240, dans Vaissète, *Hist. de Languedoc*, t. VI, preuves, p. 419.
(3) Cf. Valbonnays, *Hist. de Dauphiné*, t. II, p. 251. L'hommage prêté au vicaire impérial par les consuls et la commune de Gap est du 5 août 1240 ; mais nous ne connaissons que par analyse la déclaration rendue par le comte Gautier, en conformité de l'hommage précédent. Cette pièce n'existe plus aux archives de l'hôtel de ville de Gap. Elle est mentionnée dans plusieurs inventaires comme se trouvant dans un registre de la Chambre des comptes de Grenoble.
(4) *Hist. du tiers état*, t. II, préface, p. lx.

PARTIE HISTORIQUE.

lité et du service dû à la cour impériale (1). Là encore, comme en Allemagne, Frédéric II semblait vouloir s'appuyer sur la bourgeoisie des villes, afin de lutter contre l'aristocratie.

Mais il était trop tard pour établir ce contre-poids; et déjà le mouvement contraire à l'autorité impériale tendait à se généraliser au delà des Alpes. Le comte de Toulouse lui-même, cet allié si fidèle de Frédéric II, eut un moment de défaillance. Se voyant contraint par la nécessité de se rapprocher du roi de France, il promit par serment à l'évêque de Palestrine, légat du saint-siége, d'obéir entièrement aux ordres du pape et d'aider fidèlement l'Église romaine, *spécialement contre Frédéric dit empereur et ses successeurs, qui persévéreraient dans la même obstination* (1er mars 1241). Toutefois il ne tarda pas à se réconcilier avec ce prince, auprès duquel il se rendit au mois de septembre 1243, et il prit part aux négociations alors entamées par l'empereur avec le nouveau pape Innocent IV. Plusieurs actes de cette époque nous apprennent qu'à l'instigation des évêques, les villes situées sur les bords du Rhône avaient déjà suivi l'exemple d'Arles et rejeté comme elle la suprématie de l'Empire. Dès l'an 1244, Zoen, évêque-élu d'Avignon, déclara tous les partisans de Frédéric *dit empereur*, déchus des biens qu'ils tenaient soit de l'église d'Avignon, soit des autres cités du diocèse (2). Frédéric II de son côté, pour punir l'évêque de Viviers d'avoir transgressé ses ordres et de s'être uni avec les rebelles, révoqua tous les droits de péage qu'il avait accordés aux prédécesseurs de ce prélat (3). Par un autre diplôme, il reprochait

---

(1) *Hist. diplom.*, t. V, p. 341. Déjà, en octobre 1238, l'empereur avait pris la ville d'Apt sous sa protection, et avait confirmé aux habitants leurs usages et coutumes. *Ibidem*, t. V, p. 248. Mais ce privilége, analogue à ceux que Frédéric accordait à la même époque à d'autres villes, telles qu'Avignon, Embrun, etc., est beaucoup moins explicite que celui du mois de juin 1239.

(2) Pertz, *Archiv*, t. VII, p. 29, d'après un ancien catalogue des archives du Vatican.

(3) On ne sait pas bien à quel titre l'évêque de Viviers relevait de l'Empire : c'était probablement pour les terres du diocèse qui se trouvaient sur la rive gauche du Rhône. D'ailleurs l'évêché de Viviers étant suffragant de Vienne, faisait naturellement partie d'une des circonscriptions ecclésiastiques du royaume d'Arles : « Les officiers de saint Louis prétendaient néanmoins, dit le Nain de Tillemont, que Viviers était de la France, et tourmentaient

aussi aux habitants d'Avignon de s'être soustraits à la fidélité qu'ils devaient au comte de Toulouse et à l'Empire, et il leur retirait la mouvance des fiefs de Geraud et de Pierre d'Ami, avec ordre à ces deux barons de retourner sous l'hommage immédiat du comte de Toulouse (1).

La déposition de l'empereur au concile de Lyon porta pour ainsi dire le dernier coup à son autorité dans les provinces du sud-est de la France, et à la suite du comte Gautier, aucun autre vicaire impérial n'est mentionné dans les documents qui nous restent. Nous savons, il est vrai, qu'après la mort de Raymond-Bérenger, l'empereur tenta vainement de marier son fils Conrad à l'héritière du comté de Provence, et qu'il envoya avec une flotte, Andreolo de Mari, fils de l'amiral de Sicile, pour appuyer les négociations par une démonstration armée (octobre 1245) (2). La suite des événements fait assez voir quels avantages la maison de Souabe aurait retirés de cette union si elle avait pu s'accomplir. Mais l'influence française l'emporta, et la Provence devint comme la porte qui devait ouvrir à Charles d'Anjou l'entrée de l'Italie. Sauf quelques priviléges concédés en 1247 et 1248, au dauphin de Viennois, concessions au moyen desquelles l'empereur voulait s'assurer les passages qui conduisaient d'Italie à Lyon, nous ne voyons plus trace d'une action politique exercée directement par Frédéric II dans le royaume d'Arles. Car on ne peut considérer comme des actes sérieux les donations éventuelles de ce royaume faites par l'empereur, d'abord à son fils Manfred, et ensuite à son autre fils

---

pour cela l'évêque et ses vassaux. L'évêque en fit ses plaintes à Clément IV, qui en écrivit une fort belle lettre à saint Louis, le 16 juin 1268, où il lui manda que l'église et l'évêché de Viviers étaient de l'Empire et non du royaume, et qu'en ayant feuilleté les archives, il n'y avait vu que des priviléges impériaux. Grégoire X soutint la même chose à Philippe III, et avança que saint Louis en était demeuré d'accord. » *Vie de saint Louis*, t. I, p. 88-89. Ainsi les successeurs du prélat qui s'était déclaré l'ennemi de Frédéric II n'en continuèrent pas moins à se dire vassaux directs de l'Empire, quand leur intérêt les y portait; et sous Philippe le Bel, l'évêque de Viviers fut sur le point de donner lieu, en persistant dans cette prétention, à un procès qui aurait pu servir de prologue à celui de Bernard Saisset.

(1) Ces deux actes sont datés de Pise au mois d'août 1244.
(2) *Annal. Genuens.*, ap. MURATOR., *Scriptor.*, t. VI, p. 509.

PARTIE HISTORIQUE.

Henri (1); ces donations n'ayant jamais été suivies d'effet. Au mois de décembre 1248, pendant le dernier séjour de Frédéric en Piémont, Innocent IV fit assembler à Valence un concile provincial, présidé par les cardinaux d'Albano et de Sainte-Sabine. Le second canon de ce concile défendit de donner aucun secours à Frédéric II, de recevoir dans le royaume ni cet empereur, ni ses ambassadeurs, ni aucun de ses officiers, « puisqu'ils n'ont tous en vue que de diviser l'Église et de troubler la paix des chrétiens. » En même temps, on renouvela l'excommunication lancée tant contre ce prince et ses adhérents, que contre ceux qui l'avaient appelé ou qui l'appelleraient dans le pays (2). L'Église romaine dénouait ainsi des liens que la chute de la maison de Souabe et la victoire de Charles d'Anjou, devenu comte de Provence, achevèrent bientôt de briser (3).

Nous avons vu que deux des vicaires impériaux, dont nous venons d'établir la liste chronologique, furent en même temps, l'un, Bérard, podestat d'Arles; l'autre, Gautier, podestat d'Avignon. Mais cette réunion dans une seule main de deux pouvoirs distincts paraît avoir été l'exception. Ordinairement l'administration des deux grandes communes provençales était remise à des personnes dont l'autorité ne s'étendait pas au delà du territoire de la cité. Le podestat (et ce nom même indique

---

(1) « *Dabit etiam si regnum Arelatense quando dicto domino imperatori de consilio ejusdem comitis (Sabaudiae) videbitur expedire.* » Contrat de mariage de Manfred avec Béatrix de Saluces, avril 1247. « *Item statuimus ut Heinricus, filius noster, habeat regnum Arelatense vel regnum Jerusalemitanum, quorum alterum dictus Conradus prefatum Henricum habere voluerit.* » Testament de l'empereur, du mois de décembre 1250.

(2) LABBE, *Concil.*, t. XI, p. 695. — VAISSÈTE, *Hist. de Langued.*, t. VI, p. 75. — CATELLAN, *Antiq. de l'église de Valence*, p. 335.

(3) Belleforest dit que Charles d'Anjou demanda à Frédéric II l'investiture de la Provence; mais on sait le cas qu'il convient de faire des assertions de cet historien dépourvu de critique. Ce qui paraît plus vraisemblable, c'est le témoignage de Matthieu Paris, qui rapporte qu'en 1250 Avignon et Arles prêtèrent serment de fidélité à l'empereur : « *Tempore igitur sub eodem missis fidelibus suis ad Avinionem et Arlam civitates nobilissimas nec multum a Lugduno distantes, civium ipsarum suscepit cum juramentis fidelitatem.* » *Hist. maj. Angl.*, p. 528. Ces deux importantes communes commençaient à redouter la prépondérance de Charles d'Anjou, et il est fort possible qu'elles aient alors cherché à se rapprocher de leur ancien souverain, en profitant de l'absence du comte de Provence qui était encore à la croisade.

suffisamment l'origine italienne de cette magistrature) était élu comme en Italie parmi les étrangers à la ville. Or, dans la liste jusqu'à présent incertaine des podestats d'Avignon et d'Arles, les noms lombards que nous rencontrons appartiennent précisément à des villes ou à des familles dévouées au parti gibelin. Tels sont Torrello de Strada, citoyen de Pavie, qui fut podestat d'Arles de 1221 à 1222, et podestat d'Avignon en 1237 (1); Orlando Rosso, de Parme, podestat d'Arles en 1236; le Génois Perceval Doria, podestat d'Arles en 1230, et d'Avignon de 1232 à 1234; un autre Génois, Nicolino Spinola, podestat d'Avignon en 1239, etc. Ces deux derniers continuèrent de servir fidèlement Frédéric II, même après que Gênes fut devenue l'ennemie de ce prince, et le second, notamment, joua un rôle important, puisqu'il fut pendant quelque temps amiral de Sicile. Ainsi, la remarque que nous faisons ici au sujet des antécédents politiques de ces podestats gibelins sert encore à prouver ce que nous avons cherché à établir, c'est-à-dire que l'autorité de l'Empire sur le royaume d'Arles y fut exercée dans toute sa plénitude par Frédéric II, depuis 1220 jusqu'en 1240.

La ville de Lyon, placée à l'extrême limite des royaumes d'Arles et de Bourgogne, ne paraît pas avoir subi l'action politique de l'empereur Frédéric II. Du moins n'avons-nous trouvé aucune charte ou lettre missive de ce prince qui concerne l'église et la commune de Lyon. Cependant Lyon était encore considérée au douzième siècle comme une ville impériale, et les empereurs faisaient valoir une donation vraie ou prétendue faite par Boson, comte de Provence, à Othon le Grand, des territoires de Lyon et de Viviers, sur lesquels les rois de France n'auraient eu aucun droit à exercer, bien que ces territoires fussent situés sur la rive droite du Rhône; *cis Rhodanum* (2). En 1157 et 1184, Frédéric Barberousse reconnut, par des chartes authentiques, les droits ou les prétentions des arche-

---

(1) Cf. *Hist. diplom.*; t. V, p. 160 et not. 2.
(2)   *Do tibi Vivarium. Lugduni sede sedebis;*
         Haec duo cis Rhodanum me traduce castra tenebis;
         Rex ibi Francigenis praedia nulla petit.
Godefr. Viterb. Panth., ap. Muraton., *Scriptor.*, t. VII, p. 480.

vêques de Lyon sur la ville et sur le comté. Le 20 août 1178, il tint même à Lyon une cour où assistèrent entre autres feudataires l'archevêque de Lyon, l'évêque de Valence, le duc de Bourgogne, le comte de Valentinois, Humbert de Beaujeu, Guigue de Roussillon, Gérard de Montelimart (1). Au mois de juillet 1188, Henri VI n'étant encore que roi des Romains, passa par Lyon en revenant de Lombardie, et il data de cette ville un diplôme en faveur de la chartreuse de Durbon, ainsi qu'un mandement adressé à divers seigneurs du Dauphiné, pour leur défendre de lever aucun péage dans l'évêché de Die, contrairement aux droits de l'évêque (2). Mais lorsque, en 1244, Innocent IV se retira à Lyon pour y prononcer la déposition de Frédéric II, il est évident qu'il entendait se mettre à l'abri de la vengeance de ce prince. Cette ville devait donc jouir alors d'une complète autonomie, et elle était également hors de la dépendance du roi de France, qui pouvait seulement entretenir une garnison à Saint-Just.

Quant au pays qui répondait à ce qu'on appela plus tard la Bresse et le Bugey, il n'est pas douteux que l'action de l'Empire s'y fit régulièrement sentir sous Frédéric II, et quoique les pièces de cette époque soient devenues assez rares, nous en connaissons au moins deux qui établissent le fait d'une manière incontestable. La première est un acte du mois d'octobre 1238 par lequel Frédéric II, confirmant un privilége de Henri VI pour Humbert de Thoire, investit Étienne de Villars des péages d'Ambronay et de Trévoux, et lui rétrocède le château de Varey, la moitié du château de Saint-André et le quart de Varey, tenus par Amédée de Coligny, ainsi que tout ce que possédait Humbert dans la paroisse de Poncin (3). Par la seconde charte, en date du mois de septembre 1245, l'empereur donne à titre de fief de l'Empire à Albert de la Tour du Pin, les péages situés non-seulement à la Tour, en Dauphiné, mais aussi à

---

(1) *Hist. diplom.*, t. V, p. 189 et suiv.
(2) Voir sur ce séjour de Henri VI à Lyon, la note insérée par nous dans le *Journal gén. de l'Instr. publ.*, du 9 mai 1855.
(3) *Hist. diplom.*, t. V, p. 245 et suiv.

Coligny, dans la Bresse (1). Car il était de droit public qu'aucun péage ne pût être institué ni perçu sans le consentement de l'autorité souveraine.

Malgré la connexité que cette seconde pièce semble établir entre des fiefs situés l'un dans le Dauphiné, l'autre dans la Bresse, il n'en faudrait pas conclure que ce dernier pays doive être considéré comme étant alors une annexe du Dauphiné. En examinant l'ensemble des actes impériaux qui concernent les provinces de l'Est de la France, on reconnaît que la Provence, le comtat d'Avignon et le Dauphiné, formaient au temps de Frédéric II ce qu'on appelait encore le royaume d'Arles et de Vienne, tandis que la Bresse, le Bugey et la Franche-Comté se rattachaient à l'ancien royaume de Bourgogne, qui comprenait en outre la Savoie et la plus grande partie de la Suisse. C'est même ce dernier pays que désignait alors plus spécialement l'expression *Burgundia*, et quand Frédéric donnait à son fils Henri, en 1220, le titre de *rector Burgundiae*, il entendait l'investir du gouvernement de la contrée qui répond à la Suisse actuelle, d'où son autorité devait s'étendre sur la Savoie, la Bresse et la Franche-Comté. Il était nécessaire d'établir cette distinction afin de faire comprendre pourquoi l'action du vicaire impérial dans le royaume d'Arles s'arrêtait à la frontière du Rhône. Les provinces au delà de ce fleuve étaient réellement terres d'empire, et la main du souverain de l'Allemagne s'y faisait sentir plus directement et avec plus de force que dans le royaume d'Arles, surtout depuis le mariage de Frédéric Barberousse avec Béatrix, héritière du comté de Bourgogne. La petite-fille de cette princesse, nommée comme elle Béatrix, porta la Franche-Comté dans une maison allemande, et les ducs de Méranie, comtes palatins de Bourgogne, devinrent à un double titre les vassaux immédiats de l'Empire.

Le mari et le fils de Béatrix de Souabe, Othon II et Othon III, figurent très-fréquemment comme témoins dans les diplômes de Frédéric II, qui atteste sa parenté avec eux en leur donnant la qualification de *consanguinei*. Othon II, mort à la fin de 1234, ne méconnut jamais les droits de

---

(1) Valbonnays, *Hist. du Dauph.*, t. I, p. 489. Albert de la Tour du Pin avait épousé Béatrix de Coligny, et administrait les terres de la Bresse, comme tuteur de son fils.

PARTIE HISTORIQUE. CCLXVII

suzeraineté exercés dans son comté par l'empereur ou par le roi Henri VII. Mais son fils abandonna la cause de Frédéric II en 1248 (1), à la suite d'un voyage qu'il avait fait en Allemagne pour recueillir la succession du margrave d'Istrie, son oncle. Frappé d'une maladie de langueur qu'on attribua au poison, il institua par son testament, en date du 23 mai, sa sœur Alix, héritière de toutes ses possessions, et si l'héritage entier ne pouvait lui appartenir, il lui assura le comté de Bourgogne, « parce que ses autres sœurs demeurant en Allemagne ne savaient point parler la langue française (2). » Othon III mourut un mois après, assassiné, dit-on, par ses familiers, et si Frédéric ne put ou ne voulut pas intervenir dans les débats auxquels sa succession donna lieu (3), il exempta du moins les habitants de Besançon de toutes les revendications que pourraient exercer contre eux les héritiers du duc de Méranie, *traître envers l'Empire* (7 novembre 1248).

Cette pièce est dans l'ordre des temps la dernière où Frédéric II ait fait acte d'autorité en Franche-Comté. Mais, antérieurement, les nombreuses confirmations et investitures accordées aux archevêques de Besançon par l'empereur et par ses fils, la protection qui fut donnée à ces prélats contre les empiétements de la commune, les priviléges octroyés à une foule de monastères francs-comtois, tels que Château-Châlon, Sainte-Marie de Battant, Saint-Claude, Lure, Luxeuil, etc., l'empressement des seigneurs du pays à solliciter l'arbitrage de Frédéric II (4) pour mettre un terme à leurs que-

---

(1) Othon III figure encore à la diète de Vérone, en juin et juillet 1245. Sa défection ne paraît pas remonter plus haut que 1248, la première pièce où Frédéric II en parle étant datée du mois de juin de cette année.

(2) « *Linguam Burgundiae ignorant.* » Trés. des chart., J. 259, n° 5. Cette pièce existant en original aux Archives de l'Empire, on ne s'explique pas que plusieurs historiens francs-comtois en parlent comme d'un acte depuis longtemps perdu.

(3) Le 24 février 1249, Guillaume de Hollande concéda à Frédéric, burgrave de Nuremberg, mari d'Élisabeth, une des sœurs d'Alix, tout ce que le duc de Méranie avait tenu à titre de fief de l'Empire dans le comté de Bourgogne.

(4) C'est ainsi que Henri VII et Frédéric II intervinrent, en 1224 et 1235, pour obtenir la délivrance de Clémence, fille d'Étienne, comte de Châlon, et veuve du duc de Zeringhen, qui était retenue en captivité par Égenon, comte d'Urach. L'acte de protection de Frédéric II pour l'église de Saint-Étienne, à Besançon, nous apprend les noms des seigneurs francs-

relles particulières, tout prouve de la manière la plus évidente que la Franche-Comté était une province de l'Empire, gouvernée et administrée comme les autres grands fiefs de l'Allemagne.

Les puissants feudataires français limitrophes de la Franche-Comté, tels que les ducs de Bourgogne et les comtes de Champagne, sont quelquefois indiqués dans les actes de la fin du douzième et du commencement du treizième siècle comme étant vassaux de l'Empire. Frédéric II, à diverses reprises, appelle le comte de Champagne, Thibaut IV, *dilectus et fidelis noster*. Il est probable que le duc de Bourgogne relevait de l'Empire certains fiefs situés sur la frontière de la Franche-Comté et dont la mouvance était contestée. C'est ce qui expliquerait le traité de paix qui fut conclu entre le duc Hugues III et Henri VI, roi des Romains, dans la plaine d'Orvieto, le 5 juillet 1186 (1); et quoique les motifs de la querelle n'y soient pas bien clairement spécifiés (2), il y a tout lieu de croire que la question du vasselage n'y était point étrangère. De même en 1193, Henri VI décida en faveur du duc de Bourgogne une contestation survenue au sujet du comté de Mâcon entre ce prince et le comte de Bourgogne, Othon Ier.

En ce qui concerne le comte de Champagne, on a des renseignements plus certains sur l'origine des rapports féodaux qui le rattachaient à l'Empire. Ducange, dans sa treizième dissertation sur l'histoire de saint Louis, a prouvé jusqu'à l'évidence que les expressions *dilectus fidelis et consanguineus noster*, dont se sert Frédéric Barberousse en écrivant à Henri, comte

---

comtois à qui ce prince adressait ses mandements. C'étaient, outre le comte palatin de Bourgogne, les comtes de Châlon, le comte de Montbéliard, le vicomte de Rougemont, les sires de Cessey, d'Apremont, de la Roche, de Neuchâtel, de Villers, de Beauvoir, d'Arguel, de Chavisy (?). Cf. *Hist. diplom.*, t. II, p. 284.

(1) Nous avons établi la véritable date de ce traité dans une note insérée au *Journal général de l'Instruction publique*, n° du 28 juillet 1855.

(2) Henri VI accordait la paix au duc à la condition que ce dernier lui ferait hommage pour le comté d'Albon qui faisait partie des terres de l'Empire, et reconnaîtrait tenir de lui, selon la coutume du royaume de Bourgogne et d'Arles, les alleux d'Ulric de Beaugé. Le duc s'engageait aussi à rendre justice à l'archevêque de Vienne, aux évêques de Grenoble et de Valence, en présence soit du roi des Romains, soit d'un délégué impérial, sur les plaintes que ces prélats pourraient élever contre lui.

PARTIE HISTORIQUE.

de Champagne (1), n'impliquent en aucune manière que ce seigneur eût renoncé à l'hommage du roi de France pour transférer son fief tout entier sous la mouvance de l'Empire. On sait qu'après la mauvaise issue de l'entrevue qui avait été préparée à Saint-Jean de Losne entre l'empereur et le roi de France par le comte de Champagne (1162), celui-ci ne se considérant pas comme délié des engagements qu'il avait pris au nom du roi envers l'empereur, se remit prisonnier entre les mains de Frédéric; et qu'ensuite, pour obtenir sa liberté, il lui livra quelques-uns de ses châteaux et lui en fit hommage (2); autorisé en cela par le droit public de l'époque, lequel permettait au vassal à qui son seigneur refusait justice de se donner à un autre : « Ce qui est presque le cas, dit Ducange, où le comte Henry prit sujet de relever quelques châteaux de son comté de l'empereur, parce qu'estant son prisonnier pour le fait du roy, le roy ne se mettoit pas en devoir de luy faire obtenir la liberté. » Une ancienne enquête qui se trouvait dans le registre, aujourd'hui perdu, de la Chambre des comptes de Paris, intitulé *Feoda Campaniae*, donnait même les noms des châteaux dont le comte Henri avait transféré la mouvance à l'empire. Le passage qui touche à notre sujet est ainsi conçu : « *Item Conradus episcopus Metensis et Spirensis, imperialis aulae cancellarius, dicit haec esse castella quae comes Campaniae tenet de imperatore Alemaniae; et ita invenit in scriptis imperatoris :* Burmont, Dampierre, Porsesse (?), Risnel (?), la Sessie (?), Gondricourt, Karnay (?), Raucourt, Bearazin (3). Le chancelier

---

(1) Cf. *Recueil des Histor. de France*, t. XII, p. 691.

(2) *Dissertation*, p. 57-58. — *Recueil des Histor.*, t. XII, p. 330, 331.

(3) Les noms de ces localités sont certainement mal transcrits. On en reconnaît cependant cinq : Bourmont et Dampierre dans la Haute-Marne, Gondrecourt dans la Meuse, Raucourt et Bearazin (probablement *Beuvezain* près Vicherey), dans les Vosges. Un autre témoin, déposant dans la même information, donne quatre autres noms de châteaux : *Unum est Hyz, quod est juxta Clarummontem, in Bassigniaco; aliud est Musterolium, in Bassigniaco; aliud Gollemont versus Bondricourt* (Gondrecourt); *aliud Raucourt, quod comes Barri Ducis tenet.* » Ces indications suffisent du moins pour montrer que les localités soumises à l'enquête étaient situées sur la marche de la Champagne et de la Lorraine, vers les confins de nos départements actuels de la Haute-Marne, des Vosges et de la Meuse. Hyz ou Hays, aujourd'hui détruit, a laissé son nom à la forêt de Hesse, près de Clermont, et au quinzième siècle le comte de Bar-le-Duc refusait encore de faire hommage de ce château au roi de France.

Conrad n'ayant obtenu l'évêché de Metz qu'en 1212, il est clair que l'enquête est postérieure à cette date. Ainsi la cession faite en 1162 par le comte Henri, avait encore son effet vers 1213. Bien qu'on eût besoin de déterminer alors la situation des localités, le fait du vasselage de la Champagne, pour un certain nombre de châteaux, n'était point contesté. Les choses restèrent dans le même état pendant le règne de Frédéric II, et on ne doit plus s'étonner que ce prince, en 1218 et en 1239, ait appelé le comte de Champagne *son féal* (1) en vertu du droit de suzeraineté que son grand-père, Frédéric Ier, avait transmis aux chefs de l'Empire.

On peut donc croire que si Frédéric II intervint en 1218 dans la guerre survenue entre le duc de Lorraine et le comte de Champagne, ce fut moins pour venger une offense personnelle qu'il aurait reçue du premier de ces princes qu'à titre de souverain et d'arbitre armé. En arrivant en Allemagne presque sans troupes, le compétiteur d'Othon avait trouvé un appui dans le duc de Lorraine Frédéric, qui s'était un des premiers déclaré pour lui. En récompense, il lui fit don de 3,200 marcs d'argent; l'archevêque de Mayence, l'évêque de Worms, le comte de Habsbourg, Anselme de Justingen, Wernher de Bolanden et son frère se portèrent garants du payement de la plus grande partie de cette somme; pour le surplus, Frédéric II engagea sa ville de Rosheim, en Alsace (2). Thibaut, fils et successeur du duc Frédéric, se montra moins bien disposé pour les intérêts de la maison de Souabe. Nos diplômes laissent indécise la question de savoir si le nouveau duc de Lorraine prit part ou non à la bataille de Bouvines, dans les rangs de l'armée d'Othon. Cependant en présence du témoignage formel de Guillaume Breton, nous pencherions, avec Dom Calmet, pour l'affirmative, d'autant plus que le duc Thibaut figure pour la première fois dans les actes de Frédéric II, le 5 septembre

---

(1) Par une raison semblable, Eudes, duc de Bourgogne, les archevêques de Reims et de Sens, les évêques de Langres et de Châlons, dans des actes du treizième siècle, appellent Thibaut *hominem nostrum*, *fidelem nostrum*, le comte de Champagne leur ayant fait hommage pour des fiefs de leurs mouvances. Cf. *Liber principum*, fol. 53 verso, 54 recto, 128 recto, 136 verso, 139 verso et passim; Arch. de l'Empire, KK 1064.

(2) *Hist. diplom.*, t. I, p. 222.

1214, à côté du duc de Brabant, qui venait de se soumettre; et il est vraisemblable que, craignant d'être atteint à son tour par le roi des Romains victorieux, Thibaut se hâta de se rendre dans le camp impérial, près de Juliers, pour protester de sa fidélité. Le duc de Lorraine est encore mentionné comme témoin dans les actes de Frédéric II, au commencement de 1216, puis il cesse d'y figurer jusqu'en 1218, époque où le roi des Romains lui déclara la guerre et vint l'assiéger dans les murs d'Amance.

Cette expédition, à laquelle les historiens lorrains donnent pour motifs d'anciens griefs relatifs à la possession de la ville de Rosheim, eut certainement des causes plus sérieuses. Elle se rattache à la querelle que la comtesse de Champagne et son fils soutenaient alors contre Érard de Brienne et sa femme Philippa, pour lesquels le duc de Lorraine avait pris parti. Comme le pape s'était prononcé contre les prétentions d'Érard de Brienne, c'était un devoir pour Frédéric II d'intervenir à titre de suzerain. Il est même probable que l'expédition fut décidée à l'assemblée de Francfort, tenue dans le courant d'avril 1218. Du moins le chancelier Conrad, alors présent à la cour impériale, écrivit de cette ville, le 18 avril, à tous les ecclésiastiques du diocèse de Metz, que, d'après l'ordre du pape, ils eussent à excommunier Érard, sa femme et leurs fauteurs, coupables d'avoir porté le fer et la flamme sur les terres de la comtesse de Champagne (1). Dans le mois de mai, Frédéric II envahit la Lorraine, et le 1ᵉʳ juin fut conclue à Amance une pacification, par laquelle le duc de Lorraine s'obligeait à rendre à la comtesse de Champagne les devoirs de service et de justice dont ses prédécesseurs étaient tenus envers les comtes de Champagne, à ne plus soutenir, ni par lui ni par les siens, les prétentions d'Érard de Brienne, et à annuler tous les engagements que les vassaux champenois avaient pu prendre avec lui à ce sujet. Le duc de Bourgogne et deux seigneurs, l'un Champenois, Jean d'Arcis-sur-Aube, l'autre Bourguignon, André d'Époisses, furent désignés pour surveiller l'exécution du traité. Le duc de Lorraine, en garantie de ses promesses, donna à la comtesse de Champagne les fiefs que le comte de

---

(1) *Liber principum*, cité plus haut, fol. 235 verso.

Bar et le sire de la Fauche tenaient de lui, et de plus il remit en gage aux mains du duc de Bourgogne le château de Châtenois. Le roi des Romains, l'archevêque de Trèves, le chancelier de l'Empire et le duc de Bourgogne, tous présents à Amance, attestèrent cet engagement par des chartes munies de leurs sceaux (1). Frédéric II emmena alors le duc de Lorraine en Allemagne comme prisonnier, ou plutôt comme otage. L'historien Richer de Senones, qui le vit à Wirtzbourg probablement en 1219, raconte que le roi des Romains, qui le conduisait partout avec lui, l'invitait constamment à sa table, où le duc se rendait seul avec un valet qui portait son manteau. Quant aux chevaliers de sa suite, ils restaient à l'hôtel, où la maison du roi fournissait à tous leurs besoins (2). Thibaut est mentionné dans tous les diplômes de Frédéric depuis le 20 juin 1218 jusqu'à la fin de cette année. Il paraît avoir été mis en liberté vers le mois de mai 1219, époque où le chancelier Conrad, par un acte daté de Wirtzbourg, fournit caution de la somme fixée pour sa rançon (3). On le retrouve ensuite à la cour impériale de Haguenau pendant les mois d'août et de septembre. Enfin il retourne en Lorraine, où il meurt au mois de mars 1220. Le récit de Richer de Senones, qui prétend que Thibaut fut empoisonné en route par une courtisane que Frédéric II aurait soudoyée, est à nos yeux une fable et une calomnie.

En indiquant ici la date de la mort de Thibaut telle que la donnent les historiens, nous ne prétendons pas en garantir l'exactitude; car dès le mois de juin de la même année, sa veuve, Gertrude de Dagsbourg, épousait le fils de la comtesse de Champagne, et il est bien difficile de croire qu'elle ait pu conclure cette seconde union deux ou trois mois seulement après la mort de son premier mari. Cette alliance causa au roi des Romains le plus vif mécontentement. Il s'en explique en ces termes dans une lettre au pape Honorius, datée du 13 juillet. « Ce qui a aussi empêché

---

(1) *Hist. diplom.*, t. I, p. 545 et suiv.
(2) Ap. BOEHMER, *Fontes*, t. III, p. 45.
(3) Nous n'avons pu retrouver cet acte qui était conservé à la chancellerie de Vic, et qui est cité dans l'*Hist. de Metz*, par des relig. Bénédict., t. II, p. 417.

notre départ, c'est l'entreprise de la comtesse de Champagne, qui, contre notre volonté et malgré la grandeur de nos bienfaits, même après que nous avions écrit à ce sujet à l'illustre roi de France, a parachevé le mariage de son fils avec la veuve du duc de Lorraine. Or, ce fils étendait audacieusement les mains pour usurper à son profit des fiefs qui sont de notre patrimoine, ou qui appartiennent à l'Empire, ou que nous tenons de l'église de Metz. Aussi les princes, irrités et indignés de ce qu'un étranger envahissait les biens de l'Empire, nous ont conseillé et supplié de retarder un peu notre voyage jusqu'à ce que nous ayons pris sur cela une bonne et utile résolution pour sauvegarder l'honneur de l'Empire (1). »
En effet, le duc Matthieu, frère et successeur de Thibaut, pour obtenir la paix de la comtesse de Champagne et de son fils, constituait en dot à sa belle-sœur Nancy et Gondreville, avec tous les droits féodaux qui y étaient attachés; il abandonnait au comte de Champagne, à titre héréditaire, tous les fiefs dépendants de la châtellenie de Gondreville que Guy de Plancy avait tenus jusqu'alors des ducs de Lorraine. Il renonçait à toute répétition sur le comté de Metz et de Dagsbourg, héritage de Gertrude. Il consentait à rendre hommage au comte de Champagne pour son alleu de Neufchâteau et à le tenir de lui en augmentation de fief (2). C'était là de graves atteintes portées aux droits souverains de l'Empire, et Frédéric II ne pouvait consentir à de telles aliénations. Mais le pape intervint, et le mariage du comte de Champagne avec Gertrude de Dagsbourg ne tarda pas à être cassé par sentence ecclésiastique.

Le duc de Lorraine eut soin de se maintenir en bonne intelligence avec Frédéric II et ses fils, en leur rendant tous les devoirs féodaux auxquels il était tenu et en assistant aux diètes de l'Empire avec les autres princes. Loin d'abandonner Conrad pour concourir à l'élection de Henri Raspe, comme l'ont dit quelques écrivains mal informés, il lui amena ou du moins lui offrit des secours après la perte de la bataille de Francfort. Cet échec

---

(1) *Hist. diplom.*, t. Ier, p. 805. Voir le texte même de la lettre au *Supplément*.
(2) Actes du mois de mai et du 30 juillet 1220, dans D. Calmet, *Hist. de Lorr.*, preuv. du t. II, p. ccccxxx, et *Lib. princip.*, fol. 147 verso, 148 recto.

sembla même ranimer le zèle des seigneurs qui, à titre de feudataires ou d'alliés, occupaient les pays limitrophes entre la France et l'Empire. Une lettre de Gautier d'Ocra, écrite au commencement de septembre 1246, nous fournit sur ce point un renseignement curieux : « Conrad, dit-il, est encore assez puissant pour presser et vaincre ses adversaires. Dans les pays en deçà de la Saône qui font partie soit du royaume de France, soit du royaume de Bourgogne, cinq cents chevaliers doivent aller le rejoindre, tous parents de Conrad ou amis de notre seigneur l'empereur. Avec eux vont se mettre en campagne le duc de Bourgogne, le duc de Lorraine, le comte de Châlon et le comte de Bar (1). » Mais cette ardeur s'éteignit promptement. Après l'élection de Guillaume de Hollande et la défaite de Frédéric devant Parme, le duc de Lorraine notamment prit le parti de se soumettre au pape, et, par un traité conclu à Strasbourg avec le cardinal de Saint-Georges, au mois de mai 1248, Matthieu s'engagea à secourir désormais l'Église romaine contre Frédéric II (2).

Les villes épiscopales de Metz, de Toul et de Verdun persistèrent, au contraire, jusqu'à la fin dans leur attachement à la maison de Souabe. On trouve à l'année 1250 une ligue défensive conclue entre Toul et Metz, par Isambert Gromont, l'un des magistrats de Metz; par cet acte il était convenu que les bourgeois des deux villes s'aideraient réciproquement contre leurs ennemis, et principalement contre Guillaume, comte de Hollande, qui prétendait disputer l'Empire à Frédéric II (3). Il est vrai que ce prince et ses fils respectèrent l'organisation municipale de ces deux cités, ou que du moins ils évitèrent d'intervenir pour y rétablir la paix si fréquemment troublée par les prétentions rivales du pouvoir épiscopal et de la commune. Une seule fois cependant, vers la fin de 1232, Henri VII dut prendre parti entre l'évêque et la bourgeoisie de Metz, et ce fut pour cette dernière qu'il se déclara, parce que l'évêque avait refusé d'accepter la satisfaction que les habitants lui offraient. Il engagea même le comte de

---

(1) Lettre de Gaut. d'Ocra au roi d'Angleterre, dans MATT. PARIS, *Hist. maj. Angl.*, p. 479.
(2) D. CALMET, *Hist. de Lorr.*, preuves du t. II, p. CCCCLXV.
(3) BENOIT, *Hist. ecclés. et polit. de la ville de Toul*, p. 446.

Bar à donner assistance à la commune, et il écrivit à saint Louis pour le prier de ne pas permettre que ses sujets soutinssent l'évêque de Metz dans cette guerre, qui ne fut terminée qu'en 1234 (1). Frédéric II résida plusieurs fois à Metz. Le 29 décembre 1214, il y prononça une sentence par laquelle les marchands de la ville de Huy, commerçant à Metz, étaient soumis comme les autres au payement des droits de tonlieu, bien qu'ayant des maisons dans la ville, parce qu'ils n'y faisaient ni feu ni fumée, qu'ils n'y avaient pas leurs femmes et leurs enfants, et ne prenaient point part aux fatigues de la milice urbaine. Simon Faucon, maire en exercice, et les douze échevins de Metz ratifièrent cette sentence (2). L'année suivante, Frédéric écrivit à la commune pour l'engager, plutôt par la prière que par l'intimidation, à respecter les droits du chapitre. Vers la même époque, il fit savoir aux habitants de Marsal qu'il avait pris sous sa protection tous les biens possédés dans l'Empire par l'abbaye de Clairvaux, et qu'il leur défendait de lever aucun impôt sur les terres monastiques qui se trouvaient dans le ressort de leur ville (3).

Ces prescriptions réitérées, qui avaient pour but de sauvegarder les priviléges du clergé contre les empiétements des laïques, s'appliquent également à l'évêché de Toul. En 1225, Henri VII mit au ban de l'Empire le comte de Bar et le sire de Brixey-sur-Meuse, qui molestaient l'église de Toul, et en 1234, Frédéric II autorisa l'évêque Roger à fortifier

---

(1) *Hist. diplom.*, t. IV, p. 595 et not. 1.

(2) *Hist. diplom.*, t. I, p. 348 et suiv. Les évêchés de Metz et de Liége étaient contigus, et les habitants des deux diocèses entretenaient des rapports commerciaux très-suivis. De plus, les fiefs épiscopaux y étaient enchevêtrés d'une manière bizarre. Ainsi Maidières, dans la Meurthe, près de Pont-à-Mousson, appartenait à Saint-Lambert de Liége, et la ville de Saint-Tron, dans le pays liégeois, avait été donnée par son fondateur à Saint-Étienne de Metz. En 1227, en vertu d'une convention ratifiée par le roi Henri VII, l'évêque de Liége échangea Maidières pour Saint-Tron, en abandonnant de plus Vaulsor et Haster, dans le Namurois, et en payant deux mille marcs à l'évêque de Metz et cinq cents au chapitre de Saint-Étienne. Cet échange s'exécuta malgré l'opposition du comte de Bar, avoué héréditaire de Maidières. Cf. *Hist. diplom.*, t. IV, p. 339. — ALBER. TRIUMFONT., ap. *Scriptor. rer. Franc.*, t. XXI, p. 596.

(3) *Hist. diplom.*, t. Ier, p. 344. C'est à Marsal que les évêques de Metz avaient leur principal atelier monétaire.

sa ville épiscopale (1). Ces mesures furent prises contre les ennemis du dehors et non contre les habitants, qui vécurent en bonne intelligence avec leur seigneur ecclésiastique jusqu'en 1250. A cette époque, assiégés par l'évêque et par ses alliés, ils furent obligés de renoncer à leur ligue avec Metz et de reconnaître Guillaume de Hollande pour roi des Romains.

A Verdun, dont l'histoire n'est qu'une suite de révolutions intérieures, Frédéric II et Henri se prononcèrent d'abord en faveur de l'évêque, conformément aux principes de droit public qui réglaient alors l'administration de l'Empire. Le 29 juillet 1215, Frédéric défendit aux habitants de Verdun de se lier entre eux par des serments, de fortifier leurs maisons, de lever des impôts sans le consentement du roi et de l'évêque, et de s'arroger ainsi une souveraineté qui ne leur appartenait pas. Au 16 avril 1220, nouvelle défense aux bourgeois de Verdun de vexer les chanoines et leurs hommes et de les forcer à contribuer avec les autres citoyens aux impôts et à la taille. Henri VII, à son tour, confirme, le 30 mars 1227, les priviléges et immunités du clergé de Verdun (2). Mais ce qu'il y a de singulier, c'est qu'au même moment, à la même cour d'Aix-la-Chapelle, la commune de Verdun obtenait de son côté la confirmation de ses anciennes franchises, à savoir : le droit d'avoir sept jurés pour gouverner la ville, un maire-doyen choisissant un sous-doyen ou sous-moniteur, et quatorze échevins chargés de rendre la justice. Ces magistrats devaient être présentés à l'évêque, et, dans le cas où l'évêque refuserait de les agréer, le corps municipal n'en exerçait pas moins ses fonctions sous l'autorité du roi. S'il s'agissait de fortifier les remparts ou d'entreprendre d'autres affaires d'un intérêt général, la commune devait requérir l'évêque d'y contribuer, et s'il ne le faisait pas, lever d'urgence une collecte sur tous les habitants de la cité et des faubourgs et sur tous ceux qui fréquentaient le marché et le ban de la ville. C'était là un moyen détourné d'atteindre le clergé, malgré toute prescrip-

---

(1) *Hist. diplom.*, t. IV, p. 465 et not. 1. Les auteurs du *Gallia christiana* placent ce fait à l'année 1238, et Benoît, l'historien de Toul, à l'année 1239. Ces dates, évidemment altérées, ne pourront être restituées avec certitude que si l'on parvient à retrouver une bonne copie de la pièce en question.

(2) *Hist. diplom.*, t. III, p. 345.

tion contraire. Aussi dès le 6 avril suivant, Henri VII, sur les observations qui lui furent faites, tant par les députés de l'évêque de Verdun que par les princes de l'Empire, révoqua-t-il ce privilége comme obtenu à tort, en chargeant l'archevêque de Trèves de se rendre à Verdun et de décider la commune à restituer cette pièce (1). Les habitants s'y étant absolument refusés, le roi fut obligé de rendre publique sa nouvelle détermination dans une charte solennelle, où il déclarait que le privilége de la commune ayant été arraché par l'importunité des solliciteurs à la trop grande préoccupation du souverain, le souverain l'annulait à la suite d'une délibération plus mûre (2). Cette révocation fut prononcée le 26 avril 1227, et le 20 juin, Henri VII revenant sur sa décision, confirmait pour la seconde fois en ces termes les franchises communales de Verdun : « Pour que la chose soit plus évidente, disait-il aux sept jurés et au corps de la bourgeoisie, nous avons de notre munificence royale fait récrire les lettres qui confirment les droits de votre cité. Nous voulons qu'il soit notoire à tous que notre volonté est que vos droits, confirmés à Aix-la-Chapelle par nos lettres et par notre sceau, ne soient révoqués ni par nous ni par aucun de nos successeurs à perpétuité (3). » On ne connaît pas bien les motifs qui purent amener un aussi brusque revirement, et nous ignorons si la guerre qui éclata cette année même entre l'évêque et la commune de Verdun (4) précéda ou suivit la reconnaissance par Henri VII de la constitution municipale de cette ville. Ce qui est certain, c'est que, pendant l'excommunication de l'empereur, le roi des Romains soutint avec énergie la cause des bourgeois, et le pape Grégoire IX, à la date du 3 novembre 1229, écrivait au clergé de Verdun pour le consoler des pertes qu'il avait éprouvées par suite de l'hostilité des habitants, que, *depuis deux ans et plus*, Henri, fils de Frédéric, encourageait dans leur ré-

---

(1) Cartul. de Verdun, *Collect. de Lorraine*, n° 716. Voir au *Supplément*.
(2) « *Per sententiam principum nostrorum irritum esse decrevimus et inane, et tenorem ipsius concessum per importunitatem impetrantium et nimiam occupationem concedentis, ex maturitate regiae considerationis penitus revocantes.* » *Hist. diplom.*, t. III, p. 329.
(3) Cartul. de Verdun, *Coll. de Lorraine*, n° 716, fol. 27 verso. Voir au *Supplément*.
(4) ALBER. TRIUMFONT. ap. *Script. rer. Franc.*, t. XXI, p. 597.

bellion (1). Cette guerre fut suspendue vers 1233, par un compromis, pour recommencer régulièrement à chaque avénement d'un nouvel évêque. Mais les Verdunois restèrent fidèles à Frédéric II, même après sa déposition au concile de Lyon (2), et ils n'oublièrent pas qu'ils devaient à la munificence impériale cette indépendance pour le maintien de laquelle ils luttaient avec tant d'ardeur.

Des faits analogues à ceux que nous venons de signaler pour Verdun se retrouvent dans l'histoire de Cambrai. Le 19 juillet 1214, Frédéric II confirme tous les priviléges de la commune de Cambrai. Un an après il les révoque en donnant l'investiture à l'évêque Jean, sous prétexte que les habitants ont obtenu cette confirmation en l'absence et à l'insu de leur seigneur. En outre, il renouvelle contre eux, pour cause de rébellion, la sentence de proscription prononcée plus de cinq ans auparavant, par son prédécesseur Othon. Deux mois après cette révocation, le 26 septembre 1215, le conseil de la commune va trouver le roi des Romains à Haguenau et obtient de lui une seconde confirmation de ses priviléges, libertés et coutumes, avec défense à tout homme, clerc ou laïque, de venir à l'encontre. L'évêque se trouvait alors à Rome, au concile convoqué par le pape Innocent III; à son retour, il réclame contre cette violation des droits qui lui avaient été solennellement reconnus, et le 12 avril 1216, Frédéric II déclare que le privilége octroyé aux habitants de Cambrai a été obtenu subrepticement, et qu'il est de nouveau révoqué et mis à néant. L'acte du 26 septembre fut incisé, quoiqu'il eût été scellé de la bulle d'or et revêtu de toutes les formalités propres à le rendre valable (3).

Cette inconséquence dans la politique impériale accuserait une grande incurie de la part de la chancellerie, s'il ne fallait soupçonner que l'argent fourni par la commune fut ce qui décida le roi et ses conseillers à mettre en oubli les droits de l'évêque de Cambrai. Mais une semblable comédie

---

(1) *Hist. diplom.*, t. III, p. 334, not. 2.
(2) R. DE WASSEBOURG, *Antiq. de la Gaule Belgique*, fol. CCCLXVI verso.
(3) *Hist. diplom.*, t. Ier, p. 340, 402 et suiv., 425 et 449.

ne se renouvela plus. A l'élection de l'évêque Godefroi, successeur de Jean, Frédéric II non-seulement lui confirma tous les anciens priviléges de son église, mais encore il eut soin de rappeler d'une manière expresse la révocation de la commune prononcée d'après la sentence des princes de l'Empire (29 octobre 1219). Cette décision ne mit pas un terme à la querelle qui divisait à Cambrai le pouvoir ecclésiastique et la bourgeoisie. Le 4 août 1225, l'empereur écrivit au roi de France pour lui rappeler les excès commis par la commune contre l'évêque et ses officiers, et pour le prier d'interdire aux habitants rebelles et contumaces tout accès sur les terres françaises. L'année suivante, l'évêque ayant levé l'excommunication lancée contre les citoyens, vint trouver le roi Henri VII à Trente, le 11 juin, et lui demanda de surseoir à prononcer contre eux la sentence de condamnation qui devait être promulguée par l'autorité séculière, à la condition que ce délai ne préjudicierait en rien aux droits épiscopaux. Le roi consentit à un délai qui ne devait pas dépasser un an, et s'engagea même à prononcer plus tôt, sur la première réquisition de l'évêque, la sentence qui était désormais sans appel. Godefroi se rendit alors auprès de Frédéric II, qui tenait sa cour à Borgo-San-Donnino, près de Crémone. Il avait été convenu entre la commune et lui que les deux parties produiraient leurs titres à la diète de l'Empire, *ad curiam Alemanniæ*, et que la question serait vidée par cette assemblée. La commune se fit représenter à Borgo-San-Donnino par des personnes qui n'étaient point munies d'une procuration en règle, et les Cambrésiens répondirent aux évêques de Bâle et de Lausanne et à l'abbé de Morbach, à qui l'empereur les avait adressés, qu'ils n'étaient tenus d'exhiber leurs priviléges que dans une diète allemande, et qu'ils ne reconnaissaient pas ce caractère à la cour où se trouvait alors l'empereur. Mais Frédéric II, sans avoir égard à ce déclinatoire, décida que la réunion du souverain et des princes de l'Empire constituait suffisamment une diète allemande (1), et sur la requête de l'évêque de Cambrai, de l'avis des princes siégeant avec lui, il annula

---

(1) « *Cum ibi sit Alemanniae curia ubi persona nostra et principes imperii consistunt.* » *Hist. diplom.*, t. II, p. 630.

définitivement les priviléges de la commune et défendit aux bourgeois de se servir d'une cloche pour une convocation quelconque ou de se réunir au son de cette cloche. Il reconnut le droit de l'évêque à instituer les prévôts et les échevins, et à exercer le pouvoir judiciaire dans la cité par lui-même ou par ses prévôts, sans que les bourgeois pussent retenir aucune juridiction particulière à titre de commune ou en vertu de leurs coutumes qu'ils appelaient *paix*. Cette sentence fut rendue à la fin de juin, et au mois de novembre de cette même année 1226, Henri VII la confirma à la diète solennelle de Wirtzbourg, où les deux parties furent entendues. Les bourgeois furent en outre sommés de rendre à l'évêque tous les priviléges qu'ils tenaient des anciens empereurs et ceux qu'ils avaient arrachés à l'évêque Roger, et de démolir leur beffroi, le tout dans un délai de dix jours (1). Mais l'évêque Godefroi, satisfait d'avoir obtenu la reconnaissance de son droit, n'abusa point de sa victoire. Au mois de novembre 1227, il régla, d'accord avec la commune, l'administration intérieure de la cité, en renfermant son autorité dans de justes limites, et à la suite de cette transaction il donna aux habitants une quittance générale de toutes les amendes, cautions ou condamnations prononcées contre eux (2). Désormais la paix ne fut plus troublée à Cambrai du vivant de Frédéric.

D'après ce que nous venons d'exposer, on peut accuser la politique impériale de versatilité à l'égard des communes, mais non lui attribuer, au moins sous le règne de Frédéric II, une opposition systématique à tout développement de l'émancipation civile et politique de la bourgeoisie (3).

---

(1) *Hist. diplom.*, t. II, p. 892 et suiv.

(2) *Hist. diplom.*, t. II, p. 895, note 1.

(3) Nous croyons devoir faire cette réserve en nous rappelant l'opinion trop absolue, selon nous, émise à ce propos par un illustre historien. « A la différence des rois de France et des comtes de Flandre, dit M. Aug. Thierry, les empereurs se sont montrés systématiquement ennemis des municipalités créées par les moyens révolutionnaires de l'insurrection et de l'assurance mutuelle sous la foi du serment; sur leurs terres du Nord ils ont combattu et interdit la commune jurée, et sur leurs terres du Midi, toute ligue populaire tendant soit à l'érection, soit au développement normal du consulat. » *Hist. du tiers état*, t. II, préface, p. xxxiv.

PARTIE HISTORIQUE.

Pour les municipes de la Provence, pour les communes mixtes du Dauphiné et de la Franche-Comté, comme pour les communes jurées de la Lorraine et de la Flandre, l'intervention de Frédéric II et de ses fils se manifesta par des décisions que les circonstances ou les besoins du moment rendaient quelquefois capricieuses, mais qui étaient en somme plutôt favorables que contraires à la marche des institutions libres. Nous croyons donc pouvoir persister, sans être contredits par les faits, dans l'opinion que les trois derniers princes de la maison de Souabe, soit par intérêt, soit par nécessité, hâtèrent l'affranchissement définitif des villes de l'Empire situées en dehors des pays de langue germanique, aussi bien que celui des cités purement allemandes.

A ce rapide coup d'œil sur les villes épiscopales comprises dans la partie aujourd'hui française de l'ancien royaume de Lorraine, nous aurions voulu joindre quelques éclaircissements au sujet de la mouvance des fiefs et des villes d'un ordre secondaire renfermés entre la Meuse et le cours supérieur de l'Escaut. Mais, au delà du territoire des Trois-Évêchés, la délimitation des frontières de l'Empire et de la France, au treizième siècle, devient difficile à établir avec quelque certitude. On voit bien, dans une enquête de 1288, faite par l'ordre de Rodolphe de Habsbourg, qu'alors Beaulieu en Argonne et Montfaucon étaient de l'Empire, la terre de France ne commençant qu'à la petite rivière de Biesme, qui va se jeter dans l'Aisne un peu au-dessous de Vienne-le-Château. Sur ce ruisseau, qui séparait le Barrois du territoire de Sainte-Menehould, se tenaient les plaids où étaient réglées les contestations entre les riverains (1). Mais en avançant vers le nord-ouest, on ne rencontre plus à ce sujet d'informations bien précises. Il est probable, cependant, qu'une partie de nos départements actuels des Ardennes, de l'Aisne, du Nord et du Pas-de-Calais était encore considérée comme soumise à la suzeraineté impériale. On en a une

(1) Cf. D. CALMET, *Hist. de Lorr.*, t. II, p. 330 et 331. Dans une minute raturée, sans date, mais qui paraît être du commencement du quatorzième siècle, on voit que le roi de France voulait se mettre en possession de Clermont-en-Argonne et de Varennes, sauf à donner à l'évêque de Verdun, de qui *ces lieus meuvent si comme l'an dit*, un dédommagement convenable. S'il n'y pouvait parvenir, le roi se rabattait sur Bourmont et la Mote, probablement *la Mothe en Blaisy*, Haute-Marne. Trés. des chart.; J. 527, n° 20.

preuve dans les difficultés que souleva vers la fin du treizième siècle la possession de Valenciennes, qui, étant partagée en deux par l'Escaut, était réclamée par l'Empire comme appartenant à l'ancien royaume de Lorraine, et par la France comme faisant partie de l'Ostrevant. Les habitants de Valenciennes, mécontents de leur seigneur, le comte de Hainaut, adressèrent en 1292 une requête à Philippe le Bel, en offrant de prouver qu'ils avaient de tout temps dépendu de la France (1). De leur côté, les empereurs Rodolphe de Habsbourg et Adolphe de Nassau citèrent les habitants à comparaître devant eux pour rendre compte des excès commis contre les droits de l'Empire et ceux de leur seigneur. Cette querelle fut apaisée par un traité de paix conclu entre le roi de France et le comte de Hainaut, sans que la question litigieuse, celle de la mouvance en ce qui concernait Valenciennes, eût été réglée d'une manière expresse. Si l'on tire une ligne imaginaire à partir de Grandpré, passant à Rethel et à Château-Porcien, suivant le cours de l'Aisne, entre Neufchatel et Condé-sur-Suippe, pour aboutir à la porte de Laon, remontant ensuite de Laon à Aubenton, en laissant à droite, du côté de l'Empire, les baronnies de Rozoy-en-Thiérache et de Rumigny, puis allant d'Aubenton au pont d'Origny, de là à l'abbaye de Fervaques, à deux lieues au nord de Saint-Quentin, se dirigeant vers Honnecourt, en retenant à gauche l'hommage des terres de Fayet et de Beauvois, venant enfin aboutir à Bapaume, on aura une idée assez exacte des prétentions qu'à la fin du quinzième siècle les juristes de l'Empire soulevaient contre la France (2). Ces prétentions ne pouvaient se soutenir en présence des faits accomplis et consacrés par une longue possession en faveur de nos rois. Mais on ne saurait douter qu'à une époque ancienne l'action de l'Empire n'ait pénétré jusqu'en Artois et même en Picardie. Pour en citer un exemple assez frappant, nous

---

(1) Voir le registre du *Trésor des chartes* (Arch. de l'Emp., JJ, 22) et le Mémoire manuscrit de Bonamy, à propos de ce même registre (JJ, 292).

(2) On peut consulter à ce sujet le curieux spécimen produit par Chiflet dans ses *Vindic. Hispan.*, p. 202. C'est une prétendue information *de terris imperii intra Gallias*, faite au temps de Maximilien Ier; cette pièce ne présente aucun des caractères d'un acte authentique et nous semble avoir été fabriquée pour les besoins de la cause.

PARTIE HISTORIQUE.   CCLXXXIII

indiquerons une charte de Frédéric Barberousse du 4 septembre 1162, par laquelle ce prince confirme à l'abbaye du Mont-Saint-Martin, près le Castelet, des terres situées à Forceville (1) et une aumône à Magnicourt (2) à prendre sur le fief de Thomas de Gouy. Ces terres avaient été données à l'abbaye par des vassaux de l'évêque de Cambrai, et l'empereur rappelle comme une chose notoire qu'elles appartiennent à l'Empire (3). Nous savons aussi qu'à diverses reprises Frédéric II écrivit à Hugues, comte de Saint-Pol en Artois, pour le tenir au courant de ses plus importantes affaires. Les originaux de ces lettres étant perdus, et les intitulés n'étant pas complétement transcrits sur les copies qui nous en restent, il est malaisé de dire si l'empereur lui écrivait comme à son vassal ou comme à un feudataire étranger, ami et voisin de l'Empire (4). Nous inclinons cependant à croire que le comte de Saint-Pol relevait de l'Empire en arrière-fiefs certaines terres limitrophes, situées dans le Hainaut, le Cambresis ou le Barrois.

A partir de Cambrai, l'Escaut formait la limite naturelle et reconnue des terres d'Empire. Le Namurois et le Hainaut, aussi bien que le Brabant, admettaient sans contestation l'autorité des souverains de l'Allemagne, comme le prouvent sous Frédéric II et ses fils les mandements adressés aux villes de Namur, Fosse, Samson, Bouvignes et Dinant, les priviléges concédés aux abbayes de Gembloux, Nivelles, Saint-Ghislain, etc. Les terres d'Empire formaient même une partie considérable de la seigneurie des comtes de Flandre, puisque, outre le Hainaut, ces princes tenaient aussi en fiefs les terres d'Alost et de Waes, les Quatre-

(1) Somme, arrondissement de Doullens, canton d'Acheux.
(2) Magnicourt-sur-Canche, Pas-de-Calais, arrondissement de Saint-Pol-sur-Ternoise, canton d'Avesnes-le-Comte.
(3) « *Abbati Montis Sancti Martini aliquantum terrae ad imperium nostrum pertinentis quam consensu et consilio tuo ... a tuis feodatis in elemosinam recepit.* » Cartul. de l'abb. du Mont-Saint-Martin, à la Bibl. impér., n° 5478, fol. 10 recto.
(4) La rubrique de la lettre écrite vers le mois de juin 1247, porte *comiti Delphino;* mais on lit dans le corps de la lettre H. *comiti Sancti Pauli;* ce qui ne peut convenir au dauphin Guigues. Le comte de Saint-Pol était un des chefs de la ligue alors conclue en France pour résister aux empiétements du clergé, et il n'est pas étonnant que l'empereur se soit adressé à lui pour l'inviter aux conférences qui devaient se tenir en Allemagne.

Métiers (*Ambachten*) (1) et les îles de Zélande, pour lesquelles les comtes de Hollande leur rendaient hommage. Aussi l'investiture impériale était-elle obligatoire à l'avénement de chaque comte de Flandre. Fernand de Portugal, mari de la comtesse Jeanne, ayant été fait prisonnier à la bataille de Bouvines, en combattant pour Othon de Brunswick, l'hommage n'avait pas été rendu en temps utile, et la diète de Francfort, appelée à se prononcer, décida que les terres impériales tenues par la comtesse de Flandre seraient transférées au comte de Hollande. La sentence dut être rendue au mois d'avril 1220, époque où le comte de Hollande se trouvait à Francfort auprès du roi des Romains. Mais peu de temps après, Frédéric II, se rendant aux raisons mises en avant par la comtesse Jeanne, révoqua cette sentence et la remit en possession de ses fiefs. Le 6 mai 1224, Henri VII confirma cette nouvelle décision en rappelant que la comtesse n'aurait pu venir avec sécurité rendre hommage en personne, que son mari était encore retenu en captivité par le roi de France, et que d'ailleurs le comte de Hollande n'avait point rempli les engagements qu'il avait pris au moment où la sentence avait été rendue en sa faveur (2). Il fut même enjoint à ce dernier de n'élever aucune réclamation sous peine de perdre les biens qu'il tenait de l'Empire.

Fernand à peine sorti de prison s'empressa de se rendre auprès de Henri VII, à Aix-la-Chapelle. Il n'est encore appelé en cette occasion que comte de Flandre et de Hainaut; mais deux ans après, au mois de juin 1229, il reçut en fief, du roi des Romains, le comté de Namur, vacant par défaut d'héritier direct, et les villes de ce pays eurent ordre de reconnaître le comte de Flandre pour leur seigneur, le roi se réservant d'examiner dans sa cour les prétentions contraires qui pourraient se produire (3). La possession du Namurois d'abord contestée au comte Fernand par Marguerite de Vianden, fut ensuite rendue en 1237 à Baudouin II, empereur de

---

(1) C'est-à-dire les bailliages de Bockhout, d'Assenède, d'Axel et de Hulst avec la châtellenie de Gand et le Sas-de-Gand.

(2) *Hist. diplom.*, t. I, p. 821; t. II, p. 722. Voir au supplément le texte même de la lettre de Henri VII.

(3) *Hist. diplom.*, t. III, p. 398.

Constantinople; et malgré le silence des textes, il est très-probable qu'en cette occasion, l'agrément de Frédéric II fut sollicité et obtenu. A la mort de la comtesse Jeanne, l'église de Liége éleva, au sujet du Hainaut, une réclamation qui se fondait sur la coutume observée de temps immémorial dans l'Empire, en matière de transmission de fiefs. Dans une supplique adressée à Frédéric II le 1ᵉʳ avril 1245, le chapitre représentait à l'empereur que Jeanne étant morte sans enfants, le Hainaut, possédé anciennement par l'évêché de Liége, devait lui revenir, et que Marguerite, sœur de la comtesse défunte, s'en était indûment emparée en chassant les officiers envoyés par l'évêque. Ainsi on invoquait, à propos du Hainaut et contre la Flandre, la disposition qui avait été appliquée en faveur de la Flandre à propos du Namurois (1). Mais l'empereur ne s'arrêta pas à cette objection; il confirma purement et simplement à Marguerite, qu'il reconnut en qualité de comtesse de Flandre et de Hainaut, la jouissance féodale du comté de Namur, de la partie de la Flandre située en deçà de l'Escaut vers le Hainaut et le Brabant, et des autres terres impériales dont nous avons parlé plus haut. Il se contenta même de recevoir par procureurs l'hommage lige et le serment que Marguerite aurait dû fournir en personne, à la condition qu'elle rendrait tous les devoirs et services accoutumés, qu'elle n'aliénerait jamais aucune portion du domaine de l'Empire, et persévérerait dans la fidélité à laquelle elle était tenue. L'acte d'investiture, publié à Turin au mois de juillet 1245, eut pour témoin et pour garant le roi Conrad, qui se trouvait alors auprès de son père en Italie (2).

Trois ans auparavant, Frédéric II était intervenu dans une querelle de famille qui devait être pour la Flandre une cause de longs déchirements. Marguerite avait épousé en 1212 son tuteur Bouchard d'Avesnes, qui avait été quelque temps chantre de Laon et trésorier de Tournay, après

---

(1) Plus tard, en octobre 1247, l'évêque de Liége reçut l'hommage de Jean d'Avesnes pour le Hainaut, et il écrivit aux villes de ce pays de le reconnaître sans difficulté pour leur seigneur. MARTÈNE, *Thes. anecdot.*, t. I, p. 1030.

(2) L'original de cette pièce importante, qui a été publiée par M. Warnkoenig, se trouve aujourd'hui à la Bibliothèque impériale de Paris.

avoir reçu le sous-diaconat; elle en avait eu deux fils, Jean et Baudouin. Ce mariage ayant été rompu comme contraire aux lois de l'Église, Marguerite s'était remariée avec Guillaume de Dampierre, et les enfants du second lit prétendaient exclure les d'Avesnes de la magnifique succession qui devait échoir à leur mère commune. Frédéric, en vertu de son droit général comme empereur, et de son droit particulier comme suzerain du Hainaut, d'où les d'Avesnes tiraient leur origine, fut appelé par eux à se prononcer sur la légitimité de leur naissance, et il se déclara en leur faveur par un acte donné à Foggia, au mois de mars 1242. Dans cette pièce l'empereur rappelle que longtemps auparavant, à la requête de Jean et de Baudouin et de Marguerite elle-même, il a légitimé et déclaré aptes à succéder les enfants de Bouchard d'Avesnes, en vertu d'un privilége revêtu de sa bulle d'or(1). Ayant appris qu'ils étaient inquiétés sur ce point par leurs frères du second lit, il enjoint aux seigneurs et aux villes du Hainaut, et en général à tous les féaux de l'Empire, de reconnaître les d'Avesnes comme légitimes, nonobstant toute lettre ou rescrit relatif à la succession temporelle ou aux biens de l'Empire, obtenu du Siége apostolique (2). Cette décision impériale, corroborée au mois de novembre 1249 par une sentence des commissaires du pape (3), fut invoquée plusieurs fois dans le cours des violents débats qui signalèrent la rivalité des d'Avesnes et des Dampierre; et l'on peut dire qu'elle servit de base à la première transaction par laquelle la sagesse de saint Louis espérait mettre fin à des divisions qui devaient ensanglanter longtemps encore les frontières de l'Empire et de la France.

(1) « *Contra nostrae legitimationis privilegium et honorem quo praedicti J. et B. fideles nostri jam diutius praemuniti legitimis natalibus decorantur.* » La date de ce premier privilége n'est pas connue, et l'acte lui-même paraît perdu. Il est probable qu'on doit le rapporter aux années 1235 ou 1236, les deux d'Avesnes ayant été reconnus aptes à agir par eux-mêmes au mois de juillet 1234; et comme la requête fut aussi présentée au nom de Marguerite, il y a lieu de supposer qu'elle ne fit cette démarche qu'après la mort de son second mari.

(2) Martene, *Thes. anecdot.*, t. I, p. 1021. Le millésime 1243 doit être corrigé en 1242, d'après un manuscrit de Bruxelles.

(3) Ce qui décida surtout Innocent IV à reconnaître la légitimité des d'Avesnes, c'est que l'aîné, Jean, avait épousé une sœur du comte de Hollande devenu roi des Romains, et qu'il se signalait depuis 1246 par son dévouement envers l'Église.

CHAPITRE IV.

RELATIONS DIPLOMATIQUES DE FRÉDÉRIC II AVEC LES ROIS DE FRANCE.

D'après ce que nous venons d'exposer sur la persistance de l'autorité impériale et sur l'intervention directe de cette autorité dans les anciens royaumes d'Arles, de Bourgogne et de Lorraine, on comprend que la France ne pût rester indifférente aux affaires de l'Allemagne. Il importait à sa politique, et même à son repos intérieur, d'avoir pour allié et pour ami le prince qui pesait sur toute sa frontière orientale, depuis le Rhône jusqu'à l'Escaut. Aussi voyons-nous Philippe-Auguste profiter habilement des guerres de succession qui éclatèrent après la mort de l'empereur Henri VI pour faire prévaloir son influence dans le choix du futur maître de l'Empire. Le 29 juin 1198, il conclut un traité d'alliance avec Philippe de Souabe, et il mit un grand zèle à défendre la cause de ce prince auprès d'Innocent III, en lui exposant combien l'élection d'Othon de Brunswick serait préjudiciable à la France (1). Mais le Saint-Siége penchait pour Othon, et la mort de Philippe de Souabe semblait assurer le succès de son compétiteur, soutenu en Allemagne par un puissant parti et au dehors par les intrigues de l'Angleterre (2).

« Dans ces conjonctures, Philippe-Auguste ne perd point courage; il cherche un nouveau rival qu'il puisse opposer à Othon. Son choix s'arrête sur Henri, duc de Lothier, que dès le mois de février 1205 il avait mis

---

(1) Plus tard, Innocent III, ayant reconnu l'ingratitude d'Othon, avouait au roi de France qu'il avait eu tort de négliger ses conseils.

(2) Dès qu'on eut appris en France la mort de Henri VI, Richard Cœur-de-Lion fit partir pour l'Allemagne son neveu Othon de Brunswick, comte de Poitiers, en lui fournissant des subsides. Quelques chroniqueurs contemporains racontent que les rois de France et d'Angleterre se trouvant alors à la même table avec Othon, Richard présenta un plat d'or à ce dernier, en lui disant : « Prenez, beau neveu; vous êtes digne d'avoir la couronne d'Allemagne, et vous l'aurez. » Philippe à ces mots, ôtant son gant de sa main le tendit à Othon, comme pour lui donner l'investiture, en ajoutant ces paroles ironiques : « Tenez ceci; quand vous aurez la couronne d'Allemagne, je vous donnerai Chartres et Paris. » *Chronic. de reb. in Ital. gest.*, p. 145 de notre édition.

dans ses intérêts en lui assignant à Paris une pension de deux cents marcs d'argent. En août 1208, c'est-à-dire peu de semaines après la mort de Philippe de Souabe, le roi de France et le duc de Lothier ont une conférence à Soissons. Les parties contractantes se promettaient un mutuel appui. Cette promesse devait être solennellement renouvelée dès que Henri aurait ceint la couronne impériale (1). Les difficultés qui pourraient surgir entre l'Empire et le royaume devaient être réglées par des arbitres qui s'assembleraient entre les villes de Péronne et de Cambrai. Si le comté de Boulogne venait à échoir à la maison de Lothier, le roi consentait à reconnaître pour comte de Boulogne un des enfants de Henri, car celui-ci revêtu de la pourpre impériale ne pourrait plus tenir lui-même un fief qui le constituerait vassal du roi de France (2). A la date de ce traité nous trouvons une obligation de Henri, duc de Lothier; celui-ci reconnaît avoir reçu de Philippe-Auguste une somme de trois mille marcs d'argent, qu'il n'était pas tenu de rembourser s'il parvenait à se faire élire empereur (3). Cette fois encore Philippe-Auguste devait subir un échec. Apparemment les trois mille marcs qu'il avait avancés à son allié ne suffisaient pas pour décider une élection d'empereur (4). »

Mais après l'excommunication d'Othon, quand le pape Innocent III s'occupa de le renverser en Allemagne, le roi de France répondit avec empressement aux ouvertures qui lui furent faites à cet égard par le souverain pontife. En s'excusant de ne pouvoir lui envoyer des secours pour défendre le royaume de Naples menacé, il lui promit du moins de pousser les princes d'Allemagne à faire si bonne guerre à Othon, que celui-ci serait obligé de quitter l'Italie. « Si vous voulez prendre l'engagement, écrit Philippe au pape, de ne faire aucune paix avec Othon, et si vous nous

---

(1) « *Quanto citius nos coronati fuerimus.* »

(2) « *Nam si nos essemus rex Romanorum, non possemus ei facere hominagium.* »

(3) *Catal. des actes de Phil.-Auguste*, n° 1090, p. 253.

(4) L. DELISLE, *Introduct. au catal. des actes de Phil.-Auguste*, p. cxv. Ce savant n'a point fait remarquer que Henri, fils du duc de Lothier, avait épousé en 1207 Marie, fille de Philippe de Souabe, et que cette alliance dut inspirer à Philippe-Auguste la pensée de choisir dans la maison de Brabant le rival qu'il voulait d'abord opposer à Othon de Brunswick.

envoyez des lettres patentes portant absolution du serment de fidélité prêté à Othon par les princes de l'Empire, avec l'autorisation d'élire un autre roi, nous prendrons les armes au commencement de l'été et nous conduirons notre armée sur les terres de l'Empire. » Cette phrase fait voir que la lettre du roi de France fut écrite dans les premiers mois de l'année 1211. Mais ce prince n'eut pas besoin de se rendre personnellement en Allemagne avec ses troupes. La désignation faite par le pape du jeune Frédéric II entrait trop bien dans les vues de Philippe pour qu'il ne la soutînt pas de toute son influence, et la suite des événements fait assez voir que le roi de France se mit aussitôt en rapports avec le futur roi des Romains.

De son côté, Frédéric, à son arrivée en Allemagne, n'eut rien de plus pressé que de se rendre sur la frontière pour s'entendre avec son allié. « Cette même année (1212), dit Guillaume Breton, des conférences furent tenues à Vaucouleurs par la médiation de l'évêque de Metz, entre Frédéric et Philippe le Magnanime, roi de France. Le roi n'y assista pas en personne, mais il y envoya Louis, son fils aîné, avec les grands du royaume. Ils conclurent entre eux une alliance et renouvelèrent l'amitié perpétuelle qui avait existé entre leurs prédécesseurs. » Par le traité qui porte la date du 19 novembre à Toul, Frédéric II déclare qu'il ne fera aucune paix avec Othon, soi-disant empereur, avec Jean, roi d'Angleterre et leurs adhérents manifestes, sans l'assentiment du roi de France; qu'il ne souffrira sur ses terres aucun de ceux qui sont en hostilité ouverte contre le même roi, partout où il sera assez puissant pour les repousser (1). En retour de cet engagement, Philippe envoya à Francfort deux députés, l'un chevalier, Hugues d'Athies, l'autre clerc, désigné par l'initiale B., chargés de faire procéder à l'élection régulière et définitive de Frédéric II. L'élection eut en effet lieu en leur présence le 5 décembre. Peu de jours après, Conrad, évêque de Metz, chancelier de l'Empire, notifiant à Philippe-Auguste ce grand événement, lui écrivait ce qui suit : « Nous et les autres princes, nobles et grands de l'Empire, qui étions venus à cette cour, nous nous sommes engagés par serment, dans le cas où notre seigneur

---

(1) *Hist. diplom.*, t. 1, p. 227.

Frédéric, roi des Romains et toujours auguste, viendrait à décéder (ce qu'à Dieu ne plaise), à ne jamais recevoir le seigneur Othon ni pour seigneur, ni pour roi, ni pour empereur, ni pour régent. Nous supplions donc avec tout le dévouement possible Votre Excellence, dont l'appui est pour nous le meilleur gage de confiance et d'espoir, de vouloir bien seconder l'élévation de Frédéric de vos conseils et de vos secours, afin qu'à cause de lui et comme lui nous devions vous garder une éternelle reconnaissance (1). » Philippe-Auguste comprit parfaitement ce langage; il connaissait l'avidité des princes, et en cette circonstance il ne dut pas ménager les subsides pécuniaires. « Quand on se rappelle, dit M. Delisle, qu'en 1208 il avait donné trois mille marcs d'argent au duc de Lothier, à charge de se faire nommer empereur, on se demande s'il tint une conduite différente lors de l'élection de Frédéric II. A cet égard le doute n'est guère permis, puisque nous lisons dans une chronique (2) que Frédéric partagea entre les princes de l'Empire une somme de vingt mille marcs d'argent fin (3) que le roi de France lui avait offerte. On peut contester l'exactitude de ces détails; mais il n'en restera pas moins avéré que Philippe-Auguste intervint d'une manière directe et fort active dans les affaires de l'Allemagne et que l'élection de Frédéric II fut en partie son ouvrage. »

Le succès de ce jeune prince paraissait dès lors assuré, et le duc de Brabant renonçant à ses anciennes prétentions, resserra même son alliance avec Philippe-Auguste, en épousant Marie, fille du roi et d'Agnès de Méranie. D'après les conventions arrêtées à Soissons, au mois d'avril 1213, Philippe s'engageait à prier après son retour d'Angleterre, son très-cher frère et ami Frédéric, roi des Romains, de rendre au duc et à son fils leurs droits dans leur intégrité avec tout ce que Philippe, jadis roi des Romains et oncle de Frédéric, avait donné au même duc. De son côté,

---

(1) *Hist. diplom.*, t. I, p. 231.
(2) *Chronic. Sampetr.*, ap. Mencken, *Scriptor.*, t. III, p. 241, cité dans l'*Histor. diplom.*, t. 1, p. 226, note 4.
(3) Le marc d'argent fin ayant une valeur intrinsèque d'environ 52 francs, ces 20,000 marcs représenteraient 1,040,000 fr. de notre monnaie, dont la valeur relative serait de 6,240,000 fr., si le pouvoir de l'argent était alors sextuple.

le duc de Lothier prêtait un serment ainsi conçu : « J'aiderai de bonne foi le roi des Français contre tout homme vivant ou mourant, excepté contre l'illustre roi des Romains Frédéric, tant qu'il sera roi des Romains; et si Frédéric venait à décéder, j'excepte aussi celui qui du consentement de mon seigneur le roi des Français, serait élu roi des Romains par ceux qui ont pouvoir d'élire (1). » Ainsi était reconnu publiquement le droit du roi de France à intervenir dans l'élection du chef de l'Empire. Cependant Philippe ayant échoué dans son expédition d'Angleterre, le duc de Brabant néglige d'observer les conditions du traité de Soissons; il se met à guerroyer contre l'évêque de Liége, partisan déclaré de Frédéric, et bientôt voyant une ligue puissante se former en faveur d'Othon dans les pays situés entre la Meuse et l'Escaut, il change brusquement de politique. Après s'être réconcilié avec l'anti-empereur, il lui donne pour femme sa fille Marie, qui lui avait déjà été promise quinze ans plus tôt. Quelques jours avant le mariage célébré à Aix-la-Chapelle, le 19 mai 1214, des conférences sont tenues à Maestricht entre Othon, le duc de Brabant, les comtes de Flandre, de Boulogne et de Los, et l'on y concerte les mesures à prendre contre Frédéric II et contre Philippe-Auguste son allié.

Nous voici arrivés à la veille de la journée de Bouvines, qui dispersa la ligue et abattit sans retour le parti d'Othon. Celui-ci se sauva à Cologne et y demeura un an, gardé à vue par les habitants. Le duc de Brabant resta seul exposé avec ses adhérents à la vengeance de Frédéric, qui s'était entendu avec Philippe-Auguste pour comprimer le soulèvement au delà de la Meuse. La bataille de Bouvines est du 27 juillet, et à la même époque Frédéric II partait de Worms « avec l'armée la plus nombreuse qu'on eût jamais vue, » dit Renier de Liége (2). Le 23 août, il paraissait devant Aix-la-Chapelle, puis passait la Meuse à Maestricht et se préparait à envahir le Brabant. Le duc Henri prit alors le parti de se soumettre, donna en otage son propre fils, et reçut en retour la promesse d'être mis

---

(1) *Hist. diplom.*, t. I, p. 266, 267.
(2) Ap. Boehmer, *Fontes*, t. II, p. 382.

INTRODUCTION.

en possession de Maestricht comme feudataire de l'Empire (1). Au commencement de septembre, Frédéric II repassa la Meuse, assiégea Juliers, força le duc de Limbourg, les comtes de Juliers et de Clèves, à faire la paix, reprit les forteresses de Trifels et de Landscron, et revint à Spire dans le courant d'octobre, après une expédition aussi heureusement que rapidement conduite. A l'autre extrémité du théâtre de la lutte, Philippe-Auguste, vainqueur de Jean Sans-terre, lui imposait la trêve de Chinon, et avait soin de stipuler que si les deux concurrents à l'Empire ne voulaient point être compris dans cet arrangement, le roi de France serait libre de porter secours en Allemagne à son allié Frédéric (2).

Il faut descendre jusqu'au règne de Louis VIII et jusqu'à l'année 1224 pour retrouver la trace positive des bonnes relations qui continuèrent d'exister entre la France et l'Empire. Le fils de Philippe-Auguste, vainqueur des Anglais et nourrissant le dessein de les chasser entièrement hors de France, voulut s'assurer des bonnes dispositions de Frédéric II. Pendant que ses députés, maître Simon de Maisons (3) et Guillaume de Bagneux, partaient pour la Sicile où résidait alors l'empereur, le roi lui-même prenait la route de Lorraine pour avoir une entrevue près de Vaucouleurs avec le jeune roi Henri VII, fils de Frédéric. Ce prince accompagné du cardinal évêque de Porto, des archevêques de Cologne et de Mayence, et d'une foule de seigneurs allemands, arriva à Toul le 17 novembre, et le lendemain, les conférences commencèrent dans un lieu que l'on croit être Rigny la Salle. Les chroniqueurs nous en laissent ignorer le résultat (4); mais nous avons lieu de croire que l'archevêque

---

(1) *Hist. diplom.*, t. I, p. 340 et suiv.

(2) *Hist. diplom.*, t. I, p. 347.

(3) Ce personnage avait été envoyé en Angleterre au commencement de 1220, par Philippe-Auguste, avec un autre ambassadeur Guillaume *de Valle Gloris*, pour y recevoir les serments des grands d'Angleterre, relativement à la trêve conclue entre les deux États. *Catal. des act. de Phil.-Aug.*, p. 433, nos 1956 et 1957.

(4) Voici ce que dit Tillemont, *Vie de saint Louis*, t. I, p. 341 : « Ils traitèrent assez des affaires des estats de l'un et de l'autre, mais ils ne conclurent rien ou fort peu de chose, et s'en retournèrent chacun de leur costé. On trouve un traité fait avec Frédéric, en novembre 1224, par lequel cet empereur promet que ni luy ni les siens ne feront aucune alliance avec l'An-

de Cologne, partisan de l'Angleterre, usa de toute son influence pour empêcher ou pour retarder le renouvellement des anciens traités. En effet, nous savons par une lettre fort curieuse de l'évêque de Carlisle, ambassadeur anglais en Allemagne, lettre écrite au mois de février 1225, que le roi de France, à l'issue des conférences de Vaucouleurs, avait immédiatement envoyé des députés au pape et à l'empereur pour se plaindre que l'archevêque n'eût pas voulu permettre la conclusion d'une alliance qui était convenue entre le roi des Romains et lui, de l'aveu même du pape, et que l'empereur avait d'ailleurs recommandée d'une manière formelle (1). Les ambassadeurs anglais à la cour de Rome écrivaient de leur côté, à la date du 22 décembre 1224 : « Jeudi dernier, le pape a reçu des lettres de l'évêque de Porto, légat en Allemagne, par lesquelles il lui annonce qu'il a empêché le traité convenu entre les rois d'Allemagne et de France, au sujet du mariage que vous savez. Le pape nous a dit que le roi de France a envoyé de nouveaux députés à l'empereur, à propos de cette affaire; mais ce qu'ils ont fait, nous ne le savons pas encore (2). » Ce qu'il y a de singulier dans cette négociation, c'est qu'un traité d'alliance spécialement dirigé contre l'Angleterre avait été conclu avec Frédéric II, à Catane, au mois de novembre précédent, c'est-à-dire au moment même de l'entrevue de Vaucouleurs, par les premiers députés de Louis VIII, et que ce traité n'était connu ni du pape, à la fin de décembre, ni de l'archevêque de Cologne et du roi d'Angleterre, au mois de février suivant. La distance qui sépare la Sicile des bords du Rhin ne suffit pas pour expliquer une pareille ignorance. Il faut bien admettre que d'un commun accord l'empereur et le roi de France tinrent quelque temps secret un traité qui devait déplaire au pape, et qui n'avait point l'assentiment du conseil de régence en Allemagne.

---

gleterre. » Mais Tillemont ne connaissait pas les documents au moyen desquels il est possible d'éclaircir ce fait obscur.

(1) « *Conquerens de eo quod noluit permittere confoederationem inter filium ejus et ipsum fieri, quae de certa scientia domini papae inter eos providebatur et quam imperator specialiter fieri praeceperat.* » Hist. diplom., t. II, p. 836.

(2) *Ibidem*, p. 836, not. 1.

INTRODUCTION.

Le traité de Catane, qui fut juré sur l'âme de l'empereur par Rainald, duc de Spolète, et par le notaire Jean de Trajetto, portait en substance que ni l'un ni l'autre des deux souverains contractants ne recevrait dans ses États les personnes rebelles ou hostiles à son allié, ni ne ferait paix avec elles. « Quant au roi d'Angleterre, disait l'empereur, voici ce qui sera : « Nous ne ferons avec lui ni avec ses héritiers aucune alliance, ni ne permettrons qu'il en soit fait par les nôtres, partout où nous aurons le pouvoir de l'empêcher. » Malgré les termes si formels de ce traité, sa ratification par les princes allemands se fit attendre longtemps encore, et l'archevêque de Cologne continua à négocier avec le roi d'Angleterre. Mais le meurtre de cet illustre prélat, arrivé le 7 novembre 1225, amena un changement de politique dans le conseil du jeune roi, et le duc de Bavière, qui prit en main la direction des affaires, se montra moins hostile à l'alliance française.

On verra plus loin que Frédéric II et son fils devaient avoir une entrevue à Crémone, dans le courant du mois de juin de l'année 1226, et que cette entrevue n'eut pas lieu, par suite de l'opposition de la ligue lombarde. A cette même époque, les croisés français, sous la conduite de Louis VIII, arrivaient devant Avignon, et au moment d'entreprendre le siége de cette ville, ils écrivaient à l'empereur pour lui donner les raisons de leur conduite. Le roi de France chargea de ce message les évêques de Beauvais et de Cambrai, et quelques autres députés (1), et il leur confia en même temps la mission d'obtenir du roi des Romains la confirmation du traité de Catane. L'ambassade se rendit d'abord à Trente, où Henri VII résidait depuis six semaines sans pouvoir franchir les Alpes, et le 11 juin, le traité de Catane fut solennellement ratifié absolument dans les mêmes termes. Hermann, évêque de Wurtzbourg, et Gerlach de Budingen, en jurèrent l'observation sur l'âme du prince, en présence de Milon, évêque de Beauvais, et de Robert de Boves (2). Les députés du roi de France allèrent en-

---

(1) Philippe Mouskes cite notamment l'abbé de Saint-Denis. Nous trouverons aussi plus bas le nom de Robert de Boves.

(2) *Hist. diplom.*, t. II, p. 875.

suite trouver l'empereur à Crémone. Du moins voyons-nous, à la fin de juin, les évêques de Beauvais et de Cambrai résidant à la cour impériale de Borgo San-Donnino, où le second de ces prélats obtint en faveur des droits de son église la suppression de la commune de Cambrai (1). Déjà l'année précédente Frédéric II avait écrit au roi de France pour lui annoncer qu'il avait mis au ban de l'Empire les habitants de Cambrai soulevés contre leur évêque, et il invoquait les stipulations du traité de Catane pour que Louis VIII leur interdît tout accès et tout passage dans ses États, et les traitât en bannis et en rebelles (2).

Après la mort de Louis VIII, un des premiers actes du gouvernement de Louis IX fut la mise en liberté du comte de Flandre, détenu à la tour du Louvre depuis la bataille de Bouvines. La délivrance de Fernand eut lieu au mois de janvier 1227, et il ne tarda pas à se rendre auprès du roi des Romains, pour lui faire hommage du comté de Hainaut et de ses autres terres mouvantes de l'Empire. Nous le voyons, en effet, dès le 26 mars, à la cour d'Aix-la-Chapelle, et nous y retrouvons aussi Milon, évêque de Beauvais (3), chargé probablement de notifier à Henri VII la délivrance de Fernand et de demander au nom du jeune roi de France le renouvellement des anciens traités. Le gouvernement français pouvait craindre en effet que la balance ne penchât de nouveau du côté de l'Angleterre. Il savait que des négociations étaient entamées entre le souverain de ce pays et les princes allemands, que le duc de Bavière avait envoyé au nom du roi des Romains le prévôt de Spire, à Londres; qu'il était question d'un projet de mariage entre Henri III et la fille du roi de Bohême. Plusieurs lettres de Henri III, datées du 13 avril et adressées aux princes de l'Empire, prouvent évidemment que ces négociations étaient sérieuses, et que même des conférences entre les députés des deux

---

(1) Voir plus haut, p. CCLXXIX.
(2) « *Sub ea qua tenemur ad invicem confoederatione affectuose rogamus, ... sicut de rebellibus et bannitis vestris facere nos velletis, sic eos pro bannitis nostris et imperii teneri faciatis in omnibus et haberi.* » Lettre datée de Troja, 4 août 1225, ap. *Hist. diplom.*, t. II, p. 545, 546.
(3) *Hist. diplom.*, t. III, p. 307 à 344.

États devaient avoir lieu à Anvers, au mois de septembre (1). Mais Frédéric II coupa court à ces tentatives en se montrant fidèle à sa politique antérieure, et il est certain qu'au mois d'août de cette même année 1227, les traités de Toul et de Catane furent solennellement confirmés à Melfi par l'empereur, et que Rainald, duc de Spolète, en jura pour la seconde fois l'observation (2). Nous ne savons quels furent les négociateurs envoyés en cette occasion par la régente Blanche de Castille (3). Peut-être l'évêque de Beauvais se rendit-il, comme l'année précédente, d'Allemagne en Italie; en tout cas, il était de retour en France au mois d'octobre, puisqu'il assista le 24 à la dédicace de l'abbaye de Longpont. Quoi qu'il en soit, le même évêque appelé en 1229 au secours du pape assiste ensuite aux conférences de Ceperano, où la paix fut rétablie entre Frédéric II et Grégoire IX, et il y figure, selon nous, comme représentant de la France. En effet, l'acte final daté du 28 août 1230, est rédigé en trois expéditions, dont la première porte l'attestation des évêques allemands, la seconde, celle des évêques italiens; la troisième est revêtue du visa de l'archevêque d'Arles, auquel sont adjoints les évêques de Winchester et de Beauvais (4). Il est évident que par cet acte le pape voulait faire constater l'adhésion du royaume d'Arles, de la France et de l'Angleterre, c'est-à-dire de l'occident de l'Europe, aux conditions de la paix, qui acquérait ainsi des proportions plus étendues et un caractère encore plus solennel.

Nous ne voyons pas que le traité de Melfi ait été ratifié par l'Allemagne, et quoique Henri VII se fût affranchi de la tutelle du duc de Bavière

---

(1) *Hist. diplom.*, t. III, p. 322. — RYMER, *Foedera*, t. I, p. 184, 185, et p. 187.

(2) *Hist. diplom.*, t. III, p. 16. Le Nain de Tillemont dit à ce sujet, t. I, p. 475 : « Blanche renouvela au mois de juin 1227 l'alliance faite par Louis VIII avec Frédéric ... Henri, roi d'Allemagne, fit la même promesse au mois d'août. » Et il cite du Tillet, t. II, p. 173, 179. C'est là une double méprise. Le traité de Trente porte à tort dans quelques manuscrits la date 1227, mais dans tous il est conclu au nom de Henri et non de Frédéric. Au contraire le traité du mois d'août 1227 est conclu par Frédéric et non pas par Henri.

(3) Le texte complet de ce traité n'a pas été conservé. On n'en a qu'une simple mention reproduite dans les divers exemplaires du Cartulaire dit de Philippe-Auguste.

(4) *Hist. diplom.*, t. III, p. 218.

PARTIE HISTORIQUE.

pour prendre en main les rênes du gouvernement, les relations diplomatiques entre l'Allemagne et la France paraissent être restées assez froides jusqu'à l'année 1232. A cette époque, Frédéric II ayant réprimé les velléités d'indépendance que son fils commençait à manifester, ne craignit pas de renouveler ses anciennes alliances avec la France, et le traité conclu à Pordenone en Frioul, au mois de mai, reproduisit dans les termes les plus explicites toutes les stipulations antérieures, notamment en ce qui concernait l'alliance anglaise. L'observation de ce nouveau pacte fut jurée sur l'âme de l'empereur par Henri, élu à Catane, et par le chambrier Henri d'Aix-la-Chapelle (1). Une précieuse note du manuscrit connu sous le titre de *Cartulaire de Philippe-Auguste*, nous a conservé les noms des ambassadeurs français, frère Jean, prieur de l'hôpital des Teutoniques en France, Philippe de Béthisy et Simon, recteur de la maison de Pons (2). Il est plus que probable que Frédéric II profita de son ascendant pour enjoindre à son fils de confirmer sans délai par une acceptation solennelle le nouvel engagement qu'il venait de contracter. Car dès le 29 juin de cette même année 1232, Henri VII publiait à Égra une déclaration qui reproduisait mot pour mot le traité de Pordenone, et il prenait pour garants de son serment son chapelain Conrad, prévôt d'Égra, et son chambrier, Henri de Nuremberg (3). Nous pensons sans avoir les moyens de l'affirmer, que les ambassadeurs français étant arrivés dans le Frioul quelques jours après le départ du roi des Romains, qu'ils espéraient rencontrer à la cour impériale, allèrent le rejoindre sur les confins de la Bavière et de la Bohême. La comparaison des dates et des distances peut autoriser cette conjecture.

Ce fut sans doute en invoquant les stipulations des traités de Pordenone et d'Égra que, vers la fin de cette année, Henri VII demanda à saint Louis de n'accorder et de ne laisser accorder ni aide ni secours à l'évêque

---

(1) *Hist. diplom.*, t. IV, p. 354-355.

(2) Vraisemblablement ce Simon est le même que le Simon de Maisons qui avait négocié le traité de Catane. Un Simon de Maisons figure parmi les chevaliers qui eurent part à la distribution des manteaux le jour de la Pentecôte 1231.

(3) *Hist. diplom.*, t. IV, p. 570.

de Metz contre les habitants de cette ville, dont l'Empire avait pris la défense; et dans les lettres patentes adressées en cette occasion par le roi de France à tous ses féaux, il ne manqua pas de rappeler les liens étroits de paix et d'affection qui l'unissaient à son très-cher frère et ami l'illustrissime roi des Romains (1).

Cette alliance, déjà si ancienne et qui paraissait si bien cimentée, fut pour la première fois sérieusement atteinte par le mariage de Frédéric II avec Isabelle d'Angleterre. Au treizième siècle, les unions princières avaient une portée politique beaucoup plus grave que de nos jours, et la France dut s'émouvoir des rapports nouveaux qui allaient s'établir entre son éternelle rivale et un allié jusque-là si fidèle. Le pape, qui avait proposé ce mariage, et l'empereur, qui y avait consenti, ne se dissimulèrent ni l'un ni l'autre le mécontentement qu'il pouvait causer, et ils prirent les devants en protestant que cette circonstance ne modifierait en rien l'amitié toute spéciale qui unissait depuis si longtemps la France et l'Empire. Dans sa lettre au roi de France, datée de Fano le 25 avril 1235, Frédéric II eut bien soin de rejeter sur Grégoire IX toute la responsabilité, en insinuant qu'il avait fait part au pape des ombrages qu'un pareil mariage pourrait susciter, et que celui-ci s'était chargé de rassurer sa conscience et de lever tous ses scrupules. « Comme nous sommes en voyage pour aller visiter notre empire d'Allemagne, ajoutait l'empereur, et que nos princes doivent se réunir pour célébrer notre arrivée, nous vous proposons de venir aussi en quelque lieu fixe et convenu à l'avance. Nous vous verrions très-volontiers, et avec l'assistance des mêmes princes nous fortifierions notre alliance de façon à vous ôter toute crainte que l'affection qui nous unit puisse en rien être altérée par notre fait (2). » Mais ces

---

(1) *Hist. diplom.*, t. IV, p. 595. Le mauvais état de ce document ne permet pas de préciser la date de la lettre de Henri VII. Mais celle de saint Louis étant du mois de janvier 1233 (nouv. style), il est probable que la première est de novembre ou de décembre 1232. Un extrait qui se trouve dans un manuscrit de l'ancienne Chambre des comptes donne pour date le 9 des calendes de mai (23 avril); ce qui la placerait pendant le séjour de Henri VII auprès de son père à Cividale; mais cet extrait est-il exact? En tout cas cette dernière date ne modifierait pas beaucoup les bases de notre discussion.

(2) *Hist. diplom.*, t. IV, p. 537, lettre du pape; p. 539, lettre de l'empereur.

pompeuses assurances déguisaient mal un revirement qui s'explique par des motifs politiques plus forts que la volonté personnelle de Frédéric II. Au moment de châtier la rébellion de son fils Henri (1), l'empereur avait besoin de s'assurer les sympathies des princes et des villes de l'Empire. Il savait que l'alliance anglaise, considérée comme favorable aux intérêts commerciaux de l'Allemagne, était populaire sur les bords du Rhin, et cette considération dut influer plus puissamment que les conseils du pape sur la détermination qu'il prit alors d'épouser la sœur de Henri III.

Ce mariage, célébré en grande pompe à Mayence, laissa subsister entre Frédéric II et Louis IX la froideur et la défiance. On en eut une preuve bien frappante lorsque l'empereur, en 1237, invita le roi de France à une entrevue qui, ainsi que les précédentes, devait avoir lieu à Vaucouleurs (2). Saint Louis, qui se trouvait à Compiègne pour les fêtes de la Pentecôte (7-14 juin) avec un nombreux concours de chevaliers et d'hommes d'armes, accepta le rendez-vous, mais en annonçant l'intention d'y conduire une escorte qui valait une armée, et de se préserver ainsi contre toute surprise. Au moment de se mettre en marche, il reçut la nouvelle que l'empereur, occupé par des soins plus urgents, ajournait l'entrevue, et depuis il ne fut plus question de conférence entre les deux souverains (3).

Cependant le roi de France ne se départit jamais, à l'égard de Fré-

---

(1) Ce jeune prince, comme nous l'avons vu plus haut, p. ccxxvi, avait cherché à se concilier l'appui de saint Louis en lui proposant un mariage de famille. Mais le pieux roi repoussa avec indignation tout ce qui pouvait encourager la révolte d'un fils contre son père.

(2) L'année précédente, Frédéric II avait déjà formé le projet de cette entrevue, et en avait prévenu le roi d'Angleterre, lequel lui dépêcha Guillaume de Kilkenny, pour être informé du jour qui serait fixé et être en mesure d'envoyer aux conférences des ambassadeurs chargés de défendre les intérêts de l'Angleterre (RYMER, Foedera et convent., t. I, p. 228). Il est probable que le départ de Frédéric pour l'Italie et ensuite son expédition en Autriche entraînèrent ce premier ajournement de l'entrevue proposée.

(3) GUILL. NANG., Chronic. ad ann. 1238. — MATT. PARIS, Hist. maj. Angl. ad ann. 1237 Cette dernière date est exacte. Elle concorde avec le jour fixé pour l'entrevue, 24 juin, et la présence de Louis IX à Compiègne. En 1237, aux mois de mai et de juin, Frédéric II était en Allemagne, tandis qu'en 1238 il se trouvait dans la haute Italie et ne pouvait indiquer une entrevue à Vaucouleurs.

déric, de la modération et de l'esprit d'équité qui réglaient ses relations politiques aussi bien que sa conduite privée; et, dans la lutte qui s'engagea entre le pape et l'empereur, il eut soin d'observer une stricte neutralité. Quand le saint-siége cherchait partout un compétiteur à opposer à Frédéric II, Grégoire IX, n'ayant pu triompher des hésitations d'Abel de Danemark ni entraîner aucun des princes de l'Empire, fit offrir à Robert d'Artois, frère de saint Louis, la couronne impériale. La sagesse du roi et de sa mère, d'accord avec la prudence du conseil des barons, repoussa une proposition qui semblait injuste et qu'il eût été dangereux d'accepter. Cette négociation, dont il ne reste aucun acte authentique, et qui est révoquée en doute par quelques historiens modernes, est attestée par deux auteurs contemporains ordinairement bien informés, Matthieu Paris et Albéric de Trois-Fontaines (1). Nous pensons, avec le Nain de Tillemont, que ce fait, d'ailleurs très-vraisemblable, ne doit pas être rejeté, et que, sans admettre tous les détails du récit déclamatoire de Matthieu Paris, le fond de ce récit est pourtant conforme à la vérité. Albert de Beham, chargé par la cour romaine de préparer en Allemagne l'élection d'un nouvel empereur, gourmandait la tiédeur des princes en leur déclarant qu'à défaut de l'un d'eux le pape était résolu à s'adresser à un Lombard ou à un Français. « Si vous voulez vous passer d'élection, disait-il au pape, dans une lettre du 5 septembre 1240, et nommer de votre chef un nouveau roi des Romains, écrivez-le à l'évêque de Strasbourg, et nous vous enverrons Henri de Neiffen, un des plus puissants de ce pays-ci, et qui sait bien le français (2). » Évidemment le choix de ce député avait pour but de répondre aux intentions du pape, qui avait pu faire part à Albert de ses vues sur un prince français, sans lui désigner nominativement la personne. De son côté, Frédéric II écrit à Robert d'Artois une lettre où il le comble de félicitations et de remercîments. Faisant allusion aux liens de parenté qui existaient entre eux depuis le mariage de Robert avec

---

(1) MATT. PARIS, p. 350, à la fin de l'année 1239. — ALBÉRIC, dans le *Recueil des histor.*, t. XXI, p. 629, à l'année 1241.

(2) Voir plus haut, p. ccxxxvi.

Mathilde de Brabant, petite-fille de Philippe de Souabe, il le loue de s'être montré tel qu'il pouvait l'espérer de la part d'un allié et d'un ami dévoué aux intérêts de l'Empire. « Que ta sagesse et ta circonspection, auxquelles nous faisons appel en toute assurance, te fassent persister, en ce qui concerne nos affaires, dans des actes louables et conformes à ta noblesse. » Malgré le vague de ces paroles, on entrevoit clairement l'intention qui les a dictées, et c'est un indice de plus qui tend à faire admettre comme réelle l'offre faite au nom du pape à Robert d'Artois. Après une comparaison attentive des documents, des dates et de l'ensemble des événements, nous pensons, à propos de cette question controversée, qu'il n'y eut pas de négociation officielle, que des pourparlers sans résultat furent entamés par le cardinal de Palestrine, légat en France, et que le fait doit être placé après la convocation du concile et pendant le siége de Faenza, c'est-à-dire vers les derniers mois de l'année 1240.

Si, dans cette circonstance, saint Louis s'était abstenu de toute pensée ambitieuse, on le vit bientôt maintenir avec fermeté, vis-à-vis de Frédéric II, les droits de sa couronne. Le 3 mai 1241, la flotte impériale coula à fond ou dispersa la flotte génoise qui conduisait à Rome les prélats occidentaux convoqués pour le concile. Parmi les prisonniers se trouvaient les archevêques d'Auch, de Bordeaux, de Rouen; les évêques de Nîmes, de Carcassonne, d'Agde; les abbés de Cluny, de Cîteaux, de Clairvaux, de la Mercy-Dieu et de Fécamp. Le roi de France, aussitôt qu'il fut instruit de cet événement, envoya à l'empereur l'abbé de Corbie et Gervais d'Escrennes, son maître queux, pour réclamer la liberté des prélats français. Frédéric opposa d'abord un refus formel, et l'ivresse du triomphe lui inspira même d'arrogantes paroles : « C'est l'admirable providence de Dieu qui, déjouant la conspiration ourdie contre nous, a mis en nos mains les cardinaux et les prélats, non-seulement du royaume de France, mais des autres provinces, que nous retenons tous comme nos ennemis et nos adversaires... La puissance de l'Empire surpasse toute force humaine, et tous les animaux tremblent en reconnaissant les traces du lion. Que Votre Altesse Royale ne s'étonne pas si Auguste tient dans ses serres ceux qui s'efforçaient de resserrer César (1). » La réponse de saint Louis respire autant d'énergie que de noble fierté. Après avoir invoqué les anciens traités de paix qui faisaient de l'Empire et de la France comme un seul État, il démontre à l'empereur que les prélats en se rendant au concile n'ont fait que remplir un devoir d'obédience, mais qu'ils n'avaient conçu aucun mauvais dessein contre la puissance impériale, en supposant que le souverain pontife eût l'intention d'agir autrement qu'il n'aurait dû. « Nous considérons, ajoutait-il, la détention de nos prélats comme une injure personnelle, et si vous voulez bien vous rappeler le passé, songez que nous avons repoussé ouvertement l'évêque de Palestrine et les autres légats de l'Église qui sollicitaient notre appui contre vous, et qu'ils n'ont pu rien tirer de notre royaume à votre détriment. Que la prudence impériale réfléchisse; qu'elle pèse dans la balance de la justice ce que nous lui écrivons, et qu'elle n'obéisse pas aux enivrements de la puissance et du bon plaisir, car le royaume de France n'est pas tellement affaibli qu'il se laisse mener à coups d'éperons. » Frédéric, qui avait fait transporter à Naples tous ses prisonniers, réfléchit au danger qu'il y aurait pour lui à se brouiller avec la France, et il se hâta de relâcher les prélats français sans rançon (2).

Cette correspondance, dont les dates précises nous manquent, doit être rapportée aux six derniers mois de l'année 1241. Dans cet intervalle, Grégoire IX était mort, et les cardinaux, après l'inutile élection de Célestin, s'étaient dispersés sans parvenir à s'entendre sur la nomination d'un nouveau pape. On accusait l'empereur de s'opposer à l'élection par ses artifices et par ses violences; on lui reprochait de vouloir se substituer au pape, en confisquant à son profit la domination temporelle de l'Église. Ici se place une lettre de saint Louis où il s'exprime à l'égard des cardi-

(1) Jeu de mots pour jeu de mots : « *Non regia celsitudo miretur si praelatos Franciae in angusto tenet Augustus qui ad Cesaris angustias nitebantur.* »
(2) GUILL. NANG., *Vit. S. Ludov.*, p. 332. — *Chronic.*, p. 549, ap. *Rec. des hist. de France*, t. XXI. — PETR. DE VIN., *Epist.*, lib. I, cap. XI et XII. Il est probable que Frédéric II avait déjà relâché précédemment l'abbé de Cluny, puisque ce fut lui que saint Louis chargea de porter sa réponse.

naux et sur le compte de Frédéric avec tant de liberté et de hauteur que ce document a été considéré comme suspect. Après avoir qualifié sévèrement la mollesse et l'indifférence du sacré collége, qui depuis si longtemps laisse sans pasteur l'Église catholique, Louis IX ajoute : « Voyez s'il est digne de vous que la faveur, la haine ou la crainte soient les seuls mobiles de votre conduite. Dès qu'il s'agit de défendre la liberté de l'Église, vous pouvez compter sur l'appui de la France. Notre royaume, nos hommes, nos trésors, nous les mettons à votre disposition, car nous ne craignons ni la haine (s'il faut dire le mot), ni la ruse d'un prince que nous ne savons de quel nom appeler, puisqu'il veut être à la fois roi et prêtre. Comme le droit défend que la royauté et le sacerdoce soient réunis dans une même personne, qu'il montre en vertu de quel droit il s'attribue la dignité du sacerdoce. Espère-t-il s'emparer d'une place vide? mais c'est à vous qu'appartient le pouvoir de la remplir. Invoque-t-il la prescription? sa possession n'est pas assez longue pour être valable. Prétend-il vous acheter? les choses saintes ne peuvent être vendues sous aucun prétexte. Il ne lui reste donc plus qu'à s'emparer par la violence de ce qu'il ne peut légalement obtenir. Songez que le monde a les yeux sur vous. Considérez ce qu'il convient à votre prudence de faire; soyez fermes, ne suivez que la vérité; craignez Dieu, et résistez énergiquement à ce joug honteux sous lequel vous n'avez que trop courbé la tête (1). » Cette lettre remarquable, si conforme à l'esprit et au style du temps, n'est nullement en désaccord avec la foi austère et l'indépendance bien connues de saint Louis. Ce prince savait parfaitement quelles étaient les vues de Frédéric. Il savait aussi que les prélats français, lassés de voir le sacré collége se refuser si longtemps aux vœux de tous les chrétiens, menaçaient d'élire eux-mêmes un pape sous l'obédience duquel la France se rangerait (2). Il n'y a donc pas lieu de s'étonner d'une démarche que lui dictait son

---

(1) PETR. DE VIN., *Epist.*, lib. I, cap. XXXV. Le Nain de Tillemont avait bien soupçonné que dans l'intitulé de cette lettre il fallait lire *Ludovicus* au lieu de *Philippus*. Mais il évite de se prononcer sur l'authenticité du document. M. de Cherrier l'admet sans hésiter, et mentionne la lettre de saint Louis dans son *Hist. de la lutte des papes et des empereurs*, t. III, p. 98.

(2) MATT. PARIS, *Hist. maj. Angl.*, p. 408.

zèle pieux et qui rentrait dans la ligne de conduite qu'il suivit constamment au milieu de ce grand conflit : comme roi, soutenir l'empereur contre les empiétements du pouvoir ecclésiastique, et comme chrétien, protéger le saint-siége contre les excès de l'autorité temporelle.

Que Frédéric ait eu ou non connaissance de cette lettre, il ne paraît en avoir conçu aucun ombrage, puisqu'à la suite de sa campagne entreprise au printemps de l'année 1243 contre l'État ecclésiastique, il écrivait à saint Louis en ces termes : « Comme l'unité et la concorde des cardinaux est le meilleur moyen de pourvoir au siége apostolique, nous avons obtempéré à la demande des frères, en leur renvoyant d'abord maître Othon, cardinal diacre de Saint-Nicolas, et ensuite l'évêque de Palestrine, dont la délivrance, si contraire à notre volonté, tient presque du miracle. Subséquemment nous avons mis en liberté les autres prélats, les abbés et les clercs transalpins avec leurs serviteurs, et comme nous nous souvenons que vous avez intercédé pour eux tous auprès de nous, c'est pour vous faire honneur que nous avons pris cette décision. En nous retirant du territoire des Romains, nous espérons du moins que les cardinaux, selon la promesse formelle qu'ils nous en ont faite, donneront enfin un chef à l'Église de Dieu. En outre, nous jugeons à propos de vous envoyer comme légats et députés spéciaux de notre excellence le vénérable abbé de Cluny et maître Gautier d'Ocra, notre notaire et féal, à l'effet de traiter et de mener à fin la conclusion d'une union matrimoniale entre notre cher fils Conrad, élu roi des Romains, et héritier du royaume de Jérusalem, et votre sœur Isabelle. » Mais cette princesse, adonnée aux pratiques d'une vive piété, se refusa à l'alliance qui lui était proposée. On sait qu'elle se retira au monastère de Longchamps, dont elle fut la fondatrice et la première abbesse.

Cependant les cardinaux avaient tenu leur promesse. Innocent IV avait été élu le 24 juin, et les conférences pour la paix avaient commencé entre le saint-siége et le chef de l'Empire. Rompues une première fois, elles furent reprises au mois de mars 1244, et nous avons tout lieu de croire que saint Louis y prit une part indirecte par l'entremise de l'empereur français de Constantinople, Baudouin, et de Raymond, comte de Toulouse. Du moins une lettre de l'empereur indique évidemment qu'il avait chargé le comte de Toulouse de faire connaître au roi de France les divers incidents de la négociation. Mais cet espoir de pacification s'évanouit. Le pape s'enfuit à Gênes, et de Gênes à Lyon, où il convoqua un concile pour déposer l'empereur.

Celui-ci avait plus besoin que jamais de l'amitié ou du moins de la neutralité de saint Louis. Aussi, sachant que ce prince devait se rendre au chapitre général de l'ordre de Cîteaux, assemblé dans cette abbaye à la fin de septembre 1244, il y envoya des ambassadeurs chargés d'empêcher, s'il était possible, que le roi donnât asile dans ses États au pape fugitif. Comme les abbés réunis insistaient dans le sens opposé, saint Louis répondit qu'il recevrait volontiers le souverain pontife quand il aurait pris l'avis de ses barons, avis dont aucun roi de France ne peut se passer (1). Innocent IV, alléguant l'exemple de Louis le Jeune, qui avait reçu le pape Alexandre III persécuté par Frédéric Ier, demandait à pouvoir fixer sa résidence à Reims. Mais les barons ne se soucièrent pas de la présence d'un hôte si puissant et lui refusèrent l'entrée du royaume. Ce détail fait comprendre pourquoi Lyon, terre mixte entre l'Empire et la France, fut choisi comme le lieu le plus propre à recevoir la cour romaine exilée. Quelque temps après, Frédéric II ayant appris la maladie de Louis IX, sa guérison inespérée et l'engagement qu'il venait de prendre de partir en terre sainte, lui écrivit une lettre de condoléance et de félicitations conçue dans les termes les plus vifs et les plus affectueux (2). Mais trois mois s'étaient à peine écoulés que le pape fulminait contre l'empereur une sentence solennelle d'excommunication en présence des ambassadeurs français, appelés comme les autres représentants des puissances chrétiennes à siéger au concile de Lyon, et il déclarait hautement que l'Église ayant cessé de reconnaître Frédéric en qualité d'empereur et de roi, allait pourvoir à son remplacement.

---

(1) MATT. PARIS, *Hist. maj. Angl.*, p. 439.
(2) *Chroniq. de Mailros*, ap. GALE, *Scriptor.*, t. I, p. 211. — Cette lettre doit être de février ou mars 1245.

INTRODUCTION.

Quoiqu'il affectât de considérer comme nulle et non avenue la sentence prononcée contre lui, Frédéric II s'inquiétait de la situation dangereuse où cette sentence le plaçait vis-à-vis de ses sujets et du monde chrétien. Il jugea que le roi de France, dont il connaissait mieux que personne la justice et la fermeté, pouvait plus que tout autre prince servir de médiateur entre le pape et lui, et il résolut de l'intéresser à sa cause. Pour diriger cette importante affaire il jeta les yeux sur Pierre de la Vigne, qui se rendit en France avec Gautier d'Ocra, au mois d'octobre 1245, porteur d'une lettre patente où l'empereur faisait part aux seigneurs français des sacrifices qu'il était disposé à faire pour obtenir la paix. Il offrait de se rendre en personne à la croisade, soit seul, soit avec le roi de France, et de reconquérir tout l'ancien royaume de Jérusalem, si, par l'intervention du roi, il pouvait arriver à un arrangement honorable (1). Les chroniques contemporaines n'ont gardé aucune trace du séjour des ambassadeurs impériaux en France. Mais nous savons, par des témoignages aussi nombreux que dignes de foi, qu'à la fin de novembre Louis IX se rendit à Cluny, où il eut une entrevue avec le pape. Il lui communiqua les propositions de Frédéric et insista vivement pour obtenir un rapprochement si favorable aux intérêts de la chrétienté et au succès de la croisade que lui-même avait résolu d'accomplir. Mais il ne put rien gagner sur l'esprit d'Innocent IV, et les conférences furent ajournées pour être reprises à la prochaine quinzaine de Pâques. L'empereur devait être invité à y assister (2).

On peut croire que, dès ce moment, le pape était décidé à poursuivre sans relâche ni trêve la ruine de la maison de Souabe; car dans l'intervalle il travaillait à faire élire le landgrave de Thuringe et encourageait, dans le royaume de Naples, un complot tramé contre la vie de l'empereur. Aussi quand saint Louis, fidèle au rendez-vous, revint à Cluny,

---

(1) Bulle d'or du 22 septembre, à Crémone. L'original est conservé aux archives de l'Empire.

(2) « *Hoc si quidem finito parlamento, recessurus rex Francorum cepit diem parlamenti cum domino papa in quindena Paschae. Ubi procurabitur Friderici dicti imperatoris praesentia.* » MATT. PARIS, *Hist. maj. Anglor.*, p. 461.

dans le courant d'avril 1246, il n'y trouva point l'empereur, et il rencontra de la part du pape une opposition de plus en plus vive à ses projets de conciliation. Si l'on en croit Matthieu Paris, l'empereur offrait de nouveau de se consacrer à servir l'Église dans la Palestine et d'y passer le reste de sa vie, à la condition que le pape reconnaîtrait son fils Conrad pour son successeur en Allemagne et en Italie. Saint Louis se montra fort attristé du mauvais succès de sa démarche, et il revint dans ses États après avoir visité le comté de Mâcon, qu'il avait acquis quelques années auparavant (1).

De son côté, Frédéric II, sans vouloir comparaître en personne, envoyait au pape une ambassade composée de l'archevêque de Palerme, de l'évêque de Pavie, des abbés du Mont-Cassin, de la Cava et de Casanova, et de deux frères prêcheurs. Comme sa rentrée dans la communion catholique lui était posée à titre de condition préliminaire, ses députés étaient chargés d'assurer au pape que leur maître, d'après l'examen de conscience qu'ils lui avaient fait subir, croyait toutes les choses nécessaires au salut, et qu'il était prêt à venir lui-même se purger des soupçons élevés contre la pureté de sa foi, pourvu que ce fût en lieu convenable. « Il n'est peut-être pas difficile de croire, dit le Nain de Tillemont, qu'il y avoit plus d'artifice que de sincérité dans cette action de Frédéric, et ceux qui n'ont point de religion font aisément profession de toutes. Mais la manière dont le pape en usa paroist difficile à justifier. Il trouvoit d'abord qu'il ne fallait point écouter des religieux, des abbés et des évêques, et qu'il falloit même les punir comme des excommuniés, par cette seule raison qu'ils s'estoient chargés d'une procuration où Frédéric se qualifioit empereur et roy, et jugeoit que le notaire (2) qui avoit reçu l'interrogatoire avoit encouru l'excommunication. C'estoit rompre absolument

---

(1) On a un acte de saint Louis, daté de Perrex au mois de mai 1246. La date de ce séjour est précieuse, parce qu'elle confirme ce voyage de saint Louis en Bourgogne, dont Matthieu Paris seul a parlé.

(2) « *Instrumentum cujusdam scriniarii Lucanae dioecesis.* » Ce détail prouve que l'examen avait eu lieu pendant le séjour de Frédéric en Toscane, c'est-à-dire de décembre 1245 à mars 1246.

toute voie d'accord. Néanmoins les députés aimèrent mieux faire préjudice au droit de leur prince et dirent qu'ils venoient au nom de Frédéric, non comme empereur, mais comme simple chrétien. Sur cela, le pape commit les cardinaux de Porto, d'Albano et de Sainte-Sabine, pour entendre leur commission. Les députés leur présentèrent donc la lettre de Frédéric, et déclarèrent de vive voix qu'ils estoient prets de faire serment de l'intégrité de sa foy. Les cardinaux firent leur rapport au pape, qui trouva les députés extrêmement téméraires d'avoir entrepris d'examiner la foy de Frédéric sans en avoir eu pouvoir de lui. Il fit venir ces députés, mais non en qualité de députés, et en présence des cardinaux et de beaucoup de prélats, il leur déclara qu'il condamnoit absolument leur procédé et l'examen qu'ils prétendoient avoir fait de la créance de Frédéric; qu'il n'y avoit nul égard, comme n'ayant point esté fait ni en un lieu, ni par des examinateurs, ni devant des notaires juridiques (1); ayant d'ailleurs des présomptions trop fortes contre sa foy. Pour l'offre que Frédéric faisoit de venir se justifier en personne, il dit que s'il vouloit venir avec peu de compagnie et sans armes dans le temps prescrit par les loix (ce qu'il ne détermine pas autrement), il luy feroit donner sûreté pour luy et les siens, et l'écouteroit, quoyqu'il ne le méritast pas, *si de jure et sicut de jure fuerit.* Voilà ce qu'Innocent nous apprend de cette affaire, dans une lettre écrite à toute l'Église, le 23 mai 1246 » (2). Le pape ne dit pas un mot dans sa lettre des nouvelles propositions que lui faisait l'empereur. Mais peut-être les députés de Frédéric avaient-ils pour instructions de ne mettre ses offres en avant que dans le cas où les négociations préliminaires auraient abouti.

On comprend que Frédéric II n'ait point consenti à se présenter au pape dans la situation humiliante qui lui était faite. D'ailleurs l'élection du landgrave, qui eut lieu le 22 mai, et la guerre qui s'allumait en Allemagne, rendaient vaine toute espérance de rapprochement. Néanmoins le

---

(1) L'analyse de Tillemont n'est pas ici tout à fait exacte. Le texte porte : « *Cum nec ubi neque de quibus neque coram quibus debuit, praesumpta fuerit.* »

(2) TILLEMONT, *Vie de saint Louis*, t. III, p. 183-185.

roi de France ne perdit pas courage. Il commençait alors les préparatifs de sa croisade, et il avait besoin que Frédéric II mît à sa disposition les ports du royaume de Sicile et les ressources de toute espèce que cette riche contrée pouvait fournir à sa flotte et à son armée. Il envoya donc un message à l'empereur, qui résidait alors en Apulie, pour l'intéresser au succès de son expédition, et il fit partir en même temps des députés chargés de remontrer au pape combien sa réconciliation avec Frédéric serait utile à la chrétienté. Nous n'avons pas la lettre du roi de France; mais la réponse d'Innocent IV, en date du 5 novembre, nous la fait suffisamment connaître : « Notre vénérable frère, l'évêque de Senlis, et notre cher fils G., gardien de Bayeux, que tu nous as envoyés dernièrement, ont pris soin, entre autres choses, de nous exposer de ta part le désir que tu éprouves de voir la paix rétablie entre l'Église et Frédéric, jadis empereur, et l'offre que tu fais, par amour pour Dieu et pour l'Église, de servir d'intermédiaire pour la conclusion de cette paix. Tout ce qui s'est passé depuis notre avénement jusqu'à l'époque du concile de Lyon, ne nous laisse aucun espoir que cette négociation puisse réussir. Mais comme l'Église n'a pas coutume de repousser de son sein celui qui désire y rentrer, s'il arrive que Frédéric, touché de la grâce divine, veuille revenir à l'unité ecclésiastique, nous le recevrons volontiers; et en vertu de l'affection spéciale que nous avons pour ta personne, sachant bien que tu ne permettrais pas qu'on voulût se jouer de la sainte Église, ta mère, nous agirons avec lui aussi doucement, aussi bénignement que nous le pourrons faire sans péché, conformément à Dieu et à l'honneur de l'Église. » On voit, par les termes de cette lettre, que saint Louis offrait sa médiation d'une façon très-pressante; et que le pape lui opposait une fin de non-recevoir déguisée sous une forme louangeuse et polie. Frédéric II ignorait encore le résultat de cette démarche quand au même moment, c'est-à-dire au mois de novembre 1246, il s'engageait à permettre dans l'Empire et dans son royaume de Sicile l'achat et la libre exportation du blé et de toutes les choses qui pourraient être nécessaires, tant à saint Louis qu'à ses barons et à tous les croisés qui feraient partie de l'expédition. Par un autre acte daté de Lucera, comme le précédent, il ordonnait aussi à tous ses sujets du royaume de Sicile de fournir au prix courant les chevaux, les armes, les vivres et tout ce dont le roi de France aurait besoin dans son voyage, pour lui et pour sa maison, à dater du 1.er mars de l'année 1248, et pendant tout le temps que le roi resterait en terre sainte. Saint Louis ayant fixé son départ à la Saint-Jean de la même année, cette restriction n'avait rien d'offensant pour lui, car il est clair que l'empereur se tenait dans les termes où le roi lui-même avait limité sa demande.

Ce qui prouve d'ailleurs de la manière la plus évidente que Frédéric avait acquiescé aux désirs exprimés par Louis IX, c'est la lettre de remercîments que ce prince lui adressa au commencement de l'année 1247, et où il l'appelle son très-excellent et très-cher ami. Ce document, resté jusqu'à présent inédit, doit trouver ici sa place. Après avoir accusé réception des lettres patentes mentionnées ci-dessus, que l'empereur lui avait fait remettre par un de ses chevaliers, Hugues d'Albamara, saint Louis ajoute : « Si pourtant il arrivait, ce qu'à Dieu ne plaise, que nous et notre très-cher frère Robert, comte d'Artois, ne pussions passer en terre sainte, nous consentons à ce que vos lettres de concession n'aient plus aucune valeur. Quant aux conquêtes que les croisés pourraient faire en terre sainte, et au sujet desquelles vous demandez à réserver les droits du royaume de Jérusalem, comme nous n'avons en vue que l'honneur de Dieu et l'exaltation de la foi chrétienne, Votre Altesse peut être assurée que nous ne ferons rien qui puisse porter préjudice ni à vous ni à notre cher ami votre fils, l'illustre roi Conrad, héritier de ce royaume. Nous ferons également tout ce que nous pourrons pour empêcher que les vivres qu'on ira chercher dans votre royaume soient livrés à vos ennemis, ou que, sous le prétexte de votre libéralité à notre égard, vos rebelles, en se faisant passer pour des marchands, puissent entrer sur vos terres et en sortir à votre détriment. Mais comme nous ne pouvons prendre d'engagement absolu en ce qui concerne les actions d'autrui, c'est à Votre Sérénité qu'il appartient d'exiger des garanties de la part des marchands à qui vous ouvrirez l'entrée de vos États. Enfin votre député nous a proposé le renouvellement de l'ancienne alliance contractée entre vous et nous. Sur ce point, nous lui avons fait une réponse secrète qu'il pourra vous transmettre de vive voix. » Quelle était cette réponse que saint Louis ne jugeait pas à propos d'écrire? probablement un refus fondé sur la situation exceptionnelle où se trouvait Frédéric à l'égard de l'Église, et qui ne permettait pas de conclure une alliance publique avec un prince excommunié.

Peut-être cette considération influa-t-elle sur la résolution que prit alors Frédéric de se rendre à Lyon, avec une armée, pour y plaider sa cause, non dans l'attitude d'un suppliant, mais avec tout l'appareil de la puissance souveraine. La mort inopinée du landgrave et les mauvaises dispositions des barons français à l'égard du saint-siége (1) étaient pour l'empereur des circonstances favorables et lui faisaient espérer qu'il pourrait enfin avoir raison de son intraitable adversaire. Aussi écrivait-il de Parme aux seigneurs français, dans le courant d'avril 1247 : « Notre cher ami l'illustre roi de France, qui désire nous réconcilier avec le père que vous savez, s'est mis en avant pour nous prier d'envoyer des députés munis de nos instructions à l'effet de chercher les voies de la concorde. Nous les aurions fait partir aussitôt, si nous ne nous rendions maintenant à marches forcées en Germanie, où nous avons indiqué une conférence à nos princes pour la prochaine fête de la Saint-Jean (24 juin). C'est alors qu'après avoir pris leur avis, nous enverrons à l'illustre roi des députés chargés non-seulement de nos pouvoirs, mais de ceux de nos princes, avec des instructions complètes. » Dans la pensée de l'empereur, cette négociation était subordonnée au résultat du voyage qu'il se proposait de faire à Lyon, voyage qu'il annonçait d'ailleurs en termes positifs : « Déterminé, disait-il, à laisser de côté toutes les entremises et tous les détours inutiles, nous avons résolu de marcher droit à Lyon, pour faire voir la justice de notre cause personnellement et publiquement, à la face de notre adversaire et devant les nations transalpines, puis de passer de là en Allemagne, pour y apaiser les troubles; d'autant plus que l'opinion commune des Italiens et de tous les transalpins approuve un projet si salutaire, comme le seul qui puisse mettre un terme à cette funeste que-

---

(1) « *Volens imperator ultra aggredi, cum principibus et baronibus gallicis qui eum expectabant locuturus.* » *Chronic. de reb. in Ital. gestis*, p. 210.

relle. » Frédéric, en effet, parvenu à Turin et au pied des Alpes, disait partout qu'il voulait donner la paix au monde, et qu'il agissait à l'instigation du roi de France, afin de faciliter par ce moyen l'expédition que ce prince préparait contre les infidèles (1). Mais saint Louis se chargea de réfuter ce faux bruit par ses actes. De même qu'il avait tâché d'apaiser la colère du pape contre Frédéric, de même il ne pouvait permettre que le souverain pontife restât exposé sur la frontière de ses États au ressentiment d'un vainqueur irrité. Aussi offrit-il à Innocent IV de prendre les armes et de marcher aussitôt en personne à son secours. Le pape s'empressa de lui écrire pour le remercier de son zèle. « L'Église a droit de se réjouir au milieu de ses tribulations en apprenant que toi, l'illustre reine ta mère, les nobles comtes tes frères, avez pris, sans vous occuper de la distance, la résolution unanime de marcher sans délai avec une armée victorieuse à la défense de l'Église et de nous, que tu reconnais pour ton père. Quand les autres princes restaient muets, seul, au milieu des rois de la terre, tu as offert non-seulement de donner à l'Église les ressources de ton royaume, mais même de lui consacrer ta personne. Peut-être notre adversaire, sachant la grâce que par ton moyen la bonté de Dieu a répandue sur l'Église, renoncera-t-il à suivre les voies de l'esprit des ténèbres, et s'il lui reste une lueur de bon sens, il comprendra nécessairement que le Fils de Dieu ne souffrira pas que la dignité de son Église soit abaissée, puisqu'à ta voix une milice glorieuse se lèverait aussitôt pour la défendre. Pour le moment, nous voulons que tu ne te mettes pas en route et que tu n'envoies aucune armée jusqu'à ce que, soit par députés, soit par lettres spéciales, tu aies appris à cet égard la décision du siége apostolique. » La lettre est datée du 17 juin 1247. La veille même avait eu lieu le soulèvement de Parme, et l'on peut croire que le pape, instruit à l'avance de l'événement qui se préparait, pensait que cette révolte suffirait à arrêter Frédéric. Peut-être aussi, comme le remarque judicieusement le Nain de Tillemont, appréhendait-il que saint

---

(1) « *Et dicebatur quod ad instantiam faciebat regis Francorum ut non impediretur propter discordiam passagium ipsius regis.*» *Annal. Genuens.*, ap. MURATOR., *Scriptor.*, t. VI, p. 544.

Louis, venant en armes à Lyon, n'exigeât de lui, pour Frédéric ou pour la noblesse de France, plus qu'il n'eût voulu lui accorder. De son côté, l'empereur, en abandonnant le voyage de Lyon pour aller assiéger Parme, dut se décider autant par la crainte des armes de saint Louis que par l'importance qu'il attachait à la reprise de la cité rebelle. Quoi qu'il en soit, Innocent IV profita habilement de la démarche du roi pour donner le change à l'opinion publique. A la date du 2 juillet, il écrivit à l'évêque d'Ostie et aux différents légats que le roi de France préparait une grande expédition pour favoriser l'élection d'un nouveau roi des Romains (1). Mais il est bien douteux que saint Louis se soit jamais engagé à réserver pour une démonstration aussi contraire à sa politique, l'armée qu'il avait offerte au pape, dans le cas tout spécial d'une agression directe et personnelle.

On doit remarquer que dans la lettre où Frédéric II annonce au roi de France la révolte de Parme et le changement survenu dans ses projets, aucune allusion n'est faite à la proposition que saint Louis avait adressée au souverain pontife. Loin de paraître blessé de la conduite du roi, l'empereur lui envoie trois députés chargés d'une mission confidentielle, et les relations diplomatiques les plus amicales continuent de subsister entre les deux princes, quoique Frédéric II ne fût pas sans inquiétude sur la destination du formidable armement qui se préparait à Gênes par les ordres et au compte de Louis IX (2). Vers le mois de mai 1248, Frédéric écrit à Richard, comte de Caserta, qu'ayant appris que le roi de France est sur le point de s'embarquer et se propose de passer par la Sicile, ou même d'y séjourner durant l'hiver, il veut envoyer dans cette île un gouverneur qui le représente dignement et qui reçoive le roi en son nom avec tous les honneurs convenables. « Comme nous ne comptons pas, ajoute-t-il, retourner dans notre royaume avant d'avoir abattu l'insolence de Parme, ou du moins d'avoir achevé la dévastation de son territoire, nous t'avons choisi pour t'envoyer en Sicile à notre place, et nous te recommandons

---

(1) Cf. PERTZ, *Archiv*, t. VII, p. 34.
(2) Voir à ce sujet ce que dit l'annaliste génois, dans MURATOR., *Scriptor.*, t. VI, p. 514.

de t'y rendre aussitôt à grandes journées et sans t'arrêter, en te faisant accompagner de quelques-uns de nos féaux de la terre de Labour et du comté de Molise. » On sait que saint Louis s'embarqua à Aigues-Mortes et se rendit directement en Chypre, sans s'arrêter en Sicile. Mais avant de quitter la France, il avait reçu une nouvelle ambassade que l'empereur alors campé entre Casale et Asti lui avait envoyée, et qui le rejoignit à Lyon. Conformément au vœu exprimé par Frédéric (1), Louis IX vit une dernière fois Innocent IV (juillet). Il le supplia très-instamment, dit Matthieu Paris, de prendre en considération l'humiliation de Frédéric, sauf en tout point l'honneur de l'Église, de pardonner à celui qui demandait son pardon, et de ne pas repousser de son sein le pécheur repentant, pour que du moins la route s'ouvrît plus sûrement devant les pèlerins. Mais voyant que le pape prenait un visage sévère et inflexible, le roi se retira en disant d'un air triste : « Je crains bien qu'après mon départ des embûches hostiles ne soient préparées sous peu contre le royaume de France, à cause de votre dureté inexorable : si l'affaire de la terre sainte éprouve des embarras, c'est sur vous qu'en retombera la faute. Quoi qu'il advienne, soignez la France comme la pupille de votre œil, parce que votre prospérité et celle de toute la chrétienté dépendent de son repos. » Alors le pape : « Tant que je vivrai, je tiendrai ferme avec la France contre le schismatique Frédéric, que l'Église a condamné et que le concile général a renversé du faîte impérial; bien plus, contre mon vassal le roi d'Angleterre lui-même, s'il osait se soulever contre le royaume de France. Enfin, je m'opposerai à tous les adversaires dudit royaume. » Tel est le récit du chroniqueur anglais (2), et les paroles qu'il prête aux deux interlocu-

---

(1) « *Ipso anno dominus Fridericus venit in Aste et nuntios mandavit ad illustrem regem Franciae, exponens se et terram et homines suos ad passagium suum contra paganos, sicut publice dicebatur, et ut ipse dominus rex cum domino papa sic faceret quod relevaretur a sententia excommunicationis et depositionis . . . Sed nihil facere potuit.* » Annal. genuens., ap. MURATOR., *Scriptor.*, t. VI, p. 545. Ce passage, dont la date est fixée par les séjours de l'empereur, concorde parfaitement avec les lettres d'Innocent IV et de Frédéric II citées plus bas.

(2) *Grande chronique de Matt. Paris*, t. VI de la traduct., p. 411, 412. Les autres chroniqueurs du temps ne donnent aucun renseignement sur cette entrevue du pape et du roi de France.

teurs n'ont rien d'invraisemblable, quand on les compare aux actes diplomatiques qui vont nous fournir quelques détails plus précis sur cette importante entrevue.

Voici d'abord comment le pape s'exprime à ce sujet dans une lettre jusqu'ici inédite. « De peur que Frédéric, jadis empereur, ou ses ministres, ne répandent de fausses nouvelles, suivant leur habitude, à propos d'une négociation pour le rétablissement de la paix entre l'Église et le même Frédéric, nous voulons avertir Ta Sérénité par ces présentes. Les députés de Frédéric ayant obtenu la permission de se rendre auprès de notre cher fils en Jésus-Christ l'illustre roi de France, l'ont supplié de s'interposer au nom de leur maître à l'effet d'obtenir une réconciliation. Pour nous, nous avons bien voulu souffrir, à la demande du même roi, qu'il pût entendre, avec notre permission, ce que les députés susdits désiraient tant lui proposer. Mais comme, en vertu de la sentence jadis promulguée par nous au concile de Lyon, nous n'admettrons jamais aucune espèce de traité qui laisserait l'individu déjà nommé, ou son fils Conrad, en possession de l'Empire ou du royaume, le roi de France, ce vrai défenseur de la foi catholique et de l'honneur de l'Église, s'est remis en route avec la bénédiction du siége apostolique pour continuer son pèlerinage, et les mêmes députés s'en sont allés sans avoir rien obtenu. Si l'on présente les choses autrement, sachez et faites dire partout que c'est un mensonge. La suite d'ailleurs le fera suffisamment voir. » Frédéric de son côté, expose les faits à son point de vue, mais sans qu'on puisse cependant l'accuser d'altérer la vérité. Dans une lettre écrite peu de temps après au roi d'Angleterre, nous trouvons ce passage : « Dernièrement, à la demande de l'illustre roi de France, notre cher ami, qui était sur le point de partir en personne au secours de la terre sainte, il nous a plu de reprendre l'affaire de la paix qui était à peu près désespérée. Car, instruit par l'expérience du passé, nous ne pouvions guère compter sur un bon résultat, puisque chaque fois que nous avons humblement montré notre inclination évidente pour la paix, chaque fois aussi nous avons trouvé plus de dureté chez notre adversaire. Cependant conservant encore une lueur de confiance dans la tentative dudit roi pour la paix, nous avons jugé à propos de faire partir une ambassade solennelle munie de nos pleins pouvoirs, chargée d'exposer nos intentions pacifiques pour l'honneur de l'Église notre mère, et pour le bonheur de la chrétienté, sauf toujours l'honneur de l'Empire et des royaumes que nous gouvernons par la grâce de Dieu. Mais quoique nos députés offrissent pour gages de la satisfaction future des garanties que le roi lui-même considérait comme suffisantes, ce bon pasteur de l'Église n'a voulu avoir égard ni au droit et à l'honneur de l'Empire, ni à nous, exigeant que nous nous soumissions entièrement à sa volonté sur l'affaire des Lombards, qui a toujours été pour la paix une pierre d'achoppement. Voilà comment il a repoussé la paix qu'on lui offrait et qu'il était de son devoir de désirer. Ainsi nous avons cherché la paix et nous ne l'avons pas trouvée. Il ne nous reste plus qu'à défendre nos droits et ceux de tous les princes, de manière à n'avoir plus besoin de demander la paix, mais à attendre plutôt qu'on nous la demande. » Il n'existe de différence entre les deux versions que sur un point, mais ce point est capital (1). Le pape déclare hautement qu'avant tout arrangement, il faut que Frédéric renonce pour lui et pour son fils Conrad à l'empire et au royaume de Sicile. L'empereur évite de mentionner cette condition qu'il ne veut pas même discuter ; il maintient son droit et rejette la rupture des négociations sur l'impossibilité où l'on était de s'entendre à l'égard de la ligue lombarde.

Quoi qu'il en soit, l'effet des menaces du pape ne se fit pas attendre. Par ses ordres, Dominicains et Franciscains se répandirent dans le royaume de Naples, prêchant partout la croisade contre Frédéric ; tous les actes de ce prince furent déclarés nuls, le trône étant considéré comme vacant, et le pape se réservant d'y pourvoir. En apprenant l'agitation que cette recrudescence de haine soulevait dans son royaume héréditaire, l'empereur, vers le mois d'avril 1249, s'en plaignit à saint Louis, qui résidait encore dans l'île de Chypre : « Ce n'est pas dans les pays d'outre-mer, c'est dans notre royaume que la croisade a lieu, comme si le Christ avait été crucifié

---

(1) Il ne nous paraît point douteux, quoi qu'en dise le pape, que l'initiative des négociations ne soit venue de saint Louis. Mais c'est là un détail accessoire.

une seconde fois en Apulie. Ces fidèles chrétiens, dont le pape devrait employer le zèle aux nécessités de la terre sainte, il les arme de la croix pour leur livrer un État très-chrétien à ravager. En cela, ce n'est pas seulement la haine injuste dont il nous poursuit qui le fait agir, c'est aussi le sentiment de basse envie qui lui est naturel. Ne pouvant atteindre directement l'affection pure et constante que nous vous avons vouée, il cherche à l'empoisonner par une voie détournée. En effet, lorsqu'au moment de partir pour votre pèlerinage, vous avez voulu reprendre l'affaire de la paix qui pouvait être considérée comme désespérée, et que nous vous avons envoyé à Lyon une ambassade solennelle, ce très-saint père n'a pas voulu répandre son venin, vous présent; mais il a profité du temps de votre absence pour faire rejaillir sur vous l'infamie d'une démarche si violente et si imprévue, et faire penser que vous étiez complice de ce soulèvement. Ce qu'il avait différé d'exécuter avant d'avoir eu une conférence avec vous, il l'a entrepris aussitôt après votre entrevue, pour donner à comprendre que cette tentative n'avait pas lieu sans votre connivence, ou du moins sans votre aveu : ce que nous nous refusons à croire. Nous nous plaignons surtout à cause de la terre sainte qui reste frustrée de tout secours de la part du pape, et à cause de vous, qui, demeurant dans les pays d'outre-mer, dont l'Apulie n'est pas très-éloignée, ne pourrez plus profiter de l'abondance de vivres qu'elle produit. L'année dernière, malgré la cherté des subsistances qu'un accident particulier avait amenée dans notre royaume, nous avons pourvu de notre mieux à vos besoins et à ceux des vôtres (1), et nous étions disposé à y pourvoir encore avec d'autant plus de libéralité, qu'une saison favorable nous annonce une meilleure récolte. Mais s'il faut que notre royaume soit déchiré

---

(1) C'est probablement cet envoi de vivres qui est rapporté par Matthieu Paris comme ayant eu lieu pendant l'hiver de 1248 à 1249. Il ajoute que saint Louis, plein de reconnaissance pour cet important service, supplia encore une fois Innocent IV d'user d'indulgence à l'égard du bienfaiteur de l'armée du Christ. La reine Blanche, de son côté, écrivit à l'empereur une lettre de remercîment qu'elle accompagna de présents magnifiques, et joignit auprès du pape ses instances à celles de son fils en faveur de Frédéric. Mais ni l'un ni l'autre ne purent rien gagner sur l'esprit intraitable du pontife. *Hist. maj. Anglor.*, p. 512. La suite de notre correspondance rend cette assertion tout à fait vraisemblable.

INTRODUCTION.

par la guerre civile, que votre prudence royale juge elle-même de la possibilité où nous serons de vous faire profiter de cette opulence. Cependant, loin d'avoir l'intention de vous retirer tout subside, nous viendrons à votre aide autant que les événements le permettront, par zèle pour le bien public de la foi chrétienne que nous souhaitons de toute notre âme, et aussi en souvenir des relations d'amitié qui n'ont cessé d'exister entre vous, vos prédécesseurs et nous, et qui font que nous vous chérissons plus que tout autre. »

Conformément à ses promesses, Frédéric II se montra très-libéral à l'égard d'Alphonse, comte de Poitiers, qui était resté en France pour préparer les renforts qu'il devait conduire à saint Louis, au passage d'août de cette même année 1249 (1). Il nous reste à ce sujet deux lettres de l'empereur adressées l'une à Blanche de Castille, l'autre au roi lui-même. Après avoir protesté de l'amitié qu'il conserve pour la royale maison de France, il exprime le regret de ne pouvoir prendre part personnellement à la croisade. Mais la faute en est au pape, qui a mis son royaume en feu. Quoique la cherté des vivres qui s'est fait sentir deux années de suite dans ses États et qui n'a point épargné l'année présente (2), soit un obstacle à sa bonne volonté, il aimerait mieux que ses sujets et lui éprouvassent des privations, que de manquer à secourir les croisés français. Sur la demande d'Alphonse, comte de Poitiers, qui lui a été transmise par Jean de Troyes (3), député de ce prince, il a tiré de ses greniers mille charges de froment et autant de charges d'orge qu'il lui offre, en y ajoutant le don de cinquante bons destriers. De plus, il lui a accordé la permission d'acheter librement dans le royaume tout ce dont il aurait

---

(1) Le comte de Poitiers s'embarqua à Aigues-Mortes le lendemain de la Saint-Barthélemy (25 août), et arriva à Damiette le dimanche avant la Saint-Simon et Saint-Jude (24 octobre).

(2) Il suit de là que la récolte de 1249 n'avait pas répondu aux espérances qu'elle avait d'abord fait concevoir.

(3) Pour le nom de ce personnage nous adoptons la leçon de plusieurs Mss., *Johannem de Trecis*. On trouve dans le *Code diplomatique* de Pauli un acte du 3 avril 1245, à Acre, qui renferme une donation faite à la maison des hospitaliers de cette ville, par Jean et Simon *de Treucis*.

besoin pour lui et pour les siens. Il s'engage enfin à agir pour l'avenir avec non moins d'empressement et de bienveillance. Comment admettre après des assurances si positives et des faits connus de l'Europe entière, l'affirmation des historiens guelfes, qui prétendent que Frédéric, loin de favoriser la croisade, mit l'embargo dans tous ses ports sur les bâtiments chargés de vivres destinés aux Français? Comment croire à la véracité des auteurs arabes, qui racontent que Frédéric avait envoyé au Caire un de ses officiers déguisé en marchand, pour avertir le sultan d'Égypte du départ prochain de l'armée chrétienne (1)?

Saint Louis met à la voile le 21 mai 1249, mais une violente tempête le rejette sur les côtes de Chypre, disperse sa flotte, dont une partie est entraînée vers le rivage de la Syrie, et retarde de plusieurs jours son arrivée en Égypte. Informé de cet accident dont la renommée avait exagéré l'importance, Frédéric II s'empresse d'écrire au roi de France pour lui faire part de ses inquiétudes. Au milieu des soucis dont il est lui-même accablé, il conjure le roi de le rassurer sur son sort et sur celui de l'armée chrétienne. « Nous voudrions, ajoute-t-il, si les flots de l'Italie pouvaient enfin s'apaiser, nous rapprocher de vous et vous porter secours, non point seulement par lettres, mais d'une manière plus efficace. Quoi qu'il arrive, nous ferons pour vous tout ce que nous pourrons, comme s'il s'agissait de nous-même ou du plus cher de nos fils. »

Au printemps de l'année suivante, on apprit en Italie le désastre de la Massoure et la captivité du roi de France (2). Frédéric II, qui se disposait à recommencer la guerre dans la haute Italie, et qui faisait de grandes instances à tous les rois pour en obtenir des secours contre le pape, écrivit en cette occasion au roi de Castille, son parent, une lettre où l'on remarque les passages suivants : « Outre les autres malheurs qui auraient pu être épargnés au monde entier par le rétablissement de la concorde entre

---

(1) Voy. Nicol. de Gurbio, ap. BALUZE, *Miscell.*, t. I, p. 201. — Makrizi, cité dans la *Bibl. des hist. arabes des croisades*, de M. Reinaud, t. IV, p. 448.

(2) Saint Louis fait prisonnier le 6 avril 1250, recouvra sa liberté un mois après. Mais la nouvelle de sa délivrance paraît avoir mis plus de temps à parvenir en Europe que n'en avait mis celle de sa captivité.

nous et le souverain pontife, on aurait prévenu par ce moyen le déplorable événement qui vient d'arriver dans le pays d'outre-mer. Car le pape aurait pu sentir les bons effets de notre présence ou de celle de nos fils dans les mêmes pays, comme nous le lui avons offert volontiers et fréquemment, s'il eût voulu se prêter à négocier la paix que nous lui avons plusieurs fois demandée (1)... Pour écraser les têtes de nos rebelles et pour déjouer les embûches que nous tend l'astuce du pape, nous avions envoyé en Italie une puissante armée et nous nous proposions de nous y rendre aussi en personne incessamment. Mais ayant appris le malheur arrivé à l'illustre roi de France, notre cher ami, nous avons préféré ne pas nous éloigner de notre royaume, où nous voulons contribuer à l'affaire d'outre-mer par nos vaisseaux, nos gens et les secours en notre pouvoir, de façon que le roi ressente promptement les effets avantageux de notre puissance et de notre libéralité. » En même temps Frédéric écrivait au roi de France et au soudan d'Égypte, et quoique ces lettres ne nous soient point parvenues, nous en connaissons le contenu par le récit de Joinville : « Il ne tarda pas grandement après ce que les frères le roy furent partis d'Acre que les messages l'empereur Ferri vindrent au roy et li apporterent lettre de créance et dirent au roy que l'empereur les avoit envoiés pour nostre delivrance. Au roy monstrerent lettres que l'empereur envoioit au soudanc qui mort estoit, ce que l'empereur ne cuidoit pas, et li mandoit l'empereur que il creust ses messages de la delivrance le roy. Moult de gens distrent

---

(1) Matthieu Paris rapporte au commencement de 1250, mais comme appartenant à l'année précédente, une dernière tentative faite par l'empereur auprès du pape. Frédéric aurait alors renouvelé la proposition qu'il avait déjà mise en avant en 1246, d'aller combattre les infidèles en terre sainte, et d'y rester jusqu'à sa mort, pourvu qu'un de ses fils lui fût substitué et pût régner après lui. Seulement il ne s'agissait plus de Conrad, mais du jeune Henri, neveu du roi d'Angleterre, et ce choix devait en effet être mieux accueilli du pape. Frédéric offrait en outre de rendre tout ce qui avait été enlevé à l'Église et de donner réparation pour les dommages. Cette démarche, que le pape repoussa comme toutes les autres, peut être placée vers le mois de juin 1249, et doit se rattacher aux négociations dont fut chargé Thomas de Savoie. Mais dans le silence des actes diplomatiques, il est bien difficile de contrôler l'assertion de Matthieu Paris, soit pour la rejeter, soit pour l'admettre. Cf. *Hist. maj. Anglor.*, p. 514 et 518.

que il ne nous feust pas mestier que les messages nous eussent trouvez en la prison ; car len cuidoit que l'empereur eust envoié ses messages plus pour nous encombrer que pour nous délivrer. Les messages nous trouverent delivrés ; si sen alerent. »

Ce qui put donner lieu à ces mauvais bruits, ce fut sans doute la conduite étrange de quelques gibelins toscans. S'il faut en croire des écrivains tout dévoués à l'Église, pendant que Frédéric affectait de déplorer le malheur de l'armée chrétienne, ses amis en faisaient des feux de joie et s'en félicitaient sans pudeur au milieu des festins (1). Mais ce fait, s'il est vrai, ne prouverait pas qu'on puisse reprocher à Frédéric II une odieuse duplicité. On trouve au contraire une sentence rendue le 30 juillet 1250, à Messine, par le bailli Unialdo de Bonamorte et par quatre juges ses assesseurs, sentence par laquelle les armateurs d'un vaisseau, dit *le Saint-Victor*, sont condamnés, conformément aux conventions faites, à transporter outre-mer, là où sera le roi de France, tous les passagers pèlerins dont les noms sont insérés dans l'acte, et de plus, à payer les dépens du procès (2). Or, cette pièce peut être considérée comme un spécimen des instructions favorables aux croisés que l'empereur avait adressées aux gardiens de tous les ports de la Sicile.

Nous savons d'ailleurs que saint Louis et ses frères, mieux placés que personne pour juger sainement les choses, loin de se défier de la sincérité de Frédéric, le considéraient encore comme le principal et même le seul espoir de la croisade. Quand le roi, au mois d'août 1250, renvoya en France les comtes d'Anjou et de Poitiers, il les chargea d'insister de nouveau auprès du pape pour le décider à faire la paix avec l'empereur. Les deux princes accompagnés du duc de Bourgogne qui revenait aussi de la Palestine, passèrent par Lyon ; ils reprochèrent au pape d'avoir nui au succès de l'expédition, en employant à soutenir la guerre contre Frédéric les hommes et l'argent destinés à la croisade (3), et lui déclarèrent que s'il refusait

---

(1) VILLANI, lib. VI, c. 37. — *Annal. ecclesiast.*, ad ann. 1250, § 31, cit. par M. de Cherrier, *Hist. de la lutte des papes et des emper.*, t. III, p. 274.
(2) *Trés. des chartes*, J. 455, n° 49.
(3) Cette accusation n'était que trop fondée, et les lettres d'Innocent IV prouvent surabon-

de recevoir l'empereur dans le sein de l'Église, ils le chasseraient de Lyon. « Si l'élu à Lyon et son frère l'archevêque de Cantorbéry, en qui vous vous fiez, ajoutèrent-ils, entreprennent de vous défendre, la France entière se lèvera contre eux et elle nous trouvera à sa tête. » Cette menace inquiéta le pape assez sérieusement pour qu'il demandât au roi d'Angleterre de lui donner un refuge à Bordeaux (1). Henri III, qui connaissait le mécontentement de ses sujets fatigués des exactions de la cour romaine, se trouvait dans une grande perplexité, lorsque la mort de Frédéric II vint rassurer le pape (13 décembre). « Lui mort, l'espoir des Français de voir leur roi secouru s'en alla en fumée (2). » Toutefois, Blanche de Castille et les barons conservèrent un vif ressentiment contre Innocent IV ; et quand ils virent, l'année suivante, que les agents pontificaux, au lieu de songer à secourir le roi qui se trouvait à Césarée dans une grande détresse, continuaient de prêcher la croisade en France contre le fils de Frédéric, ils s'opposèrent avec énergie à ce mauvais emploi des ressources de la chrétienté (3).

Ici se termine le tableau que nous avons voulu tracer des relations diplomatiques de Frédéric II avec les rois de France. On y a vu la succession non interrompue d'une alliance fondée sur une politique et sur des intérêts communs, et qui reste très-étroite jusqu'à l'année 1235. Momentanément refroidis par le mariage de Frédéric avec la sœur du roi d'Angleterre, les rapports de l'Empire et de la France, malgré quelques nuages passagers, reprennent, dès 1243, un caractère de cordialité qui devient plus vif au moment de la croisade de saint Louis. Le Nain de Tillemont, avec sa sagacité ordinaire, avait connu et démêlé le plus grand nombre des faits que nous venons d'exposer. Mais il n'entrait pas dans le plan de son ouvrage de les raconter d'une manière suivie, et l'insuffi-

---

damment qu'il détournait de leur destination les fonds recueillis pour la défense de la terre sainte. Voy. les citations de M. de Cherrier, t. III, pièces justificatives, n° VIII, d'après le registre de l'an VI (1248-1249).

(1) Matt. Paris, *Hist. major*, p. 534 et 537-538.
(2) *Ibidem*, p. 538.
(3) *Ibidem*, p. 553.

sance des sources auxquelles il pouvait puiser se fait sentir en divers endroits de sa discussion. Nous avons repris son récit pas à pas, fortifiant par de nouvelles preuves la plupart de ses assertions, en écartant quelques-unes, ajoutant des faits nouveaux, et fondant le tout dans un ensemble qui a pour base les actes et les documents aujourd'hui connus.

CHAPITRE V.

DU ROYAUME DE JÉRUSALEM SOUS FRÉDÉRIC II. — RELATIONS DE CE PRINCE AVEC LES SOUVERAINS MUSULMANS.

Vingt ans avant la première croisade de saint Louis, Frédéric II avait conduit en terre sainte une expédition qui, commencée sous des auspices tout différents, obtint, par la politique plutôt que par les armes, des résultats dont on ne saurait contester ni l'utilité ni l'importance pour les chrétiens d'Orient. Cette expédition, maudite par l'Église et contrariée par le zèle malentendu du clergé, ne doit pas être jugée au point de vue d'une piété plus ardente qu'éclairée, qui ne voyait d'autre moyen de délivrer efficacement les saints lieux, qu'en parvenant à l'entière expulsion des infidèles. L'empereur, comme roi de Sicile, était habitué à vivre avec les Sarrasins, qui formaient une notable partie de la population de ses États, et il entretenait sans scrupule avec les souverains musulmans de l'Afrique, de l'Égypte et de la Syrie, des relations utiles à la sécurité de ses ports, ainsi qu'à l'industrie et au commerce de ses nationaux. Comme roi de Jérusalem, il ne se faisait pas illusion sur l'impossibilité d'étendre la domination des Francs au delà des limites où elle se trouvait resserrée depuis la mort de Saladin, et il ne songeait qu'à assurer par une bonne paix la sécurité du territoire que les Francs possédaient encore sur le littoral de la Syrie, en obtenant de plus la restitution de Jérusalem, but des efforts et des espérances de tous les croisés. Tel fut le double mobile de la conduite de Frédéric II. Il traita la croisade comme une affaire diplomatique et par des moyens purement humains; et si cette indifférence lui fut amèrement reprochée, ses ennemis oublièrent trop qu'on n'était plus au temps où un million d'hommes se levaient à la voix de quelques prédicateurs inspirés.

Les premières démarches de Frédéric II, en ce qui concerne les affaires de l'Orient, nous montrent sa politique dirigée dans le sens que nous venons d'indiquer. D'une part, il envoie au Caire et à Damas, Jean, évêque de Cefalu, pour renouveler avec les héritiers de Saladin les traités qui existaient entre la Sicile et l'Égypte (1); d'une autre part, il prend la croix, à l'assemblée d'Aix-la-Chapelle, et s'oblige à aller combattre les infidèles en terre sainte aussitôt que l'état de ses affaires le lui permettra. Ces deux faits simultanés, puisqu'ils se placent tous les deux à l'année 1215, n'eurent point de résultat immédiat; du moins nous ne savons pas si l'ambassade de l'évêque de Cefalu obtint quelque succès; et quant à la croisade à laquelle Frédéric s'était engagé pour plaire à Innocent III, il sut la différer sous différents prétextes, pendant tout le règne d'Honorius (2). Il ne prit part ni à la croisade de 1217, ni à l'expédition des chrétiens en Égypte, ni à la prise de Damiette, et il affecta de gourmander la mollesse du saint-siége, qui n'agissait pas, selon lui, assez énergiquement en Allemagne (3), comme pour se disculper d'avance de ne point fournir aux croisés les secours depuis longtemps attendus.

Après son couronnement comme empereur, Frédéric ne pouvant plus se dispenser de témoigner quelque sympathie à l'armée chrétienne, lui envoya de Sicile, au mois de mai 1221, des renforts commandés par le duc de Bavière et par l'évêque de Passau, que le maréchal Anselme de

---

(1) « *Vade in Babyloniam et Damascum et filios Saladini quaere*, » etc. Cette inscription tracée sur une ancienne peinture de l'église de Cefalu, est le seul renseignement qui nous ait été conservé sur cette ambassade. Cf. DANIELE, *I reg. sepolc. di Palermo*, p. 33, not. *q*.

(2) Au mois de janvier 1219, Frédéric II avait fixé son départ au 24 juin. Il obtint alors, pour le 29 septembre, un second délai, qui fut prorogé au 21 mars 1220, et ensuite au 1er mai de cette même année. Enfin, le jour de son couronnement à Rome, il s'engagea solennellement à partir au mois d'août 1221. La perte de Damiette vint alors fournir une nouvelle excuse à de nouveaux ajournements.

(3) « *Superest amodo ut vobis omnimodis imputetur si ex vestro neglectu depereat quod utilitas universitatis expectat*, » écrivait Frédéric à Honorius III, à la date du 12 janvier 1219; *Hist. diplom.*, t. I, p. 586.

Justingen suivit bientôt après avec des soldats et des vivres. Les députés de l'empereur avaient pour mission de conseiller aux croisés de ne point se mettre en campagne avant l'arrivée de la flotte sicilienne, qui était sur le point d'appareiller; et en effet l'amiral Henri de Malte et le chancelier Gautier de Palearia partirent pour l'Égypte, au commencement de juillet, avec quarante galères bien armées. Mais en arrivant à Damiette, l'amiral apprit que l'armée chrétienne ayant imprudemment marché en avant, se trouvait enfermée par les Égyptiens sur les bords du Nil; et comme il remontait ce fleuve, il rencontra les commissaires qui se rendaient à Damiette, pour faire exécuter le traité en vertu duquel la ville devait être restituée aux infidèles. Le grand maître des Templiers, dans une lettre écrite en Angleterre, rend lui-même hommage aux efforts tentés par l'amiral sicilien pour défendre la place, et au chagrin qu'il éprouva en reconnaissant l'impossibilité de le faire avec les ressources restreintes dont il disposait (1). De son côté, Frédéric II n'eut pas de peine à se justifier du reproche de s'être opposé à ce qu'on échangeât Damiette pour Jérusalem, en alléguant qu'au contraire son plus cher désir était de rentrer en possession de la ville sainte (2). Le douloureux sacrifice dut s'accomplir. Les Francs évacuèrent l'Égypte le 8 septembre, et le prix de quatre années d'efforts fut perdu en quelques jours.

L'affaire de la croisade, reprise aux conférences de Veroli (avril 1222), fut sérieusement traitée à celles de Ferentino, auxquelles assistèrent Raoul, patriarche de Jérusalem, le roi Jean de Brienne, l'évêque de Bethléhem, les grands maîtres de l'Hôpital et des Teutoniques, le précepteur des Templiers, le roi et l'archevêque de Thessalonique (mars 1223). Frédéric II s'y obligea à partir pour la terre sainte au terme de juin 1225, et à épouser la fille de Jean de Brienne, héritière du royaume de Jérusalem. A la date du 5 mars 1224, il écrivait au pape qu'il avait déjà

---

(1) Cf. *Hist. diplom.*, t. II, p. 204, not. 4.

(2) Voir à ce sujet le manifeste de Frédéric II à la date du mois de décembre 1227, *Hist. diplom.*, t. III, p. 41. Dans une lettre du 19 novembre 1224, le pape se borne à dire que si les croisés n'avaient point compté sur les secours promis par Frédéric II, ils auraient accepté l'échange de Jérusalem proposé par le sultan. Cf. *Hist. diplom.*, t. I, p. 221.

cent galères prêtes dans les ports de son royaume; qu'il faisait de plus construire cinquante bâtiments de transport, *usseriae*, capables de contenir deux mille chevaliers et dix mille hommes d'armes, et munis de ponts volants qui permettraient aux combattants de débarquer à cheval et la lance au poing. Il ajoutait qu'il se proposait d'envoyer à Saint-Jean d'Acre l'évêque de Patti, pour recevoir dans la forme solennelle le consentement d'Isabelle de Brienne, sa future épouse (1). Cependant le terme arrivé, Frédéric ne se trouva pas encore prêt, et il sollicita un nouveau délai de deux ans, expirant au mois d'août 1227. Mais il s'engagea à conduire lui-même et à entretenir à ses frais, pendant deux ans, mille chevaliers consacrés à la défense de la terre sainte, ou à fournir cinquante marcs d'argent par an pour chaque chevalier qui viendrait à manquer. Les sommes provenant de ce rachat devaient être mises en réserve pour être appliquées aux besoins de la croisade. Il promit aussi de fournir à chaque traversée le passage à deux mille chevaliers, à trois chevaux par homme, de tenir à cet effet sur le pied de guerre cent chalands et cinquante galères; enfin de déposer entre les mains du roi, du patriarche et du grand maître des Teutoniques cent mille onces d'or en cinq payements successifs, laquelle somme lui serait remise quand il passerait en terre sainte, ou serait appliquée au service de Jésus-Christ, si son passage ne pouvait s'effectuer. Le 25 juillet 1225, dans l'église de San-Germano, en présence de deux cardinaux, l'empereur jura d'observer fidèlement cette convention, sous peine d'excommunication, et il fut relevé à ce prix des serments qu'il avait prêtés aux assemblées de Veroli et de Ferentino (2).

Aussitôt après il fit partir pour la Palestine une flotte de quatorze galères, commandées par Henri de Malte. L'évêque de Patti, devenu archevêque de Capoue, et Guy l'Enfant, l'un au nom de l'empereur, l'autre au nom de Jean de Brienne, étaient chargés de tout disposer pour la cérémonie des fiançailles qui devaient être célébrées entre Frédéric II et

---

(1) *Hist. diplom.*, t. II, p. 440 et 443.
(2) *Hist. diplom.*, t. II, p. 501 et suiv.

Isabelle. L'archevêque épousa par procuration, dans l'église de Sainte-Croix, à Acre, l'héritière de Jérusalem, et lui passa au doigt l'anneau nuptial; « de quoi, dit un vieux chroniqueur, les gens se merveillerent moult de ce que home espousoit fame de si loing que li uns estoit en Puille et li autres en Surie (1). » Isabelle fut ensuite couronnée à Tyr, en grande pompe, par le patriarche Raoul, en présence de Simon de Maugastel, archevêque de Tyr; de Balian, sire de Sidon; de Gautier, sire de Césarée, et du connétable Eudes de Montbelliard; puis elle passa la mer et vint débarquer à Brindes, où son mariage avec l'empereur fut célébré le 9 novembre de cette même année 1225.

Frédéric II n'eut rien de plus pressé que de prendre pour lui le titre de roi de Jérusalem, dont Jean de Brienne était investi, et de vouloir être mis en possession immédiate de son nouveau royaume. Si l'on peut s'étonner de la violence qu'il mit dans cette réclamation précipitée, on ne saurait l'accuser d'usurpation, puisque Jean n'était roi que titulairement et comme tuteur de sa fille. Du moins les seigneurs d'outre-mer présents en Italie ne protestèrent point contre les prétentions de l'empereur. Au contraire, ils lui jurèrent foi et hommage sans difficulté, et leur exemple fut suivi par les feudataires restés en Syrie, auxquels Frédéric avait envoyé dans ce but l'évêque de Melfi avec trois cents chevaliers siciliens, commandés par Bertrand Gentile et par le comte de Crotone. Ajoutons que pendant les six premiers mois de l'année 1226 une foule de prélats et de seigneurs d'outre-mer résidèrent à la cour de Frédéric II, et donnèrent leur adhésion à tous les actes qu'il promulgua en qualité de roi de Jérusalem (2). Seul, le pape accusa l'empereur d'ingratitude envers son

---

(1) *Hist. diplom.*, t. II, *Additam.*, p. 922.

(2) On peut ici rappeler les noms de Simon, archevêque de Tyr; de Jacques de Vitry, évêque d'Acre; de Balian, sire de Sidon; de Daniel de Terremonde, Nicolas Antelmi, Guy l'Enfant, Guy de Roniau; Raon, cousin du patriarche; Gervais de Maugastel, Philippe Chinard, Jean Pisan, Raimond Grimaud, Geoffroi de Villiers, Guy de Nubie, Gavian de Chypre. Le nouveau patriarche de Jérusalem, Gérold ou Giraut de Lausanne, qui venait de quitter le siége de Valence pour succéder à Raoul de Mérencourt, assista aux diètes de Parme et de Borgo San-Donnino, et montra d'abord beaucoup de zèle pour les intérêts de l'Empire.

INTRODUCTION.

beau-père, et s'abstint de faire figurer dans les pièces officielles le nouveau titre que s'était attribué Frédéric : ce qui semblerait confirmer l'assertion d'un chroniqueur, à savoir : que le grand maître des Teutoniques en négociant le mariage aurait promis à Jean de Brienne que l'empereur le laisserait jouir pendant le reste de sa vie de sa royauté titulaire (1).

Frédéric II ne s'occupa sérieusement de la croisade que du moment où il fut mis en possession du royaume de Jérusalem. Mais il se réserva de l'accomplir à son heure et selon ses idées. Il commença par envoyer en Syrie, vers le mois de juin 1226, Thomas, comte d'Acerra, chargé de le représenter, avec le titre de baïl, et ce seigneur eut assez d'ascendant dès son arrivée pour faire reconnaître partout l'autorité impériale. Le grand maître des Teutoniques partit pour l'Allemagne avec la mission de lever les mille chevaliers qui devaient former le contingent personnel de l'empereur, et de ne choisir que des hommes aussi braves qu'expérimentés. Frédéric s'assura le concours du landgrave de Thuringe, en lui abandonnant les revenus de la Marche de Misnie, qui montaient à plus de vingt mille marcs par an, et en lui donnant en outre cinq mille marcs sur son trésor. Par ses promesses et ses largesses il décida aussi le duc de Limbourg et un grand nombre d'autres princes à prendre la croix, et il poussa activement dans les ports de son royaume la construction des galères et des chalands qui devaient servir au transport des pèlerins. Au mois d'août 1227, les préparatifs matériels de la croisade étaient achevés, et les croisés réunis depuis longtemps à Brindes, et déjà décimés par une maladie pestilentielle, s'empressèrent de s'embarquer (2). L'empereur, qui devait les suivre de près, fit charger sur des vaisseaux tout ce qui appartenait à sa chambre impériale et aux personnes de sa suite. Le 8 septembre, quoique atteint par le fléau qui avait frappé l'armée chrétienne, il mit à la voile avec le landgrave et les principaux seigneurs.

---

(1) *Hist. diplom.*, t. II, p. 922. Voir la lettre d'Honorius à Frédéric, du 27 janvier 1227. *Ibidem*, p. 708 et suiv.

(2) Frédéric II affirme que beaucoup de vaisseaux restèrent inutiles dans le port. *Hist. diplom.*, t. III, p. 43. Matthieu Paris évalue à 40,000 hommes le nombre des pèlerins qui s'embarquèrent vers la fête de l'Assomption. Mais ce chiffre paraît exagéré.

Mais à la hauteur d'Otrante, il fut obligé par la violence du mal de rentrer dans ce port, où le landgrave fut emporté par la fièvre. Frédéric lui-même, hors d'état de continuer son voyage, chargea le duc de Limbourg de prendre à sa place le commandement des croisés qui étaient partis en avant, et il renvoya en Syrie le patriarche de Jérusalem, le grand maître des Teutoniques et d'autres personnages importants, qui passèrent la mer sur une petite flotte mise à leur disposition.

Le pape Grégoire IX ne voulut ni admettre les excuses de l'empereur ni croire à sa maladie. Il instruisit aussitôt l'affaire dans un consistoire secret, où il prononça contre lui une sentence d'excommunication qu'il rendit ensuite publique le 17 novembre, dans un synode composé de prélats italiens. Frédéric répliqua par un manifeste où il s'attacha à prouver qu'il avait rempli tous les engagements pris à l'assemblée de San-Germano, et déclara que loin de renoncer à la croisade, il était résolu de l'accomplir avec plus de chances de succès dès le commencement de l'été prochain. S'il est impossible de considérer sans injustice la maladie de Frédéric comme une feinte, on doit croire cependant qu'il saisit ce prétexte pour différer son départ, parce qu'il attendait le résultat des négociations qu'il avait entamées avec le soudan d'Égypte Malek-Kamel. Ce prince menacé par son frère Malek-Moadham, roi de Damas, cherchait à se faire un ami du puissant empereur des Francs, et il lui envoya dans le courant de l'année 1227 l'émir Fakr-Eddin, pour offrir de lui céder les villes saintes dès qu'elles seraient au pouvoir des troupes égyptiennes. En retour, Frédéric II fit partir pour le Caire l'archevêque de Palerme Berardo, qui reçut en Égypte l'accueil le plus honorable et revint en Apulie au mois de janvier 1228, rapportant à son souverain des présents précieux et des lettres amicales de la part du soudan (1).

Vers les fêtes de Pâques de cette même année, l'empereur reçut des lettres du comte d'Acerra, son lieutenant en Syrie, qui lui annonçait la mort du soudan de Damas. Ce prince ennemi des chrétiens et détenteur

---

(1) Cf. Makrizi et Aboulféda cités par M. Reinaud dans la *Biblioth. des histor. arabes des croisades*, t. IV, p. 427. — Ricc. de S. Germ., *Chronic.*, ann. 1228.

de la ville de Jérusalem, ne laissait qu'un fils en bas âge dont l'héritage était convoité par ses oncles, Malek-Kamel et Malek-Aschraf, frère de ce dernier. A la nouvelle de cette mort qui créait en terre sainte une situation plus favorable aux intérêts des chrétiens, Frédéric II fit prendre les devants à son maréchal Richard Filangieri, lequel partit de Brindes avec cinq cents chevaliers et alla rejoindre les croisés alors occupés à relever les fortifications de Sidon et de Césarée. L'empereur tint au mois d'avril à Barletta une cour solennelle, où il régla la succession au trône de Sicile, pour le cas où il viendrait à mourir en Syrie, et il annonça pour le mois de mai son départ qui ne s'effectua que vers la fin de juin. Il eut soin auparavant d'envoyer au pape une ambassade composée de l'archevêque de Magdebourg et de deux juges de sa grande cour, pour lui demander de bénir son expédition et d'indiquer les satisfactions qu'il exigeait. Mais Grégoire refusa de répondre, et il annonça à la chrétienté en termes dédaigneux que Frédéric s'était mis en mer avec quelques chevaliers pour aller on ne savait où, sous le fallacieux prétexte de se rendre à Jérusalem (1).

Il est vrai que l'expédition ne se composait que de quarante galères. Mais les forces montées sur cette flotte, jointes aux quinze cents chevaliers et aux dix mille fantassins qui attendaient l'empereur en Syrie, étaient suffisantes pour accomplir les desseins de Frédéric. Ce prince comptait beaucoup plus sur les négociations que sur les armes. Ce qui le prouve, ce sont les instructions par lesquelles il avait recommandé au comte d'Acerra de s'abstenir de toute démonstration hostile, et même de réprimer le zèle imprudent des ordres militaires, toujours prêts à guerroyer contre les infidèles. Dans une lettre écrite au légat en France, à la date du 5 août, le pape se plaint amèrement de la conduite du gouverneur de la terre sainte : « Pour se venger de quelques incursions des

---

(1) « *Dictus imperator cum paucis militibus mare dicitur intrasse . . . faciem euntis in Hierusalem inique praetendens.* » *Hist. diplom.*, t. III, p. 75 et 82. « *Assumptis quibusdam praelatis et militibus paucis . . . portum Brundusii latenter egrediens, quo pro certo iverit ignoratur.* » Lettre du 30 août 1228, *ibidem*, p. 495.

Sarrasins, les Templiers, dit-il, avaient couru aux armes et s'étaient emparés d'un butin évalué à six mille marcs, lorsque le bailli de l'empereur s'est présenté à eux d'un air menaçant, leur a enlevé ce butin et l'a restitué aux Sarrasins, non sans en retenir quelque chose pour lui. Ainsi l'effusion du sang chrétien est pour l'empereur la source d'un gain honteux. On l'a vu même réunir cent esclaves que les Hospitaliers et les Templiers avaient dans leurs maisons de Sicile et de Pouille, et les rendre aux Sarrasins, sans donner à ces maisons aucun dédommagement. Il est clair qu'aux serviteurs du Christ, il préfère les serviteurs de Mahomet (1). »

Sans s'inquiéter de ces clameurs, l'empereur partit de Brindes le 28 juin. Ici nous laissons parler un témoin oculaire (2) qui a marqué jour par jour l'itinéraire de la flotte impériale, dans un document dont personne n'a jusqu'à présent fait usage. Ce document nous fournit sur le mode de navigation suivi à cette époque des renseignements instructifs. « Le lendemain, jour de saint Pierre, l'empereur toucha à Otrante, ville de Pouille. Le soir partant d'Otrante, nous arrivâmes le lendemain à une île de Romanie, que l'on appelle Othronos (Fanù). De là reprenant la mer, le jour suivant, vers la sixième heure, nous vînmes à une île et un château qu'on appelle Corfou. Nous y restâmes jusqu'au soir que nous reprîmes la mer, et le jour suivant, après le coucher du soleil, nous vînmes à Porto Guiscardo. Nous y étant reposés cette nuit-là, le jour suivant, vers la sixième heure, nous abordâmes à l'île de Céphalonie, dont était comte le seigneur Maione, Apulien. Nous y trouvâmes toutes les choses nécessaires préparées et fournies par le même comte (3). Au coucher du soleil nous partîmes, et par un gros temps nous arrivâmes le lendemain, vers la neuvième heure, à Modon. Nous nous reposâmes jusqu'au matin, puis repar-

---

(1) *Hist. diplom.*, t. III, p. 74, 75.

(2) « *Qui scripsit personaliter interfuit et a veritatis tramite non discordat, cum oculis suis viderit et de causa certæ scientiæ testimonium perhibeat.* » *Ibidem*, t. I, p. 901.

(3) Il est déjà question de ce Maione, comte de Céphalonie, dans les lettres d'Innocent III, et nous savons par Richard de San-Germano, qu'il amena des secours à Frédéric II, en 1229, après le retour de ce prince dans ses États.

tant au lever du soleil, nous vînmes le même soir à Porto-Caglie. Nous y passâmes toute la nuit, puis partant le matin, nous vînmes le même soir à l'île de Cérigo, où restant jusqu'à l'aurore du jour suivant, nous partîmes et naviguâmes vers la Crète. A l'heure de vêpres, ou vers le soir, nous abordâmes dans cette île au lieu qu'on nomme Suda, où nous restâmes toute la nuit et le jour suivant, c'est-à-dire le 8 juillet. Le 10 de ce mois, nous reprîmes la mer en côtoyant le rivage de l'île. Le 11, vers la troisième heure, nous vînmes à une ville de cette même île qu'on appelle Candie, sous les murs de laquelle nous descendîmes à terre, et nous y fûmes tout ce jour-là et la nuit. Le lendemain 12, nous quittâmes les eaux de la Crète et reprîmes la mer. Le 13 du même mois, nous atteignîmes l'île de Rhodes, et étant un peu fatigués nous nous y reposâmes toute la nuit. Partant de là le 14, nous vînmes à la ville qu'on appelle aussi Rhodes, vers la neuvième heure, et sans descendre à terre, nous passâmes le reste de ce jour et la nuit dans le port. Le matin, quittant Rhodes, nous longeâmes les côtes de la Lycie. Le soir, nous vînmes à Patara, ville qui a donné naissance au confesseur de Dieu Nicolas, et nous y fîmes relâche toute la nuit. Le matin nous partîmes, et vers la troisième heure nous aperçûmes la ville de Myra, célèbre par les miracles du bienheureux Nicolas. Après la neuvième heure nous abordâmes au port de Phinicha (1), où nous trouvâmes en abondance des eaux très-fraîches provenant de grands fleuves. Nous nous arrêtâmes en ce lieu ce jour-là et le suivant pour nous refaire un peu. Puis le 18 dudit mois de juillet, après le lever du soleil, nous commençâmes à naviguer vers Chypre. Prenant la haute mer, nous arrivâmes le 20 de ce mois à une autre île, et le lendemain nous entrâmes à Limisso, ville de l'île de Chypre (2). » Ainsi Frédéric II mit vingt-quatre jours pour aller de Brindes à Limisso, c'est-à-dire pour accomplir une navigation qui aujourd'hui et en ligne droite, pourrait s'effectuer en quarante-huit heures.

---

(1) Pour tous les noms géographiques contenus dans cette citation, nous renvoyons aux notes qui, dans notre ouvrage, accompagnent le texte même.
(2) *Hist. diplom.*, t. I, p. 898-900.

PARTIE HISTORIQUE.

L'île de Chypre avait été érigée en royaume par l'empereur Henri VI en faveur d'Amaury, frère de Guy de Lusignan. C'était le droit général des empereurs d'Occident d'élever les princes chrétiens à la dignité royale, et Amaury avait sollicité cette faveur avec d'autant plus d'empressement, que Henri VI annonçait alors l'intention de porter en Orient toutes les forces réunies pour la croisade. Amaury envoya à l'empereur une ambassade conduite par Renier de Giblet, qui se présenta à la grande cour de Gelnhausen au mois de novembre 1195, et y fit hommage à Henri VI en déclarant que son souverain se reconnaissait à tout jamais homme lige de l'empire romain. Sur la demande des ambassadeurs chypriotes, Henri chargea les archevêques de Trani et de Brindes de se rendre en Chypre et de donner à Amaury l'investiture par le sceptre, en attendant qu'il couronnât lui-même le nouveau roi lorsqu'il passerait par Chypre pour se rendre en Syrie. Les deux prélats s'acquittèrent fidèlement de leur mission (1). Mais le départ de l'empereur s'étant trouvé différé, ce fut son chancelier Conrad qui, à son passage en Chypre, au mois de septembre 1197, couronna Amaury, et donna ainsi à cette royauté nouvelle la consécration qui lui manquait encore.

---

(1) « *Imperator direxit a latere suo fideles et amicos episcopos duos cum eisdem legatis, dans eis sceptrum in signum rei gestae, scilicet Tranensem et Brundusinum. Qui procedentes omnia sibi injuncta fidelissime executi sunt.* » Annal. Argentin., ap. BOEHMER, *Fontes*, t. III, p. 89. En face de ce texte parfaitement authentique, nous ne pouvons partager l'opinion de M. de Mas Latrie qui, dans la *Bibl. de l'École des chartes*, 3ᵉ sér., t. I, p. 353 et suiv., et *Hist. de Chypre*, t. II, p. 30 et suiv., considère comme faux un diplôme attribué à Guy de Lusignan, en faveur de l'archevêque de Trani Samaro, par cette raison, dit-il, « que la vie de l'archevêque Samaro ne fournit pas la moindre circonstance qui puisse donner quelque fondement à la création *purement gratuite* de l'auteur du diplôme de 1196. » Or ce diplôme porte « *ad preces domini Samari venerabilis Tranensis archiepiscopi a domino imperatore ad nos cum sceptro regni Cypri transmissi* : ce qui s'accorde de tout point avec le texte des annales de Strasbourg. Cette objection doit donc être abandonnée; et si l'on admet, comme on en a tant d'exemples, que le copiste ait pu, par ignorance ou par inadvertance, changer le nom d'*Amalricus* en celui de *Guidus*, qui est en effet impossible ici, il n'y aura plus de motif sérieux de rejeter un acte qui, dans ses dates, ses témoins, sa rédaction, ne présente d'ailleurs, selon nous, aucune apparence de fausseté. Car il ne faudrait pas attacher trop d'importance à la mauvaise transcription *Alamiros*, qui doit être lu *Alani nos[tri cancellarii]*.

Il était nécessaire de rappeler et de préciser ces circonstances pour expliquer comment Frédéric II, en mettant le pied dans l'île de Chypre, y voulut exercer tous les droits de la suzeraineté. Il se trouvait de plus, en vertu de la coutume féodale, le tuteur nominal du roi mineur, dont le tuteur effectif Philippe d'Ibelin venait de mourir. Aussi le jeune roi Henri de Lusignan s'empressa-t-il d'aller au-devant de l'empereur à Limisso et de lui faire hommage avec tous ses feudataires. Frédéric ayant réclamé de Jean d'Ibelin la restitution du château de Baruth et le compte des revenus qu'il avait perçus comme bail du royaume, ce seigneur consentit d'abord à donner des otages; puis se croyant menacé dans sa liberté, il se sauva à Nicosie avec tous ses hommes. L'empereur resta inactif à Limisso jusqu'au 17 août. Mais quand il eut reçu les renforts que son maréchal Richard, et les sires de Giblet et de Sidon lui amenèrent de Syrie, il se mit en route accompagné du jeune roi, en suivant les côtes de Limisso à Larnaca; puis il marcha directement sur Nicosie, après avoir opéré sa jonction avec les troupes du prince d'Antioche. A l'approche de l'armée impériale, Jean d'Ibelin s'était enfermé dans le château fort de Saint-Hilarion, que les croisés appelaient Dieu-d'Amour, et se préparait à y soutenir un siège en règle. Mais un arrangement intervint. Il fut convenu que l'empereur aurait la tutelle réelle du roi et l'administration des revenus du royaume de Chypre jusqu'à la majorité de Henri de Lusignan, et que Jean d'Ibelin ferait hommage à Frédéric II pour Baruth, sauf à répondre devant la grande cour de Jérusalem aux réclamations que ce prince aurait à lui adresser.

Libre de ce côté, l'empereur mit des châtelains dévoués à ses intérêts dans toutes les places de l'île, puis il revint s'embarquer à Famagouste le 3 septembre, emmenant avec lui le roi et la noblesse de Chypre. « Le 5 du même mois, dit notre narrateur, nous touchâmes à Bethoron; puis passant [le lendemain] devant Baruth, Sidon, Sarepta, nous abordâmes au port de Tyr avant l'aurore, et sans nous y arrêter nous allâmes débarquer à Acre. » Ce fut donc le 7 septembre, veille de la Nativité de la Vierge, que l'empereur fit son entrée dans la capitale de ses États d'outremer. Il y fut reçu avec honneur non-seulement par les chefs des croisés, mais même par le clergé de la ville. On eut soin cependant de lui faire comprendre qu'il serait difficile d'entretenir des relations officielles avec un excommunié et qu'il ferait bien de donner satisfaction au pape. Docile à ce conseil, Frédéric renvoya en Apulie le comte Henri de Malte et l'archevêque de Bari, qu'il chargea de solliciter son absolution auprès de Grégoire et de le décider à traiter avec le duc de Spolète, son représentant en Italie (1). En attendant, il vint se loger dans un château situé au-dessous d'Acre, à l'embouchure du Nahr-el-Kardane, l'ancien fleuve Belus, et sans tarder il commença les négociations avec le soudan du Caire, alors campé près de Naplouse. Les députés dont il fit choix étaient le comte d'Acerra et Balian, sire de Sidon. Il n'y a point de lettre authentique qui nous fasse connaître les bases du traité proposé par l'empereur. Mais à défaut de document officiel, les paroles mises par le continuateur inédit de Guillaume de Tyr dans la bouche des messagers impériaux, nous paraissent présenter le caractère de la plus grande vraisemblance : « Sire, dirent-ils au soudan, nostre seigneur li emperores vous salue comme celui que il veut tenir à frère et à ami se en vous ne remaint. Il vous fait assavoir que il n'est mie venus deça la mer pour convoitise que il ait de terre conquerre, car il en a tant que il et chacun home sen doit tenir à paie. Mais ce pour quoi il est venus si est pour les sains lieus en quoi est nostre créance et la foi des crestiens. Et se vous icele terre ou li saint lieu sont et qui des crestiens fu et nommeement des ancestres de son fils Conrat, li volez rendre em pais sans contens, il la recevra ensi que il vous laira bien et em pais toute la vostre terre et sera vostre ami, et ensi porrez avoir pais des crestiens et destourbier à espandre moult de sanc de moult de gens (2). » Le soudan, de son côté, fit partir une ambassade à la tête de laquelle était l'émir Fakr-Eddin, chargé d'offrir à l'empereur, en échange de ses présents, des étoffes précieuses, un éléphant, dix chameaux méharis, des juments arabes, et d'autres animaux à peu près inconnus en Europe; mais il évita de donner une ré-

(1) *Hist. diplom.*, t. III, p. 83 et not. 2.
(2) *Hist. diplom.*, t. III, p. 484, 485.

ponse précise au sujet de l'abandon des lieux saints, en déclarant que la cession de Jérusalem lui attirerait le blâme de ses sujets, la malédiction du calife et celle de tous les bons musulmans. Aussi, quand les députés impériaux retournèrent à Naplouse, ils apprirent que le soudan venait de partir pour Gaza, vers les frontières de l'Égypte, et qu'il les invitait à venir l'y rejoindre.

Cette démarche n'avait point d'autre but que de faire traîner les négociations en longueur. D'une part, Malek-Kamel espérait se rendre maître de Damas avant d'être obligé de conclure la paix avec les chrétiens ; de l'autre, il savait que des envoyés du pape étaient arrivés à Ptolémaïs en annonçant que Grégoire IX se refusait à tout accommodement, et en défendant aux ordres militaires d'obéir aux injonctions de l'empereur ; et le soudan comptait bien tirer parti de cet état de discorde. Mais Frédéric II résolut de marcher en avant. Accompagné par l'armée des croisés et suivi à distance par les Templiers et les Hospitaliers, il partit pour Joppé, où il arriva le 15 novembre, et tout en s'occupant de relever les fortifications de cette ville, il poussa activement les négociations. Encouragé secrètement par la connivence des agents du pape (1), le soudan se montrait de jour en jour plus difficile sur les restitutions à faire et sur la rédaction des articles de la paix. L'empereur qui se voyait inquiété dans son royaume de Sicile par l'invasion des troupes pontificales, avait hâte d'en finir. Aussi passant de la prière à la menace, il rappela énergiquement au soudan ses anciennes promesses et se montra prêt à prendre l'offensive. Malek-Kamel et son frère Malek-Ascraf ayant échoué dans leurs projets sur Damas, et sachant que leur neveu était entré en Palestine avec une armée, craignirent d'avoir affaire à deux ennemis à la fois et se décidèrent enfin

---

(1) Il est bien douteux que le pape lui-même se soit adressé à Malek-Kamel pour le dissuader de rendre Jérusalem à l'empereur. Mais les intrigues de ses agents sont attestées par ce passage d'une lettre de Frédéric II : « *Praeter impedimenta quae nobis in Syria praeparavit per nuncios et legatos qui Soldanum litteris suis, quas nos captis earum latoribus in publicum testimonium reservamus, ne nobis terram divino cultui deditam redderet cum regni Hierosolymitani juribus, monuerunt.* » Cf. Hist. diplom., t. V, p. 296.

à traiter. La trêve conclue et jurée le 18 février 1229 (1) pour dix ans, stipulait la restitution aux chrétiens de Jérusalem, de Bethléhem et de Nazareth, avec tous les villages intermédiaires : ce qui rendait libre la route de Ptolémaïs à Jérusalem. Le château de Thoron, la ville et le port de Sidon avec la plaine environnante étaient également rendus aux Francs, qui avaient aussi la permission de rebâtir Joppé, Césarée et le château neuf de Montfort appartenant aux Teutoniques. Sur toute l'étendue du territoire concédé le soudan s'interdisait la faculté d'élever aucune fortification. Les prisonniers faits de part et d'autre depuis la reprise de Damiette devaient être mis en liberté.

Ce traité est jugé à deux points de vue tout différents par le patriarche Gérold et par le grand maître des Teutoniques, Hermann. Le premier le considère comme un acte sans valeur, dépourvu de toute garantie propre à rassurer les intérêts des Francs en Orient, puisque le soudan de Damas a refusé de jurer la trêve et de ratifier l'abandon de Jérusalem. Il énumère avec complaisance certains articles du traité qui, selon lui, sont injurieux pour la foi chrétienne, notamment ceux qui stipulent que les musulmans resteront en possession du temple de Salomon et du temple *Domini* (2), qu'ils continueront de s'y livrer en paix aux pratiques de leur religion, et que si un Franc veut entrer dans le temple, il n'en pourra franchir l'enceinte que s'il croit à la dignité et à la majesté de ce

---

(1) Voir sur la date précise de ce traité la lettre du patriarche Gérold, du 26 mars, où il est dit que le traité fut tenu quelque temps secret après sa conclusion, que Frédéric II, avant de le faire connaître ouvertement, voulut s'assurer de plusieurs adhésions individuelles, et surtout de l'assentiment des Allemands, et que même, au moment où le serment fut prêté par les deux souverains contractants, l'acte original ne fut point lu publiquement. Peut-être y avait-il des clauses secrètes qu'on avait intérêt à tenir cachées. C'est ce qui expliquerait comment aucun exemplaire complet de ce traité ne nous est parvenu. Cf. *Hist. diplom.*, t. III, p. 104 et suiv.

(2) Le temple *Domini* était la mosquée d'Omar, la mosquée de la coupole ou de la Sakhra, élevée sur l'emplacement de l'ancien temple des Juifs. Le temple de Salomon était la mosquée El-Aksa, au sud de la première. Ces deux temples font partie d'un ensemble de constructions que les musulmans appellent El-Haram. Note de M. de Mas Latrie, *Hist. de Chypre*, t. III, p. 627.

lieu. « Non-seulement, dit le patriarche, la présence des Sarrasins à Jérusalem est une humiliation pour nous, elle est aussi un danger. Comme le nombre des Sarrasins qui viendront prier au temple *Domini* sera toujours bien plus considérable que celui des chrétiens qui viendront au sépulcre, comment espérer que pendant dix ans les chrétiens puissent se maintenir dans cette ville où les Sarrasins seront les plus forts? Qu'est-ce que cette défense d'entrer dans le temple à moins qu'on ne croie ce que croient les Sarrasins? Ceux-ci ont la faculté d'entrer à Bethléhem sans qu'on s'inquiète de leur croyance, et nous, nous ne pourrions entrer dans le temple en proclamant notre foi et en invoquant le nom de Jésus-Christ! » Au contraire, le grand maître des Teutoniques qui connaissait bien la terre sainte, et dont l'ordre y possédait des forteresses importantes et des terres considérables, apprécie le traité d'une façon plus tolérante et plus pratique. Dans une lettre qui nous a été conservée et qui est pleine de sagesse et de bon sens, il réfute lui-même les arguments du patriarche : « Nous avons appris, dit-il, que le seigneur patriarche a mis en interdit Jérusalem et les lieux saints, parce que les Sarrasins restent en possession du temple *Domini* et du temple de Salomon. Mais sachez que les Sarrasins n'ont dans ce temple qu'un petit nombre de prêtres vieux et sans armes pour faire les prières et les purifications. Les hommes de l'empereur gardent en forces les portes extérieures, de manière à fermer s'il leur plaît l'entrée et la sortie aux Sarrasins comme aux autres. Voilà en vérité ce que nous avons vu et entendu, et ce qui a été réglé pendant que nous étions là. Ce sont aussi les chrétiens qui reçoivent les offrandes qui sont déposées dans le temple *Domini*, sur la pierre où Jésus-Christ fut offert. N'oublions pas qu'anciennement, avant la perte de la terre sainte, dans presque toutes les villes appartenant aux chrétiens, les Sarrasins étaient libres de pratiquer leur culte et de proclamer leur loi dans leurs oratoires, comme aujourd'hui les chrétiens exercent aussi leur religion à Damas et dans les autres terres des Sarrasins. Nous ne voulons pas dire par là que cet état de choses plaise au seigneur empereur, et qu'il n'aurait pas été bien aise de faire autrement s'il avait pu. Mais, Dieu le sait, il n'a pu parvenir autrement à la conclusion de la paix et des trêves (1). » Ainsi, au rapport d'un homme tel qu'Hermann de Saltz, qui peut passer à bon droit pour le premier politique de son temps, l'empereur avait fait tout ce qu'il était humainement possible de faire, et la postérité ne saurait lui en demander davantage.

Avant le traité, Frédéric II avait donné une grande preuve de son esprit conciliant en permettant, pour ne pas choquer les susceptibilités des Templiers et des Hospitaliers, que les ordres du jour, ou comme on disait alors, le ban de l'armée, fussent publiés, non point en son nom, mais au nom de Jésus-Christ (2). Après la conclusion du traité, quand il fut question d'aller visiter les saints lieux, il n'agit pas avec moins de modération. Son entrée à Jérusalem eut lieu le samedi 17 mars 1229. Le lendemain, dans l'église du Saint-Sépulcre, il prit sur l'autel la couronne du royaume de Jérusalem et la plaça lui-même sur sa tête, mais sans consentir, comme le lui conseillaient quelques amis trop zélés, à ce que l'on célébrât en sa présence les offices divins (3). Il conciliait ainsi le soin de sa propre dignité comme souverain de la terre sainte, et les ménagements qu'un prince chrétien excommunié devait observer envers l'autorité de l'Église. Il prit alors la parole devant les archevêques de Palerme et de Capoue, et les autres prélats ou seigneurs rassemblés autour de lui, et il chargea le grand maître des Teutoniques de traduire son discours en français et en allemand à la foule des croisés et des pèlerins. Il rappela comment il avait pris la croix à Aix-la-Chapelle, comment il avait demandé et obtenu des délais souvent renouvelés, comment des affaires urgentes avaient toujours retardé son départ. Il excusa la conduite du pape (4) qui, après l'avoir obligé à s'embarquer, l'avait ensuite excom-

---

(1) « *Sed sicut Deus novit, pacem et treuguas non potuit aliter stabilire.* » *Hist. diplom.*, t. III, p. 101, 102.

(2) *Ibidem*, p. 90, not. 1.

(3) *Ibidem*, p. 99 et 100.

(4) « *Dominum apostolicum et Ecclesiam in multis coram omnibus excusavit, eo quod multum dure obligasset eum ad transfretandum et quod postea denuntiaverit eum, quia non poterat aliter apud homines blasphemias et infamiam evitare.* » *Ibidem*, p. 100. Le sens de

munié, en disant que le souverain pontife n'aurait pu agir autrement sans soulever les murmures et les reproches de la chrétienté; que si depuis, le pape avait écrit contre lui dans les pays d'outre-mer, il aurait agi différemment s'il eût connu ses véritables intentions, et que, probablement, il serait fâché de toutes les difficultés qui avaient entravé à cette occasion le succès de la croisade. L'empereur ajouta que pour mettre un terme au dissentiment survenu entre l'Église et lui, il était prêt à faire tout ce qui serait conforme à l'honneur de l'Église et à celui de l'Empire, à réparer les griefs dont l'Église pouvait avoir à se plaindre, à faire voir enfin que, si Dieu l'avait exalté, il voulait s'humilier devant le Très-Haut et à cause de lui devant son représentant sur la terre (1).

Ces paroles aussi habiles que mesurées excitèrent une allégresse universelle, parce qu'elles répondaient aux nécessités de la situation et qu'elles ouvraient la voie à une réconciliation désirée par tous les esprits sages. Mais les ennemis de Frédéric II y répondirent par une déclaration de guerre. Le lendemain même l'archevêque de Césarée envoyé par le patriarche arriva à Jérusalem, et mit sous l'interdit l'église du Saint-Sépulcre et tous les lieux saints. Vainement l'empereur demanda l'explication d'une conduite que rien ne semblait justifier et dont l'armée se montrait indignée. Il ne reçut aucune réponse, et repartit aussitôt pour Joppé, après avoir pris à la hâte quelques mesures pour mettre Jérusalem en état de défense.

Le 25 mars, Frédéric II rentra à Saint-Jean d'Acre, où il attendit l'arrivée de la flotte sicilienne qu'il avait chargé son amiral, Henri de Malte, de lui amener dans le plus bref délai. Son irritation était devenue extrême. Il accusait les Templiers de lui avoir tendu sur la route une embuscade où il devait périr (2), et il ne craignait pas de faire remonter jusqu'au pape lui-

---

ce passage est parfaitement clair, et nous reconnaissons volontiers que nous avons eu tort d'admettre la correction *incusavit*, là où le texte de M. Pertz donne *excusavit*, qui est la bonne leçon.

(1) *Hist. diplom.*, t. III, p. 100.
(2) C'est probablement le fait dont parle Bernard le Trésorier, qui le place au château des Pèlerins, et pendant que l'empereur se rendait d'Acre à Jaffa.

même la responsabilité de cette tentative homicide (1). Aussi quand l'empereur apprit que le patriarche de Jérusalem, sous le prétexte que la trêve était fallacieuse et mensongère, voulait retenir une partie des croisés en les soldant sur les fonds légués par le testament de Philippe-Auguste, il défendit que personne osât soudoyer des troupes dans son royaume sans sa permission ; il fit mettre des machines de guerre à toutes les portes de la ville pour en défendre l'accès aux Templiers ; il fit battre de verges des religieux qui prêchaient en chaire contre lui ; il transporta sur ses vaisseaux les balistes qui étaient mises en réserve pour la défense de Ptolémaïs, et en envoya plusieurs à « son cher ami » le soudan. Du moins le pape et le patriarche l'accusent à l'envi dans leurs lettres d'avoir montré, soit pendant son séjour à Jérusalem, soit depuis son retour à Acre, une inclination très-suspecte pour les rites et les mœurs des Arabes. Ils lui font un crime d'avoir pris plaisir à écouter dans les mosquées le chant des muezzins, et d'avoir fait paraître devant des Sarrasins dans le palais d'Acre des danseuses chrétiennes, comme pour comparer leurs grâces avec celles des almées. Cette curiosité de Frédéric et son goût pour les spectacles voluptueux sont attestés par les auteurs arabes. Nous savons aussi par Joinville qu'il voulut être le parrain d'armes de l'émir Fakr-Eddin, et qu'il lui conféra sans scrupule les insignes de la chevalerie.

Frédéric II partit d'Acre le 1ᵉʳ mai au point du jour, chargé des malédictions du peuple. Balian de Sidon, auquel il laissait l'administration du royaume de Jérusalem (2), l'accompagna avec quelques barons jusqu'au

---

(1) « *An oblitus es quod nobis existentibus in servitio Jesu Christi, dum ibidem [Romanus pontifex] vitae nostrae periculum subdole moliretur et niteretur omnino nostrum reditum impedire.* » Lettre à l'archev. de Messine, du 2 févr. 1240, ap. *Hist. diplom.*, t. V, p. 708.

(2) Un des continuateurs de Guillaume de Tyr et Jean d'Ibelin le Jeune disent que Frédéric II laissa alors pour baïls Balian de Sidon et Garnier l'Allemand, lequel s'étant fait templier, fut remplacé par le connétable Eudes de Montbéliard. Nous doutons fort que cette assertion soit exacte. L'ensemble des faits établit que le sire de Sidon exerça seul l'autorité au nom de l'empereur. Un acte authentique cité par Paoli (*Cod. diplom. di Malta*, p. 255), prouve qu'à la date du 28 septembre 1231, Balian de Sidon était encore baïl du royaume, tandis que le connétable et Garnier l'Allemand ne figurent dans ce même document que comme simples témoins. C'est Balian de Sidon qui confirme l'acte et qui le munit

port où il s'embarqua sur les galères amenées par Henri de Malte. Il ramena à Limisso le roi de Chypre, auquel il fit épouser la fille du marquis de Montferrat, et vendit la tutelle du jeune prince pour trois ans, à cinq seigneurs chypriotes, ennemis des Ibelins, moyennant la somme de dix mille marcs qui devaient être payés à son lieutenant en Syrie. Il partit ensuite pour retourner dans ses États, en reprenant très-probablement la route dont nous avons déjà indiqué les étapes, puisqu'il mit quarante jours pleins, en comptant il est vrai son séjour en Chypre, pour aller de Saint-Jean d'Acre à Brindes, où il débarqua le 10 juin.

Sous le gouvernement du sire de Sidon, l'autorité de l'empereur en Palestine s'affermit au lieu de diminuer. Une incursion des Sarrasins qui menaçaient les chrétiens rentrés à Jérusalem, fut aisément repoussée, et Malek-Aschraf, devenu prince de Damas à la fin de l'année 1229, s'abstint de réclamer contre le traité auquel il avait participé (1). Les Templiers furent obligés de renoncer aux droits qu'ils réclamaient sur les villes de Tyr et de Sidon (2). Les sires de Baruth et de Césarée, Jean d'Ibelin le jeune, Rohart de Kaiphas et d'autres seigneurs opposés au parti impérial furent dépouillés de leurs fiefs (3). Enfin les prétentions de la reine Alix, mère du roi de Chypre, qui se disait la plus proche héritière du royaume de Jérusalem à défaut de Conrad, furent écartées par une fin de non-recevoir. Les barons assemblés déclarèrent même en cette occasion qu'ils ne reconnaissaient pas d'autre souverain que le fils d'Isabelle de Brienne, qu'ils avaient

---

de son sceau : *sigilli nostri munimine*, dit-il, *ac subscriptorum virorum testimonio duximus roborandum*.

(1) La ratification donnée par Malek-Aschraf au traité de 1229 n'est indiquée d'une manière positive ni par les écrivains latins, ni par les historiens orientaux. Nous pensons qu'elle eut lieu à l'époque où Frédéric II envoya au nouveau soudan de Damas une ambassade dont Yafeï a parlé. Il raconte à ce propos que l'empereur fit alors présent à Malek-Aschraf d'un ours blanc dont le poil ressemblait à celui du lion. Cet ours se nourrissait de poissons, et il pouvait vivre dans l'eau comme sur la terre. Cf. REINAUD, *Bibl. arabe des croisades*, t. IV, p. 435.

(2) « *Duae civitates munitissimae maritimae Sydon et Tyrus sponte imperatori subduntur, quae prius templariis serviebant.* » *Annal. Scheftlar.*, ad ann. 1230. Frédéric II avait rendu Sidon à Balian, après que cette ville eut été évacuée par les Sarrasins, à la suite du traité de 1229.

(3) *Assises de Jérus.*, t. I, p. 325.

prêté hommage à l'empereur en qualité de tuteur du roi mineur, et que tout ce qu'ils pouvaient faire, c'était d'envoyer une ambassade pour demander que Conrad vînt dans un an prendre possession de ses États. Leurs députés, nommés Geoffroi Le Tort et Jean de Bailleul, vinrent en effet trouver l'empereur à Foggia, au mois de mai 1230, et celui-ci se borna à répondre : « Qu'il feroit dedens brief tans ce qu'il devroit (1). » Frédéric, alors sur le point de conclure la paix avec Grégoire IX, ne craignait pas de se compromettre par cette réponse évasive; car il savait parfaitement que le premier effet de la pacification serait de mettre au-dessus de tout débat la plénitude de son autorité royale à Jérusalem; et c'est ce qui arriva. Aussitôt après la conclusion de la paix de Ceprano, le patriarche de Jérusalem fut obligé, sur l'ordre formel du pape, d'admettre et de ratifier le traité de 1229, qu'il avait si hautement et si amèrement blâmé. L'interdit jeté sur l'église du Saint-Sépulcre et sur les lieux saints fut solennellement levé, en présence des patriarches d'Antioche et d'Aquilée, et de quatorze évêques partisans de Frédéric (2). Grégoire IX écrivit au grand maître du Temple une lettre sévère, où il lui défendait de rien entreprendre contre la teneur du traité conclu entre l'empereur et le soudan, et de rompre une trêve si nécessaire à la tranquillité de la terre sainte (3). Enfin, par un acte daté du 12 août 1231, il reconnut pour la première fois Frédéric II en qualité de roi de Jérusalem, et lui en donna officiellement le titre (4), en s'excusant de ne l'avoir pas fait plus tôt sur des motifs dont l'empereur lui-même apprécierait la convenance. Le principal de ces motifs était, comme nous l'avons dit, l'engagement moral pris par le saint-siége à l'égard de Jean de Brienne. Mais depuis que ce prince,

---

(1) *Hist. diplom.*, t. III, p. 198, note 2.

(2) *Pacem quam in terra transmarina fecit imperator, recepit ex parte papae Hierosolymitanus patriarcha, et ecclesia Sancti Sepulchri ita fuit reconciliata ei et peregrinis suis qui praesentes fuerant, [scilicet] Antiochenus et Aquilegensis patriarchae cum quatuordecim, ut dicitur, episcopis.* Alb. Triumfont. ad ann. 1231, ap. *Hist. diplom.*, t. III, p. 267, note 1.

(3) Lettre du 26 février 1231, *Ibidem*, p. 267.

(4) « *Ecce tacitum hactenus Hierosolymitanum titulum clarum utique ac decorum hilari scribimus novitate.* » *Ibidem*, p. 298.

devenu régent de l'empire de Constantinople avec le titre d'empereur, se trouvait pourvu ailleurs, le souverain pontife ne pouvait plus se refuser à consacrer la royauté d'un monarque qui venait de se réconcilier avec l'Église.

L'empereur saisit cette occasion favorable de faire en Syrie une démonstration utile à ses intérêts. Son maréchal, Richard Filangieri, fut chargé de lever dans les États siciliens une petite armée qu'il devait composer à son gré (1), et qui se recruta facilement parmi ces aventuriers que la guerre civile récemment terminée mettait à la disposition du plus offrant. Frédéric II n'était point fâché de se débarrasser d'une foule de gens suspects (2), et, de plus, il avait appris en Syrie même le parti qu'on pouvait tirer de ces bandes indisciplinées et licencieuses, qui sous prétexte de défendre la terre sainte en étaient trop souvent la honte et le fléau. L'expédition préparée était surtout destinée à opérer dans l'île de Chypre, où depuis le départ de l'empereur le parti des Ibelins avait repris le dessus. Le 23 juin 1229, Jean d'Ibelin avait défait les troupes des baïls dans la plaine de Nicosie et les avait forcés de se renfermer à Dieu-d'Amour avec le jeune roi. Resserrés étroitement pendant dix mois dans ce château et désespérant d'être secourus, les baïls finirent par rendre aux Ibelins la personne du roi et la forteresse, et se retirèrent avec les débris de leurs forces à Cantara et dans quelques villes de la côte où ils attendirent des renforts.

L'avant-garde de la flotte sicilienne parut devant Limisso au commencement de septembre 1231. Richard Filangieri investi des pouvoirs de lieutenant de l'empereur avec le titre de baïl, la suivait de près amenant six cents chevaliers et sergents à cheval et environ un millier de fantassins y compris les arbalétriers. En arrivant, les impériaux trouvèrent la ville occupée par l'armée chypriote. Trois députés de Frédéric, l'évêque de Melfi, Aymon, neveu de Garnier l'Allemand et Jean de Bailleul, allèrent trouver le roi Henri qui était campé au Chiti avec les Ibelins, et lui

---

(1) « *Quos vult de regno sibi adscivit in socios.* » Ricc. de S. Germ. ad ann. 1231.
(2) Cf. BRUGNOT, *Notice sur la vie et les écrits de Philippe de Navarre*, dans la *Bibl. de l'École des chart.*, 1re série, t. II, p. 8.

demandèrent de la part de l'empereur le bannissement de Jean d'Ibelin et de tous ses partisans. Un chevalier de renom, appelé Guillaume Le Vicomte, prit la parole au nom du roi et opposa à cette réclamation un refus formel. Sur cette réponse, les Siciliens passèrent en Syrie et prirent possession de la ville de Baruth, dont le château fut défendu par les amis de Jean d'Ibelin. Filangieri apprenant à son arrivée à Limisso ce qui s'était passé en Chypre, résolut d'appuyer cette diversion en portant toutes ses forces sur les côtes de la Palestine. Il pressa le siége du château de Baruth, occupa la ville importante de Tyr, puis se rendit à Acre, où il fit donner lecture des lettres impériales revêtues du sceau d'or qui l'investissaient du gouvernement. Il paraît avoir été reconnu d'abord sans opposition, puisque l'ancien régent, Balian de Sidon, Eudes de Montbelliard et d'autres seigneurs de la terre sainte, se trouvaient à la même époque auprès de l'empereur à la cour de Ravenne (1).

Mais la bonne intelligence dura peu de temps. A l'instigation de Jean d'Ibelin, les barons réunis à Saint-Jean d'Acre demandèrent à Filangieri de rendre à ce seigneur sa ville de Baruth et de lever le siége du château; et sur le refus du lieutenant impérial, ils s'engagèrent par serment à défendre leurs droits et libertés et les franchises du royaume, et s'affilièrent à la confrérie bourgeoise de Saint-André. A cette nouvelle, Ibelin parvint à décider le roi de Chypre à venir à son aide avec une armée qui débarqua, dans les premiers jours du carême, en un lieu nommé le Pin du Connétable, entre Butron et Néfin. Ibelin ravitailla son château, envoya son fils Balian à Tripoli pour négocier un mariage entre la sœur du roi de Chypre et le fils du prince d'Antioche, et se rendit à Acre, où il se fit admettre dans la confrérie de Saint-André et réussit à soulever une partie de la ville contre les Impériaux (2) (avril 1232). Richard Filangieri se vit

---

(1) Au mois de décembre 1231, ils signent comme témoins une charte de Frédéric II en faveur de l'ordre teutonique. Cf. *Hist. diplom.*, t. IV, p. 279.

(2) « *Mense aprili Johannes de Baruth civitatem Aconitanam recipit in odium imperatoris. — Mense junio imperator pro succursu civitatis Aconitanae quam Johannes de Baruth occupatam tenebat, parte civitatis se pro imperatore tenente, exercitum congregat militum et baronum.* » Ricc. de S. Germ., *Chronic.* ad ann. 1232, ap. Muratori, *Scriptor.*, t. VII, p. 1029-1030.

I.

alors forcé de lever le siége de Baruth et se retira à Tyr où il concentra ses forces, tandis que l'armée chypriote prenait position à Casal-Imbert. Profitant des intelligences qu'il entretenait dans cette armée ainsi que de l'absence de Jean d'Ibelin, le baïl sortit secrètement de Tyr en se faisant suivre par ses galères et vint surprendre, dans la nuit du 3 au 4 mai, le camp des Chypriotes, qui furent mis dans une déroute complète; le roi même fut en danger d'être pris. Ibelin accourant en toute hâte ne put que rallier les fugitifs; car déjà les Impériaux, traversant la passe du Poulain avec leurs captifs et leur butin, s'étaient mis à l'abri de ses coups.

Filangieri avec une partie de ses troupes passa aussitôt en Chypre et s'empara sans peine des principales places. Jean d'Ibelin l'y suivit de près (1). Comme il manquait de vaisseaux, il se saisit, grâce à la connivence du patriarche de Jérusalem, d'une portion de la flotte impériale stationnée à Acre; les Génois fournirent le reste des bâtiments de transport, et reçurent en récompense des priviléges commerciaux, dont l'acte daté du 10 juin 1232, à Famagouste, concorde avec le débarquement des Ibelins dans ce port. L'armée impériale, échelonnée entre Nicosie et Cerines, fut attaquée quelques jours après à Casal-Agridi, vaincue à son tour et dispersée. Filangieri réunit les débris de ses soldats à Cerines, place forte propre à soutenir un long siége, y laissa pour capitaines Philippe Chinard et Gautier d'Aquaviva, et repartit pour Tyr, où sa présence était nécessaire pour arrêter les progrès du soulèvement. Le siége de Cerines traîna en longueur après son départ; mais les Génois ayant prêté leurs galères pour attaquer la place du côté de la mer, les Impériaux serrés de près finirent par capituler et furent transportés à Tyr. Les prisonniers faits à Casal-Imbert et à Casal-Agridi furent restitués de part et d'autre. La Chronique publiée sous le nom de Bernard le Trésorier indique la reddition de Cerines comme ayant eu lieu peu de temps après Pâques, c'est-à-dire dans le courant du mois d'avril 1233. Le parti impérial dans l'île de Chypre fut dès lors abattu sans retour.

---

(1) Le départ des Chypriotes de Saint-Jean d'Acre est fixé par Bernard le Trésorier au jour de la Pentecôte (30 mai 1232).

PARTIE HISTORIQUE.

A la première nouvelle de la révolte d'Acre, Frédéric II avait résolu d'envoyer des renforts à son lieutenant en Syrie, et il avait donné ordre à ses feudataires de lui fournir des hommes et de l'argent. Mais à la date du 18 juillet il ignorait encore le traité des Chypriotes avec les Génois et la défaite de ses troupes dans la plaine de Nicosie, puisqu'il écrivait alors à ces mêmes Génois pour leur faire part de la victoire de Casal-Imbert et les assurer de sa bienveillance. Il suspendit tout à coup ses préparatifs, parce que le pape résolut d'intervenir entre les parties belligérantes. Grégoire IX retira au patriarche Gerold, dont les dispositions malveillantes étaient trop notoires, le titre et les fonctions de légat et les donna au patriarche d'Antioche, qui s'était déjà signalé en terre sainte par son zèle pour les intérêts de l'empereur. Ce prélat reçut pour mission de travailler au rétablissement de la paix de concert avec les ordres militaires, et de faire rentrer les barons latins et les habitants d'Acre dans la fidélité due à l'empereur. En supposant, disait le pape, que le père ait commis quelque vexation, en quoi le fils, l'héritier légitime, enfant innocent qui ne pense point à mal, a-t-il pu pécher (1)?

A partir de la mission du patriarche d'Antioche, les chroniques contemporaines deviennent tellement brèves ou confuses qu'il serait très-difficile de fixer l'ordre des événements, si nous n'avions pour remédier à cette incertitude diverses lettres du pape et de l'empereur dont les historiens n'ont point jusqu'ici fait usage. D'après le témoignage de Jean d'Ibelin le Jeune, suivi par Florio Bustron, Frédéric aurait envoyé en Syrie, pendant le siège de Cerines, un évêque chargé de proposer aux barons de la terre sainte d'agréer Philippe de Maugastel pour son lieutenant à Acre, et de laisser le gouvernement du reste du royaume à Filangieri qui résiderait à Tyr; mais le conseil réuni dans l'église de Sainte-Croix aurait rejeté avec dédain cette proposition en décidant que le sire de Sidon et le connétable Eudes de Montbelliard resteraient en possession de la seigneurie. Nous voyons, en effet, que dans un accord passé à Acre, le 3 octobre 1233, entre les Templiers et les Hospitaliers

---

(1) Lettres du 26 juillet 1232. Cf. *Hist. diplom.*, t. IV, p. 376 et notes 1 et 2.

d'une part et la commune de Marseille de l'autre, Eudes de Montbelliard s'intitule bailli du royaume au nom de l'empereur (1), et cela en présence du sire de Baruth et du sire de Césarée, parent des Ibelins. Il est probable qu'à cette date Balian de Sidon, collègue du connétable, était déjà mort et que celui-ci portait seul le titre de bail. Mais il y a tout lieu de douter que Frédéric II ait reconnu le titre que s'attribuait Eudes de Montbelliard, puisqu'en 1235, 1239, 1240, il continue d'appeler Richard Filangieri *regni Hierosolymitani bajulus*, en y ajoutant même la qualification de *sacri imperii in Syria legatus* (2); ce qui était, en droit, une véritable usurpation, puisqu'il ne pouvait prétendre au gouvernement de la terre sainte que comme tuteur de Conrad et non point comme empereur (3).

La première légation du patriarche d'Antioche en Syrie a laissé très-peu de traces. On sait qu'il était à Tyr le 22 juin 1233 et qu'il fut aidé dans sa mission pacifique par Hermann, grand maître des Teutoniques, qui se rendit cette année-là dans ses possessions d'outre-mer. La paix conclue par leur entremise entre Frédéric II et les barons de la Palestine fut confirmée dès le 22 mars 1234 (4) par le pape, qui invita l'empereur à donner son assentiment. Ce prince étant venu au mois d'août secourir le pape contre les Romains révoltés, s'entendit avec le souverain pontife pour envoyer en Syrie Thierry, archevêque de Ravenne, chargé de ratifier en son nom l'arrangement conclu par le patriarche d'Antioche et par le maître des Teutoniques. Mais la correspondance échangée en cette circonstance ne nous apprend pas positivement quelles étaient les conditions de la paix. On voit seulement que Jean d'Ibelin persévérait dans

---

(1) « *Coram domino Odone de Montebeliardo comestabulo regni Jherosolymitani et bajulo ejusdem regni pro domino imperatore.* » PAOLI, *Cod. diplom. di Malta*, p. 126.

(2) Cf. *Hist. diplom.*, t. IV, p. 793; t. V, p. 360 et passim.

(3) C'est ce que Grégoire IX lui avait fait observer à l'époque où il consentit à lui donner le titre de roi de Jérusalem : « *Verumtamen ipsum [Riccardum] non imperii vel imperialem legatum vel bajulum, sed tuum vel imperatoris, ducimus appellandum, quod ex te in tuis litteris observari volumus diligenter, cum exinde posset haeredibus tuis praejudicium generari, quasi regnum Hierosolymitanum imperiali ditioni subesset.* » *Hist. diplom.*, t. III, p. 299.

(4) *Ibidem*, t. IV, p. 943.

son opposition à toute voie d'accommodement et que le pape commençait à s'irriter de cette résistance. La lettre de Grégoire est conçue en termes très-vifs; il enjoint au sire de Baruth d'envoyer des députés à l'empereur pour lui offrir satisfaction ou de s'en remettre à la décision du saint-siége, qui fixera la satisfaction convenable; autrement il se verra forcé d'agir contre lui avec la rigueur de la justice. En même temps Grégoire IX écrivait à tous les prélats et barons du royaume de concourir avec le nouveau légat au rétablissement de la paix, en ajoutant qu'en cas de refus, l'archevêque était autorisé à rétablir les choses dans l'état où elles se trouvaient avant la discorde survenue entre eux et le lieutenant de l'empereur (1).

La mission de l'archevêque de Ravenne ne fut point heureuse. Il trouva sans doute un obstacle insurmontable dans l'opposition de Jean d'Ibelin et de ses partisans, et le pape fut obligé d'envoyer au sire de Baruth de nouvelles lettres comminatoires. La circulaire écrite en cette occasion par Grégoire IX aux trois ordres militaires, le 28 juillet 1235, contenait même ce passage remarquable : « Nous vous prions de considérer que nous sommes tenu de soutenir notre très-cher fils l'empereur Frédéric, pour les bons offices qu'il a rendus à l'Église ; et nous vous enjoignons de fournir sans difficulté à son baïl et légat établi par lui dans les pays d'outre-mer, tout le conseil et l'aide que vous pourrez pour la conservation des droits impériaux. Si par hasard le noble homme Jean d'Ibelin, et le peuple d'Acre à son instigation, entreprenaient d'assiéger la ville de Tyr ou toute autre terre appartenant au domaine impérial, faites en sorte qu'ils échouent dans leur tentative et qu'ils n'osent plus désormais se soulever contre l'empereur... Car si maintenant il était offensé par eux ou par d'autres, notre cœur en serait profondément troublé, comme si l'injure nous était faite à nous-même (2). » Cependant lorsque le pape apprit que l'archevêque de Ravenne ne sachant comment vaincre la résistance

---

(1) Lettres du mois d'août 1234, 7 et 8 août même année, ap. *Hist. diplom.*, t. IV, p. 479 à 483, et p. 943.

(2) *Hist. diplom.*, t. IV, p. 737.

qu'il rencontrait, avait mis en interdit la ville d'Acre tout entière, il trouva que le légat avait outrepassé ses pouvoirs et il annula la sentence. Voici comment Grégoire IX s'en explique dans une lettre écrite à l'empereur, en date du 22 septembre 1235, et qui jette un grand jour sur ces négociations encore fort obscures : « Avant de s'être assuré si les habitants d'Acre voulaient observer les conditions de la paix, l'archevêque sans se conformer à nos instructions, a remis Ton Altesse et ton fils Conrad en possession des droits réclamés. Il a décidé que les syndics et les habitants d'Acre devaient obéir à ton maréchal Richard et aux autres baïls que tu jugerais à propos d'instituer, en ce qui touche le gouvernement des châteaux, l'établissement des châtelains, la perception des revenus et des autres droits qui appartiennent au roi de Jérusalem d'après l'ancienne coutume; que les nobles du royaume devaient dissoudre leur confédération, renoncer à leur cloche et déposer les consuls et les capitaines institués par eux depuis le commencement des troubles; et comme ceux-ci refusaient de se soumettre, il a lancé l'interdit sur la ville et l'excommunication sur les syndics, les nobles et les principaux consuls qui constituent le corps de la cité. Quand cela est venu à notre connaissance, nous avons considéré que vu la diversité des rites religieux suivis par les habitants d'Acre, bien des gens pourraient abandonner l'Église romaine : ce qui entraînerait de graves dangers pour la terre sainte; et nous avons levé ledit interdit, après avoir reçu des habitants d'Acre l'assurance qu'ils obéiraient à notre décision. L'élu à Patti, chargé de soutenir tes intérêts auprès de nous, et maître Pierre de la Vigne, venu ensuite à notre cour, nous ayant prié de ratifier les mesures prises par l'archevêque, les députés des habitants d'Acre autorisés par leurs mandataires à accepter notre arbitrage, étaient prêts à s'en remettre à ce que nous ordonnerions au sujet des susdits articles; mais tes ambassadeurs n'ayant point d'instructions précises à cet égard, n'ont point voulu entrer en arrangement sans t'avoir consulté. Aussi nous prions Ta Sérénité d'examiner la cédule que nous t'envoyons ci-incluse sous notre bulle et de nous faire savoir ton bon plaisir (1). »

---

(1) *Hist. diplom.*, t. IV, p. 773 à 775.

Cette annexe contenait les bases sur lesquelles le pape offrait de traiter, à savoir : le rétablissement du *statu quo ante bellum*; l'obéissance des habitants d'Acre aux baillis qui seraient institués au nom de l'empereur et de son fils Conrad pour l'exercice de tous les droits royaux, sauf les assises et les bonnes et anciennes coutumes du royaume de Jérusalem ; la dissolution de la commune jurée entre les nobles et les bourgeois; la nouvelle prestation du serment de fidélité envers l'empereur et son fils. Quant à Richard Filangieri, le pape admettait qu'il fût réintégré dans son office de baïl pour la forme et afin de ménager l'honneur de l'empereur, mais à la condition qu'au 1.er mars prochain, un baïl non suspect aux deux parties et que le pape demandait le droit de nommer, serait mis à la tête du gouvernement (1). En attendant, l'autorité réelle serait exercée par d'autres que par Richard, celui-ci ayant excité des inimitiés capitales qui devaient faire craindre des actes de vengeance et de représailles. Enfin, comme le royaume de Jérusalem ne pouvait être bien pacifié si celui de Chypre restait dans la discorde, le pape demandait à servir de médiateur soit pour obtenir la soumission du roi de Chypre envers l'empereur, soit à l'effet de conclure entre eux une trêve pour un temps déterminé.

Les députés latins dont il est question dans la lettre du pape sont très-probablement Philippe de Troyes et Henri de Nazareth, dont l'ambassade est mentionnée par le continuateur de Guillaume de Tyr, sans qu'il en précise la date. Mais ce qui aide à fixer cette date, c'est la présence du grand maître des Teutoniques, qui arriva d'Allemagne à la cour romaine dans le courant du mois de décembre, pour traiter à la fois les affaires de l'Orient et celles de la Lombardie. « Or, nous dit le chroniqueur, quant cil furent venus à Rome, si firent tot ce qui li maistres des Alemans vout, tout au gré de l'empereur, et orent ses lettres scellées de son scel des convenances de la paix. » Le pape considérant cet arrangement comme défi-

---

(1) « *Ceterum R. marescalcus tuus ad bajulationis officium ob tuum restituatur honorem, ita tamen quod bajulus hinc inde omni carens suspicione in kalendis martii proximo futuri regno praeficiatur eidem, quem praeficiendi nobis per tuas committas litteras potestatem.* » *Ibidem*, p. 776.

nitif, publia, du 19 au 23 février 1236, diverses déclarations, où il notifiait à Frédéric II, aux prélats de la terre sainte et aux ordres militaires, l'heureuse conclusion de la paix (1). Mais quand les députés furent de retour à Acre et qu'on y donna lecture du traité dont ils étaient porteurs, ce fut un déchaînement général. On les accusa d'avoir trahi les intérêts dont ils étaient chargés, en se prêtant à une paix honteuse et nuisible, et la haute cour refusa unanimement de la ratifier. A défaut de textes positifs, on ne peut que conjecturer les motifs de cette irritation. Il est probable que Frédéric II avait refusé de rappeler Richard Filangieri, de comprendre le roi de Chypre dans le traité et de faire droit aux réclamations du patriarche de Jérusalem (2). Ce qui joint à l'abolition de la commune jurée devait tourner contre lui la noblesse aussi bien que la bourgeoisie.

Les barons du royaume de Jérusalem s'entendirent avec le roi de Chypre, afin d'envoyer en commun à Grégoire IX un ambassadeur chargé de lui exposer les raisons de leur refus; « et por ce mandèrent-ils ceste chose au pape que cele pes avoit esté faite devant lui et par son seu. » Pour représenter les deux royaumes, ils firent choix de Geoffroi Le Tort, chevalier et légiste renommé, qui avait des fiefs en Syrie et en Chypre. Ce député, après avoir reçu ses instructions, passa d'abord à Gênes sur un navire génois, et de là se rendit à Viterbe, où le pape se trouvait alors avec toute sa cour (3). Aussi croyons-nous que le passage de Le Tort dut avoir lieu au mois de mars 1237, et son arrivée à Viterbe vers le commencement de juin. A cette époque des récriminations réciproques commençaient à jeter une grande froideur dans les relations de Frédéric et

---

(1) *Hist. diplom.*, t. IV, p. 808 et not. 1.

(2) C'est du moins ce qu'on entrevoit dans une réponse évasive de l'empereur au pape, à la date du 16 avril 1236 : « *Super negotio regni Cypri et patriarchae Hierosolymitani deliberatiori consilio illud paternitati vestrae respondere curabimus, cum duce Domino in Italiam cismontana provincia nos reduxerit, quod honori vestro et Ecclesiae ac imperii viderimus expedire.* » *Hist. diplom.*, t. IV, p. 832.

(3) Grégoire IX, exilé de Rome par les séditions des Romains, résida à Viterbe de mars à octobre 1237.

de Grégoire. Les anciennes protestations de dévouement et de confiance avaient fait place à l'aigreur et au soupçon. Aussi Geoffroi Le Tort trouvat-il la cour romaine très-favorablement disposée : « Il porta biaus presens et riches au pape et as cardinaux et fit son message, et mostra les points et les raisons au pape que cele pès ne devoit pas estre reçue. Le pape le reçut bel et l'entendi mult volentiers et respondi que ce n'estoit mie merveille s'il la refusoient; car dès lors qu'elle fu faite, la tint-il à fausse et à mauvaise; et il ne pooit autre faire, car li messages disoient qu'ils avoient commandement de ce faire qu'il firent. Et s'il deissent qu'il ne le vosissent tenir, c'estoit en eux ; que force ne leur feroit-il mie; ains lor promettoit l'aide et le maintenement de l'Yglise, et lor envoioit lettres en quoi il lor mandoit qu'il voloit que li dui roiaume fussent toute une chose, et manda en Acre as treis religions et à toutes les communes que au roi de Chipre et à sa terre et à ceus du roiaume au roiaume de Jerusalem, feussent aidant à garder et à deffendre eus et lor choses, et si lor commandoit-il mult especiaument et à la poeste de Gennes et au commun manda il ce meismes. Toutes ces lettres et maintes autres trait Giefroi Le Tort du pape Grégoire, qu'il emporta et s'en retorna en Gennes. Et la si se mist en une nef et s'en passa en Acre, et d'iluec s'en alla en Chipre (1). »

On a lieu de s'étonner que ce brusque revirement dans la politique pontificale n'ait point fourni à Frédéric II le sujet d'un de ces nombreux griefs qu'il dénonçait avec tant d'empressement à tous les rois de l'Europe. Nous ne trouvons du moins aucune plainte de ce genre dans les actes subséquents que nous avons pu recueillir. On voit bien à l'année 1239, au moment où s'engage la lutte entre l'empereur et le pape, que le premier, revenant sur l'interdit prononcé par l'archevêque de Ravenne en 1235, accuse le souverain pontife d'avoir levé cet interdit à la demande de l'archevêque de Césarée, sans attendre l'arrivée des ambassadeurs impériaux et seulement pour gagner quelques besants (2). De son côté,

---

(1) Continuat. de Guill. de Tyr, dans la collection Guizot, t. XIX, p. 488.
(2) « *Statim adveniente Cesariensi episcopo, nec legato praedicto nec nunciis nostris ad curiam venientibus expectatis, nec ulla majori mora protracta nisi quatenus delatos bisancios*

Grégoire IX repousse ce reproche avec indignation, en expliquant, comme il l'avait déjà fait, sa conduite en cette circonstance par des motifs uniquement tirés des intérêts religieux qu'il devait ménager dans la terre sainte. Frédéric blâme en outre le pape d'avoir, au mépris des règles canoniques, accordé des dispenses pour le mariage de Balian d'Ibelin, fils aîné du sire de Baruth, avec Eschive, fille de l'ancien connétable Gautier de Montbelliard, et pour celui de Jacques de l'Amandelée avec Alix, sœur de Jean de Césarée, lui reprochant d'avoir ainsi fortifié le parti de ces deux barons qu'il qualifie de *traîtres* (1). Mais il ne dit pas un mot de la rupture des négociations et de la liberté laissée par le pape aux seigneurs du royaume de se gouverner comme ils l'entendraient. Nous sommes dans la même incertitude sur la nature des rapports qui purent exister de 1234 à 1240, entre le gouvernement opposant, représenté à Acre par le bail Eudes de Montbelliard, et le gouvernement légitime, représenté à Tyr par le légat Richard Filangieri. Ce qui paraît certain, c'est que par suite d'une convention tacite, les deux partis s'abstinrent de se faire une guerre ouverte, et nous voyons que dans les premiers mois de l'année 1240 Frédéric II entretenait encore une correspondance active avec son lieutenant à Tyr et lui envoyait de fréquents renforts (2). Le port d'Acre restait ouvert aux vaisseaux siciliens qui venaient y faire le commerce au nom de l'empereur (3).

Cependant la trêve conclue entre Frédéric II et Malek-Kamel approchait de son terme. Depuis 1229, l'empereur s'était appliqué à se maintenir en bonne intelligence avec les princes musulmans et à cultiver une amitié si profitable aux relations commerciales de ses sujets en Orient. En mars 1232, le soudan de Damas lui avait envoyé de beaux présents. Au mois de juillet de la même année, il avait reçu en Apulie une ambassade du soudan d'Égypte, dont les députés se trouvèrent à sa cour en même

---

potuit numerare. » Lettre du 20 avril 1239, ap. *Hist. diplom.*, t. V, p. 299. — Voir la réponse du pape, *ibidem*, p. 332-333.

(1) *Ibidem*, p. 304.
(2) Voir notamment la lettre du 8 février 1240, ap. *Hist. diplom.*, t. V, p. 739.
(3) *Ibidem*, t. V, p. 587.

temps que ceux du Vieux de la Montagne. Entre autres cadeaux, ils apportaient à l'empereur une tente astronomique, où les images du soleil et de la lune mues par d'ingénieux ressorts, accomplissaient leur mouvement régulier et marquaient infailliblement les heures du jour et de la nuit. Cette mécanique, enrichie d'or et de pierreries, fut estimée vingt mille marcs et devint le principal ornement du trésor royal conservé à Venosa. Dans un repas de cérémonie qui fut donné à cette occasion, on vit non sans quelque étonnement, plusieurs évêques siciliens assis à côté des émirs de l'Égypte et des redoutables Assissins de la Syrie (1). Plus tard, au siége de Brescia, en 1238, des guerriers égyptiens envoyés par le soudan figuraient dans l'armée cosmopolite de Frédéric II (2). Aussi quand le pape, vers la fin de l'année 1237, invita l'empereur à favoriser par tous les moyens le passage des croisés français qui commençaient à se réunir à Lyon, celui-ci déclara hautement qu'il n'entendait pas qu'on enfreignît la trêve jurée par lui pour dix ans, et il écrivit aux croisés de retarder leur départ jusqu'à la Saint-Jean-Baptiste de l'année 1239 (3). Ce qui fut accepté sans opposition.

Dans l'intervalle Malek-Kamel était mort et avait été remplacé par un de ses fils, Malek-Adel. Les discordes qui divisaient les princes musulmans parurent aux croisés une occasion favorable de reconquérir la terre sainte, et la plupart d'entre eux allèrent s'embarquer à Marseille au mois d'août 1239, malgré les représentations de l'empereur, qui leur conseillait

---

(1) *Hist. diplom.*, t. IV, p. 369, 370 et not. 1.

(2) « *Erant enim cum eo ... milites regis Angliae, Franciae et Ispaniae, comes Provinciae cum centum militibus, milites quoque Soldani et Vatacii Graecorum imperatoris, aliarumque diversarum gentium.* » *Chronic. de reb. in Ital. gest.*, p. 174. On ne peut entendre ici, par l'expression *milites Soldani*, des aventuriers arabes, tels que ceux que Frédéric II enrôlait sur les côtes d'Afrique. C'est évidemment un corps auxiliaire envoyé officiellement par le soudan du Caire en vertu de son alliance offensive et défensive avec l'empereur.

(3) « *Treugas quas in fidei nostrae rupturam infringi nullo modo, quantum salubriter possemus resistere, medio tempore permittemus.* » *Hist. diplom.*, t. IV, p. 880. Voir les lettres du pape à l'empereur, de l'empereur aux croisés et au comte de Cornouailles, *Ibidem*, t. V, p. 126, 140 et 164.

d'attendre encore un an (1), et malgré l'opposition du pape, qui aurait voulu tourner leurs forces contre Frédéric. Ce prince pourvut libéralement aux besoins de tous ceux qui préférèrent s'arrêter en Sicile et y passer l'hiver. Il envoya même des vivres à ceux qui se trouvaient en Syrie; mais il ne pouvait alors leur fournir aucun autre secours, et ses prévisions ne tardèrent pas à se réaliser. Les Sarrasins commencèrent par chasser les chrétiens de Jérusalem, y détruisirent les fortifications de la tour de David, puis défirent, près de Gaza, l'armée des croisés dans une affaire d'avant-garde qui se changea en une déroute complète (13 novembre). Cette expédition mal conduite dès le début, et rendue ensuite impuissante par l'incapacité des chefs et leur jalousie réciproque, ne produisit aucun résultat. Frédéric II en apprenant le malheur de l'armée chrétienne, promit d'interposer ses bons offices auprès du souverain de l'Égypte pour obtenir la délivrance des prisonniers français qui languissaient dans les prisons du Caire. Mais il ne se dissimulait pas que ses démarches eussent été bien mieux accueillies par l'ancien soudan, « qui lui témoignait tant d'amitié » (2 .

Pendant que les croisés français, de concert avec les Templiers et contrairement à la politique de Frédéric, négociaient une trêve avec le soudan de Damas et le prince de Crak, pour agir plus librement contre l'Égypte, l'autorité impériale en Syrie éprouvait un rude échec. L'agression vint de la part des Vénitiens, qui s'étaient engagés envers le pape à attaquer l'empereur sur tous les points accessibles à leur marine. Au commencement de l'année 1240, Marsilio Giorgi arriva dans la terre sainte avec le titre de baïl de la République, et il réclama aussitôt de Richard Filangieri la restitution des revenus et des terres qui appartenaient aux Véni-

---

(1) Frédéric attendait alors une ambassade du nouveau soudan d'Égypte, dont les députés durent arriver en Apulie vers la fin d'octobre 1239. Cf. *Hist. diplom.*, t. V, p. 433.

(2) « *Credimus quod si superviveret Soldanus Babyloniae, quondam pater istius Soldani viventis, ex affectione quam ostendebat ad majestatis nostras personam, de nobilibus militibus captivatis in bello satisfaceret votis nostris. Nihilominus tamen apud istum Soldanum superstitem pro liberatione ipsorum praecipuam opem et operam apponemus.* » Lettre datée du 25 avril 1240, ap. *Hist. diplom.*, t. V, p. 923.

PARTIE HISTORIQUE.

tiens, à Tyr et dans les environs. Ayant éprouvé un refus hautain, il s'entendit avec Philippe de Montfort, sire de Thoron, et avec d'autres seigneurs, leur fit craindre que le lieutenant de l'empereur ne voulût tenter un coup de main sur Acre, et les décida à faire revivre les prétentions de la reine Alix de Chypre. Celle-ci, qui avait épousé à la fin de l'année 1239 un baron français nommé Raoul de Soissons, produisit sa requête devant la haute cour présidée par l'archevêque de Tyr, en présence du grand maître des Templiers, du consul de Gênes et du baïl de Venise. Le connétable Eudes de Montbelliard voulait qu'on écrivît d'abord au roi Conrad (1) pour le mettre en demeure de venir prendre possession de ses États. Mais les Ibelins firent décider qu'en attendant, Alix aurait la garde du royaume comme étant après Conrad la plus proche héritière de sa nièce, l'impératrice Isabelle. Alix et son mari jurèrent de maintenir les bonnes coutumes du royaume, et le 5 juin les barons leur firent hommage (2). On apprit sur ces entrefaites que le maréchal de l'empereur était parti de Tyr pour retourner en Apulie. Aussitôt les sires de Baruth et de Thoron résolurent de s'emparer de Tyr avec l'aide des galères vénitiennes, et le 12 juin ils y réussirent, grâce à la connivence des Vénitiens qui résidaient

(1) Jean d'Ibelin dit ici et plus loin, que le roi Conrad *était d'âge*, ce qui semble indiquer qu'il était majeur. Or la majorité des rois étant fixée en Syrie à quinze ans, et Conrad étant né le 25 avril 1228, le fait en question devrait être reculé jusqu'après le 25 avril 1243. Mais l'ensemble des événements contredit formellement ce témoignage, et il faut supposer ou qu'Ibelin, écrivant vingt-cinq ans après, n'aura pas observé une scrupuleuse fidélité dans les dates, ou que nous ne comprenons pas parfaitement le sens de l'expression dont il se sert.

(2) Après une comparaison attentive des renseignements fournis à cet égard par le continuateur de Guillaume de Tyr, par le texte de Jean d'Ibelin le jeune (*Assis. de Jérus.*, t. II, p. 399, 400), et surtout par la relation de Marsilio Giorgi au sénat de Venise (ap. *Font. rer. Austr., diplom. et acta*, t. XIII, pars II, p. 354 et seqq.), nous n'hésitons pas à placer ce fait et les suivants à l'année 1240. La décision de la haute cour et la prise de Tyr étant désormais fixées aux mois de juin et de juillet, ne peuvent appartenir ni à l'année 1241, époque où Raoul de Soissons n'était plus en terre sainte, ni aux années 1242 et suivantes, où Thomas d'Aquino avait remplacé Richard Filangieri. La question chronologique, en ce qui touche les faits particuliers au royaume de Jérusalem, nous paraît avoir été trop négligée jusqu'ici, et nous avons tâché de l'éclaircir. Si quelques textes nouveaux et positifs se produisent, nous serons les premiers à modifier des attributions que nous croyons exactes jusqu'à preuve contraire.

dans l'intérieur de la ville. Lothaire Filangieri, que son frère avait chargé du commandement en son absence, se retira dans le château et s'y serait longtemps défendu sans une circonstance qui décida de la reddition de la place. Richard avait été assailli en mer par une tempête et son vaisseau avait été jeté sur la côte d'Afrique, près d'un lieu qu'on appelait le mont de Barca. Il nolisa un bâtiment sarrasin qui se rendait à Alexandrie, et sur lequel il espérait continuer son voyage. Mais la violence du vent l'ayant ramené vers les rivages de la Palestine, il rentra à Tyr, où il fut pris en débarquant. Ses ennemis firent dresser une potence et menacèrent de le pendre sous les yeux de la garnison du château. Pour sauver la vie de son frère, Lothaire Filangieri consentit à rendre la place, qu'il évacua le 10 juillet après avoir obtenu la délivrance de Richard (1). Raoul de Soissons, qui demandait à être mis en possession de cette conquête comme étant le mari de la reine, ne put obtenir la remise ni du château de Tyr ni de celui d'Acre. Tyr fut donné en garde au sire de Baruth, et le château d'Acre au sire de Thoron et à un autre baron nommé Nicole Antiaume. Les seigneurs du royaume voulurent constater ainsi leur parfaite indépendance, tant à l'égard de l'empereur qu'à l'égard de la reine Alix, dont l'autorité se trouvait réduite à un rôle purement nominal. Aussi Raoul de Soissons voyant qu'il ne tirait aucun avantage de son mariage, jugea à propos d'abandonner sa femme et de retourner en France au mois de septembre, avec le roi de Navarre et la plupart des croisés français.

Il est probable que le rappel de Richard Filangieri avait été motivé par l'arrivée prochaine de Richard, comte de Cornouailles, frère du roi d'Angleterre et beau-frère de l'empereur, dont il fut le véritable représentant dans la terre sainte (2). Le prince anglais s'embarqua à Marseille

---

(1) « *Et citius habuimus quam habuissemus nisi esset quod bajulus imperatoris qui pergebat in Apuliam, passus fuit naufragium ad montem de Barche; qui rediit cum barcha navis in qua revertebatur et ibat Tyrum. Et sic eum apprendimus, et furchis factis in turri eminenti ante castrum, dicentes nos velle eum suspendere, qui in castro erant timore ducti ne suspenderemus eum castrum reddiderunt, eo pacto ut libere possent abire.* » Relat. de Marsil. Giorgi, ap. *Font. rer. Austriac.*, loc. supr. citato.

(2) « *Dudum etenim viro spectabili comite Cornubiae dilecto sorario nostro cum honorabili*

au commencement de septembre 1240 et aborda à Acre le 8 octobre avec quelques troupes et beaucoup d'argent. Avant de quitter la France il avait envoyé un de ses chevaliers, Robert de Thinge, à Frédéric II alors occupé au siége de Faenza, et avait reçu de lui, tant au sujet de la délivrance des prisonniers faits à la bataille de Gaza que sur la conduite à tenir avec le soudan d'Égypte, des instructions auxquelles il se conforma. La politique du comte de Cornouailles fut absolument celle que l'empereur avait adoptée pendant sa propre croisade : obtenir et sauver par des négociations ce que les armes des Francs ne pouvaient plus ni conquérir ni défendre. Affaibli d'ailleurs par le départ des autres croisés, Richard d'Angleterre, l'eût-il désiré, ne pouvait agir différemment. Aussi le soudan de Damas n'ayant pas pu ou voulu exécuter les conditions de la trêve qu'il avait conclue avec les Templiers, le comte de Cornouailles, de l'avis des grands maîtres de l'ordre de Saint-Jean et de l'ordre Teutonique, ainsi que du duc de Bourgogne et de Gautier de Brienne, comte de Joppé, s'empressa de traiter au nom de l'empereur et de son fils Conrad avec le nouveau soudan d'Egypte, Saleh-Nodgem-eddin-Ayoub (1). Ce prince, qui venait de détrôner son frère Malek-Adel, était bien aise de fortifier son autorité encore mal affermie, et il offrit lui-même le renouvellement de la trêve de 1229. En effet, bien que nous n'ayons pas le texte même de cette nouvelle convention, les conditions mentionnées dans la lettre de Richard d'Angleterre rappellent presque de point en point celles du traité que Frédéric II avait négocié en personne. Les biens possédés par les Hospitaliers dans l'étendue des territoires concédés leur furent garantis, mais aucune stipulation de ce genre ne fut introduite en faveur des Templiers. Richard envoya, le 30 novembre, au soudan des députés chargés de recevoir son serment, et en attendant cette ratification qui pouvait tarder

---

comitiva nobilium Transalpina, in ultramarinis partibus vices agente nostras, » dit Frédéric II dans une lettre écrite vers la fin de 1244, ap. *Petr. de Vin. Epist.*, lib. I, cap. XXVIII.

(1) « *De consilio magistrorum Hospitalis et Sanctae Mariae Theutonicorum et totius christianorum exercitus pro parte nostra, qui jure dilecti filii nostri Cunradi in Romanorum regem electi et regni Hierosolymitani haeredis ejusdem regis et regni moderamine fungebatur, cum Soldano Babyloniae treugas fideliter et prudenter iniit.* » *Ibidem.*

quelque temps, il fit travailler aux fortifications d'Ascalon, qu'il remit ensuite entre les mains de Gautier, lieutenant de l'empereur à Jérusalem. Ce Gautier, que le continuateur de Guillaume de Tyr appelle Penaupié(1), nom que nous ne retrouvons pas ailleurs dans nos textes, était probablement chargé depuis le départ de Filangieri, du gouvernement des pays qui reconnaissaient encore l'autorité impériale. Mais on ne saurait dire s'il intervint dans le traité conclu par le prince anglais, quoique Frédéric II à diverses reprises revendique cette convention comme étant son ouvrage (2). Le soudan retint les députés jusqu'au 7 février 1241 ; enfin il jura la trêve et délivra les prisonniers, qui arrivèrent au camp de Richard le jour de Saint-Georges, 23 avril. Croyant alors avoir accompli sa tâche, le comte de Cornouailles partit d'Acre le 3 mai suivant : retardé par les tempêtes, il n'aborda qu'à la fin de juin à Trapani, en Sicile, d'où il fut conduit auprès de son beau-frère qui se trouvait alors dans les États romains, près de Terni, et qui le reçut avec les plus grands honneurs. Le départ de Richard ne fit qu'augmenter les divisions qui régnaient en Palestine, particulièrement entre les Templiers et les Hospitaliers. Les premiers, favorisés par les bourgeois d'Acre, ennemis de Frédéric II, tenaient leurs rivaux comme assiégés dans leurs maisons. C'est probablement en cette occasion, qu'à la suite d'un soulèvement, ceux qui défendaient encore le parti impérial à Saint-Jean d'Acre, en furent définitivement expulsés. Ainsi seraient expliquées ces paroles de Richard de San-Germano : « *Mense octobri 1241, civitas Accon rebellat imperatori.* » Nous n'avons sur ce point aucun autre renseignement; et si nous savons qu'à cette même époque le patriarche d'Antioche, défenseur avoué de Frédéric, résidait en terre sainte, avec le titre de légat du saint-siége (3), le rôle qu'il put jouer en cette circonstance nous est entièrement inconnu.

---

(1) « Puis manda en Jérusalem un chevalier qui avoit nom Gautier Penaupié, qui estoit baillif de par l'empereor, et tenoit la terre de Jérusalem par la fiance et par la trive du soudan de Babylone. »

(2) « *Nostro regio foedere parvipenso quod nos una cum conventu et magistris domorum Sancti Johannis et Sanctae Mariae Theutonicorum nomine nostro contraxeramus cum eodem.* » Ap. MATT. PARIS., *Hist. maj. Angl.*, p. 447.

(3) Acte daté de Tripoli, le 18 novembre 1241, dans PAOLI, *Cod. diplom. di Malta*, p. 129 et suiv.

PARTIE HISTORIQUE.

Avant d'être complétement informé des événements qui venaient de se passer en terre sainte, Frédéric II satisfait de la trêve signée en son nom, avait envoyé une ambassade à Nodgem-eddin-Ayoub pour renouveler les anciens traités de commerce conclus avec son père Malek-Kamel. Le chef de cette ambassade était Roger de Amicis, alors capitaine et maître justicier en Sicile et en Calabre (1). Comme Roger résidait encore à Messine au mois d'avril 1241 et que l'appendice à Geoffroi de Malaterra indique son départ au commencement de la quinzième indiction, on peut placer avec confiance cette ambassade au mois de septembre 1241 ; ce qui s'accorde d'ailleurs assez bien avec le récit des historiens arabes. On sait par eux que les députés impériaux arrivèrent à Alexandrie sur un vaisseau appelé *le Demi-Monde*, qu'ils se rendirent au Caire après avoir visité la vallée de Fayoum, et se présentèrent aux portes de la ville du côté de la plaine des pyramides. Ils entrèrent dans la capitale de l'Égypte avec une suite nombreuse, escortés par toute la cavalerie égyptienne. Le soir, le vieux et le nouveau Caire furent illuminés comme en un jour de réjouissance publique. Le soudan accueillit les députés avec la plus grande distinction, et comme on était alors en hiver, ils attendirent le retour de la belle saison (2). Il est même probable que les négociations retardées par les lenteurs habituelles aux cours orientales, se prolongèrent au delà de l'été, puisque vers les derniers mois de l'année 1242, Roger de Amicis demeurait encore au Caire avec le soudan (3). De ces négociations il sortit un traité, tenu secret comme tous les actes du même genre conclus entre chrétiens et musulmans, et qui ne nous est point malheureusement parvenu ; mais on peut se faire une idée assez exacte des stipulations qu'il contenait par le traité conclu en 1290 entre le roi d'Aragon et de Sicile d'une part et le soudan Kelaun de l'autre,

---

(1) Voir le chapitre suivant.
(2) Cf. Reinaud, *Biblioth. arabe des croisades*, t. IV, p. 441.
(3) « *Et in illis diebus dominus Rogerius de Amicis manebat in Babyloniam et in Cairum cum Soldano.* » Append. à Geoff. de Malaterra, à l'année 1241, première indiction. La première indiction grecque commence en septembre 1242. Quant au millésime, on n'en peut tenir compte, soit que l'auteur de ce fragment ait adopté un comput particulier, soit que ses dates annuelles aient été interpolées.

traité qui n'était lui-même que la reproduction littérale d'une ancienne convention faite entre Frédéric II et Malek-Kamel. Ce fait a été mis en lumière par notre savant ami, M. Amari, dans les corrections qu'il a proposées au texte arabe du traité de 1290. Les ambassadeurs aragonais attendirent quelques jours que l'on eût pris copie de l'acte que les ambassadeurs de Frédéric II avaient jadis rédigé de leurs propres mains en langue arabe et en langue franque, c'est-à-dire en latin. L'exemplaire latin avait été rapporté à l'empereur, l'exemplaire arabe, muni de la signature des députés impériaux, était resté dans la chancellerie égyptienne (1). Ce traité stipulait une amitié perpétuelle entre les deux gouvernements, aide et protection réciproques contre leurs ennemis quels qu'ils fussent, et refus d'assistance de la part de Frédéric envers ceux des chrétiens de la terre sainte qui rompraient les premiers la trêve. La sûreté de la navigation et du commerce, le payement des droits de douane, la restitution des prises, la répression de la piraterie, formaient aussi les principaux articles de cette convention, dont la date précise ne nous a pas été transmise.

Pour soutenir son autorité chancelante en Syrie et y remplacer Richard Filangieri, Frédéric II jeta les yeux sur Thomas, comte d'Acerra, qui avait déjà gouverné le pays en 1227 et 1228, et y avait fait preuve d'habileté et d'énergie. Thomas s'embarqua au mois de juin 1242, revêtu comme son prédécesseur du titre pompeux de baïl du royaume de Jérusalem et de légat du saint-empire dans les pays d'outre-mer. Mais nous ne savons de quelles forces il disposait, quel fut le lieu de sa résidence en Palestine, quelle action il exerça sur les affaires publiques. Vers la fin de l'année 1243, sur l'ordre exprès de Frédéric II, et avec l'agrément du roi Con-

---

(1) « Imploravano essi dal Soldano la pace nei medesimi termini fermati una volta tra lo imperatore Federigo II e il Soldano Malec-Camil . . . . . Dimoraron costoro parecchi giorni tanto che fu copiato un trattato di tregua scritto già di propria mano dagli ambasciatori di esso imperatore in lingua arabica e franca; del qual trattato gli ambasciatori dell' imperatore recarono al signor loro la copia in lingua franca, sottoscrivendo di propria mano l'esemplare arabico rimasto in Egitto. » AMARI, La guerra del vespr. Sicil., Docum. XXXI, p. 590, d'après un manuscrit arabe de la bibliothèque impériale (suppl. ar. 810).

rad (1), il mit les chevaliers de Saint-Jean en possession du château d'Ascalon que le comte Richard avait rendu aux impériaux ; les revenus que cette terre pouvait produire à la cour du roi, furent abandonnés aux Hospitaliers, jusqu'à concurrence des dépenses qu'ils avaient faites ou pourraient faire pour la garde de ce château, et il fut stipulé que si Ascalon venait à être pris sans qu'on pût imputer cette perte à la négligence des Hospitaliers, l'empereur leur tiendrait compte de leurs déboursés. Plus tard, en 1252, Innocent IV ratifia cette convention comme ayant été faite à une époque où Frédéric II n'était pas encore retranché de l'Église, *tunc in communione Ecclesiae permanentis* (2) : ce qui prouve bien que le saint-siége considérait comme valables les actes de Frédéric II, malgré l'excommunication qui pesait alors sur lui, et qu'il n'annula que les actes postérieurs à la déposition de ce prince au concile de Lyon.

Cependant les Templiers, dont l'influence était prépondérante en Palestine, depuis l'expulsion des impériaux de Saint-Jean d'Acre, avaient rompu la trêve conclue avec le soudan d'Égypte pour s'allier contre lui avec les soudans de Damas et d'Émèse, et avec Naser, prince de Crak. Ce traité, qu'il faut placer au commencement de l'été de l'année 1244, remit les chrétiens en possession de tout le pays situé en deçà du Jourdain, à l'exception de Naplouse et de Gaza, occupées par les Égyptiens. Le grand maître des Templiers s'empressa d'annoncer dans une circulaire qu'enfin les chrétiens habitaient seuls dans Jérusalem, que les évêques avaient béni de nouveau tous les saints lieux, et qu'on y célébrait chaque jour les divins mystères, ce qui ne s'était point fait depuis la prise de Jérusalem par Saladin (3). Mais cette tranquillité fut de courte durée. Nodgemeddin irrité d'une alliance si menaçante, appela à son aide une tribu de Turcs du Karisme qui, poussée en avant par les Tartares, errait en Mésopotamie depuis l'an 1237. Les Karismiens accoururent tous avec tant de secret et de diligence, qu'ils étaient entrés dans le royaume, du côté de

---

(1) Les lettres patentes de l'empereur sont datées de Melfi, le 30 août 1243, et la confirmation par Conrad est du 30 novembre suivant, à Nuremberg.
(2) Paoli, *Cod. diplom. di Malta*, p. 273.
(3) Matt. Paris., *Hist. maj. Angl.*, p. 416.

Saphet et de Tibériade, avant même qu'on fût instruit de leur marche. Les fortifications de Jérusalem n'ayant pas été relevées depuis leur destruction, en 1239, on résolut d'évacuer la ville sainte menacée et de se retirer à Joppé. La retraite dirigée par le nouveau patriarche de Jérusalem, Robert, et par les grands maîtres des ordres militaires, s'effectua en bon ordre. Mais arrivés à moitié chemin, une partie des fugitifs se persuadant que l'alarme était vaine, résolurent de revenir à Jérusalem. A peine de retour, ces malheureux furent enveloppés par les Karismiens qui s'étaient cachés dans les montagnes voisines, et furent massacrés sans pitié. Les barbares inondèrent de sang le saint Sépulcre et profanèrent avec une fureur sauvage tous les lieux consacrés. A partir de ce jour néfaste, Jérusalem fut à jamais perdue pour les chrétiens.

Instruit de cette catastrophe par un messager du patriarche d'Antioche, Frédéric en imputa toute la responsabilité aux Templiers et à ses autres ennemis, qui, par leur injustice et leur mauvaise foi, avaient en quelque sorte poussé à bout le soudan de Babylone (1). Comme il n'attendait rien de bon du recours à la force des armes, il se justifiait dans sa lettre d'avoir agi sur le soudan par la voie des négociations, non pas en vue de resserrer les liens d'affection qu'on lui supposait avec ce prince, mais pour suivre les conseils de la plus vulgaire prudence (2). Les événements ne tardèrent pas à lui donner raison en amenant les résultats que l'empereur faisait pressentir. Dans le premier moment, un cri unanime d'indignation et de vengeance s'était élevé parmi les chrétiens de la Syrie. Les seigneurs francs et les chefs des ordres militaires oubliant pour un moment leurs discordes, avaient concentré leurs forces à Saint-Jean d'Acre, et avaient

---

(1) « *Haec vos latere non credimus fuisse praecipuam, immo solam originem morbi praesentis et causam, quas Soldanum Babyloniae continuis etiam injuriis postmodum lacessitum, ad quaerenda remota suffragia et ad desperanda coegit.* » Petr. de Vin. *Epist.*, lib. I, cap. XXVIII.

(2) « *Pensavimus qualiter cum terrae primatibus, licet nobis et nostrae fidei inimicis, si non perfectae, palliatae cujusdam amicitiae foedera contraheremus et potissime cum Soldano Babyloniae qui terrae Syriae pene major dominus et hujusmodi locorum habilitate vicinior habebatur. Ad hoc nos nullius familiaritatis intrinseca provocavit affectio, sed cauta provisio ne desperare praedictos necessario cogeremus.* » *Ibidem.*

fait appel à leurs nouveaux alliés les soudans de Damas et d'Emèse. Le prince d'Émèse arriva seul amenant quatre mille cavaliers, et fut reçu à Acre avec les plus grands honneurs. Frédéric II, se rappelant les reproches qui lui avaient été adressés pendant son séjour en Syrie, fait remarquer qu'en cette occasion les Templiers déployèrent, pour recevoir l'émir musulman, une magnificence toute mondaine, et qu'ils souffrirent même que, dans leurs maisons, il exerçât son culte et invoquât le nom de Mahomet (1). L'armée chrétienne partie d'Acre, le 4 octobre, s'arrêta à Ascalon et se mit en mesure d'attaquer aussitôt les Karismiens, qui s'étaient rapprochés de la frontière pour opérer leur jonction avec les troupes égyptiennes. Malgré les conseils du prince d'Émèse, qui était d'avis de se retirer en lieu sûr et d'attendre du manque de vivres la dispersion d'un ennemi supérieur en nombre, les Francs engagèrent la bataille près de Gaza, le jour de Saint-Luc, 18 octobre, et éprouvèrent une sanglante défaite. Les auxiliaires sarrasins s'enfuirent au premier choc abandonnant leur prince, qui se retira l'un des derniers. Après une résistance désespérée, les débris de l'armée se sauvèrent à Ascalon, laissant morts sur le champ de bataille, ou prisonniers entre les mains des vainqueurs, une foule de barons, plusieurs évêques, et les deux grands maîtres des Templiers et des Hospitaliers. Du nombreux contingent fourni par les ordres militaires, il n'échappa que trente-trois Templiers, vingt-six Hospitaliers et trois Teutoniques.

Frédéric II rejeta la défaite des chrétiens sur la précipitation du patriarche qui, dans la crainte d'avoir à partager avec quelqu'un la gloire du succès (2), avait engagé imprudemment la bataille, et il ne manqua pas de rappeler que, sans l'inimitié du pape et des Lombards, il aurait pu secourir efficacement la terre sainte. Vraies ou simulées, ses bonnes dispositions se trouvèrent en effet paralysées par la sentence de déposition prononcée contre lui au concile de Lyon. Parmi les griefs que, dans cette occasion solennelle, le pape mit en avant contre l'empereur, il lui repro-

---

(1) Lettre de Frédéric II, du 27 février 1245, dans MATT. PARIS, *Hist. maj.*, p. 447.
(2) « *Dum collegam aut principem alium forsitan reputaret indignum.* » *Ibidem.*

cha de persévérer dans son alliance avec le soudan d'Égypte qui venait de causer tant de maux aux chrétiens, et d'avoir reçu tout récemment, dans ses États de Sicile, un ambassadeur égyptien (1). Cependant, quand Nodgem-eddin, poursuivant le cours de ses succès, se fut emparé de Damas, d'Émèse, de Maubech, qu'il eut ruiné le château bâti près de Tibériade par Eudes de Montbelliard, et renversé après un long siége les fortifications d'Ascalon, le pape lui-même ne dédaigna pas d'envoyer un député à ce souverain musulman pour tâcher d'obtenir une trêve qui permît aux chrétiens de respirer, en attendant que saint Louis fût prêt à passer en Orient. La réponse du soudan, qui paraît parfaitement authentique, puisqu'elle est insérée parmi les lettres mêmes d'Innocent IV, mérite d'être traduite ici presque textuellement : « Le messager que nous a envoyé le saint pape est venu vers nous, et nous l'avons accueilli avec honneur et dilection, dévotion et révérence. Nous l'avons appelé en notre présence; nous avons prêté l'oreille à ses paroles; nous avons ajouté foi à ce qu'il nous a annoncé au sujet du Christ, sur qui soit le salut! Quant au Christ, nous en savons sur lui plus que vous n'en pourriez savoir, et nous le glorifions plus que vous ne pourriez le glorifier. Sur ce que vous nous dites que vous désirez la tranquillité et le repos, et les moyens de faire régner la paix parmi les peuples; nous aussi le désirons et ne voulons pas le contraire, et nous l'avons toujours voulu et désiré. Mais le pape (que Dieu le soutienne!) sait qu'entre nous et l'empereur existe depuis longtemps une familiarité et une affection mutuelles, ainsi qu'une parfaite concorde, depuis le temps du soudan notre père (que Dieu le mette dans sa gloire!). Entre nous et ledit empereur, il en est comme vous savez. Il ne nous est donc pas permis de rien conclure avec les chrétiens sans avoir requis auparavant son conseil et son aveu. Nous écrivons à notre député qui est à la cour de l'empereur, au sujet des choses que nous a communiquées le messager du pape, et nous lui faisons part des articles proposés par votre

---

(1) « *Et nuper nuncios Soldani Babyloniae, postquam idem Soldanus Terrae Sanctae ac christianis habitatoribus ejus per se ac suos dampna gravissima et inextimabiles injurias irrogarat, fecit per regnum Siciliae cum laudibus ad ejusdem Soldani excellentiam, sicut fertur, honorifice suscipi et magnifice procurari.* » Ap. Matt. Paris., *Hist. maj.*, p. 453.

messager. Notre député se rendra en votre présence, il vous parlera, et quand il nous aura instruit, nous agirons suivant la teneur de sa réponse. Nous nous conformerons à ce qui paraîtra utile à tous, de manière à n'être pas sans mérite devant Dieu. Voilà ce que nous vous annonçons, et le bien s'accroîtra à l'avenir, Dieu aidant. Écrit le septième jour du mois de maharram, époque de la lunaison d'août. Gloire à Dieu seul et bénédiction sur notre seigneur Mahomet et sur sa race! Qu'il soit notre partage (1)! »

En cette même année 1246, la reine Alix étant morte, son fils Henri, roi de Chypre, prit ou reçut la garde du royaume de Jérusalem, et il établit à Saint-Jean d'Acre un baïl, qui y résida en son nom (2). Quoi qu'en disent quelques historiens, on ne voit point que le pape ait reconnu officiellement Henri de Lusignan comme roi de Jérusalem. Dans la lettre du 5 mars 1247, où il le délie du serment de fidélité que ce prince avait prêté à l'empereur Frédéric II, il ne lui donne même pas encore le titre de seigneur du royaume de Jérusalem. Mais six semaines après, à la date du 17 avril, il le reconnaît en cette qualité par une autre lettre où il l'exhorte à bien gouverner la terre sainte (3). En admettant ainsi les prétentions de Henri de Lusignan, le pape ne pouvait tolérer la présence en Palestine d'un agent direct de l'empereur, alors mis au ban de la chrétienté. Plusieurs lettres d'Innocent IV, datées du 25 mai 1248, nous apprennent que Thomas, comte d'Acerra, résidait à cette époque dans le comté de Tripoli, d'où il s'efforçait de nuire aux partisans de l'Église (4). Le pape invite le patriarche de Jérusalem à faire tous ses efforts pour

---

(1) Cette lettre étant insérée au livre III des lettres curiales, n° 29 (allant du 28 juin 1245 au 28 juin 1246), paraîtrait plutôt appartenir à l'année 1245; mais elle est rapportée par Raynaldi à l'année 1246.

(2) C'est ainsi qu'il faut entendre ces paroles de Jordanus, citées par Raynaldi : « *Filius Henricus, rex Cypri, in regno Hierosolymitano succedit, et in Ptolemaïde balivum posuit.* »

(3) Lettre datée de Lyon, le 15 des calendes de mai, année VIII, qu'il faut lire année III, la lettre étant insérée dans le livre IV, n° 547. L'annotation marginale de Raynaldi corrige l'erreur qui s'est glissée dans son texte.

(4) Une autre lettre du pape à l'évêque de Tripoli, datée de Lyon, le 17 novembre de cette même année, prouve que les adhérents de l'empereur étaient encore nombreux dans ce pays.

INTRODUCTION.

l'expulser de la terre sainte; et comme beaucoup de personnes tant religieuses que séculières travaillent à faire rentrer le royaume de Jérusalem sous l'autorité de Frédéric et de son fils Conrad, il ordonne à tous de ne pas permettre que rien soit changé au gouvernement de l'État, tel qu'il est alors constitué (1). Nous savons par ces mêmes lettres que les Pisans et autres gibelins ne craignaient pas, quand ils arrivaient dans le port de Saint-Jean d'Acre, d'arborer sur leurs vaisseaux les étendards de Frédéric II, et qu'ils les déployaient même dans les églises pendant les fêtes solennelles, « au péril de leurs âmes et au scandale du public (2). »

Mais ces démonstrations restaient impuissantes, et le comte d'Acerra qui paraît avoir été réduit à une inaction à peu près complète, n'intervint pas au milieu des compétitions dont la royauté nominale de Jérusalem était encore l'objet. Mélisende, veuve de Bohémond IV, prince d'Antioche, et sœur utérine de la reine Alix, ayant réclamé la garde du royaume comme se trouvant de droit la plus proche héritière, le pape écrivit le 24 mars 1249 à l'évêque de Tusculum son légat en Syrie, qu'il eût à prendre en considération les prétentions de Mélisende et à l'investir de la seigneurie, s'il pouvait le faire sans scandale (3). Ce fut probablement en cette occasion que Jean d'Ibelin, sire d'Arsur, qui était baïl de Saint-Jean d'Acre au nom du roi de Chypre, se démit de cette charge et fut remplacé par un chevalier nommé Jean Fuinon (4). Les difficultés que le sire d'Arsur éprouvait au milieu des dissensions furieuses qui divisaient la population hétérogène de Saint-Jean d'Acre, furent-elles la cause de sa retraite, ou céda-t-il la place à un représentant du parti de Mélisende? c'est ce que nous ne saurions décider faute de renseignements suffi-

---

(1) « *Firmiter praecipiendo mandantes quatenus persistentes in devotione Romanae Ecclesiae non immutetis vel quantum in vobis est, ab aliquo permittatis ipsius regni dominium aliquatenus immutari.* » Coll. Laporte du Theil, ann. V, lett. 57.

(2) « *Cum Pisani et plures alii in eorum navibus, cum ad Acconensem applicant civitatem, vexilla Friderici quondam imperatoris extensa portare ipsaque in ecclesiis in solemnitatibus ponere praesumant.* » *Ibidem*, ann. V, lett. 54.

(3) Regest. Innoc. ann. VI, ap. HÖFLER, *Bibl. des liter. ver. in Stuttgart*, t. XVI, p. 185.

(4) « Li sires d'Arsur laissa le bailliage et fu baillis Johan Fuinon et fu legat Odes de Tusculane. » *Contin. de Guill. de Tyr*, p. 544.

sants. Mais il est certain que les prétentions de Henri de Lusignan ou de Mélisende n'allaient pas jusqu'à contester le droit supérieur de Conrad. En 1250 les barons français prisonniers en Égypte refusèrent de céder au soudan plusieurs lieux et châteaux de la terre sainte parce qu'ils étaient tenus en fief de l'empereur, qui ne consentirait pas à s'en dessaisir (1). Le saint-siége lui-même, dans l'ardeur la plus vive de la lutte, réserva toujours les droits de Conrad, et plus tard ceux de Conradin sur la couronne de Jérusalem ; et le roi de Chypre, Hugues III, ne prit le titre de roi de Jérusalem qu'en 1269, après la mort du dernier héritier d'Isabelle de Brienne.

Ici se termine le tableau que nous avons voulu tracer de la situation intérieure du royaume de Jérusalem sous Frédéric II. Ce tableau quoique rapide est le résumé exact et complet de tous les documents que nous avons pu recueillir sur ce point d'histoire assez obscur. De 1226 à 1239, l'autorité de l'empereur, bien que souvent contestée et méconnue, s'exerce sans interruption dans la terre sainte. Mais depuis 1240 elle devient à peu près nulle, non-seulement parce que Frédéric est alors occupé de soins plus importants, mais encore parce qu'il abandonne volontairement à leurs propres discordes des sujets indociles qui en repoussant la direction d'un gouvernement étranger, ne savaient par eux-mêmes ni combattre ni négocier à propos. L'étude de cette triste époque remet en mémoire les paroles sévères mais justes de Tillemont, quand il dit, à propos des désastres de 1244 : « La terre sainte..... estoit encore moins profanée par les impiétez visibles des ennemis de Jésus-Christ que par les crimes de ceux qui le deshonoroient en faisant profession de l'adorer (2). »

Après avoir rappelé à leurs dates les relations de Frédéric II avec les soudans d'Égypte, relations qui se rattachent naturellement à l'histoire de la terre sainte, il nous reste à parler de celles qu'il entretint avec les princes de Tunis et de Maroc et qui avaient plus particulièrement pour objet des traités de commerce. A son retour de la croisade l'empereur

---

(1) JOINVILLE, p. 66, édit. de Ducange.
(2) *Vie de S. Louis*, t. III, p. 44.

envoya à Tunis un chevalier pisan nommé Ubaldo, chargé de négocier avec le souverain de ce pays un acte de navigation analogue à celui que la république de Pise venait d'obtenir du miramolin de Maroc (1). Le prince de Tunis, de la dynastie des Beni-Hafs, était alors Yahia, surnommé Abou-Zacharia et par abréviation Abou-Zak, qui depuis 1226 s'était rendu indépendant des Almohades. Le traité conclu au milieu du mois giumadi-el-akher 628 (ce qui répond au 20 avril 1231), ne nous est connu que par une assez mauvaise traduction faite vers 1620 par Marcus Dobelius Citero sur un manuscrit qui se trouvait probablement à l'Escurial (2). Cette traduction suffit toutefois pour nous faire connaître les stipulations principales qui réglaient la restitution de part et d'autre des captifs faits en temps de paix et qui n'auraient point abjuré leur religion, ainsi que la liberté de la navigation et du commerce entre les Africains et les Siciliens de l'île et de la terre ferme. Frédéric II prenait l'engagement de rendre tout ce qu'avaient pu enlever les pirates chrétiens armés en course dans les pays soumis à sa juridiction, à l'exception des Génois, des Pisans, des Marseillais et des Vénitiens, qui avaient déjà traité séparément et pour leur compte avec l'émir al-moumenyn de Maroc; il promettait aussi de respecter les caravanes qui se rendaient par mer des ports de l'Afrique en Égypte ou qui en revenaient. De son côté, le prince de Tunis s'obligeait à ouvrir tous ses ports aux marchands chrétiens, à leur donner refuge en cas de tempête, à réparer tous les torts qui pourraient leur être faits. Les musulmans avaient la faculté de commercer librement en Sicile, en payant sur les marchandises un droit de dix pour cent. Le tribut fourni par les musulmans de l'île de Cosyra devait être partagé par moitié entre le prince de Tunis et le roi de Sicile; mais les droits souverains de Frédéric II sur cette île étaient reconnus, à la charge par lui d'envoyer un lieutenant musulman, qui seul aurait autorité sur la

---

(1) Voir l'acte daté du mois de mars 1230, dans MARIN, *Stor. del commercio de' Veneziani*, t. IV, p. 277.

(2) C'est cette traduction que nous avons reproduite, faute de mieux, dans notre *Hist. diplom.*, t. III, p. 276 et suiv., en y introduisant toutefois quelques leçons meilleures, fournies par un manuscrit du *fonds Dupuy*.

population musulmane (1). Cette paix était conclue pour dix ans, à dater du jour de la signature du traité.

On remarquera que dans cette pièce importante il n'est pas question du tribut qui depuis les conquêtes du roi Roger en Afrique était dû par les princes de Tunis aux souverains de la Sicile; mais il ne faudrait pas conclure de ce silence que le tribut ait été supprimé. On doit le considérer au contraire comme la compensation des avantages accordés aux Africains par les successeurs de Roger, et dont le principal était la faculté de tirer de la Sicile les blés dont Tunis ne pouvait se passer. Sur ce point, le témoignage de Saba Malaspina est formel (2). Il nous apprend que depuis la mort de Manfred, le roi de Tunis profitant des troubles de la Sicile, s'était dispensé de payer le tribut, et que Charles d'Anjou avait résolu de l'y contraindre. Nous trouvons même dans les registres de ce prince l'évaluation de ce tribut, qui était par an de 33,333 besans, soit en chiffres ronds 100,000 besans pour trois ans; ce qui, en comptant deux taris et demi par besan, représentait une somme de 8,333 onces d'or (3). Il est clair que Charles d'Anjou ne réclamait en 1269 que ce que les Souabes ses prédécesseurs avaient régulièrement perçu.

Le trône de Tunis avait été disputé à Abou-Zak par un de ses frères, dont le fils, nommé Abdelazis, se réfugia en Sicile au commencement de l'année 1236, et y fut honorablement accueilli par Frédéric II. Une correspondance assez vive s'engagea entre le pape et l'empereur au sujet de

---

(1) Le traité ne parle pas de l'île de Lampedusa, qui, cependant, faisait alors partie du royaume de Sicile, au même titre que Cosyra (Pantellaria). Ces deux îles africaines, avec celles d'Ustica, de Favignana, de Maritimo, étaient comprises dans la secrétie de Palerme. Cf. *Hist. diplom.*, t. V, p. 858.

(2) « *Rex quidem Tunisii propter proximam rebellionem Siciliae multis mortibus consopitam quemdam annuum censum sive redditum quem regi Siciliae pro eo exhibet annuatim ut victualia in Tunisium libere comportentur, ut mare Siculum remigare licite valeant Arabes quando volunt, quodque barbari per Siculos piraticis non vexentur insidiis, regi Carolo per tres annos subtrahens denegabat.* » Sab. Malasp., ap. MURATOR., *Script.*, t. VIII, p. 859.

(3) *Regest.* 1267 (1269), t. I, fol. 224, cité par Tutini, *Degli Ammir. del regno*, p. 64. Dans l'accord conclu par Manfred avec les Vénitiens en 1259, l'once est évaluée à 13 besants moins un quart : ce qui ne met le besant qu'à deux taris et un tiers.

ce prince musulman, l'un prétendant qu'il était venu en Europe avec l'intention d'embrasser le christianisme, l'autre soutenant que jamais Abdelazis n'avait manifesté le désir de se faire baptiser et que nul n'avait le droit de l'y contraindre (1). Ce qui est certain, c'est que le neveu du roi de Tunis demeurait encore à Lucera au milieu des Arabes, ses coreligionnaires, à la date du 17 avril 1240, époque où Frédéric II ordonnait à ses officiers de pourvoir libéralement à l'entretien du prince exilé (2). Il est évident que l'empereur le gardait dans ses États comme un otage précieux, dans le but de peser sur les résolutions d'Abou-Zak. Nous savons en effet qu'à cette même époque le roi de Tunis avait fait alliance avec les Génois et les Vénitiens, ennemis de Frédéric II, et tolérait ou encourageait secrètement les torts que leurs corsaires faisaient éprouver au commerce sicilien, soit sur mer, soit sur les côtes de l'Afrique. L'amiral Nicolo Spinola voulait le rappeler à l'observation des traités par une démonstration énergique. Mais l'empereur lui ordonna de surseoir et préféra envoyer à Tunis une ambassade composée du notaire Jean de Palerme et d'un seigneur sicilien nommé Henrico Abbate, qui porte en cette occasion le titre de consul (3) : ce qui semblerait indiquer qu'il résidait habituellement à Tunis pour y protéger les intérêts de ses nationaux. Les instructions remises à ces ambassadeurs furent rédigées par maître Théodore, *philosophe* de l'empereur, et elles avaient probablement pour but le renouvellement de la convention de 1231. Bien que nous ne connaissions pas la marche de ces négociations, il paraît évident qu'elles furent suivies d'un plein succès, puisque pendant le reste du règne de Frédéric II et sous le règne de ses deux successeurs, les princes de Tunis se montrèrent très-zélés pour les intérêts de la maison de Souabe.

On sait d'une manière générale que l'empereur entretint aussi des relations pacifiques avec les califes almohades du Maroc. Mais la seule

---

(1) *Hist. diplom.*, t. IV, p. 872 et 912; t. V, p. 254, 255.

(2) *Hist. diplom.*, t. V, p. 907. Entre autres présents, il lui fit cadeau d'un palefroi valant six onces d'or.

(3) *Hist. diplom.*, t. V, p. 687, 726 et 745. Ce personnage avait déjà été envoyé à Tunis avec Oberto Fallamonaco en 1237 ou 1238. Cf. *Ibidem*, p. 966.

ambassade sur laquelle nous ayons un renseignement précis est celle d'Oberto Fallamonaco, laquelle eut lieu au commencement de la première indiction, c'est-à-dire vers le mois de septembre 1242 (1). Cette date concorde avec la fin du règne d'Abdel-Wahid, et nous pensons que ce fut en cette occasion que furent proposées au docteur espagnol Ibn-Sabin, résidant alors à Ceuta, les questions philosophiques dont Frédéric II avait demandé vainement la solution à divers savants orientaux (2).

En entretenant ainsi, au grand scandale de ses contemporains, des rapports suivis et réguliers avec les princes musulmans de Maroc, de Tunis et du Caire, l'empereur ne suivait pas seulement la pente de cette indépendance d'esprit qui lui était naturelle; il obéissait encore et surtout aux nécessités de sa situation géographique et politique. D'une part, il favorisait le développement du commerce et de l'agriculture dans ses États siciliens, et augmentait ses ressources financières en vendant à Tunis les blés de ses domaines royaux et en envoyant au loin des caravanes qui allaient trafiquer jusqu'aux Indes; de l'autre, il recrutait sur les côtes d'Afrique des bandes d'aventuriers destinés à combler les vides faits par la guerre dans la colonie musulmane de Lucera. La licence de ces mercenaires fut souvent un sujet d'effroi pour les villes de l'Apulie, contraintes d'héberger ces hôtes incommodes, dont Frédéric II ne pouvait pas toujours réprimer les excès (3). Poussa-t-il la connivence jusqu'à faire la traite des blanches, comme l'en accusent des écrivains ecclésiastiques, soit pour gagner l'amitié de ses alliés musulmans, soit pour réaliser un gain infâme (4)? Rien ne le prouve dans les textes des auteurs siciliens. On sait

---

(1) *Anno Domini 1244, primae indictionis, Ubertus de Fallamonica de mandato domini imperatoris ivit apud Maroccum.* » Append. ad Galfr. Malaterr., ap. Murator., *Script.*, t. V, p. 605.

(2) Voir sur ce point curieux le dernier chapitre de cette Introduction, où nous traitons de ce qui concerne les lettres et les sciences sous Frédéric II.

(3) On peut consulter les détails donnés par un auteur contemporain, Matteo di Giovenazzo, notamment aux paragraphes 2 et 6 de ses *Diurnali*.

(4) « *Inter quae* [*exenia*] *tanquam execrator christianae religionis et ritus, christianas virgines juvenculas transmittebat* [*Sarracenis*] *ad captandam benivolentiam eorumdem.* » Nic. de Curbio, ap. Baluze, *Miscell.*, t. I, p. 201. — *Pirata crudelis virginum piscatus naufragia*

seulement que le commerce des belles esclaves, originaires de la Dalmatie et des côtes de l'empire grec, était encore très-commun au treizième siècle sur tout le littoral de l'Adriatique. Quant au fait d'avoir entretenu des mercenaires musulmans, il ne saurait être sans injustice reproché à Frédéric II, puisque de leur côté les mercenaires chrétiens n'hésitaient pas à se mettre à la solde des princes africains. Les papes eux-mêmes toléraient cet usage, et dans les lettres adressées par Innocent IV au miramolin de Maroc, on voit qu'il lui recommande de protéger ses auxiliaires chrétiens et de leur donner des places de sûreté (1). Nous trouvons aussi plusieurs années après des aventuriers espagnols attachés au service du roi de Tunis et combattant pour lui contre les croisés qui avaient accompagné saint Louis en Afrique (2). On peut donc dire que dans toute sa conduite à l'égard des princes musulmans, Frédéric II ne fit que suivre les errements de ses prédécesseurs et qu'adopter les idées de tolérance mutuelle qui réglaient les relations ordinaires des populations du midi de l'Europe avec celles du littoral africain.

CHAPITRE VI.

DU ROYAUME DE SICILE SOUS FRÉDÉRIC II.

En repassant de la terre sainte dans la Sicile, nous y retrouvons aussi une population musulmane qui, réduite à l'impuissance par Frédéric II, devait plus tard être détruite, à la suite d'une croisade entreprise sous le règne de Charles II. Cette population ayant une physionomie, et en quelque sorte une histoire à part, nous rassemblerons dans un premier paragraphe les renseignements qui la concernent, et nous jetterons ensuite un coup d'œil sur l'histoire intérieure du royaume de Naples, en y joignant quelques vues nouvelles sur le gouvernement et l'administration que Frédéric II y avait organisés.

---

procacissimis Syris pudicitiam puellarum exponens quas christianus character impresserat, proscriptione longa cum Soldano mercatur. » *Vit. Gregor. IX*, ap. MURATOR., *Script.*, t. III, p. 584.

(1) Cf. RAYNALD., *Annal. eccles.*, ann. 1254, § 28.
(2) *Chronic. de reb. in Ital. gest.*, p. 322.

PARTIE HISTORIQUE.

I.

LES SARRASINS DE LUCÉRA.

La population sarrasine, issue des anciens conquérants de la Sicile, se trouvait sous le règne des derniers rois normands, refoulée dans la partie occidentale de l'île, de Cefalù à Licata, c'est-à-dire dans la région qui correspond à peu près au Val de Mazzara. Un certain nombre de ces Arabes étaient réduits à la condition de cultivateurs serfs; mais les autres avaient conservé leur indépendance, soit qu'ils exerçassent le négoce à Palerme et dans les villes de la côte septentrionale, soit qu'ils restassent cantonnés dans les châteaux qui couronnaient les montagnes, depuis Morreale jusqu'au fleuve Platani.

D'après une relation arabe contemporaine, publiée par notre savant ami, M. Amari (1), on voit combien les habitudes et les mœurs orientales avaient encore d'empire à la cour de Guillaume le Bon, quelle était la condition civile des musulmans, l'état de leurs mosquées, de leurs tribunaux, de leurs écoles, non-seulement à Palerme, mais dans les autres cités de la côte. L'auteur arabe fait cependant remarquer que tout musulman, homme ou femme, qui, en butte à la colère de ses parents, se réfugiait dans une église, était aussitôt baptisé; que les musulmans de Sicile offraient leurs filles aux pèlerins musulmans pour qu'ils les épousassent, et que celles-ci quittaient leurs familles avec joie, afin d'échapper à la tentation d'apostasier, et dans l'espoir d'aller demeurer en un pays où les musulmans seraient les maîtres (2).

Ces détails au premier abord semblent se contredire, et pourtant rien

---

(1) *Voyage en Sicile de Mohammed-ebn-Djobaïr, sous le règne de Guillaume le Bon*, texte arabe avec traduction et notes. Paris, 1846.

(2) On était déjà loin du temps où le comte Roger défendait qu'on violentât la conscience des Arabes. C'est ainsi du moins que nous comprenons les paroles d'Eadmer : « Le comte Roger de Sicile ne souffrait pas qu'un seul musulman pût embrasser la foi chrétienne; dans quelle intention? Ce n'est pas à moi de le dire, mais Dieu le jugera. » *Vit. S. Anselmi*, ap. CARUSO, p. 975.

n'est plus facile à expliquer. La position des Arabes en Sicile était devenue essentiellement fausse. Pendant qu'ils se tournaient vers le tombeau du Prophète à Médine, la population chrétienne qui les entourait avait les yeux fixés sur la croix et sur le vicaire du Christ, siégeant à Rome. Pour les Arabes, leurs points d'appui étaient Maroc, Tunis ou le Caire; les chrétiens, au contraire, ne se rattachaient qu'à l'Europe. Les Arabes regrettaient leur domination perdue; les chrétiens enviaient la prospérité dont jouissaient les Arabes, soit par une exploitation plus intelligente du sol, soit par le développement du commerce maritime. Cet antagonisme devenu plus vif encore depuis les croisades, empêchait naturellement toute fusion durable, accomplie par des transactions que les deux cultes, du reste, eussent repoussées avec une égale énergie. De plus, dans la direction générale de sa politique, Guillaume le Bon, comme ses prédécesseurs, restait exclusivement chrétien. Quelle que fût sa tolérance envers les musulmans, il n'en était pas moins l'allié et le défenseur du pape. Il envoyait des secours aux croisés de Syrie; il combattait à la fois Saladin et les Almohades d'Afrique. Il devait donc arriver un moment où la population chrétienne, plus nombreuse et plus sûre de ses forces, finirait par rejeter cet élément étranger et ennemi qu'elle ne pouvait s'assimiler.

Après la mort de Guillaume le Bon, les Arabes chassés de Palerme par une sanglante émeute, allèrent rejoindre leurs frères du Val de Mazzara, et cent mille combattants, selon l'évaluation des historiens, se mirent alors en campagne. Tancrède vainqueur de quelques-uns des chefs sarrasins, détermina les autres à poser les armes en leur accordant le renouvellement des priviléges dont ils avaient joui jusque-là. Quand le royaume de Sicile passa aux mains du terrible **Henri VI**, et que la domination de la maison de Souabe s'établit dans l'Italie méridionale, les Arabes siciliens ne s'opposèrent point à l'invasion des Allemands, et ils se montrèrent indifférents à une révolution politique qui, sans les atteindre, frappait l'aristocratie normande, leur principale ennemie. Mais à la mort de Henri VI, et pendant la minorité de Frédéric II, la confusion étant devenue inexprimable, les Sarrasins se souvenant de ce qui s'était passé sous Tancrède, prirent un rôle agressif qui leur fut fatal. Comme le pape

Innocent III avait été déclaré tuteur du jeune roi, ils se figurèrent qu'ils seraient bannis pour toujours si le chef de la chrétienté devenait le maître en Sicile, et ils se joignirent aux ennemis du gouvernement qui reconnaissaient pour chef l'ambitieux Markwald. En vain le pape leur écrivit, pour les détromper, des lettres à la fois fermes et modérées, où il leur promettait sa bienveillance et la conservation de leurs coutumes et priviléges : « Considérez, leur disait-il, ce que vous devez à Frédéric, et quelle est la perfidie de Markwald..... Songez bien que, comme beaucoup de princes et une grande foule de peuples d'Occident se sont ligués contre les Sarrasins, ont pris la croix et se proposent de passer prochainement la mer, ils tourneront leurs armes contre vous, s'il vous arrive de vous joindre à Markwald contre les chrétiens et le jeune roi; et Markwald ne pouvant leur résister apaisera, bon gré mal gré, leur colère par votre sang, et rachètera sa vie par votre mort. Nous vous avertissons donc et vous exhortons tous, tant que vous êtes, à imiter en cela la fermeté de vos ancêtres, à ne pas payer d'ingratitude les bienfaits dont les rois de Sicile vous ont comblés, à prendre en considération la douceur du siége apostolique, qui non-seulement veut maintenir, mais accroître vos bonnes coutumes si vous consentez à être dévoués à nous et fidèles au roi, sans ajouter foi aux promesses et aux tromperies de Markwald (1). » Les Arabes n'en persistèrent pas moins dans leur obstination, et leur émir Magded unit ses troupes à celles de l'audacieux aventurier qui aspirait au trône de Sicile. Mais les rebelles furent vaincus et Magded fut tué par l'armée pontificale dans une bataille livrée entre Palerme et Monreale (juillet 1200) (2). Innocent III ne voulut pas cependant user rigoureusement de sa victoire, et il donna pour instructions à ses lieutenants de ne conclure aucun accord avec Markwald, mais d'accorder la paix aux Sarrasins, s'ils fournissaient une caution suffisante (3). Il paraît que les Arabes accédèrent aux conditions qui leur furent faites, puisqu'en septembre 1206 le pape écrivit au cadi et aux

---

(1) *Hist. diplom.*, t. I, p. 37 et suiv.
(2) *Ibidem*, p. 46 et suiv.
(3) *Praecipimus ut nulla pax cum Marcualdo devicto fiat, sed cum Sarracenis reformetur si sufficientem cautionem praestiterint.* » *Ibidem*, p. 58.

caïds d'Entella, de Platana, de Giato et de Ragalicelsi (1), ainsi qu'aux autres caïds et à tous les Sarrasins répandus dans l'intérieur de la Sicile, pour les féliciter d'avoir observé la paix, et pour leur promettre au nom du jeune roi qu'ils seraient récompensés de leur fidélité (2). Cependant, par un motif que nous ne saurions préciser, les Arabes ne tardèrent pas à descendre de leurs montagnes, à soulever leurs frères de la plaine et à ravager les possessions des chrétiens. Ils s'emparèrent même du château de Corléone et s'avancèrent dans l'intérieur de l'île. Peu de temps après, lorsque Othon de Brunswick se présenta en Italie pour enlever la Sicile à Frédéric II, les Arabes lui adressèrent des messages flatteurs en promettant de se soumettre à lui. Ils lui envoyèrent même de riches présents, des vases de bronze et d'argent, où ils avaient fait graver des légendes laudatives, et une robe de soie d'un grand prix, artistement brodée dans le goût moresque. Quand Frédéric II l'eut emporté sur Othon, il se fit rendre avec les autres ornements impériaux la robe triomphale que les Arabes avaient donnée à son compétiteur.

Frédéric était trop préoccupé du désir d'asseoir son autorité sur des bases solides pour laisser subsister dans ses États héréditaires cette cause permanente de troubles. Aussi après son retour d'Allemagne et le rétablissement de l'ordre dans le royaume, songea-t-il à punir le soulèvement des Arabes et à en prévenir le retour. Le centre de l'insurrection étant à Giato, d'où les Arabes descendaient sans cesse pour piller les possessions de l'archevêque de Morreale, ce fut de ce côté que l'empereur dirigea d'abord ses efforts. Une première campagne, en 1221, paraît être restée infructueuse. Le comte de Malte, Henri, chargé de soutenir la guerre, n'ayant pu prendre l'offensive avec les forces insuffisantes dont il disposait, encourut la disgrâce de Frédéric, qui résolut de diriger en personne une seconde campagne contre les Sarrasins. L'empereur obtint du pape

---

(1) Nous avons indiqué la situation géographique de ces forteresses dans les notes de notre ouvrage, t. I, p. 118, note 1.

(2) *Innocentius*, etc., *Archadio et universis Gaietis Antellae, Platanae, Jati, Celsi et omnibus Gaietis et Sarracenis per Siciliam constitutis, veritatem quae Deus est intelligere et amare.* » Hist. diplom., t. I, p. 118.

Honorius III un délai pour la croisade de la terre sainte, en faisant valoir ce motif, que la Sicile était pleine d'infidèles, que c'était là aussi une croisade, et qu'il serait imprudent à lui d'aller combattre les ennemis du Christ outre-mer, tandis qu'il en laisserait un si grand nombre dans son royaume. Au mois de juin 1222, il vint mettre le siége devant Giato, où les Arabes se défendirent vaillamment. Leur chef ou émir, Ben-Abed (1), qui dirigeait la résistance de toute la population musulmane répandue à l'ouest de l'île, avait fait alliance avec un pirate marseillais, nommé Hugues Fer, et avec l'ancien amiral de Sicile, Guillaume Porc. Ce dernier, depuis son bannissement, faisait la course pour son compte et n'avait probablement jamais cessé d'entretenir sur la côte africaine des relations de commerce, dont le trafic des jeunes garçons formait une branche considérable. Il n'est point douteux que les vaisseaux de ces deux associés n'apportassent d'Afrique aux Arabes de Sicile, des hommes, des munitions et des vivres. Aussi la résistance de Giato se prolongea jusqu'à la fin d'août, et même rien ne prouve que Frédéric II ait emporté la place d'assaut. Mais ce qui est certain, c'est qu'à la suite d'un engagement sur lequel nous n'avons aucun détail, Ben-Abed, ses fils, Guillaume Porc et Hugues Fer, tombèrent entre les mains de Frédéric, qui les fit tous pendre à Palerme en punition de leurs trahisons et de leurs crimes.

Le retour de l'empereur sur le continent ralentit les hostilités, qui ne furent reprises qu'au mois de juin 1223. Cette fois Frédéric II paraît avoir adopté un autre système, qui consistait à attaquer les Sarrasins sur plusieurs points à la fois, à les resserrer dans les montagnes, et à les forcer séparément à la soumission. Ce moyen lui réussit. Un grand nombre d'entre eux posèrent les armes et consentirent à demeurer dans les villages de la plaine (2). Ce fut alors qu'il conçut le projet de transporter les

---

(1) Ce personnage est appelé *Mirabettus* par Richard de San-Germano, *Mirabellus* par Albéric de Trois-Fontaines, *Benaveth* par l'auteur de l'Appendice à Geoffroi de Malaterra.

(2) « Sarracenis qui cacumina montium et loca inexpugnabilia ceperant, ad inferiora et plana loca jam omnibus revocatis. » Lettre de Frédéric à l'évêque d'Hildesheim écrite vers le mois de juillet 1223, ap. *Hist. diplom.*, t. II, p. 293. Dans un but facile à concevoir, l'em-

Arabes soumis à Lucera, dans la Capitanate, et de former ainsi une colonie militaire qui s'accroîtrait de tous les prisonniers musulmans que le sort des armes lui livrerait à l'avenir. En même temps, pour les priver des ressources qu'ils tiraient de l'Afrique, il envoya une expédition contre l'île de Gerbi, dans le golfe de Cabès. Ce repaire de corsaires fut détruit, les habitants furent emmenés en captivité, et une terreur salutaire apprit aux habitants de la côte africaine qu'ils ne pouvaient plus porter secours à leurs coreligionnaires sans s'exposer à la colère d'un prince puissant et redouté.

L'empereur décidé à passer l'hiver en Sicile, appela auprès de lui les comtes d'Aquila, de Caserta, de San-Severino, et le fils du comte de Tricarico, qui lui devaient le service militaire et dont la fidélité lui était suspecte. Ces seigneurs n'ayant amené avec eux qu'un petit nombre de vassaux armés, il les fit arrêter, mit le séquestre sur leurs biens, et pour se procurer des renforts contre les Sarrasins rebelles, il imposa sur tout le royaume un subside considérable. Puis il vint s'établir à Catane, d'où il dirigea une quatrième campagne. Sans poursuivre dans leurs derniers retranchements les Arabes du Val de Mazzara, il tourna ses principaux efforts contre ceux qui occupaient le diocèse de Girgenti, et qui avaient pris le mont Platani pour leur base d'opérations. Depuis longtemps ces Sarrasins étaient le fléau de la contrée. L'évêque de Girgenti Urso avait été pris par eux et détenu pendant quatorze mois au château de Guastanella. Pendant sa captivité l'église avait été dépouillée de tous ses biens. Les Sarrasins s'étaient logés dans la cathédrale, dans le campanile, dans les maisons voisines, après en avoir chassé le clergé et tous les chrétiens, en sorte que personne n'osait plus aller à l'église, même pour faire baptiser les enfants (1). Les monastères situés dans le territoire de Girgenti n'avaient pas été épargnés. L'un d'eux, celui de Santa-Maria *Bonamurone*, avait été détruit de fond en comble, et plus tard, l'abbé Théodose

---

pereur exagère ici son succès, car il est certain que la guerre se poursuivit encore pendant près de trois ans.

(1) Diplôme de Manfred aux archives de Girgenti, cité par Gregorio, *Consider. sopra la storia di Sicilia*, t. III, *prove*, p. 4.

ramena ses moines à Girgenti même, et les installa dans les bâtiments qui avaient appartenu au Sarrasin Barchelec (1). L'énergie de Frédéric II mit un terme à ces brigandages. Un de ses maréchaux ayant resserré les Arabes sur les hauteurs de Platani, ceux-ci demandèrent à se soumettre, et cette circonstance fournit un prétexte à l'empereur pour différer de se rendre en Allemagne, où il était appelé par les grands de l'Empire. Voici comment il expose les faits au pape Honorius dans une lettre datée de Catane, le 5 mars 1224 : « Au moment où nous étions sur le point de partir pour nous diriger vers l'Allemagne, notre maréchal de Catane, chargé de conduire la guerre contre les Sarrasins de Sicile, est venu vers nous amenant les caïds et les cheikhs de toutes les régions montagneuses occupées par les Sarrasins, lesquels étaient délégués au nom de tous en notre présence pour nous assurer qu'ils étaient prêts à recevoir nos ordres et à se soumettre à notre bon plaisir. Ayant donc tenu conseil avec les grands de notre cour sur ce qu'il convenait de faire, tous ont jugé utile que nous n'abandonnassions pas la Sicile dans cette conjoncture, de peur que, profitant de notre absence ou de notre départ, les Sarrasins ne tinssent pas leurs promesses d'obéissance ou pussent plus facilement recueillir leurs moissons; car leurs récoltes étant faites, il deviendrait malaisé de les réduire dans un court délai. Ils ont pensé, au contraire, que nous devions envoyer vers les princes de l'Empire le grand maître des Teutoniques à notre place, et consacrer tous nos soins à recevoir la soumission des Sarrasins, puisqu'ils l'offraient d'eux-mêmes (2). »

Quoi qu'en dise l'empereur, cette soumission ne fut encore que partielle. Elle eut, il est vrai, pour résultat la translation à Lucera des Arabes qui avaient posé les armes, et l'on comprit dans ce nombre une foule de paysans qui appartenaient à l'église de Girgenti (3). Mais le gros de la

---

(1) Pirri, *Sicil. sacra*, t. I, p. 703.
(2) *Hist. diplom.*, t. II, p. 411.
(3) « *Cum Agrigentina ecclesia propter bellum Sarracenorum et propter amissionem villanorum quibus quondam Fridericus imperator eamdem ecclesiam spoliavit eos in Apuliam transferendo*, etc. » Lettre de Rufin de Plaisance, datée du 13 novembre, an premier du pontificat d'Alexandre IV, ap. Pirri, *Sicil. sacr.*, t. I, p. 703.

population militante resta encore insoumis, puisqu'au mois de septembre de cette même année 1224, Frédéric imposait encore une nouvelle collecte *pro facto Saracenorum Siciliae*. Pendant l'hiver de 1224 à 1225, qu'il passa en Sicile, il continua à guerroyer contre les Sarrasins des montagnes, cherchant à les prendre par la famine et à couper leurs communications. Au mois d'avril 1225, en quittant la Sicile, il y laissa tout le contingent des barons et des feudataires du royaume qu'il avait convoqués *ad Saracenorum confusionem*. Les hostilités continuèrent quelque temps encore, et les Sarrasins réduits à la dernière misère cessèrent enfin toute résistance. Ils furent contraints de descendre de leurs montagnes et de renoncer à leur sauvage indépendance pour être attachés à la glèbe dans les villages de la plaine (1).

A partir de l'année 1226, les historiens n'indiquant plus aucune expédition contre les Sarrasins de Sicile, il est à croire que leur soumission générale date de cette époque. C'est aussi à ce moment que doit se placer l'établissement définitif des colons arabes à Lucera. Ceux-ci eurent beaucoup de peine à s'accoutumer à leur position nouvelle. Ils tentèrent même de se révolter, mais sentant leur faiblesse et voyant qu'ils n'avaient plus d'espoir que dans la protection de Frédéric II, ils se dévouèrent sans réserve à son service. Lorsque l'empereur partit pour la terre sainte, il emmena avec lui un corps de Sarrasins qui, au grand scandale des croisés, pratiquaient librement dans son camp les rites de leur culte. Raynald, duc de Spolète, tira aussi de Lucera les auxiliaires arabes avec lesquels il envahit, en 1228, la marche d'Ancône et les États pontificaux, et ce fut avec ces mêmes Sarrasins que Frédéric II, à son retour de Syrie, reprit une à une les villes de son royaume, occupées par les troupes du pape. On vit alors, chose étrange, les sectateurs de Mahomet unis aux croisés revenus de la terre sainte, marcher contre une armée qui portait les clefs de saint Pierre sur ses étendards.

---

(1) « *Decima tertia indictione Fridericus imperator misit exercitum magnum super Saracenos Siciliae, et remanserunt in montanis et magnum guastum semper annuatim faciebat super illos, usquequo descenderunt cum magno opprobrio, et fecit illos morari in plano Siciliae in casalibus.* » Append. ad Galfr. Malaterr., ap. MURATOR., *Scriptor.*, t. V, p. 604.

Après la paix de San-Germano la tranquillité de l'Italie méridionale parut pour longtemps assurée. Mais l'empereur, dans la prévision des querelles futures, songea à fortifier la demeure de ses fidèles auxiliaires de manière à la mettre à l'abri d'un coup de main. La vieille cité samnite de Lucera, située sur ce plateau de l'Apennin, que termine la chaîne du Gargano, avait subi autant de vicissitudes que l'Italie elle-même. Quand Frédéric II y transporta les Sarrasins de Sicile, ce n'était plus qu'une bourgade assez petite, mal alignée, bâtie de décombres ; mais il fut frappé de la position favorable qu'offrait l'escarpement de la montagne. Aussi, en 1233, fit-il construire derrière l'ancienne ville, une citadelle, dont l'enceinte contournant la montagne dans l'espace d'un quart de lieue, était reliée à égale distance par quinze tours en saillie. Le côté qui regardait la ville et qui seul était accessible, se trouvait défendu par un large fossé, par des bastions redoutables et par une porte fortifiée. L'acropole ou château intérieur servant à la fois de palais et de chambre du trésor, formait un vaste carré en talus dont les murs sont encore revêtus d'un ciment si solide qu'il a résisté à l'action du temps. Quant à l'enceinte, elle renfermait au temps de Frédéric II et de ses successeurs, des rues, des maisons, des mosquées, des arsenaux, des ateliers de tout genre. L'étranger qui se promène aujourd'hui dans cet espace abandonné n'y rencontre plus que quelques pans de murs, à demi cachés sous les hautes herbes (1).

Tant que Grégoire IX resta en bonne intelligence avec Frédéric II il se contenta de demander que des frères prêcheurs fussent admis à Lucera pour y travailler à la conversion des infidèles, et l'empereur parut s'y prêter de bonne grâce, assurant que les Arabes savaient assez l'italien pour profiter des prédications, et que quelques-uns d'entre eux avaient été déjà convertis par ses soins (2). « En les retirant de la Sicile, où ils ont tué plus de chrétiens que l'île n'en contient aujourd'hui, nous avons réussi dans notre espoir, puisque, instruits chaque jour par l'exemple des catho-

---

(1) Voir nos *Recherches sur l'histoire et les monuments des Normands et de la maison de Souabe*, p. 73 et 74.
(2) Lettre au pape, du 3 décembre 1233, ap. *Hist. diplom.*, t. IV, p. 457.

liques et désireux d'obtenir la liberté en se lavant dans les eaux du baptême, ils reviennent à l'unité de la foi chrétienne dès qu'ils peuvent se dégager des mains de leurs frères. C'est au point que leurs chefs, qu'on appelle cadis, pensant que nous étions fâché de tout cela et que cela nous faisait tort, se sont plaints à nous pendant notre séjour en Pouille de ce que le tiers d'entre eux avait été ramené à la communion de notre foi, et l'on croit sans nul doute que dans peu il en sera de même pour le reste (1). » Mais ces assurances ne nous semblent pas avoir été bien sincères, car la conversion en masse des Sarrasins de Lucera eût évidemment diminué les moyens d'action de l'empereur sur une population qui serait devenue chrétienne et libre. Si l'on en croit même l'auteur de la vie de Grégoire IX, il n'y avait plus en 1239 que douze chrétiens à Lucera, et l'évêque était obligé d'abandonner l'usage de sa langue maternelle pour parler arabe avec les nouveaux habitants de sa ville métropolitaine (2). Aussi quand les relations réciproques des deux souverains se furent aigries au point d'amener une rupture éclatante, le pape dénonça à l'Europe les violences et les profanations commises par les Sarrasins de Lucera, les accusant d'avoir démoli les églises de l'ancienne ville pour bâtir leur citadelle et leurs maisons, et d'avoir pratiqué une fosse à immondices là où s'élevait précédemment le maître-autel de la cathédrale. L'empereur répliqua qu'il n'avait point connaissance de ces excès, qu'il avait mis les Sarrasins hors d'état de nuire, et que s'il s'en servait contre les rebelles, c'est qu'il valait mieux exposer des infidèles que des chrétiens aux chances de la guerre. Il les employa en effet dans toutes ses expéditions. Grâce aux archers sarrasins, il gagna sur les Milanais la bataille de Cortenuova, et les Arabes figurèrent avec honneur au siége de Brescia et à celui de Faenza. Si l'on songe que l'empereur trouvait chez eux une armée permanente toujours prête à combattre, que ces étrangers se servaient de flèches empoisonnées, de feu grégeois et d'autres

---

(1) Lettre au pape, du 16 avril 1236, *Hist. diplom.*, t. IV, p. 831.
(2) *Alienigenarum contubernia circuire compellitur et linguae naturae officium in Arabum convertere idioma. Vit. Gregor. IX*, ap. MURATOR., *Scriptor.*, t. III, p. 583.

engins meurtriers dont eux seuls avaient le secret, on comprendra sans peine l'irritation des papes, pour qui Lucera, selon l'expression du chroniqueur Matthieu Paris, était « comme une épine dans l'œil ».

Frédéric ne négligea rien pour flatter la vanité des Arabes de Lucera, en embellissant leur ville avec les dépouilles des cités vaincues, pour encourager leur principale industrie, en faisant venir de Damas et d'Espagne des armuriers habiles à tremper l'acier, et surtout pour les protéger contre l'animosité de ses sujets chrétiens. Malgré tout, beaucoup de ces musulmans se regardaient toujours comme exilés; sans cesse ils inventaient des ruses pour franchir les hautes murailles qui les emprisonnaient, ou bien se tenaient cachés en différents lieux de la Capitanate, afin de s'évader à la première occasion favorable. Mais l'empereur s'appliqua constamment à prévenir ces désertions par d'actives mesures, soit en interdisant à ses officiers de recevoir dans les ports siciliens aucun Sarrasin venant de Calabre en Sicile, sous prétexte de faire le négoce, soit en défendant aux justiciers des provinces méridionales de souffrir qu'aucun Sarrasin résidât sur les terres de leur juridiction, sans l'envoyer à Lucera pour qu'il justifiât de sa condition civile (1).

Fidèle au plan de colonisation qu'il avait conçu, Frédéric profita même d'une nouvelle insurrection des Arabes restés en Sicile, pour concentrer en Capitanate tous les musulmans de ses États. Affaiblis mais non domptés par le départ de leurs coreligionnaires, les derniers débris des tribus africaines avaient repris peu à peu leur vie d'indépendance et de rapine. Au mois de juillet 1245, ils abandonnèrent en masse les villages de la plaine, regagnèrent les montagnes et s'emparèrent de Giato et d'Entella, leurs anciennes forteresses (2). Retirés avec leurs familles dans ces lieux plus redoutables par leur position que par la force de leurs retranchements, les Sarrasins fondaient comme des vautours sur le pays voisin et rentraient ensuite dans leurs nids inaccessibles. Sourds aux avertissements de

---

(1) *Hist. diplom.*, t. V, p. 590 et 626.
(2) *Tertiae indictionis mense julii omnes Saraceni de Sicilia tanquam rebelles ascenderunt in montana et ceperunt Jatum et Antellam.* Append. à Geoff. de Malat., dans MURATORI, *Scriptor.*, t. V, p. 605.

l'empereur qui leur donnait un mois pour se soumettre (1), ils se mirent en état de révolte ouverte, et comme ce soulèvement coïncide avec la déposition de Frédéric au concile de Lyon, et avec la grande conspiration tramée dans le royaume par Tebaldo Francesco et ses partisans, il est vraisemblable que les Arabes, abusés par des émissaires secrets, crurent le moment favorable pour secouer le joug. Richard, comte de Caserta, gendre de l'empereur, marcha contre eux vers la fin de l'année 1246; ils lui opposèrent une vive résistance, surtout à Entella, dont les remparts démantelés offraient encore au temps de Fazello les traces du long siége qu'ils avaient subi. Ils cédèrent enfin, et tous ceux que Richard réussit à prendre vivants furent embarqués pour la Pouille, où ils allèrent augmenter la colonie militaire de Lucera (2). A partir de cette seconde translation, la ville sarrasine, selon l'évaluation la plus modérée, renferma une population flottante de soixante mille âmes, dont le tiers au moins était voué au métier des armes.

Ce fut là une force nouvelle dont Frédéric II usa largement dans les dernières années de son règne. Non-seulement il continua d'employer les Arabes pour les expéditions militaires, mais il confia même à une garde sarrasine le soin de veiller sur sa personne. Il fit plus; il commit à des musulmans des fonctions civiles, en les chargeant de la surveillance des ports et des châteaux, du recouvrement des impôts et même de l'administration de la justice. Il était ainsi assuré de trouver dans ces agents une obéissance passive. Mais ces mesures dictées par la nécessité, n'étaient que temporaires, et il est faux que l'empereur ait inséré dans ses constitutions le droit naturel des Sarrasins à exercer des magistratures. Il est encore plus faux qu'on y trouve une disposition portant que, dans le cas où des Sarrasins seraient tués sans qu'on pût découvrir les coupables, la population

---

(1) Lettre de Frédéric II aux Sarrasins, dans Martene et Durand, Ampliss. coll., t. II, p. 1154.

(2) *Anno Domini* 1245 (lisez : 1246) *indictionis quintae de mandato domini imperatoris comes Riccardus de Caserta ejecit omnes Sarracenos de Sicilia et misit illos apud Noceriam in Apulia.* Append. à Geoff. de Malaterra, dans Muratori, Scriptor., t. V, p. 605. Cf. Fazellus, *De reb. Sic.*, prior. dec. lib. X, p. 213.

sur le territoire de laquelle le crime aurait été commis fournirait, outre une amende en argent, autant de têtes vouées au supplice qu'il y aurait eu de victimes (1). La vraie loi de Frédéric II, travestie par la mauvaise foi ou par l'ignorance (2), était en réalité aussi équitable que conforme à la jurisprudence du temps. En cas d'homicide, la justice suivait son cours ordinaire pour arriver au châtiment du coupable. Mais si ce coupable échappait aux recherches, les habitants de la localité devaient payer au fisc cent augustales, dans le cas où le mort était chrétien, et cinquante seulement, si le mort était Juif ou Sarrasin (3). Cette loi protectrice, mais non pas agressive, fut non-seulement maintenue par les rois angevins, mais même approuvée et confirmée par les papes qui, vers la fin du treizième siècle, s'occupèrent de la réformation du royaume de Naples (4). On voit donc que Frédéric évaluait la vie d'un musulman à un prix moitié moindre que celle d'un chrétien; c'était la même proportion que

---

(1) Nous n'avons pas reproduit dans nos textes cette prétendue constitution de Frédéric, parce qu'elle doit être considérée comme apocryphe dans le fond et dans la forme. Goldast, qui la rapporte à l'année 1238 (*Constitut. imper.*, t. I, p. 300), ne cite aucune source manuscrite, et n'indique pas à quel auteur il l'a empruntée. Nous la transcrivons ici pour l'éclaircissement de notre sujet :

« *Sarracenos qui utilem nobis operam adversus hostes nostros praebuerunt salvos ubique in imperio et regnis nostris esse volumus. — Et quia digni sunt habiti imperiali honore, volumus ut magistratibus per Italiam et Siciliam gerendis praefecti quiete et pacifice teneant, — et christiani qui se Sarracenis illis opponunt impune occidantur. Caesorum autem Sarracenorum quaestio, si reus captus non esset, in vicinae regionis populos habeatur qui aeris summa ac totidem capitum supplicio mulctabuntur.* »

(2) Voir notamment comment l'auteur de la *Vie de Grégoire IX* présente cette loi, dans MURATORI, *Scriptor.*, t. III, p. 584. Matteo de Giovenazzo rapporte, il est vrai, que les habitants de Barletta ayant soustrait aux poursuites le meurtrier d'un Sarrasin, deux d'entre eux furent pendus et la ville fut condamnée à une amende de mille augustales. Mais c'est là un cas exceptionnel qui s'explique, parce que le Sarrasin tué faisait partie des mercenaires étrangers et que la ville avait fait preuve en cette affaire d'une désobéissance formelle.

(3) « *Si vero Judaeus aut Sarracenus sit, in quibus prout certo perpendimus christianorum persecutio nimis abundat, in quinquaginta augustalibus praedictorum locorum incolas aerario nostro applicandis damnandos esse censemus.* » *Hist. diplom.*, t. IV, p. 34.

(4) Voir l'ordonnance en forme de bulle rendue par Honorius IV, en 1285, dans GATTOLA, *Ad hist. Cassin. access.*, pars II, p. 722.

les lois barbares avaient jadis établie entre la compensation du Franc et celle du Romain. En effet, Frédéric II ne considérait pas les Sarrasins de ses États comme des hommes libres. C'était à ses yeux une population inférieure et vaincue, assujettie à l'impôt de la capitation (*gesia, dschezjat*) (1) qui leur constituait le droit de vivre. Il les assimilait aux Juifs, et leur appliquait hautement la dénomination de *servi*.

Depuis l'expédition du comte de Caserta, en 1246, le nombre des musulmans indigènes de la Sicile fut réduit à un chiffre insignifiant, et l'usage de la langue arabe y déclina si rapidement, que dans les dernières années de Manfred on avait peine à trouver quelque lettré qui fût en état de traduire les anciens contrats rédigés en cette langue. Il est vrai qu'on rencontre encore des dispositions relatives aux serfs sarrasins dans les capitulaires de Frédéric d'Aragon. Mais M. Amari pense qu'à cette époque il ne s'agit plus que des prisonniers de guerre enlevés pendant les luttes fréquentes des princes siciliens contre les musulmans d'Afrique. Au contraire, les Sarrasins de Lucera, quoique décimés par les guerres continuelles auxquelles ils prirent part sous Frédéric II et sous ses successeurs aussi bien que pendant le règne de Charles d'Anjou, conservèrent jusqu'à la fin du treizième siècle leurs lois, leur religion, et pour ainsi dire leur individualité propre. Attaqués en 1299 par un gouvernement décidé à les exterminer, ils finirent par succomber à la suite d'une persécution aussi violente qu'impolitique.

II.

HISTOIRE INTÉRIEURE DU ROYAUME DE SICILE.

Les lettres d'Innocent III sont à peu près les seuls actes authentiques qui puissent nous éclairer sur l'histoire de la Terre de Labour, de la

---

(1) « *Tam ab archadio quam a quolibet Sarraceno Luceriae recipias canonem et gesiam.* » *Hist. diplom.*, t. V, p. 628. La même expression *tributa gisiae*, est appliquée aux Juifs de Palerme, *ibidem*, t. I, p. 193. Ce terme arabe équivaut, comme on sait, au *census capitis*, que les chrétiens de leur côté étaient obligés de payer dans les pays musulmans.

Pouille et de la Sicile pendant la minorité de Frédéric II. Aussi les historiens ont-ils puisé tous à cette source excellente. Après les travaux de MM. de Raumer et de Cherrier, nous ne referons pas en détail le tableau des troubles qui agitèrent cette minorité. Nous nous bornerons à préciser ici le caractère des deux mouvements en sens contraire qui se produisirent à cette époque.

La conquête de la Sicile par Henri VI, malgré les violences et les cruautés de ce prince, était solidement affermie. On le vit bien à sa mort. Deux partis restaient en présence : le parti victorieux qui se rattachait à l'Allemagne et s'appuyait sur les aventuriers allemands, le parti vaincu qui regrettait la domination normande et attendait un chef. Le premier fut successivement conduit par Markwald d'Anweiler (1), par Guillaume Capparone, qui malgré son nom italien paraît avoir été un Allemand, et par Diephold de Hohenburg. Innocent III donna pour chef au second parti un Français, Gautier de Brienne, qui avait épousé une fille du roi Tancrède. Il entrait en effet dans les vues politiques de ce pontife d'isoler complétement la Sicile de l'Allemagne, puisqu'il s'opposait à la réunion du royaume de Naples et de l'Empire sur une même tête, tandis que les chefs allemands dissimulaient leurs ambitions personnelles sous l'apparence de lieutenants de l'Empire, et s'attachaient indifféremment à la maison de Souabe ou à la maison de Brunswick. Honorius III, dans une de ses lettres, rappelle à Frédéric II que son oncle Philippe de Souabe avait voulu s'emparer à son détriment du royaume de Sicile, comme Othon de Brunswick le tenta plus tard; qu'il avait envoyé dans ce but l'évêque de Worms en Italie (2), et que les démarches de ce prélat n'avaient échoué que par la vigilance du saint-siége. Toutefois, si le pape réussit à maintenir la couronne sur la tête du roi mineur, il ne parvint pas

---

(1) Après la mort de Markwald, un autre Allemand, Conrad, duc de Spolète, voulut passer en Sicile et prendre sa place, mais il fut arrêté par la mort. « *Conradus, dux olim Spoleti, qui ut in locum ejus succederet in Siciliam accedebat.* » Voir la lettre d'Innocent III, écrite vers la fin de 1202, ap. *Hist. diplom.*, t. I, p. 99.

(2) « *Sed spem ad occupationem regni Siciliae prorogabat, Lupoldum quondam Wormaciensem episcopum ad hoc mittens.* » *Hist. diplom.*, t. II, p. 593.

à faire prédominer le parti normand, et les succès de Gautier de Brienne furent aussi éphémères que rapides. En novembre 1203, Innocent étant tombé malade et le bruit de sa mort s'étant répandu dans le royaume, toutes les villes de la Pouille qui avaient ouvert leurs portes aux Français se soulevèrent aussitôt. Peu de temps après, la fin prématurée de Gautier, qui fut surpris par Diephold à Sarno, et mourut des suites de ses blessures, priva le pape d'un capitaine dont le nom servait de drapeau, mais qui n'avait pas autant de capacité que de bravoure. Il résolut alors de s'appuyer sur l'aristocratie indigène; mais cette aristocratie, dominée par une politique égoïste, faisait déjà cause commune avec les aventuriers allemands. Le pontife ne pouvait guère compter sur les provinces de terre ferme, et dans l'île de Sicile son autorité eût été à peu près nulle sans la fidélité inébranlable de Messine (1), où ses troupes trouvaient un lieu de débarquement toujours ouvert et ses légats un refuge assuré. Pierre, comte de Celano, que le pape avait confirmé dans les fonctions de capitaine du royaume, malgré sa récente défection, fut un des premiers à se déclarer pour Othon, de concert avec Diephold de Hohenburg, qui, posté à Salerne, parcourait en maître les provinces méridionales. La haute noblesse et les prélats suivirent l'exemple du comte de Celano. Othon de Brunswick n'eut qu'à se montrer pour être acclamé partout; et dans ce mouvement aussi contraire aux vues du pape qu'à l'intérêt national, l'évêque de Melfi et l'archevêque de Sorrente se signalèrent par leur scandaleux empressement à appeler l'étranger (2).

Innocent III sauva une seconde fois la couronne de son pupille en arrachant Othon de l'Italie méridionale, et les tentatives isolées de Diephold pour pénétrer dans le royaume en 1216 et 1218 restèrent impuissantes.

---

(1) Cette ville, si importante par sa position maritime, par son commerce et par sa population, avait été sur le point de reconnaître Markwald que l'archevêque y appelait. Markwald était en route pour venir prendre possession de Messine, quand la mort le surprit à Patti. Les habitants refusèrent alors de se soumettre à l'autorité de Capparone. Cf. *Hist. diplom.*, t. I, p. 92, not. 4, et p. 100, not. 4.

(2) Voir les lettres d'Innocent III, ap. UGHELLI, *Ital. sacr.*, t. I, p. 926, 927, et t. VI, p. 609.

Arrêté par son gendre, Jacopo de San-Severino, et retenu prisonnier, Diephold fut remis entre les mains de Frédéric II, qui lui rendit la liberté. C'est même une chose digne de remarque que l'indulgence dont ce prince usa envers les chefs allemands qui avaient joué un rôle dans les troubles de sa minorité, tandis qu'il ne pardonna jamais au saint-siége d'avoir suscité Gautier de Brienne, qu'il considérait comme le représentant de l'ancienne dynastie normande et comme un prétendant au trône. Au fond de l'âme, Frédéric n'admettait pas la séparation que les papes voulaient établir entre l'Empire et la Sicile. Devenu lui-même empereur, il envisageait sous un autre point de vue la conduite des chefs du parti allemand, et ne pouvait leur en vouloir d'avoir consolidé l'œuvre de Henri VI qu'il se proposait de continuer.

L'histoire intérieure du royaume de Sicile, depuis le départ de Frédéric II pour l'Allemagne jusqu'à son retour, à la fin de l'année 1220, est enveloppée d'une obscurité à peu près impénétrable. On sait d'une manière générale que les provinces continentales furent livrées à une anarchie presque complète, et que la Sicile elle-même ne fut pas exempte de troubles. Mais là s'arrêtent les renseignements fournis par la plupart des chroniqueurs. Les lettres d'Innocent III nous manquent pour cette période historique, et la rareté des actes publics provient sans nul doute de ce que l'empereur condamna à la destruction tous ceux qui émanaient d'autorités usurpatrices. Il n'est pas cependant impossible, à l'aide des pièces diplomatiques et en rapprochant certains textes authentiques, de percer en partie ces épaisses ténèbres. Deux faits principaux s'en dégagent tout d'abord : au nord, la rébellion des comtes de Celano et de Molise qui agita les Abruzzes et se fit sentir jusqu'à Naples et à Capoue; au midi, et surtout en Sicile, le soulèvement du comte Rainier de Manente, qui se sentait appuyé par les intrigues des Pisans, rivaux jaloux de l'influence de Gênes.

Après la mort de Henri VI, Marckwald, chassé de la Sicile par Constance, s'était retiré dans la Marche d'Ancône, non sans mettre garnison dans les châteaux du comté de Molise, qu'on appelait alors la Marche de Garnier, et il avait fait alliance avec Pierre, comte de Celano, le plus puissant des seigneurs voisins. La domination de Markwald s'étendit un moment depuis Ancône jusqu'au cours du Calore et du Volturno (1). A sa mort, les comtes de Celano paraissent avoir cherché à hériter de sa puissance. L'invasion d'Othon ayant relevé dans ces contrées la domination allemande (2), Gautier, comte de Molise, et les successeurs de Pierre dans le comté de Celano, se mirent en possession de la marche d'Ancône. Pour arrêter leurs progrès, Frédéric II, peu de temps après son arrivée en Allemagne, fit choix d'Aldobrandin, marquis d'Este, qui non-seulement fut chargé du gouvernement militaire de la Romagne, mais reçut aussi le titre de vicaire et légat du roi en Apulie (3). En 1214, Aldobrandin chassa le comte Gautier de la marche d'Ancône, et pénétra même dans les comtés de Celano et de Molise. Mais il n'eut pas le temps d'agir en Apulie comme lieutenant du roi, ayant été empoisonné au commencement de l'année 1215, à l'instigation des comtes de Celano; telle est du moins l'opinion des historiens de la maison d'Este. Frédéric II remplaça aussitôt Aldobrandin par ce même évêque de Worms Léopold, qui sous le règne de Philippe de Souabe avait été chargé de réchauffer le zèle des impériaux en Toscane, et probablement aussi de soutenir le parti allemand en Sicile. Léopold se rendit sans tarder en Apulie, avec le titre de *totius regni Siciliae legatus*. Nous le trouvons le 28 avril 1215 à Bari, où il confirme au nom du roi les priviléges de l'église et de la commune de Trani (4). Mais on le perd ensuite de vue, quoique sa légation soit men-

---

(1) Voir la donation faite par Markwald, sénéchal de l'Empire, duc de Ravenne, marquis d'Ancône et de Molise, à Gautier, fils du marquis Garnier : *Acta sunt haec in obsidione Ripetransone, anno Dom.* 1199 (lisez : 1198), *indict. I, V kal. sept., regnante dom. Philippo illustri Romanorum rege, anno regni ejus primo*, ap. COMPAGNONI, *Della Reggia Picena*, p. 18.

(2) La marche d'Ancône reconnaissait encore Othon pour empereur en 1216, et au mois de mai 1218 des actes cités par Compagnoni portent cette mention : *Imperatore in Romano imperio non existente*.

(3) Dans les concessions faites au nom de l'Empire aux villes de Fano et de Fermo, en Romagne, au mois de mai 1214, par le marquis Aldobrandin, il s'intitule : *Totius regni Apuliae regalis aulae vicarius et legatus*. Cf. MURATORI, *Antich. Est.*, t. I, p. 418.

(4) « *Nos Liupoldus, etc., totius regni Siciliae legatus, ad partes Apuliae juxta mandatum regium descendentes.* » *Hist. diplom.*, t. I, p. 275.

tionnée dans les lettres d'Honorius III, publiées sous le nom de Thomas de Capoue, notamment à propos de l'évêque de Teano, lequel avait offert à Léopold deux cents onces d'or pour être maintenu sur son siége, malgré les crimes énormes qui lui étaient imputés (1). Les faits rappelés dans la lettre du pape et qui se rapportent à l'époque où la reine Constance, allant rejoindre son mari en Allemagne, traversait la Terre de Labour en 1216, prouvent à quelle profonde anarchie les provinces étaient alors en proie. Il paraît donc que l'évêque de Worms parcourut le royaume dans le but de réprimer les excès qui s'y commettaient de toutes parts. Mais il mourut pendant le cours de cette légation en 1217, comme l'atteste une charte de cette année, donnée pour le monastère de Schongau par le grand prévôt de Worms, pendant la vacance du siége (2).

La riche succession de Pierre, comte de Celano, mort en 1212, ayant donné lieu à de grands démêlés entre ses enfants (3), Richard, l'aîné, réussit à se mettre en possession de tout l'héritage, sauf une portion qui fut dévolue à Thomas, comte de Molise, gendre du comte Pierre. Les deux beaux-frères ne tardèrent pas à devenir ennemis, et Richard, pour faire sa cour à Frédéric II, lui dénonça les usurpations du comte de Molise, qui s'attribuait une indépendance à peu près complète. Au reste, le comte de Celano agissait lui-même en maître absolu sur ses domaines, et ses vassaux pillaient et massacraient sans scrupule les croisés italiens ou allemands qui traversaient l'Abruzze pour aller s'embarquer dans les ports de l'Apulie (4). A l'époque du couronnement de Frédéric II à Rome,

---

(1) *Thom. Cap. Epist.*, ap. HAHN, *Coll. monum. veter.*, t. I, p. 344. Les crimes reprochés par le pape à cet évêque sont véritablement effroyables. Entre autres actes de luxure et de cruauté, on l'accusait d'avoir fait avorter, à force de coups et de tourments, une femme enceinte qu'il retenait dans le château de Teano. Il en avait fait arroser une autre d'huile et de poix bouillante, jusqu'à ce que mort s'ensuivît, et l'avait fait ensuite enterrer dans du fumier pour cacher son crime. Cf. *Ibidem*, p. 309-311.

(2) SCHANNAT, *Hist. Wormat.*, p. 366.

(3) Cf. *Hist. diplom.*, t. I, p. 931.

(4) Les mêmes désordres avaient lieu dans la Terre de Labour, et le pape s'en plaint amèrement dans une lettre écrite vers 1219 au capitaine du royaume. Cf. HAHN, *Coll. monum. veter.*, t. I, p. 324 à 328.

le comte de Celano se présenta avec d'autres seigneurs du royaume pour offrir des dons au souverain et protester de sa soumission. Le comte de Molise craignant pour lui-même, voulut envoyer son fils à sa place; mais l'empereur refusa de le recevoir, se réservant d'abattre son parti par la force des armes.

En Sicile, la rébellion du comte Rainier dut avoir lieu postérieurement à l'année 1216, c'est-à-dire après le départ de la reine Constance, qui, depuis 1212, avait été chargée du gouvernement au nom de son fils Henri, encore enfant. Ce personnage, appelé dans les textes *comes Rainerius de Manente*, était un seigneur toscan, que l'impératrice Constance avait fait venir en Sicile, et qui, après la mort de cette princesse, avait embrassé le parti de Markwald. Il se ligua ensuite avec Capparone, et en 1207, secondé par la flotte pisane, il chercha à soulever la Sicile, mais il fut vaincu et mis en fuite par le chancelier Gautier de Palearia (1). Dès lors il cesse de figurer dans les textes pour reparaître d'une manière inattendue dans une correspondance échangée à son sujet, en 1220, entre le pape Honorius III et Frédéric II. Ce prince rappelle au souverain pontife que le comte Rainier non-seulement s'est emparé de sa terre par tous les moyens, mais même a conspiré plusieurs fois pour lui ôter la vie (2); qu'il est venu en Allemagne sans avoir de sauf-conduit, et que, pourtant, on s'est contenté de lui demander la restitution des terres usurpées; que, sur ses réponses pleines d'orgueil et d'insolence, lui, Frédéric, craignant que le comte ne fît encore plus de mal s'il retournait en Sicile, avait jugé à propos de le retenir à sa cour, mais sans violence, jusqu'à ce qu'il eût rendu les terres usurpées (3). Mais les messagers du comte s'étant mis en route pour la Sicile avec le député impérial, ont répandu sur leur route les bruits les plus offensants et les plus mensongers. Le frère et les neveux du comte

---

(1) *Annal. Genuens.*, ap. MURATOR., *Scriptor.*, t. VI, p. 389, 394, 395.

(2) « *Occupationum quas per fas et nefas de terra nostra fecerat non contentus, nostrum sanguinem sitiebat et in exterminium personae nostrae saepius cogitavit.* » Lettre datée de Haguenau, 7 avril 1220. Voir au Supplément.

(3) « *Tamdiu eum apud nos duximus curialiter detinendum donec terram nostram nobis faceret resignari.* » Ibidem.

Rainier, qui demeurent en Toscane, ne cessent pas d'envoyer des hommes d'armes en Sicile pour soulever le pays avec les forces mêmes de l'Empire. Le roi a été forcé d'écrire aux Pisans pour leur défendre de donner passage aux troupes toscanes ou autres qui voudraient passer en Sicile, et il a enjoint à ses officiers d'arrêter sur terre et sur mer tous ceux qui tenteraient de débarquer. Quoique le comte mérite d'être châtié d'une manière exemplaire, lui qui a fait périr tant de gens sans épargner ni le sexe ni l'âge (1), Frédéric promet de le remettre libre et absous entre les mains de l'Église romaine aussitôt qu'il aura entièrement rendu les terres qu'il occupe en Sicile. Cette restitution eut lieu quelque temps après, comme nous l'apprenons des lettres d'Honorius III, du 20 juin et du 4 juillet suivant, par lesquelles il presse très-instamment l'archevêque de Mayence, le duc d'Autriche et d'autres princes, d'obtenir de Frédéric II l'exécution de sa promesse (2). On voit que le pape intervint dans cette affaire à la fois comme suzerain du royaume de Sicile et comme père commun des fidèles, chargé à ce titre de faire respecter le droit des gens. Quoique le comte Rainier ne fût pas sujet sicilien, et qu'il n'eût point été protégé par un sauf-conduit en règle, Frédéric II consentit à faire droit aux réclamations d'Honorius. Nous savons par une lettre écrite au comte palatin de Toscane par Rainier de Manente lui-même, qu'il avait été mis en liberté (3). Il est donc faux que l'empereur, comme le prétend le continuateur de Guillaume de Tyr, ait enfermé le comte Rainier sous une chape de plomb et l'ait fait mourir en prison (4).

D'autres exagérations du même genre pourraient être signalées dans le récit des actes de cruauté commis par Frédéric à son retour dans le

---

(1) « *Sed poenam quam multis nequiter intulit non parcendo sexui nec aetati, consequi meruisset.* » *Ibidem.*

(2) *Hist. diplom.*, t. I, p. 794.

(3) Mss. de la Bibl. de Prague, XIV, II, 10, cité par PERTZ, *Arch.*, t. X, p. 669.

(4) « Li quens Reniers qui grant terre tenoit en Cesile, se mist en sa merci. Il le fist vêtir de plonc et metre en prison où il morut. » *Coll. Guizot*, t. XIX, p. 392.

royaume (1). Sans nul doute, l'empereur punit sévèrement les seigneurs qui s'étaient signalés par leurs rébellions, leurs usurpations et leurs brigandages. Mais il voulait fonder un gouvernement régulier, et il appliquait aux nationaux la loi de restitution qu'il imposait aussi aux étrangers, tels que les Pisans et les Génois qui s'étaient installés en maîtres dans plusieurs villes maritimes de ses États. Aussi la tranquillité se rétablit-elle rapidement, sauf dans le comté de Molise, où les mécontents s'étaient groupés autour du comte Thomas, qui occupait les deux fortes positions de Rocca-Mandolfi et de Rocca di Boiano. Il venait en outre d'hériter ou de s'emparer du comté de Celano, sans que l'on puisse préciser par quel moyen il y parvint. Après avoir chassé les impériaux de la ville de Boiano qu'il livra aux flammes, Thomas accumula les munitions dans ses deux forteresses, où pendant la campagne de 1221, il soutint la lutte contre le comte d'Acerra, commandant des troupes royales. Celui-ci s'empara de Rocca di Boiano et se mit en possession de la ville de Celano, mais sans pouvoir déloger les rebelles de la tour de Celano et d'un autre lieu fort du voisinage, appelé Ovindolo. Au mois d'avril 1222, en revenant de l'entrevue de Veroli, l'empereur se rendit en personne devant Rocca-Mandolfi, et il recommanda au comte d'Acerra de presser vigoureusement le siége de cette place, dont la femme du comte de Molise finit par ouvrir les portes, s'en remettant, elle et son fils, à la générosité de Frédéric. Mais dans l'intervalle, le comte Thomas avait repris possession de Celano, où il concentra toutes ses forces pour recommencer la lutte. A la fin du mois de mars 1223, l'empereur vint assiéger cette place dont il ne put s'emparer, et le pape étant intervenu pour faire cesser cette guerre intestine, la paix fut enfin conclue par les soins du grand justicier Henri de Morra, et sous la garantie du grand maître des Teutoniques. L'empereur promettait de recevoir en grâce le comte Thomas, ses fils, Rainaldo d'Aversa, son beau-frère, et tous ceux qui avaient suivi leur parti; il leur accordait la possession de leurs biens mobiliers et la sécurité de leurs personnes, à condition que la tour et la *sierra* de

---

(1) Voir particulièrement Richer de Senones, dans BOEHMER, *Fontes*, t. III, p. 47.

Celano, les châteaux d'Ovindolo et de San-Potito, lui seraient remis. Le comte devait passer en terre sainte avec le roi Jean de Brienne et y rester trois ans; s'il n'accomplissait pas ce pèlerinage, il devait subir un exil de trois ans en Lombardie. Mais il n'était point pour cela privé de son fief de Molise, qui lui serait rendu avec tous les droits qui en dépendaient, à l'exception de quelques forteresses que l'empereur pourrait faire raser, et de Rocca di Boiano, que ce prince garderait entre ses mains jusqu'à son retour de la croisade. Le pape et les cardinaux furent pris à témoin de l'exécution de cet arrangement, qui était soumis à la ratification du saint-siége (1).

Aussitôt après la conclusion du traité, le comte Thomas se retira à Rome avec ses principaux partisans, et sa femme fut mise en possession du comté de Molise. Mais la colère de l'empereur tomba sur la ville de Celano, qui, brûlée et démolie, dut changer son nom en celui de *Cesarea*. Les malheureux habitants, en faveur de qui on n'avait rien stipulé, furent d'abord chassés de leurs demeures, puis dispersés dans les montagnes, d'où on les rappela pour les déporter en Sicile et à Malte. Aussi quand le comte de Molise fut cité devant la grande cour, afin de répondre aux réclamations qui lui étaient adressées, il s'abstint d'y comparaître, craignant sans doute le ressentiment de Frédéric, et il fournit ainsi un prétexte à la réunion de son comté à la couronne. Malgré les représentations d'Honorius III, Frédéric II garda sous sa main le comté de Molise jusqu'en décembre 1229, époque où il le donna à Conrad de Hohenlohe (2). Cependant ce seigneur allemand ne figure pas dans les actes subséquents comme comte de Molise, mais comme comte de Romagne, soit qu'il ait échangé son premier comté pour le second, soit plutôt que le titre de comte de Molise ait été supprimé pour se confondre avec celui de comte de Romagne, auquel les seigneurs de Celano et de Molise avaient anciennement prétendu.

---

(1) Voir les actes datés de Pescara, le 24 et le 25 avril 1223, ap. *Hist. diplom.*, t. II, p. 356 et suiv.

(2) *Hist. diplom.*, t. III, p. 170.

INTRODUCTION.

Le mouvement insurrectionnel qui se produisit dans le royaume de Naples pendant la croisade de l'empereur, de 1228 à 1230, ne fut point limité à la Terre de Labour envahie par les troupes pontificales. Thomas de Celano tenta aussi de reprendre son comté de Molise et Roger d'Aquila son comté de Fondi; l'Apulie s'insurgea presque tout entière, et la révolte s'étendit même jusque dans l'île de Sicile, où un certain Vinito de Pelagonia souleva la ville de Lentini (1). Foggia, Troja, San-Severo, Casale Nuovo, Civitate, Larino, fermèrent leurs portes à l'empereur après avoir chassé ses officiers. Le justicier Paul de Logotheta fut même massacré par les rebelles. Mais après que Frédéric II eut reconquis la Terre de Labour et rasé Sora, les villes apuliennes désespérant d'être secourues, furent obligées de se rendre à merci. L'empereur se fit livrer des otages et ordonna la destruction des fortifications de Foggia, de Casale Nuovo et de San-Severo. Puis quand il eut conclu la paix avec Grégoire IX, il donna un libre cours à ses vengeances, et s'attira à ce sujet les reproches du souverain pontife, qui le blâmait de changer en deuil et en lamentations les espérances et la joie que la paix avait fait naître. « Les peuples, ajoutait le pape, s'agiteront et diront : « Voici que ces deux grands luminaires se sont réunis pour plonger beaucoup de gens dans les ténèbres de la douleur et du désespoir (2). »

La disgrâce du duc de Spolète, qui eut lieu au mois de mai 1231, se rattache, selon nous, aux mesures de répression adoptées alors par Frédéric II. Quoique ce prince donnât pour prétexte avoué que Rainald avait outre-passé ses ordres en attaquant à son insu les terres de l'Église (3), ce n'était point là son vrai motif; car le pape intercéda vivement en faveur du coupable, et il semble que l'empereur n'aurait pas dû se montrer plus rigoureux que le principal intéressé. Au contraire, il demanda au duc de Spolète un compte sévère de son administration, et celui-ci n'ayant

---

(1) Regest. fol. 86, ap. *Hist. diplom.*, t. V, p. 833.
(2) *Hist. diplom.*, t. III, p. 246.
(3) « Quod Raynaldus, filius olim ducis Spoleti ; praeter scientiam et voluntatem nostram prout nos postmodum per ipsius poenam expressimus, terram Ecclesiae parabat intrare. » *Hist. diplom.*, t. V, p. 296. Cette allégation est un mensonge évident.

pu fournir de réponse satisfaisante, il le fit arrêter après l'avoir dépouillé de ses biens. C'est que ce capitaine ambitieux qui considérait le duché de Spolète et la marche d'Ancône comme son patrimoine, avait été frustré dans son espoir par la paix de Ceprano. Envoyé par l'empereur dans l'Abruzze, pays toujours remuant, il y avait pris une attitude suspecte, précisément parce qu'il y était trop puissant. Son compatriote et son lieutenant Conrad de Lutzinhart, avait cherché à soulever cette province, et après l'emprisonnement de Rainald, son frère Berthold résista pendant plus de deux ans aux troupes royales dans le château d'Antrodoco, où il s'était fortifié de longue main. Enfin, quand les deux frères eurent été forcés de sortir du royaume, ils allèrent rejoindre à la cour romaine les autres émigrés. Ces détails expliquent comment l'intervention du pape put être plus nuisible qu'utile à l'homme que Frédéric II soupçonnait d'avoir voulu le trahir.

La perturbation causée dans le royaume par l'absence de l'empereur et par l'invasion des troupes pontificales était à peine apaisée, que les troubles recommencèrent à l'occasion de la promulgation des constitutions de Melfi. Cette fois ils eurent pour théâtre l'île de Sicile, où l'esprit d'indépendance était très-puissant dans les villes de la côte orientale, et surtout à Messine. Depuis la conquête des Normands, cette partie de l'île où dominait une population d'origine grecque, avait reçu de nombreux colons venus de la Lombardie, qui apportèrent en Sicile leurs institutions municipales et introduisirent le régime communal dans le gouvernement intérieur de quelques cités. Ce besoin de colonisation dans un pays où les bras n'étaient déjà plus assez nombreux pour la culture, était si bien démontré, que Frédéric II lui-même appela des colons lombards à Corleone, dans le val de Mazzara, en 1237, sous la conduite d'un noble gibelin, nommé Odone de Camarana (1), et qu'il les transféra plus tard à Militello dans le val de Noto (2). Mais il eut soin de prendre ces colons parmi les Gibelins, de les établir sur les domaines de la couronne et de leur imposer les institutions

---

(1) *Hist. diplom.*, t. V, p. 128.
(2) Acte daté de Crémone, le 20 février 1249, communiqué par M. Amari.

politiques qui régissaient ses propres sujets, ne leur laissant que leur droit civil, c'est-à-dire la faculté de vivre suivant la loi des Francs (1).

Sans exagérer l'influence que put avoir sur la sédition de 1232 l'esprit municipal importé du dehors, il est certain que Messine s'insurgea pour défendre ses priviléges, et que ce motif détermina aussi la révolte de Catane, de Centorbi, de Nicosie et de Syracuse. Le justicier Richard de Montenigro fut chassé de la province, parce qu'il agissait au détriment des libertés communales (2), et l'application des nouvelles constitutions impériales considérées comme contraires à ces mêmes libertés, amena l'explosion du soulèvement dont le seul chef connu était un homme de basse condition, appelé Martin Mallone. « Franchir le Phare, emporter Messine mal défendue par les chefs du peuple, envoyer Mallone à la potence et ses principaux complices au bûcher, tout cela fut pour l'empereur l'affaire de quelques semaines. Après ce coup de vigueur, les insurgés, frappés d'épouvante, furent partout réduits sans de grands efforts, et les magistrats un moment expulsés rentrèrent en exercice. Le château de Centorbi, qui avait résisté à toutes les sommations, fut détruit de fond en comble. On en transporta les habitants à Augusta (3). »

L'esprit de rébellion étouffé en Sicile n'avait pas été complétement réprimé sur le continent, où le soulèvement paraît avoir eu son contre-coup. Au mois de janvier 1233 l'empereur avait fait raser les fortifications de Troja. En septembre 1234, il ordonna la destruction de plusieurs villages de l'Apulie, compromis probablement dans quelques essais d'insurrection, et il se fit remettre des otages qui furent détenus à Canosa. En mars 1235, ces captifs furent, ou condamnés à diverses peines, ou mis en liberté moyennant une rançon payée par leurs compatriotes. Un document que nous avons publié pour la première fois (4), nous apprend qu'en cette cir-

---

(1) « *Quodque sint incolae ejusdem nostri regni et vivant jure Francorum, videlicet quod major natu minoribus fratribus et consororibus suis et masculus feminis praeferatur.* » *Ibidem.*

(2) Ricc. de S. Germ. Chronic. ad ann. — Append. ad Galfr. de Malaterra.

(3) De Cherrier, *Hist. de la lutte des pap. et des emper. de la mais. de Souabe*, t. II, p. 420.

(4) *Hist. diplom.*, t. IV, p. 780 et suiv.

constance la ville de Troja fut taxée à 3,400 onces d'or pour le rachat de ses otages, que les commissaires ayant fait la répartition de la taxe entre les habitants, la cour impériale ordonna la vente des biens de ceux qui ne voulaient ou ne pouvaient pas payer leur quote-part; qu'un certain Jean Tafuro, taxé à onze onces, ayant pris la fuite sans payer, une pièce de terre qui lui appartenait fut mise aux enchères; que personne ne s'étant présenté pour l'acquérir, elle fut divisée en trois lots et vendue pour la somme modique (1) de trois onces et demie. Cet acte, curieux spécimen de ce qui se passait sur d'autres points du territoire, fait deviner quelle perturbation les agitations des partis et les rigueurs d'un gouvernement despotique apportaient dans les relations sociales et dans l'assiette des fortunes privées. En même temps Frédéric II ordonnait des enquêtes sévères, tant pour faire rentrer dans ses domaines royaux les gens de mainmorte qui étaient allés s'établir avec leurs familles sur les terres des seigneurs ou des églises, que pour éloigner des cités fidèles les fauteurs de troubles, les artisans de scandale, les coureurs d'aventures qui intimidaient les gens de bien (2).

Les mesures à la fois répressives et préventives que Frédéric II prit à cette époque pour pacifier son royaume de Sicile, s'expliquent par la nécessité où il se trouvait de se rendre en Allemagne. A son départ pour la croisade, en 1228, il avait remis le gouvernement de l'État au duc de Spolète. Mais n'ayant pas eu à se louer de la conduite de ce lieutenant, dont il avait annulé tous les actes, il ne voulut pas, au moment d'aller combattre la rébellion de son fils Henri, laisser en Sicile le pouvoir à un seul homme. Il fit choix de trois personnes, toutes trois appartenant à l'Église, les archevêques de Palerme et de Capoue, et l'évêque de Ravello, pour administrer le royaume en son absence. Ces corégents, qui se réunissaient de temps en temps à Melfi, pour expédier les affaires d'un intérêt

---

(1) Nous disons modique eu égard à l'étendue de ce champ, qui formait une espèce de quadrilatère ayant en moyenne cent soixante pas sur chaque côté.
(2) « *Incentores scismatis et scandali causam dantes ita dividere, transferre et mutare procures ut propter eorum excessus a locis propriis et a fidelium bonorum incolatibus dividantur.* » *Hist. diplom.*, t. IV, p. 494, 495 et not. 2.

général, exercèrent la délégation qu'ils tenaient de l'empereur, depuis le mois d'avril 1235 jusqu'au mois d'avril 1240, époque où Frédéric II rentra dans ses États, et pendant ces cinq années la tranquillité publique ne fut point sérieusement troublée. Il est vrai que le gouvernement ne se relâcha pas de ses rigueurs, et que la pensée du maître, même absent, était fidèlement exécutée par ses agents. On en trouve la preuve dans plusieurs passages du *Regestum*, notamment dans une lettre écrite par l'empereur au justicier de l'Abruzze, le 14 décembre 1239 : « Quant à ce que tu as pris soin de nous annoncer, au sujet des habitants du château qu'on appelle Citta di Sant-Angelo, contre lesquels tu as procédé justement, selon que l'exigeait leur méchanceté, en détruisant les murailles de ce lieu, en brûlant les hôtelleries et les maisons, en pendant les hommes, en les mutilant, en les bannissant et les exilant pour toujours, cela plaît à Notre Altesse, et nous voulons que ce lieu reste dans un état perpétuel de désolation (1). »

Il est probable que cette cruelle exécution avait été motivée par quelque tentative insurrectionnelle isolée, car on ne voit plus se manifester sous le règne de Frédéric II aucun mouvement séditieux organisé par les villes avec un certain ensemble. C'est désormais l'aristocratie qui lève l'étendard de la révolte en cherchant son point d'appui dans le nouveau pape Innocent IV, dont elle invoque la protection comme étant le suzerain du royaume et le recours naturel des opprimés. Déjà, en 1244, la puissante famille des San-Severino s'était insurgée ; mais battue par les troupes impériales dans la plaine de Canosa, elle s'était dispersée, et un enfant de cette maison, conduit à Rome par un écuyer fidèle, y avait reçu l'hospitalité du pape, qui lui fit plus tard épouser une de ses parentes (2). Cette révolte et d'autres du même genre, dont le souvenir ne nous a pas été transmis, étaient les préludes d'un complot plus menaçant que tous ceux auxquels l'empereur avait jusqu'alors échappé.

---

(1) *Hist. diplom.*, t. V, p. 565.

(2) Matteo di Giovenazzo, *Diurnali*, § 57. Matteo ne fixe pas la date de cet événement, qu'il faut placer en 1243 ou 1244 au plus tard, le pape Innocent IV ayant quitté l'Italie au mois de juin de cette année.

La conspiration de Tebaldo Francesco avait des ramifications plus étendues et une portée beaucoup plus grande qu'on ne l'a cru jusqu'ici. Son point de départ était à Parme, que Bernardo Orlando Rossi, beau-frère du pape, se chargeait de soulever. Une fois ce rempart de la puissance impériale abattu en Lombardie, on agissait sur les autres villes gibelines; on assassinait l'empereur et son fils Enzio; on profitait des intelligences pratiquées dans le royaume de Naples pour changer la dynastie régnante, et on y proclamait roi ce même Tebaldo Francesco, simple baron, qui devait sa fortune à l'imprudente confiance de Frédéric II. La chronique longtemps inédite que nous avons récemment publiée, fournit à ce sujet de précieux détails. Après sa déposition au concile de Lyon, l'empereur vint de Turin à Crémone. Là, il eut des soupçons sur la fidélité de quelques nobles parmesans et résolut de les éclaircir. « S'étant rendu à Borgo San-Donnino, dit notre chronique, il chevaucha avec ses chevaliers jusqu'à Fontana-Viva, et trouva dans les archives secrètes de ce monastère des écrits où il était question de le trahir et de le tuer avec son fils Enzio. Alors il entra à Parme où il occupa les forteresses de la ville. Aussitôt Bernardo Orlando Rossi, Bernard de Cornazano, Gérard de Corregio, et trois frères de la famille Lupo, prirent la fuite et allèrent à Plaisance, où ils furent reçus avec honneur (1). » Ces faits se passaient au mois de septembre 1245. Ce ne fut qu'à la fin du mois de février suivant, pendant son séjour à Grosseto, que Frédéric fut instruit par le comte de Caserta de la participation de ses familiers au complot tramé à Parme. « Au mois de mars, ajoute notre auteur, Pandolfo de Fasanella, Jacobo de Morra, Tebaldo Francesco et les autres barons du royaume qui, à l'instigation de Bernardo Rossi et des Lombards, avaient conspiré la mort de l'empereur, s'enfuirent, pensant que leur crime avait été dévoilé à Frédéric. Pandolfo se retira à Rome, et Tebaldo (2) s'enferma dans la

---

(1) *Chronic. de reb. in Ital. gest.*, p. 205.
(2) Pandolfo de Fasanella et Jacobo de Morra, qui se trouvaient en Toscane avec l'empereur, eurent le temps de s'enfuir dans les États romains. Tebaldo Francesco, Guillaume et Thomas de San-Severino, qui étaient dans le royaume, y restèrent, se croyant en mesure de résister.

forteresse de Capaccio, où il avait entassé les trésors de l'empereur; car il avait été son intime confident. L'empereur se mit à la poursuite de Tebaldo et fit assiéger vigoureusement Capaccio. En même temps le roi Enzio, accompagné du marquis Lancia, et des chevaliers de Crémone et de Pavie, entra à Parme, où il occupa les tours fortifiées. Là, devant le peuple assemblé, on révéla au marquis Ugone Lupo comment ses frères, Bernardo Rossi et autres, avaient tramé la mort de l'empereur et du roi, avec Tebaldo Francesco, qui avait été podestat à Parme l'année précédente; comment ils avaient promis à ce même Tebaldo de lui faire donner par le pape l'investiture du royaume de Sicile, espérant trouver un puissant appui pour leur cause dans la faveur du seigneur pape, parce que Bernardo Rossi était parent du même pape (1). Ensuite le roi fit raser les tours et les maisons des émigrés de Parme, et il envoya comme otages à Crémone et à Reggio soixante chevaliers de leur faction. »

En rentrant dans ses États, Frédéric II y trouva le bruit de sa mort déjà répandu par les conjurés et propagé par les émissaires d'Innocent IV (2). Mais ceux qui s'étaient laissé abuser furent les premiers à faire preuve de dévouement et de zèle. Le château de Scala, où s'était enfermé Thomas de San-Severino, fut emporté dès le mois d'avril. Les rebelles qui voulurent tenir la campagne furent passés au fil de l'épée; cinq mille personnes furent mises en prison, et les débris des insurgés allèrent augmenter la garnison de Capaccio sans pouvoir se soustraire à la vengeance de Frédéric. Fatigués d'assauts continuels et réduits par la soif, les assiégés finirent par tomber entre les mains des vainqueurs, et furent envoyés à l'empereur, après avoir eu les yeux crevés, une main, une jambe et le nez coupés. Tebaldo Francesco, et cinq des principaux conjurés pris avec lui, furent réservés pour être promenés de ville en

---

(1) « *Pollicentes ipsi Tebaldo se regnum Siciliae per dominum papam concessuros, sperantes habere magnam virtutem et potestatem a domino papa, quum ipse Bernardinus erat cognatus domini papae.* » *Chronic. de reb. in Ital. gest.*, p. 207-208.

(2) « *Praefati facinoris patratores ... fratrum Minorum stipati consortio, crucis ab eis contra nos signo recepto auctoritate summi pontificis ... praedictae mortis et exhaeredationis nostrae summum pontificem asserunt incentorem.* » *Petr. de Vin. Epist.*, lib. II, c. 40.

PARTIE HISTORIQUE.

ville au milieu des outrages de la populace, et portant au front une copie de la bulle du pape qui les encourageait à la révolte (1). Ils périrent ensuite dans les supplices. Nous avons indiqué ailleurs les cruelles vengeances exercées par Frédéric II sur les parents des conspirateurs (2). Les confiscations suivirent les exécutions. Il y eut alors une terrible perturbation dans la propriété féodale, qui changea de mains, soit qu'elle fût réunie au domaine royal, soit qu'elle servît à récompenser les serviteurs fidèles. Plus tard, en 1269, quand Charles d'Anjou régla la distribution du royaume conquis, il fit une large part aux conjurés survivants ou aux héritiers des morts, et dans l'enquête qui fut dressée à cette époque, ces mots : *Tempore rebellionis Caputacii*, viennent rappeler à chaque instant la crise formidable qui avait menacé la vie et le trône de Frédéric II.

Au mois de mars 1247, ce prince ayant annoncé l'intention de se rendre à Lyon et de passer ensuite en Allemagne pour y rétablir l'autorité impériale, désigna son fils Henri, fils d'Isabelle d'Angleterre, pour gouverner le royaume en son absence (3), et il plaça auprès de cet enfant des conseillers dont les noms ne nous sont pas parvenus. Mais l'ensemble des faits laisse entrevoir que la principale autorité fut dévolue au comte de Caserta pour les provinces de terre ferme et au grand maréchal Pietro Ruffo pour la Sicile et la Calabre. Quoique l'empereur maintînt encore les hautes charges dans les mains de cette noblesse indigène qui l'avait plusieurs fois trahi, au fond il ne se fiait plus guère qu'aux Allemands et aux Sarrasins. Vers la fin de son règne, Frédéric II manifesta de plus en plus pour les étrangers cette inclination qui froissait le sentiment national, qui rendit odieux le gouvernement de son fils Conrad et

---

(1) Lettre de Gautier d'Ocra au roi d'Angleterre, dans Matt. Paris, *Hist. maj. Angl.*, p. 479. Il s'agit probablement de la bulle d'Innocent IV, adressée à Tebaldo, le 25 avril 1246.

(2) Voy. plus haut, p. cxcvii.

(3) Henri fut baptisé en cette occasion; il était alors âgé de neuf ans. Frédéric II, dans la lettre qu'il écrivit à ce sujet au roi d'Angleterre, prétend qu'il avait différé le baptême de son fils jusque-là, dans l'espoir que le pape consentirait à le baptiser de sa propre main : *Fuerat huc usque dilatum ut in reformatione pacis inter nos et Romanam ecclesiam,... eo manifestius signa perpetui et constantis amoris ostenderet quo traderetur solemnius summo pontifici baptizandus.* Petr. de Vin. *Epist.*, lib. III, c. 21.

qui devint funeste à sa dynastie. Aussi lorsque le pape Innocent IV se présenta en 1254 pour prendre possession de la Sicile, tout le royaume se réjouit grandement de cette nouvelle, dit Matteo, « tant la domination des Allemands et des Sarrasins était devenue insupportable à tous » (1).

III.

GOUVERNEMENT ET ADMINISTRATION DU ROYAUME DE SICILE.

A considérer dans son ensemble le gouvernement de Frédéric II, on peut établir en principe que ce fut un gouvernement absolu, c'est-à-dire dirigé dans le sens le plus favorable au développement du pouvoir royal. A l'exception de quatre prélats, les archevêques de Palerme et de Capoue, les évêques de Melfi et de Ravello, et de deux seigneurs de naissance illustre, les comtes d'Acerra et de Caserta, que Frédéric s'associe par les liens du sang, il tient généralement à l'écart la haute aristocratie ecclésiastique et laïque. Ses ministres, les vrais confidents de sa pensée, désignés par les expressions de *familiares* ou d'*ordinati*, sont presque tous pris parmi les légistes d'origine moyenne ou parmi les notaires de la cour impériale. Les dépositaires de son autorité dans les provinces sortent aussi de la classe intermédiaire des *milites*. Dans l'esprit de la législation, dans la marche imprimée aux affaires administratives, dans la distribution de la justice, tout est combiné pour assurer la prédominance du roi sur les barons. La jurisprudence romaine est substituée en grande partie au droit coutumier et féodal (2). Dans les affaires criminelles, la preuve par témoins remplace le duel et les épreuves judiciaires (3); dans les affaires civiles, le partage des successions, l'ap-

---

(1) « Tanto è venuto a fastidio a tutti lo govierno delli Tudischi et Saracini. » *Diurnali*, § 55.

(2) Nous donnerons au Supplément le texte complet d'un procès soutenu par l'Empereur contre l'évêque de Céfalu, en 1224. L'instruction et les plaidoiries sont tout à fait réglées sur le Code Justinien. Dans un acte en faveur du chapitre de Vérone, Frédéric II cite plusieurs fois le Droit romain. Cf. *Hist. diplom.*, t. I, p. 852, et les fragments cités, t. IV, p. 250 et suiv.

(3) *Const. regni*, lib. I, tit. 31, 32, 33, ap. *Hist. diplom.*, t. IV, p. 102 et seqq. Dans une sorte de charte que Frédéric II donna aux habitants de la Styrie, en les détachant de l'Autriche, il eut soin d'introduire la défense du duel ou de la preuve par champion pour y sub-

titude des femmes à hériter de la terre patrimoniale, deviennent des principes généraux sauf pour un petit nombre de familles qui continuent d'être régies par le droit franc ou lombard. En matière administrative la juridiction baroniale est subordonnée à l'autorité des magistrats royaux. L'exercice du *dominium*, c'est-à-dire de la souveraineté du seigneur sur la terre qu'il possède comme feudataire *in servitio*, est considérablement restreint en ce sens que nulle aliénation des droits de l'État ne peut avoir lieu sans une enquête préalable et sans l'approbation du souverain. Si Frédéric II par un des édits publiés à Capoue en 1220 ordonne la reconstitution intégrale des fiefs qui avaient été aliénés pendant les troubles, particulièrement au profit des monastères, c'est bien plutôt pour obtenir de ces fiefs les services dus à sa couronne et pour éviter l'accumulation des terres nobles ou bourgeoises entre les mains des communautés religieuses, que pour rendre à la féodalité sa puissance et son ancien éclat(1). Par l'institution des grandes cours de syndicature qui se tiennent deux fois l'an en même temps en sept endroits du royaume, et où les communes et les particuliers sont admis à présenter leurs réclamations (2), aucun excès de pouvoir de la part des barons ne peut guère se produire sans qu'il soit connu et réprimé. Un légat spécial, représentant le souverain, préside chacune de ces cours et y dirige les enquêtes auxquelles peut donner lieu la conduite des fonctionnaires. Dans les affaires judi-

---

stituer la preuve par témoins. *Ibid.*, t. V, p. 63. Cette nouvelle jurisprudence était conforme au droit canonique, comme le prouvent plusieurs passages des lettres d'Innocent III et d'Honorius III. Voici notamment ce qu'écrivait Honorius, en 1225, à l'abbé et aux moines de Vezelay : « *Cum monomachiae ac ferri candentis et aquae ferventis judicium reprobentur secundum canonicas sanctiones eo quod tentari Deus in hujusmodi videatur, ut non nisi per testes et alias probationes legitimas pro vel contra homines vestrae jurisdictioni subjectos aliquid probari valeat, auctoritate praesentium districte inhibemus.* »

(1) Cf. l'interprétation donnée par Frédéric lui-même à sa constitution *De feudis integraliter revocandis*, etc., ap. *Hist. diplom.*, t. II, p. 284.

(2) « *In hac curia liberum erit cuilibet tam clerico quam laico proponere gravamina quae sustinuerunt tam a justitiario provinciae quam ab omnibus aliis officialibus; liberum etiam erit cuique conqueri de damnis et injuriis et quocumque alio excessu in persona et bonis suis commissis.* » *Hist. diplom.*, t. IV, p. 464.

ciaires, Frédéric II laisse aux seigneurs et à leurs baillis le jugement des causes civiles sur leurs terres; mais conformément à l'usage normand, il se réserve d'une manière absolue le droit de justice dans les causes criminelles. Il abolit même, excepté à Messine, les stratigots (1), magistrats municipaux, qui, dans certaines villes importantes, avaient le droit de juger au criminel, en sorte que ce droit dans toutes les terres domaniales ou non domaniales n'est plus exercé que par les justiciers royaux. En outre il multiplie à dessein le nombre des causes réservées et des cas d'appel pour augmenter l'importance de la grande cour de justice qui, sous l'œil et sous la main du souverain, résout toutes les affaires contentieuses et sert à la fois de conseil d'État et de tribunal supérieur permanent.

Si Frédéric II chercha à abaisser la puissance de l'aristocratie, est-il vrai qu'il ait voulu par compensation élever la condition politique des communes? Nous ne le pensons pas. Et d'abord il ne faudrait point attacher au mot de communes, dans le royaume de Sicile, le sens que ce nom pouvait avoir en France; c'est-à-dire celui d'une corporation municipale élective jouissant d'une indépendance à peu près complète en ce qui touchait aux affaires intérieures de la cité. Il est certain que plusieurs villes importantes enrichies par le commerce, telles que Palerme, Messine, Salerne, Amalfi, Naples, avaient conservé une partie des anciens priviléges dont elles avaient stipulé la garantie en ouvrant leurs portes aux rois normands. Mais ces priviléges se composaient dès l'origine d'un ensemble de coutumes plutôt qu'ils ne constituaient, à proprement parler, des chartes municipales régulièrement concédées. Aussi l'autorité royale était plus à l'aise pour restreindre ces priviléges dès qu'ils gênaient l'action normale et uniforme que Frédéric voulait imprimer à l'administration de ses États (2). L'abolition des stratigots, la prohibition des instruments

---

(1) Encore le stratigot de Messine fut-il obligé de recevoir les appels suspensifs qui étaient interjetés à la cour impériale. *Hist. diplom.*, t. V, p. 775.

(2) On le vit bien par ce qui se passa en 1233, au sujet de Gaëte. Cette ville, gouvernée par des consuls et percevant elle-même les revenus de son port, avait joui d'une liberté presque absolue pendant les premiers temps du règne de Frédéric. Dans l'insurrection de 1228 elle

publics écrits suivant certains usages locaux, la suppression des franchises en vertu desquelles diverses communes avaient le droit de n'être pas citées en justice hors de leur banlieue, les modifications introduites dans la consistance des districts urbains pour régulariser l'assiette et la perception des collectes, tous ces faits auxquels on pourrait ajouter d'autres exemples du même genre, prouvent que la préoccupation constante de l'empereur était de faire rentrer la bourgeoisie comme les barons dans le droit commun. Les priviléges mêmes qu'il octroyait aux villes ne portaient que sur des points spéciaux et se trouvaient ordinairement limités dans leur durée, au moyen de la clause *salvo mandato et ordinatione nostra*, ou de la réserve *quamdiu placuerit majestati nostrae*, qui les rendait presque toujours révocables. C'est dans ces termes qu'il accordait à certaines populations de l'intérieur le dégrèvement de la *contributio marinariorum* (1), ou, par une faveur toute particulière, conservait aux Palermitains la faculté de ne point répondre en justice hors de leur territoire (2). Quelquefois ce nivellement s'opérait en sens inverse, c'est-à-dire qu'au lieu de fondre les exceptions dans la règle générale, le prince élevait certaines coutumes particulières au rang de constitution générale, devant avoir force de loi pour l'État tout entier. C'est ainsi que le privilége accordé par Guillaume II au chapitre de Palerme en 1171 fut ensuite promulgué par lui comme une loi publique et finit par être introduit dans les constitutions de Melfi où il forme les titres 68 du livre I, 45 du livre II

---

s'était déclarée l'une des premières pour le pape, et elle se soumit la dernière. Frédéric II, après de longues négociations, accorda une amnistie complète aux habitants, mais il leur retira le consulat et établit dans leur port une douane royale. Cf. *Hist. diplom.*, t. IV, p. 440, 441 et not. 2.

(1) On appelait ainsi l'obligation imposée aux villes de fournir des marins pour les flottes de l'État. La faculté accordée, en 1202, à la ville de Calatagirone, de fournir annuellement 150 marins seulement au lieu de 250, a, il est vrai, un caractère perpétuel : *Inde vos et haeredes vestri omni tempore absoluti permaneatis. Hist. diplom.*, t. I, p. 80. Mais il faut remarquer qu'à cette date Frédéric II ne gouvernait pas par lui-même, et que le pouvoir royal était sans force.

(2) *Hist. diplom.*, t. IV, p. 454. Ce document est remarquable par les dérogations qu'il admet aux constitutions récemment publiées à Melfi.

et 60 du livre III. Frédéric ne fit qu'hériter de l'esprit de ses prédécesseurs qui tendaient à généraliser la loi pour donner plus de concentration à la puissance législative.

D'après ce qui précède, il est fort douteux que l'empereur ait appelé les représentants des villes à des conférences ou *colloquia,* que, faute d'une expression plus juste, nous appellerons parlements, dans l'intention de les faire participer à l'autorité politique. Ces parlements, qu'il ne faut pas confondre avec les cours plénières, ne furent réunis que deux fois sous son règne : en octobre 1232 et en avril 1240. Nous ne connaissons la première de ces assemblées que très-imparfaitement par ce qu'en dit Richard de San-Germano. Frédéric se trouvant à Foggia au mois de septembre publia une circulaire portant que chaque ville ou château du domaine royal choisirait deux personnes notables qui se rendraient auprès de lui *pour le bien du royaume et l'avantage général de l'État.* Mais on ne sait pas bien en quel lieu fut tenu ce parlement ni quelles matières y furent traitées. Divers indices fournis par nos textes, mais qui n'ont pas toute la précision désirable, autorisent cependant à croire que l'assemblée se tint à Capoue ou à San-Germano, et qu'elle fut appelée à délibérer sur des questions financières. L'empereur ayant établi de nouveaux droits de douane et par conséquent de nouveaux tarifs, voulut, d'accord avec les députés des villes, réglementer cette matière qui donnait lieu à de grandes difficultés, et c'est évidemment dans cette assemblée de Capoue que fut élaboré le règlement de douanes (*assisiae*) dont Richard de San-Germano nous a conservé la substance et qui fut publié immédiatement après la tenue de ce parlement (1). La seconde assemblée eut lieu à Foggia au mois d'avril 1240, et nous avons les lettres de convocation adressées le 1ᵉʳ et le 16 mars pour le dimanche des Rameaux aux villes dont les noms suivent : Palerme, Nicosie, Trapani, Castro-Giovanni, Piazza, Calatagirone, Lentini, Augusta, Syracuse, Catane, Messine, Reggio, Nicastro, Cotrone, Cosenza, Otrante, Brindes, Tarente, Matera, Gravina, Barletta, Trani, Bari, Monopoli, Bitonto, Giovenazzo, Bisceglia, Molfetta, Melfi, Potenza, Monte-

---

(1) En octobre 1232. Cf. *Hist. diplom.*, t. IV, p. 400.

Sant-Angelo, Siponto, Civitate, Troja, Termoli, Salerne, Sorrente, Amalfi, Policastro, Ariano, Eboli, Avellino, Montefoscolo, Capoue, Aversa, Naples, Gaete. On remarquera qu'il ne s'agit encore ici que des villes domaniales (1), les villes baroniales étant représentées légalement par leurs seigneurs. Le nombre de ces députés de la bourgeoisie fixé à deux par chaque ville sous Frédéric II, s'éleva à trois sous Charles d'Anjou et à quatre sous Charles II. Mais les parlements des rois angevins étaient consultés sur des mesures législatives, tandis que ceux de Frédéric ne durent délibérer que sur des questions de finances et d'impôts. Les termes dans lesquels l'empereur convoque l'assemblée de 1240, « *Duos nuntios vestros ad nostram praesentiam destinetis qui pro parte vestrum omnium serenitatem vultus nostri prospiciant et nostram vobis referant voluntatem;* » ces termes, disons-nous, ne permettent guère de croire que ces députés aient fait autre chose que sanctionner par leur présence des mesures déjà arrêtées dans les conseils du prince. Si des affaires politiques de quelque importance eussent été traitées dans l'assemblée de Foggia, Richard de San-Germano qui la mentionne (2) n'eût pas manqué de nous le dire, même avec sa brièveté ordinaire. Le rôle de ces parlements napolitains est à peu près celui qui fut plus tard assigné aux premiers états généraux en France par Philippe le Bel, prince dont le caractère et les actes offrent tant de rapports avec la politique et les idées de Frédéric II. Au reste, le lecteur aura déjà remarqué combien ce monarque élargit la voie où saint Louis, Philippe le Hardi, Philippe le Bel, devaient faire entrer le pouvoir royal. L'abolition des épreuves et des combats judiciaires, la multiplication des causes d'appel, le gouvernement confié à des légistes et à des gens de condition moyenne, la convocation d'assemblées consultatives,

---

(1) « *Duos nuntios de unaquaque civitate et unum de unoquoque castro jurisdictionis tuae* QUAE IN DEMANIO NOSTRO TENENTUR *ad praesens.* » Circulaire aux justiciers des provinces, ap. *Hist. diplom.*, t. V, p. 794. La liste des villes est à la p. 797.

(2) *Mense aprilis imperator apud Fogiam colloquium celebrat generale. Specialis collecta a clericis regni pro beneficiis ecclesiasticis exigitur*, ap. MURATOR., *Scriptor.*, t. VII, p. 1044. La tournure de cette phrase permet de croire, sans qu'on puisse l'affirmer positivement, que l'établissement de cette taxe sur les bénéfices ecclésiastiques eut lieu au parlement de Foggia.

la puissance des barons et celle des communes restreinte au profit d'une autorité supérieure et centrale, toutes ces grandes vues appartiennent à l'empereur Frédéric, et elles servirent d'exemple et de modèle aux souverains qui jetèrent les bases de l'unité politique de la France.

Sous le rapport de l'administration, le royaume de Sicile était partagé en deux capitaineries générales : l'une qui s'étendait depuis le fleuve Tronto, limite du royaume au nord, jusqu'à la porte de Roseto(1), l'autre depuis la porte de Roseto jusqu'à l'extrémité occidentale de l'île de Sicile. Il était subdivisé en onze justiciariats, savoir : l'Abruzze, la Terre de Labour avec le comté de Molise, la Principauté avec le pays de Bénévent (*terra Beneventana*), la Capitanate, la Basilicate, la Terre de Bari, la Terre d'Otrante, le val de Crati avec le pays nommé *terra Giordana*, la Calabre, la Sicile en deçà du fleuve Salso, la Sicile au delà de ce même fleuve. Les deux officiers préposés au gouvernement des deux grandes divisions administratives avaient le titre de capitaines et maîtres justiciers, et par conséquent, ils étaient au-dessus des simples justiciers provinciaux. La première division, la plus considérable en étendue, comprenait donc l'Abruzze, la Terre de Labour, la Principauté, la Capitanate, la Terre de Bari, la Terre d'Otrante et la Basilicate; la seconde renfermait le val de Crati, la Calabre proprement dite, la Sicile en deçà et la Sicile au delà du fleuve Salso. Cette démarcation géographique répondait assez exactement à l'ancien partage des États conquis par Robert Guiscard et par Roger : d'une part, les provinces comprises sous la dénomination générale d'Apulie et de Terre de Labour; de l'autre, la Sicile et la Calabre. Les fonctions des capitaines et maîtres justiciers étant plus particulièrement politiques pouvaient n'être que temporaires et cesser avec les nécessités qui les avaient fait établir, tandis que les fonctions des justiciers provinciaux étant plus particulièrement judiciaires devaient être permanentes et l'étaient en effet.

---

(1) Nous avons vainement cherché une explication certaine de l'expression *porta Roseti*. Il y a lieu de croire qu'à l'époque de Frédéric II la route qui longe la mer et qui conduit de Basilicate en Calabre, passait sous la porte du château de Roseto, et que cette porte servait originairement de limite entre les États des ducs d'Apulie et ceux des comtes de Sicile.

PARTIE HISTORIQUE.

La constitution de Frédéric II, *De officio capitaneorum*, définit très-soigneusement les attributions et les devoirs de ces hauts fonctionnaires, et le lecteur y pourra puiser tous les renseignements désirables (1) ; mais ce qu'il chercherait vainement dans les auteurs, c'est une liste de ces capitaines généraux que les historiens napolitains, à commencer par Tutini lui-même, trompés par la ressemblance du titre, ont trop souvent confondus avec les maîtres justiciers de la cour impériale, qui en différaient complétement.

De 1200 à 1220, les actes nous fournissent les noms de divers personnages qualifiés de justiciers de l'Apulie et de la Terre de Labour, et nous n'hésitons pas à assimiler ces fonctions à celles que remplirent plus tard les capitaines et maîtres justiciers *a flumine Tronti usque ad portam Roseti*. Ces maîtres justiciers sont : en 1200, Bérard, comte de Laureto et de Conversano (2) ; de 1202 à 1205, Gautier de Brienne, d'abord seul puis conjointement avec Jacques, comte d'Andria, maréchal du pape ; en 1206, Pierre, comte de Celano ; en 1208, Jacques Guarna, comte de Marsico ; en 1217, Bérard Gentile, comte de Nardo (3) ; en janvier 1220, Matthieu Gentile, comte de Lesina et de Civitate, qui porte alors le titre de *capitaneus et magister justiciarius Apuliae et Terrae Laboris* ; en septembre 1220, Jacques de San-Severino, comte d'Avellino ; vers juin 1221, Thomas d'Aquino, comte d'Acerra, que Richard de San-Germano nomme en cette occasion *magnus justiciarius Apuliae et Terrae Laboris*, et qui est chargé de combattre la rébellion du comte de Molise ; en 1226, Henri de Morra, qui cumule alors les fonctions de capitaine du royaume avec celles de grand justicier ; en 1232, Thomas d'Aquino institué pour la seconde fois capitaine du royaume, avec la mission de maintenir dans le devoir les provinces du continent pendant l'expédition de l'empereur en Sicile. Enfin,

---

(1) *Hist. diplom.*, t. IV, p. 182. Il faut y joindre une lettre du 3 mai 1240, dans laquelle Frédéric II précise minutieusement la conduite que les deux capitaines auront à tenir dans l'instruction des procès intentés par des particuliers à l'État. *Ibidem*, t. V, p. 958.

(2) « *Bernardinus Dei et regia gratia Loreti et Cupersani comes, capitaneus et magnus justiciarius totius Apuliae et Terrae Laboris.* » Acte cité par Tarsia, *Histor. Cupers.*, lib. II, p. 709.

(3) « *Berardus Gentilis Dei et regia gratia comes Neritinus, capitaneus et magister justitiae Apuliae et Terrae Laboris.* » Acte cité par UGHELLI, *Ital. sacr.*, t. X, *addenda*, p. 299.

INTRODUCTION.

à partir de 1239, un homme nouveau et de petite noblesse, André de Cicala devient capitaine et maître justicier depuis le fleuve Tronto jusqu'à Roseto, et il exerce ces importantes fonctions jusqu'au commencement de l'année 1246, époque où il trempe dans la conspiration de Tebaldo Francesco et est compris dans les châtiments infligés aux conjurés. Frédéric II fait remarquer en cette occasion combien pouvait être dangereuse la défection d'un fonctionnaire auquel il avait laissé un pouvoir presque absolu sur les châteaux du domaine royal (1), et c'est là probablement la raison qui fait qu'à dater de 1246, nous ne trouvons plus dans nos textes le nom d'aucun capitaine général. Toutefois cette charge fut rétablie par Manfred, en faveur de Richard, comte de Caserta son beau-frère, et même avec une juridiction encore plus vaste qu'elle ne l'était sous Frédéric II, puisqu'elle s'étendit alors sur toutes les provinces du continent depuis les frontières du royaume jusqu'au Phare.

Les noms des capitaines généraux de la Sicile nous sont moins connus que ceux des capitaines généraux de l'Apulie et de la Terre de Labour. Nous voyons, en 1232, Richard de Montenigro ou Montenero qualifié de *magister justiciarius Siciliae*, mais les textes n'indiquent pas bien clairement s'il fut en effet capitaine général ou simplement justicier de la Sicile *citra flumen Salsum*. En 1239, Giordano Filangieri est nommé capitaine général depuis la porte de Roseto jusqu'à l'extrémité de la Sicile; mais il ne paraît pas avoir exercé longtemps ces fonctions. Il est remplacé au mois de mai 1240 par Roger de Amicis, dont les pouvoirs durèrent jusqu'en 1242, époque à partir de laquelle on le trouve employé comme ambassadeur auprès de divers souverains musulmans. En 1244, Roger de Parisio est mentionné comme capitaine de Sicile. Postérieurement à cette date aucun autre nom ne nous est fourni par les textes que nous connaissons.

Au-dessous des maîtres justiciers venaient les justiciers provinciaux chargés de juger au criminel et de prendre toutes les mesures de police

---

(1) « *Qui per quaelibet castra nostra suae jurisdictioni commissa ponere poterat et deponere castellanos.* » Ap. Petr. de Vin. Epist., lib. II, cap. 20. Nous savons cependant par le *Regestum* que l'empereur s'était expressément réservé la nomination et la révocation des officiers préposés à la garde de certains châteaux.

propres à garantir la sécurité publique. Ils étaient assistés par des juges et des notaires que le souverain désignait directement. Les justiciers, nommés pour un an (1), pouvaient être prorogés dans leurs fonctions (2), et tel était aussi le cas pour les maîtres camériers et en général pour tous les officiers fiscaux. Cette limite de temps occasionnait des mutations fréquentes dont Frédéric II lui-même reconnaît les inconvénients (3), sans pourtant qu'il ait voulu ou pu y remédier par suite de la défiance soupçonneuse qui faisait le fond de son gouvernement. Seuls les membres qui composaient la grande cour de justice paraissent avoir été inamovibles, sinon en droit, au moins en fait. Les justiciers aussi bien que les camériers et les autres fonctionnaires d'un ordre élevé, ne devaient pas appartenir à la province qu'ils étaient chargés d'administrer, et cela pour laisser aussi peu de place que possible aux préférences ou aux inimitiés personnelles. Aucun homme revêtu d'un caractère ecclésiastique ne pouvait exercer l'office de justicier dans le royaume, parce que cet office entraînait le *jus sanguinis*, et bien que les évêques eussent été autorisés exceptionnellement ou par les anciens usages à remplir les fonctions de justiciers, cette faculté leur fut retirée formellement par les constitutions de Melfi (4).

Les causes civiles étaient jugées par des baillis et des juges annuels qui étaient nommés non par le souverain, mais par les maîtres camériers. Ceux-ci surveillaient la conduite des juges et étaient préposés à la per-

---

(1) Const. de Melfi, lib. I, tit. XCV, ap. *Hist. diplom.*, t. IV, p. 187.

(2) Nous prenons pour exemple la série des justiciers de la Terre de Labour, d'après un relevé emprunté à Richard de San-Germano : De janvier 1232 à juillet 1233, Hector de Montefoscolo; d'août 1233 à avril 1235, Étienne d'Anglone; de mai 1235 à septembre 1239, Guillaume de San-Framundo; de septembre 1239 à janvier 1242, Richard de Montenigro; de février 1242 à .... Gisolfo de Mannia; cinq justiciers en dix ans.

(3) « *Quod accidit propter mutationem officialium et bajulorum quos annuatim et quandoque frequentius ab officiis bajulationum suarum removeri contingit.* » Privilége du mois de novembre 1232, pour le monastère de Santa-Marina de Stella, ap. *Hist. diplom.*, t. IV, p. 404. Cf. le texte entier au Supplément.

(4) Cf. *Hist. diplom.*, t. V, p. 719.

ception des amendes, des bans, des trentièmes, etc. (1). Ce qui prouve bien, pour le dire en passant, que la justice au moyen âge avait un caractère presque exclusivement fiscal. Le cours de la justice civile ne devait jamais être interrompu, et il était défendu aux justiciers d'empêcher, quand ils étaient présents, les baillis de tenir leurs audiences accoutumées, sous le vain prétexte que la juridiction des baillis devait s'effacer devant l'éclat d'une cour supérieure (2). Quelle que fût l'âpreté de Frédéric II à assurer les droits du fisc en matière judiciaire, il faut reconnaître à sa louange qu'il rendit la justice gratuite pour les pauvres, et que dans les cas d'appel à sa grande cour ou même dans les procédures ordinaires, il voulut que les procureurs des veuves ou des orphelins mineurs fussent défrayés aux dépens de l'État (3).

Le personnel de l'administration financière se composait de maîtres camériers pour les provinces de la terre ferme jusqu'à la porte de Roseto et de *secreti* pour le reste du royaume et la Sicile (4), de procurateurs du domaine et des réunions au domaine, de camériers inférieurs, de collecteurs et de trésoriers. Le nombre des maîtres camériers ou *secreti* était loin de répondre au nombre des justiciers, puisqu'il ne paraît pas s'être élevé à plus de six sous Frédéric II. Le *Regestum* nous apprend que les titulaires de ces fonctions, au mois de mai 1240, étaient Criscio d'Amalfi pour l'Abruzze, Richard de Polcaro pour la Terre de Labour, le comté de Molise et la Principauté, Pierre Castaldo depuis Termoli de Capitanate jusqu'à la porte de Roseto (Capitanate, Basilicate, Terre de Bari et d'Otrante), Jean Cioffo depuis la porte de Roseto jusqu'au Phare (les deux Calabres), Oberto Fallamonaco pour toute la Sicile, réunissant

---

(1) Cf. *Hist. diplom.*, t. IV, p. 202, 203 et *passim*.
(2) Mandat du 31 mars 1240, ap. *Hist. diplom.*, t. V, p. 866.
(3) *Hist. diplom.*, t. IV, p. 180.
(4) Postérieurement à 1234 le titre de *secretus a porta Roseti citra* fut supprimé et remplacé par le titre équivalent de *magister camerarius*. A la fin du règne de Frédéric II, ce dernier nom prévalut, même en Sicile, puisqu'en 1247 au mois d'août, Philippe de Catane s'intitule *imperialis magister camerarius in Sicilia citra flumen Salsum*. Cf. MONGITORE, *Bullae*, p. 113. L'expression *secretus* était l'abrégé de l'ancien titre *doanarius de secretis et magister quaestorum*, usité sous les rois normands.

alors les deux secréties de Messine et de Palerme ordinairement séparées. Quoique les constitutions de Melfi semblent indiquer le maître camérier et le maître procurateur comme deux fonctionnaires distincts (1), il est certain qu'en fait ces deux offices étaient exercés par une même personne, puisque le *Regestum*, ce tableau si complet de l'administration de Frédéric II pendant une période de huit mois, nous les montre réunis dans les mêmes mains. Ces fonctionnaires avaient dans leurs attributions les douanes, les domaines, les échutes, les révocations, les fermes et gabelles, etc.; ils appliquaient directement les fonds qu'ils recevaient au payement de divers services, en se faisant donner des quittances qu'ils représentaient ensuite comme valeurs reçues. Le même système était adopté pour l'emploi du revenu des impôts directs qui, perçus par les collecteurs, pouvaient être aussi employés par les justiciers à des payements urgents. Le reliquat des recettes faites par les maîtres camériers et par les justiciers devait être versé à la chambre royale, qui sous la garde de trois trésoriers, était établie dans le château de San-Salvadore, à Naples. Les maîtres camériers avaient le droit de nommer dans les provinces de leur juridiction des camériers particuliers chargés de poursuivre les droits du fisc, mais tenus aussi d'écouter les réclamations des plaignants qu'ils transmettaient à leur supérieur hiérarchique, lequel en référait à l'empereur (2).

De même qu'il y avait une cour supérieure de justice qui veillait à l'application des lois, on trouve sous Frédéric II une espèce de cour des comptes, *magistri rationum curiae*, chargée de reviser l'administration financière, probablement sous la direction du logothète. Mais cette cour n'avait pas le double caractère de permanence et d'inamovibilité que nous avons signalé à propos du tribunal appelé *magna imperialis curia*. Elle se composait d'un petit nombre de membres chargés d'examiner les comptes fournis par tous les officiers fiscaux et même par les justiciers, pour la par-

---

(1) Liv. I, tit. 87, ap. *Hist. diplom.*, t. IV, p. 208, 209. Mais ici le maître procurateur d'une circonscription administrative (*praesidatus*), est placé au-dessous du maître camérier régional embrassant plusieurs provinces dans ses attributions.

(2) Mandat du 31 mars 1240, *loc. supr. citato*.

tie financière de leur gestion à quelque époque que ce fût. Ces commissaires, dont les fonctions expiraient dès qu'ils avaient rempli leur mandat, allaient établir leurs bureaux, *schola ratiocinii*, dans une ville située au centre des provinces soumises à leur juridiction temporaire (1). Mais nous n'avons aucun renseignement sur la manière dont ils procédaient. Nous savons qu'au mois de mai 1240, Frédéric désigna d'abord quatre personnes, puis trois seulement, pour remplir cet office, Thomas de Brindes, Angelo de Marra et maître Procope de Matera (2). A une autre date que l'on ne peut fixer d'une manière précise, mais qui est probablement antérieure, nous voyons quatre autres commissaires investis de fonctions analogues : le notaire Mirabile (Stabile?) et maître Barthélemy doivent s'installer à Monopoli pour les terres de Bari et d'Otrante; le juge Jacobo Sinibaldi, à Melfi, pour la Capitanate et la Basilicate; le juge Pierre, à Caiazzo, pour l'Abruzze, la Terre de Labour et la Principauté (3). Gregorio pense que ces *magistri rationum curiae* constituaient un tribunal d'appel des cours secrétiales ou camériales. Le fait est possible; mais nous n'en trouvons pas la preuve directe dans les textes que nous avons pu recueillir.

Alors, comme aujourd'hui, l'État demandait ses ressources habituelles à l'impôt et à l'emprunt. Il y avait, comme aujourd'hui encore, deux sortes d'impôt : l'impôt direct ou personnel, l'impôt indirect ou perçu sur les objets de consommation (4). Originairement l'impôt direct n'était exigible des feudataires laïques et ecclésiastiques que dans quatre circonstances : quand le souverain levait une armée pour la défense du royaume, quand il était couronné, quand son fils était armé chevalier, quand sa fille se mariait. A ces contributions il faut ajouter les droits de gîte et de relief,

---

(1) Il y a lieu de croire que dans l'origine un seul bureau des comptes était institué à Barletta pour les provinces de terre ferme. Frédéric comprit qu'il importait à la bonne expédition des affaires que le nombre de ces bureaux fût augmenté.

(2) *Hist. diplom.*, t. V, p. 967, 968.

(3) Voir les instructions adressées aux *magistri rationales*, ap. *Hist. diplom.*, t. IV, p. 216 à 224. Une lettre pareille dut être adressée aux commissaires désignés pour la Calabre et la Sicile.

(4) Nous nous servons, pour être mieux compris, de ces expressions modernes qui ne sont pas dans les textes, mais qui répondent parfaitement au fond des choses.

PARTIE HISTORIQUE. CDXIX

qui étaient payés par les évêques eux-mêmes (1). A son retour de la croisade, Frédéric, engagé dans une guerre dangereuse, leva pour la première fois dans le royaume des collectes qui, établies d'abord provisoirement, devinrent annuelles et prirent le nom de *collectae ordinariae* (2). Cet impôt, que nécessitait un état de guerre presque permanent, ne fut jamais levé ni sans difficultés ni sans réclamations (3), et Frédéric reconnut implicitement qu'il avait commis en l'exigeant un abus de pouvoir, puisqu'il ordonna par un des articles de son testament, que les collectes fussent remises sur le pied où elles étaient du temps du bon roi Guillaume (4). Toutefois, il ne paraît pas que cette clause ait été exécutée sous ses successeurs, puisqu'en 1284 le pape Martin IV fit faire par l'évêque de Sabine une enquête destinée à remédier au mal dont les habitants du royaume n'avaient point cessé de se plaindre.

Les mêmes empiétements se produisirent sous Frédéric II en matière d'impôts indirects. Aux anciens droits établis sous les Normands, et qui étaient désignés par les noms de *dohana, anchoragium, scalaticum, jus thumini, portus et piscaria, bucceria vetus, jus affidaturae, herbagii, pascuorum,*

---

(1) « *Per registrum imperatoris Friderici quod est in archivio, probatur quod praelatus Neocastrensis fecit fidelitatem domino imperatori et solvit relevium.* » ISERNIA, *Usus feudorum*, p. 200, cité par Gregorio.

(2) « *Antiquorum habet relatio quod quondam Fridericus, Romanorum imperator, tempore quo de partibus ultramarinis rediit, primo subventiones et collectas ordinarias in regno imposuit supradicto.* » Lettre de Martin IV à l'évêque de Sabine, ap. RAYNALDI, *Annal. Eccles.*, t. III, p. 563.

(3) Citons comme exemple ce que raconte Matteo di Giovenazzo au sujet de Bérard Carracciolo, justicier de la Terre de Bari, qui, ayant fait valoir la pauvreté des habitants et l'impossibilité où ils étaient de payer la collecte, fut disgracié, et il fallut que tout le monde s'exécutât sous peine d'aller aux galères. *Diurnali*, §§ 21, 22, 23, 24. On pouvait se racheter de la collecte en fournissant des objets utiles au service public. C'est ainsi que des individus taxés, l'un à 30 onces d'or, l'autre à 28, se libèrent en fournissant, le premier 12 juments; le second, 11 ; ce qui met le prix de chaque jument à 2 onces 1/2. Cf. *Regest.*, fol. 97 verso, ap. *Hist. diplom.*, t. V, p. 892.

(4) « *Item statuimus ut homines regni nostri sint liberi et exempti ab omnibus generalibus collectis, sicut consueverunt esse tempore regis Guglielmi secundi consobrini nostri.* » Ap. PERTZ, *Monum.*, t. IV, p. 359.

glandium, etc., passagium vetus, jus cafisae olei, vini, etc., l'empereur ajouta à diverses époques, mais postérieurement à son retour de la croisade, des *nova statuta,* dont nous avons donné l'énumération dans nos textes (1). Ces droits nouveaux n'étaient point perçus d'une manière uniforme dans tout le royaume, mais les revenus qu'ils produisaient entraient exclusivement dans les caisses de l'État; car les églises n'en touchaient pas le dixième, comme elles le faisaient pour les droits anciens (2).

Quoiqu'il eût multiplié les impôts, le gouvernement de Frédéric II était dans un état de gêne continuel. Quelquefois il ne pouvait faire face aux dépenses les plus minimes, et si, dans l'espoir d'être mieux servi, il allouait des gages élevés aux fonctionnaires de tout rang, il lui arrivait trop souvent d'être en retard pour le payement (3). La solde des troupes et l'entretien des mercenaires sarrasins ou allemands, dans un temps où il n'y avait pas d'armée permanente (4), obérait surtout la chambre impériale. Pour faire face aux arriérés et pourvoir aux nécessités du moment, l'empereur était obligé de recourir aux ressources extraordinaires

---

(1) Voir *Hist. diplom.*, t. IV, p. 499, note 2.

(2) « *Ecclesia Agrigentina semper consuevit percipere et habere decimas omnium regalium proventuum terrae Agrigenti*, etc., *praeterquam regalium proventuum de novo statutorum per quondam imperatorem Federicum, videlicet fundaci, staterae, angemiae, salis et ferri, barderiae, cambii et cabellae joculatoriae (juzatariae?) inter judaeos.* » Charte de 1266, cit. par Gregorio, *Consider. sopr. la stor. di Sicilia.*

(3) Dans une lettre du 2 mars 1240, l'empereur avoue qu'il n'a pas dans son trésor quatre onces d'or pour défrayer un page de la cour, chargé de ramener un oiseau de vol dans le royaume. *Hist. diplom.*, t. V, p. 800. Nous choisissons ce trait entre beaucoup d'autres que pourrait nous fournir le *Regestum*. Le besoin d'argent se montre à chaque page de ce curieux document. C'est là qu'on trouvera la justification de nos assertions sur l'élévation des salaires et la difficulté de les payer. Le grand amiral, pour prendre des exemples en haut et en bas de l'échelle administrative, avait une once d'or par jour; un simple fauconnier, treize grains d'or par jour, et trois taris quand il était en service hors du royaume.

(4) Dès le mois d'avril 1240, c'est-à-dire presque au début de la grande lutte de Frédéric contre les papes, on ne pouvait plus recruter des sergents d'armes dans la Terre de Labour, au prix de quatre taris d'or par mois. Il fallait leur offrir un quart d'once, c'est-à-dire une augustale, pour les décider. Encore les frais de la nourriture étaient-ils en dehors de cette solde. *Hist. diplom.*, t. V, p. 887. Vers la même époque, Frédéric II envoya en une seule fois plus de dix mille onces d'or à ses chevaliers, dans la Marche Trévisane. *Ibidem*, t. V, p. 548.

de l'emprunt. Un relevé exact des emprunts contractés du mois de septembre 1239 au mois de mai 1240, nous fournit un total de vingt-quatre mille six cent cinquante-trois onces d'or (1), somme considérable pour l'époque; ce qui permet de deviner à quel chiffre énorme durent s'élever ces emprunts toujours renouvelés, surtout au milieu des difficultés qui assaillirent Frédéric II dans les dernières années de son règne. Ces emprunts étaient d'autant plus onéreux pour le royaume, qu'étant contractés à l'étranger avec des marchands ou des banquiers romains, parmesans, crémonais, siennois, l'argent qui servait à les amortir sortait du royaume, à moins que, par exception, les prêteurs ne consentissent à prendre en payement des blés ou d'autres marchandises appartenant à la couronne. Personne ne songeait alors à intéresser la nation elle-même dans les emprunts, et à fonder le crédit de l'État sur la solidarité des particuliers et du gouvernement. Frédéric II, dans ses lettres patentes qui servaient de titres aux prêteurs, n'énonce pas le taux de l'intérêt. Il se borne à évaluer en onces d'or le remboursement des sommes qui doivent lui être versées en diverses monnaies, particulièrement en livres vénitiennes; mais il est très-probable que les banquiers retenaient immédiatement un intérêt sur la somme qu'ils versaient, ou qu'ils l'ajoutaient à la masse du capital nominal mentionné dans l'obligation. On avait du moins toujours soin de stipuler dans l'acte une plus-value pour le cas ordinairement très-probable de l'inexactitude du débiteur. En comparant avec attention les pièces que contient le *Regestum*, nous trouvons que l'intérêt était ordinairement de trois pour cent par mois, si la somme n'était pas payée au jour fixé. Mais quand une nouvelle convention intervenait, qui prorogeait l'échéance à un plus long terme, le taux pouvait s'élever progressivement jusqu'à trente-trois pour cent pour une prolongation de six mois (2). Le taux usuraire était ainsi dissimulé sous l'apparence d'une compensation *pro damnis et expensis*. Comme ces emprunts étaient ordinairement contractés pour un temps très-

---

(1) L'once d'or représentait une valeur intrinsèque de 63 fr. 20 cent.
(2) Cf. sur ce point les évaluations fournies par le *Regestum*, *Hist. diplom.*, t. V, p. 655 et suiv., p. 658 et 660.

court, le prêteur comptait bien sur l'impossibilité que le débiteur éprouverait à s'acquitter, et c'était là sans aucun doute sa plus grande chance de profit (1).

Nous ne pouvons qu'effleurer ici cette question des emprunts, qui offrirait beaucoup d'intérêt à la condition d'être traitée d'une manière générale, et par comparaison avec le système adopté à la même époque dans les autres États. Ajoutons seulement que, si l'on s'étonne de l'élévation du taux de l'intérêt, on doit remarquer aussi que plus les emprunts étaient considérables et fréquemment renouvelés, plus il fallait offrir aux banquiers des conditions avantageuses. Malgré la rigueur des lois portées contre l'usure, les papes avaient reconnu qu'il était équitable que les prêteurs retirassent un profit de leurs avances. Eux-mêmes étaient sans cesse obligés de recourir aux banquiers, et Curbio rapporte qu'Innocent IV, pour soutenir la lutte contre Frédéric II, dépensa en sept ans, plus de deux cent mille marcs d'argent, dont la plus grande partie provenait d'emprunts onéreux (2).

Si les charges que les impôts et les emprunts faisaient peser sur la population étaient lourdes à porter, il faut pourtant reconnaître que Frédéric II cherchait à les alléger le plus possible; non-seulement il veillait avec sévérité à prévenir ou à réprimer les abus de pouvoir que les officiers de finances pouvaient commettre à leur profit, mais encore il favorisait le développement industriel et commercial de ses sujets. Pour assurer les approvisionnements et faciliter les échanges, il institua, en 1234, des foires générales annuelles qui devaient se tenir successivement dans sept villes du royaume, et dont la durée était échelonnée de façon que chaque province pût à son tour profiter du bénéfice de ces grands marchés ouverts à l'industrie nationale (3). Sous son règne, on retrouve dans l'administration financière du royaume de Sicile la science économique des Arabes

---

(1) Les idées émises à ce sujet par M. Servois, à propos de quelques emprunts contractés par saint Louis, sont tout à fait confirmées par nos textes. Cf. *Bibl. de l'École des chart.*, IVe série, t. IV, p. 149 et suiv. Un travail approfondi sur le crédit au moyen âge serait bien utile, et les matériaux en sont plus abondants qu'on ne le croit.

(2) *Vit. Innoc. IV*, ap. BALUZE, *Miscell.*, t. I, p. 201.

(3) *Hist. diplom.*, t. IV, p. 462.

unie à l'esprit organisateur des Normands. On est même surpris de rencontrer une foule de mesures qui, en matière de douanes et de tarifs, nous révèlent l'application d'idées économiques que l'on considère habituellement comme tout à fait modernes. Si l'État se réserve le monopole de la vente de certains objets de consommation, tels que le sel, le fer, l'acier, la soie, etc., ce monopole est réglé de façon à ne pas gêner l'essor de la fabrication, et à assurer aux industriels le payement régulier de leurs produits. Le système dit prohibitif n'est guère appliqué qu'aux machines de siége (*balistae*) et aux chevaux de remonte (*equi ad arma*). Les droits d'exportation sur les blés et les grains sont abaissés du tiers au cinquième, et même au sixième dans certaines provinces. L'empereur gourmande à ce sujet le zèle malentendu de ses officiers, qui considéraient mal à propos l'abaissement des tarifs comme funeste au trésor. Il les invite à éclairer sur leurs véritables intérêts les populations qui s'inquiétaient des facilités données à l'exportation des subsistances, à leur faire comprendre que la liberté du commerce, en multipliant les échanges, est une source de prospérité publique (1). Il supprime les douanes intérieures en rappelant aux *secreti* que la division du royaume en provinces est une division fictive destinée à faciliter l'administration, mais non point à gêner les transactions légitimes entre les particuliers (2). Il recommande aux camériers et aux maîtres des ports de fermer les yeux sur le séjour des marchands génois ou vénitiens qui viennent commercer

---

(1) « *Cum sit regnantium gloria tuta et affluens conditio subjectorum, statutum quod in praemissis fieri mandavimus nolumus immutari; praesertim cum ad omnem locupletationem nostrorum fidelium intendentes et eis volentes gratiam super gratia facere, praedictam tertiam partem quam de venditione frumenti pro curia nostra mandavimus recipi, postmodum deduci statueremus in quintum.* » Lettre à Oberto Fallamonaco, du 17 novembre 1239, ap. Hist. diplom., t. V, p. 507.

(2) « *Cum victualia et hujusmodi res eorum volunt per terram in domos suas adducere, eas deferre sicut asserunt non permittis, tanquam si pro eo quod sunt de jurisdictione divisa essent alterius regionis. Cum igitur praedicti mediatio fluminis (Salsi) officialium sit tantum, non provinciae discretiva, fidelitati tuae praecipiendo mandamus*, etc. » Hist. diplom., t. V, p. 773 et 774. Dans une déclaration du 17 août 1266, on trouve aussi ce témoignage : « *Regnante imperatore Friderico ad exportanda victualia e portu Thermarum Amalfiam nihil solvi praeter jus doanae.* » Syllab. membran., t. I, p. 5.

dans le royaume *salubriter et quiete*, quoiqu'ils appartiennent à des villes ennemies et qu'ils n'aient point de sauf-conduits, pourvu qu'ils ne se livrent à aucune intrigue, ni ouverte ni cachée (1); les marchands paisibles sont considérés comme des neutres auxquels ne sauraient être appliquées les lois rigoureuses de la guerre.

Frédéric II donna les mêmes soins au développement de l'agriculture. Dans une de ses constitutions, il défendit de mettre la main sur les bœufs et les charrues des laboureurs dans le cas où une saisie serait opérée pour défaut de payement d'une dette, publique ou privée (2). Il essaya de créer dans les *massariae* royales des espèces de fermes-modèles destinées à servir d'exemples pour l'exploitation rurale et l'élève des bestiaux, et ne dédaigna pas de veiller dans ses domaines à la destruction des animaux nuisibles, tels que les loups et les renards, au moyen de poudres préparées à cet effet. Il encouragea la culture du coton et de la canne à sucre, et chargea Richard Filangieri de lui envoyer de Syrie des hommes qui fussent habiles dans la fabrication du sucre, afin, dit-il lui-même, que la pratique d'un art si utile ne se perdît pas en Sicile. Il essaya d'acclimater aux environs de Palerme plusieurs plantes exotiques, notamment l'indigo et le henné. Il releva les plantations de palmiers-dattiers et commit à des juifs africains le soin de faire fructifier ces arbres précieux (3). Enfin il autorisa, moyennant de légères redevances, le défrichement des terres de son domaine qui étaient propres à la culture de la vigne; mais il défendit qu'on dénaturât par trop d'engrais les excellents plants de Syracuse.

A l'imitation des rois normands ses prédécesseurs, Frédéric II appela dans ses États, comme nous l'avons dit, des colons lombards qu'il établit d'abord dans le territoire de Corleone, et ensuite à Militello (4). Il restreignit les droits d'aubaine et favorisa l'immigration des étrangers qui, par

---

(1) *Hist. diplom.*, t. V, p. 576 et *passim*.
(2) *Hist. diplom.*, t. IV, p. 237.
(3) Voir les instructions relatives à l'agriculture, envoyées au *secreto* de Palerme, le 15 décembre 1239. *Hist. diplom.*, t. V, p. 571 et suiv.
(4) Voir plus haut, p. cccxcix.

PARTIE HISTORIQUE.

leur industrie ou leurs ressources personnelles, offraient des garanties à leur nouvelle patrie, en leur accordant l'exemption des taxes pendant dix ans (1). Il est vrai qu'en 1233, au moment de la révolte de la Sicile, il prohiba les mariages entre les étrangers et les régnicoles, sous le prétexte que le mélange des races et l'introduction de mœurs et d'idées nouvelles pouvaient compromettre la tranquillité publique (2). Mais cette mesure inspirée par des circonstances exceptionnelles et dirigée particulièrement contre Messine, ne devait être que partielle ou temporaire. Ce qui le prouve, c'est qu'en 1240, le droit de se marier à des femmes siciliennes fut de nouveau reconnu aux étrangers, pourvu qu'ils fussent fidèles, de bonnes mœurs, qu'ils demeurassent depuis dix ans au moins dans le royaume, et qu'ils eussent contribué aux charges publiques (3).

Pour augmenter les centres de population et grouper en un même lieu des habitations éparses, l'empereur fonda un grand nombre de villes, dont les plus importantes sont Augusta en Sicile, qui date de l'année 1233; Monteleone en Calabre, qui doit son premier établissement à Mattéo Marcafaba, *segreto* de Messine, de 1234 à 1238 (4); Aquila, dans l'Abruzze, dont la construction décrétée en juin 1240, ne s'acheva que sous le règne de Conrad. Sans parler de la fondation et de l'embellissement des châteaux royaux, dont il sera question au chapitre des beaux-arts, on peut dire que Frédéric ne négligea point les travaux d'utilité publique. Il faisait creuser à ses frais des puits dans les localités qui manquaient d'eau; il élevait un hôpital et des bâtiments à Tripergola, entre Naples et Pouzzoles, pour faciliter aux pauvres malades les moyens d'y prendre les bains. Par ses ordres, des ponts étaient jetés sur les rivières, et celui dont il décida la construction sur l'Ofanto n'étant pas encore terminé à la fin de son règne, il consacra à l'achèvement de cette entreprise, par

---

(1) *Hist. diplom.*, t. IV, p. 234.
(2) *Ibidem*, t. IV, p. 459.
(3) *Ibidem*, t. V, p. 772.
(4) Ce fait est mis hors de doute par la bulle d'Alexandre IV, cité dans BARRIUS, *De situ Calabr.*, *Annotationes*, p. 144.

une clause expresse de son testament, tous les revenus de la métairie qu'il possédait à Saint-Nicolas d'Ofanto (1). Nous savons aussi qu'il fit nettoyer et ouvrir les canaux en maçonnerie, ouvrage des Romains, qui servaient à l'écoulement des eaux du lac Fucin (2), et la tradition lui attribue même le projet de dessécher ce lac, pour rendre à l'agriculture le territoire occupé par les eaux. Frédéric conçut probablement cette idée en juin 1242, époque où il résida plus d'un mois à Avezzano, sur les bords du lac, et put étudier par lui-même les moyens d'exécuter cette grande entreprise, qui aujourd'hui encore préoccupe le gouvernement napolitain. Mais nous devons avouer qu'aucun texte authentique n'autorise à admettre la certitude de cette tradition.

D'après ce rapide exposé, on peut juger que sous une administration vigoureuse, habile, et jusqu'à un certain point libérale, le royaume de Sicile était dans une condition plus prospère et dans un état de civilisation plus avancée que les autres pays de l'Europe. Malgré les doléances des papes Grégoire IX et Innocent IV, qui représentent les populations siciliennes comme courbées sous une insupportable tyrannie et réduites à la dernière misère, il serait injuste de méconnaître les ressources nouvelles que l'unité de pouvoir appliquée à de grands desseins, permit à Frédéric II de créer dans ses États. Ces ressources, inventées si l'on veut par le despotisme, tournaient, en définitive, au profit de la nation et à l'accroissement de la fortune publique. Du reste, nous nous bornerons à invoquer sur ce point un témoignage qui ne sera pas suspect, celui du pape Clément IV, ennemi de la maison de Souabe comme ses prédécesseurs, et plus qu'eux, peut-être, puisqu'il consomma la ruine de la famille de Frédéric II. Ce pontife, effrayé des insatiables exigences de Charles d'Anjou, lui écrivait en 1267 : « Qui donc pourrait compatir à la pauvreté dont tu te plains, quand tu ne peux ou ne sais pas vivre avec les ressources d'un royaume, où le noble Frédéric, jadis empereur des Romains, qui faisait, tu ne l'ignores

---

(1) « *Item statuimus ut tota massaria nostra quam habemus apud Sanctum Nicolaum de Aufido et omnes proventus ipsius deputentur ad reparationem et consummationem pontis ibi constructi et construendi.* » Ap. Pertz, *Monum.*, t. IV, p. 359.

(2) *Hist. diplom.*, t. V, p. 907.

pas, de plus grandes dépenses que toi, trouvait moyen de s'enrichir énormément, lui et ses sujets, et de contenter en outre, par ses largesses, la Lombardie, la Toscane, les deux Marches, et même l'Allemagne (1)? »

CHAPITRE VII.

RELATIONS POLITIQUES DE FRÉDÉRIC II AVEC LES PAPES. — LIGUE LOMBARDE.

I.

ATTITUDE RESPECTIVE DES DEUX POUVOIRS.

Charlemagne et Othon le Grand avaient exercé sur la papauté une suprématie de fait qu'il est impossible de contester. Grégoire VII, remontant aux sources mêmes de la nature du pouvoir spirituel et du pouvoir temporel, s'indigna de cette dépendance, et il entreprit de soumettre l'Empire à l'Église et l'Église à la papauté. Pendant les dix années de son pontificat, il ne put accomplir que la moitié de ses desseins, et ce qu'il enleva à l'empereur il eut soin de le donner non au pape, mais à l'Église. La lutte que les successeurs de Grégoire VII soutinrent contre ceux de Henri IV, se continua avec des alternatives de revers et de succès; mais au milieu de ces alternatives, les papes ne perdirent pas de vue le double but de leur illustre prédécesseur ; ils cherchèrent de plus en plus à discipliner l'Église, à y introduire une forte hiérarchie, à la dégager des liens humains par la suppression du mariage des prêtres, à établir enfin dans ce grand corps une centralisation énergique, qui, partant du cerveau, communiquât l'impulsion à tous les membres. On peut dire que la soumission de l'Église à la papauté était un fait accompli à l'avénement d'Innocent III. Il ne restait plus qu'à subordonner au saint-siége l'autorité temporelle et à réunir dans une seule main les deux pouvoirs pour réaliser complétement le plan de Grégoire VII.

---

(1) « De quo vir nobilis Fridericus, Romanorum olim imperator, ut nosti, majores te sumptus faciens, in immensum se suosque ditabat et insuper Lombardiam et Tusciam et utramque Marchiam et Alamanniam satiabat. » Ap. MARTENE, Thes. anecdot., t. II, p. 524.

C'est une opinion assez générale qu'antérieurement aux démêlés de Boniface VIII avec Philippe le Bel les droits de l'autorité spirituelle et de l'autorité civile en matière politique n'avaient pas été clairement définis. Cela est vrai si l'on entend par là que les légistes et les théologiens n'étaient pas descendus dans l'arène pour soutenir doctrinalement, les uns l'indépendance du pouvoir temporel, les autres la suprématie de l'Église. Encore pourrait-on citer certains passages de saint Bernard et de Hugues de Saint-Victor, où la domination temporelle du sacerdoce est déjà formellement soutenue. Mais il ne faudrait pas en conclure que des papes tels qu'Innocent III, Grégoire IX, Innocent IV, se soient abstenus d'énoncer, d'une manière générale et absolue, les maximes sur lesquelles ils fondaient théoriquement leur suprématie, ni qu'un prince tel que Frédéric II ait négligé de publier les raisons et la justification de sa résistance. Les lettres des papes et les manifestes de l'empereur qui figurent dans notre collection, prouvent surabondamment que longtemps avant Boniface VIII cette question capitale avait déjà été agitée sous toutes ses formes par les deux parties intéressées dans le débat.

De l'examen attentif de cette controverse, il résulte pour nous que la politique fondamentale de la papauté, pendant la première moitié du treizième siècle, se résume dans une série de propositions que l'on peut établir ainsi : l'Église s'est réservé le patrimoine de saint Pierre comme signe visible de la domination universelle qui lui appartient. L'empereur n'est que son délégué pour le reste, et par conséquent son inférieur. L'empire qui est la plus haute expression du pouvoir temporel dépend du saint-siége. Le souverain pontife, supérieur au chef de l'Empire, est le monarque des monarques.

Pour éviter d'être accusé d'exagération dans une question aussi grave, il convient de traduire textuellement les principaux passages qui servent de développement à ces diverses propositions, ou plutôt au principe unique d'où elles dérivent. Voici d'abord la doctrine de Grégoire IX sur la souveraineté temporelle de l'Église : « Parmi les autres droits de l'empire que la très-sainte Église romaine a confiés à un prince séculier pour être son défenseur, elle a réservé sous sa domination directe le patrimoine de saint Pierre comme un signe de sa souveraineté universelle (1). Et c'est là ce que Frédéric, parjure à ses serments et oublieux de nos bienfaits, entreprend de nous enlever par la ruse autant que par la force..... Ne mérite-t-il pas la malédiction du père qu'il outrage, lui qui ne craint pas le sort d'Absalon aspirant au trône de son père et qui méprise ce commandement inscrit dans le Deutéronome : « Que celui qui ne voudra » pas obéir à l'ordre du prêtre et à l'arrêt du juge soit puni de mort. »

Précédemment Innocent III ayant évoqué à son tribunal les prétentions rivales de Philippe de Souabe, d'Othon de Brunswick et de Frédéric II à la couronne impériale, examine ces choix divers; il compare et balance les avantages et les inconvénients de ces trois élections, principalement dans l'intérêt de la papauté, et il discute les titres de chacun des élus avec l'autorité d'un juge suprême qui peut annuler ou confirmer l'élection sans aucun égard pour le droit des électeurs. Il commence par établir sous forme d'axiome que l'empire appartient au saint-siège en principe et en définitive (2); que c'est du pape seul que l'empereur élu reçoit avec la bénédiction la couronne et l'investiture. Du droit de nommer un empereur dérive incontestablement le droit de le remplacer. « Sans doute, ajoute-t-il, Philippe de Souabe a pour lui le nombre et le poids des suffrages, mais il n'en est pas moins évident que nous devons nous déclarer contre lui. Quant à Othon, il n'a été élu que par la minorité; il n'en est pas moins convenable et utile que nous lui accordions la faveur apostolique... D'après ce qui précède, nous n'insisterons pas pour que l'enfant (Frédéric II) obtienne l'empire quant à présent. Nous repoussons péremptoirement Philippe, et nous déclarant hautement pour Othon, nous avons décidé qu'il serait appelé au trône impérial (3). » Tel est en quelques lignes le

---

(1) « *Patrimonium beati Petri quod inter cetera imperii jura quae seculari principi tanquam defensori sacrosancta commisit Ecclesia, ditioni suae in signum universalis dominii reservavit.* » *Hist. diplom.*, t. V, p. 777.

(2) « *Interest Apostolicae Sedis diligenter et prudenter de imperii Romani provisione tractare, cum imperium noscatur ad eam principaliter et finaliter pertinere,* etc. » *Hist. diplom.*, t. I, p. 70.

(3) *Hist. diplom.*, t. I, p. 75, 76.

résumé de cette pièce capitale dont l'écrivain auquel nous en empruntons l'analyse a fait ressortir les faits principaux en la dégageant des précautions oratoires, des arguments spécieux, des explications prolixes, qui recouvrent plus ou moins adroitement le fond de la pensée. « Il est impossible, dit en terminant M. Avenel (1), de rien produire dans la question de plus net et de plus explicite. Rien n'est oublié de ce qui peut établir dans toute sa plénitude la domination du pouvoir spirituel sur toutes les monarchies temporelles. On a pu même remarquer la faculté que se ménage le pape d'exclure plus tard l'empereur que lui-même a choisi, et cette habileté avec laquelle il montre au nouvel élu, comme un avertissement de demeurer docile et comme une perpétuelle menace, cet enfant dont on n'examine pas les titres *ad praesens*, mais que l'on tient en réserve pour quelque future occurrence. »

Voici maintenant une théorie qui établit que la compétence du sacerdoce embrasse même le temporel et que le chef de la société religieuse peut disposer de toutes les forces de la société civile. « C'est un fait notoire et manifeste, écrit Grégoire IX à Frédéric II, que ce Constantin qui possédait la monarchie universelle a voulu, du consentement non-seulement du peuple de Rome, mais de l'empire romain en général, que le vicaire du prince des apôtres qui avait l'empire du sacerdoce et des âmes dans le monde entier, eût aussi le gouvernement des choses et des corps dans tout l'univers, pensant que celui-là devait régir les choses terrestres à qui Dieu avait confié sur la terre le soin des choses célestes. C'est pour cela qu'il a remis à perpétuité au pontife romain le sceptre et les insignes impériaux, avec Rome et tout son duché et l'Empire même, considérant comme infâme que là où le chef de la religion chrétienne est institué par l'empereur céleste, un empereur terrestre pût exercer aucun pouvoir. Abandonnant donc l'Italie au siége apostolique, il s'est choisi en Grèce une nouvelle demeure; et depuis que l'Église, imposant le joug à Charlemagne, a transféré le siège de l'Empire en Germanie, quand elle a appelé tes prédécesseurs et toi à siéger sur le tribunal impérial, quand elle t'a concédé le

---

(1) *Journal des savants*, année 1856, p. 541, 542.

jour de ton couronnement la puissance du glaive, elle n'a entendu diminuer en rien la substance de sa juridiction. Et voici que tu attentes aux droits du siége apostolique, à la foi que tu lui dois, à ton propre honneur, en méconnaissant le pouvoir qui t'a fait ce que tu es..... Tu oublies que les prêtres du Christ sont les pères et les maîtres de tous les rois et de tous les princes chrétiens..... D'où te vient cette audace de juger les décisions de notre conscience dont le seul juge est au ciel, lorsque tu vois les têtes des rois et des princes se courber aux genoux des prêtres, lorsque les empereurs chrétiens doivent soumettre leurs actes non-seulement au pontife romain, mais même aux simples évêques, lorsque enfin le Seigneur s'est réservé à lui seul le droit de juger le siége apostolique, au jugement duquel il a subordonné la terre entière, dans les choses cachées comme dans les choses manifestes (1)? »

Quelle différence y a-t-il entre ce langage absolu et hautain et celui des bulles de Boniface VIII, notamment de la fameuse bulle *Unam sanctam?* Quand l'adversaire de Philippe le Bel enseigne que l'Église possède deux glaives, le spirituel et le temporel, l'un qu'elle emploie elle-même, l'autre qui doit être employé à son service par les rois et les guerriers; que la puissance spirituelle surpasse autant en dignité et en noblesse toute puissance terrestre que les choses spirituelles l'emportent sur les choses temporelles; que la puissance spirituelle a le droit de juger la temporelle, mais que la puissance spirituelle, du moins dans son expression la plus haute qui est le pape, ne peut être jugée que par Dieu seul, Boniface VIII ne fait que réduire en maximes la doctrine soutenue par ses prédécesseurs. Au sommet de la société un seul monarque, infaillible dans les choses de la foi, irresponsable dans le gouvernement du monde; au-dessous de lui des princes ses délégués, dépositaires de l'autorité civile, laquelle ayant sa source dans l'Église, doit être exercée pour le bien de l'Église. Le dépositaire infidèle peut être dépouillé de sa puissance séculière, comme l'homme retranché de l'Église peut être privé de la possession de ses biens, car il n'y a pas de propriété réelle en dehors de l'Église : on n'est

---

(1) Lettre du 23 octobre 1236, ap. *Hist. diplom.*, t. IV, p. 918, 919, 921 et 922.

apte à posséder que parce que l'on est chrétien. La régénération spirituelle confère à l'homme le droit d'avoir des biens ; l'état de péché mortel les lui retire ; l'absolution ecclésiastique les lui rend et l'en investit de nouveau. En somme, la plénitude du pouvoir de l'Église est telle qu'il est impossible d'en peser, d'en calculer, d'en mesurer l'étendue.

Telles sont les conséquences extrêmes auxquelles arrive un théologien fameux, défenseur avoué de la suprématie des papes, dont le traité *De ecclesiastica potestate*, retrouvé et mis en lumière par notre savant ami M. Charles Jourdain (1), n'est que le corollaire et l'exposition méthodique des idées d'Innocent III, de Grégoire IX et de Boniface VIII. Il est bon même aujourd'hui de rappeler ces doctrines politiques, non-seulement parce qu'elles expliquent la résistance que leur opposèrent Philippe le Bel et avant lui Frédéric II, mais aussi parce que le danger qu'elles pouvaient offrir au treizième siècle est encore présent et actuel. La théorie du gouvernement théocratique n'est point morte au milieu des orages qu'elle a jadis soulevés ; elle se prêche ouvertement même en présence des rois dont elle se dit l'auxiliaire. Dès lors cette discussion n'est plus aussi surannée que pourraient le croire des esprits superficiels. Elle rentre dans le domaine des faits qui touchent à l'organisation du pouvoir et à l'avenir des sociétés. Ces enseignements du passé ne sont donc pas à dédaigner, s'ils peuvent servir à nous prémunir contre le retour d'une utopie qui, victorieuse, étoufferait infailliblement dans le monde toute vie intellectuelle, tout progrès, toute liberté.

En face de cet envahissement du gouvernement temporel par l'autorité ecclésiastique, Frédéric II se trouva d'abord placé dans un état d'infériorité manifeste. Il ne pouvait rien par lui-même, et il devait tout à l'Église. C'était le pape suzerain de la Sicile qui avait conservé ce royaume au fils de Constance ; c'était le pape arbitre suprême des affaires de l'Allemagne qui avait rendu l'empire au fils de Henri VI. Soit qu'il obéît à une reconnaissance sincère, soit par l'effet des calculs de l'ambition, Frédéric II avait

---

(1) *Un ouvrage inédit de Gilles de Rome, en faveur de la papauté*, extr. du *Journ. gén. de l'Instr. publiq.*, Paris, 1858.

PARTIE HISTORIQUE.

multiplié les protestations publiques de respect, de dévouement et de soumission envers le saint-siége, et cela dans des termes si humbles et si précis (1), qu'ils devaient être et furent, en effet, invoqués fréquemment contre lui dans le cours de la lutte où il s'engagea. Mais l'empereur se trouvait amené par la force même des choses à revenir sur des concessions qu'il considérait comme une abdication des droits de l'Empire, et les papes ne tardèrent pas à apprendre qu'il est toujours dangereux d'exiger d'un particulier, à plus forte raison d'un souverain, des promesses dont l'exécution compromet son honneur et ses intérêts. Jusqu'à sa première excommunication par Grégoire IX, Frédéric II ne protesta pas ouvertement; mais alors dans une lettre virulente, adressée aux princes de l'Europe, il dénonça hautement les prétentions de ce pouvoir ecclésiastique qui devait sa grandeur à la munificence de l'autorité séculière, qui tournait contre elle les bienfaits qu'il en avait reçus, et qui voulait fouler l'Empire aux pieds, après avoir réduit au rôle de vassaux le roi d'Angleterre, le comte de Toulouse et d'autres princes (2). Ce fut là le point de départ

---

(1) « *Inter universa quae gerimus in desideriis nostris praecipua, hoc principaliter affectamus, ut vobis et sacrosanctae Romanae Ecclesiae gratum impendamus obsequium... ne unquam beneficiorum vestrorum, quod avertat Dominus, inveniamur ingrati, cum post divini muneris gratiam non solum terram sed vitam per vestrum patrocinium nos fateamur habere.* » Acte de févr. 1212, ap. *Hist. diplom.*, t. I, p. 204. — « *Charissime domine et reverendissime pater, protector et benefactor noster... per cujus beneficium, operam et tutelam aliti sumus, protecti pariter et promoti.* » Acte de juillet 1213, *Ibidem*, p. 269. — « *Tanquam qui per Dei gratiam et Romanae Ecclesiae imperium et jura imperii potenter et viriliter possidemus.* » Lettre du 12 janvier 1219, *Ibidem*, p. 585. — « *Matrem nostram Romanam Ecclesiam quae sicut notum est toti mundo, pro honore nostro non parcens laboribus et expensis tamdiu nos lacte nutrivit quousque per gratiam Dei ad solidum cibum perduxit... Quia nos, faciente Domino, nunquam apud Romanam Ecclesiam matrem nostram poterimus juste toto tempore vitae nostrae ingratitudinis argui.* » Lettre du 10 mai 1249. Voir au Supplément. — « *Vix vires nobis et merita suffragantur, cum tanta sit affluentia benignitatis et muneris quod ad recompensationem ejus inaniter se videatur erigere nostras propositum voluntatis.* » Lettre du 16 juin 1249, ap. *Hist. diplom.*, t. I, p. 637. Tous les actes qui renferment les engagements pris par Frédéric II envers l'Église romaine, furent transcrits par l'ordre d'Innocent IV, au moment de la réunion du concile de Lyon.

(2) *Hist. diplom.*, t. III, p. 49. De même, en 1250, Frédéric II excitait le roi de Castille à soutenir la cause commune contre le pape, en lui faisant redouter le sort du roi de Portugal, qui, suivant en cela l'exemple du roi d'Aragon, s'était reconnu vassal du saint-siége.

de sa conduite et de ses actes qui, soit en paix, soit en guerre, tendirent constamment à rétablir l'intégrité de l'Empire, à mettre sa propre souveraineté au-dessus du contrôle ecclésiastique, à soutenir l'indépendance de la société civile contre la suprématie pontificale.

Une seule fois, dans un document public, Frédéric II expose sa politique générale; et, malgré la réserve que lui commande le caractère officiel de ce manifeste, aussi bien que les bons rapports qu'il entretenait encore avec le pape, le passage que nous allons citer est très-significatif : « Puisque la providence du Sauveur, dit-il, a conduit nos démarches d'une manière si libérale et si prodigieuse que, du côté de l'Orient, le royaume de Jérusalem, héritage maternel de notre cher fils Conrad, ainsi que ce magnifique royaume de Sicile que nous tenons de notre mère, et le corps puissant de la domination germanique, sont maintenus sous nos lois dans une paix profonde, grâce à l'assistance de Dieu; c'est, croyons-nous, afin que cette partie intermédiaire, qu'on appelle l'Italie, resserrée de tous côtés dans le cercle de nos forces, revienne aussi à notre obéissance et rentre dans l'unité de l'empire; et pour cela, il ne nous reste plus que peu de chose à faire (1). » L'unité et la sainteté de l'Empire mises en parallèle avec l'unité et la sainteté de l'Église, telle fut la formule un peu vague que Frédéric adopta pour agir sur l'opinion, et à mesure que s'envenima sa querelle avec les papes, on vit mieux ce qu'il entendait par l'unité du saint Empire. C'était la réunion à ses États, non-seulement de la Lombardie et de la Toscane, mais aussi du patrimoine de saint Pierre, du duché de Spolète, de la Marche d'Ancône, de l'héritage de Mathilde, de tout ce qui constituait enfin le domaine propre de l'Église romaine; car s'il ne contestait pas la validité des donations sur lesquelles était fondée la possession du saint-siége, il se réservait de leur appliquer les dispositions de la loi civile, en les révoquant pour cause d'ingratitude. « Comme nous ne pouvons souffrir, écrivait-il en 1239, que la Marche et le Duché, ces belles provinces qui sont si utiles à l'Empire et à nous, soient séparées plus longtemps du corps de l'Empire, nous avons résolu

---

(1) *Hist. diplom.*, t. IV, p. 849, à l'année 1236.

PARTIE HISTORIQUE.   CDXXXV

pour remettre l'Italie entière dans un état de paix, et à cause de l'ingratitude du chef actuel de l'Église, de les faire rentrer sous nos lois. Si nous avons permis que vous fussiez si longtemps soumis à la domination étrangère, c'est que nous espérions que votre tranquillité et l'honneur de l'Empire n'en souffriraient pas. Mais puisque ceux qui vous gouvernent par l'autorité du siége apostolique, travaillent à vous entraîner dans la désobéissance envers nous et machinent notre ruine, nous vous absolvons et déclarons absous du serment qu'avec notre permission vous aviez prêté aux agents de l'Église (1). » Il disait aussi dans une autre occasion : « Le feu pape Grégoire en fulminant si précipitamment contre nous l'excommunication pour complaire aux Milanais et à leurs complices, a moins excité notre indignation qu'il ne nous a fourni un motif pour faire rentrer sous la souveraineté de l'Empire les terres de l'Empire que l'Église détenait contre toute justice (2). »

Réunir l'Allemagne et l'Italie sous une même domination avec le royaume de Naples pour annexe, enfermer ainsi le pape dans un cercle de plus en plus resserré, le réduire au rôle purement spirituel, en lui enlevant l'autorité territoriale qui était alors comme la condition inséparable et la garantie de sa suprématie religieuse, telle fut la tentative périlleuse à laquelle Frédéric II fut entraîné, autant par la nature même des questions politiques engagées avant lui, que par les tendances particulières de son esprit. Il échoua malgré sa persévérance, son activité et son adresse, et légua à ses descendants une guerre inexorable qui devait les dévorer tous. Mais si Frédéric succomba, ce fut au détriment de la chrétienté tout entière, et sans grand profit pour la papauté elle-même. Le déchaînement des passions, l'emploi souvent excessif des armes spirituelles, l'invasion dans le sanctuaire de la duplicité et de la violence avaient fini par troubler et pervertir si profondément la raison publique, qu'on en était venu au point de ne plus savoir de quel côté étaient l'erreur et la vérité, le

(1) *Hist. diplom.*, t. V, p. 376 et suiv.
(2) « *Sed potius causam dederit terras imperii quas injuriose tenebat ecclesia ad jus et dominium imperii revocandi.* » Lettre écrite vers mars 1244, dans les Mss. de Paris, *fonds Saint-Germain-Harlay*, 455, et de Vienne, *Philolog.*, 305.

tort et le droit, l'iniquité et la justice. L'anarchie de l'Empire, l'oppression de l'Italie, l'abaissement de la papauté, furent les seuls résultats de la lutte dont nous allons indiquer à grands traits les phases principales.

II.

RELATIONS DE FRÉDÉRIC II AVEC LES PAPES A PROPOS DE LA SICILE ET DE L'ITALIE.

Innocent III, en qualité de suzerain du royaume de Sicile, en avait donné l'investiture à Constance et à son fils Frédéric II, moyennant le serment de fidélité et un cens annuel de six cents schifates (1) pour la Calabre et la Pouille, et de quatre cents pour les Abruzzes (*Marsia*). Il avait de plus conclu avec l'impératrice un concordat qui restreignait et déterminait la part du pouvoir temporel dans les affaires ecclésiastiques du royaume (2). Mais les premières obligations contractées personnellement par Frédéric II envers le saint-siége, ne datent que de l'année 1210. A cette époque Othon venait d'entrer en Italie, et quoiqu'il ne s'annonçât pas encore comme le compétiteur du roi de Sicile, celui-ci ne pouvait que gagner à se mettre sous la protection de l'Église. Par deux actes, en date des mois de juin et décembre de cette année, il engagea envers l'Église romaine ses droits domaniaux sur les terres de l'abbaye du Mont-Cassin et de plusieurs feudataires voisins, tels que les seigneurs d'Aquino et le comte de Sora, jusqu'au payement d'une somme de 12,800 onces d'or, à laquelle il reconnut que s'élevaient les dépenses faites par le pape pour la défense de la Sicile (3). Puis, quand Frédéric se vit appelé au trône d'Allemagne qu'il ne pouvait occuper sans l'appui du pape, il prit avec Innocent III, au sujet de la suzeraineté du saint-siége sur la Sicile, des engagements formels (4) qu'il renouvela solennellement par la célèbre

---

(1) La schifate d'or équivalait à huit taris d'or, comme on le voit dans le traité conclu en 1268, par Conradin avec la commune de Pise. Par conséquent mille schifates répondaient à la somme relativement très-modique de 270 onces d'or.

(2) *Hist. diplom.*, t. I, p. 19.

(3) *Hist. diplom.*, t. I, p. 914. Voir aussi le Supplément.

(4) Actes de février 1212, *Ibidem*, t. I, p. 200 et suiv. — Autre acte d'avril, même année. Voir au Supplément.

constitution d'Égra (12 juillet 1213), se déclarant son homme lige et son vassal. Enfin il jura à Innocent qu'aussitôt après son couronnement comme empereur, il émanciperait son fils Henri et lui céderait le royaume de Sicile pour empêcher toute réunion de ce royaume à l'Empire (1). Quelque temps auparavant il avait abandonné à l'Église romaine les fiefs possédés par Richard, comte de Fondi, et par Richard, comte de Sora, frère d'Innocent III (2), évidemment pour se libérer de la dette pécuniaire qu'il avait contractée envers le saint-siége.

Aussitôt après la mort d'Innocent III, Frédéric II fit venir en Allemagne son fils Henri déjà couronné roi de Sicile, et l'on peut présumer qu'il avait dès lors conçu le projet d'obtenir pour cet enfant le titre de roi des Romains. Dès le commencement de l'année 1219, Honorius III prit l'alarme à ce sujet, et il en écrivit à Frédéric qui lui répondit : « Si d'après le conseil des princes de l'Empire, nous avons fait des démarches en faveur de notre fils, ce n'est point dans le but d'unir le royaume à l'Empire, mais afin que, pendant que nous serions absent pour le service de Jésus-Christ, l'Empire fût mieux gouverné, et que, si nous venions à mourir, notre fils eût plus de facilités pour conserver son patrimoine en Allemagne; le remettant d'ailleurs à la grâce de Dieu et de l'Église romaine, qui le protégera comme elle nous a protégé et exalté (3). » Le pape ne se paya pas de cette mauvaise raison, car il exigea que Frédéric renouvelât la promesse qu'il avait faite à Innocent III, le 1er juillet 1216, par laquelle il s'engageait à émanciper son fils et à lui abandonner le royaume de Sicile, en désignant un vicaire qui gouvernerait en son nom jusqu'à ce qu'il fût majeur. Frédéric y consentit, mais après avoir arraché à la condescendance d'Honorius l'autorisation d'ajouter à sa promesse la restriction qui suit : « Comme il pourrait arriver que notre fils vînt à mourir sans laisser d'enfant ou de frère, nous nous réservons de pouvoir en ce cas lui succéder dans le royaume, non pas en vertu du droit de l'Empire, mais à titre de succession légitime, comme un père recueille l'héritage de son fils, sauf à reconnaître

---

(1) Acte du 1er juillet 1216, ap. *Hist. diplom.*, t. I, p. 469.
(2) *Ibidem*, t. I, p. 208 et p. 427.
(3) Lettre du 10 mai 1219, ap. *Hist. diplom.*, t. I, p. 628. Voir le texte au Supplément.

que nous tiendrons le royaume de l'Église et à prêter à celle-ci serment de fidélité (1). » Mais ce n'était là qu'un acheminement vers le but que l'empereur voulait atteindre, qui était de ne pas renoncer à la souveraineté de la Sicile pour lui-même, par conséquent de garder à la fois l'Empire et le royaume. Il s'en expliqua même très-clairement dans une seconde lettre écrite quelques jours après : « Néanmoins, nous attendons encore plus de votre bienveillance et du dévouement dont nous faisons preuve envers l'Église et envers vous, et quand nous serons en votre présence, nous espérons bien obtenir de Votre Béatitude le succès de notre demande, qui consiste à nous réserver notre vie durant la souveraineté du royaume (2). »

Avant d'avoir reçu cette seconde lettre, le pape s'était empressé de prendre sous sa protection Henri, en qualité de roi de Sicile (3), lui conférant dans un document officiel ce titre que Frédéric II avait peu à peu fait disparaître de ses propres actes, et marquant ainsi la séparation qu'il entendait maintenir. On apprit tout à coup à la cour romaine que l'élection de Henri comme roi des Romains, préparée dans le plus profond mystère, avait eu lieu à Francfort, le 23 avril 1220. Frédéric n'en fit part au pape que près de trois mois plus tard, et il faut voir dans sa lettre, les prétextes spécieux, les moyens dilatoires qu'il met en avant pour s'excuser auprès du pape et pour conjurer son ressentiment. « L'Église, notre mère, ajoute-t-il, ne doit concevoir ni crainte ni défiance au sujet d'une union possible du royaume à l'Empire, parce que, comme nous désirons nous-même cette séparation, les choses se feront au gré de vos désirs quand nous serons auprès de vous. Bien loin que l'Empire doive avoir quelque chose de commun avec le royaume, ou que nous songions à les unir à l'occasion de l'élection de notre fils, nous nous opposons de tous

---

(1) Promesse du 10 février 1220, ap. *Hist. diplom.*, t. I, p. 741, avec l'addition insérée au Supplément.

(2) « *Nihilominus adhuc de vestra benevolentia et de nostra quam ad Ecclesiam et vos gerimus devotione non modicum confidentes, petitionem de ipsius regni nobis in vita nostra dominio reservando, cum in vestra fuerimus praesentia constituti, a vestra beatitudine obtinere speramus.* » Lettre du 19 février 1220, ap. *Hist. diplom.*, t. I, p. 742.

(3) Lettre du 16 mars 1220 à Viterbe, dans le registre d'Honorius, année IV.

PARTIE HISTORIQUE.   CDXXXIX

nos efforts à ce que leur union puisse avoir lieu en aucun temps, comme vous le verrez par nos actes, qui seront tels que la mère Église pourra se réjouir justement d'avoir procréé un fils tel que nous. Car en supposant même que l'Église n'eût aucun droit sur le royaume, et qu'il nous arrivât de décéder sans héritier légitime, nous ferions donation du royaume à l'Église romaine plutôt qu'à l'Empire (1). » Le pape ne réclama que faiblement. L'affaire du couronnement de Frédéric était si avancée qu'il ne pouvait plus sans danger ni l'arrêter dans sa marche ni lui refuser la consécration. Il eut soin seulement, dans une lettre écrite le 10 novembre, quand Frédéric II était déjà aux portes de Rome, de prévenir les légats pontificaux qu'il y avait lieu d'aviser; l'élection de Henri comme roi des Romains, la convocation des nobles et des prélats siciliens à la cérémonie du couronnement, et le nouveau serment de fidélité qu'on exigeait d'eux constituant des acheminements significatifs vers la réunion tant redoutée (2). Frédéric II fit alors connaître cette fameuse solution qu'il avait en réserve, et il promulgua la déclaration que nous avons déjà citée (3), laquelle contenait les bases de la séparation administrative de l'Empire et du royaume, ajoutant dans une seconde déclaration donnée à Naples, au mois de décembre 1220, qu'il tiendrait la Sicile de l'Église romaine, comme ses prédécesseurs l'avaient tenue d'elle, et en payant comme eux le cens annuel (4). Il consentit aussi à laisser figurer dans les actes rédigés pour la Sicile le nom du roi Henri, mais d'une façon purement honorifique. Les papes avaient voulu prévenir la réunion effective de l'Empire et du royaume dans les mêmes mains. L'empereur se contenta de déclarer que la Sicile aurait un sceau particulier, et qu'elle serait administrée par des fonctionnaires pris chez elle, mais il garda le titre et l'exercice de la souveraineté, sans qu'Honorius l'y eût autorisé par aucun acte, ni public ni secret.

(1) Lettre du 13 juillet 1220, ap. *Hist. diplom.*, t. I, p. 803, 804.
(2) « *Per quae in Sedis Apostolicae necnon posteritatis suae dispendium videtur praefata unio procurari.* » *Hist. diplom.*, t. I, p. 884.
(3) Voir plus haut, p. cx.
(4) « *Et sub eodem censu, sicut ipsi tenebant.* » Voir au Supplément.

Ainsi s'accomplit par l'effet d'une volonté à la fois souple et obstinée cette modification politique, que l'on pourrait qualifier d'escamotage, si le mot était digne de la gravité de l'histoire. Honorius dut se résigner à fermer les yeux sur une réunion qu'il ne pouvait plus empêcher; mais lui et ses successeurs maintinrent du moins avec fermeté leur droit d'intervenir dans les affaires civiles et ecclésiastiques de la Sicile, en vertu de leur double titre de suzerains et de pères communs des fidèles. En 1221, à l'époque de la révision générale des lois constitutives du royaume, et dix ans après, au moment de la préparation des constitutions nouvelles publiées à Melfi, Honorius III et Grégoire IX s'inquiétèrent de ces mesures qui touchaient aux bases fondamentales de la société civile, et ils adressèrent des réclamations à l'empereur, plutôt pour constater leur droit que pour s'opposer à des réformes dont ce prince leur démontra la nécessité. Le cens annuel de mille schifates fut régulièrement payé, au moins jusqu'en 1237, et si le pape Innocent IV reproche à Frédéric en 1245 de s'en être abstenu depuis neuf ans, celui-ci dans sa réponse se justifie en ces termes : « Il est également injuste de nous retirer la souveraineté du royaume de Sicile sous prétexte que nous avons cessé de payer le cens. Car avant la discorde qui s'est élevée entre nous et l'Église, comme nous étions absent du royaume, nous avons donné ordre à nos officiers de le payer, ainsi que le prouvent nos lettres qui se trouvent parmi les papiers de nos maîtres des comptes, et nous pouvons attester qu'il a été payé pendant tout ce temps-là, d'autant mieux qu'il ne nous a jamais été redemandé. Depuis le commencement de la querelle, nous avons fait déposer le même cens dans un lieu consacré; nous y avons fait apposer les scellés par des prélats et des fonctionnaires publics, et ce dépôt est encore aujourd'hui conservé intact(1). » Au reste, que le cens eût été payé ou non, les papes n'hésitèrent pas à appliquer à Frédéric II la règle féodale qui transférait la souveraineté directe au suzerain, dès que le vassal était déchu pour cause d'indignité. En 1228 et 1229, Grégoire IX agit absolument comme possédant la Sicile de son chef, *in suo dominio*. Il con-

---

(1) *Petr. de Vin. Epist.*, lib. I, cap. III.

féra des fiefs à ses partisans, octroya des chartes de franchises et de communes à Sessa, Sora, Gaëte, accordant même à cette dernière ville le droit de frapper monnaie et de faire graver sur les pièces les clefs de saint Pierre et l'effigie du pape régnant ; il fit percevoir les impôts en son nom, exerça enfin tous les droits de l'autorité souveraine (1). En 1239, bien que Grégoire n'eût pas prononcé expressément la déposition de Frédéric (2), il est évident qu'il était résolu à franchir ce dernier pas, et un article secret du traité conclu par lui avec les Vénitiens, porte qu'il s'engageait à faire ratifier la convention *par le futur roi de Sicile* (3). Le concile convoqué à Rome en 1241 n'était qu'un moyen détourné d'arriver à ce but, et l'auteur anonyme qui écrivait aux prélats pour les détourner de venir au concile la lettre virulente que nous avons reproduite, est bien à cet égard l'écho de l'opinion publique (4). A plus forte raison lorsque le concile de Lyon eut solennellement déclaré que Frédéric II était déchu du trône, Innocent IV ne manqua pas de dire que la royauté de Sicile, devenue vacante, se trouvait naturellement dévolue au saint-siége (5) ; et il agit conformément à ce principe en annulant les actes de l'empereur, en excitant des conspirations contre lui, en récompensant ses ennemis jurés, en appelant à la liberté les peuples du royaume de Naples. Frédéric II maintint, il est vrai, jusqu'à la fin les droits de sa couronne ; mais tout en accusant le pape de malveillance et d'injustice à son

---

(1) Grégoire IX, au reste, expose la nature de son autorité de la façon la plus claire dans une lettre écrite à Frédéric II, où il lui dit : « *Cum regnum Siciliae pleno proprietatis jure ad Romanam spectet Ecclesiam ... Confundimur a vocibus exprobrantium quod tales afflictiones in iis qui ad Sedem Apostolicam te mediante pertinent toleramus.* » Hist. diplom., t. III, p. 34.

(2) Grégoire IX, dans les lettres qui accompagnent la sentence d'excommunication du 20 mars 1239 ne s'explique pas sur ce qu'il compte faire à l'égard de l'Empire. Quant au royaume de Sicile, il déclare que si l'empereur, averti de nouveau (*admonitus*), ne réforme pas son administration coupable, il procédera comme il le jugera à propos, selon la justice. Ce n'est donc pas encore une sentence de déposition. Voir notamment *Hist. diplom.*, t. V, p. 284.

(3) *Arch. de Venise*, lib. pactorum, t. II, fol. 45.

(4) *Hist. diplom.*, t. V, p. 1083.

(5) « *Praesertim cum regnum Siciliae rege nunc careat.* » Privilége d'Innocent IV, en faveur de Pandolfo de Fasanella, du 14 mars 1247, *Regist. d'Innoc. IV*, lib. IV, n° 897.

égard, il ne contesta jamais qu'il tînt son royaume du saint-siége. Il observa même constamment la règle qu'il avait établie pour servir à distinguer la nature de son pouvoir, comme roi, de celle de son pouvoir comme chef de l'Empire. Il eut toujours pour la Sicile une bulle et un sceau particuliers, et il fit administrer ce pays par des fonctionnaires indigènes (1).

Les élections et les immunités ecclésiastiques furent au moins autant que la direction des affaires civiles du royaume une cause fréquente de démêlés entre les papes et Frédéric II. Déjà Innocent III, en 1209, avait sévèrement réprimandé le jeune roi pour avoir envoyé en exil quelques chanoines de Palerme qui avaient refusé de procéder sur sa demande à l'élection d'un archevêque, et en 1214 pour avoir fait élire un de ses médecins à l'évêché de Policastro (2). Honorius III ne montra pas plus de complaisance, il s'opposa à toute immixtion du pouvoir royal dans le choix des dignitaires ecclésiastiques, et aucun des favoris de Frédéric, quoique régulièrement élus par les chapitres, ne trouva grâce devant lui (3). En une seule fois, le pape nomma directement aux siéges vacants de Capoue, Salerne, Brindes, Conza et Aversa, ainsi qu'à l'abbaye de Saint-Laurent d'Aversa (4); et cette affaire, qui excita au plus haut point l'irritation de Frédéric, menaçait d'amener une rupture ouverte, si l'empereur n'avait fini par céder et par admettre les prélats désignés par Honorius. Les mêmes conflits surgirent sous le pontificat de Grégoire IX, et ils s'aigrirent de toute l'amertume des récriminations réciproques que faisaient naître d'autres causes de dissentiment. Il serait inutile ou peu intéressant de les exposer ici en détail. Nous devons dire seulement que sur ce terrain Frédéric II accepta sans hésiter la discussion devant les commissaires du pape, et qu'il en sortit souvent avec honneur en montrant, ou que son gouvernement n'avait pas donné lieu aux plaintes du clergé

---

(1) Voir à ce sujet ce que nous avons exposé précédemment, p. cx, à propos de la bulle d'or, et plus loin, p. cdxxxix.
(2) *Hist. diplom.*, t. I, p. 140. — Ughelli, *Ital. sacra*, t. VII, p. 560.
(3) Cf. *Hist. diplom.*, t. II, p. 200, 258, 272, 385, 434.
(4) Lettre du 25 septembre 1225. *Ibidem*, p. 523, et not. 1.

sicilien, ou que ces griefs avaient été exagérés auprès du souverain pontife (1). Mais quand la querelle eut éclaté entre les deux pouvoirs d'une manière définitive et irrévocable, Frédéric restreignit et finit par interdire absolument toute relation politique entre les évêques de son royaume et la cour romaine. Cet état de choses amena forcément la rupture des liens religieux qui rattachaient le clergé sicilien au saint-siége. Les prélats furent obligés d'opter entre l'obéissance qu'ils devaient au chef spirituel de la chrétienté et la soumission que le souverain temporel exigeait d'eux. Les uns s'exilèrent, les autres continuèrent à résider dans le royaume, mais tombèrent peu à peu dans la dépendance la plus étroite du pouvoir laïque. L'empereur disposa des richesses des églises, assujettit les clercs et les moines à la juridiction séculière, introniza ses créatures dans les principaux siéges, ou les laissa vacants pour s'en attribuer les revenus. On peut dire que de 1245 à 1250, Frédéric II fut à la fois pape et roi dans ses États siciliens (2).

Les relations politiques de Frédéric II avec le saint-siége en ce qui regarde l'Italie ont un caractère différent de celles qui concernent particulièrement la Sicile. En Italie il agissait comme chef de l'empire, tenant son droit de Dieu seul, chargé de conserver intact l'héritage de ses prédécesseurs, et si dans ses démêlés avec la ligue lombarde il sollicita ou accepta l'intervention du pape, ce fut à titre d'arbitre et de pontife, mais non pas comme un juge suprême dont il dût accepter tous les arrêts. L'empereur, en principe, considérait le pape en tant que souverain temporel comme un subordonné, n'exerçant l'autorité politique dans une partie de l'Italie centrale qu'en vertu de concessions impériales essentielle-

---

(1) On peut lire notamment le rapport adressé au pape, le 28 octobre 1238, par les évêques de Wurtzbourg, de Worms, de Verceil et de Parme, chargés d'entendre les réponses de Frédéric aux admonestations de la cour romaine. Cette enquête eut lieu en présence des archevêques de Palerme et de Messine, de quatre autres évêques italiens, de l'abbé de San-Vincenzio et de plusieurs frères prêcheurs et mineurs, et l'empereur s'y soumit de bonne grâce : « In admirabili devotione et insperata humilitate se monitis nostris pronum exhibuit, inclinata imperialis audientia dignitatis. » Hist. diplom., t. V, p. 249 et suiv.

(2) Voir à ce sujet le chapitre suivant où ce fait est présenté avec tous les développements qu'il comporte.

ment révocables, tandis que l'Église romaine y voyait des aliénations à titre perpétuel. Pour obtenir d'être couronné à Rome, Frédéric consentit, en 1219 et en 1220, à renouveler les anciennes donations qui avaient constitué le patrimoine de saint Pierre et à rendre les biens de la comtesse Mathilde; il mit même les forces dont il disposait au service du saint-siége pour l'aider à récupérer les terres usurpées pendant les troubles (1). Le 18 février 1221, Honorius III se déclarait satisfait dans une lettre où il exposait longuement comment l'héritage de la comtesse Mathilde, la Marche d'Ancône, le duché de Spolète tout entier, et le Patrimoine proprement dit, depuis Radicofani jusqu'au pont de Ceprano, étaient rentrés pacifiquement dans la possession de l'Église (2). Déjà même cependant un léger nuage s'était élevé au sujet des droits de souveraineté à exercer dans le Patrimoine, l'empereur réclamant le *foderum* comme étant de son domaine, le pape ne consentant à l'accorder que comme un acte de pure munificence. « Les empereurs romains, disait Honorius, n'ont pas droit d'exiger les prestations en nature ou le *foderum* dans la Maritime (3) ou dans la Campanie, puisqu'ils n'ont pas besoin de passer par là quand ils viennent recevoir la couronne ou quand ils retournent chez eux; et si quelques-uns, marchant à la conquête de la Sicile, ont perçu le *foderum*, ç'a été par violence, non par justice. En admettant même qu'il fût dû, il ne pourrait être requis que par l'entremise des nonces de l'Église romaine » (4). Une cause plus grave de conflit s'éleva en 1222, le sénéchal Gunzelin, légat en Toscane, de concert avec Berthold, frère du duc Raynald, étant entré dans le duché de Spolète et dans la Marche d'Ancône, où il révoquait les baillis institués par l'Église, annulait

---

(1) Ses engagements à cet égard remontaient au mois de juillet 1213, époque où il promulgua en triple expédition la constitution d'Égra, et s'obligea par un serment personnel. La promesse et le serment furent renouvelés par lui en septembre 1219, en septembre 1220, et après son couronnement à Rome en janvier 1221. Cf. *Hist. diplom.*, t. I, p. 270, 675, 855, et t. II, p. 108 et 109.

(2) « *Universo patrimonio beati Petri a ponte Ceperani usque Radicofanum possesso et disposito pacifice ac quiete pro beneplacito nostrae voluntatis.* » *Hist. diplom.*, t. II, p. 132.

(3) Ce terme servait à désigner le pays qui s'étend le long de la mer de Corneto à Ostie.

(4) *Hist. diplom.*, t. II, p. 80.

les serments prêtés au saint-siége par les feudataires et par les villes, prétendait enfin rétablir la souveraineté de l'Empire. Sur les vives réclamations du pape et des cardinaux, l'empereur s'empressa de désavouer ses lieutenants, envoya Gunzelin à la cour romaine pour y faire des excuses convenables, et ordonna à tous les habitants de la Marche et du duché, comme étant les vassaux et les féaux du siége apostolique, d'obéir désormais en toutes choses aux délégués de l'Église. En même temps il écrivait à Honorius : « Comme nous avons le ferme propos de ne jamais rien entreprendre contre l'Église romaine, quand même nous serions provoqué par elle, qui puisse lui donner lieu de se croire lésée ou offensée par nous, nous supplions Votre Paternité de nous considérer toujours comme le fils et le nourrisson le plus dévoué de l'Église. Car nous désirons par-dessus tout, non-seulement imiter ceux qui avant nous se montrèrent dévoués au siége apostolique, mais même les surpasser en attachement et en respect (1). »

On ne tarda pas à voir ce que valaient ces protestations, lorsqu'au mois de mars 1226, Frédéric ayant résolu de se rendre en Lombardie, pour y tenir une cour générale à Crémone, exigea que les hommes du duché de Spolète l'accompagnassent en armes dans cette expédition (2). Le service militaire n'étant dû qu'au souverain, le pape se sentit atteint dans sa puissance temporelle. Il écrivit à l'empereur pour se plaindre de cette usurpation, lui rappela que les priviléges reconnus par lui-même ne lui conféraient aucun droit sur les vassaux du Patrimoine, et qu'en définitive, il ne devait pas oublier qu'il n'était que le feudataire du saint-siége (3). Il le menaça même de lancer l'anathème contre lui, ainsi que contre ses lieutenants en Toscane, qui arrêtaient sur les routes les pèlerins et les messagers du pape, s'emparaient des lettres dont ils étaient porteurs et en donnaient publiquement lecture (4).

---

(1) Lettres du 1er janvier 1223, ap. *Hist. diplom.*, t. II, p. 287 et suiv.
(2) *Ibidem*, t. II, p. 549, not. 1, et 555, not. 1.
(3) « *Cum autem... per te ipsum inquietare Sedem Apostolicam incepisti, qualiter vinculo fidelitatis es nobis nostrisque successoribus obligatus scire debes.* » *Ibidem*, t. II, p. 554.
(4) *Ibidem*, t. II, p. 634.

Ce fut dans ces circonstances qu'eut lieu le renouvellement de cette ligue lombarde contre laquelle Frédéric Barberousse avait échoué, et qui devait aussi opposer à son petit-fils une barrière insurmontable. La paix conclue à Constance en 1183 avait reconnu l'autonomie des villes de la ligue, et leur avait conferé l'exercice des droits régaliens, tant dans l'enceinte de leurs murs qu'au dehors, c'est-à-dire dans toute l'étendue de leur district. Elle avait de plus déclaré qu'à l'avenir les villes pourraient ou rester unies ou renouveler leur ligue quand il leur plairait de le faire, qu'elles pourraient aussi armer des milices pour leur sûreté commune. En retour, elles devaient tous les dix ans prêter serment de fidélité au chef de l'Empire, marcher à sa défense avec les feudataires, envoyer leurs recteurs aux cours plénières et obtenir l'investiture impériale pour les podestats qu'elles auraient élus. Ainsi l'existence politique des communes italiennes, jusque-là contestée, avait été légalement établie. Mais durant les quarante-trois ans qui s'écoulèrent, de 1183 à 1226, l'action de l'Empire ne s'étant fait sentir en Italie que faiblement et par intervalles, les villes ne se considéraient plus comme ayant avec les autres feudataires impériaux une communauté de droits et de devoirs. Elles étaient devenues de véritables républiques, jalouses et ennemies de leurs voisines, n'ayant pour guides que leurs intérêts ou leurs passions. Il faut lire dans les chroniques contemporaines, notamment dans la chronique guelfe de Plaisance, les tristes détails de ces incursions périodiques où les villages étaient brûlés, les récoltes détruites, les populations massacrées ou traînées en servitude, pour se faire une juste idée de l'horrible anarchie qui désolait la Péninsule dans les premières années du treizième siècle. Cet état de guerre permanente existait non-seulement entre les cités rivales, mais dans le sein même de chaque ville en particulier, où la noblesse et la bourgeoisie se disputaient le pouvoir de vive force.

Plusieurs fois le pape avait essayé de rétablir la concorde en Lombardie. L'arrivée prochaine de Frédéric II donna un grand poids aux représentations des agents pontificaux, et les chefs des républiques italiennes comprirent que le moment était venu de rétablir l'ancienne ligue guelfe, pour apaiser les divisions intestines et faire face ensuite à l'ennemi commun. Le 6 mars 1226, une réunion des députés de Milan, Bologne, Brescia, Mantoue, Padoue, Vicence, Trévise, eut lieu à Mosio, bourgade du territoire mantouan, et conclut pour vingt-cinq ans une ligue offensive et défensive, qui devait être jurée par tous les citoyens de quatorze ans à soixante-dix. Verceil, Alexandrie, Faenza, Vérone, Plaisance, Lodi, le marquis de Montferrat, le comte de Blandrate adhérèrent successivement à la ligue (1). Frédéric II, qui n'avait pas eu à se louer de l'attitude des villes guelfes à son retour d'Allemagne en Italie, dissimula avec soin son ressentiment. Il prit sa route par la Romagne en s'abstenant de toute démonstration hostile, bien que les habitants de Faenza, sans aucune provocation de sa part, eussent cherché à le tuer au passage (2), et que les Bolonais eussent maltraité les seigneurs allemands de son escorte (3). L'empereur s'arrêta à Parme pour attendre l'arrivée de son fils Henri qui devait le rejoindre à la cour de Crémone, et il continua de témoigner les dispositions les plus pacifiques (4).

Cette conduite enhardit les villes de la ligue. Avant de permettre que Henri qui se trouvait à Trente pût franchir les Alpes, elles exigeaient que Frédéric II s'interdît le droit de les mettre au ban de l'Empire, tant qu'il serait dans la Lombardie, la Marche ou la Romagne; que son fils et les princes allemands ne vinssent pas à la diète avec plus de 1200 chevaux; que l'empereur avant l'arrivée de son fils renvoyât toutes les troupes qu'il pouvait avoir avec lui, et qu'il ne fît venir aucun approvisionnement de vivres pour lui et les siens pendant la tenue de l'assemblée. Elles demandaient en outre que Frédéric et Henri se soumissent à la juridiction du légat du pape, qui pourrait interdire leurs terres et excommunier leurs personnes, s'ils commettaient quelque vexation pendant leur séjour en

---

(1) Les villes principales du parti gibelin étaient Crémone, Pavie, Parme, Reggio et Modène.

(2) « *Quemdam militem qui videbatur nostram praesentiam praesentare nomine nostro infidus populus occiderunt.* » Hist. diplom., t. V, p. 1052. Cf. *Ibidem*, t. II, p. 565, not. 2.

(3) Hist. diplom., t. II, p. 570, not. 1.

(4) « *Ad eam celebrandam iveramus in spiritu dilectionis et gratiae circa omnes, nec habebamus animum aliquem offendendi nec conceperamus aliquod odium contra aliquos propter quod oporteret a nobis merito dubitare.* » Ibidem, t. II, p. 676.

Italie, ou s'ils prétendaient informer judiciairement contre la ligue ou quelqu'un de ses membres. En apprenant ces conditions déshonorantes, les prélats allemands et italiens réunis autour de Frédéric II émirent l'avis unanime que l'évêque d'Hildesheim devait prononcer l'excommunication contre les Lombards en vertu des lettres du pape, puisque le pontife, dans l'intérêt de la croisade, avait pris sous la protection de saint Pierre l'empereur et son fils, et avait enjoint à ce même évêque de frapper de la censure ecclésiastique les perturbateurs des droits et des honneurs de l'Empire, toutes les fois qu'il en serait requis, et après avis préalable (1). Pour observer les formes légales, les Lombards furent ajournés au 24 juin : ils refusèrent de comparaître. Alors les prélats, les grands et les légistes déclarèrent qu'il y avait lieu de priver les rebelles de tous les droits que leur conférait la paix de Constance; mais Frédéric voulut encore temporiser. Dans des conférences présidées à Marcaria par le légat du pape, un arrangement intervint auquel l'empereur souscrivit, malgré l'opposition des princes qui l'accusaient de faiblesse (2). Cette convention n'était qu'un leurre, les députés de la ligue s'étant abstenus de se rendre à la cour impériale pour ratifier la paix. L'excommunication fut aussitôt prononcée le 11 juillet à Borgo San-Donnino, par l'évêque d'Hildesheim, et l'interdit lancé sur toutes les villes lombardes. A la suite de cette promulgation l'empereur mit les cités de la ligue au ban de l'Empire, les déclara rebelles et coupables de lèse-majesté, priva tous leurs habitants des droits civils et politiques, et supprima les universités et les écoles, notamment celle de Bologne (3). Mais il n'était pas en force pour mettre à exécution la sentence qu'il venait de prononcer, et il préféra recourir à l'arbitrage du pape. Quoi qu'en disent les chroniqueurs allemands qui accusent le souverain pontife d'avoir été l'instigateur de la nouvelle ligue lombarde (4),

---

(1) « *Ut quotiescumque foret super hoc requisitus, monitione praemissa, censura ecclesiastica coherceret perturbatores imperialium jurium et honorum.* » *Hist. diplom.*, t. II, p. 611.

(2) « *Adeo humiliter acquievimus ut mirabile fieret universis, qui illum quem imperialis celsitudo deposceret in nobis animum non viderent.* » *Ibidem*, t. II, p. 644.

(3) *Ibidem*, p. 609 et suiv., p. 642 et suiv.

(4) Chronic. abb. Ursperg., p. 247. — Godefr. Colon., ap. BOEHMER, *Fontes*, t. II, p. 360.

Honorius observa la neutralité dans la grave complication politique qui surgissait tout à coup. Mais quant à la sentence d'excommunication qui était de sa compétence directe, il en prononça l'annulation, probablement sous le prétexte que l'évêque d'Hildesheim avait outre-passé ses pouvoirs dans l'interprétation des lettres pontificales dont il était porteur. Toutefois Frédéric II ne se plaignit pas d'une mesure si contraire à ses intérêts, et qui annonçait déjà à quel degré d'impuissance le saint-siége entendait réduire l'autorité impériale au nord de l'Italie. Dans les lettres où il confiait au pape l'affaire de Lombardie, il se borna à dire qu'il espérait bien que si les Lombards refusaient de se soumettre aux ordres du saint-père, celui-ci ne manquerait pas d'agir à leur égard comme il devait le faire (1).

Nous avons indiqué avec quelque développement les faits qui se rattachent à cette première diète de Crémone, parce que c'est le point de départ des négociations postérieures, et qu'on peut juger déjà la conduite des deux partis en présence : d'un côté la modération de Frédéric II, qui résiste aux conseils de la colère et veut épuiser tous les moyens de pacification ; de l'autre, l'attitude provocatrice de la ligue lombarde, qui recourt à la violence et à la mauvaise foi pour défendre son indépendance, avant même que cette indépendance soit sérieusement menacée. La voie des négociations était pourtant la pire que Frédéric pût suivre avec ces Lombards du treizième siècle, dont Salimbene, leur compatriote et partisan des guelfes, nous trace ce portrait peu flatté : « Ce sont gens très-tortueux et très-variables ; quand ils parlent d'une façon ils agissent d'une autre. Ils ressemblent aux anguilles ou aux murènes ; plus vous serrez les mains pour les retenir, plus vite ils vous échappent (2). » Les députés de l'empereur et même les légats du pape éprouvèrent plusieurs fois qu'on ne pouvait se fier à leur parole (3). Tous les moyens leur étaient bons pour empêcher

---

(1) « *Petimus ut Deum et patientiam nostram habentes prae oculis, quod vestrum est exinde facere debeatis.* » Voir les lettres du 29 août et du 17 novembre 1226, ap. *Hist. diplom.*, t. II, p. 676 et 691.

(2) Mss. du Vatican, n° 7260, fol. 352.

(3) Cf. *Chronic. de reb. in Ital. gest.*, p. 167.

Frédéric II de gouverner l'Italie, et dans ce but il fallait d'abord isoler l'empereur de l'Empire, en s'opposant à la jonction de Frédéric avec le fils qui régnait en son nom sur l'Allemagne, et en fermant tout accès aux hommes d'armes qui voudraient passer les Alpes pour descendre en Lombardie. Par cette tactique aucune diète impériale ne pouvait plus se tenir en Italie, ou du moins si l'on parvenait à en assembler une, elle n'avait plus ce caractère d'universalité qui devait légitimer ses sentences, ni cette force réelle qui pouvait seule en assurer l'exécution. C'est pour cela qu'en 1226 la ligue lombarde mit obstacle, comme nous venons de le voir, à la réunion de la diète de Crémone; qu'en 1228, elle empêcha complétement une autre assemblée convoquée par l'empereur à Ravenne, pour l'époque du carême, arrêtant les Allemands au passage et les dépouillant de leur argent, même ceux qui avaient revêtu les insignes de la croisade (1); qu'en 1232 elle fit échouer la diète de Ravenne et qu'elle força Frédéric II à transporter sa cour dans un coin du Frioul, où même il ne put pénétrer qu'avec la permission des Vénitiens. Cette ligne de conduite était si bien arrêtée dans l'esprit des chefs de la ligue, qu'en 1234 le pape lui-même eut beaucoup de peine à obtenir le passage pour les Allemands que Frédéric II avait appelés au secours de l'Église contre les Romains révoltés. Il fallut que Grégoire IX leur écrivît en cette occasion qu'il n'y avait là pour eux aucun sujet d'inquiétude, parce que le saint-siége ne cessait pas de songer aux meilleurs moyens de maintenir leur indépendance (2).

Nous ne suivrons pas dans tous leurs détails les négociations qui eurent lieu de 1226 à 1237 entre Frédéric II et les Lombards sous la médiation du pape. On trouvera ces documents réunis et classés dans notre collection. Il suffira pour l'intelligence des événements de traduire ici le résumé de ces négociations, tel que Frédéric le fit lui-même en 1238, devant les

---

(1) *Nam Veronenses et Mediolanenses non permiserunt aliquos transire per fines suos, spoliantes rebus suis etiam ipsos crucesignatos, ut asserebant auctoritate domini papae; quod, proh dolor! nefas est dicere.* Chron. abb. Ursperg., ad ann. 1228.

(2) « *Non debetis in aliquo modo moveri, ... cum non cessemus pro statu vestro salubriter conservando oportuna consilia cogitare.* » Lettre du 3 juillet 1234, ap. Hist. diplom., t. IV, p. 473.

commissaires du saint-siége. « Quant à l'affaire de Lombardie, l'empereur nous a dit qu'il l'a remise plusieurs fois à l'arbitrage de l'Église et qu'il n'en a retiré aucun avantage, si ce n'est que les Lombards ont été condamnés une première fois à fournir quatre cents chevaliers (1) ; mais le seigneur pape a fait acquitter la dette de telle façon, qu'il les a envoyés contre l'empereur dans le royaume. La seconde fois ils ont été condamnés à fournir cinq cents chevaliers (2) qui n'ont point été appliqués au service de l'empereur contre qui l'offense avait été commise ; mais le pape a décidé qu'ils seraient envoyés outre-mer, sous la protection et à la réquisition du pape et de l'Église qui n'était point offensée ; ce qui d'ailleurs n'a jamais été effectué. La troisième fois, à la requête de deux cardinaux, à savoir l'évêque de Sabine et maître Pierre de Capoue, l'affaire de Lombardie a été remise pleinement et dans les termes que le pape avait dictés, à l'arbitrage de l'Église (3) ; mais depuis il n'en a plus été question, si ce n'est quand le seigneur pape eut appris que l'empereur se voyant joué tant de fois se préparait à descendre d'Allemagne en Italie avec une armée. Alors il a demandé instamment que l'affaire lui fût de nouveau remise ; et l'empereur, quoiqu'il eût échoué plusieurs fois, a cependant consenti à s'en remettre au pape, mais en indiquant un terme fixe et sous la condition que l'affaire serait réglée à son honneur et à l'avantage de l'Empire (4). Cette condition le pape n'a pas voulu l'admettre, comme une lettre de lui le prouve (5), quoiqu'à présent il vienne dire dans une autre lettre

---

(1) Sentence d'Honorius III, rendue le 5 janvier 1227, acceptée par Frédéric le 1er février suivant. Cf. *Hist. diplom.*, t. II, p. 703 et 742.

(2) Sentence de Grégoire IX, rendue le 5 juin 1233, et acceptée par Frédéric le 14 août, mais non sans de vives réclamations de sa part. Cf. *Hist. diplom.*, t. IV, p. 431, 442, 451.

(3) Bulles d'or datées d'avril et de septembre 1234, ap. *Hist. diplom.*, t. IV, p. 466 et 490.

(4) Lettre écrite au pape pendant l'assemblée de Mayence, 24 août 1235, ap. *Hist. diplom.*, t. IV, p. 759 ; plus complète dans le Supplément.

(5) « *Talis extitit adjecta conditio per quam compromissum penitus tollebatur et tantum non videbatur posse negotium terminari, videlicet ita tamen quod ipsum negotium ad honorem tuum et imperii commodum infra festum Nativitatis dominicae compleatur.* » Lettre du pape, du 24 mars 1236, ap. *Hist. diplom.*, t. IV, p. 825.

que l'Église aurait été disposée à décider cette affaire en sauvegardant le droit et l'honneur de l'Empire (1) : d'où il ressort que ces deux lettres se contredisent de la manière la plus manifeste. »

Cet exposé a le mérite, assez rare dans les manifestes de Frédéric II, d'être à la fois précis et vrai. Car il est incontestable aujourd'hui pour nous que dans cette interminable affaire d'Italie, le pape fut très-partial en faveur de la ligue lombarde, et qu'il n'offrit ou ne put faire offrir à l'empereur que des satisfactions dérisoires. Celui-ci avait attendu pendant plus de dix ans, avec une longanimité qui pouvait passer pour de la faiblesse, le résultat de ces négociations toujours renouvelées et toujours insolubles; mais dès qu'il se vit soutenu dans la revendication des droits de l'Empire par le sentiment public en Allemagne(2), il résolut d'en appeler à son épée, et quand il l'eut une fois tirée il ne la remit plus dans le fourreau.

Un contemporain nous a transmis les propres paroles que Frédéric II prononça le jour où, franchissant le Mincio, il monta à cheval pour commencer la guerre contre la ligue : « Les pèlerins et les voyageurs vont partout librement, et moi, l'empereur, je n'oserais pas m'aventurer sur les terres de l'Empire (3) ! » Puis brandissant l'aigle impériale, il s'élança à

---

(1) « *Cum parata sit Ecclesia dare opem et operam efficacem ut sibi et honori imperii super hiis quae commissa sunt contra eum a Lombardis congrue satisfiat.* » *Hist. diplom.*, t. V, p. 256.

(2) Dans la lettre écrite au pape le 24 août 1235, Frédéric II insiste à dessein sur les dispositions manifestées à ce sujet par l'assemblée de Mayence, où la guerre fut décidée aux acclamations des membres de la diète : « *Clamantibus cunctis et in elevationem manuum offerentibus quae juxta consuetudinem Germanorum est vinculum juramenti.* » Voir au Supplément. La lettre du grand maître des Teutoniques aux cardinaux, en 1237, n'est pas moins explicite : « *Communi voto et voce fratrum omnium consilium dissuasit ut de Lombardorum negotio nos de cetero intromittere debeamus. Principes enim Germaniae nobis culpam ascribunt de negotio Lombardiae, qui non per compositionis formam sed fuso sanguine, prout in arma furens imperium exigit, vellent Lombardos imperio subjici et ad imperialis culminis mandata redire.* » *Hist. diplom.*, t. V, p. 93.

(3) *Ascendens in equo elevata voce coram principibus conquestus fuit, dicens* : « *Quum peregrini et viatores ambulant ubique, ego autem non sum ausus aggredi per terras imperii.* » *Deinde assumpta aquila manu propria*, etc. *Chronic. de reb. in Ital. gest.*, p. 162.

la rencontre des milices de Crémone et de Parme qui venaient à son aide. Sauf la prise de Vicence, cette première campagne de 1236 n'eut pas de résultat important, Frédéric II ayant été obligé de repasser en Allemagne où il resta jusqu'au mois de septembre 1237. Mais cette année-là, la reddition de Mantoue, la bataille de Corte-Nuova, où les Milanais furent écrasés, et la soumission rapide de Lodi, de Verceil et des principales villes du Piémont, jetèrent la ligue lombarde dans un profond découragement, et elle offrit de traiter avec le vainqueur. Au moment d'entrer en campagne, Frédéric avait posé pour conditions que la paix de Constance serait considérée comme non avenue, que les Lombards lui prêteraient serment de fidélité, qu'ils renonceraient à leur ligue et s'engageraient à n'en plus former à l'avenir; qu'ils lui fourniraient des chevaliers pour combattre non plus en terre sainte, mais sous ses drapeaux en Italie, et qu'ils le remettraient en possession des droits impériaux (1). Victorieux, il exigea plus encore; il voulut que les Milanais et leurs alliés se

---

(1) Ces conditions sont longuement développées par l'empereur, dans la grande circulaire qu'il fit écrire à tous les princes aussitôt après la fuite d'Innocent IV, en 1244. Cf. PERTZ, *Monum. Germ. hist.*, t. IV, p. 349, 350. Elles furent très-certainement posées à titre d'*ultimatum*, par le grand maître des Teutoniques, en présence de l'évêque d'Ostie et du cardinal de Sainte-Sabine, légats du pape, au mois d'août 1237; et il paraît même, d'après cette lettre, qu'elles furent acceptées par la ligue. En compensation celle-ci demandait une rémission complète des offenses qu'elle avait pu commettre envers l'Empire, la faculté de conserver les villes intactes avec leurs portes et fortifications, le maintien des juridictions qui avaient été concédées aux mêmes villes par priviléges spéciaux depuis la paix de Constance, et la possession des territoires qui leur avaient été reconnus depuis la même paix. Mais on ne put parvenir à s'entendre ni sur la question des otages que les Lombards ne voulaient pas livrer, ni sur celle des juridictions, c'est-à-dire de la part qui devait revenir à l'Empire dans le gouvernement intérieur des cités guelfes; gouvernement que l'empereur revendiquait d'une manière absolue. Après la bataille de Corte-Nuova un second traité fut proposé, qui était la reproduction du précédent. Cette fois les Lombards offraient de plus de donner des otages; mais des difficultés s'élevèrent sur le nombre de ces otages et sur la durée de leur détention. La question des juridictions fut un nouveau sujet de discussions, quoique les Milanais, en ce qui les concernait personnellement, eussent consenti à recevoir de la main de l'empereur un capitaine qui exercerait au nom de l'Empire la juridiction et le *merum imperium*, à Milan et dans son district. Frédéric II ne dit pas dans sa lettre que la principale cause de la rupture des négociations fut qu'il exigeait que les villes confédérées se missent à sa merci; fait qui est attesté par les chroniques gibelines comme par les chroniques guelfes.

rendissent à discrétion (1). Ceux-ci aimèrent mieux mourir, s'il le fallait, les armes à la main, que se résigner à subir la vengeance d'un prince qui passait pour être cruel et impitoyable : ils savaient bien d'ailleurs qu'ils pouvaient désormais compter sur l'appui du pape, intéressé à ne pas permettre la dissolution de leur ligue et à maintenir la paix de Constance qu'il leur avait garantie par une stipulation secrète (2). Si l'on en croit Frédéric, Grégoire IX, au mépris de la dignité pontificale, s'était même engagé sur ces deux points envers la ligue lombarde par un serment personnel.

L'empereur ne se pressa pas d'annoncer à Grégoire IX la victoire de Corte-Nuova (3); mais il eut soin d'envoyer aux Romains le carroccio pris sur les Milanais, comme pour associer la ville éternelle à son triomphe. C'était en criant : *Miles Roma, miles Imperator!* que ses chevaliers s'étaient élancés au combat; c'était pour la gloire de Rome que les rebelles envers l'empire romain avaient été vaincus. Le carroccio, que les guelfes cherchaient à incendier, fut placé en grande pompe au Capitole par quelques cardinaux, malgré l'opposition du pape, qui s'inquiétait de l'influence que Frédéric II cherchait à exercer au centre même de la domination pontificale (4). Les progrès de Frédéric dans les autres parties du Patrimoine n'étaient pas moins alarmants. En 1228, Raynald avait occupé sans difficulté le duché de Spolète et avait soumis à l'empereur la Marche d'Ancône jusqu'à Macerata. Quoique Frédéric au mois d'août 1230, à la suite de la paix de Ceprano, eût autorisé les villes de la Marche à rentrer sous l'autorité de l'Église romaine, quoiqu'il eût défendu en 1234 les droits du saint-siége contre les Romains eux-mêmes, il s'obstinait à réclamer Città-di-Castello; il retenait Ferrare, Bondeno, Pigognana, et le pays de

---

(1) *Imperator dixit fratri Leoni quod non reciperet eos nisi haberet civitatem et personas Mediolanensium ad suam voluntatem.* Chronic. de reb. in Ital. gest., p. 171. La même réponse fut faite aux députés de Plaisance.

(2) Cf. *Hist. diplom.*, t. IV, p. 884, not. 1.

(3) La bataille est du 27 novembre; la lettre au pape, du 9 ou du 11 décembre. Cf. *Hist. diplom.*, t. V, p. 145, not. 1.

(4) Sur l'influence de Frédéric II à Rome, en 1238. Cf. *Hist. diplom.*, t. V, p. 209 et not. 1.

Massa que le pape prétendait lui appartenir; enfin il donnait à son fils Enzio la Sardaigne, considérée comme une terre de l'Église. Il est vrai que de son côté Grégoire IX défendait aux villes et aux seigneurs de la Marche et du Duché de fournir aucun service militaire à l'empereur contre les Lombards (1). Toutefois le pape dissimula son irritation, et il n'éclata qu'après que le mauvais succès du siége de Brescia eut appris que l'empereur, même secondé par les forces de l'Allemagne, n'était point invincible. Une lettre hautaine et menaçante de Frédéric vint tout à coup montrer la profondeur de la haine qui divisait depuis longtemps les deux adversaires. Apprenant que le pape se préparait à l'excommunier, il écrivit en ces termes aux cardinaux : « Si le Père apostolique a résolu de nous offenser si gravement, malgré notre patience à supporter les affronts, la violence d'une pareille action nous obligerait d'avoir recours à ces châtiments que les Césars savent appliquer. Cependant en considérant la précipitation de celui qui nous provoque et notre répugnance à devenir l'offenseur, nous aimerions mieux qu'il nous fût possible d'exercer d'égal à égal une vengeance privée, en obtenant satisfaction aux dépens de l'homme qui cause ce scandale et des membres de sa famille, en sorte que l'outrage qui nous est fait retombât sur lui et les siens. Mais comme ni lui ni toute sa race ne valent pas la peine que la dignité impériale soit jalouse de s'en prendre à eux, comme il tire son audace de l'autorité qui s'attache à son siége, comme la réunion de tant de vénérables frères semble l'encourager dans sa funeste obstination, nous sommes troublé jusqu'au fond de l'âme, puisque étant décidé à nous défendre contre notre persécuteur, il nous faut atteindre en même temps ceux qui nous résistent (2). » Cette lettre de Frédéric est du 10 mars 1239. Le 20, l'excommunication était prononcée à Latran. Dans la circulaire par laquelle Grégoire IX annonçait aux princes chrétiens la promulgation de la sentence, il avait soin d'insérer le passage que nous

---

(1) « *Manifestius inhibendo civitatibus et nobilibus marchiae Anconitanae et vallis Spoleti, de quibus auxiliari tenebatur imperio, non nocere, ne in Lombardiam venire vel mittere milites attentarent.* » Hist. diplom., t. V, p. 842.

(2) *Ibidem*, t. V, p. 283 et 294.

venons de traduire, le présentant à la fois comme un défi adressé à la puissance spirituelle du saint-siége et comme une preuve des criminelles intentions de l'empereur envers la personne du pape.

La lutte s'engagea donc avec une violence inouïe; des paroles insultantes furent échangées des deux côtés, et les actes répondirent aux paroles. Quoique Frédéric se fût décerné à lui-même cet éloge magnifique « qu'il gouvernait l'Empire avec tant de douceur et de justice que depuis Charlemagne aucun autre prince ne pouvait lui être comparé » (1), les défections commencèrent parmi les gibelins, et dans cette campagne de 1239 il ne fit aucun progrès. Après avoir délié les villes de la Marche et du Duché des serments de fidélité qu'il leur avait permis de prêter à l'Église et leur avoir envoyé son fils Enzio, nommé légat de l'Empire, Frédéric retourna dans son royaume pour y chercher des hommes et de l'argent. Il mit des garnisons dans la plupart des villes de l'État ecclésiastique, puis il reprit Ravenne un moment soulevée, s'empara de Faenza après un siége de huit mois, enleva Bénévent à l'Église et s'opposa à la réunion du concile qui devait le déposer. La dispersion de la flotte génoise et la capture des prélats qui se rendaient à Rome pour la tenue de ce concile, portèrent un coup terrible aux espérances de Grégoire IX, qui, renfermé dans son palais de Latran, se sentait resserré de plus en plus par un cercle menaçant. Et cependant l'intraitable pontife, malade, presque centenaire, contrarié dans sa politique par quelques-uns de ses cardinaux, assiégé des sollicitations les plus vives, refusait encore de se prêter à aucun arrangement.

Peu de temps après son excommunication, l'empereur avait envoyé aux cardinaux quelques évêques de son parti, chargés de demander la convocation d'un concile « où il pût réclamer contre la méchanceté de son juge et prouver son innocence par des arguments plus clairs que le jour. » Mais ses députés, au mépris de leur caractère sacré et du droit

---

(1) « *Cum dominus imperator foret adeo benignus et justus princeps ac dominus aequitatis sicut unquam fuerit aliquis qui a Karulo citra imperium gubernasset.* » Rolandin. ap. MURATOR., *Scriptor.*, t. VIII, p. 226.

des gens, avaient été jetés en prison par l'ordre du pape (1). La nomination du sous-diacre Grégoire de Montelongo en qualité de légat du saint-siége dans le Milanais, prouva à Frédéric II que Grégoire IX identifiait désormais sa cause avec celle de la ligue lombarde. Ce légat était un homme de mœurs relâchées et d'une politique peu scrupuleuse, mais intelligent, brave et actif, malgré la goutte qui le tourmentait. Il donna aux chefs de la ligue d'excellents conseils pour la direction de la guerre, et se mit lui-même, armé de pied en cap, à la tête des troupes, avec le titre de recteur et de capitaine de Milan (2) : ce qui faisait dire à l'empereur que le pape voulait s'attribuer la souveraineté temporelle à Milan et dans les villes qui formaient le corps de l'Empire (3). Aussi, lorsque l'archevêque de Messine, qui résidait à la cour romaine, offrit à Frédéric d'interposer ses bons offices, celui-ci lui répondit qu'avant de songer à faire la paix, il était irrévocablement résolu à faire rentrer sous son autorité le duché, la Marche et *les autres terres* qui depuis trop longtemps avaient été enlevées et soustraites à l'Empire (4). L'intervention des princes allemands, qui dans le courant d'avril et mai 1240 écrivirent au pape et à l'empereur des lettres très-pressantes, parut produire quelque effet sur les deux adversaires; du moins une trêve fut proposée sous la médiation du nou-

---

(1) « *Contra omne jus gentium ... praedictos nuncios nostros episcopos iste qui scribitur episcopus servus servorum Dei turpissimo carceri mandavit intrudi.* » Hist. diplom., t. V, p. 844.

(2) Ces fonctions de recteur ou de duc, exercées par des ecclésiastiques sur les terres de l'Empire, déplaisaient fort à Frédéric. Il s'était déjà plaint à Grégoire IX de frère Jean de Vicence, qui, après avoir prêché la paix de Dieu en Lombardie, était sorti de son rôle pour s'attribuer une action politique : « *In marchia Veronensi castris acceptis se ducem Veronae et rectorem perpetuum in suis litteris propriis appellabat.* » Lettre du 20 septembre 1236, ap. Hist. diplom., t. IV, p. 908.

(3) « *Sed in praejudicium et exhaeredationem imperii sibi Mediolani regimen et dominium temporaliter usurpavit.* » Hist. diplom., t. V, p. 845. — « *A finibus regni nostri et de corpore imperii per civitates et loca imperii quae in haereditatem sibi vindicare captabat, nova nobis inferens nocumenta.* » Ibidem, p. 1099.

(4) « *Disposuimus firmiter irrevocabili proposito mentis nostrae ducatum et Marchiam et terras alias quae longo tempore imperio subductae fuerant et subtractae, ad manus nostras et imperii revocare.* » Ibidem, t. V, p. 709.

veau grand maître des Teutoniques, Conrad de Thuringe, comme un moyen de parvenir à la paix générale. Mais le pape ayant demandé que les Lombards fussent compris dans cette trêve, en déclarant qu'il ne pouvait souscrire à la suspension d'armes si les Lombards en étaient exclus, l'empereur, de son côté, mit en avant l'honneur et le droit de l'Empire, qui lui défendaient d'accorder aucun répit à des rebelles déjà à demi vaincus (1). Au fond, ni l'un ni l'autre ne songeait sérieusement à la paix, parce que ni l'un ni l'autre ne voulait rien concéder. On le vit bien lorsque, l'invasion des Tartares menaçant la chrétienté d'une ruine totale, de nouvelles démarches eurent lieu pour faire cesser cette funeste querelle. « Que Frédéric, disait le pape, se rende digne d'être absous par l'Église; qu'il se montre prêt à faire ce qui convient à l'honneur de Dieu et du siége apostolique ainsi qu'au bon état du peuple chrétien, alors, s'il revient humblement dans le sein de la mère Église, nous lui ouvrirons volontiers les bras de la piété apostolique (2). » De son côté, l'empereur déclarait que, tout en soutenant vigoureusement la cause de l'Empire, il se prêterait néanmoins à des négociations pacifiques, pourvu qu'il le pût faire d'une manière honorable et utile. Mais dans ses lettres confidentielles il ne dissimulait plus son but, qui était de fixer au centre de la Péninsule le siége de l'Empire et d'anéantir le pouvoir temporel du pape: « Nous avons tourné contre Rome nos armes triomphantes afin que la tête une fois abattue, le corps de la sédition soit paralysé dans ses membres... Nous avons résolu de courber enfin sous nos aigles victorieuses, ce qui serait le comble de la gloire, le rival de notre puissance..... Qu'il sache que Dieu est avec nous, Dieu, ce juge équitable qui a remis le gouver-

---

(1) « *Quibus exclusis treugas ipsas non poterat acceptare, ut evidentiorem daret omnibus intellectum quod negotium rebellium Lombardorum fovit et fovet, illud gerens et reputans velut suum.* » Hist. diplom., t. V, p. 1045. — « *Treugas inire concessimus cum eodem; Lombardos tamen excellentiae nostrae rebelles a nexu treugarum hujusmodi, sicut semper exclusimus, sic et in perpetuum excludemus.* » Ibidem, p. 1040. — « *Nos ad omnem tractatum concordiae, nostro et imperii jure ac honore servatis, nostrorum rebellium junctione seclusa, ... paratos semper obtulimus hactenus et protinus offerimus.* » Ibidem, p. 1077.

(2) Lettres du pape au duc de Carinthie et au roi de Bohême, 19 juin et 1ᵉʳ juillet 1241, ap. Hist. diplom., t. V, p. 1138, et p. 1147, not. 3.

nement du monde non pas au sacerdoce seul, mais à la royauté et au sacerdoce (1). »

Pendant son séjour auprès de l'empereur au mois de juillet 1241, Richard d'Angleterre, qui revenait de la croisade, témoigna le désir de travailler à une pacification d'où dépendait la délivrance des prélats anglais pris à la bataille de la Meloria (2). Quoique Frédéric répétât sans cesse que toute démarche tentée auprès de Grégoire IX « ne faisait qu'endurcir les oreilles et le cœur de cet homme obstiné », il remit à Richard un plein pouvoir scellé de sa bulle d'or qui l'autorisait à proposer les conditions de paix qu'il jugerait les meilleures. Le prince anglais fut mal reçu à Rome; il trouva le vieux pontife intraitable, décidé à n'accepter aucun arrangement que si, au préalable, l'empereur s'en remettait, sans restriction, à l'arbitrage et à la décision du pape dans l'affaire des Lombards, et, pour le reste, s'il s'engageait par serment à obéir aux injonctions de l'Église (3). Ces conditions, tant de fois repoussées, ne pouvaient être admises par un prince enivré de ses succès, et qui, alors campé à Tivoli, occupait tous les châteaux voisins et dévastait sans obstacle les environs de Rome. Quelques jours après, Grégoire IX expirait (21 août 1241), laissant l'Église dans un état déplorable et sa puissance temporelle presque détruite.

L'empereur, pour faire croire que la querelle avait été toute personnelle entre le pape et lui, suspendit aussitôt les hostilités contre le saint-siége et se retira dans son royaume. L'élection du cardinal de Sabine, proclamé

---

(1) « *Ut sub victricibus aquilis cum summa honorificentia nostra nostri culminis emulus inclinetur.* » Hist. diplom., t. V, p. 1003. — « *Sciat quia Deus nobiscum est dijudicans in equitatem, qui non solum per sacerdotium sed per regnum et sacerdotium mundi machinam statuit gubernandam.* » *Ibidem*, p. 1125.

(2) « *Ut pacem inter discordantes pro viribus nostris reformaremus ..... diverticulum fecimus curiam romanam adeundo.* » Lettre de Richard dans MATT. PARIS., Hist. maj. Anglor., p. 384.

(3) C'est ainsi qu'il faut entendre, selon nous, le texte de Matthieu Paris : « *Sed voluit papa omnibus modis ut imperator se absolute subjiceret ipsius papae arbitrio et voluntati, mandatisque staret Ecclesiae, praestito super hoc juramento.* » Cette interprétation est, du reste, conforme à tout ce que nous savons des négociations antérieures.

à la fin d'octobre sous le nom de Célestin IV, n'ayant pas eu de résultat par suite de la maladie et de la mort du nouveau pontife, les cardinaux se dispersèrent et laissèrent pendant dix-huit mois l'Église chrétienne sans pasteur. Frédéric reprit alors une attitude agressive et mit à profit la vacance de la papauté pour consolider son autorité dans la Lunegiane, la Toscane, le duché de Spolète, la Marche et la Romagne, interceptant ainsi toute communication entre Rome restée guelfe et la ligue lombarde. Toutefois, il affectait un grand zèle pour la nomination d'un pape, laquelle amènerait certainement, disait-il, la conclusion de la paix universelle ; et aussitôt que le cardinal Sinibald de Fiesque eut été élu sous le nom d'Innocent IV, l'empereur fit partir une ambassade solennelle (1), chargée de féliciter le nouveau pontife et de lui porter des protestations de dévouement et de respect. Mais dans cette lettre même il avait soin d'insérer la clause restrictive ordinaire : « *Salvis jure et honore sacri romani imperii.* » Et il ajoutait en jouant sur les mots, suivant le goût du siècle : « Le ciel vous a départi, par une sorte de prédestination, le nom d'Innocent, comme pour vous engager à supprimer tout ce qui est nuisible et à maintenir l'innocence dans ses droits (2). »

Les négociations s'ouvrirent en même temps à la cour pontificale, résidant alors à Anagni, et auprès de l'empereur, qui s'était transporté à Melfi. Après d'assez longues discussions préalables, le pape posa comme premières conditions que l'empereur restituerait toutes les terres enlevées à l'Église romaine et ferait la paix avec les Lombards. L'empereur consentait à rendre les terres de l'Église qu'il occupait, mais pour les reprendre ensuite à titre de fiefs, et en payant un cens annuel qui formerait un revenu plus élevé que l'Église n'en avait jamais retiré de ces mêmes possessions. Mais il évitait de s'expliquer sur l'affaire des Lombards. Innocent IV n'était pas homme à consentir à une transaction qui aurait placé le patrimoine de l'Église dans la même situation politique

---

(1) L'élection d'Innocent est du 24 juin 1243 ; la lettre de Frédéric II, datée de Bénévent, est du 26.

(2) « *Quod per vos nocentia subtrahi consultius innuat et pie suadeat innocentiam conservari.* » *Epist. Petr. de Vin.*, lib. I, cap. 33.

que le royaume de Naples. Seulement pour vider les questions litigieuses soulevées entre Frédéric et lui, il offrait de convoquer en assemblée solennelle les rois, les princes et les prélats de la chrétienté, et d'instruire la cause devant cet auguste tribunal, qui déciderait quelle réparation l'Église pouvait devoir à l'empereur pour les griefs dont celui-ci se plaignait, et quelle satisfaction l'empereur, de son côté, aurait à offrir pour les torts causés au saint-siége. « Mais, ajoutait le pape, que le prince sache bien que l'Église veut comprendre dans la paix tous les amis et tous les adhérents de l'Église, et les faire jouir d'une sécurité complète, de façon qu'ils ne puissent jamais éprouver aucun dommage à l'occasion de ce qui s'est passé. » Il fut impossible de s'entendre sur cet article, où les Lombards étaient implicitement compris et qui devait être la pierre d'achoppement de toutes les négociations futures. Vers la fin de septembre 1243, le pape, mécontent de la fermeté avec laquelle Frédéric persistait à obtenir directement la soumission des Guelfes Lombards, fit avertir les chefs de la ligue de se tenir prêts à recommencer la lutte : « Engagez nos amis et nos fidèles, écrivait-il à Grégoire de Montelongo, à persévérer dans leur dévouement à la bonne cause. Qu'ils sachent que nous n'entendons pas les abandonner, et que l'Église n'acceptera aucun accord dans lequel on refuserait de les admettre (1). » En même temps le cardinal Raynier excitait les habitants de Viterbe à se soulever contre l'empereur. Le pape les encourageait à la résistance en leur envoyant un subside considérable (2), et il prenait sous sa protection spéciale le marquis d'Este et le comte palatin de Toscane, tous deux ennemis déclarés de Frédéric.

Tous ces faits n'étaient point de nature à faciliter la reprise des négociations. Toutefois l'empereur, n'ayant pu s'emparer de Viterbe après trois mois de siége, parut céder aux sollicitations de l'évêque de Porto, et il autorisa le comte de Toulouse et ses deux ministres favoris, Pierre de la Vigne et Taddée de Sessa, à faire de nouvelles démarches auprès de la

---

(1) Lettre du 23 septembre 1243, ap. PERTZ, *Monum. germ. hist.*, t. IV, p. 344.
(2) 2,500 onces d'or pour la solde des fantassins pendant un mois. Voy. la lettre du 7 octobre 1243, dans RAYNALDI, *Annal. eccles.* ad ann. § XXVI.

cour romaine. L'opinion publique se manifestait si hautement en faveur de la paix, qu'on finit par tomber d'accord sur les articles suivants : Les terres possédées par l'Église romaine au moment de la sentence d'excommunication lui seront rendues; la même restitution sera faite aux adhérents de l'Église. Tous les captifs, clercs ou laïques, otages ou prisonniers de guerre, seront mis en liberté. L'empereur promettra par serment de se soumettre aux volontés du pape, relativement aux dommages causés par lui aux églises et aux personnes ecclésiastiques, et de déclarer nuls les bans et les confiscations dont les adhérents de l'Église ont été frappés. L'empereur recevra en grâce ceux qui se sont déclarés pour l'Église depuis son excommunication, et même les rebelles qui auparavant étaient en guerre avec lui. Les seigneurs qui ont pris parti pour le saint-siége ne seront pas tenus de servir personnellement l'empereur, mais ils fourniront des remplaçants. Les exilés seront réintégrés dans leurs anciennes possessions. Frédéric prendra le pape et les cardinaux pour arbitres de ses démêlés avec les Romains. Dans une lettre adressée aux souverains de l'Europe, il déclarera que, s'il ne s'est pas soumis à la sentence d'excommunication portée contre lui, ce n'a pas été par mépris pour l'autorité de l'Église, mais seulement parce que cet acte ne lui avait pas été régulièrement notifié. Néanmoins, pour preuve de repentir, il jeûnera et fera des aumônes jusqu'au jour de son absolution, fondera des monastères et des hôpitaux, et mettra des chevaliers à la disposition du pape. Contre toute attente, Frédéric accepta ces articles, et le 12 mars 1244, il donna à ses députés l'autorisation de ratifier les bases générales qui venaient d'être posées. Le 28 du même mois, il leur adressa des pleins pouvoirs pour jurer en son nom l'observation de ces articles, seul moyen de parvenir à *la consommation de la paix;* et le 31, jour du jeudi saint, les envoyés impériaux prêtèrent serment, sur la place de Saint-Jean de Latran, devant une assemblée composée de tous les personnages éminents alors réunis à Rome. Les articles du traité, copiés à un grand nombre d'exemplaires, furent aussitôt débités à la foule par des crieurs, au prix de six deniers, et le bruit se répandit dans toute l'Italie que la paix était définitivement conclue.

Mais c'était là un vain espoir qui s'évanouit bientôt, quand on en vint à l'interprétation et à l'exécution des articles préliminaires. Avant d'accorder l'absolution, le pape exigeait, comme il l'avait demandé dès le début des négociations, que l'empereur s'en remît sans condition à l'arbitrage du saint-siége en ce qui concernait les Lombards, et qu'il restituât purement et simplement les terres de l'Église. De plus, il différait de jour en jour de faire dresser la liste des griefs pour lesquels Frédéric devait donner satisfaction, en disant qu'il ne connaissait pas pour le moment tous les griefs manifestes dont il avait à se plaindre, et qu'il ne pouvait pas encore déclarer ceux qu'il connaissait comme manifestes (1). Cette réponse évasive ne faisait présager rien de bon. Aussi Frédéric, pour pousser le pape dans ses derniers retranchements, déclara que les négociations ne pouvaient produire aucun résultat si elles étaient continuées à Rome. Comme il résidait alors à Terni, il demanda qu'Innocent IV vînt s'établir dans une ville voisine, où les conférences seraient conduites de plus près, et où même une entrevue pourrait avoir lieu entre le pape et lui pour faciliter la conclusion de la paix. Il offrait, en attendant, de reprendre les négociations avec le cardinal, évêque de Porto, qui avait toujours fait preuve d'intentions conciliatrices. Innocent IV accepta; il annonça qu'il ne tarderait pas à se rendre à Narni, et il envoya l'évêque de Porto pour entendre les nouvelles propositions de Frédéric. Celui-ci annonça formellement qu'il ne fallait plus que le pape et le sacré collége songeassent au rétablissement de la paix de Constance, parce que les princes de l'Empire avaient décidé que cette paix avait été faite au préjudice évident des droits et de l'honneur de l'Empire (2); mais il consentit à s'en remettre, pour l'affaire des Lombards, à l'arbitrage du pape, à condition qu'on traiterait sur les bases que les Lombards eux-

(1) « *Adjiciens quod omnia quae manifesta erant nesciebat ad praesens, et quod multa manifesta sciebat quae tunc dicere non valebat.* » Circulaire de l'empereur, du mois de juillet 1244, ap. PERTZ, *Monum. Germ. hist.*, t. IV, p. 347.

(2) « *Ita quod de ea servanda dominus papa et fratres nihil valeant arbitrari, cum sit promissum et firmatum per imperii principes quod praedictam pacem tanquam factam in evidens praejudicium juris et honoris imperii non debeamus observare.* » Ap. PERTZ, *Monum. Germ. hist.*, t. IV, p. 350.

mêmes avaient acceptées ou offertes, soit avant, soit après la bataille de Corte-Nuova, et que, dans le règlement des difficultés pendantes, le pape déclarerait publiquement qu'il était libre de tout engagement personnel envers la ligue. Il offrait aussi de rendre les terres de l'Église occupées par ses troupes, mais en demandant que l'on spécifiât au préalable l'étendue des devoirs et des services qu'il avait droit d'en exiger comme chef de l'Empire, et cela dans le but d'en finir avec cette question toujours litigieuse. Il laissait même entendre qu'il se contenterait d'exercer les droits que les princes de l'Empire avaient sur les terres des églises dont ils étaient les avoués ou défenseurs (*advocati*).

Après avoir rendu de la force au sacré collége par une promotion de douze cardinaux, Innocent IV avait quitté Rome au commencement de juin, et s'était arrêté à Civita Castellana, d'où il data une lettre qui avait pour objet de donner le change à Frédéric II, en lui faisant croire qu'il était bien disposé pour la paix (1). En même temps il annonçait qu'il allait se rendre, non pas à Narni, mais à Rieti; mais déjà il faisait en secret toutes les démarches nécessaires pour s'assurer les moyens de quitter l'Italie, et de convoquer ensuite, hors des atteintes de l'empereur, un concile général où il pourrait le déposer. L'Italie n'offrant plus au saint-siége aucune sécurité, Rome même étant agitée par les intrigues de Frédéric, et toutes les voies de terre étant fermées, le pape s'était adressé aux Génois, ses compatriotes, qui réussirent à lui amener une flotte dans le port de Civita-Vecchia. Innocent, qui s'était rendu à Sutri, s'enfuit presque seul, en costume militaire, dans la nuit du 28 juin, arriva heureusement à Civita-Vecchia, après une course rapide de onze lieues, et s'embarqua dès le surlendemain. L'escadre, retardée par la tempête, n'entra que le 7 juillet dans le port de Gênes, où le pape fut reçu au son des cloches et des trompettes. Les gens de sa suite répondaient aux cris de joie de la population par ces paroles du Psalmiste : « Notre vie, comme le passereau, a échappé au piége des chasseurs. »

---

(1) *De negotio pacis tractandae. Datum apud Civitatem Castellanam, V idus junii* (9 juin). Regist. d'Innoc. IV, ann. I, n° 724.

PARTIE HISTORIQUE. CDLXV

Le bruit courut, en effet, que trois cents Gibelins toscans devaient marcher sur Sutri pour enlever le pape, s'il ne les eût prévenus par la fuite; mais cette accusation nous paraît invraisemblable. Frédéric II croyait tenir Innocent IV sous sa main; il espérait réussir à lui imposer la paix, et n'avait pas besoin de recourir à une violence qui l'eût perdu dans l'opinion. Lui, qui avait pour habitude de tromper les autres, fut trompé tout le premier. Il aurait dû cependant comprendre, dès le début des négociations, que le pape ne voulait traiter à aucun prix. Il nous dit lui-même qu'Innocent IV repoussait les conseils de ses cardinaux et leur déclarait qu'il saurait bien gouverner sans eux. Il ajoute qu'en présence des ambassadeurs du roi de France et des princes de l'Église, le pape avait annoncé sa résolution de soutenir les Lombards contre l'empereur, même après l'absolution de ce dernier, si la ligue n'obtenait pas la paix sans condition (1). Ce qui est certain, c'est qu'Innocent IV ne mit en avant aucun motif sérieux pour expliquer la rupture des négociations auxquelles il avait paru se prêter jusqu'au dernier moment (2), tandis que l'empereur fait connaître dans les plus minutieux détails les concessions qu'il était disposé à faire, et que les cardinaux considéraient comme acceptables. Nous ne pouvons que renvoyer le lecteur aux pièces mêmes du procès, en lui laissant le soin de décider de quel côté, dans cette grave circonstance, furent la sincérité et la bonne foi.

Au reste, il est évident que Frédéric continua de se faire illusion sinon sur les dispositions malveillantes du pape, du moins sur le dénoûment pacifique de la querelle. Aussi, quand Innocent IV, parvenu à Lyon, eut

---

(1) « *Nuper etiam nunciis regis Franciae et deinde coram omnibus cardinalibus dixit quod si etiam nos absolveret et Lombardi pacem plenariam non haberent, ipse post absolutionem adjuvaret Lombardos contra nos.* » PERTZ, *Monum. Germ. hist.*, t. IV, p. 354.

(2) Dans sa lettre au landgrave de Thuringe, et dans la sentence de déposition prononcée à Lyon, le pape se borne à dire d'une manière vague que Frédéric n'avait pas exécuté les articles jurés à Rome, le 31 mars : « *Juramento elegit resilire potius quam parere, adimplere quod sibi mandavimus renuendo. — Postmodum tamen quod juraverat non implevit.* » Dans sa lettre au patriarche d'Antioche, il laisse deviner que son principal motif de rupture était la suppression de la paix de Constance : « *Exceptique pacem Constantiae quam semper se asserit excepisse.* » Ap. PERTZ, *Monum.*, t. IV, p. 352.

convoqué un concile œcuménique pour le 24 juin 1245, l'empereur chargea le patriarche d'Antioche de reprendre les négociations. Le pape répondit, comme il l'avait toujours fait, qu'il était prêt à traiter si le prince s'engageait à observer les bases arrêtées au mois de mars 1244, s'il remettait en liberté les adhérents de l'Église, ecclésiastiques ou laïques, qu'il retenait encore captifs, et s'il restituait sans délai les terres de l'Église. De plus, l'absolution devait être prononcée aussitôt qu'il aurait donné satisfaction pour les griefs manifestes et fourni caution pour ceux qui restaient en litige. C'était là tourner sans cesse dans le même cercle. A la suite de ces pourparlers, qui eurent lieu dans les mois d'avril et de mai 1245, Frédéric II se rendit à Vérone, où il avait convoqué une diète de l'Empire, et il fut décidé qu'on enverrait au concile des orateurs chargés de pleins pouvoirs, soit pour continuer les négociations, soit pour en appeler, le cas échéant, à Dieu, au futur pape, à un concile plus général, aux princes de l'Empire et aux rois de la chrétienté. Sur ces entrefaites, le concile s'ouvrit à Lyon le 26 juin; et quoique cette première réunion n'eût été qu'une séance préparatoire, Innocent IV comptait si bien sur l'adhésion prochaine et complète de cette assemblée, qu'il écrivit dès le lendemain à l'archevêque de Mayence de faire prêcher la croisade en Allemagne, contre Frédéric, *jadis empereur;* ajoutant qu'un nouveau roi des Romains était déjà choisi, lequel ne tarderait pas à être promu à la dignité impériale (1). Dans les deux séances suivantes, qui eurent lieu le 30 juin et le 5 juillet, le pape employa toutes les ressources de l'art oratoire pour exciter les pères du concile à venger, par la déposition du coupable, les injures faites à l'Église, et Taddée de Sessa, chargé de soutenir les intérêts de l'empereur, eut beaucoup de peine à obtenir un délai qui fut fixé au 17 juillet. Il se hâta d'avertir son maître, qui se trouvait encore à Vérone, où il affectait toujours de croire à une paix prochaine (2). Tout en refusant de se présenter personnellement devant le

---

(1) « *Praesertim cum jam alius sit in Romanorum regem assumptus, in imperatorem auctore Domino promovendus. Datum Lugduni, V kal. julii, anno III,* » dans le Registre d'Innocent IV, ann. III, n° 28.

(2) Lettre du 8 juillet 1245, aux habitants de Worms où l'empereur promet de les com-

concile, Frédéric fit partir aussitôt trois nouveaux députés, l'évêque de Frisingue, le grand maître des Teutoniques et Pierre de la Vigne, autorisés à procéder « à l'entière consommation de la paix (1) »; et lui-même se rendit à Turin pour surveiller de plus près les événements. Mais au jour fixé, sans attendre la venue des députés impériaux, qui n'arrivèrent à Lyon que le 20 juillet, sans avoir égard à l'appel suspensif interjeté par Taddée de Sessa, le pape prononça solennellement la déposition de Frédéric II, le déclarant déchu de l'Empire et de ses deux royaumes. « Nous ordonnons, ajoutait-il, à ceux qui, dans l'Empire, jouissent du droit électoral, de procéder librement au choix d'un autre prince. Quant au royaume de Sicile, nous aurons soin d'y pourvoir ainsi que nous le jugerons convenable, après avoir pris l'avis de nos frères les cardinaux. »

Malgré l'amertume des récriminations que Frédéric II fit alors entendre contre la cour romaine, ses actes ne répondirent pas à ses paroles. D'une part, il injuriait le pape dans ses lettres; de l'autre, il essayait de renouer des négociations avec lui. Peu de temps après la promulgation de la sentence, Innocent IV avait écrit au chapitre de Cîteaux : « Nous sommes prêts, nos frères et nous, à tenir jusqu'à la mort pour cette cause, et à mourir pour elle s'il le faut, sans jamais varier, car c'est la cause de Dieu et de l'Église; » et sa conduite fut toujours conforme à cette déclaration formelle; mais l'empereur espérait qu'une puissante intervention ferait fléchir la détermination du pontife. Aussi, depuis le concile de Lyon jusqu'au mois de juillet 1248, Frédéric II ne voulut-il prendre qu'un seul arbitre de ses démêlés avec le pape : ce fut le roi de France Louis IX, qui considérait le rétablissement de la paix entre l'Église et l'Empire comme nécessaire au succès de la croisade. Nous avons exposé longuement, dans le chapitre IV (2), la suite, les phases diverses et le mauvais résultat de ces négociations qui ne pouvaient aboutir, puisque le pape,

---

prendre « *in compositione nostra quam facturi sumus cum Ecclesia romana sive cum archiepiscopo Maguntino* ».

(1) « *Quos ultimo pro omnimoda consummatione pacis tractatae ad concilium miseramus.* » *Petr. de Vin. Epist.*, lib. I, c. 3.

(2) Voir plus haut, p. cccvi à cccxvi.

avant d'accéder à aucun arrangement, exigeait que Frédéric renonçât pour lui et pour ses fils à l'Empire et au royaume de Sicile (1). Cependant, l'empereur ne fut pas découragé par l'insuccès des tentatives du roi de France. Au mois de novembre 1248, il vint tenir à Verceil une cour qui, si l'on en juge par l'affluence des feudataires et par la présence des députés de plusieurs rois et princes occidentaux (2), prouve que la puissance de Frédéric exerçait encore un grand prestige. Dans ces conférences il chargea le comte de Savoie, Amédée, et le comte Thomas son frère, de reprendre les négociations avec le pape sur les bases qu'il leur indiquait (3). Malheureusement nous ne savons pas quelles étaient ces bases, et nous sommes réduits, sur ce point, aux assertions assez vagues du chroniqueur Matthieu Paris (4). Thomas de Savoie avait suivi longtemps le parti de l'Église, auquel il appartenait encore au mois de mai 1246. Mais, privé du comté de Flandre par la mort de sa femme Jeanne, il cherchait un riche établissement que Frédéric lui procura en Piémont. On ne peut douter du zèle que Thomas de Savoie mit à remplir les intentions de l'empereur, puisque ce prince lui fit de nouvelles donations et lui conféra de nouveaux honneurs au mois de juin 1249. Il est probable que les démarches des deux frères à la cour romaine avaient eu lieu dans l'intervalle; mais, en l'absence de tout renseignement qui puisse nous éclairer à cet égard (5), il y a tout lieu de croire que leurs propositions ne furent pas même écoutées par le pape.

(1) Dès le 28 janvier 1247, Innocent IV écrivait à l'évêque et aux habitants de Strasbourg : « *Si contingat inter Ecclesiam et Fredericum quondam imperatorem pacem aliquo tempore reformari, quod nunquam erit eo remanente imperatore vel rege, vos Ecclesia in pace ponet eadem.* » Ap. WENCKER, *Appar.*, p. 163, n° IV. — « *Nec etiam pacem aliquatenus cum praefato Frederico reformabimus ita quod ipse vel aliquis filiorum suorum rex aut imperator existat.* » Lettre du 4 mai 1247, au sire de Faucigny. — « *Ulla penitentiae fictio, ulla humilitatis simulatio fallere non valebit, ut ad pristinum solium reparetur.* » Lettre du 30 août 1248.

(2) *Chronic. de reb. in Ital. gestis*, p. 218.

(3) « *Secundum formam a nostra celsitudine ipsis datam.* » Arch. di corte, à Turin, trattati diversi, mazzo 1.

(4) Voir plus haut, p. cccxx, note 1.

(5) Il faut se défier de la manière dont Guichenon parle de cette ambassade dans son *Hist.*

PARTIE HISTORIQUE.

Frédéric II comprit enfin que toute relation politique avec les papes lui était désormais interdite, et que la lutte entre les deux pouvoirs était devenue une guerre à mort. Depuis longtemps, les deux adversaires s'accusaient réciproquement de tentatives homicides. En avril 1249, à la suite du complot dans lequel Pierre de la Vigne fut impliqué, l'empereur, dénonçant le pape aux princes chrétiens, comme étant l'instigateur du crime, reprenait sa thèse favorite pour les intéresser à sa cause : « Aucun autre motif, leur disait-il, n'a pu l'entraîner à un pareil acte que cette passion honteuse, cette ambition sans mesure pour la domination universelle, parce qu'il ne peut souffrir un égal et qu'il est impatient de tout partage. Réfléchissez aux usurpations et à l'orgueil de ces prélats qui, ne pouvant se contenter du gouvernement des âmes, cherchent à s'emparer, par tous les moyens, de la souveraineté dans les choses séculières (1). » En même temps, Frédéric voyait son œuvre principale compromise : la domination temporelle qu'il avait voulu arracher au saint-siége se reformait avec l'aide de ce même Empire dont il avait rêvé l'unité politique. Son jeune concurrent, Guillaume de Hollande, envoyait en Lombardie et en Romagne un vicaire impérial chargé d'appuyer les revendications des légats pontificaux, et, à l'assemblée d'Ingelheim, ce nouveau roi des Romains confirmait à son tour les anciennes donations qui consacraient la souveraineté du pape dans l'Italie centrale (2). Frédéric II se roidit contre ces obstacles. Malgré le grave échec qu'il avait essuyé au siège de Parme, malgré la défaite de son fils Enzio pris par les Bolonais à Fossalta, on le voit dans les derniers temps de son règne soutenir la lutte avec autant d'énergie que d'obstination. Il reste maître absolu en Tos-

---

généalog. de la mais. de Savoie, p. 503. D'après lui, le comte Thomas aurait gagné quelque chose sur l'esprit du pape, et aurait porté de sa part des propositions à Frédéric II. C'est là, suivant nous, une invention ou tout au moins une conjecture sans aucun fondement sérieux.

(1) « Attendentes excessum et superbiam praelatorum qui ditione spiritualium non contenti per fas et nefas sibi secularium quaerunt dominium vendicare. » Ap. Hofler, Docum., p. 421, n° 57.

(2) La lettre où Guillaume de Hollande notifie aux Milanais l'envoi d'un vicaire impérial dut être écrite pendant le siége d'Aix-la-Chapelle, vers août 1248. Le renouvellement des constitutions d'Égra, à Ingelheim, est du 19 février 1249.

cane; il gouverne au nord par le bras du terrible Eccelin. Le 18 août 1250, son lieutenant Oberto Pallavicini remporte sur les Parmesans et leurs alliés une victoire complète et les oblige à demander la paix. Les Bolonais sont sur le point de se soumettre. Dans la Marche, Gautier de Manupello s'empare de la ville importante de Fermo et manque de faire prisonnier le légat Pierre Capoccio dans la forteresse de Cingoli (1). L'empereur lui-même se prépare à reprendre avec une armée le chemin de l'Italie supérieure, quand il est arrêté par la maladie et par la mort. Mais on peut dire que jusqu'à son dernier jour il se maintint dans toutes ses positions, et c'est là l'impression qu'il laissa à ses contemporains, impression dont nous retrouvons la trace dans les témoignages de Jamsilla et de Matthieu Paris.

Après Frédéric II, son fils Conrad ne fit que paraître en Italie. Son autre fils Manfred s'étant séparé de l'Empire, en s'attribuant la couronne de Sicile au détriment des droits de Conradin, offrait aux Guelfes une occasion naturelle de se grouper autour d'un prince italien qui aurait apporté à leur confédération des éléments certains de succès et de durée. La politique de Manfred fut d'abord dirigée dans ce sens et obtint même de nombreuses adhésions parmi les républiques italiennes. Mais quoique la séparation de l'Allemagne et de la Sicile parût un fait accompli, quoique leur réunion dans les mêmes mains ne mît plus en péril l'indépendance du saint-siége, les papes ne purent pardonner à Manfred d'être le fils de Frédéric II; ils poursuivirent sa ruine avec une égale persévérance, et la Péninsule, cette fois encore, perdit la chance d'avoir à sa tête ce *rex Italiae* qui pouvait diriger ses destinées vers un meilleur avenir.

---

(1) Cf. *Chronic. de reb. in Ital. gest.*, p. 227, 228; MATTH. PARIS., *Hist. maj. Anglor.*, p. 528, et les lettres écrites par Frédéric à Vatacès, récemment publiées à Berlin par M. Wolff. (*Vier griechische Briefe Kaiser Friedrichs des Zweiten*, p. 30 et 32.)

PARTIE HISTORIQUE.

III.

GOUVERNEMENT DE L'ITALIE SOUS FRÉDÉRIC II.

Aucun auteur, à notre connaissance, n'a entrepris d'indiquer le système de gouvernement que les empereurs d'Allemagne prétendaient imposer à l'Italie pour la rattacher à l'Empire. Grâce à la série continue des pièces que nous avons réunies, il est aujourd'hui possible d'en présenter le tableau pour la période qu'embrasse le règne de Frédéric II. Au milieu des révolutions et des agitations continuelles qui troublaient la Lombardie et l'Italie centrale, on ne doit point s'étonner que ce gouvernement ait été exclusivement militaire, ou, du moins, que les pouvoirs administratifs et judiciaires aient été réunis aux attributions de celui qui commandait les armées. On remarquera en outre que la délégation de l'autorité impériale, d'abord confiée à des prélats dans un but pacifique, passa ensuite et resta constamment entre les mains des hommes de guerre, à mesure que la résistance du parti guelfe devint plus vive et s'organisa plus fortement.

Le représentant supérieur de Frédéric II en Italie portait le titre de légat, *totius Italiae legatus*. Il réunissait, comme nous l'avons dit, tous les pouvoirs, et son action nominale devait s'étendre sur l'Italie entière, depuis les Alpes jusqu'aux confins du royaume de Naples. Pour faciliter l'exercice de l'autorité impériale dans une si vaste étendue de pays, Frédéric II établit au-dessous du légat des vicaires généraux au nombre de cinq : un vicaire général depuis Trente jusqu'au fleuve Oglio, y compris Padoue et la Marche Trévisane ; un vicaire général depuis Pavie et au delà dans la partie supérieure de l'Italie, y compris le Milanais et le Piémont ; un vicaire général depuis Pavie dans la partie inférieure jusqu'à Modène ; un vicaire général dans la Romagne et la Marche d'Ancône ; un vicaire général en Toscane. Ces vicaires généraux devaient obéir au légat impérial ; mais ils communiquaient aussi avec l'empereur, qui, dans les cas urgents, leur transmettait directement ses ordres. Au-dessous des vicaires étaient placés, dans les principales villes, des capitaines nommés ou révoqués par l'empereur. Mais les juges paraissent avoir été délégués directement par les vicaires généraux dont ils étaient les agents immédiats. Ce gouvernement ne fonctionna avec quelque régularité qu'à partir de l'année 1237, époque où Frédéric II rompit définitivement avec la ligue lombarde. Jusque-là, il n'avait pas encore senti la nécessité d'organiser complétement ses moyens d'action sur les diverses provinces de l'Italie.

Sous son règne, nous comptons cinq et peut-être six légats généraux en Italie : 1° Frédéric, évêque de Trente, nommé au mois de février 1213, légat et vicaire pour toute l'Italie, avec la vicairie à titre de fief viager (1). Nous ne connaissons aucun acte qui établisse que cet évêque de Trente ait exercé effectivement les hautes fonctions dont il avait été investi. Empêché par la maladie ou par la mort, il eut pour remplaçant, au mois de février 1219,

2° Jacques, évêque de Turin, qui porte le titre de *regalis aulae vicarius et Italiae legatus*. Dans le cours de l'année 1219 et au commencement de l'année suivante, Jacques s'occupa de pacifier la Romagne de concert avec le marquis de Montferrat, qui lui avait été donné pour collègue. Toutefois, comme il n'est pas appelé *totius Italiae legatus*, nous inclinons à penser que sa légation ne s'étendait pas à l'Italie tout entière ou même qu'il n'était en réalité que vicaire de l'Empire, titre qu'il continua de porter pendant la légation de l'évêque de Spire.

3° Conrad, évêque de Spire et de Metz, et chancelier de l'Empire, est nommé légat général de l'Empire en Italie le 17 avril 1220 (2). Il exerce ses fonctions avec un plein succès depuis le mois d'août de cette année jusqu'au mois de mars 1224, époque où il retourne en Allemagne. A cette même date, Ugolin, évêque d'Ostie, qui devint pape plus tard sous le nom de Grégoire IX, reçoit dans les actes de sa légation en Toscane le titre de *vicarius imperialis aulae*. Il est vrai que Frédéric II, pour seconder les efforts de ce cardinal en faveur de la croisade, lui avait conféré quel-

---

(1) *Hist. diplom.*, t. I, p. 249.
(2) *Hist. diplom.*, t. I, p. 753.

ques-uns des pouvoirs des légats impériaux, notamment celui d'absoudre les personnes mises au ban de l'Empire, pourvu qu'elles voulussent contribuer au succès de l'expédition (1). Mais il y a loin de là à la nomination tout à fait insolite d'un cardinal de l'Église romaine en qualité de délégué de l'empereur.

4° Nous savons, par une lettre de Frédéric II datée du camp devant Giato le 17 juin 1222, qu'Albert, archevêque de Magdebourg, était déjà institué depuis quelque temps légat en Lombardie, en Romagne et dans la Marche de Trévise (2). La Toscane proprement dite paraît avoir été détachée à cette époque des attributions du légat impérial, qui, dans deux autres actes de Frédéric II, des mois de mars et septembre 1224, est aussi appelé *comes Romaniae et totius Lombardiae legatus*. En effet, depuis la fin de l'année 1223, l'archevêque Albert joignit à son titre de légat celui de comte de la Romagne, comme pour indiquer que cette province lui était confiée d'une manière toute spéciale. Ce prélat, dont les actes publics sont très-nombreux, portait encore son double titre à la date du 24 septembre 1230 (3). Mais en mars et en avril 1232, il est appelé simplement comte et légat de Romagne, les fonctions de légat général ayant alors passé à un autre titulaire.

5° Ce titulaire était un simple chevalier allemand nommé Gebhard d'Arnstein, qui avait exercé les fonctions de juge impérial dans toute la circonscription du château d'Altenburg (4); lié avec l'archevêque de Magdebourg, il fut probablement désigné à l'empereur par ce prélat pour être son remplaçant dans les difficiles fonctions de légat. Ce Gebhard, qui avait accompagné Frédéric II à la croisade, figure dans les actes comme légat impérial en Italie dès le mois de mars 1231; mais nous ignorons la date précise de sa nomination officielle. De 1231 à la fin

---

(1) « *Vobis imperialis celsitudinis auctoritate plenam concedimus potestatem ut omnes illos qui per terram vestrae legationis sunt suppositi nostro banno... cum expedire videritis absolvere valeatis.* » *Hist. diplom.*, t. II, p. 125. Cf. *Ibidem*, p. 143, not. 1.
(2) *Hist. diplom.*, t. II, p. 255.
(3) *Ibidem*, t. III, p. 429, not. 1.
(4) Mss. de la Bibl. impér., supplément latin, n° 4128, fol. 21.

de 1238, en Italie et en Allemagne, dans les expéditions militaires comme dans les actes de l'autorité publique, Gebhard d'Arnstein agit constamment en qualité de légat pour toute l'Italie. Car il ne nous semble pas douteux que la Toscane n'ait été comprise dans ses attributions, puisqu'en décembre 1232, il préside à la sentence rendue en faveur de Sienne contre Florence, et qu'en mai 1238, c'est encore lui qui reçoit la soumission de cette dernière ville et y institue un podestat gibelin (1).

6° A partir de 1239, Frédéric II, engagé dans sa grande lutte contre le saint-siége et la ligue lombarde, donna le titre de *legatus sacri imperii totius Italiae* à son propre fils Enzio, roi de Torres et de Galluri, par un acte daté du 25 juillet de cette année (2). Les talents militaires de ce jeune prince, la haute position qu'il occupait par sa naissance et le dévouement dont il avait fait preuve, expliquent parfaitement le choix de l'empereur dans les circonstances difficiles où celui-ci se trouvait placé. Enzio, de son côté, justifia pleinement la confiance de son père en remplissant avec gloire les fonctions de légat jusqu'au 26 mai 1249, date de sa défaite à Fossalta et de sa captivité à Bologne. Il fut le dernier légat général de l'Empire en Italie, sous Frédéric II. Car nous ne pensons point qu'on puisse compter parmi les légats généraux le comte Thomas de Savoie, qui, le 21 juin 1249, reçut le titre de légat de l'Empire en Lombardie *a Lambro superius* (3). Il est probable que, dans cette circonstance, l'empereur reculait seulement les limites et étendait les attributions du vicariat que le comte Thomas exerçait précédemment, mais qu'il n'entendait point lui conférer les prérogatives de lieutenant de l'Empire dans toute l'Italie.

La liste des vicaires généraux pour la partie de l'Italie qui s'étend de Trente à l'Oglio est assez courte. Nous savons qu'au mois d'août 1222, Azzo, marquis d'Este et d'Ancône, avait été délégué par Frédéric II pour connaître et juger en dernier ressort les appels et les causes d'appel dans toute la

---

(1) *Hist. diplom.*, t. IV, p. 445. — *Chronic. de reb. in Ital. gest.*, p. 173.
(2) *Ibidem*, t. V, p. 357.
(3) GUICHENON, *Hist. généalog. de la maison de Savoie*, pièces justific., p. 92. — *Monum. Hist. patr.*, chart. t. I, p. 1399.

Marche Trévisane, comprenant les évêchés et les comtés de Vérone, Vicence, Padoue, Trévise, Feltre et Bellune (1) : ce qui répond à la partie essentielle des fonctions de vicaire, surtout à une époque où l'Italie supérieure n'était point encore troublée par la guerre. Mais, à mesure que la rivalité du parti guelfe et du parti gibelin se déchaîna sur cette contrée, le crédit de la famille de Romano l'emporta sur celui de la maison d'Este dans les conseils de l'empereur, et l'on peut dire que, depuis 1232, Eccelin de Romano fut le véritable vicaire impérial dans la Marche Trévisane, quoiqu'il n'en ait point officiellement porté le titre. En 1239 et 1240, nous voyons que Tebaldo Francesco, un des seigneurs napolitains à qui Frédéric II témoignait le plus de confiance, était vicaire de l'Empire dans la Marche et depuis l'Oglio jusqu'à Trente, et en même temps podestat de Padoue. En 1244, Richard de Roaldesco, créature d'Eccelin, et, en 1249, Guezolo de Prata, parent des Romano, furent revêtus du même titre. Mais ces vicaires, aussi bien que les podestats impériaux, tels que Simon de Chieti, podestat de Padoue en 1237 ; Henrico d'Eboli, podestat de Vicence en 1238 ; Jacobo de Morra, podestat de Trévise en 1239 ; Gualvano Lancia, podestat de Padoue en 1242, étaient en réalité placés sous les ordres d'Eccelin, qui pouvait contrôler leurs actes et provoquer leur remplacement.

Antérieurement à l'année 1238, nous n'avons pas la preuve que le gouvernement de la Lombardie ait été divisé en deux vicairies, l'une *a Papia superius*, l'autre *a Papia inferius usque Mutinam*. Au contraire, Thomas, comte de Savoie, est appelé *totius Italiae legatus et marchio ejusdem* en juillet 1226, *vicarius in Lombardia domini imperatoris* en novembre même année, *vicarius et legatus domini imperatoris per totam Italiam et per Marchiam de Segusio* en mai 1227. Ce qui semble indiquer qu'il était non pas légat général de l'Empire en Italie, titre que portait encore l'archevêque de Magdebourg, mais bien vicaire pour toute la Lombardie jusqu'à Suze et aux Alpes. Il est probable que la division en deux vicairies n'eut lieu qu'après la bataille de Cortenuova, époque où

---

(1) VERCI, *Stor. degl' Ecel.*, t. III, docum. 102.

l'empereur se mit sur le pied de guerre et y resta constamment. Le choix même de Pavie, point stratégique important qui commandait à la fois le cours du Tésin et celui du Pô, pour servir de ligne de démarcation entre les deux vicairies, prouve bien quelles étaient les vues politiques de Frédéric II.

Le premier nom de vicaire impérial *a Papia superius*, que les actes nous fournissent, est celui de Manfred Lancia en 1238 (1). Il figure avec la même qualité dans plusieurs documents de juillet et août 1239 et d'octobre 1240. En mars 1241 on trouve le nom de Marino d'Eboli, qui, l'année suivante, fut podestat de Pavie. Manfred Lancia reparaît en novembre 1243, époque où il s'intitule en même temps podestat d'Alexandrie. Il est remplacé en juillet 1244 par Berthold de Hohenburg; en juillet 1245, Manfred Lancia est de nouveau vicaire général; et, un peu plus tard, Richard Filangieri est mentionné comme délégué du roi Enzio dans la haute Italie, sans que nous puissions préciser si c'était à titre de vicaire (2); mais il porta certainement ce titre en 1246, comme le prouve un mandement impérial adressé à la commune de Pavie. Au mois de mai 1247, P. de Palude; à la fin de cette année, Berthold de Hohenburg pour la seconde fois; au mois de juillet 1248, Henri de Rivello, exercèrent tour à tour les fonctions de vicaires généraux *a Papia superius*. Ce dernier fut remplacé au mois de novembre de la même année par le comte Thomas de Savoie, qui était alors parvenu au plus haut degré de faveur auprès de Frédéric II. Pour lui faire honneur, l'empereur agrandit ce vicariat en le prolongeant jusqu'au Lambro, et nous voyons qu'en avril 1250, Manfred Lancia était aussi devenu vicaire *a Lambro superius* (3), fonctions qu'il cumulait avec le podestariat de Lodi. Durant cette période, nous rencontrons les noms de plusieurs capitaines impériaux:

---

(1) Au commencement de cette année, nous trouvons bien le nom d'un certain Viguerra ou Vinciguerra qui, le 7 février, donne l'investiture du château d'Albugnano, en qualité de vicaire de l'empereur, en Lombardie. Pour être fixé à ce sujet, il faudrait voir l'acte lui-même, qui n'est que cité dans Moriondi, *Monum. Aquensia*, t. II, p. 564. Cet auteur du moins corrige la date fautive donnée par Ughelli, lequel plaçait en 1228 l'acte où il est question de ce vicaire.

(2) Cf. Moriondi, *Monum. Aquensia*, t. II, p. 665.

(3) *Chronic. de reb. in Ital. gest*, p. 221.

en juillet 1238, Philippe de Citro, capitaine de Turin et de Moncalieri; Albert Struccio, capitaine de Chieri aussi en 1238 et années suivantes; Jonathas de Luco, capitaine de Turin en 1239; Berthold de Hohenburg, capitaine de Como, même année; Opizone de Revello, capitaine impérial à Acqui en juillet 1240; Masnerio de Burgo, aussi capitaine de Como en 1241, etc.

Simon, comte de Chieti, est le premier *vicarius generalis sacri imperii a Papia inferius* qui soit mentionné à la date du mois de juillet 1239. Il avait préludé à ces fonctions en remplissant au mois de novembre 1238, celles de capitaine de Parme, où il représentait l'empereur, qui avait voulu se déclarer lui-même podestat de cette ville (1). Il eut pour successeur, vers la fin de l'année suivante, Raynaldo d'Aquaviva, qui avait été envoyé au secours de Viterbe en novembre 1231, et que nous retrouvons ensuite capitaine de Viterbe et des pays adjacents en février 1240. En 1241, Manfred Lancia est investi de cette vicairie qu'il cumule avec les fonctions de podestat de Crémone (2); mais à partir de cette date, nous ne trouvons plus de vicaires de l'Empire *a Papia inferius*, probablement parce que ces fonctions furent exercées en réalité par le marquis Oberto Pallavicini. Ce puissant seigneur gibelin, qui de 1241 à 1243 est qualifié de vicaire impérial en Lunegiane, c'est-à-dire de Pontremoli aux frontières de la Toscane, dut concentrer entre ses mains, jusqu'à la fin du règne de Frédéric II, le pouvoir militaire dans la contrée qui s'étend de l'embouchure de la Magra à la rive droite du Pô.

Le titre de vicaire impérial dans la Romagne et la Marche d'Ancône paraît pour la première fois dans les actes à partir de l'année 1237. Jusque-là, nous ne rencontrons que des comtes de Romagne, dont les fonctions étaient probablement équivalentes. C'est à savoir: Ugolino Giuliano de Parme, créé comte de Romagne pour sept ans, en août 1220, par

---

(1) *Hist. diplom.*, t. V, p. 265.
(2) D'après Ant. Campo, Raynaldo d'Aquaviva fut podestat de Crémone en 1241, et Manfred Lancia, en 1242. Mais ce témoignage ne peut prévaloir contre le texte même d'un mandement de Frédéric II, qui mentionne Raynaldo d'Aquaviva comme *vicarius a Papia inferius usque Mutinam et Cremonae potestas*, au mois de décembre 1240. *Hist. diplom.*, t. V, p. 1070.

le légat Conrad, évêque de Spire et de Metz; mais qui, sur l'ordre exprès de Frédéric II, fut remplacé en juin 1224 par Goffrido de Blandrate. Ce seigneur, ayant embrassé le parti des Bolonais contre les habitants d'Imola, encourut la disgrâce du légat Albert, archevêque de Magdebourg, qui, vers juillet 1223, donna d'abord le titre de comte de Romagne à un certain Jean de Guarnaccio (Guormatia, *Worms?*), et, peu de temps après, se le réserva pour lui-même. L'archevêque de Magdebourg garda jusqu'en 1232 la double qualification de comte et légat en Romagne, bien que nous sachions par des actes authentiques que Frédéric II, dès le mois d'avril 1230, avait conféré le titre de comte de Romagne à un Allemand, Conrad de Hohenlohe. En 1235, 1236 et années suivantes, Gotfrid de Hohenlohe porta aussi ce titre concurremment avec son frère Conrad; mais nous sommes persuadé que c'était là une distinction purement honorifique, les seigneurs de Hohenlohe n'ayant exercé à aucune époque dans la Romagne une action politique bien constatée. Il est même remarquable que l'on trouve pendant cette période des seigneurs indigènes, tels que Carnevario en 1234, et Aghinolfo de Modiliana en 1239, qualifiés tous deux par Tonduzzi de *comtes de Romagne pour l'empereur*. En 1236, Jean *de Wormatia* reparaît aussi d'après le même historien, avec la dénomination de vicaire du comte de Romagne. D'où il suit que les droits réels attachés à ce dernier titre furent exercés par des Italiens plutôt que par des Allemands.

En juin et août 1237, Simon, comte de Chieti, est appelé, dans quelques actes rédigés en Romagne, *sacri imperii legatus* (1); ce qu'il est difficile d'admettre, puisqu'à cette même époque les fonctions de légat général en Italie étaient encore remplies par Gebhard d'Arnstein. Il est du moins certain que Simon n'était légat que pour la Romagne, et comme il se trouvait en même temps podestat de Padoue, il faisait administrer la Romagne par un vicaire, originaire du royaume de Naples et nommé Thomas de Materia. Au moment où eut lieu, selon nous, la division de l'Italie en vicairies, le titre de Simon de Chieti fut régularisé, et dans un

---

(1) Cf. *Hist. diplom.*, t. V, p. 84.

acte du mois d'août 1238, il n'est plus appelé que *vicarius imperii in Romaniola generalis* (1). Ce personnage, qui joua un rôle très-important sous le règne de Frédéric II, fut remplacé en 1239 et 1240 par le comte Gautier de Manupello (2), qui eut lui-même pour successeur en 1241 et 1242, un capitaine renommé qu'on appelait Robert de Castiglione. Le 12 janvier 1243, Thomas de Materia reçoit le titre de *sacri imperii vicarius generalis in Romaniola*, dans un acte de Frédéric II, concernant la Garfagnane. Aux mois de juin et d'octobre de la même année, Richard de Fasanella, frère de Pandolfo, figure parmi les témoins des priviléges impériaux en qualité de vicaire de l'Empire dans la Marche d'Ancône (3). Robert de Castiglione reparaît en 1246 et 1247, époque où il conduit avec une grande énergie les opérations militaires dans la Romagne. Au contraire, Thomas de Materia, que nous retrouvons avec le titre de vicaire impérial dans ce pays à la date de juin 1248, est accusé d'avoir favorisé par sa mollesse ou par sa trahison les progrès des lieutenants pontificaux. Frédéric II mit à la place de Thomas un de ses fils naturels, Richard, comte de Chieti, dont nous avons parlé précédemment (4). Richard, qui en décembre 1248 et juillet 1249 était vicaire général non-seulement de la Romagne et de la Marche, mais aussi du duché de Spolète, avait délégué l'autorité judiciaire à deux personnages appelés l'un Jean, fils de Jacques Paganelli de Macerata, l'autre Vinciguerra de Ursacia. Nous savons aussi, d'après une lettre écrite par Frédéric II à l'empereur grec Vatacès et d'après d'autres documents, que Gautier de Palearia, comte de Manupello, exerçait de nouveau les fonctions de vicaire général dans la Marche d'Ancône au mois d'août 1250.

---

(1) Fantuzzi, *Monum. Hist. Ravenn.*, t. II, p. 374.

(2) Le comte Gautier, en 1239, avait pour juge délégué en Romagne un légiste nommé maître Richard. Cf. *Droits de l'Empire sur l'État ecclés.*, p. 236.

(3) On trouve à l'année 1244 le nom d'un certain Benvenutus, « *in valle Sancti Clementis pro imperatore vicarius constitutus ex parte imperatoris et regis Henrici.* » Acte de visitation du monastère de Sainte-Hélène *ad flumen AEsinum*, ap. Mittarelli, *Annal. Camald.*, t. IV, append., p. 583. Il est évident que ce Benvenuto était un agent du légat Enzio dans une partie de la Marche, mais non pas un vicaire de l'Empire.

(4) Voir plus haut, p. ccx.

Antérieurement à la légation de Gebhard d'Arnstein, la Toscane fut administrée par un fonctionnaire indépendant du légat général et revêtu du titre de *Tusciae legatus*. Eberhard de Lutra (Kaiserslautern) reçoit indifféremment, en 1220, le titre de *nuncius specialis imperatoris in Tuscia* et de *vicarius legati in Tuscia*: ce qui montre qu'il avait été nommé par le légat Conrad; mais ses successeurs paraissent avoir été des agents directs de l'empereur. En 1222, nous trouvons le *dapifer* Gunzelin de Wolfenbuttel, avec le titre de *totius Tusciae legatus* (1). Gunzelin de concert avec Berthold, frère du duc de Spolète, ayant envahi la Marche d'Ancône et le Duché, et voulant contraindre les villes de prêter serment de fidélité à l'empereur, excita de la part du pape Honorius des réclamations auxquelles Frédéric II s'empressa de faire droit. L'année suivante, Albert, évêque de Trente, porte le titre de *legatus Tusciae*, qui passe ensuite à Raynald, duc de Spolète. Quoique nous n'ayons pu retrouver la date précise de la nomination de ce seigneur, il n'est point douteux qu'il exerçât les fonctions de légat en Toscane au mois de juillet 1225 (2), et qu'il les ait conservées jusqu'en 1231, époque de sa disgrâce, en y joignant en 1228 les pouvoirs de légat de l'Empire dans la Marche d'Ancône et dans l'ancien héritage de la comtesse Mathilde (3). Antérieurement au mois de mai 1226, un certain Raoul de San-Miniato était vicaire en Toscane au nom de Frédéric II, qui, le 20 mai de cette même année, envoya directement Berthold, frère de Raynald, en Toscane, pour y percevoir, en qualité de vicaire du légat, les droits dus à l'Empire (4). Le 2 novembre suivant, Raynald lui-même délègue ses pouvoirs à son neveu Eberhard, qu'il avait nommé six semaines auparavant châtelain de San-Miniato; et cependant, en juin 1227, Berthold reparaît comme

---

(1) Cf. *Hist. diplom.*, t. II, p. 248 et not. 1.
(2) *Ibidem*, t. II, p. 504, not. 2.
(3) « *Legatum imperii constituimus in Marchia Anconitana, tota terra comitissae Mathildis, valle, lacu et maritima.* » Acte de Frédéric, du mois de juin 1228, ap. *Hist. diplom.*, t. III, p. 65. Raynald lui-même s'intitule *imperialis Tusciae et Marchiae legatus*, en mars 1229. *Ibidem*, p. 443.
(4) *Ibidem*, t. II, p. 570.

vicaire de son frère en Toscane (1). En mai et juin 1229, en mars et juin 1230, Eberhard d'Estac, châtelain de San-Miniato, figure dans plusieurs actes comme vicaire de Raynald, légat impérial en Toscane (2), et il nous paraît certain qu'il ne fait qu'un avec ce neveu du duc de Spolète, que nous venons de mentionner. On voit combien cette famille ambitieuse était jalouse de s'assurer les prérogatives des honneurs et du pouvoir.

Durant les légations de Gebhard d'Arnstein et du roi Enzio, il n'y eut plus de légat spécial en Toscane. En août 1232, Jonas, châtelain de San-Miniato, est simplement vicaire en Toscane de Gebhard d'Arnstein, légat de l'Empire (3). Les autres vicaires qui purent être délégués par Gebhard nous sont inconnus. De même, Pandolfo de Fasanella, qui, à partir du mois de janvier 1240 jusqu'à la fin de l'année 1245, porte le titre de capitaine et vicaire général en Toscane, est placé, bien que nommé par l'empereur, sous l'autorité supérieure du légat Enzio. Celui-ci transmet ses ordres au vicaire, vient résider en Toscane, y octroie des privilèges, y joue enfin le rôle de représentant suprême de l'autorité impériale, et la même règle fut observée sous le vicariat de Frédéric d'Antioche. L'administration de Pandolfo de Fasanella ne fut pas sans gloire. Secondé dans ses fonctions judiciaires par Gratien de Sienne et Philippe de Brindes, il s'occupa presque exclusivement d'opérations militaires, et réussit à maintenir la Toscane dans l'obéissance. Au mois de février 1246, Frédéric II lui donna pour successeur Frédéric d'Antioche, un de ses fils naturels, et il est probable que cette nomination, qui blessait l'orgueil de Fasanella, le décida à entrer dans la conspiration tramée par Tebaldo Francesco son ami. Peut-être aussi l'empereur avait-il déjà lieu de soupçonner la fidélité de son vicaire en Toscane. Quoiqu'il en soit, Fasanella, après la découverte du complot, réussit à s'échapper et se réfugia auprès de la cour romaine, où il trouva des encouragements et un puissant appui.

Au mois de février 1240, Frédéric II avait opéré la conquête de la

---

(1) *Hist. diplom.*, t. III, p. 15, not. 1.
(2) Voir *Ibidem*, notamment t. III, p. 199 et not. 1.
(3) *Ibidem*, t. IV, p. 366.

INTRODUCTION.

partie du patrimoine de Saint-Pierre comprise entre Foligno et la mer. Il fit d'abord gouverner ce pays par deux capitaines, l'un pour le duché de Spolète proprement dit, l'autre pour Viterbe et la contrée adjacente, et il désigna pour ces fonctions Jacobo de Morra et Rainaldo d'Aquaviva. En mars 1242 Thomas de Montenigro était capitaine à Tivoli, et en septembre 1243, Simon, comte de Chieti, était capitaine à Viterbe. Pour maîtriser l'agitation qui se produisait alors dans ce pays, l'empereur en fit un vicariat séparé qu'il donna à son gendre Richard, comte de Caserta, avec le titre de *vicarius imperii ab Amelia usque Cornetum et per maritimam* : ce qui signifie probablement que ce vicaire devait avoir la surveillance du territoire qui s'étend d'Amelia à Corneto et celle des côtes de la mer depuis la frontière de Toscane jusqu'à Ostie. Le comte de Caserta porta le titre que nous venons d'indiquer en octobre 1243, en janvier et juin 1244. A l'époque de la nomination de Frédéric d'Antioche, ce vicariat particulier fut réuni en sa faveur à celui de Toscane sous la désignation de *vicarius imperii generalis in Tuscia et ab Amelia usque Cornetum et per totam maritimam* (1). C'était là une position considérable, que l'empereur se plut à accroître encore en conférant à son fils la faculté de créer des notaires et des juges ordinaires, droit que les légats seuls avaient exercé jusqu'alors. Frédéric d'Antioche gouverna la Toscane jusqu'en mai 1249, ayant sous ses ordres des vicaires particuliers, tels que Thomas d'Ophen, capitaine dans les comtés de Sienne, de Chiusi, d'Arezzo et de Citta di Castello en décembre 1246; Giordano ou plutôt Gualvano Lancia, vicaire à Florence en 1248; Ticcio de Colle, vicaire à San-Quirico et dans le comté de Sienne en avril 1249. Frédéric d'Antioche paraît avoir quitté la Toscane à cette époque pour retourner avec son père dans le royaume de Naples; et il est assez difficile de décider s'il continua de porter le titre de vicaire général. L'historien de Lucques Tommasi mentionne Gualvano Lancia comme étant vicaire et

---

(1) Cependant, en mars 1246, Marino d'Eboli figure encore comme vicaire ou capitaine général dans le duché de Spolète. Mais ce vicariat paraît avoir été réuni peu de temps après au gouvernement de Frédéric d'Antioche. Ce même Marino était alors podestat de Foligno. Il devint podestat de Pise en 1248.

capitaine général de l'empereur en Toscane au mois de novembre 1249. A défaut d'un renseignement plus authentique, nous inclinons à penser que Frédéric d'Antioche conserva son titre jusqu'à la mort de l'empereur, et que Gualvano Lancia fut simplement délégué en Toscane avec les pouvoirs de capitaine dans cette province.

Ces listes des agents impériaux en Italie, de 1220 à 1250, sont exactes, parce qu'elles sont tirées de documents irrécusables ; mais nous sommes loin de prétendre qu'elles soient complètes. Pour les établir sans y laisser subsister aucune solution de continuité, il faudrait fouiller toutes les archives de l'Italie, même celles des plus petites villes, et il n'est pas douteux que de nouveaux noms pourraient surgir ; mais nous sommes convaincu que ces noms ne fourniraient dans la question aucun élément de nature à modifier d'une manière essentielle les divisions et les séries que nous avons présentées. Nos listes, telles qu'elles sont, suffisent, nous le pensons du moins, pour faire comprendre l'organisation du gouvernement militaire institué par Frédéric II, et pour faire éviter les méprises dans lesquelles sont tombés les anciens historiens, qui confondent sans cesse les légats généraux avec les vicaires particuliers, et ces vicaires eux-mêmes avec les capitaines des villes.

Tout imparfait qu'il fût, ce système de gouvernement, s'il avait pu s'établir et se régulariser, aurait eu pour résultat la concentration de l'autorité politique. On aura pu remarquer, dans les listes que nous venons de produire, que presque tous les agents de l'empereur en Italie furent des Italiens et non des Allemands. Assurément ce prince voulut rattacher l'Italie à l'Empire, mais en conservant aux Italiens une vie distincte et en groupant leurs forces autour d'un pouvoir unique capable de les contenir et de les diriger. De plus, lorsqu'il travaillait à annuler le pouvoir temporel du saint-siége, il tendait à supprimer un élément dissolvant qui a toujours été considéré comme incompatible avec la constitution de l'unité italienne. Aussi, vit-on, au seizième siècle, le nom de Frédéric II revenir sans cesse sous la plume des adversaires de la domination temporelle de l'Église, quand ils exprimaient dans des manifestes vigoureux le désir qu'un seul maître parvînt à régner sur toute la Péninsule (1). Déjà au siècle précédent une pensée analogue se faisait jour dans le prologue de l'auteur gibelin qui a composé la chronique *De rebus in Italia gestis* : « De même, disait-il, que les œufs de poissons qui ont séjourné cent ans dans le lit desséché d'un fleuve, quand ce fleuve retourne dans son lit, redeviennent féconds et produisent à leur tour des poissons; de même les cités, les terres, les seigneurs qui furent anciennement dans les bonnes grâces de la Majesté impériale, quand reparaîtra la puissance de l'Excellence impériale, se soumettront avec empressement à cette autorité tutélaire (2). » Cet espoir ou ce vœu, qui exprimait le sentiment encore vague et mal défini de la nationalité, ne devait pas se réaliser. Depuis la chute de la maison de Souabe, le pouvoir modérateur et prépondérant dont les Gibelins rêvaient le rétablissement ne s'exerça plus d'une manière sérieuse et permanente en Italie. Le triomphe du parti guelfe qui s'appuyait sur la papauté pour arriver par cette voie à une liberté toute locale, ne fit que hâter la déchéance politique de la Péninsule. On vit se développer, avec une intensité nouvelle, dans ce beau et malheureux pays, le fléau des rivalités communales, des discordes intestines, de la tyrannie individuelle se substituant à l'anarchie sans parvenir à la détruire. A mesure que le territoire et la puissance se morcelaient en mille parts, le sentiment d'une patrie commune s'obscurcissait et s'éteignait dans les cœurs. Le gouvernement des empereurs, tel que le concevaient les Gibelins, même despotique pendant un certain temps, aurait toujours mieux valu que celui de ces abominables tyrans qui sont la honte de leur patrie et de l'humanité. Ni les républiques italiennes, à l'époque de leur liberté, ni les maîtres qu'elles se donnèrent plus tard, ne surent fonder cette fédération qui avait pourtant son principe naturel dans la communauté de la race et du langage, et qui seule aurait pu sauver l'Italie de ses propres discordes et de l'invasion étrangère.

---

(1) Cf. Muratori, *Scriptor.*, t. XVI, p. 527 et suiv.
(2) *Chronic. de reb. in Ital. gestis*, p. 448 de notre édition.

CHAPITRE VIII.

RELATIONS RELIGIEUSES DE FRÉDÉRIC II AVEC LES PAPES. — ESSAI D'ÉTABLISSEMENT D'UNE PAPAUTÉ LAÏQUE.

Quand on pénètre un peu profondément dans la vie intellectuelle du treizième siècle, on ne tarde pas à y reconnaître un double mouvement dirigé contre l'Église romaine : l'un est le mouvement hérétique ou pour mieux dire antichrétien qui, par les Cathares, les Albigeois et les autres sectes dualistes, ne vise à rien moins qu'à saper par la base l'édifice catholique pour y substituer un établissement religieux entièrement nouveau ; l'autre est le mouvement réformiste issu du radicalisme monacal et d'une dévotion désordonnée, qui tend à l'abaissement du clergé régulier dans la personne de son chef, et par suite à la reconstruction du temple d'après une ordonnance à la fois plus simple et plus parfaite. Le pape n'est plus considéré comme le représentant du Médiateur divin, ayant seul pouvoir de condamner et d'absoudre. Le premier venu, même en dehors du sacerdoce, peut, à force d'austérités et de souffrances, s'élever au-dessus des puissances hiérarchiques et racheter par sa propre pénitence les péchés des hommes. « Ce fut là toujours l'idée de la démagogie chrétienne. Dès les premiers siècles, elle se formulait en demandant le retour à la primitive Église, et finit par devenir assez exigeante pour provoquer l'institution des Franciscains et leur assurer tout d'abord une popularité à laquelle n'atteignirent jamais les autres ordres religieux. D'autres traces de cette disposition des esprits au radicalisme en matière ecclésiastique se retrouvent en grand nombre dans la littérature populaire (1). » Le mouvement cathare se manifeste par des écrits dogmatiques, par des catéchismes hétérodoxes dont la doctrine abstraite et philosophique a peu d'accès sur des masses à la fois ignorantes et enthousiastes; il descend des lettrés au peuple et a son point d'appui principal dans la haute bourgeoisie de la

---

(1) EDEL. DU MÉRIL, De la légende de Robert le Diable, dans la Rev. contempor. du 15 juin 1854, p. 55 et suiv.

Lombardie et du Languedoc. Mais le mouvement réformiste se répand par le fabliau, par la légende; il se concentre surtout dans les nouveaux ordres monastiques sortis du peuple, il passe par l'ascétisme mystique de l'abbé Joachim pour aboutir à l'Évangile éternel.

Quel fut de ces deux mouvements, plutôt différents que contraires, celui auquel se rattacha l'empereur Frédéric II, celui qui s'accordait le mieux avec son scepticisme personnel et avec les intérêts de sa politique? Quels éléments de force emprunta-t-il aux dissidents pour s'y appuyer dans sa lutte contre les papes? Dans quelle mesure fit-il appel à ces aspirations encore indécises, mais pourtant ardentes et vigoureuses? Vers quel but enfin prétendit-il diriger la réforme religieuse? Telles sont les questions, obscures encore, mais à coup sûr neuves et curieuses, que nous voulons aborder et que nous tâcherons d'éclaircir dans ce chapitre.

I.

En étudiant les pièces du grand procès religieux qui s'engagea surtout à partir de 1239 entre Frédéric II et le saint-siége, on est frappé au premier abord des accusations d'hérésie intentées par les souverains pontifes contre le petit-fils de Frédéric Barberousse, dans l'intention d'agir fortement sur l'opinion publique et de justifier les mesures adoptées par eux pour la défense de l'autorité ecclésiastique. Le pape Grégoire IX, écrivant à saint Louis pour réclamer son appui, disait en parlant de l'empereur : « Il ose s'immiscer dans les divins mystères, lui qui avant la sentence d'excommunication s'en éloignait avec horreur en vrai païen; comme s'il voulait, sous couleur de piété, crucifier de nouveau le Christ dans sa propre Église. » Et plus loin : « De nos jours, le Christ est cruellement blessé en lui-même et dans ses membres par ce Frédéric, qui déclare qu'un Dieu n'a pu s'incarner dans le sein d'une vierge (1). » Le même pape, dans une encyclique adressée à tous les prélats et à tous les fidèles, formulait ses accusations d'une manière encore plus précise : « En soute-

---

(1) *Hist. diplom.*, t. V, p. 459, 460.

nant que le Seigneur n'a point remis au bienheureux Pierre et à ses successeurs le pouvoir de lier et de délier, Frédéric met en avant une hérésie qui prouve bien ses doctrines perverses sur les autres articles de la foi orthodoxe, puisqu'il prétend enlever à l'Église, qui est la base même de la foi, le pouvoir qu'elle tient de la parole de Dieu. Mais, comme on pourrait encore douter qu'il se soit pris dans ses propres filets, nous sommes prêt à prouver que ce roi de pestilence affirme ouvertement que le monde entier a été trompé par trois imposteurs, (pour nous servir de ses expressions), à savoir Jésus-Christ, Moïse et Mahomet; que deux d'entre eux sont morts pleins de gloire, tandis que Jésus a été suspendu à une croix. De plus, il a osé prétendre que tous ceux-là sont des sots qui se figurent qu'un Dieu, créateur de l'univers, a pu naître d'une vierge, ajoutant à cette hérésie cette nouvelle erreur que nul ne peut naître si l'union des deux sexes n'a précédé la conception; déclarant enfin que l'homme ne doit absolument croire que ce qui peut être démontré par la force des choses et par la raison naturelle. Ces attaques et bien d'autres, dirigées en paroles et en actions contre l'Église, pourront être établies d'une manière manifeste en temps et lieu (1). » « Faut-il s'étonner, écrivait aussi Albert de Beham, agent du pape en Allemagne, que Frédéric répande froidement le sang humain au gré de son caprice, lui qui ne craint pas d'être puni en ce monde et qui redoute encore moins les peines éternelles? Car, dans son opinion, comme ses familiers l'assurent, l'âme périt avec le corps, suivant en cela l'hérésie des Sadducéens, qui niaient la résurrection future et n'admettaient pas l'existence des anges ou des purs esprits (2). »

A ces accusations l'empereur opposa, dans des circulaires qui nous sont parvenues, les dénégations les plus formelles; il se soumit plusieurs fois à l'examen de prélats chargés de témoigner de son orthodoxie (3), et loin d'accepter les avances qui lui étaient faites par les hérétiques alors si

---

(1) *Hist. diplom.*, t. V, p. 339 et 340.
(2) Second pamphlet d'Albert de Beham, dans Höfler, *Biblioth. der litt. Vereins von Stuttgart*, t. XVI, p. 75.
(3) Notamment en 1238 et en 1245.

nombreux en Italie et en Allemagne, il se montra aussi rigoureux à leur égard que les princes les plus intolérants de l'époque. Mais sa conduite privée dément cette affectation d'une sévérité toute politique. Nous savons à n'en pas douter qu'il professait un rationalisme philosophique emprunté aux Grecs et aux Arabes. Son indifférence, son incrédulité même en matière de foi nous est révélée par la nature de sa correspondance littéraire. Toutefois, ce scepticisme ne sortait pas d'un petit cercle de confidents intimes. L'écrivain libre penseur pouvait s'éloigner des idées dominantes; le souverain gouvernant des peuples chrétiens parmi lesquels les sujets musulmans ne formaient qu'une infime minorité, respectait, en apparence, le dogme et le culte établis. En ce sens, les accusations des papes, bien que fondées la plupart sur des faits réels, n'étaient point encore justifiées par la conduite publique du chef de l'Empire.

Au contraire, Frédéric II, comme prince et prince absolu, repoussait toute espèce de solidarité avec les Cathares, soit qu'il ne connût pas bien le fond de leurs doctrines, soit plutôt qu'il les jugeât incompatibles avec tout gouvernement régulier. En effet, un système théologique qui considérait le monde visible comme la création d'un Dieu mauvais, qui prêchait le détachement de tout lien terrestre, qui allait jusqu'à prohiber le mariage parce que le mariage tend à faire durer un ordre de choses vicieux et corrompu, ne s'accommodait guère avec le respect de l'autorité temporelle, du droit divin des princes et de la perpétuité des institutions sociales. Aussi Frédéric, qu'il fût, suivant les circonstances, l'ami ou l'ennemi des papes, condamna-t-il sans examen les sectes dualistes sous quelque nom qu'elles se produisissent, sous quelque forme adoucie ou mitigée qu'elles répandissent leurs doctrines (1). La première constitution qu'il

---

(1) « *Porro Catharos, Paterenos, Speronistas, Leonistas, Arnaldistas, Circumcisos et omnes haereticos utriusque sexus quocumque nomine censeantur perpetua dampnamus infamia, diffidamus atque bannimus.* » *Hist. diplom.*, t. II, p. 4. — *Patarenos, Speronistas, Leonistas, Arnaldistas, Circumcisos, Passaginos, Joseppinos, Garratenses, Albanenses, Franciscos, Bagnarolos, Comistos, Waldenses, Runcarolos, Communellos, Warinos et Ortolenos cum illis de Aqua nigra et omnes haereticos, etc.* » *Ibidem*, t. V, p. 280. A l'explication de ces noms bizarres, tentée par Mansi, M. Schmidt, dans son *Hist. des Cathares*, a ajouté des éclaircissements auxquels nous renvoyons le lecteur.

PARTIE HISTORIQUE.

promulgua contre eux à l'époque de son couronnement à Rome, et qui fut insérée dans les corps de lois canoniques, servit comme de type à toutes ses constitutions postérieures, dont l'idée dominante était la répression de l'hérésie par le bras séculier et son extinction dans les flammes des bûchers, en attendant les flammes éternelles de l'enfer. Tel est l'esprit de la lettre écrite par l'empereur à l'archevêque de Magdebourg, au mois de mars 1224, pour l'extermination des hérétiques de Lombardie (1), de sa lettre au pape en date du 28 février 1231 (2), des édits publiés à Melfi en septembre 1231 (3), et à Ravenne en février et mars 1232 (4), d'une autre lettre adressée au pape le 15 juin 1233, et qui concerne les Patérins du royaume de Naples (5), des trois constitutions renouvelées successivement par Frédéric le 14 mai et le 26 juin 1238 et même le 22 février 1239, à la veille de son excommunication (6).

Non content de donner à la cour romaine ces gages publics de son orthodoxie, Frédéric II exposait comme il suit sa théorie politique à l'égard des sectes qui, à ses yeux, rompaient l'unité de la foi et celle du pouvoir : « L'Église, c'est-à-dire la congrégation des fidèles, écrivait-il à Grégoire IX, est déchirée intérieurement par des faux frères comme par des vices cachés, et extérieurement par les attaques des rébellions publiques qui lui font des blessures visibles. A ces deux maux la Providence céleste a appliqué non pas deux remèdes, mais un seul sous une double forme : l'onguent du ministère sacerdotal servant à guérir spirituellement les vices intérieurs des faux frères, vices qui souillent l'âme dans sa noble essence; la puissance du glaive impérial qui doit percer avec sa pointe les blessures extérieurement gonflées, et, en abattant les ennemis publics, supprimer matériellement avec le tranchant ce qui est pourri ou desséché. Tel est vraiment, très-saint père, le remède unique,

---

(1) *Hist. diplom.*, t. II, p. 421.
(2) *Ibidem*, t. III, p. 268.
(3) *Ibidem*, t. IV, p. 5 à 8.
(4) *Ibidem*, t. IV, p. 298 et suiv.
(5) *Ibidem*, t. IV, p. 435.
(6) *Ibidem*, t. V, p. 201, 215 et 279.

quoique double, de notre infirmité; et bien que ces deux choses, le sacerdoce et le saint Empire, paraissent distinctes dans les termes qui servent à les désigner, elles ont réellement la même signification en vertu de leur même origine, car toutes deux sont dès le principe instituées par la puissance divine; elles doivent être soutenues par la faveur de la même grâce, comme elles pourraient être renversées, ce qui nous répugne à dire, par la destruction de notre foi commune....... C'est donc à nous deux, qui ne faisons qu'un et qui croyons assurément de même, qu'il appartient d'assurer de concert le salut de la foi, de relever la liberté ecclésiastique qui succombe, et de restaurer les droits de l'Église aussi bien que ceux de l'Empire en aiguisant contre les destructeurs de la foi et les rebelles de l'Empire les glaives qui nous sont confiés (1). » Conformément à ces idées, il fit faire, en 1233, dans le royaume de Naples une enquête générale sur le fait d'hérésie. Les bûchers s'allumèrent dans la Terre de Labour, et surtout en Sicile, où les mêmes supplices atteignirent les ennemis politiques du prince aussi bien que les hérétiques avérés. En même temps, Frédéric II autorisait l'établissement de l'Inquisition dans l'Allemagne, en conférant aux Frères Prêcheurs de Wurtzbourg, de Ratisbonne, de Brême, le pouvoir de rechercher, de dénoncer, de juger les Patérins et de les livrer ensuite au bras séculier.

L'hérésie des Cathares, originaire des pays slaves (Bulgarie, Bosnie, Albanie, Dalmatie), s'était rapidement répandue dans la Lombardie, d'où elle avait passé dans le midi de la France, poussant ses ramifications jusqu'à Rome même et à Naples, et s'étendant au nord, par l'Allemagne, vers la Flandre et l'Angleterre. Mais elle n'avait pas encore jeté de profondes racines en Allemagne, où Frédéric II dit qu'elle avait apparu comme un fléau nouveau et insolite (2). En 1234 on vit un frère prêcheur nommé Conrad Dorso et un séculier nommé Jean, « aussi méchant qu'il était laid », s'attribuer le don de discerner les hérétiques et le droit de les juger. Ils entraient dans les villes et dans les villages, s'emparaient de

---

(1) Lettre du 3 décembre 1232, ap. *Hist. diplom.*, t. IV, p. 409, 410.

(2) « *Ad abolendam de partibus Alamanniae novam et insolitam haereticae infamiam pravitatis.* » *Hist. diplom.*, t. IV, p. 302.

qui bon leur semblait, et faisaient préparer les bûchers. Les malheureux, condamnés sans jugement, avaient beau invoquer au milieu des flammes le nom de Jésus-Christ et le secours de la sainte Vierge et de tous les saints, ils n'en périssaient pas moins sous les yeux d'une multitude fanatique ou abusée. Si l'on faisait à ces inquisiteurs quelques observations sur la manière dont ils procédaient : « Que nous importe de brûler cent innocents, répondaient-ils, pourvu qu'il y ait parmi eux un seul coupable (1) ! » Pour s'assurer le concours des hommes puissants, ils allèrent trouver le jeune roi Henri et les princes, en leur disant : « Nous voulons brûler beaucoup de gens riches, et vous aurez leurs biens. Dans les villes épiscopales, l'évêque aura la moitié et le roi ou le juge l'autre moitié. » En effet, une loi récente avait réglé la part qui devait revenir aux seigneurs : « Voici, disait le roi dans un acte public, la décision rendue par l'abbé de Saint-Gall, et que notre cour réunie à Worms a approuvée. Les héritiers d'un hérétique condamné jouiront de ses alleux et de son patrimoine ; mais ses bénéfices retourneront aux seigneurs de qui il les tenait. Le seigneur de qui le condamné était l'homme aura droit sur ses biens mobiliers, sauf que les frais à faire pour les bûchers des hérétiques et la récompense due au comte seront pris sur les mêmes biens mobiliers (2). » En France, le pouvoir laïque allait jusqu'à réclamer la totalité des biens des condamnés. Un évêque de Rhodez ayant promis de faire gagner cent mille sols d'or au comte de Toulouse Alphonse sur les biens des hérétiques, mais en stipulant une réserve en faveur de leurs enfants, le sénéchal de Rouergue ne voulut point y consentir. L'évêque alors n'ayant prononcé que la peine de la pénitence, l'officier du comte confisqua la totalité des biens, dont on voulait, disait-il, soustraire une partie à son maître (3).

(1) *Et ipsi enormiter respondendo dicebant :* « *Vellemus comburere centum innocentes inter quos esset unus reus.* » Annal. Wormat., ap. BOEHMER, *Fontes*, t. II, p. 176.

(2) « *Domino vero cujuscumque esset homo condemnatus bonis ejus mobilibus innitente, hoc tamen excepto quod sumptus ad incendium haereticorum faciendi et merces comitis de bonis etiam forent mobilibus recipienda.* » Sentence du 2 juin 1234, ap. *Hist. diplom.*, t. III, p. 466.

(3) Voir la lettre du sénéchal Jean d'*Arsicio* au comte Alphonse, sans date, *Trés. des chart.*, J. 326, n° 40.

Afin de fortifier leur parti, les inquisiteurs allemands s'associèrent frère Conrad de Marbourg, qui avait été le confesseur de sainte Élisabeth et qui passait pour un prophète. C'était un homme éloquent et de mœurs pures, mais d'un fanatisme impitoyable, qui régularisa la persécution sans excepter personne. Les plus riches furent atteints, et les seigneurs commencèrent à trembler. Paysans, bourgeois, nobles, moines, recluses, clercs, étaient condamnés sans défense et sans appel, et exécutés le même jour. « C'est une chose surprenante et vraiment effroyable, dit Godefroi de Cologne, que le feu ait été ainsi déchaîné contre le genre humain; car à la même époque, en Sicile, les rebelles à l'empereur et, en Allemagne, une multitude d'hommes et de lieux habités furent détruits par les flammes (1). » Ce système de terreur ne pouvait durer, et le procès intenté par les inquisiteurs au comte de Sain ne tarda pas à amener une réaction. Ce seigneur, cité devant le synode de Mayence au mois de juillet 1233, ayant réussi à prouver la pureté de sa foi, le crédit de Conrad de Marbourg tomba tout à coup, et il fut massacré à son retour du concile par les parents de ses victimes. Ses deux acolytes, Dorso et Jean, furent l'un mis à mort à Strasbourg, l'autre ignominieusement pendu à Friedberg (2). En apprenant ces nouvelles le pape s'écria : « Ces Allemands sont des fous furieux; ils méritaient d'avoir des fous furieux pour juges (3). » Cependant comme Conrad de Marbourg avait reçu du saint-siége l'autorisation de prêcher contre les hérétiques, Grégoire IX ordonna une enquête au sujet de sa mort violente; mais sur les représentations des prélats allemands, qui lui conseillaient d'assoupir cette affaire (4), les poursuites furent abandonnées, et les meurtriers finirent par obtenir leur absolution (5).

Ces persécutions, auxquelles les princes s'associaient dans des vues

---

(1) BOEHMER, *Fontes*, t. II, p. 365.
(2) *Hist. diplom.*, t. IV, p. 647, not. 1.
(3) « *Ecce Alemanni semper erant furiosi, et ideo nunc habebant judices furiosos.* » *Ibidem*, t. IV, p. 651, not. 3.
(4) Cf. *Hist. diplom.*, t. IV, p. 549.
(5) Les lettres d'absolution sont du 22 juillet 1235. Cf. HARTZHEIM, *Concilia*, t. III, p. 554.

cupides qui rendent leur intolérance plus odieuse encore, comprimèrent l'hérésie sans l'étouffer entièrement. Au moment de l'invasion des Tartares en Autriche et en Bohême, les Cathares furent accusés d'avoir été au-devant d'eux et d'avoir dirigé leurs coups contre les églises et les monastères (1). Mais il est plus probable que l'action hérétique s'exerça dans un autre sens. « Au milieu de la confusion qui succéda à la guerre, dit M. Schmidt, l'autorité mal affermie du clergé fut ébranlée encore davantage, et l'hérésie cathare fit des progrès rapides parmi les populations ignorantes et effrayées. Les violences commises par les hordes sauvages de Batou-Khan fournissaient aux prédicateurs hérétiques un nouvel argument en faveur de leur doctrine, qui faisait remonter la cause de tout mal à un Dieu ennemi des hommes. Pour consoler le peuple de ses misères, ils l'exhortaient à se faire initier à la secte seule capable de le délivrer de la puissance du mauvais Dieu (2). » On voit par la curieuse lettre d'Huon de Narbonne, rapportée par Matthieu Paris, combien l'hérésie était encore puissante vers 1242 dans le midi de l'Allemagne, et comment elle avait des sociétés secrètes et des églises organisées qui s'étendaient depuis Vienne jusqu'au lac de Côme et aux Alpes (3).

De ce côté, le chef-lieu de l'hérésie était Milan, dont relevait l'église cathare d'Allemagne (4). Aussi Frédéric II ne manquait pas de reprocher au pape sa partialité pour la grande cité guelfe, qu'il se plaisait à appeler la *sentine des Patérins*. Dans les expéditions qu'il préparait contre cette ville, il annonçait toujours qu'il allait tourner ses armes autant contre les ennemis de la foi que contre les rebelles de l'Empire. Aussi ce fut proba-

---

(1) « *Quibus admixti sunt falsi Christiani et multitudo haereticorum quorum instinctu multa monasteria subversa, multitudo fidelium ab ipsis sunt necati.* » Annal. Schefftlar., ap. *Quellen zur Bayer. Geschichte*, t. I, p. 389.
(2) *Hist. et doctr. des Cathares ou Albigeois*, t. I, p. 421.
(3) Cf. MATT. PARIS., *Hist. maj. Anglor.*, p. 412, à l'année 1243.
(4) Les hérétiques d'Allemagne avouèrent en 1231 « *quod annualem censum transmittere solebant Mediolanum ubi diversarum haeresum et errorum primatus agebatur.* » Anual. Argent. ap. BOEHMER, *Fontes*, t. III, p. 107.

blement pour enlever à Frédéric II ce prétexte qui mettait le saint-siége dans un grand embarras, qu'une réaction eut lieu à Milan, en 1233, contre les Cathares. Le podestat guelfe Oldrado rivalisa de cruauté avec le monarque gibelin, et, dans une inscription qui subsiste encore, il se vanta d'avoir brûlé les hérétiques *comme c'était son devoir* (1). A Faenza, les Patérins étaient aussi très-nombreux; mais, pendant le siége de cette ville, Frédéric, conséquent dans sa conduite, refusa le concours qu'ils lui offraient. On raconte, dit Pipino, que deux habitants de Faenza appartenant à la secte hérétique sortirent une nuit secrètement et vinrent trouver l'empereur. Celui-ci leur ayant demandé ce qu'ils venaient faire : « Nous faisons partie des Bons-Hommes, lui dirent-ils, et nous sommes tes féaux en toutes choses. » Mais lui, les ayant méprisés, répondit : « Plût à Dieu que les princes de l'Église qui me font la guerre missent autant de rectitude dans leurs actions qu'ils ont de rectitude dans leur croyance (2)! »

On pourrait multiplier ces exemples qui tous prouveraient que, jusqu'à sa déposition au concile de Lyon, Frédéric II ne pactisa jamais avec les hérétiques. Il est certain que depuis cette époque il se relâcha envers eux de son ancienne sévérité, qu'il autorisa ses agents à s'opposer aux procédures instruites par les inquisiteurs (3), et que ses principaux lieutenants, Pandolfo Fasanella en Toscane, Eccelino da Romano dans la Marche de Vérone, Oberto Pallavicini dans la Lunegiane, passaient pour être affiliés aux sectes cathares; mais, en aucun cas, cette tolérance pour les personnes ne se changea en adhésion ouverte à leurs doctrines. Au plus fort de la lutte, Frédéric II s'abstint toujours de faire aucune profession publique d'hérésie; car, en justifiant ainsi les accusations dont il était l'objet de la part des papes, il aurait séparé sa cause de celle des autres princes séculiers, qu'il voulait au contraire entraîner par son exemple.

Sa conduite fut, sinon plus mesurée, du moins plus habile. Aussi faut-il

---

(1) *Catharos ut debuit uxit.* Cf. MATT. PARIS., *Hist. maj.*, ad ann. p. 366.
(2) Fr. Pipino, ap. MURATORI, *Scriptor.*, t. IX, p. 658.
(3) Acte du 13 août 1245, dans LAMI, *Antich. Tosc.*, lez. XVII, p. 573.

se placer à un autre point de vue et suivre un autre courant d'idées pour trouver le secret de la haine profonde que les chefs de l'Église romaine finirent par vouer à Frédéric II et à ses successeurs. Sous le reproche d'hérésie, accusation un peu banale et pour ainsi dire superficielle, se dissimule la crainte d'un danger beaucoup plus sérieux et plus pressant que les opinions hétérodoxes d'un homme qui, loin de les propager, protestait en toute occasion de la pureté de sa foi. Nous voulons parler de la tentative de schisme dont l'empereur donna le signal avec une incroyable audace, tentative d'autant plus menaçante pour le saint-siége qu'elle flattait deux passions si puissantes malheureusement sur le cœur humain : l'orgueil et la cupidité. En effet, ce qu'on n'a point assez remarqué et ce qui, selon nous, est un fait de premier ordre, c'est le but auquel tendait l'esprit hardi de Frédéric II, le désir de régner sur les âmes comme il régnait sur les corps, d'établir une Église indépendante dont il eût été le chef, et non-seulement de se substituer au pape dans le gouvernement spirituel des États siciliens, mais aussi de faire triompher chez les États voisins la suprématie religieuse du pouvoir laïque.

Ce fut donc évidemment au mouvement réformiste que l'empereur se rattacha, c'est-à-dire à la pensée qui commençait à se produire d'une Église plus parfaite se retrempant aux sources primitives et se régénérant dans son chef et dans ses membres. Cette idée, que l'abbé Joachim, au milieu de ses rêveries apocalyptiques, avait exprimée en annonçant le règne prochain du Saint-Esprit, se propagea dans les couches inférieures de la société d'où sortirent les moines mendiants, connus sous le nom de Frères Prêcheurs et Mineurs. Quoique le saint-siège eût entrepris habilement de renfermer dans des règles fixes la dévotion désordonnée et vagabonde des compagnons de saint Dominique et de saint François d'Assise, quoiqu'il eût rattaché aux nouveaux ordres religieux des sectes dont l'orthodoxie était assez douteuse, telles que celles des Pauvres de Lyon et des Pénitents (1), quoiqu'il eût canonisé saint François et imposé comme

---

(1) Voir la lettre de Grégoire IX au provincial des Prêcheurs de la province de Tarragone, en date du 26 juin 1237, dans la collection Laporte du Theil, à la Bibliothèque impériale.

un article de foi la croyance aux stigmates de ce nouvel élu de Dieu, il ne put ni modérer l'ascétisme monacal, ni triompher aisément de la résistance du clergé séculier, qui s'étonnait de ces nouveautés. Ce renoncement aux pompes du monde, que saint François appelait éloquemment le *trésor divin de la pauvreté*, fut pris au sérieux par une foule d'esprits ardents, qui firent de la mendicité une vertu et qui prêchèrent que l'homme voué aux devoirs spirituels doit vivre d'aumônes. On en vint même à dire qu'il ne fallait pas imiter Jésus-Christ dans quelques-unes de ses actions : quand il avait fui et s'était caché, quand il avait bu du vin et mangé de la chair, quand il avait eu de l'argent en propriété. La mendicité volontaire fut considérée comme un titre de perfection morale, et l'on vit naître une sorte de stoïcisme chrétien qui prétendait s'élever au-dessus de la modération évangélique.

De là à condamner absolument la propriété ecclésiastique il n'y a qu'un pas, et ce pas fut bientôt franchi. Attaquer la propriété, c'était attaquer la hiérarchie elle-même et entamer par conséquent la constitution de l'Église établie. Un nouveau système théologique, qui devait bientôt se faire jour dans l'*Introduction à l'Évangile éternel* (1), « tendit à faire prévaloir le symbole et le régime de l'Église grecque, et plus encore à transporter dans les monastères les prélatures et le souverain pontificat (2). » Des moines errants, qui n'appartenaient à aucun ordre déterminé, se mirent à parcourir l'Italie, enseignant que la pauvreté et l'humilité constituaient l'homme dans un état de sainteté suffisant pour qu'il pût conférer les sacrements et exercer le pouvoir de lier et de délier les âmes. Au mois d'août 1227, on vit à Rome même, au centre de la catholicité, un inconnu se constituer pape de son autorité privée pendant le séjour de Grégoire IX à Anagni, siéger dans le portique de l'église de Saint-Pierre, accorder aux croisés le rachat de leur vœu et leur délivrer des bulles d'absolution. Ce scandale dura six semaines, grâce à l'appui secret que les nobles

---

(1) Publiée à Paris en 1254, et généralement attribuée à Jean de Parme, général des Mineurs.

(2) Cf. *Hist. littér. de la France*, t. XX, p. 23 à 36.

Romains donnaient à l'imposteur (1), et il prouva qu'il ne fallait que de l'audace pour usurper l'autorité spirituelle du souverain pontife. Frédéric II observait d'un œil pénétrant ces graves symptômes d'une agitation qui tendait au bouleversement de la hiérarchie ecclésiastique, et il emprunta au mouvement réformiste tout ce qui convenait à ses vues particulières. Il commença par préconiser le retour à la primitive Église, dans le but de réduire le clergé, quant aux choses matérielles, à ce que demandait saint Paul, *victum et vestitum*. Postérieurement, il se déclara supérieur au pape en sainteté et plus apte que lui à remplir les fonctions de vicaire du Christ. Il y a là deux évolutions successives que nous allons tâcher de déterminer.

II.

Dans l'ordre des idées religieuses comme dans l'ordre des faits politiques, le point de départ de Frédéric II fut le manifeste de 1227. On y trouve déjà nettement formulée la théorie dont il devait se servir comme d'une machine de guerre pour battre en brèche l'Église de son temps. « C'est sur la pauvreté et sur la simplicité, disait-il, qu'était fondée l'Église primitive, alors qu'elle produisait comme une mère féconde tous ces saints qui sont inscrits au catalogue des saints. Or personne ne peut asseoir d'autres fondations que celles qui ont été posées et affermies par le Seigneur Jésus (2). » Plus tard, après sa déposition au concile de Lyon, il développait la même doctrine dans une lettre adressée aux

---

(1) « *Eodem anno fugitivi quidam a diversis ordinibus ... falsum papam et falsarium sibi praefecerunt habentes quosdam nobiles furtive causa lucri sibi ad hoc adjuvatores et per sex ebdomadas maximam fecerunt deceptionem, etc.* » ALBERIC. TRIUMFONT. ad annum. 1228, dans le recueil des *Hist. de France*, t. XXI, p. 598. « *Eodem mense quidam in urbe vicarium papae se faciens, papa inscio et absente, favore fretus Romanorum quorumdam qui hoc fieri tolerabant gratia questus, stans apud porticum Sancti Petri et potestate utens Apostolica, crucesignatis omnibus absolutionis beneficium impendebat, etc...* » Ricc. de S.-Germ. *Chronic.* ad ann. 1227, ap. MURATORI, *Scriptor.*, t. VII, p. 1003.

(2) « *In paupertate quidem et simplicitate fundata erat Ecclesia primitiva, cum sanctos quos catalogus sanctorum commemorat fecunda parturiret*, etc. » *Hist. diplom.*, t. III, p. 50.

princes chrétiens : « Croyez aux paroles de nos envoyés, comme si le bienheureux Pierre lui-même les affirmait par serment. Notre intention, Dieu en est témoin, a toujours été d'obliger les ecclésiastiques à suivre les traces de la primitive Église, à mener une vie apostolique et à se montrer humbles comme Jésus-Christ. Autrefois les prêtres du Seigneur faisaient de nombreux miracles ; leur sainteté, et non le glaive temporel, leur soumettait facilement les rois. De nos jours l'Église est toute mondaine ; ses ministres, enivrés des délices terrestres, se soucient peu du Seigneur. C'est pourquoi nous croyons faire une œuvre de charité en enlevant à de tels hommes les trésors dont ils sont gorgés pour leur damnation éternelle. Joignez-vous à nous et veillons tous ensemble à ce qu'en perdant leur superflu, ils servent désormais le Très-Haut et se contentent de peu (1). » Ces paroles habilement calculées trouvaient de l'écho dans l'opinion des contemporains ; aussi les barons français, coalisés contre les empiétements de l'autorité ecclésiastique, reproduisaient-ils presque textuellement les arguments de Frédéric II : « Il faut que ces clercs enrichis jusqu'à présent par notre appauvrissement, ces fils de serfs qui jugent suivant leurs lois les hommes libres et les enfants des hommes libres, soient ramenés à la condition de la primitive Église, qu'ils vivent dans la contemplation ; qu'ils nous laissent, à nous dont c'est le rôle, les soucis de la vie active, et qu'ils fassent renaître ces miracles dont le monde n'est plus témoin depuis longtemps (2). » Encouragé par une adhésion si complète, l'empereur n'hésita plus à dévoiler toute sa pensée : « Assistez-nous contre ces superbes prélats, écrivait-il en 1249, afin que nous affermissions l'Église notre mère en lui donnant des guides plus dignes de la diriger, et que nous puissions, comme c'est notre devoir, la réformer pour son bien et à la gloire de Dieu (3). » Ainsi était lancé de la bouche

---

(1) *Petr. de Vin. Epist.*, lib. I, cap. 2, traduct. de M. de Cherrier.
(2) « *Reducantur ad statum Ecclesiae primitivae, et in contemplatione viventes, nobis sicut decet activam vitam ducentibus, ostendant miracula quae dudum a seculo recesserunt.* » Manifeste des barons français, publié à la fin de l'an 1246, dans Matt. Paris., *Hist. maj. Anglor.*, p. 483.
(3) « *Assistite nobis contra eos ut ... Ecclesiam matrem nostram dignioribus fulciendo*

du chef de l'Empire ce grand mot de réforme qui, recueilli par les masses, devait avoir dans le monde un si formidable retentissement.

Mais comment Frédéric II entendait-il la réforme ? Comment prétendait-il l'appliquer là où il était maître de le faire, par exemple dans son royaume de Sicile ? C'était, comme nous l'avons indiqué plus haut, en se substituant lui-même au pape, en absorbant l'Église dans l'État. Il rêvait une suprématie religieuse analogue à celle qu'exerçaient les souverains grecs et musulmans, qui réunissaient en eux les deux pouvoirs, et il enviait le sort de Vatacès, qui n'avait rien à redouter de l'indépendance turbulente des prêtres. « Nous tous, s'écriait-il, rois et princes de l'Europe, plus nous sommes zélés pour la religion orthodoxe et pour la foi, plus nous sommes en butte de la part de nos prélats à une haine générale et publique..... Heureuse l'Asie, heureuses les puissances de l'Orient, qui n'ont rien à redouter ni des armes de leurs sujets ni des intrigues de leurs pontifes (1) ! » Dans une autre occasion, il blâmait l'empereur de Nicée, son allié et son gendre, d'avoir reçu dans ses États des agents pontificaux chargés de travailler à la conversion des schismatiques (2). « Ce soi-disant prince des prêtres qui journellement lance l'anathème contre toi et contre tous les Grecs, qui traite d'hérétiques les vrais orthodoxes, comment ne rougit-il pas d'envoyer à ta Majesté ces hommes qu'il appelle des religieux ? Comment celui qui est l'artisan du schisme ose-t-il accuser des innocents de son propre crime ? Comment ose-t-il dénoncer aux Latins, apostats de leur foi et fauteurs de scandale, ces Grecs qui dès le principe, furent riches par leur piété et apôtres de l'Évangile en tout pays ?.... Qui serait assez simple pour ne pas démêler la scélératesse de ces gens-là, pour ne pas s'inspirer de l'esprit d'Élie, afin d'en faire un holocauste et de consumer l'eau qui les gonfle en

---

rectoribus, sicut ad nostrum spectat officium ... ad honorem divinum in melius reformemus. » Ap. Höfler, *Docum.*, n° 57, p. 421.

(1) « *O felix Asia, o felices Orientalium potestates quae subditorum arma non metuunt et adinventiones pontificum non verentur.* » Mss. de Vienne, *Philol.* 305, fol. 128 verso.

(2) Probablement à la suite de la mission de frère Laurent, qui fut envoyé en Orient par Innocent IV en 1247. Cf. Raynaldi, *Annal. eccles.* ad ann., § XXX et seqq.

réduisant en cendres le bois qu'ils ont entassé (1)? » Ce vœu homicide, où se manifestent la violence du despote et l'intolérance du sectaire, était inspiré à Frédéric par les nouvelles mesures que venait de prendre le pape Innocent IV pour raffermir l'Église sicilienne ébranlée. On n'a point remarqué jusqu'ici que la fameuse bulle du 8 décembre 1248 avait précisément pour objet d'établir l'indépendance absolue de cette Église vis-à-vis du pouvoir laïque (2), et que cet acte important était ainsi le contre-pied de l'essai de sécularisation tenté par Frédéric II. Le pape abolissait le concordat jadis réglé par Innocent III, supprimait toute intervention de l'autorité civile dans la nomination des prélats, dispensait ceux-ci de prêter à l'avenir serment de fidélité au souverain, et de répondre en justice, soit au civil, soit au criminel, même quand il s'agirait d'une accusation de lèse-majesté. Les biens confisqués sur le clergé lui étaient rendus, et tous les propriétaires ecclésiastiques étaient autorisés à fortifier leurs châteaux, à rebâtir leurs villes, à repeupler leurs terres sans l'aveu du chef de l'État. L'empereur répondit à cette bulle par un redoublement de rigueurs envers le clergé. Il condamna indistinctement au supplice du feu tous ceux qui introduiraient dans le royaume des lettres pontificales, qui, sous couleur de religion, parleraient ou agiraient contre lui, ou qui s'écarteraient d'un formulaire rédigé par lui-même et dont il prescrivait la stricte observation (3); assimilant ainsi tous les partisans du pape aux hérétiques et aux criminels de lèse-

---

(1) Τίς οὕτως ἁπλοῦς ὅς τὴν τοιαύτην πονηρίαν οὐκ ἐννοεῖ,.... ἐν πνεύματι Ἡλιοῦ πυρίκαυτον τὴν πλευρὰν αὐτῶν ποιώμενος καὶ τὴν ὑδαρώδη γνώμην ταῖς στοιβασθείσαις σχίδαξιν ἐκτεφρούμενος; Deuxième lettre à Vatacès, publiée par M. Wolff d'après une ancienne traduction grecque, p. 44. Cf. le livre des Rois, III, ch. xviii. Frédéric arrange ici le texte de la Bible. Il n'est pas dit qu'Élie fit périr les prêtres de Baal par le feu qui avait dévoré l'holocauste, mais qu'il les fit égorger près du torrent de Cison.

(2) « *Pensato attente quod nisi Ecclesia plena sua libertate et auctoritate in regno ipso gaudeat, ad optatam illud laetitiam resurgere non valebit*, etc. » Ap. GATTUL., *Access. ad hist. Cassin.*, pars II, p. 717. L'intention qui a dicté cette constitution pontificale s'explique parfaitement au moyen de la thèse que nous soutenons, et qui fait saisir le véritable sens de ce document.

(3) « *Si a capitulorum forma quam tibi dirigimus interclusam aliquo modo compereris detorsisse, non sicut hactenus repellere debeas vel includas, sed more binarum vulpium an-*

majesté. Le schisme fut alors consommé autant que le permettaient l'état des esprits et la sourde opposition que Frédéric rencontrait dans ses propres agents. Il fallut, sous peine d'être brûlé vif, reconnaître que le maître des corps était aussi l'arbitre des consciences, et qu'il n'y avait plus d'autre chef de l'Église que le chef même de l'État.

Pour l'intelligence des preuves que nous devons fournir afin de justifier une assertion qui paraîtra peut-être trop absolue, il importe de préciser autant que possible l'époque à laquelle eut lieu ce premier essai de scission. Après le concile de Lyon, où avait été prononcée la déposition de l'empereur, celui-ci avait encore eu recours aux négociations pour se rapprocher du pape. Mais, quand il vit que l'intervention de Louis IX avait échoué, qu'une conspiration, qu'il attribuait aux menées du saint-siége, s'était formée dans le royaume de Naples pour lui ravir le trône et la vie, et qu'en Allemagne Henri Raspon, landgrave de Thuringe, était proclamé roi des Romains (22 mai 1246), Frédéric se résolut à ne plus garder aucune mesure et à renverser le pape, puisque le pape songeait sérieusement à le renverser lui-même. La mort prématurée de Henri Raspon, survenue le 17 février 1247, en le délivrant d'un puissant compétiteur, acheva de le décider. Assuré de l'appui du duc de Bavière, dont son fils Conrad venait d'épouser la fille, soutenu par la plupart des prélats allemands et des villes impériales, Frédéric voulut frapper un grand coup en marchant droit à Lyon pour y enlever le souverain pontife (1), et se montrer ensuite triomphant en Allemagne, où il empêcherait l'élection d'un nouveau rival. On sait comment la révolte de Parme fit avorter ce plan audacieux; mais il n'en est pas moins certain que c'est là l'époque où le mouvement se déclare. Nous voyons en effet l'Angleterre et même la France, ou du moins l'aristocratie de ces deux pays, agissant à l'instigation de

---

nexarum, submissis torturis igneis puniri facias. » Lettre au comte de Caserta, dans MARTENE, *Ampliss. coll.*, t. II, col. 1194. Cf. *Petr. de Vin. Epist.*, lib. I, c. 19.

(1) « *Ibat enim Lugdunum ut caperet cardinales et papam, et prout dicitur aliquis promiserat Romanam curiam tradere in manus ipsius.* » SALIMBENE, *Chronic.*, fol. 288. Le rendez-vous des feudataires armés était fixé à Chambéry, pour la quinzaine après les octaves de la Pentecôte (9 juin). Cf. la bulle originale d'Innocent IV (*Résidu Saint-Germain*, 966, n° 20).

l'empereur, menacer le saint-siége d'un schisme dont les conséquences eussent pu devenir irrémédiables. Le duc de Bourgogne, qui fut soupçonné d'avoir appelé l'empereur en France, se met à la tête d'une ligue dont le but avoué est la sécularisation de l'Église gallicane (1). Frédéric II et son fils se rapprochent alors des hérétiques ou du moins tolèrent leurs prédications subversives. Des inconnus parcourent l'Allemagne, convoquant les seigneurs et le peuple dans les églises, au son des cloches : ils prêchent publiquement en chaire que le pape est un hérétique, que les prélats sont des simoniaques; que les prêtres, souillés de péchés mortels, sont indignes d'accomplir le mystère de l'eucharistie; qu'aucun homme vivant, fût-il évêque, fût-il pape, n'a le droit d'interdire la célébration des offices divins. « N'ajoutez foi, disaient-ils, ni aux Prêcheurs, ni aux Mineurs, ni aux Cisterciens, ni à tous ces méchants moines. Seuls, nous et nos amis venons vous enseigner la vérité et la foi selon la justice. Si Dieu ne nous avait suscités pour remédier à la ruine de son Église, il aurait fait parler les pierres..... Qu'il ne soit plus question du pape. C'est un homme si pervers et d'un si mauvais exemple, qu'il vaut mieux se taire sur son compte. Priez plutôt pour le seigneur empereur Frédéric et pour son fils Conrad. Ceux-là sont les parfaits et les justes (2). »

Cette agitation des esprits, survenant au milieu des plus graves complications politiques, ne parvint pas à ébranler le souverain pontife, qui put conjurer le péril à force d'adresse et de fermeté. Mais la cour romaine savait parfaitement quelle était la main qui dirigeait ce vaste mouvement, et l'on entrevoit bien, dans les lettres de Grégoire IX et d'Innocent IV, quelque chose du plan conçu par leur redoutable adversaire. Grégoire avait souvent reproché à l'empereur de s'immiscer dans les choses divines, et il lui avait rappelé le châtiment infligé à Oza pour avoir osé toucher à l'arche sainte (3). Au mois de mars 1240, il écrivait ce qui

---

(1) MATT. PARIS., *Hist. maj. Anglor.*, p. 483, à l'ann. 1247. Mansi pense que ce fut pour dissiper cette ligue que fut convoqué le concile provincial du diocèse de Sens à Étampes, au mois d'août 1247.

(2) Albert. Stad. *Chronic.* ad ann. 1248.

(3) « *Ut curam animarum illis annexam committere valeas, jus spirituale quod non cadit*

PARTIE HISTORIQUE.

suit : « L'empereur, s'élevant au-dessus de tout ce qu'on appelle Dieu, de tout ce qu'on adore comme Dieu, prenant pour agents de sa perversité d'indignes apostats tels qu'Hélie et Henri (1), s'érige en ange de lumière sur la montagne de l'orgueil; il ne craint pas d'assister sans pudeur aux mystères divins; il oblige, sous peine de la vie ou d'un exil perpétuel, les ministres de l'Église à commettre des sacriléges, et il punit avec la même cruauté ceux qui prient pour le souverain pontife et ceux qui refusent de prier pour lui-même en public.... Il menace de renverser le siége de saint Pierre, de substituer à la foi chrétienne les anciennes erreurs des Gentils, et, se tenant assis dans le temple, il usurpe les fonctions du sacerdoce (2). » Plus tard, Innocent IV faisait entendre ces paroles non moins significatives : « Frédéric affecte de mépriser l'Église catholique, parce qu'elle ne produit plus de miracles comme aux anciens jours. Il déclare qu'on doit la ramener à sa pauvreté primitive, parce qu'elle abuse, selon lui, contre le pouvoir laïque, des richesses qu'elle tient originairement des puissances séculières ; et, non content de réduire les prélats à la pauvreté, il veut encore les faire divorcer avec l'Église. En s'emparant des biens ecclésiastiques, il cherche à entraîner les autres princes par son exemple.... Il se considère comme limité dans ses droits de souverain s'il ne gouverne que le temporel seulement et si le spirituel ne lui est pas également soumis (3). »

---

in laicum non permittit ... Dum spiritualia sicut secularia judicas, ... divini judicii thronum aggrederis et leges quibus digne submittitur principatus a lare patrio exulare compellis. » *Hist. diplom.*, t. IV, p. 919 et 920.

(1) Il s'agit ici de frère Élie, successeur de saint François d'Assise, et général des Mineurs, déposé par le pape en 1239. Ce singulier personnage, à la fois rigoriste et sensuel, ascétique et mondain, devint l'ami et le commensal de Frédéric II, qu'il accompagna dans plusieurs expéditions militaires, et qu'il servit dans diverses missions, notamment auprès de Vatacès. Quant à Henri, nous n'avons pas de renseignements suffisants pour préciser ni qui il était, ni quel rôle il jouait auprès de l'empereur.

(2) « *Petri sedem evertere minatur et fidem ad gentilitatis ritus subrogare priores, et velut in templo sedens sacerdotis usurpat officium.* » *Hist. diplom.*, t. V, p. 777. L'auteur de la *Vie de Grégoire IX* prête à Frédéric II le projet qui longtemps après fut attribué au sultan Bajazet, celui de changer la basilique de Saint-Pierre en écurie et de faire manger ses chevaux sur l'autel.

(3) « *Reputando quasi modicum se habere si solis praeesset temporalibus et sibi spiritualia*

Cependant, après avoir étudié les lettres pontificales dans leur ensemble, on devra reconnaître que les allusions de ce genre y sont rares, ou du moins s'y trouvent comme perdues dans une foule d'accusations qui ont toutes pour objet les empiétements de l'empereur sur les droits de l'Église. Mais si le grief, que nous considérons comme le fait capital et comme le nœud du débat, n'y est pas formulé plus nettement, ce n'est point que la tentative de Frédéric eût échappé à la profonde clairvoyance des papes : c'est plutôt qu'ils s'abstinrent de dévoiler publiquement le fond de leur pensée, précisément pour ne pas éveiller l'ambition et l'avarice des rois et des princes en discutant une question où l'existence même de l'Église était mise en cause. Aussi n'est-ce pas dans les actes officiels de ce temps qu'il faut rechercher les traces d'une pareille entreprise, mais bien dans les pamphlets anonymes et dans les correspondances privées, dont le dépouillement n'avait pas encore été fait. Pour les partisans du pape, le schisme qui se prépare est un fait avéré et son auteur est le véritable Antechrist; aux yeux des courtisans de l'empereur, de ceux qui sont dans la confidence des orgueilleuses pensées du monarque, Frédéric II est comme une incarnation du Dieu vivant. Pierre de la Vigne, son principal ministre, devient aussi son premier apôtre, ou, comme le fait clairement entendre un contemporain, le nouveau Pierre, la pierre angulaire de la nouvelle Église. Ce jeu de mots peut sembler une parodie, mais c'est une parodie sérieuse, et les textes nouveaux que nous avons à produire serviront à le prouver.

III.

L'idée d'une séparation possible entre une partie de la chrétienté et l'Église romaine s'était déjà manifestée en Occident. Durant le cours de la longue querelle qui divisait le sacerdoce et l'Empire, elle avait agité les esprits, notamment au plus fort de la lutte engagée entre Frédéric Barberousse et Adrien IV. L'empereur écrivait, dès l'an 1158, à l'archevêque de Trèves Hillin, que sa ville était le cœur et la métropole du

---

non subessent. » Bulle d'Innocent IV, du 8 décembre 1248, à conférer avec la lettre *Agni sponsa nobilis*, dans HÖFLER, *Kais. Friedr. II, Docum.* 54, p. 413.

royaume d'Allemagne, que lui-même il était le vrai primat en deçà des Alpes, et qu'ayant reçu en dépôt la tunique sans couture du Seigneur, il devait arracher des mains de l'*apostole* cette autre tunique de Dieu, l'Église, qui allait être de nouveau déchirée et tirée au sort. « Nous chasserons par la force, ajoutait-il, celui qui s'est glissé dans le bercail comme un voleur et un larron. C'est à vous qui présidez à la seconde Rome, et à qui Pierre a remis le bâton qu'il tenait du Seigneur, pour que seul entre tous vous veniez après Pierre, comme il vient lui-même après le Christ, c'est à vous qu'en vertu de l'autorité impériale nous confierons l'Église de Dieu à gouverner au nom de Pierre. Tous les hommes de notre royaume en deçà des Alpes qui auront quelque affaire ecclésiastique à régler, n'iront plus à Viterbe, cette Rome bâtarde, mais viendront à Trèves, la seconde Rome..... A vous comme au premier des métropolitains revient, de droit héréditaire, toute la dignité du siège apostolique. N'hésitez donc pas, héritier de Pierre, à vous insurger avec nous contre celui qui se dit le vicaire de Pierre et qui ne l'est pas. Agissez pour que vos suffragants fassent cause commune avec nous et l'Allemagne (1). » On comprend, après cette lettre, que l'auteur de la pièce intitulée *De adventu Antechristi*, probablement Gautier de Châtillon, ait pu dire en parlant de Barberousse : « Quel excellent chef pour une nation schismatique ! Quel meilleur précurseur de l'Antechrist pourrait-on trouver (2)? »

Ce langage toutefois, malgré sa violence, n'indiquait encore de la part de l'empereur qu'une aspiration vers le déplacement de la suprématie spirituelle. Le siége de l'autorité pontificale eût été changé, mais non point son essence même. Il ne s'agissait point alors, comme sous Frédéric II, de substituer au pape une sorte de pontife laïque, gouvernant une Église de sa façon, organisée pour lui et par lui. L'auteur de la Vie de Grégoire IX jette à ce propos une vive lumière sur le caractère

---

(1) L'authenticité de cette lettre, imprimée plusieurs fois, a été contestée par quelques historiens. M. Wattenbach en a donné une nouvelle édition plus correcte, d'après un manuscrit du treizième siècle. (Iter Austriacum, 1853, ap. *Archiv für Kunde Œsterr. Gesch.*, t. XIV, p. 86 et suiv.) Il est possible que ce document ait été retouché quant au style, mais il n'y a aucun doute à concevoir sur son vrai sens ni sur le fond des idées.

(2) Cf. M. Edelest. Du Méril, *Poés. popul. lat. du moyen âge*, p. 155.

de l'homme qui fut l'auteur d'une tentative si extraordinaire pour le siècle où vivait saint Louis : « La fréquentation des Grecs et des Arabes, dit-il, a fait naître chez l'empereur cette erreur digne du paganisme, qu'un homme réprouvé par le Seigneur s'imagine être un dieu sous la forme humaine (1); lui qui déclare publiquement qu'il est supérieur à Moïse, à Jésus, à Mahomet, par la noblesse de sa naissance, par sa prudence, sa force et sa gloire, croit facile de se mettre au-dessus d'eux par l'établissement d'une religion nouvelle. Car, pour comble d'erreur, il ose ajouter que l'autorité du siége apostolique est une imposture dont les gens simples peuvent se contenter, mais qui doit disparaître devant le culte de sa personne (2). » Plus loin, le même auteur, parlant d'une procession où l'on portait dans les rues de Rome l'image du Sauveur, n'oublie pas de mentionner ce cri significatif poussé par les partisans de Frédéric : « *Ecce salvator, veniat imperator!* » Un autre écrivain, Albert de Beham, qui, vers le mois de juin 1245, à l'époque du concile de Lyon, rédigea contre l'empereur deux pamphlets énergiques, l'accuse, entre autres méfaits, de battre monnaie avec les vases sacrés, de s'approprier les biens des évêchés et des monastères, de déposer ou d'instituer lui-même les prélats, de faire regarder son nom comme sacré, de punir comme des ennemis publics ou des blasphémateurs ceux qui osaient médire de lui, enfin (dernier trait et bien remarquable) de se faire baiser les pieds dans les églises, exigeant ainsi une marque d'humble soumission due seulement au vicaire de Jésus-Christ (3).

Ces imputations, provenant d'écrivains dévoués à la cause du saint-siége, pourraient paraître suspectes ou du moins ne mériter qu'à demi la confiance, si nous ne trouvions çà et là dans la correspondance des familiers de l'empereur et de l'empereur lui-même des traces non équi-

---

(1) « *Ut homo reprobatus a Domino jam se deum in hominis specie suspicetur.* » Vit. Gregor. IX, ap. MURATORI, Script., t. III, p. 585.

(2) « *In cumulum erroris adjiciens apostolicae Sedis trufam ab hominibus mundi simplicibus toleratam sua superstitione deleri.* » Vit. Gregor. IX, loc. supr. citato.

(3) « *Dum sedens in templo Domini tanquam Dominus facit sibi pedes a praesulibus et clericis osculari, sacrumque nominari se imperans,* etc..» Voir le premier pamphlet d'Albert de Beham, ap. *Biblioth. der litter. Vereins von Stuttgart*, t. XVI, p. 62.

PARTIE HISTORIQUE.

voques d'un système arrêté d'avance et qui fut très-certainement mis en pratique à partir de l'année 1247. Le style de ces documents n'est pas moins singulier que le fait même qu'ils constatent. Ces courtisans, que les historiens et les poëtes (1) nous peignent comme des épicuriens, enclins, à l'exemple du maître, au sensualisme de l'Orient, n'ont à la bouche que des paroles mystiques tirées des livres saints et qui rappellent les déclamations véhémentes des calvinistes et des puritains. Cette inspiration, qui parfois n'est pas dépourvue d'éloquence, n'est-elle que le résultat d'une hypocrite servilité, ou doit-on y voir la pensée sérieuse de réformateurs convaincus ? C'est ce que nous n'oserions décider (2). Qu'il nous suffise de laisser parler les textes, en les serrant d'autant plus près que les manuscrits qui nous les ont transmis sont plus défectueux.

Voyons d'abord comment Frédéric II parle de lui-même et de la nature de son pouvoir qui, dans les idées des légistes de l'époque, était au-dessus de toute loi : « *Lex animata in terris, lex legibus omnibus soluta.* » « Nous sommes décidé, dit-il, à poursuivre sans relâche l'extermination de nos rebelles, nous conformant en cela aux intentions mêmes du Seigneur, puisque nos rebelles sont considérés avec raison comme les ennemis de l'Empire céleste (3). » Cette idée, il l'applique indistinctement aussi bien aux hérétiques qu'aux membres du clergé, ses adversaires. Il aime à se comparer au prophète Élie, purgeant la terre d'Israël des faux prêtres de Baal (4). Écrivant aux cardinaux durant la vacance du saint-siége, en 1243, il leur rappelle l'exemple des Israélites qui, errant sans chef dans le désert pendant quarante jours,

---

(1) Notamment Dante et son commentateur Benvenuto d'Imola, ainsi que l'annaliste Villani. Voir aussi le passage de Salimbene, cité dans la note suivante.

(2) Salimbene, auteur guelfe contemporain, interprète cet usage des livres saints dans le sens le plus défavorable à Frédéric II : « *Erat Epicureus et ideo quidquid poterat invenire in divina Scriptura per se et per sapientes suos quod faceret ad ostendendum quod non esset alia vita post mortem, totum inveniebat.* » Cité par HÖFLER, *Kais. Friedr. II*, p. 284, note 1.

(3) *Hist. diplom.*, t. V, p. 368.

(4) « *Suscitante in nobis Domino spiritum Heliae qui tanquam divinae legis emulator sacerdotes Baal qui lucris illicitis inhiantes praevaricari populum Domini docuerant, in impetu Spiritus trucidavit*, etc. » *Ibidem*, p. 1131. — Voir aussi la deuxième lettre grecque à Vatacès, citée plus haut, p. D, note 1.

en vinrent à prendre un veau d'or pour leur dieu : « S'il faut renoncer à la consécration d'un nouveau pape, ajoute-t-il, qu'un autre saint des saints paraisse enfin, mais quel sera-t-il (1)? » Lui-même apparemment, puisqu'il aspire au rôle de prophète et de Messie : et sur ce point les contemporains ne se trompaient guère quand ils accusaient Frédéric de chercher à usurper pour son propre compte le souverain pontificat (2). De là à se déclarer d'une essence presque divine, il n'y a qu'un pas. Aussi Frédéric, écrivant à son fils Conrad, ne craint pas de lui dire : « *O Cesarei sanguinis divina proles* ; » parole que Tillemont appelle infâme. Ailleurs, il va plus loin encore quand il s'adresse en ces termes à la ville qui lui a donné naissance : « C'est un devoir pour nous de chérir la ville d'Iési, noble cité de la Marche, où notre divine mère « *diva mater nostra* » nous a mis au monde; où s'est répandu l'éclat de notre berceau. Jamais cette terre bénie, cette Bethléhem où César a vu le jour, ne sortira de notre mémoire et de notre cœur. C'est toi, la Bethléhem de la Marche d'Ancône, qui as présidé à notre naissance; c'est de toi qu'est sorti le grand chef, le prince de l'Empire romain, qui doit gouverner et protéger ton peuple et ne pas souffrir que tu restes plus longtemps en des mains étrangères (3). » Cette comparaison téméraire où le fils de Constance ne craint pas de s'assimiler au divin fils de Marie, pourrait encore passer pour la preuve isolée et passagère d'un orgueil sans mesure, si elle ne se rattachait à d'autres témoignages qui lui donnent une signification particulière et positive.

L'auteur de l'éloge de Frédéric II (4) publié dans le recueil des lettres

---

(1) « *Si papalis cessavit unctio, veniet ergo alius sanctus sanctorum, et quis ille est?* » Petr. de Vin. Epist., lib. I, cap. 17.

(2) Voir à ce sujet la lettre de saint Louis aux cardinaux, que nous avons rapportée plus haut, p. cccиι.

(3) *Hist. diplom.*, t. V, p. 378.

(4) Une complainte populaire, insérée dans l'Obituaire de Sienne, qu'Ozanam a publié, *Documents*, p. 195 et suiv., se termine par ces quatre vers en l'honneur de Frédéric :

Romae miratus stat Gregorius cathedratus.
Ensem vibrabat, Lombardis bella parabat
Pallade rotatus Federicus, sorte beatus,
Dogmate lustratus, princeps probitate probatus.

de Pierre de la Vigne (auteur qui, selon le texte imprimé, ne serait autre que Pierre lui-même), s'excuse de ne pouvoir louer dignement ce prince supérieur à l'humanité, pourvu de tous les dons, doué de toutes les vertus, « *Quem nubes pluerunt justum et super eum cœli desuper roraverunt.* » Non content d'appliquer à l'empereur ce passage de l'Écriture relatif à la venue du Christ et de détourner de leur sens en son honneur les prophéties de Jérémie et d'Ézéchiel, l'apologiste ajoute en finissant : « Voilà celui que la droite raison demandait pour chef de la loi « *antistitem,* » celui que la justice voulait avoir pour défenseur, celui qui, sans se départir d'une modération toujours égale, fut assez puissant pour briser les efforts de la cupidité et mettre un frein à ses morsures illicites. Les vertus mystiques (1) commencent à nous envier un tel représentant, non par suite de cette jalousie qui dévore l'âme de ses ardents poisons, mais par l'effe de cette émulation qui la remplit du souffle de la charité comme d'un suave parfum. Qu'il vive donc à jamais parmi le peuple le nom de Frédéric le saint ! que la ferveur de la dévotion envers lui s'accroisse chez ses sujets, et que la fidélité mère de la foi enflamme cette foi elle-même pour en faire un gage d'obéissance (2). » Un prélat (3) invité à se rendre à la cour, après s'en être excusé sur le mauvais état des chemins, ne craint pas d'insérer dans sa réponse cette allusion audacieuse : « Si pourtant le calice de ce voyage ne peut s'éloigner de moi, je suis prêt à me jeter non-seulement dans la boue, mais dans la mer pour aller vers le Seigneur en marchant sur les eaux (4). Et toi, Pierre, converti par là, fortifie la foi de tes frères (5). » Un autre personnage qui serait l'arche-

---

(1) Probablement les quatre vertus fondamentales de Platon : Prudence, force, tempérance, justice. L'idée de justice revient à chaque instant dans nos textes, et peut-être par opposition à l'idée chrétienne de grâce.

(2) « *Vivat igitur, vivat sancti Friderici nomen in populo; successcat in ipso fervor devotionis a subditis et fidei meritum mater ipsa fidelitas in exemplum subjectionis inflammet.* » Petr. de Vineis epist., lib. III, cap. 44.

(3) D'après le Mss. de sir Thomas Phillipps, ce prélat serait l'archevêque de Capoue, écrivant à Pierre de la Vigne.

(4) Cf. Évang. selon saint Matthieu, chap. XIV.

(5) Mss. de la Bibl. impér., *Fonds Saint-Germ. Harlay*, 455, 3ᵉ part., n° LIV.

vêque de Palerme, selon certains manuscrits, mais que je crois plutôt avoir été un secrétaire de l'empereur nommé Salvus, écrit aux courtisans pour les engager à ne pas se réjouir prématurément de sa disgrâce : «Celui qui m'a fait, leur dit-il, est le Seigneur, et sur ce qu'il doit faire de moi, il décidera lui-même sans moi. Il a pour coopérateur et pour vicaire établi sur la terre l'empereur de Rome, souverain de nom et de fait, dont l'esprit divin est dans la main de Dieu qui le tourne là où il veut.... L'ouvrier de toutes choses, qui a créé l'homme à son image, n'abandonne pas la créature formée de ses mains, et tandis qu'il abat ceux qui s'élèvent, il attire à lui ceux qui vont tomber. De même la majesté de César, instruite par l'intelligence céleste dont elle est la réelle image dans les choses visibles, comme la foi nous l'enseigne (1), n'éloignera pas du trône de sa faveur propice le courtisan consacré dès l'enfance à son service et dont les cheveux ont blanchi non par la longueur des jours qu'il a vécu, mais par l'effet des soucis et des orages d'une vie agitée, etc. (2). »

Ainsi Frédéric II semble bien, de son vivant, adoré et divinisé à peu près comme une émanation de l'Esprit-Saint. Dans les termes qui servent à exprimer sa suprématie religieuse, il y a quelque chose qui tient à la fois du paganisme et de l'Orient, qui rappelle le culte personnel imposé à leurs sujets par les empereurs de l'ancienne Rome et par les califes fatimites de l'Égypte. Nous allons voir le rôle attribué à Pierre de la Vigne à côté d'un tel réformateur.

Avant de traduire le fragment qui va suivre, il est nécessaire d'entrer dans quelques explications pour le rendre plus intelligible. Disons d'abord qu'il ne nous paraît pas douteux que ce morceau n'ait été écrit vers le mois d'avril 1247, époque où Pierre fut investi des fonctions de protonotaire et de logothète de Sicile ; et on remarquera que cette date concorde exactement avec celle que nous avons assignée aux premiers

---

(1) « *Majestas quoque Cesarea coelesti docta consilio, cujus in hiis quae visibilia sunt assistit, prout fides nos edocet, imitatrix*, etc. »

(2) Mss. de la Bibl. impér., *Fonds Saint-Germ. Harlay*, 455, 3ᵉ part., n° LXII.

essais de réformation religieuse tentés ouvertement par l'empereur et par ses adhérents. Dans la première partie de cette introduction, en traitant des protonotaires et logothètes de Sicile (1), nous avons essayé de déterminer les attributions de ces hauts fonctionnaires sous Frédéric II, et nous avons reconnu quelle part considérable ils prenaient au maniement des affaires ecclésiastiques du royaume. Déjà dans le *Regestum*, qui contient les actes administratifs expédiés en 1239 et 1240, tous les mandements relatifs aux biens du clergé sont écrits sous la dictée de Pierre de la Vigne. Par sa longue pratique de ces affaires délicates autant que par la faveur impériale, il se trouvait naturellement désigné pour remplir un poste où, par la force même des choses, sa conscience religieuse allait se trouver engagée plus qu'il n'aurait voulu. Partisan d'une réforme tempérée, Pierre de la Vigne s'associait avec hésitation aux mesures excessives auxquelles Frédéric II était poussé par son entourage. Aussi entrevoit-on qu'il cherchait à décliner le dangereux honneur d'être en cette occasion l'instrument des volontés d'un maître avide, orgueilleux et défiant.

L'ami anonyme, auteur de la lettre qui a motivé cette digression, adresse d'abord quelques reproches à Pierre au sujet des retards qu'il met à venir à la cour; puis il s'exprime ainsi : « Qui pouvait croire qu'après des assurances aussi formelles vous auriez pu vous priver si longtemps de la vue d'un si grand prince, vue qui surpasse toutes les délices du paradis, et de la présence d'amis si illustres qui blâment vos délais? ..... Comme l'empereur notre maître se préoccupait du meilleur moyen d'utiliser le mérite de ses serviteurs, la foi de Pierre même absent n'a pu rester à ses yeux cachée sous le boisseau, cette foi qu'il a si souvent remarquée quand présente parmi les siens elle brillait comme la lampe sur le chandelier (2). Donc il vous dit : « Pierre, tu m'aimes, gouverne mes brebis (3); » et c'est ainsi que notre seigneur qui chérit la justice

---

(1) Voir plus haut, p. cxxxiii.
(2) Cf. Évang. selon saint Marc, IV, 21.
(3) Cf. Évang. selon saint Jean, XXI, 15 et suiv. Ces paroles de Jésus-Christ à saint Pierre ont toujours été considérées par les docteurs catholiques comme la base du pouvoir de lier et de délier, conféré directement au prince des apôtres et à ses successeurs immédiats, les

voulant fonder la justice sur la pierre, a confié à Pierre le soin de veiller aux droits de chacun en vous préposant à l'administration de la justice. C'est même dans le but de rendre cette intention plus évidente que notre maître vous a institué en face de celui qui se trouve maintenant à la tête de l'Église, mais qui n'est qu'un prévaricateur. Il a voulu que là où depuis longtemps ce faux vicaire du Christ, corrompant le vicariat qui lui est confié, cherche à ouvrir avec ses clefs ce qui ne saurait lui appartenir (non sans préjudicier à une foule d'hommes dans leur réputation, dans leurs biens, dans leurs corps), Pierre devînt un vrai vicaire qui gouvernât par la justice, qui fortifiât, qui instruisît, qui réformât par la foi (1). Sachez pourtant que moi et quelques autres de vos plus chers amis, nous avons présenté plusieurs excuses de votre part devant notre seigneur; mais ce qui a eu plus d'influence que nous sur sa décision, c'est la renommée de votre probité si connue de lui, c'est votre modération, votre force, enfin tout ce qui constitue un homme parfait, tout ce qui le rend apte à une si haute dignité. Ainsi, bien qu'un pareil fardeau vous déplaise parce que vous n'y êtes pas accoutumé, bien que vous ne l'ayez jamais ambitionné, bien que cette élévation afflige même vos amis qui connaissent le fond de votre cœur, il ne vous reste plus qu'une chose à répondre : « Seigneur, tu sais que je t'aime. Si je puis être utile à ton peuple, je ne refuse pas ce labeur. Que ta volonté soit faite (2). »

Quoi qu'on puisse penser de la répugnance de Pierre de la Vigne à jouer ce rôle d'apôtre de la nouvelle Église, il ne paraît pas qu'il ait reculé devant la distribution des dignités ecclésiastiques offertes ou concédées à

---

evêques de Rome. Voir notamment la lettre de Grégoire IX au Grand-Duc de Russie, dans Raynaldi, à l'ann. 1234, § 43.

(1) « *Ideo vos constituit Dominus in faciem nunc praelati sed praevaricantis Ecclesiam, et ubi dudum falsus Christi vicarius commissum sibi vicariatum depravans, nitens eisdem aliud quam cujus erant regimen clavibus aperire, multos fama, rebus et corpore deformavit, verus Petrus vicarius justitia regat, fide corroboret, instruat et informet.* »

(2) « *Restat ut nihil sit aliud respondendum nisi* : « *Domine, tu scis quod amo te; si populo tuo oportunus sum, non recuso laborem. Fiat voluntas tua.* » Mss. de la Bibl. impér., *Fonds Saint-Germ. Harlay*, 455, 3ᵉ part., nᵒ LXXXVIII.

des familiers du *divin César*. Nous en avons au moins une preuve dans la lettre d'un de ces prélats intrus par le pouvoir laïque, lequel témoigne en cette circonstance des scrupules feints ou sincères, motivés, non pas sur le fond du système, mais sur son application pratique. Après avoir comparé le mariage spirituel d'un prélat avec son Église à ces mariages séculiers qui doivent se traiter par l'entremise de personnes honorables, il ajoute : « J'ai droit d'être choqué de ce que j'entends dire autour de moi, que ce Pierre, sur la pierre duquel est fondée l'Église impériale, ce Pierre en qui se repose l'âme d'Auguste quand il fait la cène avec ses disciples (1), ait pu prononcer cette parole : — que pourvu que je me fisse élire, il me ferait ensuite promouvoir à l'Église vacante. Si j'eusse vécu dans le siècle, j'aurais considéré comme honteux de chasser au mariage et d'obtenir par des flatteries l'alliance d'une jeune fille. Aussi trouvé-je indécent, quand il s'agit d'un mariage spirituel, de faire preuve d'importunité ou d'ambition, certain de déplaire en cela non-seulement aux hommes, mais à Dieu, etc. (2). » Enfin, Nicolas de Rocca, notaire de la cour impériale, dans une lettre certainement écrite du vivant de Pierre de la Vigne, est encore, s'il est possible, plus explicite. Il commence par comparer Pierre à Moïse rapportant du mont Sinaï les lois que Dieu même lui avait données; puis il dit : « Reconnaissons en lui un second Joseph, à qui, comme au fidèle interprète de sa volonté, le grand César, dont le soleil et la lune admirent la puissance, a remis les rênes de ce monde circulaire à gouverner (3). Il est comme le porte-clefs de l'Empire : ce qu'il ferme, personne ne l'ouvre; ce qu'il ouvre, personne ne le ferme (4). Ainsi qu'un instrument mélodieux, son éloquence charme les cœurs aux sons d'une voix aussi douce que le miel. Par l'effet d'une

---

(1) « *Quod Petrus in cujus petra fundatur imperialis Ecclesia et augustalis animus roboratur in coena cum discipulis, tale verbum potuit edixisse*, etc. »
(2) Mss. de la Bibl. impér., *Fonds Saint-Germ. Harlay*, 455, 3ᵉ part., nº LXXVI.
(3) « *Ejus studio magnus Cesar de cujus potentia sol et luna mirantur, circularis orbis regna gubernanda commisit.* » C'est une allusion évidente à la légende de la Bulle d'or : *Roma caput mundi regit orbis frena rotundi.* »
(4) Dante semble s'être inspiré de ce passage dans les fameux vers ci-après :

inspiration divine, il possède la révélation de tout ce qui était caché sous le manteau du soleil, et le livre fermé de sept sceaux n'a pas de mystères pour lui. C'est le vrai Pierre établi sur la pierre (1) pour affermir les autres dans la stabilité de la foi et pour leur servir de base solide. Le prince des apôtres, l'autre Pierre, le pêcheur d'hommes, abandonna ses filets pour suivre Dieu; mais notre Pierre, le législateur, ne s'est point éloigné du flanc de son maître. L'ancien pasteur avait la garde du troupeau du Seigneur; mais ce nouvel athlète, luttant à côté du plus grand des princes pour planter les vertus et extirper les erreurs, pèse tout ce qu'il dit dans la balance de la justice. Le Galiléen a de sa propre bouche renié trois fois son maître; ne craignons pas que notre Capouan renie le sien une seule fois (2). »

IV.

Ces citations, empruntées à des textes dont personne n'avait jusqu'ici fait usage, permettent, je crois, de ranger parmi les faits réels et acquis à l'histoire ce premier essai tenté par le pouvoir laïque pour l'établissement d'une Église réformée. On peut au reste y ajouter encore d'autres témoignages, moins directs il est vrai, mais qui ne sont point sans valeur. Des prophéties répandues à profusion par des mains inconnues semblaient avoir pour but de préparer les esprits à une rénovation religieuse. Au milieu d'obscurités calculées on y trouvait des allusions parfaitement claires, telles que celles-ci : « Le haut cèdre du Liban sera coupé. — Il n'y aura qu'un seul Dieu, c'est-à-dire un monarque. Le second Dieu est venu. — Malheur au clergé! s'il tombe, un ordre nouveau est tout prêt. — La verge des pasteurs sera moins lourde et ils se consoleront dans l'inaction. — Un nouveau troupeau se glissera au faîte, et ceux qui sont fiers de

---

« Je suis celui qui tins les deux clefs du cœur de Frédéric, et qui les tournai si douces et pour fermer et pour ouvrir,

» Que j'écartai presque tout autre de sa confiance, et j'apportai tant de foi à ce glorieux office que j'en perdis le sommeil et la vie. » *Enfer*, chant XIII.

(1) Évang. selon saint Matth., XVI, 18.
(2) *Petr. de Vin. Epist.*, lib. I, cap. 45.

leurs anciens titres se nourriront de maigres aliments. — Un gros nuage fera tomber de la pluie, parce qu'est né celui qui doit changer le siècle (1). » Et ce rénovateur était bien Frédéric II que Matthieu Paris appelle aussi *stupor mundi et immutator mirabilis*. Des vers menaçants, écrits on ne sait par qui, étaient trouvés jusque dans la chambre du pape :

« Le destin nous annonce, les étoiles et le vol des oiseaux nous prédisent

« Qu'il n'y aura plus qu'un seul marteau pour tout l'univers.

« Rome, qui chancelle depuis longtemps, poussée dans les voies de l'erreur,

« Tombera et cessera d'être la capitale du monde (2). »

Le pape, dans sa réponse, affecta de croire que ces vers avaient été composés par Frédéric II ou à son instigation, et les contemporains n'hésitèrent pas à les attribuer au célèbre Michel Scot, attaché comme philosophe à la personne de ce prince.

Certaines paroles, que plusieurs chroniqueurs placent dans la bouche de l'empereur, caractérisent non moins nettement son plan religieux et politique : « Si les princes de l'Empire, disait-il, entraient dans mes vues, je voudrais établir pour toutes les nations un système de croyance et de gouvernement bien préférable à celui d'aujourd'hui (3). » Une pareille doctrine se transmit aux générations suivantes, et l'on voit reparaître de temps en temps l'idée d'une sécularisation possible de l'Église. C'est ainsi que l'auteur de la *Notitia seculi*, composée au commencement de l'an-

---

(1) « *Non modica nubes incipiet pluere quia natus est immutator seculi.* » Ap. Matt. Paris., ad ann. 1239, p. 330 et 332, édit. de 1644. On remarquera le rapport d'idées qui existe entre cette phrase et le passage des lettres de Pierre de la Vigne que nous avons signalé plus haut.

(2) Matt. Paris. ad ann. 1239, p. 333. — Richer. Senon., ad ann. 1243, ap. BOEHMER, *Fontes*, t. III, p. 51. Nous adoptons la leçon fournie par ce dernier, sauf pour le second vers : « *Totius et subito malleus orbis ero.* » Cf. PERTZ, *Archiv der Gesellschaft*, etc., t. X, p. 464.

(3) « *Si principes imperii institutioni meae assentirent, ego utique multo meliorem modum credendi et vivendi cunctis nationibus ordinare vellem.* » Chronic. Sanpetr. Erfurt. ap. MENCKEN, t. III, ad ann. 1252, potius 1250. — Martin. minor., ap. ECCARD, t. I, p. 1625. — Chronic. August. ap. FREHER, t. I, p. 525.

née 1288 (1), émet sur la nécessité de l'équilibre politique la singulière théorie que voici : « Si nous feuilletons les annales des temps passés, nous trouvons que depuis l'époque où Frédéric II fut couronné par Honorius en 1220, il maintint l'Empire romain dans un état très-puissant. Mais depuis lors jusqu'à ce dernier concile que présida Grégoire X, cinquante ans environ s'écoulèrent (2) pendant lesquels l'Empire romain était tellement déchu qu'à peine se souvenait-on de lui. Le sacerdoce romain, au contraire, s'était accru au temporel et au spirituel à tel point, que non-seulement le peuple chrétien et les prélats, mais aussi les rois du monde, les Juifs, les Grecs, les Tartares, rassemblés aux pieds du pontife romain, reconnurent la prétention du sacerdoce à la monarchie universelle. Or, comme l'Empire ne peut plus descendre à moins de s'annihiler entièrement, et que le sacerdoce ne peut plus guère monter sans renoncer à l'autorité apostolique pour se changer en un pouvoir purement laïque, il est vraisemblable, si les choses suivent l'ordre voulu et habituel, que le sacerdoce, de son élévation suprême, descendra au plus bas et que l'Empire abattu remontera au sommet. » Ces mots sont comme une prophétie qui va bientôt trouver son accomplissement dans la translation du saint-siége à Avignon et dans l'abaissement de la papauté.

L'écho des mêmes idées se fait encore entendre en 1348, époque où la mort de Louis de Bavière semblait devoir préparer à l'Empire un nouvel interrègne et de longues années d'anarchie. Un écrivain suisse consignait alors en ces termes dans sa chronique les préoccupations de ses contemporains : « En ce temps-ci, un grand nombre d'hommes de races diverses ou plutôt de toutes races déclarent ouvertement que l'empereur Frédéric II va revenir plus puissant que jamais pour réformer l'Église, tombée dans une complète corruption. Il est nécessaire qu'il vienne, ajoutent

---

(1) Publiée pour la première fois par M. de Karajan, *Zür Geschichte des Concils von Lyon*, dans les Mémoires de l'Académie de Vienne, t. II, 4ᵣₑ livraison, d'après le Mss. de Vienne, *Hist. prof.*, n° 595. Cf. le Mss. de Paris, anc. fonds latin, n° 3184.

(2) L'auteur veut parler du second concile de Lyon, tenu en 1274, mais son calcul n'est pas d'une exactitude rigoureuse, même en faisant remonter à 1239 la décadence de l'autorité impériale.

ceux qui professent cette opinion, même quand il aurait été coupé en mille morceaux, même quand il aurait été réduit en cendres par les flammes d'un bûcher. C'est un décret de la Providence qu'il en soit ainsi, et ce décret est irrévocable (1). » A cent ans de distance, le nom du petit-fils de Barberousse était donc encore adopté comme un signe de ralliement par les novateurs qui préparaient les esprits aux orageuses discussions du grand schisme (2).

Doit-on s'étonner après cela que les papes aient traité d'Antechrist ce précurseur de la Réforme, à qui peut-être il ne manqua pour réussir que d'être venu à une autre époque et d'avoir eu pour lui le temps et la fortune. A son exemple, Philippe le Bel (3), infatué de sa puissance et guidé par la cupidité, eut aussi la velléité de créer une Église indépendante dont il se serait attribué le pontificat suprême, lui qui, pour gourmander la mollesse du saint-siége à l'égard des Templiers, ne craignait pas d'écrire : « En vertu de la foi catholique, nous sommes devenus tellement nobles en Jésus-Christ que nous sommes, avec le Christ, les vrais fils du Dieu vivant, du Père éternel, et les héritiers du royaume céleste (4). » La complaisance du pape pour les volontés du roi de France éloigna l'accomplissement de cette nouvelle menace de scission. Mais plus tard Henri VIII devait reprendre la tentative inachevée de Frédéric II ; et, secondé par la disposition des esprits, il parvint à surmonter ou à briser toutes les résistances. Pour l'établissement de l'Église anglicane, le second des

---

(1) Johann. Vitodur. Chronic., ap. Eccard, Scriptor., t. I, p. 1927.

(2) A ces citations nous pourrions ajouter encore des passages très-significatifs qui se trouvent à l'année 1376, dans un pamphlet inséré à la suite de la Chronique de Plaisance dans Muratori, Scriptor., t. XVI, p. 527 et suiv. Nous avons déjà indiqué ce manifeste dirigé contre le pouvoir temporel de l'Église, et qui renferme un pompeux éloge de Frédéric II.

(3) On sait que dans son ouvrage intitulé De regimine principum ou De institutione regia, Gilles de Rome, archevêque de Bourges, propose Frédéric II pour modèle au roi de France, son royal élève. Le souvenir de ce fameux adversaire des papes ne fut pas certainement sans influence sur les rapports de Philippe le Bel avec le saint-siége.

(4) Voir la lettre du 26 mars 1307, dans le Mémoire de M. Kervyn de Lettenhove, sur un manuscrit de l'abbaye des Dunes (Mémoires de l'Acad. roy. de Bruxelles, t. XXV), ainsi que la lettre n° 7, sur l'abaissement du clergé de France.

Tudor trouva dans Thomas Cromwell l'instrument que le petit-fils de Barberousse avait rencontré en la personne de Pierre de la Vigne. Les deux ministres mirent leur docilité et leurs talents au service de la même cause : tous deux furent les vicaires généraux d'un pape laïque ; tous deux aussi, par une singulière coïncidence de la destinée, parvenus au faîte de la puissance, en furent renversés à l'improviste par l'ingratitude d'un despote capricieux.

Les conclusions que l'on peut tirer des faits que nous venons d'exposer se présentent naturellement à l'esprit. D'une part, l'empereur, dans le cours de sa lutte contre la papauté, et surtout à partir de l'année 1247, tenta ouvertement d'établir une église indépendante de Rome, dont il eût été le chef spirituel et Pierre de la Vigne l'administrateur et le vicaire ; mais il ne prétendit rien innover quant aux dogmes ni aux bases essentielles de la croyance publique. De leur côté, les papes poursuivirent en Frédéric II moins l'hérétique endurci que le schismatique avéré. Ils mesurèrent l'énergie de leur opposition aux dangers que courait l'Église catholique, puisque la séparation religieuse de la Sicile eût pu entraîner la défection de l'Allemagne et du reste de l'Occident. C'est là ce qui justifie ou du moins ce qui explique l'obstination avec laquelle ils se refusèrent à toute espèce de transaction ; là est le secret d'une politique à outrance que saint Louis lui-même ne pouvait s'empêcher de condamner. La nécessité de sauvegarder l'unité de l'Église put seule amener le vicaire de Jésus-Christ à prononcer cet arrêt terrible : « que jamais, sous aucun prétexte et à aucun prix, il ne ferait la paix avec Frédéric ou avec sa race de vipères (1). »

---

(1) « *Aliqua humanae dispensationis miseratio non mutabit ut amplius exurgat vel resurgat ad imperatoriam seu regiam majestatem. Absit enim ut in populo christiano sceptrum regiminis ulterius maneat apud illum vel in vipeream ejus propaginem transferatur.* » Lettre du 30 août 1248, ap. HÖFLER, *Kais. Friedr. II*, Docum., n° 34.

CHAPITRE IX.

DE L'INFLUENCE DE FRÉDÉRIC II SUR LE MOUVEMENT SCIENTIFIQUE ET LITTÉRAIRE. — BEAUX-ARTS.

La plupart des auteurs qui se sont occupés de l'histoire du moyen âge s'accordent à reconnaître les services rendus à la civilisation par Frédéric II. Quelques-uns pensent que, comme Périclès et Auguste, il aurait mérité de donner son nom à son siècle, si la lutte politique et religieuse dans laquelle il se trouva engagé n'eût absorbé une partie de ses forces et compromis le succès de son œuvre. Poursuivie avec persévérance par l'empereur et continuée par ses enfants, surtout par Manfred, cette œuvre, même inachevée, n'en est pas moins une des gloires de ce treizième siècle, si riche d'ailleurs en grands hommes et en grandes choses. Il n'est donc pas sans intérêt d'étudier avec les détails convenables l'impulsion donnée par Frédéric aux travaux de l'esprit dans les diverses branches des connaissances humaines, et de faire voir la part directe et personnelle qu'il prit au mouvement général. Dans l'histoire de la maison de Souabe, l'importance de la question politique est telle, qu'elle a absorbé l'attention des écrivains qui ont traité ce vaste sujet, et ils n'ont pu qu'esquisser en quelques traits rapides le tableau scientifique et littéraire du règne de Frédéric II. Notre but est de rassembler ici tous les renseignements propres à éclairer plus complétement la question, et de nous placer uniquement dans ce chapitre sur le terrain des faits qui peuvent intéresser l'histoire de la littérature et des arts.

Frédéric II, né en Italie et élevé à Palerme, vécut dès l'enfance au milieu de la culture gréco-arabe qui s'était développée à la cour des rois normands de la Sicile, et que les troubles du royaume depuis la mort de Guillaume le Bon avaient ralentie sans l'étouffer. Les docteurs musulmans qui furent en rapport avec Frédéric pendant sa croisade attribuaient trop exclusivement peut-être ses connaissances en dialectique, en géométrie, en médecine, aux leçons des Arabes de la Sicile (1), car

---

(1) Nous avons indiqué précédemment dans quelle mesure il faut admettre, selon nous,

ce prince n'était pas moins versé dans la grammaire et les lettres latines, grâce aux enseignements des maîtres chrétiens qui avaient présidé à sa première éducation. On ne peut nier cependant que les heureuses facultés du jeune roi s'éveillèrent au contact des idées hardies qui faisaient le fond de la littérature orientale, et quand il se mêla au conflit des opinions et des systèmes, ce fut pour entrer dans la voie qui consiste, non à professer telle ou telle doctrine scientifique, mais à les étudier toutes.

Cette tendance devait amener la vulgarisation des études, et ce fut en effet par la fondation d'universités et d'écoles que débuta le prince réformateur : « A l'avénement de Frédéric, dit Jamsilla, il n'y avait dans le royaume de Sicile que peu ou point d'hommes lettrés ; mais cet empereur établit des écoles où les arts libéraux et toute espèce de bonne science étaient professés par des docteurs de divers pays qu'il attirait dans ses États à force de largesses (1). » En tête de ces écoles doivent être placés le grand collége médical de Salerne et l'Université de Naples, dont la fondation, qui date réellement de 1224, se rattache à la réorganisation générale du royaume. Le monopole du haut enseignement fut réservé à cette Université, et dans les écoles particulières l'instruction ne dut pas s'élever au delà des notions élémentaires que le moyen âge désignait sous le nom générique d'*ars grammatica* (2). Restaurée en 1234 et appelée à recevoir des étudiants de toutes les parties de l'Italie, l'Université de Naples ressentit le contre-coup des déchirements politiques qui, à partir de 1239, divisèrent la Péninsule en deux camps ennemis. Elle fut soutenue par la volonté puissante de Frédéric II, supprimée par Conrad, puis rétablie par Manfred, et parvint enfin sous les rois Angevins au rang élevé d'où elle ne devait plus déchoir.

---

l'influence des idées arabes sur Frédéric II, au moins pendant la vie d'Innocent III. Voir plus haut, p. CLXXIX.

(1) « *Liberalium artium et omnis approbatae scientiae scholas in regno ipso constituit doctoribus ex diversis mundi partibus per praemiorum liberalitatem accitis.* » Jamsilla, ap. MURATORI, *Scriptor.*, t. VIII, p. 496.

(2) « *Etsi particularia studia ubique per regnum mandaverimus interdici, nostrae tamen intentionis non fuit sic loca quaelibet depauperare doctoribus ; ut artis saltem grammaticae rudimenta noviciis praecidentur.* » *Hist. diplom.*, t. IV, p. 453.

PARTIE HISTORIQUE.

Nous n'insisterons pas davantage sur l'histoire de l'Université de Naples ni sur celle de l'École de Salerne, ces deux établissements scientifiques ayant été l'objet de recherches spéciales que l'on peut consulter avec fruit dans les ouvrages d'Origlia et de M. de Renzi (1). Mais il n'est pas inutile de faire remarquer qu'il y eut à Naples, sous Frédéric II, quoi qu'en dise Jamsilla, des professeurs indigènes, notamment Barthélemy Pignatelli de Brindes, pour les décrétales, Pierre d'Isernia et Rofrid de Bénévent, pour le droit civil, et que les Universités étrangères s'adressaient même à l'empereur pour obtenir de lui des docteurs ès lois. En effet, la science traditionnelle du droit ne s'était jamais perdue dans le pays où, par une heureuse coïncidence, fut découvert le texte des Pandectes. Rofrid de Bénévent, en particulier, fut un jurisconsulte éminent qui, après avoir rempli de hautes fonctions judiciaires auprès de Frédéric II, le quitta par amour pour sa ville natale. En 1241, quand l'empereur se fut emparé de Bénévent, il fit inviter Rofrid à revenir à la cour, offrant de lui rendre ses dignités et ses emplois. Rofrid refusa; mais le monarque, admirant sa fermeté, ne voulut pas que ses biens fussent confisqués, et continua de traiter sa famille avec bienveillance.

C'est là un des traits distinctifs du caractère de Frédéric II, d'avoir non-seulement honoré les savants, mais d'avoir aussi respecté la science même chez ses ennemis. Quelle que fût sa rigueur envers les prisonniers de guerre, qu'il considérait comme des rebelles, il ne leur interdisait pourtant ni les relations épistolaires ni les moyens de se livrer aux travaux intellectuels. Nous trouvons mentionnés, par exemple, dans plusieurs manuscrits, les ouvrages d'un écrivain moraliste Albert ou Albertano, avocat de Brescia, qui était aussi homme d'épée. Chargé par sa commune de défendre le château de Ganardo contre les forces de l'empereur, qui assiégeait alors Brescia, il fut pris le 11 août 1238 et enfermé à Crémone. Pendant sa captivité, il composa un traité de morale religieuse, qui a pour titre : *De amore Dei et proximi*, qu'il dédia à l'un de ses fils

---

(1) Origlia, *Istoria dello studio di Napoli*, 1752, 2 vol. in-8°.—De Renzi, *Scuola Salernitana*, 2 vol. in-8°.

nommé Vincent, comme on le voit dans le prologue (1). Ce traité, divisé en quatre livres et rempli des enseignements les plus sages et les plus utiles, est l'ouvrage capital d'Albertano. Les mêmes manuscrits contiennent aussi un discours sur *l'intellect et les cinq sens*, composé par lui à l'usage des notaires de Gênes, discours qu'il prononça à la maison de campagne de Pierre de Nigro, le 6 décembre 1243, et un livre *De arte loquendi et tacendi*, dédié à un autre de ses fils, nommé Étienne, livre qui porte la date du mois de décembre 1245. Le *Liber consolationis et consilii* qu'Albertano écrivit pour son autre fils, Jean, étudiant en chirurgie, n'a point de date précise, et le *Tractatus de epistolari dictamine*, qui lui est également attribué et qui figure en tête des manuscrits, doit être antérieur à sa captivité (2).

Ce ne fut point sur des ouvrages nouveaux de philosophie ou de logique analogues à ceux d'Albertano que Frédéric II crut devoir s'appuyer pour ranimer ou développer le mouvement scientifique. Il préféra remonter aux sources de la sagesse, aux livres dont ses maîtres l'avaient souvent entretenu, et dont l'expérience des siècles avait consacré l'autorité. Mais, dans l'état d'imperfection où se trouvait de son temps l'étude des langues, il dut recourir à l'entremise des traducteurs qui étaient alors en possession d'initier l'Occident aux secrets de la science antique. L'homme qui le seconda le mieux dans cette tâche fut un étranger, Michel Scot, né, selon l'opinion la plus répandue, à Derasme, en Angleterre, vers 1195; du moins, les seuls faits de sa vie qui soient bien établis ne permettent pas de donner à sa naissance une date plus rap-

---

(1) « *Volens igitur ego Albertanus te filium meum Vincentinum bonis moribus informare ac de amore ac dilectione Dei et proximi, et aliarum rerum et de forma vitae instruere*, etc. » Nous avons suivi, pour l'analyse des ouvrages si peu connus d'Albertano, le manuscrit de la Bibliothèque impér., *fonds Sorbonne*, n° 1754, qui nous a paru un des plus complets.

(2) Ozanam (*Dante et la philos. cathol. au treizième siècle*, p. 49) dit qu'Albertano de Brescia publia trois traités d'éthique en *langue vulgaire*. Mais les titres qu'il donne prouvent bien qu'il a confondu les traductions avec les originaux. La traduction du *Liber consolationis et consilii*, faite en italien par Soffredi del Grazia, notaire de Pistoïa, date de 1275. Elle a été imprimée par Ciampi en 1832. Peut-être y avait-il de ce traité ou des autres une traduction italienne antérieure; mais celle de Soffredi est la première dont la date soit connue.

prochée. Après avoir étudié à Oxford et à Paris, Scot se rendit à Tolède, où il apprit l'hébreu et l'arabe et entreprit des traductions qui ont rendu son nom célèbre. La version arabe-latine par laquelle il débuta est celle du traité de la Sphère d'Alpetronji, qui porte la date du vendredi 18 août 1217(1). Michel semble n'être resté à Tolède que peu d'années, et rien ne prouve qu'il ait terminé dans cette ville toutes les traductions qui lui sont attribuées. Parmi ces traductions, les unes sont certainement de lui, à savoir celle du commentaire d'Averrhoës sur le *De cœlo et mundo*, dédiée à Étienne de Provins, vers 1224 ; du commentaire d'Averrhoës sur le traité *De anima*, et d'un extrait du commentaire de ce même philosophe sur le XII⁰ livre de la Métaphysique. Michel Scot paraît avoir voulu dissimuler sous le pseudonyme de Nicolas le Péripatéticien la source de ce dernier ouvrage, dont le mauvais esprit a été amèrement blâmé par Albert le Grand. Comme à la suite des commentaires sur le *De cœlo* et sur le *De anima*, on trouve presque toujours dans un ordre donné les commentaires sur la *Génération et la Corruption*, les paraphrases des *Parva naturalia* et le *De substantia orbis*, il y a lieu de croire que la traduction de ces ouvrages est due également à Michel Scot : « On serait donc autorisé à regarder les manuscrits où se trouve la dédicace à Étienne de Provins comme représentant l'édition même donnée par Michel Scot, et ces textes nouveaux qu'il introduisit, au dire de Roger Bacon, dans la philosophie scolastique, vers 1230 (2). »

L'auteur de l'*Opus majus* accuse Michel Scot de s'être approprié, pour ses traductions, le travail d'un juif nommé André, et d'avoir ignoré les langues et les sciences dont il est question dans ses écrits. Ce jugement sévère est infirmé par le témoignage d'un contemporain mieux placé que personne pour apprécier le mérite réel de Michel Scot. Le pape Grégoire IX écrivant à l'archevêque de Cantorbéry, lui recommande de pourvoir Michel Scot d'un bénéfice convenable, conformément aux intentions déjà exprimées par son prédécesseur Honorius en faveur de ce

---

(1) Cf. Jourdain, *Recherches sur les trad. lat. d'Aristote*, nouv. édition, p. 133.
(2) Cf. M. Ern. Renan, *Averrhoës et l'Averrhoïsme*, p. 163, 164.

savant homme : « Tu sais, dit-il à l'archevêque, que notre cher fils maître Michel Scot, brûlant dès son enfance du désir d'apprendre les langues, a tout abandonné pour parvenir à cette connaissance avec un zèle non interrompu ;.... que non content de s'instruire uniquement dans la littérature latine et voulant s'y perfectionner, il s'est appliqué avec une louable ardeur à l'étude de l'hébreu et de l'arabe (1), qu'il y a réussi, et que, devenu par là expert dans chacune de ces langues, il brille par l'heureuse variété de ses connaissances (2). » Cette lettre, qui est du 28 avril 1227, précise très-approximativement l'époque à laquelle Michel Scot était revenu d'Espagne, et l'on peut supposer que, n'ayant pas alors obtenu en Angleterre une position digne de ses talents ou de sa renommée, il accepta les offres et se fixa à la cour de l'empereur Frédéric II.

C'est du moins pour ce prince, et assurément vers le même temps, qu'il entreprit la traduction de l'abrégé, fait par Avicenne, de l'*Histoire des Animaux*, d'Aristote. Cette version, comme le texte arabe lui-même, se compose de dix-neuf livres : 1° les neuf livres de nos éditions ; 2° le dixième, dont l'authenticité, contestée dans ces derniers siècles, n'était alors l'objet d'aucun doute ; 3° les quatre livres des parties des animaux ; 4° les cinq livres de la génération. Dans plusieurs manuscrits, on lit au bas du premier folio : *Avicennae abbreviatio super librum Animalium. Frederice Romanorum imperator, domine mundi, suscipe devote hunc laborem Michael Scoti, ut sit gratia capiti tuo et torquis collo tuo.* » A la fin des exemplaires qui sont conservés à la Bibliothèque de Bruges et à la Bibliothèque Pommersfeld, on trouve la note curieuse qui suit : « Ici se termine le livre d'Avicenne sur les animaux, copié par maître Henri de Cologne (3), sur l'exemplaire de notre magnifique seigneur l'empereur

---

(1) On remarquera que le pape ne dit pas que Michel Scot ait appris le grec ; ce qu'il n'eût pas manqué de mentionner si le fait eût été notoire. Il faut donc rayer des catalogues les prétendues traductions grecques-latines de Michel Scot.

(2) *Bulletin du Comité historique*, année 1850, p. 255.

(3) Nous ne savons rien de certain sur ce maître Henri, à moins que ce ne soit le même personnage dont il est question dans un manuscrit du treizième siècle de la Bibliothèque de

Frédéric, à Melfi, ville de Pouille, où le seigneur empereur avait prêté le susdit ouvrage à maître Henri, l'an du Seigneur 1232, la veille de saint Laurent (9 août), dans la maison de maître Volmar, médecin de l'empereur (1). » Frédéric résida à Melfi de juillet à septembre 1232, et la date de nos manuscrits ne pouvant être soupçonnée d'inexactitude, il résulte de cette note une forte présomption que la traduction de Michel Scot était alors dans toute sa nouveauté.

Un autre ouvrage de Scot, sur la physionomie, a été imprimé à la fin du quinzième siècle (2). Il a même été traduit en italien, et cette traduction est indiquée dans les *Additions à la Bibliothèque napolitaine de Toppi*. Mais ce livre de Michel Scot n'a pas été composé sur le texte aristotélique dont nous n'avons que des fragments d'une authenticité suspecte. Il est probable que l'auteur eut sous les yeux des traductions arabes d'écrits attribués à Philémon et à Loxus, qui passaient pour avoir traité ce sujet, et qu'il rédigea sa compilation pour plaire à Frédéric II, lequel s'était adonné à l'art de la physionomie (3).

Dans tout ce qui précède, il n'y a rien qui soit de nature à justifier la réputation de magicien et de sorcier que le moyen âge a faite à Michel Scot. Sa mort étant restée entourée de mystère, la crédulité populaire se plut à y ajouter des circonstances merveilleuses. Il est certain que Scot s'adonnait à l'astrologie et se mêlait de prédire l'avenir; cependant, c'est bien plutôt comme traducteur d'Aristote, d'Averrhoès et d'Avicenne, qu'il occupa une place parmi les courtisans de Frédéric II. L'autorité de ses écrits ne fut pas sans influence sur le mouvement des esprits au trei-

---

Laon, en ces termes : « *Commentarius in versus de accentu a magistro Henrico de Colonia*. Mais il est question ici d'un grammairien plutôt que d'un philosophe. Faut-il le ranger parmi les traducteurs incertains d'Aristote, et voir en lui ce Henri qui traduisit du grec en latin le IVe livre des Météores et probablement d'autres ouvrages? C'est ce qu'une découverte imprévue permettra peut-être de décider.

(1) *Hist. diplom.*, t. IV, p. 382.
(2) *Liber physionomiae quem compilavit magister Michael Scotus ad preces Frederici Romanorum imperatoris*. Petit in-4° sans date ni année (vers 1490.)
(3) Cf. Jourdain, *Recherches sur les trad. lat. d'Aristote*, notes, p. 344.

zième siècle, mais on ne voit point qu'il ait occupé des fonctions officielles, et il ne figure pas une seule fois dans les actes publics de l'époque.

C'est entre 1230 et 1232 que l'on doit placer, selon nous, la lettre célèbre par laquelle Frédéric II adressa aux Universités d'Italie les traductions latines de divers traités de logique et de physique dus à Aristote et à d'autres philosophes grecs et arabes (1). Il y a lieu de penser, d'après la concordance des dates, qu'il s'agit ici des versions de Michel Scot. Mais dans ses projets de vulgarisation de la science gréco-arabe, l'empereur ne s'en tint pas aux traducteurs latins, et il encouragea aussi des juifs à s'engager dans la voie ouverte par lui aux recherches scientifiques. C'est ainsi que les premières traductions d'Averrhoès en hébreu furent entreprises par un Provençal, Jacob Ben-Abba-Mari, fils de Siméon Antoli, établi à Naples, qui acheva dans cette ville, en 1231, une version de l'abrégé de l'Almageste. L'année suivante, Jacob traduisit aussi à Naples le commentaire d'Averrhoès sur quatre traités d'Aristote (*De categoriis, De interpretatione, De syllogismo, De demonstratione*) et sur l'*Isagoge* de Porphyre. A la fin de son travail, il rend hommage à la munificence et au zèle éclairé de Frédéric. Dans un des nombreux manuscrits de cet ouvrage se trouve la mention suivante : « Quand j'aurai achevé de revoir ce livre, dit Antoli, j'entreprendrai de terminer la traduction des autres avec l'aide de Celui qui porte secours à l'indigent, qui a mis dans le cœur de notre seigneur l'empereur-roi Frédéric l'amour de la science et de ceux qui la cultivent, qui l'a rendu bienveillant pour moi, au point de fournir à tous mes besoins et à ceux de ma famille. Que Dieu manifeste en lui sa clémence, qu'il l'élève au-dessus de tous les rois de la terre, etc. (2). »

Les manuscrits hébreux nous donnent aussi le nom d'un autre juif qui fut en rapport avec Frédéric II. Il s'appelait Juda Cohen-ben-Salomon, et était né en Espagne. L'encyclopédie philosophique dont il est l'auteur porte le titre général d'*Inquisitio sapientiæ* (Medras chochmà), et se

---

(1) « *Compilationes variae ab Aristotele aliisque philosophis sub graecis arabisque vocabulis antiquitus editae in sermonialibus et mathematicis disciplinis*, etc. » *Hist. diplom.* t. IV, p. 384.

(2) De Rossi, *Cod. manusc. hebr.*, t. II, p. 162.

composé de commentaires sur différents ouvrages d'Aristote, d'Euclide, de Ptolémée et de l'astronome espagnol Alpetronji. Dans cette encyclopédie est insérée une lettre adressée à Frédéric en réponse à une question de géométrie que ce prince lui avait posée. Cette lettre est suivie d'une seconde question adressée par l'empereur à Juda Cohen, et de la réponse de ce dernier. Juda raconte lui-même, à cette occasion, qu'il reçut en Espagne la demande de l'empereur, et qu'il y répondit n'étant pas encore âgé de dix-huit ans ; qu'il passa de Tolède, sa patrie, dans l'Italie centrale, qu'il désigne sous le nom d'Étrurie, et que là, sur les instances de ses compagnons, il traduisit dans la langue sacrée (l'hébreu) son livre, qu'il avait d'abord composé en arabe. Ce livre fut écrit en Espagne vers 1245, mais la rédaction en hébreu du commentaire sur Alpetronji porte la date de 1247, et établit l'époque où Juda Cohen vint se fixer en Italie (1). Nous savions déjà par les écrivains arabes que Frédéric II avait l'habitude de poser aussi des problèmes aux savants musulmans; et, pendant la croisade de 1229, le commerce scientifique qu'il entretint avec le sultan Malek-Kamel (2) fut un des griefs imputés à l'empereur par les Latins. M. Amari a retrouvé, dans un manuscrit d'Oxford, un spécimen de ces questions : c'est une série de problèmes philosophiques d'abord adressés par Frédéric II aux docteurs d'Arabie, de Syrie et d'Égypte. Ces problèmes, étant restés sans réponse, furent de nouveau transmis au calife almohade Raschid, pour qu'il les présentât à un philosophe espagnol du nom d'Ibn-Sabin, jeune, mais déjà illustre, et qui, mal noté dans son pays pour la hardiesse de ses opinions, était venu s'établir à Ceuta. L'âge d'Ibn-Sabin, qui était né à Murcie en 1218, et la fin du règne de Raschid ne permettent guère de placer ni avant 1240, ni après 1242, l'époque à laquelle Frédéric porta aux savants arabes cette espèce de défi

_____

(1) Wolf, *Bibl. hebr.*, t. I, p. 437 ; t. III, p. 324. — De Rossi, *Cod. manuscr. hebr.*, t. II, p. 37-38. — A. Krafft, *Codd. hebr. Bibl. Vindob.*, p. 128. Nous devons l'indication des renseignements qui concernent Antoli et Juda Cohen à l'obligeance du savant orientaliste M. Renan.

(2) Cf., dans la *Bibl. des croisades*, les extraits des chroniques arabes donnés par M. Reinaud, p. 626, 434 et suiv.

académique qui témoigne de la profondeur et de la variété de ses connaissances (1). Nous transcrivons ici ces questions telles qu'elles sont rapportées dans les réponses d'Ibn-Sabin, nous bornant à renvoyer pour les réponses elles-mêmes à la traduction de M. Amari. 1° « Le sage Aristote, dans tous ses écrits, énonce nettement l'existence du monde *ab aeterno*. Nul doute qu'il n'ait eu cette opinion. Cependant, s'il l'a démontrée, quels sont ses arguments; et s'il ne l'a pas démontrée, de quel genre est son raisonnement à ce sujet? » 2° « Quel est le but de la science théologique et quelles sont les théories préliminaires indispensables à cette science, si toutefois elle a des théories préliminaires? » 3° « Qu'est-ce que les catégories? Comment servent-elles de clef dans les différentes branches des sciences, jusqu'à la concurrence de leur nombre qui est de dix? Quel est réellement leur nombre, et si on peut le restreindre ou le simplifier? Quelles preuves enfin il y a pour tout cela ? » On trouve ici une confusion de langage due sans doute à la difficulté que Frédéric II ou son secrétaire éprouvait à s'exprimer dans un idiome étranger, confusion dont Ibn-Sabin se prévaut pour adresser à l'empereur une leçon plus pédante que polie. 4° « Quelle est la nature de l'âme? Quel est l'indice de son immortalité? L'âme est-elle immortelle ? » 5° Viennent enfin deux questions subsidiaires qui se rattachent à la précédente et qui portent sur la divergence entre Aristote et Alexandre d'Aphrodisée, au sujet de l'âme et sur l'expli-

---

(1) D'après le témoignage d'un auteur arabe, cité par M. Amari, la renommée d'Ibn-Sabin serait parvenue jusqu'à la cour pontificale. L'émir de Murcie ayant envoyé comme ambassadeur à Rome Abou-Taleb, frère d'Ibn-Sabin, le pape aurait dit en recevant ce député : « Sachez que le frère de celui-ci est un homme si savant, qu'il n'y a aujourd'hui chez les musulmans personne qui connaisse Dieu mieux que lui. » Diverses circonstances autorisent à penser que cette ambassade eut lieu en 1243, et que le pape dont il s'agit ici est Innocent IV, homme très-savant et l'un des souverains pontifes qui entretinrent le plus de relations avec les souverains musulmans, dans l'espoir de les convertir. Rainaldi nous a conservé les réponses de quelques-uns de ces princes. Parmi elles, on remarquera la lettre du prince d'Émèse, écrite pendant l'occupation de cette ville par Malek-Saleh, en 1247. Cette lettre est un curieux spécimen des arguments philosophiques par lesquels les docteurs musulmans cherchaient à établir la vérité de leur religion, en prouvant la création du monde sans matière préexistante, l'unité de Dieu, la simplicité de son être, etc. (*Annales eccles.*, ad ann. 1247, § LVII et suiv.)

cation de ces mots de Mahomet : « Le cœur du croyant est entre deux des doigts du Miséricordieux. » En répondant à ces diverses questions, Ibn-Sabin faisait comprendre à l'empereur qu'il était obligé de déguiser sa pensée pour ne pas éveiller les susceptibilités de ses coreligionnaires, mais que si on lui envoyait une personne de confiance, il pourrait s'entendre avec elle et traiter à fond les sujets proposés (1).

On lit dans le prologue du roman philosophique connu sous le nom de *Livre de Sidrac* qu'un texte arabe de cet ouvrage étant possédé par le roi de Tunis, qui y trouvait des trésors de sagesse, l'empereur Frédéric manifesta le désir d'avoir un exemplaire de ce livre merveilleux ; qu'il envoya à Tunis un frère mineur de Palerme, appelé Roger, et que celui-ci ayant traduit l'ouvrage en latin, le rapporta à Frédéric. « Li emperieres en out moult grant joie et le tint moult chier. En la court l'empereur ot un homme d'Anthioche qui ot non Codre le philosophe, qui moult fut amé de l'emperiere. Quant il oy parler de ce livre, si se pena moult comment il le peust avoir et tant donna et promist aus chambelens que il en ot exemplaire. Si le lisoit si priveement que nuls ne le savoit. Après ce un pou de temps Codre le philosophe l'envoya priveement en présent au patriarche Obert d'Anthioche. Li patriarche l'usa toute sa vie, etc. » (2). Cette histoire est-elle inventée à plaisir ou repose-t-elle sur un fond de vérité? Pour nous, malgré l'autorité d'un critique très-compétent, nous sommes porté à croire que ce récit n'est pas invraisemblable, et qu'on peut retrouver dans Codre le philosophe et dans le patriarche Obert les noms légèrement altérés de Théodore le philosophe et du patriarche d'Antioche Albert, personnages très-connus et très-réels. Théodore, ainsi que nous allons le prouver, joua un rôle important auprès de Frédéric II; quant au

---

(1) Voir Amari, *Questions philosophiques adressées aux savants musulmans par l'empereur Frédéric II*, extr. du *Journal asiatique*, 1853, n° 3. Ces questions rappellent celles qui furent adressées par Chosroès Nouschirwan à Priscien de Lydie, sur divers sujets de psychologie, de physique générale et d'histoire naturelle, et dont les solutions, traduites en latin, ont été retrouvées par M. J. Quicherat, dans le mss. n° 1314 du fonds *Saint-Germ.*, à la Bibl. impériale. Cf *Bibl. de l'École des chartes*, année 1853, p. 248.

(2) Mss. de la Bibl. impériale, *anc. fonds français*, n° 7184, fol. 2.

patriarche Albert, il servit plusieurs fois de négociateur entre le pape et l'empereur, et ne se détacha du parti impérial qu'après le concile de Lyon. C'est précisément ce maître Théodore qui paraît avoir été l'intermédiaire officiel entre Frédéric II et la civilisation musulmane. Nous ne savons pas quel fut le lieu de sa naissance et s'il était réellement originaire d'Antioche, comme semblerait l'indiquer le prologue du *Livre de Sidrac*; son nom du moins peut faire supposer que c'était un de ces Grecs siciliens placés, pour ainsi dire, sur les confins du monde latin et du monde oriental. Ce personnage, qui porte dans les actes la qualification de philosophe de l'empereur, remplissait à la cour de Frédéric des fonctions diverses, qui toutes dénotent une grande aptitude pour les sciences. Il était chargé de rédiger en arabe la correspondance de l'empereur avec les souverains du Caire, de Tunis ou de Maroc; il préparait des sirops et diverses sortes de sucres pour la table impériale (1); il cultivait avec succès les mathématiques, comme nous le verrons un peu plus loin par le témoignage de Fibonacci, et il avait aussi une grande réputation comme philosophe. Deux anciens historiens, de l'ordre des Prêcheurs, rapportent à propos de Théodore une anecdote très-caractéristique, qui peint les mœurs du temps et la manière dont se traitaient alors les discussions scientifiques : « Frère Roland, de Crémone, se trouvant dans cette ville, apprit par quelques frères qui revenaient du camp de l'empereur, alors occupé au siége de Brescia, que son philosophe les avait couverts de confusion en leur posant des questions auxquelles ils n'avaient pu répondre. Alors, zélé pour la gloire de l'ordre, il dit : « Sellez-moi un âne » (car il était goutteux et ne pouvait marcher), et il se transporta ainsi au camp de l'empereur, où, bientôt entouré par ceux qui le connaissaient et l'honoraient, il porta ce

---

(1) « *Magistro Theodoro philosopho et fideli nostro damus in mandatis ut de sciropis et zuccaro violaceo tam ad opus nostrum faciat quam ad opus camerae nostrae, in ea quantitate sicut viderit expedire.* » Lettre du 12 février 1240, ap. *Hist. diplom.*, t. V, p. 750. Maître Théodore envoya un jour à Pierre de la Vigne une boîte pleine du même sucre *violat*, qui paraît avoir été une mixture de sucre et de violettes dans le genre de nos conserves et de nos bonbons pectoraux. Aujourd'hui encore, en Égypte, on prépare, avec une combinaison analogue de sucre et de violettes, une boisson rafraîchissante d'un goût fort agréable.

défi au philosophe : « Maître Théodore, lui dit-il, pour que tu saches que l'ordre des Prêcheurs a aussi des philosophes, je te donne le choix, soit de poser des objections, soit d'y répondre, sur quelque sujet de philosophie que tu voudras. » Théodore ayant préféré poser les objections, frère Roland y répondit dans une seule séance avec tant de supériorité, que la chose tourna à la grande gloire de l'ordre. » (1) Toutefois, le principal emploi de Théodore était celui d'astrologue en titre, ou du moins, de tous les astrologues que Frédéric entretenait à son service, Théodore est le seul qui soit désigné nominativement par les chroniqueurs contemporains. Nous connaissons même deux circonstances où il fut consulté par l'empereur : la première fois, lorsque ce prince sortit de Vicence par la brèche, en 1236 ; la seconde, quand il quitta Padoue, en 1239, pour conduire en personne une expédition contre les Trévisans révoltés (2). Rolandin nous montre en cette occasion Théodore se tenant sur la grande tour de Padoue avec son astrolabe et attendant l'horoscope du Lion, parce qu'il prétendait que Jupiter entrait dans ce signe. Ce témoin oculaire l'accuse aussi de s'être grossièrement trompé en présentant comme favorable une conjonction des astres qui n'était pas alors dans l'ordre possible des révolutions célestes.

Toutefois, la confiance de Frédéric ne fut pas ébranlée par cette méprise. Il crut à l'astrologie jusqu'à la dernière heure de sa vie, et continua à s'entourer de devins, Arabes pour la plupart (3). Saba Malespina re-

---

(1) Stef. Salanh. et Bern. Guidonis, cités par ECHARD, Scriptor. ord. Praedicat., t. I, p. 126, col. 2. Cf. BONCOMPAGNI, Intorno ad alcune opere di Leon. Pisano, p. 56 et suiv.

(2) Cf. MURATORI, Scriptor. rer. Ital., t. VIII, col. 83 et 220 ; t. IX, col. 660.

(3)   *Amisit astrologos et magos et vates.*
  Beelzebuth et Astaroth, proprios penates,
  Tenebrarum consulens per quos potestates
  Spreverat Ecclesiam et mundi magnates.

Ap. Alb. Beham, *Biblioth. der liter. Vereins von Stuttgard*, t. XVI, p. 128. Dans un autre chant relatif également à la victoire de Parme, en 1248 (*ibid.*, p. 126), se trouve aussi le passage suivant :

  Artes et auguria cessant Friderici.
  Sibi nolunt obsequi daemones amici

marque avec justesse qu'il faut attribuer le penchant de Frédéric II pour l'astrologie à l'insatiable désir de savoir, dont ce monarque était dévoré : « Ce César, dit-il, qui était le vrai souverain du monde, et dont la gloire s'était répandue dans tout l'univers, croyant sans doute devenir égal aux dieux par la pratique de la science mathématique (1), se mit avec une infatigable curiosité à sonder le fond des choses et à scruter les mystères des cieux. Préoccupé des subtiles recherches qui ont la nature pour objet, il écoutait les astrologues, les nécromanciens et les devins avec tant d'abandon, que son esprit, toujours prompt dans ses mouvements, tournait, selon leurs présages, avec la rapidité du vent. » A l'exemple de Frédéric, son fils Manfred, Eccelin de Romano, le comte Gui de Montefeltro et d'autres personnages célèbres encourageaient ou pratiquaient eux-mêmes les études astrologiques. Dans toutes les occasions, Manfred prenait l'avis des astrologues, et les Sarrasins de Lucera ayant été effrayés par l'apparition d'une comète, envoyèrent des messagers à Lago-Pesole, où ce prince se trouvait alors, pour le consulter sur la signification de ce présage (2). Eccelin, ce tyran dont le cœur restait fermé à la pitié, était accessible aux idées superstitieuses; il entretenait à grands frais des astrologues qui le suivaient dans toutes ses campagnes, étudiant les astres, calculant les mois, et lui prédisant l'avenir. Un chroniqueur du temps nous donne même leurs noms : c'étaient maître Salione, chanoine de Padoue, Riprandin de Vérone, Gui Bonatti, astronome de Forli, et un Sarrasin appelé Paul, venu du fond de l'Orient, de Bagdad, « qui, par sa

---

Per quos emergentia solent saepe dici,
Quia cedunt manui Domini ultrici.

(1) « *Credens fortassis suam cum superis per artis experientiam mathematicae coaequare naturam,* » ap. MURATORI, *Script.*, t. VIII, p. 788. Les expressions mêmes dont se sert ici Malaspina prouvent bien que ce n'était pas seulement chez Frédéric l'effet d'une vaine curiosité, mais qu'il avait aussi pratiqué les études positives qui se rattachent à l'astronomie. Le soudan d'Égypte, quand il lui envoya, en 1232, une tente astronomique mue par des ressorts secrets, savait bien qu'il ne pouvait lui faire un cadeau à la fois plus agréable et plus utile. Cf. *Hist. diplom.*, t. IV, p. 369, 378, et not. 1.

(2) *Chronic. Suessan.*, ap. Zacharia, *Iter litter.*, t. I.

longue barbe et par son costume, paraissait être un nouveau Balaam (1). »
Si l'on a le droit de s'étonner de voir les plus grands hommes de cette
époque infatués d'une telle croyance, il faut aussi se rappeler l'empire que
le merveilleux a souvent exercé sur les âmes les plus fermes. Et d'ailleurs,
en y regardant de plus près, l'astrologie, comme l'alchimie, renfermait en
germe les plus belles et les plus utiles découvertes. Déjà même, les bons
esprits, qui ne partageaient pas l'engouement général, savaient discerner
le grain d'or mêlé à tout cet alliage. Après une longue discussion sur la
manière dont les astrologues d'Eccelin avaient interprété la situation des
astres au moment de sa dernière expédition, Rolandin termine par cette
réflexion judicieuse : « Nous ne voulons pas insister davantage sur des
choses qui ne nous ont jamais inspiré de confiance. Nous craindrions de
perdre notre temps, bien qu'on ne puisse blâmer celui qui cherche à
s'instruire en toute chose, dût-il même ne retirer de cette étude qu'un
mince résultat (2). »

Les spéculations de l'astrologie n'étaient, au reste, pour Frédéric II
qu'une branche de cet *ars mathematica* qu'il cultivait avec une sorte de
passion, et nous avons aujourd'hui la preuve qu'il aimait à se délasser
des soucis du gouvernement par l'étude des sciences exactes. L'homme
qui fut peut-être le plus grand géomètre du moyen âge et assurément
le premier algébriste chrétien, Léonard Fibonacci, trouva dans Frédéric II un protecteur capable de comprendre et d'apprécier ses découvertes. Les Pisans, ses concitoyens, frappés de son air distrait et
préoccupé, lui avaient donné l'injurieux sobriquet de *Bigollone*; mais
l'empereur et ceux qui l'entouraient se plaisaient dans le commerce de
ce prétendu *nigaud*. Le principal titre de gloire de Léonard est son *Traité
de l'Abacus*, écrit en 1202, et dont il donna en 1228 une seconde édition
dédiée à Michel Scot. Il publia en 1220 ou 1221 sa *Practica Geometriae*,
dédiée à maître Dominique. Mais son *Traité des Nombres carrés*, adressé à
l'empereur lui-même, n'était connu que par des extraits qui n'en pou-

---

(1) Monach. Patav. Chronic., ap. Muratori, Scriptor., t. VIII, p. 705.
(2) Ap. Muratori, Scriptor., t. VIII, p. 345.

vaient donner qu'une idée fort incomplète (1). Le prince Boncompagni a retrouvé récemment dans un manuscrit de l'Ambroisienne le texte entier de cet ouvrage important (2), auquel sont jointes les solutions de divers problèmes d'arithmétique et de géométrie qui avaient été proposés à Léonard par maître Jean de Palerme (3) et par maître Théodore. La lettre d'envoi qui figure en tête du recueil est adressée au savant Rainier, cardinal-diacre du titre de Sainte-Marie en Cosmedin (cardinal en 1213, mort vers 1252). Dans le prologue, Léonard rappelle qu'il a eu une conférence mathématique avec Jean de Palerme, en présence de l'empereur, à Pise, et ce sont les solutions diverses des problèmes discutés pendant cette conférence qu'il entreprend de réunir dans un même ouvrage. Au reste, le prologue particulier qui précède le *Traité des Nombres carrés* montre bien comment Léonard fut amené à composer ce traité : « Très-glorieux prince, dit-il à Frédéric, quand maître Dominique me conduisit à Pise aux pieds de Votre Grandeur, maître Jean de Palerme, se rencontrant avec moi, me proposa une question aussi intéressante pour la géométrie que pour l'arithmétique : trouver un nombre carré tel que, si l'on y ajoute ou si l'on en retranche 5, le résultat soit toujours un nombre carré. Depuis lors, réfléchissant à la solution que j'avais donnée de cette question, j'ai reconnu qu'elle a son principe « *ex multis quae quadratis et inter quadratos numeros accidunt.* » Or, comme j'ai appris récemment, par le rapport du podestat de Pise et d'autres personnes revenant de la cour impériale, que votre sublime Majesté daigne lire le livre que j'ai composé sur l'arithmétique (*l'Abacus*) et que vous vous

---

(1) Cet ouvrage existait, en 1768, parmi les manuscrits de la Bibliothèque de l'hôpital de Santa-Maria-Nuova, à Florence, à ce qu'assure Targioni. Depuis lors cette bibliothèque a été supprimée : « et il nous a été impossible, dit M. Libri, de retrouver ce manuscrit dans aucune bibliothèque de Florence, ou d'en avoir aucun indice. » Cf. *Histoire des sciences mathématiques en Italie*, t. II, p. 27, 40, et note 4.

(2) *Tre scritti inediti da Leonardo Pisano*, publicati da Baldassare Boncompagni, secondo la lezione di un Codice della Bibl. Ambros. di Milano. Firenze, typogr. Galileiana, 1854, in-8°.

(3) Il était notaire de la cour impériale, et savait assurément l'arabe, puisqu'il fut désigné par Frédéric II pour accompagner diverses ambassades envoyées à Tunis.

plaisez quelquefois à entendre raisonner subtilement sur la géométrie et l'arithmétique, je me suis rappelé la question susdite qui m'avait été posée dans votre cour et par votre philosophe, et j'en ai pris sujet de composer en votre honneur ce traité que j'ai voulu appeler le *Livre des Nombres carrés;* vous priant de me pardonner si, dans cet ouvrage, je vais au delà ou je reste en deçà du juste et du nécessaire. Car se souvenir de toutes choses et ne se tromper en rien, c'est le fait de Dieu et non de l'homme, personne n'étant exempt d'erreur ni circonspect en tout point. » Le manuscrit donne pour date au *Traité des Nombres carrés* l'année 1225, mais cette date est certainement inexacte. Frédéric vint pour la première fois à Pise en juillet 1226, et il faut bien admettre un intervalle assez long entre la conférence à laquelle l'empereur assista et la rédaction de l'ouvrage qui nous occupe. L'auteur d'ailleurs, dans un autre passage, fait allusion à la seconde édition de son *Traité de l'Abacus.* A propos d'un problème du genre de ceux qu'on appelle aujourd'hui règles de société, problème qui lui avait été posé dans la même occasion, il dit expressément : « J'ai trouvé trois manières de le résoudre, et ces trois solutions, je les ai insérées et publiées dans le livre du Nombre que j'ai composé. » Or, la seconde édition de ce livre étant de 1228, on ne peut guère placer avant 1230 la rédaction des divers opuscules réunis dans le manuscrit de l'Ambroisienne.

Au goût des sciences mathématiques, Frédéric II joignait une véritable vocation pour l'histoire naturelle, et il est permis de croire que c'était moins par luxe que comme moyen pratique d'étude qu'il se plaisait à réunir dans ses ménageries les animaux alors fort peu connus de l'Afrique et de l'Asie [1]. Le traité *De arte venandi cum avibus,* qui lui est attribué et qui fut certainement écrit sous sa direction [2], n'est pas seulement un manuel de la chasse au vol à l'usage des fauconniers ; c'est

---

[1] Éléphants, chameaux, dromadaires, lions, panthères, léopards dressés pour la chasse, hyènes, etc. Voir ce que nous avons dit plus haut à ce sujet, p. cxciii. Albert le Grand parle même d'une girafe qui aurait été envoyée à Frédéric II.

[2] Schneider en a donné une édition complète, avec des additions de Manfred (Leipzig, 1788), et a réimprimé à la suite le Traité d'Albert le Grand, *De animalibus.*

aussi un traité sur l'anatomie, la domestication, les mœurs des oiseaux destinés à ce noble amusement. La bibliothèque du Vatican (1) conserve un magnifique manuscrit de cet ouvrage, exécuté peut-être sous les yeux de l'empereur ou du moins de son temps, car l'écriture est de la première moitié du treizième siècle. En tête de ce manuscrit est peint le portrait de l'empereur, revêtu du costume qu'il porte ordinairement sur les sceaux (2); mais il est assis sur un siége sans dossier, tenant de la main droite une espèce de fleur de lis et montrant de la main gauche un faucon sur son perchoir. Les miniatures, dont Séroux d'Agincourt a donné plusieurs spécimens (3), sont d'un dessin très-ferme et forment une suite de peintures didactiques destinées à l'éclaircissement du texte. Rien enfin ne manque à la démonstration de la science que le royal auteur veut enseigner, et qu'il pratiquait avec tant de magnificence. Citons à ce propos l'anecdote rapportée par Albéric des Trois-Fontaines, auteur contemporain. En 1241, au moment de l'invasion des Mongols, Frédéric fut sommé, de la part du grand khan, d'avoir à se soumettre, moyennant l'offre d'une charge importante à la cour du souverain tartare. Il répondit en plaisantant, à ce singulier message, qu'il se connaissait assez bien en oiseaux pour pouvoir aspirer à la charge de grand fauconnier du khan.

On connaît aussi le goût de l'empereur pour les chevaux. Non content d'entretenir avec somptuosité des haras en Calabre et en Sicile, et de faire venir de Barbarie des types destinés à l'amélioration de la race, il voulait que les maîtres de sa maréchallerie connussent à fond tous les

---

(1) *Fonds palatin*, n° 1071. La Bibliothèque Mazarine de Paris possède aussi un très-précieux exemplaire manuscrit du *Livre des oiseaux*, dont le texte est plus développé que celui donné par Schneider.

(2) Nous trouvons dans Papon, *Hist. de Provence*, t. II, preuves, n° 74, qu'un certain Guillaume Bottas, Milanais, envoya à Charles d'Anjou, alors comte de Provence, probablement de 1250 à 1260, un exemplaire du *Livre des oiseaux*, *imperatoriae majestatis effigie decoratus*. Cette indication conviendrait bien à l'exemplaire du Vatican; mais il est probable que plusieurs copies enrichies de miniatures furent exécutées du vivant même de l'empereur.

(3) *Hist. de l'art par les monuments*, t. V, planche 73.

PARTIE HISTORIQUE.

soins qu'exigeaient les nobles animaux confiés à leur garde. Giordano Ruffo, un de ses familiers, qui, le premier depuis les anciens, composa un traité sur l'hippiatrique, affirme que Frédéric était lui-même très-expert dans l'art de soigner les chevaux, et que lui, Giordano, a profité de ses conseils. Capecelatro (1) assure avoir vu un manuscrit de l'ouvrage de Ruffo, avec ce titre : *Incipit liber marischalciae domini Frederici imperatoris*. On lisait à la fin du livre :

> *Hoc egit immensis studiis miles Calabrensis*
> *Quae bene cunctorum sit vera medicina equorum.*
> *Discat quisque legens, patet haec tibi pagina praesens*
> *Quod juvat atque nocet, sic equi venta docet.*

Hoc opus composuit Jordanus Ruffus de Calabria, miles et familiaris domini Frederici secundi Romanorum imperatoris memoriae recolendae; qui instructus fuerat plene per eumdem dominum de omnibus supradictis. Expertus etiam fuerat postmodum probabiliter in maristalla equorum ejusdem domini, in qua fuit per magnum temporis spatium commoratus.

Explicit tractatus marischalciae domini Jordani Ruffi de Calabria (2).

Il résulte de cette note que Giordano composa son traité après la mort de l'empereur et probablement pendant le règne de Conrad sous lequel la famille Ruffo fut très en faveur. Giordano était le neveu de ce Pietro Ruffo, grand maréchal du royaume et gouverneur de Calabre et de Sicile, qui se déclara contre Manfred, après la mort de Conrad. Il seconda les vues ambitieuses de son oncle ; mais, dès le commencement de la lutte engagée contre le prince de Tarente, il fut pris par les troupes de Manfred, et, après la sentence de bannissement prononcée contre le grand maréchal, il eut les yeux crevés (3) et mourut probablement en capti-

---

(1) *Istor. di Napoli*, part. II, p. 322.

(2) Le livre de Giordano Ruffo a été publié pour la première fois dans le texte original à Padoue en 1818. Voy. Brunet, *Manuel du libr.*, t. IV, p. 146. Il en existe plusieurs versions italiennes, dont la plus ancienne édition passe pour être de 1487, et dont la seconde, faite à Venise en 1492, est *rarissime*. Le texte latin aurait besoin d'être soigneusement revu sur les nombreux manuscrits qui existent dans les bibliothèques de France et d'Italie.

(3) Saba Malaspina, ap. MURATORI, *Script.*, t. VIII, p. 796.

INTRODUCTION.

vité. On voit que l'art du vétérinaire ne semblait point alors indigne d'un noble chevalier. Manfred lui-même savait apprécier l'utilité de la science professée par le rebelle qu'il punissait, et il faisait aussi traduire en latin la version arabe, faite par Moïse de Palerme, d'un livre d'Hippocrate sur les maladies des chevaux (1).

Avec un penchant si décidé pour la philosophie naturelle, Frédéric II ne pouvait rester étranger à la science qui a pour objet de connaître l'organisation du corps de l'homme et de guérir ses maux physiques. Il avait voulu étudier personnellement la médecine, et souvent il indiquait lui-même les prescriptions que devaient suivre les personnes de sa famille ou ceux qu'il honorait d'une affection particulière. Il accrut l'influence de la grande école de Salerne, et renouvela dans ses États siciliens le sage règlement des empereurs romains, qui interdisait la médecine à quiconque n'avait pas subi d'examen et obtenu la licence (2). Il veilla à l'entretien des nombreuses sources thermales qui constituaient les bains de Pouzzoles, et fit enregistrer avec soin les propriétés curatives particulières à chacune d'elles. Une note d'un manuscrit hébreu mentionné par de Rossi attribue à Frédéric II l'édition donnée, en 1212, d'un livre *Sur l'inspection des urines,* où se trouvaient rassemblées les opinions de quelques anciens médecins, avec des corrections dues à Philippe de Tripoli et à Gérard de Crémone (3). L'opinion populaire faisait même honneur au savant empereur de diverses recettes médicales. Nous avons retrouvé dans un manuscrit du Musée britannique une sorte de légende renfermant la formule de conjuration qui devait être récitée sur les blessures, et le moyen de guérir ces mêmes blessures par l'application d'une com-

---

(1) Ros. di Gregorio, *Discorsi alla Sicil.*, t. II.

(2) *Constitut. regn.*, lib. III, tit. XIV. Dans une constitution postérieure, Frédéric II détermine la durée des études préparatoires : trois ans de logique et cinq ans de médecine et de chirurgie : « *Statuimus ut nullus in medicinali scientia nisi prius studeat ad minus triennio in scientia logicali; post triennium si voluerit ad studium medicinae procedat, in qua per quinquennium studeat.* » *Ibid.*, tit. XLVI, ap. *Hist. diplom.*, t. IV, p. 235.

(3) De Rossi, *Cod. manuscr. hebr.*, t. II, p. 7. Les anciens médecins dont il est question dans la note sont : Pierre de *Bereniko*, Constantin de Damas et Jules de Salerne.

presse de laine vierge imbibée d'huile d'olive (1). Cette légende passait pour avoir été composée par Frédéric II, comme le prouve son titre : *Benedictio vulnerum secundum imperatorem Fredericum*, et elle se répandit en Allemagne, où un certain Gotfrid la traduisit sous forme de chant en langue vulgaire (2). D'après un manuscrit du fonds français (3), un médecin nommé Aldobrandin de Sienne, qui est probablement le même qu'Alebrand de Florence, aurait traduit, par l'ordre de Frédéric II, en latin et du latin en français, un traité de médecine écrit en grec, et cette traduction aurait été faite en l'année 1234. M. Littré doute de l'authenticité de ce prétendu traité (4); il est cependant possible que cet Aldobrandin ait voulu donner un caractère respectable d'antiquité à quelque composition récente qu'il avait compilée ou arrangée lui-même.

Outre l'italien et l'allemand, Frédéric II, au rapport de Ricordano Malespini, savait le français, le grec et l'arabe. Il est certain que ce prince encouragea l'étude du grec, mais nous ne trouvons aucune preuve qu'il ait parlé ni même compris cette langue. Si nous en croyons divers renseignements fournis par deux manuscrits du Vatican (5), il y avait sous son règne, à l'École de Salerne, un professeur particulier pour les Grecs, les Latins et les Juifs, et les leçons étaient données à chaque peuple dans son langage. On dit aussi qu'un certain maître Jordan composa des vers grecs sur le siége de Parme par Frédéric, en 1247 (6). Toutefois, la connaissance du grec classique paraît avoir été très-restreinte encore à cette époque, tandis que la pratique de l'arabe était au contraire fort répandue. Jean de

---

(1) Mss. Arundel, n° 295, fol. 116 verso, 117 recto.

(2) « *Item eadem benedictio ritmizata Theutonice secundum Gotefridum*. Dri gute brudere giengen, etc. » *Ibid.*, lieu cité.

(3) Bibl. impér., n° 7454, au prologue.

(4) « Tout cela est fort suspect, dit M. Littré; le manuscrit est trop moderne pour inspirer de la confiance, et, de plus, on suppose difficilement qu'il ait existé en grec un livre où fussent cités les Arabes Johannitius, Isaac et Avicenne, à côté de Constantin, fondateur de l'école de Salerne. » *Hist. litt. de la France*, t. XXI, p. 416.

(5) Chronic. mss, n° 4936, et Cod. epistol., n° 4957, fol. 39, cités par Raümer, *Gesch. der Hohenst.*, t. III, p. 417.

(6) De Raümer, *Gesch. der Hohenst.*, t. III, p. 442.

INTRODUCTION.

Palerme, dont nous avons parlé plus haut, Enrico dell' Abbate, qui fut longtemps consul à Tunis, et plusieurs grands fonctionnaires siciliens, tels que Roger de Amicis et Oberto Fallamonaco, chargés de diverses ambassades au Caire et à Maroc, savaient assurément l'arabe. Il y avait même en Sicile des savants grecs ou juifs chargés d'enseigner la langue arabe aux Arabes nés dans le pays : car Frédéric II, tout en désirant que ses sujets musulmans apprissent l'italien, ne voulait pas qu'ils oubliassent leur langue maternelle. On lit dans le *Regestum* : « Nous voulons qu'Abdallah, notre valet de chambre, qui est envoyé pour apprendre à lire et à écrire les lettres sarrasines, soit indemnisé de ses dépenses, à la requête de maître Joachim, depuis le moment de son arrivée et tant qu'il demeurera auprès de lui (1). » La connaissance et la comparaison de divers idiomes avaient inspiré à Frédéric II le désir de remonter aux origines du langage, et lui avaient suggéré l'idée d'une étrange expérience : du moins Salimbene raconte qu'il faisait élever un enfant par des serviteurs à qui il avait prescrit un silence absolu, afin d'éprouver si cet enfant parlerait et quelle langue il parlerait de lui-même (2).

Divers manuscrits attribuent à l'empereur des vers latins dont les plus connus auraient été composés par lui à son retour de la croisade : les uns satiriques ou menaçants adressés aux villes de la Pouille qui avaient abandonné son parti, les autres consacrés à l'éloge des villes qui étaient restées fidèles (3). Si ces vers sont authentiques (ce dont il est permis de douter), il faut y voir plutôt l'effet d'un caprice ou d'une boutade accidentelle que le résultat d'habitudes littéraires bien constatées. Mais il est certain que Frédéric aimait à faire des vers en langue vulgaire. Dans son traité *De vulgari eloquio*, Dante parle de lui comme du père de la poésie italienne (4). Plusieurs de ses chansons ont été transcrites par Allacci; Tris-

---

(1) Lettre du 24 décembre 1239, ap. *Hist. diplom.*, t. V, p. 603.
(2) Salimbeni Parmensis, *Chronic.*, mss. fol. 355, cité par Raümer.
(3) Nous les avons cités dans l'ouvrage intitulé : *Recherches sur l'histoire et les monuments des Normands et de la maison de Souabe dans l'Italie méridionale*, p. 69 et suiv.
(4) Nul ne peut dire que Frédéric II, Ciullo d'Alcamo ou tout autre, puisse être considéré comme l'*inventeur* de la poésie italienne. L'expression de Dante doit être entendue en ce sens,

sino, Crescimbeni, Gregorio (1), et l'on y trouve, selon la remarque de Raümer, non-seulement cet esprit de galanterie raffinée qui était alors si fort à la mode, mais aussi, ce qui est beaucoup plus rare dans les compositions de ce temps, un sentiment assez vif des beautés de la nature. Sans croire déroger à la dignité de son rang, l'empereur avait appris à chanter (2), et les charmes de la musique, aussi bien que les passe-temps littéraires, contribuaient à le délasser des soucis du gouvernement.

Le succès avec lequel Frédéric encouragea les débuts de la poésie italienne donna lieu sans doute à la tradition qui fait honneur à ce monarque de l'établissement d'une Académie palatine à Palerme. On se plaisait à se figurer le nouveau Charlemagne présidant une réunion littéraire qui aurait contribué à former la langue et la littérature nationales (3). Mais nous n'avons trouvé dans les écrits contemporains aucun texte qui puisse confirmer cette tradition, déjà répandue en Sicile au temps des rois aragonais. Frédéric II écrivit-il aussi dans l'idiome du Languedoc et de la Provence? L'authenticité des pièces en langue romane qui lui sont attribuées est-elle bien établie? C'est ce que nous n'oserions décider d'après les monuments fort altérés qui nous restent. Mais il est incontestable que ce prince aimait la littérature provençale, qu'il en appréciait l'harmonie et la grâce, et que, dans sa collection de livres, les poésies des troubadours avaient leur place à côté des ouvrages d'Aristote, d'Euclide et d'Averrhoès. Dans une lettre du 5 février 1240, il remercie le *segreto* de Messine de lui avoir envoyé une copie du *livre de Palamède* qui avait appartenu à

---

que Frédéric II introduisit le premier, à la cour et parmi les lettrés, une poésie qui avait jusqu'alors vécu d'une vie éphémère dans les carrefours et les campagnes.

(1) On trouve, notamment dans les *Discorsi* de Gregorio (t. I, p. 244), une très-gracieuse chanson de Frédéric, en dialecte sicilien.

(2) « *Cantare sciebat*, » dit Salimbene. Le *Regestum* nous apprend que l'empereur faisait apprendre à de jeunes esclaves noirs à jouer de divers instruments. Mais, tout en s'entourant de troubadours et de musiciens, il cherchait à prémunir les grands de sa cour contre le goût, alors si répandu, des largesses immodérées faites aux mimes et aux jongleurs. Cf. Godefr. Colon. à l'année 1235.

(3) Quadrio, *Storia et ragione d'ogni poesia*, t. I, p. 87, d'après Mongitore.

maître Jean le Romancier (1), et il est probable que cet envoi était le résultat d'ordres donnés à tous les officiers du royaume pour l'acquisition des romans de la Table-Ronde. Le roman de Palamède ou plutôt de Guiron le Courtois (2), branche du Saint-Graal, était alors dans toute sa nouveauté et les manuscrits en devaient être encore fort rares. Les relations de Frédéric II avec l'Angleterre, où le Palamède fut composé, font comprendre l'empressement qu'il mit à se procurer ce roman. Il lisait d'ailleurs et parlait le français proprement dit aussi bien que le provençal, et il semblait même connaître la *précellence* de cette langue qu'un peu plus tard Brunetto Latini, Martino da Canale, et peut-être Marco Polo, devaient employer pour leurs ouvrages, de préférence à leur idiome national. Nous savons du moins que Frédéric, chez qui la foi dans l'astrologie explique la croyance aux prophéties de Merlin, fit traduire ces prophéties du latin en français « pour ce que li chevaliers et li autres gens laïcs les entendent mieux et i puissent panre aucun bon exemple (3). » Le translateur se nommait Richard et avait déjà commencé la traduction des oracles attribués au devin breton, quand Frédéric, qui avait lui-même éprouvé la vérité des prophéties relatives aux vertus des quatre pierres précieuses, l'encouragea à continuer son travail. Si la traduction des prophéties de Merlin fut achevée vers 1272, comme le croit M. Paulin Pâris (4), elle est,

---

(1) Secreto Messanae. —« *De LIV quaternis scriptis de libro Palamides qui fuerunt quondam magistri Johannis Romanzori, quos nobis mictere te scripsisti, gratum ducimus et acceptum.* Lettre du 5 février 1240, ap. *Hist. diplom.*, t. V, p. 722.

(2) Hélie de Borron, dans son préambule au roman intitulé aujourd'hui *Guiron le Courtois*, s'exprime ainsi : « Quel nom li porrai-je donner ? tel come il plera à monseigneur le roy Henry. Il veult que cestui mien livre, qui de courtoisie doit nestre, soit appelé Palamedes pource que si courtois fu toutes voies Palamedes que uns plus courtois ne fu au temps du roi Artus. — Or dont quant à monseigneur plest que je cest mien livre commence el nom du bon Palamede, et je lo vueil commencer. » Cependant il fait à peine mention de Palamède dans ce roman, consacré plutôt à Guiron qu'au rival de Tristan. Le roi Henri, dont il est question dans le préambule, est Henri III d'Angleterre, et diverses circonstances du récit font présumer que cet ouvrage d'Hélie de Borron fut composé de 1220 à 1230. (Cf. M. Paulin Pâris, *Les manuscr. franç. de la Bibl. du roi*, t. II, p. 346 et suiv.

(3) Mss. de la Bibl. impér., anc. fonds français, n° 6772. Cf. Suppl. français, n° 683, fol. 1.

(4) *Les manuscrits français de la Biblioth. du roi*, t. I, p. 130.

sinon la plus ancienne, au moins la première qui ait une date certaine. A l'exemple de l'empereur, son ministre Pierre de la Vigne a laissé des chansons d'amour; et un sonnet de lui, rapporté par Allacci, est cité comme la plus ancienne pièce de ce genre écrite en langue italienne (1). Enzio et Manfred cultivèrent aussi la poésie en langue vulgaire, et peut-être même la poésie provençale. Le premier, du moins, passe pour avoir été un des meilleurs troubadours de l'époque (2). Quant à Conrad, fils légitime et successeur de Frédéric II, il avait reçu une éducation libérale ; son père l'avait entouré de maîtres choisis, et l'on parle d'un manuscrit grec, qui traitait des devoirs des rois, trouvé à Messine en 1236, et traduit pour l'instruction du jeune prince (3). Mais la violence naturelle du caractère de Conrad et les agitations d'un règne d'ailleurs très-court arrêtèrent sans doute en lui le développement des goûts littéraires, traditionnels dans sa famille. Tout au plus peut-on faire honneur à ce roi, plus Allemand qu'Italien, de quelques poésies insérées dans le recueil des *Minnesingers*, et qui même pourraient être revendiquées par son fils, l'illustre et infortuné Conradin. On sait qu'à peine âgé de quinze ans, le dernier héritier des Souabes s'exprimait en latin avec une éloquence singulière (4), et ses chansons allemandes où il célèbre les charmes de sa maîtresse ou de sa fiancée ont la grâce naïve qui vient de la jeunesse du cœur (5). Mais de tous les successeurs de Frédéric II, Manfred fut celui qui, au point de vue scientifique et littéraire, accepta le plus complètement son héritage. Si l'influence de ce prince s'exerça dans une sphère plus restreinte que celle où l'empereur

---

(1) Raümer, *Gesch. der Hohenst.*, t. VI, p. 620, note 2.

(2) C'est l'opinion exprimée par Diez dans son ouvrage sur *la Vie et les œuvres des troubadours*. Salimbene, qui avait vu Enzio à Parme, parle de ses vertus guerrières, et ajoute qu'il était « *solatiosus homo quando volebat et cantionum inventor* »; passage cité par Münch, *Konig Enzio* (Stuttgart, 1841). Sur les poésies d'Enzio en dialecte sicilien, Cf. BARBIERI, *Origine della poes. rimata*, cap. XI.

(3) Raümer, *Gesch. der Hohenst.*, t. III, p. 443.

(4) « *Litteratus juvenis fuit et latinis verbis optime loquebatur.* » Chron. inédite de Salimbene.

(5) Un mss. de la Bibl. impériale, n° 7266, renferme quelques chansons de Conradin, avec un beau portrait de lui en miniature. Cf. HAGEN, *Minnesingers*, t. I, p. 4.

avait pu se mouvoir, il suivit du moins exactement les mêmes routes. Ses efforts eurent également pour objet de propager la culture gréco-arabe et de contribuer aux progrès de la littérature occidentale.

On peut donc dire sans exagération que le grand mobile de Frédéric II fut un goût en quelque sorte inné pour la civilisation, et par civilisation il faut entendre ici, conformément au sens moderne de ce mot, le développement libéral des facultés de l'âme. Le mouvement de rénovation intellectuelle auquel le génie de Charlemagne avait donné une impulsion puissante, mais éphémère, reprit au douzième siècle sa marche interrompue et devint, sous Frédéric II, à la fois régulier et définitif. On doit même considérer le règne de ce souverain comme marquant l'époque d'une première Renaissance qui annonce et prépare de loin les splendeurs du seizième siècle. Le retour vers les anciens systèmes de philosophie, les progrès de la méthode scientifique, la culture des lettres classiques, l'essor de la langue nationale, tous ces faits qui caractérisent si nettement le temps de François Ier se retrouvent déjà dans l'exposé que nous venons de faire; et en jetant un coup d'œil sur l'état des arts pendant la même période, nous les verrons suivre à peu près la même tendance, celle de remonter aux antiques sources du beau. Ce n'est pas un mince honneur pour un monarque du treizième siècle que d'avoir fait appel aux savants et aux lettrés sans se préoccuper de la différence des religions et des races, d'avoir favorisé toutes les manifestations de la raison humaine, de lui avoir enfin rouvert ces larges voies d'où elle ne devait plus s'écarter.

BEAUX-ARTS.

On sait d'une manière générale que Frédéric II encouragea les beaux-arts avec un zèle égal à celui qu'il témoignait pour les lettres et les sciences; mais dès qu'on veut pénétrer dans les détails, on ne rencontre plus que des renseignements insuffisants ou décousus, qui ne permettent guère de donner un tableau complet de l'état des arts sous son règne, ni de grouper autour de son nom un cortége d'artistes dont les œuvres soient bien connues. Frédéric, personnellement, aimait la musique et la danse (1), et il était habile dans la pratique des arts manuels (2), particulièrement des arts du dessin, puisqu'il traça de sa propre main le plan du château qu'il se fit construire à Capoue (3). Il avait de plus le goût des belles choses : on le voit, en 1240, enlever des colonnes antiques qui se trouvaient dans l'église Saint-Michel, à Ravenne, pour les employer à l'ornement de son palais de Palerme; il fait aussi transférer à Lucera un groupe en bronze d'un homme et d'une vache, disposé pour rejeter l'eau par des orifices artistement préparés (4), ainsi que des bas-reliefs en pierre, qui devaient être d'un beau travail, comme le montrent les précautions que l'empereur recommande de prendre pour leur transport (5). On peut même ajouter qu'il témoignait de la curiosité pour les exhumations archéologiques, si l'on en juge par ce fait qu'il autorisa, en 1240, un savant nommé Oberto Commenale à entreprendre des fouilles aux environs d'Augusta, dans l'espoir que ces fouilles amèneraient quelque riche trouvaille (6). Frédéric II ne manquait aucune occasion de satisfaire ses goûts

---

(1) Nous avons dit plus haut qu'il recherchait les bons joueurs d'instruments. Pirri assure aussi que Frédéric entretenait d'excellents chanteurs dans la chapelle du palais de Palerme, et qu'il avait fait remplacer le chant grec par le chant grégorien. En ce qui concerne la danse, nous trouvons, dans le *Regestum*, cette recommandation adressée au *segreto* de Messine : « Tu as trouvé un danseur sarrasin qui vient du pays d'Aquitaine, et qui sait, à ce que tu nous écris, exécuter plusieurs sortes de danses, et tu as eu soin de le retenir pour notre cour. Nous voulons que tu nous l'envoies aussitôt, etc. »

(2) « *Omnium artium mechanicarum quibus animum advertit artifex peritus.* » Ricob. Ferrar., ap. Muraton., *Scriptor.*, t. IX, p. 132.

(3) « *Tunc ab ista parte Capuae fieri super montem castellum jubet, quod ipse manu propria consignavit.* » Ricc. de S.-Germ., ap. Muraton., *Scriptor.*, t. VII, p. 1034.

(4) Ce groupe, qui provenait du butin fait dans les États romains, était resté quelque temps à Grotta-Ferrata. « *Statuam hominis aeream et vaccam aeream similiter quae diu steterant apud Sanctam Mariam de Crypta Ferrata et aquam per sua foramina artificiose fundebant, in regnum apud Luceriam portari jubet.* » Ricc. de S.-Germ., *Ibidem*, p. 1050.

(5) « *Cum velimus imagines lapideas in galeis delatas quae sunt in castro Neapolis apud Luceriam habere,... inveniatis homines qui eas salubriter super collum suum usque Luceriam portent.* » Hist. diplom., t. V, p. 912.

(6) « *Quod in partibus Augustae sunt loca in quibus sperat firmiter inventiones maximas invenire, si nos sibi daremus licentiam fodendi in partibus ipsis. Nos autem sperantes inde habere posse proficuum, etc.* » Hist. diplom., t. V, p. 825.

élégants; il achetait à des marchands provençaux une grande coupe d'onyx et d'autres joyaux pour la somme considérable de 1,230 onces d'or (1); à des marchands vénitiens, un fauteuil sculpté et des meubles précieux qu'il déposait dans ses chambres royales, véritables musées où les objets d'art étaient rangés à côté des manuscrits arabes, latins et français (2). Il est à croire que ses collections s'accrurent aussi des richesses enlevées au trésor des églises. Nous savons qu'au mois d'août 1241, on envoya à Frédéric, qui séjournait alors à Grotta-Ferrata, une partie du trésor de l'abbaye du Mont-Cassin, notamment un retable d'or, un autre retable en argent, et une image de la Vierge ornée d'émaux; et Richard de San-Germano laisse comprendre que le retable d'or ne fut ni rendu à l'abbaye ni racheté par elle (3).

A l'exemple des souverains riches et fastueux qui sont jaloux d'attacher leur nom à des constructions magnifiques, l'empereur avait le goût des bâtiments. Sans parler des châteaux forts où l'art proprement dit trouvait plus difficilement à s'exercer, il fit construire ou restaurer un grand nombre de châteaux de plaisance, notamment ceux de Precina, de Fiorentino, de Lago-Pesole; mais nous n'avons aucun renseignement précis sur la nature des travaux qu'il fit exécuter dans ces diverses localités. Au contraire, nous avons pu recueillir des détails certains sur le palais de Foggia, sur le château de Capoue et sur celui de Castel del Monte, ouvrages entièrement construits sous le règne de Frédéric II, et dont les restes témoignent du style architectural à la fois élégant et sévère qu'il avait adopté. Ce style, qui contraste avec les massives constructions alors en usage au delà des Alpes, ne devait se répandre hors de l'Italie que dans la seconde moitié du quinzième siècle, à cette époque qui a reçu et gardé le nom de *Renaissance*.

Frédéric avait en Sicile de charmants palais construits par les Arabes,

---

(1) *Hist. diplom.*, t. V, p. 477.

(2) Les richesses que Charles d'Anjou trouva dans le château de San-Salvadore à Naples, et dont il est question au fol. 93 du premier volume des Registres des Angevins, faisaient évidemment partie des curiosités réunies par Frédéric II.

(3) Cf. Ricc. de S.-Germ., *Chronic.*, p. 1047 et 1048.

embellis et agrandis par les Normands; mais il se proposait de résider habituellement sur le continent, où il était plus à portée de surveiller les événements politiques. Dès l'année 1223, séduit par la position de Foggia, qui se trouvait à proximité de la grande forêt de l'Incoronata, réservée pour les chasses royales, il résolut de faire élever en ce lieu une somptueuse résidence. L'ouvrage fut commencé au mois de juin de cette année, et sa magnificence est attestée par les restes d'un arc qui surmontait la porte principale. Cet arc, qui a 2 mètres et demi d'ouverture, est d'un très-beau style; deux aigles en reçoivent les retombées et reposent eux-mêmes sur un socle au-dessus d'une imposte richement sculptée. C'était l'œuvre d'un architecte nommé Barthélemy, que les Pisans revendiquent comme un de leurs artistes. L'inscription suivante nous a conservé ce nom et la date de la construction du reste du monument :

† SIC CESAR FIERI JUSSIT OPUS ISTUD
... (1) BARTHOLOMEUS SIC (2) CONSTRUXIT ILLUD.
ANNO AB INCARNATIONE MCCXXIII
MENSE JUNII XI INDICTIONE, REGNANTE
DOMINO NOSTRO FREDERICO IMPERATORE
ROMANORUM SEMPER AUGUSTO ANNO III
ET REGE SICILIE ANNO XXVI, HOC OPUS
FELICITER INCEPTUM EST PREPHATO
DOMINO PRECIPIENTE.
HOC FIERI JUSSIT FREDERICUS CESAR UT URBS SIT
FOGIA REGALIS SEDES INCLITA IMPERIALIS.

(1) Le P. della Valle, et Morrona d'après lui, ont lu PIS; les trois lettres qui font lacune ici. Perifano écrit ATA, et M. Baltard, qui a dessiné le monument sur place, y a vu PTO. Nous n'osons nous prononcer entre ces diverses leçons, dont la première offre seule un sens raisonnable. Il faut dire cependant que le Pisan Barthélemy, au témoignage de Morrona lui-même, était un très-habile et très-célèbre fondeur de cloches et non un architecte, et que rien ne prouve qu'il ait travaillé pour Frédéric II. Cf. Morrona, *Pisa illustrata*, t. II, p. 106 et suiv. Peut-être la pierre, fruste en cette partie, portait-elle simplement les lettres MAG, abréviation de *magister*.

(2) Le P. della Valle (*Lett. Sanesi*, t. I, p. 497 et suiv.) pense que ce second *sic* veut dire que Barthélemy construisit cet arc sur le dessin donné par l'empereur. Mais ce n'est là qu'une bien vague probabilité.

INTRODUCTION.

Cette inscription paraît avoir été destinée à consacrer le souvenir de deux faits distincts; la première phrase s'appliquant à l'arc triomphal seul, le reste au monument tout entier. En 1543, lorsque le palais de Foggia tomba de vétusté et fut démoli pour faire place à des maisons particulières, la municipalité de Foggia recueillit l'inscription, qu'elle remit à l'endroit où avait été la porte principale du palais. Les débris de l'arc construit par Barthélemy furent également conservés et encadrés au-dessus de l'inscription dans la façade d'une de ces maisons qui servait d'hôtel de ville au temps de Perifano. Ils s'y trouvaient encore, il y a vingt ans à peine.

Selon le même écrivain (1), le corps de Frédéric II, qui expira, comme on le sait, à Fiorentino, fut embaumé à Foggia. Son cœur et ses entrailles, mis dans une urne, furent placés au-dessus d'une voûte que supportaient quatre colonnettes de marbre vert antique. Ce petit monument, élevé sur le seuil extérieur du portail de l'église dite Palatine, fut renversé en 1731 par un tremblement de terre et ne fut pas rétabli.

Quant au château de Capoue, bâti par l'empereur en 1234, il paraît avoir été une forteresse aussi bien qu'un palais d'habitation. Frédéric, qui en avait donné le plan, confia la direction des travaux à Nicolas de Cicala, et, pour les faire marcher plus rapidement, il l'autorisa à mettre en réquisition tous les hommes depuis Miniano jusqu'à Capoue (2). En 1239, le *protomagister*, probablement l'architecte en chef, était un personnage appelé, dans le *Regestum*, maître Liphant ou Éliphant (3). Cet édifice, construit à la tête du pont jeté sur le Volturno, était flanqué de deux grosses tours; sa façade était ornée de marbre, d'albâtre, de statues et de magnifiques bas-reliefs; il avait coûté vingt mille onces d'or. Ce beau monument excita, en 1266, l'admiration des compagnons de Charles d'Anjou, quand ils passèrent par Capoue pour aller combattre

---

(1) *Cenni stor. su Foggia*, p. 70.
(2) Ricc. de S.-Germ., *Chronic.*, ap. Muraton., *Scriptor.*, t. VII, p. 1034.
(3) D'après le mandement de l'empereur, adressé à Nicolas de Cicala, le 17 novembre 1239, on voit que l'on travaillait alors au couronnement des grosses tours, et que le revêtement en marbre était déjà commencé. Cf. *Hist. diplom.*, t. V, p. 543.

Manfred. Un d'eux, qui nous a laissé le récit de l'expédition, rapporte (1) qu'on voyait alors à l'entrée du château la statue de Frédéric II que ce prince y avait fait placer pour éterniser sa mémoire. L'empereur était représenté ayant un bras étendu et deux doigts levés. Il semblait prononcer d'un air menaçant et comme pour inspirer une terreur salutaire, ces deux vers gravés au-dessous :

> *Caesaris imperio regni concordia fio.*
> *Quam miseros facio quos variare scio.*

A droite était la statue de Pierre de la Vigne, avec cette légende :

> *Intrent securi qui quaerunt vivere puri.*

A gauche, celle de Taddeo de Sessa, avec cet autre vers :

> *Infidus excludi timeat vel carcere trudi* (2).

En 1557, sous Charles-Quint, ce château, dit *delle Torre*, fut démoli, ainsi que l'ancien pont, par l'ordre du vice-roi de Naples, pour céder la place à une autre forteresse élevée selon les nouvelles lois de l'art militaire; mais la statue de Frédéric II fut conservée par les magistrats capouans et placée dans une belle niche, à gauche, en entrant par la porte de Rome. Le P. della Valle assure que cette statue était plus grande que nature, montrant l'empereur assis, revêtu de la chlamyde, la couronne sur la tête, le globe dans la main droite. Elle lui donnait les traits d'un homme jeune encore, puisqu'en effet il n'avait pas alors quarante ans. Le défaut de mouvement et la manière dont les habits étaient touchés attestaient le style encore roide du treizième siècle; mais le fini du visage et le travail de l'ensemble prouvaient aussi que l'artiste n'était point dépourvu de goût et qu'il avait eu sous les yeux quelque beau modèle antique (3). Cette statue a subi de stupides mutilations (4); mais ce qui en reste est encore fort remarquable et suffit pour justifier l'opinion de l'auteur italien.

---

(1) Descript. vict. obtent., ap. BURMANN, *Thes. antiq. Sicil.*, t. V, p. 21 et 22.
(2) Cf. TOMMASO DE MASI, *Memor. degl' Aurunci*, p. 192.
(3) DELLA VALLE, *Letter. Sanesi*, t. I, p. 198 et suiv.
(4) M. de Raümer assure que les bras et les pieds ont été cassés, et le visage balafré par la

INTRODUCTION.

En plaçant en dernier lieu la description du palais de Castel del Monte, nous ne saurions dire si sa construction fut antérieure ou postérieure à celle du château de Capoue. Nous voyons pourtant qu'à la date du 29 janvier 1240, les travaux n'étaient pas encore fort avancés (1), mais qu'au mois de novembre 1246, ce château était complétement achevé, puisqu'il avait son couronnement de créneaux et était habité par l'empereur (2). Aujourd'hui, toute la partie supérieure est dégradée; mais le reste de l'édifice est dans un état de conservation qui permet d'en donner une description détaillée.

Quand le voyageur, traversant la Puglia-Piana pour aller à Trani, se retourne et considère le pays qui l'entoure, il aperçoit au nord de Barletta les sommets du mont Gargano qui ferment l'horizon; au midi, d'un côté les clochers aigus d'Andria, de l'autre, en s'étendant vers Ruvo, une chaîne de collines basses qu'on appelle les *murgie*. C'est là que s'élève Castel del Monte, belvédère imposant qui domine le paysage et se dresse comme un géant dans la solitude. Sur l'emplacement du château actuel existait du temps des Normands une forteresse destinée à défendre Andria et qui s'appelait le Haut-Mont ou le Mont-Hardi. Sous Frédéric II et les Angevins, ce lieu s'appelait Santa-Maria di Monte ou di Bellomonte; il n'est plus connu aujourd'hui que sous le nom de Castel del Monte.

La régularité du plan et l'unité qui a présidé à son exécution prouvent que Frédéric II fit élever un édifice entièrement neuf à la place de l'an-

---

soldatesque, dans les guerres de la fin du siècle dernier. Mais auparavant, l'historiographe Daniele avait pris un moulage en plâtre de la tête, et, d'après ce moulage, avait fait graver la réduction du profil sur une pierre montée en bague. Cette pierre a été acquise par M. de Raümer, et c'est d'après une empreinte qu'il a bien voulu nous communiquer qu'a été exécutée la figure placée en tête du premier volume de l'*Historia diplomatica*.

(1) « *Cum pro castro quod apud Sanctam Mariam de Monte fieri volumus ... instanter fieri velimus actractum,... mandamus quatenus actractum ipsum in calce, lapidibus et omnibus aliis oportunis fieri facias sine mora*, etc. » *Hist. diplom.*, t. V, p. 697.

(2) Nous pensons que c'est à cette date qu'il faut rapporter le paragraphe 23 des *Diurnali de Matteo di Giovenazzo*, dans lequel il est question du séjour de Frédéric à Castel del Monte et de la disgrâce du justicier Caracciolo, que le souverain voulait faire jeter par les créneaux, *per li mergoli*. L'année 1246 concorde mieux que toute autre avec l'itinéraire établi sur les pièces diplomatiques.

cienne forteresse. Il est certain toutefois que Castel del Monte, bien que destiné à servir de maison de plaisance, conserva son ancienne destination et fut construit de manière à pouvoir au besoin servir de lieu de défense. Ce château est de forme octangulaire et à chaque angle se trouve une tour hexagone. Les murs, épais de 2 mètres 65 centimètres, sont entièrement en pierres de taille d'une même dimension, et les joints des assises sont d'une précision parfaite. Dix-huit meurtrières irrégulièrement disposées sont percées dans l'épaisseur des tours. La porte, qui regarde vers l'orient et qui est la seule entrée par laquelle on puisse pénétrer dans le château, est surmontée d'un fronton et ornée de colonnes en marbre brèche rose du pays, avec deux lions d'un beau style et du même marbre. Ces lions, comme on sait, sont l'emblème de la maison de Souabe. La cour est octangulaire ainsi que l'extérieur. Au rez-de-chaussée sont pratiquées huit salles dont la forme résulte du plan octogone qui se retrouve dans toute l'architecture du monument. Chacune d'elles a la figure d'un trapèze régulier, puisque le mur qui correspond à la partie extérieure a plus de longueur que celui qui se resserre dans la partie intérieure. On y voit quatre colonnes de marbre brèche rose disposées en rectangle; elles sont engagées dans le mur, élevées sur des bases qui forment un demi-octogone, et à chapiteaux; le marbre rose monte jusqu'à la corniche et recouvre les murs. Ces salles étant voûtées, de chacune de ces colonnes s'élancent trois nervures de pierre lisse qui font l'arc : deux au-dessus des murs latéraux pour soutenir la voûte, et la troisième pour figurer une croix arrêtée au milieu par une rosace en pierre. Ces salles ne communiquent pas toutes entre elles; elles donnent sur la cour au moyen de trois grandes portes. Le plan du premier étage est à peu près pareil, sauf qu'aux huit grandes salles sont ajoutées quatre petites salles hexagones pratiquées dans l'intérieur des tours, et que les quatre colonnes en marbre rose du rez-de-chaussée sont remplacées par quatre groupes de colonnettes en marbre bleu turquin, avec un seul chapiteau et une seule base. Ces huit salles ont des fenêtres, d'un travail charmant, qui donnent sur la campagne. De la plus grande qui est au nord, on aperçoit Canosa. Les murs ont été incrustés de marbre rose et blanc, et les voûtes décorées de mosaïques, dont il reste quelques vestiges (1).

Il n'y a point de traces, à Castel del Monte, de peintures ayant servi à couvrir les murs, quoique nous sachions que ce genre d'ornementation avait été employé dans d'autres palais de Frédéric II, notamment à Roseto (2). Dès l'an 1140, il y avait des peintures dans les églises de Santa-Maria in Circolo et de San-Leonardo di Chiaja à Naples. Il est question d'une vue de la ville de Foggia, peinte probablement sur mur en 1204, dans le palais épiscopal de Troja (3). D'Urso mentionne aussi des peintures qui existaient à l'entrée de l'église conventuelle des Teutoniques, à Andria, sous Frédéric II (4). Mais, en somme, nous savons peu de chose sur la peinture décorative à cette époque. Nous pouvons citer cependant un monument où l'art s'était appliqué à reproduire par les couleurs l'effigie du souverain et de son favori. Pipino nous apprend qu'il y avait dans le palais de Naples un tableau (5) où Frédéric II et Pierre de la Vigne étaient représentés assis, l'un sur son trône, l'autre sur son tribunal. Devant eux le peuple à genoux soumettait ses procès ou ses suppliques à la décision du prince, comme l'indiquait cette légende :

> *Cesar amor legum, Frederice piissime regum,*
> *Causarum telas nostrasque resolve querelas.*

l'empereur répondait à cette demande dans les vers suivants :

> *Pro vestra lite censorem juris adite :*
> *Hic est; jura dabit vel per me danda rogabit.*
> *Vinea cognomen, Petrus judex est sibi nomen.*

Et en même temps son doigt, dirigé vers Pierre de la Vigne, attirait sur ce

---

(1) On trouvera des détails plus étendus sur Castel del Monte dans nos *Recherches sur les monuments des Normands et de la maison de Souabe*, p. 110 et suiv.

(2) « *Quod autem astraca castri nostri Roseti ... pluvialis aqua penetrabat in destructionem picturarum et lignaminum*, etc. » *Hist. diplom.*, t. V, p. 588.

(3) *Innocent. III Epist.*, liv. VII, p. 151.

(4) Ricc. d'Urso, *Stor. di Andria*, lib. IV, p. 70, 71.

(5) Franc. Pipin. Chronic., ap. Muraton., *Scriptor.*, t. IX, p. 660.

dernier les regards des suppliants. On voit que par son sujet comme par son exécution et ses légendes, ce tableau était tout à fait contemporain des statues que nous avons mentionnées en parlant du château de Capoue.

Il suffit de jeter un coup d'œil sur les augustales et les bulles d'or de Frédéric II, pour reconnaître que les graveurs qu'il employait (1) avaient une science de composition et un fini de main-d'œuvre bien supérieurs aux procédés alors en usage dans les autres pays de l'Europe. L'art de fondre et de ciseler les métaux, qui avait produit les belles portes de bronze des églises de Troja, de Sant-Angelo, de Trani, ne s'était point perdu dans les ateliers de Lucera ou de Messine qui avaient reçu les traditions des ouvriers de Damas et de Constantinople.

Les œuvres diverses que nous venons d'énumérer sont et resteront probablement toujours anonymes; car l'architecte-sculpteur Nicolas Masuccio et le peintre Tomaso Stefani, qui passent pour les fondateurs de l'école napolitaine sous Frédéric II, ne figurent point comme ayant pris part à ces travaux. Les deux seuls noms authentiques que nous ayons rencontrés dans nos textes sont ceux de maître Barthélemy et de maître Liphant, mentionnés plus haut, nés probablement tous deux dans le royaume, auxquels il faut encore joindre un autre artiste indigène, maître Richard de Lentini, qui, à la date de 1240, paraît avoir été architecte en chef, *praepositus aedificiorum*: « Quant aux travaux de notre château de Catane, écrit l'empereur à maître Richard, comme nous voulons être renseigné personnellement par toi sur la longueur, la largeur, l'épaisseur du mur et sur le reste, nous te mandons de te rendre en notre présence. Et lorsque tu nous auras instruit des travaux qu'il convient d'exécuter, en dessinant chaque chose sous nos yeux, nous te prescrirons ce qu'il faudra

---

(1) Les deux grands ateliers monétaires étaient à Messine et à Brindes. En 1221, c'était Pagano Balduini, de Messine, qui dirigeait l'atelier de Brindes ou qui en était le premier graveur, comme semble l'indiquer la qualification de *magister* : « *Attendentes multimoda et grata obsequia quae Paganus Balduinus civis Messanensis, magister monetae Brundusinae, nobis et imperio exhibuit*, etc. » *Hist. diplom.*, t. II, p. 170.

faire (1). » Frédéric II, en effet, avait le goût des bâtiments et s'y entendait bien. On lui doit un système perfectionné de terrasses en dos d'âne destinées à remplacer les terrasses plates et à faciliter l'écoulement des eaux pluviales (2). Castel del Monte offre en ce genre un excellent spécimen de toiture. C'est une terrasse en pierre, à deux pentes : du côté intérieur, les eaux pluviales, arrêtées par des acrotères continus, s'écoulent et se rassemblent dans une grande citerne sous la cour. Du côté extérieur, elles se réunissent dans quatre réservoirs construits au-dessus des petites salles hexagones dont nous avons parlé. Ces réservoirs ont été faits avec tant de soin qu'aujourd'hui encore, depuis six siècles, ils retiennent parfaitement les eaux.

Est-il vrai que Frédéric II ait eu recours aux conseils de Nicolas de Pise, qu'il l'ait appelé à sa cour et que la direction de cet artiste éminent ait contribué aux progrès de l'art dans l'Italie méridionale? Nous l'admettrions volontiers, si l'on en administrait la moindre preuve; mais nous ne trouvons à cet égard aucun témoignage contemporain. Une certaine conformité dans la manière de comprendre et d'exécuter les œuvres d'art n'est point, à notre avis, une raison suffisante pour établir que les artistes employés par Frédéric II procédassent de l'école pisane. Le goût du beau, entretenu par la vue des monuments antiques, s'était perpétué au sud de l'Italie où les artistes byzantins avaient apporté leurs procédés traditionnels. Dans tout ce qui reste des monuments de Frédéric II, l'imitation de l'antique et même des œuvres de la belle époque, forme le fond principal; les emprunts faits au style roman ne sont que l'accessoire, et l'ogive n'y est qu'un caprice. Même au dehors du royaume de Naples, les monuments élevés sous l'inspiration directe de l'empereur conservaient ce caractère. Tel était, par exemple, cet arc de triomphe en marbre et orné de statues que les habitants d'Iési, sa ville natale, avaient érigé

---

(1) « *Te autem praesente et nobis singula designante mandabimus exinde quod nostrae placuerit majestati.* » Hist. diplom., t. V, p. 862.
(2) Voir à ce sujet la curieuse lettre adressée au *segreto* de Messine. *Ibidem*, t. V, p. 588, 589.

en son honneur. Ce fut dans un sarcophage sculpté par un artiste grec que Frédéric II fit déposer le corps de sa première femme Constance ; c'est aussi dans un sarcophage de porphyre, taillé à la manière antique, qu'il repose lui-même sous les voûtes de la cathédrale de Palerme (1).

---

(1) Voy. plus haut, p. ccii, note 4.

CONCLUSION.

Arrivé au terme de ce travail, où nous avons examiné sous ses diverses faces le rôle multiple que joua l'empereur Frédéric II, nous laissons au lecteur le soin de tirer lui-même les conclusions qui ressortent de chacune des parties dont se compose notre introduction. Toutefois c'est un devoir pour l'historien de formuler son jugement, et de recueillir ses pensées, afin de mieux apprécier dans leur ensemble les actes qu'il vient d'exposer fidèlement et sans passion.

Au point de vue de la politique, la conduite de Frédéric II frappe surtout les regards par une marche constamment dirigée en sens inverse de la féodalité. Sa lutte contre le saint-siége, lutte qui remplit la partie militante de son règne, n'est au fond qu'une opposition énergique à la puissance féodale que depuis Grégoire VII les papes cherchèrent à s'arroger, qu'ils voulurent transférer dans l'Église, et qui échappa de leurs mains par l'humiliation et la mort de Boniface VIII. En ce qui touche à l'organisation du gouvernement, les idées de Frédéric ne sont pas moins contraires à l'établissement féodal. La concentration vigoureuse de son autorité, la nouveauté des lois et des institutions qu'il donna à ses peuples, la régularité qu'il introduisit dans l'administration, inaugurent pour ainsi dire une ère de réhabilitation du droit romain, et déterminent cette impulsion vers l'unité monarchique, qui devient alors générale, mais se fait particulièrement sentir en France sous Louis IX et sous Philippe le Bel. A ce point de vue, Frédéric II sera donc grand devant la postérité. Mais la politique n'est pas tout dans la direction de la société, qui se compose d'une réunion d'êtres libres et moraux; et si l'on considère la manière dont Frédéric pratiqua cette politique, sa responsabilité comme souverain, nous dirions même comme initiateur, est gravement engagée. Ici une seule question doit dominer et résumer toutes les autres, question capitale, puisqu'elle se représente sans cesse dans la conduite des affaires humaines : Est-il permis de faire le mal pour arriver au bien? Notre réponse sera facile : car l'étude attentive du caractère de Frédéric II nous montre une intelligence d'élite unie à une conscience pervertie, et les conséquences de son règne prouvent une fois de plus que les moyens condamnés par la morale ne produisent que des résultats contestables ou incomplets.

Aux yeux du vrai philosophe, l'homme vaut plus par ses actes moraux que par ses idées ; l'humble devoir de chaque jour, bien rempli, a plus de prix que la plus brillante découverte. Les idées enfantent les systèmes, et pour faire triompher ces systèmes dans l'ordre politique ou dans l'ordre religieux, les hommes d'un esprit supérieur étouffent trop souvent la voix de leur conscience. Or, si l'on doit mesurer les personnages historiques d'après leurs bonnes actions, non d'après leur vigueur intellectuelle, Frédéric restera au-dessous de saint Louis : celui-ci, même en obéissant à certains préjugés de son temps, avait pour guide unique l'inaltérable sérénité de sa conscience ; celui-là en s'élevant au-dessus de ces mêmes préjugés, ne suivait que les conseils d'une raison orgueilleuse. Aux prises avec un pouvoir insaisissable qui s'appuyait sur le gouvernement des âmes pour s'attribuer le domaine des corps, Frédéric II arriva d'un bond aux conceptions les plus hardies : l'indépendance de la société civile, la sécularisation des biens ecclésiastiques, la réforme religieuse, la liberté d'examen appliquée aux choses littéraires et scientifiques. Il donna l'impulsion à cette première Renaissance qui prépara la chute du moyen âge et l'avénement des temps nouveaux. Mais en tout et toujours, il fit uniquement appel aux ressources de l'esprit. Gouvernant des peuples à la fois barbares et corrompus, entouré de traîtres et de parjures, luttant contre des adversaires qui ne s'interdisaient ni la fourberie ni la violence, Frédéric se préoccupa, comme eux, beaucoup plus du succès que de la moralité de ses actes. Il fut personnellement cruel, luxurieux, perfide, et il emprunta à la force et à la ruse les plus puissants ressorts de son gouvernement. On ne peut nier qu'il ait fait faire un grand pas à la civilisation ; mais il n'eut point la gloire des âmes généreuses, la seule gloire qui soit immortelle, celle d'avoir ennobli et purifié la nature humaine.

Gardons-nous de cet optimisme fataliste qui se montre trop indulgent pour les progrès accomplis, fussent-ils obtenus par la violence et l'iniquité, et continuons de croire que dans la vie collective des peuples comme dans l'existence des individus, il n'y a de méritoire que l'honnêteté et la justice.

Décembre 1858.

FIN.

TABLE DES CHAPITRES
DE L'INTRODUCTION.

PARTIE DIPLOMATIQUE.

AVERTISSEMENT. . . . . page XVII
CHAP. Ier. Distinction des actes de Frédéric II et de ses fils, d'après leurs formules et d'après leur objet. . . . . p. XXI
— II. Observations sur la manière de compter les années du Christ. . . . . . p. XXIX
— III. Des indictions. Prédominance de l'indiction grecque. . . . . p. XXXVII
— IV. Des années du règne. — Tableau synoptique des années du Christ, des indictions et des années du règne. . . . . p. XLVII
— V. Particularités dans la rédaction et l'expédition de certains actes. . . . . . p. LVI
— VI. De l'emploi du papier de coton dans les actes de l'empereur Frédéric II, et de son interdiction dans la confection des instruments publics. . . . . . p. LXIX
— VII. De l'usage des sceaux plaqués pour les mandements et lettres closes. p. LXXXIV
— VIII. Des sceaux pendants. Sceaux de cire. . . . . p. XCI
— IX. Sceaux en métal. Bulles d'or. . . . . p. C
— X. Des grands officiers qui ont contre-signé les diplômes de Frédéric II : Chanceliers, protonotaires, logothètes. . . . . p. CXV
— XI. Des grands officiers de la Sicile et de l'Empire qui figurent comme témoins dans les diplômes. . . . . p. CXXXVI
    Connétables de Sicile, grands justiciers, amiraux, camériers ou chambriers, sénéchaux, bouteillers, maréchaux.
    Dapiferi ou sénéchaux de l'Empire, pincernae ou bouteillers, magistri coquinae ou maîtres queux, camerarii ou chambriers, maréchaux.
— XII. De la révision des priviléges et des actes publics. Liste des cours plénières. p. CLXI

PARTIE HISTORIQUE.

CHAP. Ier. Vie privée de l'empereur Frédéric II, ses mœurs, son caractère. Sa famille.
    page CLXXVII
— II. De l'Allemagne sous le gouvernement de Frédéric II et de ses fils. . . . p. CCXI
— III. Droits de souveraineté exercés par Frédéric II dans les anciens royaumes d'Arles, de Bourgogne et de Lorraine. p. CCLI
— IV. Relations diplomatiques de Frédéric II avec les rois de France. . . p. CCLXXXVII

INTRODUCTION.

— V. Du royaume de Jérusalem sous Frédéric II. Relations de ce prince avec les souverains musulmans . . . . p. CCCXXIII
— VI. Du royaume de Sicile sous Frédéric II. . . . . p. CCCLXXXIV
    I. Les Sarrasins de Lucera.
    II. Histoire intérieure du royaume de Sicile.
    III. Gouvernement et administration.
— VII. Relations politiques de Frédéric II avec les papes. Ligue lombarde. p. CDXXVII
    I. Attitude respective des deux pouvoirs.
    II. Relations de Frédéric avec les papes à propos de la Sicile et de l'Italie.
    III. Gouvernement de l'Italie sous Frédéric II.
— VIII. Relations religieuses de Frédéric II avec les papes. — Essai d'établissement d'une papauté laïque. . . . . p. CDLXXXV
— IX. De l'influence de Frédéric II sur le mouvement scientifique et littéraire. — Beaux-arts. . . . . p. DXIX

OUVRAGES DU MÊME AUTEUR :

GRANDE CHRONIQUE DE MATTHIEU PARIS, traduite en français et annotée par A. HUILLARD-BRÉHOLLES, et précédée d'une introduction par M. le duc de LUYNES, membre de l'Institut. Paris, 1840-1841. 9 volumes in-8°. Prix. . . . . 30 fr.

RECHERCHES SUR LES MONUMENTS ET L'HISTOIRE DES NORMANDS ET DE LA MAISON DE SOUABE DANS L'ITALIE MÉRIDIONALE, publiées par les soins de M. le duc de LUYNES, membre de l'Académie des Inscriptions et Belles-Lettres; texte par A. HUILLARD-BRÉHOLLES, traducteur de *Matthieu Paris*; dessins par VICTOR BALTARD, architecte. Paris, 1844; imprimerie Panckoucke. 1 vol. grand in-folio avec 35 planches. Prix, cartonné. . . . . 90 fr.

HISTORIA DIPLOMATICA FRIDERICI SECUNDI, sive constitutiones, privilegia, mandata, instrumenta quae supersunt istius imperatoris et filiorum ejus. Accedunt epistolae paparum et documenta varia. Collegit, ad fidem chartarum et codicum recensuit, juxta seriem annorum disposuit et notis illustravit J. L. A. HUILLARD-BRÉHOLLES, in archivo Caesareo Parisiensi archivarius. Auspiciis et sumptibus H. DE ALBERTIS DE LUYNES, unius ex Academiae Inscriptionum sociis. Parisiis, excudebat Henricus Plon. 6 volumes in-4°. Les huit premiers tomes ont paru de 1853 à 1857. Prix de chaque tome. . . . 16 fr.

CHRONICON PLACENTINUM ET CHRONICON DE REBUS IN ITALIA GESTIS, historiae stirpis imperatoriae Suevorum illustrandae aptissima, ad fidem Parisiensis et Londinensis codicum nunc primum recensuit, edidit et praefatione instruxit J. L. A. HUILLARD-BRÉHOLLES. Auspiciis et sumptibus H. DE ALBERTIS DE LUYNES, unius ex Academiae Inscriptionum sociis. Parisiis, 1856; excudebat Henricus Plon. 1 vol. in-4°. Prix : 15 fr.

INTRODUCTION
A L'HISTOIRE DIPLOMATIQUE
DE
L'EMPEREUR FRÉDÉRIC II

PAR

J.-L.-A. HUILLARD-BRÉHOLLES,

ARCHIVISTE AUX ARCHIVES DE L'EMPIRE,
MEMBRE DU COMITÉ DES TRAVAUX HISTORIQUES ET DES SOCIÉTÉS-SAVANTES.

Suite.

PARIS.
TYPOGRAPHIE DE HENRI PLON,
IMPRIMEUR DE L'EMPEREUR,
RUE GARANCIÈRE, 8.

1858

INTRODUCTION

A L'HISTOIRE DIPLOMATIQUE

DE

L'EMPEREUR FRÉDÉRIC II

PAR

J.-L.-A. HUILLARD-BRÉHOLLES,

ARCHIVISTE AUX ARCHIVES DE L'EMPIRE,
MEMBRE DU COMITÉ DES TRAVAUX HISTORIQUES ET DES SOCIÉTÉS SAVANTES.

Suite et fin.

PARIS.
TYPOGRAPHIE DE HENRI PLON,
IMPRIMEUR DE L'EMPEREUR,
RUE GARANCIÈRE, 8.

1859

OUVRAGES DU MÊME AUTEUR :

GRANDE CHRONIQUE DE MATTHIEU PARIS, traduite en français et annotée par A. Huillard-Bréholles, et précédée d'une introduction par M. le duc de Luynes, membre de l'Institut. Paris, 1840-1841. 9 volumes in-8°. Prix. . . . . 30 fr.

RECHERCHES SUR LES MONUMENTS ET L'HISTOIRE DES NORMANDS ET DE LA MAISON DE SOUABE DANS L'ITALIE MÉRIDIONALE, publiées par les soins de M. le duc de Luynes, membre de l'Académie des Inscriptions et Belles-Lettres; texte par A. Huillard-Bréholles, traducteur de *Matthieu Paris*; dessins par Victor Baltard, architecte. Paris, 1844; imprimerie Panckoucke. 1 vol. grand in-folio avec 35 planches. Prix, cartonné. . . . . 90 fr.

HISTORIA DIPLOMATICA FRIDERICI SECUNDI, sive constitutiones, privilegia, mandata, instrumenta quae supersunt istius imperatoris et filiorum ejus. Accedunt epistolae paparum et documenta varia. Collegit, ad fidem chartarum et codicum recensuit, juxta seriem annorum disposuit et notis illustravit J. L. A. Huillard-Bréholles, in archivio Caesareo Parisiensi archivarius. Auspiciis et sumptibus H. de Albertis de Luynes, unius ex Academiae Inscriptionum sociis. Parisiis, excudebat Henricus Plon. 6 volumes in-4°. Les huit premiers tomes ont paru de 1853 à 1857. Prix de chaque tome. . . . 16 fr.

CHRONICON PLACENTINUM ET CHRONICON DE REBUS IN ITALIA GESTIS, historiae stirpis imperatoriae Suevorum illustrandae aptissima, ad fidem Parisiensis et Londinensis codicum nunc primum recensuit, edidit et praefatione instruxit J. L. A. Huillard-Bréholles. Auspiciis et sumptibus H. de Albertis de Luynes, unius ex Academiae Inscriptionum sociis. Parisiis, 1856; excudebat Henricus Plon. 1 vol. in-4°. Prix : 15 fr.

OUVRAGES DU MÊME AUTEUR :

GRANDE CHRONIQUE DE MATTHIEU PARIS, traduite en français et annotée par A. Huillard-Bréholles, et précédée d'une introduction par M. le duc de Luynes, membre de l'Institut. Paris, 1840-1841. 9 volumes in-8°. Prix. . . . . 30 fr.

RECHERCHES SUR LES MONUMENTS ET L'HISTOIRE DES NORMANDS ET DE LA MAISON DE SOUABE DANS L'ITALIE MÉRIDIONALE, publiées par les soins de M. le duc de Luynes, membre de l'Académie des Inscriptions et Belles-Lettres; texte par A. Huillard-Bréholles, traducteur de *Matthieu Paris;* dessins par Victor Baltard, architecte. Paris, 1844; imprimerie Panckoucke. 1 vol. grand in-folio avec 35 planches. Prix, cartonné. . . . . 90 fr.

HISTORIA DIPLOMATICA FRIDERICI SECUNDI, sive constitutiones, privilegia, mandata, instrumenta quae supersunt istius imperatoris et filiorum ejus. Accedunt epistolae paparum et documenta varia. Collegit, ad fidem chartarum et codicum recensuit, juxta seriem annorum disposuit et notis illustravit J. L. A. Huillard-Bréholles, in archivio Caesareo Parisiensi archivarius. Auspiciis et sumptibus H. de Albertis de Luynes, unius ex Academiae Inscriptionum sociis. Parisiis, excudebat Henricus Plon. 6 volumes in-4°. Les huit premiers tomes ont paru de 1853 à 1857. Prix de chaque tome. . . . 16 fr.

CHRONICON PLACENTINUM ET CHRONICON DE REBUS IN ITALIA GESTIS, historiae stirpis imperatoriae Suevorum illustrandae aptissima, ad fidem Parisiensis et Londinensis codicum nunc primum recensuit, edidit et praefatione instruxit J. L. A. Huillard-Bréholles. Auspiciis et sumptibus H. de Albertis de Luynes, unius ex Academiae Inscriptionum sociis. Parisiis, 1856; excudebat Henricus Plon. 1 vol. in-4°. Prix : 15 fr.

PARIS, TYPOGRAPHIE DE HENRI PLON, IMPRIMEUR DE L'EMPEREUR, RUE GARANCIÈRE, 8.